# 解決のための面接技法 第4版

Interviewing for Solutions 4th Edition

## ソリューション・フォーカストアプローチの手引き


著

ピーター・ディヤング
Peter De Jong

インスー・キム・バーグ
Insoo Kim Berg

訳

桐田弘江
住谷祐子
玉真慎子


学習用 DVD 付属

金剛出版

**Interviewing for Solutions,**
**Fourth Edition**

Peter De Jong and Insoo Kim Berg

# 日本語版（初版）への序

　私は過去15年ほどの間、日本人の同僚と話し合うなかで、家族の心理、家族療法が彼らによってどのように日本文化に合うよう修正されてきたかを観察し、聞き、学んできました。才能豊かで、エネルギッシュで、創造的な教師であり、臨床家である彼らは皆、変わりつつある世界に適応できるように援助関係の見解を改革し、創造しようと努力しています。

　私は、東洋の伝統と世界観によって育てられ、養われてきましたので、その後に受けた西洋の科学的教育・訓練を用いて東洋の価値観を理解しようとしてきました。多くの対立する見解や物事のやり方がある一方で、人間に共通するニーズを満たす方法には類似点もあります。私は一方だけを強調するよりも、相違点と共通点を見出そうといつも努めてきました。本書に述べられた展望、哲学、実践の技法は私に深く根ざした文化的背景と学習の表れです。

　日本の同僚と学生は、さらに意味のあるものを創造しようと努力し、長い歴史的背景と、変化しつつある世界に適合しようと活動しておられます。本書がそのために何かお役に立てば幸いです。変化は絶えず起こり、またこれを避けることはできません。本書に示された哲学と方法は、長い変化の旅のなかで現在ある場所を示すものと考えています。

1998年8月　ウィスコンシン・ミルウォーキー

インスー・キム・バーグ

# はじめに



本書はクライアント（来談者）との面接法について書かれたものである。対人援助の専門家に必要な一連の基礎的面接技法が述べられているが、それは他の技法とは多くの点で異なるユニークなものである。これが目指すものは、第1に、クライアントと協働してクライアントの満足のいく未来のイメージをつくることであり、第2にクライアントがこの未来のイメージを実現させるために必要な彼らの長所と力量について、臨床家とクライアントの両者が理解を深めることである。この技法はその根底に「クライアント各人の思考の枠組みに合わせて対話を重ねることが最重要である」という信念がある。

私たちはこの面接アプローチを**解決構築**と呼ぶことにした。これは**問題解決**アプローチとは対照的なものである。問題解決はほとんどの面接法の基礎となっており、臨床家がクライアントの問題の性質や重大さをアセスメントするために必要な情報を収集し、問題を軽減したり解決したりするための介入を行う。アセスメントと介入は専門家の専門知識に頼るところが大きい。

私たちのもとを訪れる学生やワークショップの参加者たちは、問題解決から解決構築への転換は、右利きを左利きに切り替えるようなものだと言う。それには慣れが必要である。つまり、本当に難しいのは、両者の違いを理論で理解することよりもその技法を面接で効果的に使うことである。そこで私たちは実践に役立つ教材を作ることにした。

本書はクライアントとの解決構築法の説明を主眼とする教科書である。臨床家とクライアントとの言葉のやりとりのなかで解決は構築されていくので、クライアントとの実際の対話を多く引用した。クライアントとの会話は、同じ話が繰り返されたり、話題が急に変わったり紆余曲折があるものだが、本書では解決構築の過程がはっきりわかる部分のみを取り出している。

本書の補助教材として学習用DVD［日本版には付属］と指導者用マニュアルがある。本書とこれらの教材はひとまとまりの教材として互いに参照できるように作られたが、それぞれを別個に使うこともできる。初心者は演習することで解決構築を短時間で効率よく習得することができるという考えからこれらの補助教材は作られた。DVDとマニュアルには模擬面接、指導案、授業（もしくはワークショップ）での演習法、授業外の演習法、テスト項目の見本、クライアントと解決を構築する手段などが示されている。

DVDには6面接から抜き出された22場面が、本書で提示した技法や面接状況の順番に収録されている。まずクライアントが自発的に来談した状況における基本技法について述べ［クリップ1～7］、後半で不本意な状況（子どもや若者、ペア、命令による来談者）と危機的状況で用いる技法を示す［クリップ8～22］。面接者は学生と著者である。クライアントの年齢、性別、社会・経済的地位、人種は多様である。本書で説明された技法と解決志向の対話のタイプをDVDで相互参照できるように本書にクリップの番号を記してある。DVDは特定の技法ごとではなく面接状況別に構成されている。場面1から7で提示した基本技法が、全22場面で用いられることに気づくだろう。

DVDにはクリップが2種類の形式で収録されている。1つは「連続クリップ」で、22の各場面を最初から最後まで通して見ることができる。学習者はこの連続クリップについて、通して見ることで本書で述べられている解決構築のさまざまな技法について関連しあう知見を結びつけて理解することができると話している。もう1つは実践練習のための「練習用クリップ」で、技法にある程度なじんだ学習者が授業やワークショップ以外の場でスキルアップするために活用することができる。22場面のなかから選び出した場面を用いて集中的に訓練することもできる。このクリップでは、面接場面の途中で画面が止まり、学習者はその場面でどんな質問や反応をするかと問われる。具体的には、ある場面でクライアントがいくらか話した後で画面が一時停止し、「この場面でどう対応し、次にどんな質問をするかを書いてください」と表示される。学習者はその答えを考えてから続きを再生し、面接者の応対と次の質問を視聴する。そしてまた画面が一時停止して、「あなたが考えた対応や質問と面接者のそれとを比較し、解決構築の観点からどちらがより有益であるか書いてください」と表示される。学習者はこの「練習用クリップ」で、実際の面接場面で行うように、クライアントの発言から解決志向の可能性のヒントを**聞き**、そこからクライアントに役立ちそうな部分を**選択し**、クライアントを解決志向に導くための意見や質問を「即時に」**構築する**演習をすることができる。学習者は自分の応対や次の質問をDVDのなかの面接者のそれと比較することで、クライアントと解決を作り上げていく実践に必要な解決志向の考え方を学ぶことができる。

第3版と同様に第4版にも別巻ワークブックはない。その代わりに、本書の手引きとなるウェブサイトがある。第4版のワークブックのデータ印刷や電子コピーを希望する場合には、SFBTAのウェブサイト(www.sfbta.org) もしくは、著者（ピーター）へのメール (pdejongsft@

gmail.com）で入手可能である。利用者は自費でこのワークブックのコピーをとり利用することができる。

ビデオオンラインへのアクセスを望む学生には他の方法もある。センゲージ・ソーシャルワーク課程の学習者の会では、教科書にそった相互学習、知識の獲得、試験対策を提供する。ここでは、連続した場面と指導付き練習、電子書籍、小テスト、応用課題を利用できる。希望者はこのサイト（www.cengagebrain.com）にアクセスしてほしい。

ウェブサイトの指導者用マニュアルも視聴とダウンロードが可能である。第4版にあわせて改定されたが、指導者用マニュアルには次の5つの内容が含まれる。（1）本書の考え方や技法を授業やワークショップで習得させるための活動、（2）学習者の面接技法を高めるためのDVDの活用方法（ウェブサイトでDVDの演習をするための詳細な方法など）、（3）学習者が異なる面接状況で解決志向の技法を使えるように練習するためのロールプレイのシナリオ、（4）テスト問題例（書籍）、（5）演習と学習の効果をあげる解決構築のツール。指導者用マニュアル（テスト問題例を除く）は、SFBTAのウェブサイト（www.sfbta.org）もしくは主著者（ピーター）への電子メール（pdejongsft@gmail.com）により入手可能である。

本書の構成は次の通りである。第1章と第2章でこの技法が生まれた背景を述べる。まずクライアントの援助法である問題解決アプローチが、すばらしい功績をあげた近代医学の影響を受けていることについて説明し、その上で援助職において問題解決の考え方が用いられることへの懸念、その代替となりうる解決構築について述べる。続く第3章から第10章で解決構築の技法を説明する。初回面接と2回目以降の面接で用いる技法を解決構築の始めから終わりへのプロセスにそって説明する。また単純な面接状況（自発的来談）について説明した後で、難しい面接状況（不本意来談や危機的状況）での解決構築のプロセスを述べる。この構成によって、解決構築の技法をそれぞれの臨床現場で適用しやすくなるだろう。第11章から第15章は、さらに一般的に機関や援助専門の職場での解決構築の実践に役立つ情報を扱う。解決志向短期療法の科学的根拠を示した上で、多様なあり方を認めることなど援助専門職で大事にされてきた価値観が解決構築に反映されていることを述べる。また小グループや企業での適用例も示す。解決志向の考え方や技法を適用したさまざまなプログラムを示した章もある。最終章でこの技法の理論的な意味とクライアントの反応について考察する。

これまでの版の読者は、今回のいくつかの変更に気づくだろう。まず、第3章の基本的面接技法の構成と説明が大幅に改定されている。解決構築の対話で最もよく使われる技法を特定し優先するよう変更された。またこの説明には、心理療法の現場では注目されていなかったが、心理言語学と対話分析の専門家たちが数十年前から実験研究を重ね発見してきたこととともに、マイクロアナリシスと呼ばれる手法を用いてセラピー対話を刻々に分析する新しい研究の情報も取り入れた。このすばらしい多くの研究による発見は興味をそそられるものであり、それによって治療的対話の本質として長年信じられてきたいくつかの仮説が詳細に説明されている。こうした発見により、セラピーでの対話は臨床家とクライアントとの相互の協力が絡み合い、両者が新しい理解を積み重ねていく過程であり、従来のセラピー面接についての書籍に記されているように、それぞれが別個に情報を集めたり交換したりする単純な過程ではないことが示される。第4版にこうした多くの研究を取り入れたことで、解決志向の面接で使う基本技法についてこれまで以上に明確に述べることができ、クライアントと臨床家の両者が新しい理解（クライアントが求める解決）を作り出す（もしくは共同創出する）過程を十分に明確に述べることが可能となった。これによって第3章は相当に改訂され、以降の章にも変更が出ている。またこれについては解決構築の理論的な意味について記す第15章で改めて扱う。

今回の改訂で2番目に重要な変更点は、解決志向短期療法を支持する新しい研究報告を取り入れたことである。第4版が印刷に回される直前に、解決志向短期療法の科学的根拠についての新しいハンドブックが出版された（Franklin, Trepper, Gingerich, & McCollum, 2012）。これが出版されたおかげで、3版よりも科学的根拠について十分な説得力のある要約ができた。これについては第11章で取り上げる。

第3版で導入された「適用」は4版でも継続される（第14章）。解決志向の考え方と技法は世界中のさまざまな現場で適用されており、読者にはこのアプローチの革新的で幅広い適用例を学び続けてほしい。第14章には多様な分野（学校、精神保健での心理療法室、病院、刑務所、児童福祉、組織のなかでのグループ）と対象（個人、家族、グループ、組織）で適用された8例を示す。この8報告のうち3つは第4版で新たに取り入れられたものであり、3版から続く残りの5つも改訂されている。この8つの適用報告はそれぞれプログラムを開発し発展させた人自身が執筆している。それぞれが置かれた状況で解決志向の実践が有用だと考えた理由、実践導入の手続き、実践方法、典型的な事例、改革がクライアントと実践者にもたらした違い、質的・量的な成果のデータの要約について論じられている。多様な適用例により、読者は解決志向の最新の動向を知ることができ、また読者それぞれの状況で解決構築を活用する方法について想像をふくらますことができるだろう。

4版では大幅に改定された章だけでなくその他の章を含む全篇を通じて、発展し続ける解決志向アプローチの最新の内容を把握できるよう改訂されている。第3版出版後に解決志向セラピーについての新しい書籍が何冊も出版されており、それらの要点をこの4版に取り入れた。

本書は幅広い層の読者に役立つと信じている。DVD、指導者用マニュアル、ウェブサイトを併用すれば、カウンセリング初級コース、心理学、教会カウンセリング、精神科看護、社会福祉などの学生や大学院生に面接技法を教える教材として活用できる。またカウンセリングセンター、家族相談センター、子どもと成人を対象とする精神保健センター、その他の福祉機関で職員に解決構築トレーニングを行う際にも役立つだろう。私たちは本書の内容を幅広い聴衆に伝えてきたが、多くの方々に勧められてこのような形でまとめることにした。

本書ではできるだけくだけた会話調の書き方をこころがけた。専門用語を避け、一人称や二人称の代名詞を多く使った。著者のうちの1人だけの過去の経験について書く場合はインスーまたはピーターと記した。私たちにとってはくだけた表現の方が自然である。このスタイルがクライアントや学生やワークショップの聴衆と私たちとの取り組みを的確に反映しており、私たちの経験や考えを明確に伝えることにもなるだろう。

本書はクライアントの思考の枠組みにそった解決構築を助けようとする臨床家にとってよい地図になるだろう。クライアントは新しい未来を心に描き、それを現実のものにしようと努力するときにエンパワーされる。臨床家として、それを助けるために本書の技法を使ってほしい。意図的にまた有意義にこの技法を用いることで、クライアントの持つ力がわき上がってくるだろう。そのような場に立ち会うことで、元気になり、満足が得られるだろう。クライアントが自らの生活に小さな違いを作りだす感動的な世界にようこそ。

今回の改訂に協力してくださった方々に感謝する。ニーナ・アロノフ Nina Aronoff（ウェロック大学）、デボラ・バーリブ Deborah Barlieb（クッターウン大学）、スーザン・クラクストン Susan Claxton（ジョージア・ハイランド大学）、ジョン・キケロ John Cicero（ブリストル・コミュニケーション大学）には特に感謝の言葉を述べたい。

この第4版は仲間たちとの共同研究や対話から着想を得た部分も大きい。ジャネット・ベブン・バベラス Janet Beavin Bavelas（ビクトリア大学名誉教授）は対面による会話のマイクロアナリシス研究を長く続け、輝かしい経歴の持ち主である。ピーターと仲間たちは彼女と協力して治療的対話についてのマイクロアナリシスによる研究を行った。その研究成果も今回の改訂に取り入れた。こうした研究は、ハリー・コールマン Harry Korman（スウェーデンの個人開業精神科医）、サラ・スモック Sarah Smock（テキサス・テック大学）も一緒に行った。今回の改訂には、解決志向短期療法の科学的根拠について報告しているシンシア・フランクリン Cynthia Franklin（テキサス大学オースティン）の見解も取り入れた。また本書で述べた内容について創造的ヒントを与えてくれた学生、ワークショップ参加者、クライアントにも感謝する。

悲しいことにインスー・キム・バークは２００７年突然亡くなった。今回の具体的な改訂作業が始まる前のことだった。しかし、私（ピーター・ディヤング）はこの「はじめに」において、この第4版もインスーとの共著であるように記述している。そうした理由は、インスーと将来また改訂することを想定し、そのときには何を取り入れるかについて2人で話し合っていたからである。インスーと彼女の夫スティーブ・ディ・シェイザーとピーターは治療的対話のマイクロアナリシス研究を行うことについて、またその研究が解決志向の面接技法の理解と指導にどれほどの貢献をもたらすかについて何回も話し合った。インスーはまた解決志向短期療法の科学的根拠が増えることを支持し、多くの研究者に研究課題に取り組むことを奨励していた。だからこそ、物理的にはピーターが「はじめに」を書き、4版の改訂作業を行ったが、インスーの魂が寄り添い、導いてくれているように感じていた。この4版もこれまでの3版までと同様に共同作業によるものなのである。

ピーター・ディヤング
インスー・キム・バーグ

# 目次

解決のための面接技法――ソリューション・フォーカストアプローチの手引き

第3章 知らない姿勢で一歩後ろから導く技法……………017







第4章 出発点 クライアントが望むものにどう注目するか…………053

第5章 クライアントの願望の増幅
ミラクル・クエスチョン……075



第6章 例外の探求
クライアントの長所と
成功体験をもとにした解決構築……099

## 第11章 科学的根拠…219



## 第12章 援助職の価値観と人間の多様性…231

## 第15章 解決構築過程の理論的な意味……339





## 付録 解決構築面接のためのメモ……351

# 解決のための
Interviewing for Solutions 4th Edition
# 面接技法 第4版
ソリューション・フォーカストアプローチの手引き

# 第1章

# 問題解決から解決構築へ

［問題解決アプローチ］アセスメント《査定》はクライアントの問題の本質や原因についての私たちの推測を含み、それはクライアントと私たちのその後の作業の土台となる。つまりアセスメントをもとに、私たちが目標を設定し、介入し、進歩を評価するのである。
（Hepworth, Rooney & Larsen, 2002, p.187）

［解決構築アプローチ］クライアントは自分自身の力量や成功体験をもとにして自分の解決法をつくる。
（de Shazer, 1988, p.50）

ピーターの同僚シェリルは援助職の入門コースを教えている。彼女は学生にロールプレイをさせるが、それは誰もが専門教育を受ける前にすでに他人をどう援助するかについての既成観念を持っていることを理解させるためである。あるとき彼女はロールプレイのなかでロージーというクライアントを演じた。

ロージーは23歳の未婚の女性で、4児（8歳と6歳の男児、3歳と2歳の女児）の母であり、妊娠5カ月目である。食料切符や医療扶助などの福祉手当で生活している。シェリルは学生に集団でロージーとの面接をさせた。学生がロージーへの援助に必要だと思うことを質問していくのである。そのやりとりを次に示す。

**学生**❖また妊娠したことをどう思いますか？

**ロージー**❖いやだね。いつもムカムカしているし、疲れきっているよ。本当は中絶したかったんだけど、気がつくのが遅かったんで医療扶助で中絶手術を受けられなかったからね。今はもう5カ月目なんで中絶してくれる医者を見つけられないのさ。もう1人生まれるとお手上げだよ。

**学生**❖もう妊娠したくなかったようだけど、避妊をしましたか。

**ロージー**❖ううん、やってなかった。避妊は結構高くつくし、余分な金はなかったからね。

**学生**❖赤ちゃんの父親はコンドームを使ったの？

**ロージー**❖あのねえ、あたしは男と寝て、暮らしの足しにしてるんだよ。お客みんなにゴム製品つけてって頼んだら商売にならないよ。わかってるよ、男と寝ちゃいけないってことぐらい。特に小さい子どものそばではね。だけど育児手当てだけじゃ4人の子どもを育てるには足りないのさ。男からの金はありがたいんだよ。あたしだって買いたいものがあるし。

**学生**❖今日ここで、私たちがお役に立てることがあるかしら。

**ロージー**❖子どもにしてやらなきゃいけないことを考えると気が狂いそうになるよ。いつも疲れているし、2人の子を朝、学校に出してやれないんで、また里親のところに連れて行かれるんじゃないかとびくびくしてるんだ。

**学生**❖子どもを連れて行かれたとき、どう思った？

**ロージー**❖つらくて、悲しくて、泣いてばかりいたよ。

**学生**❖あなたの子どもの頃はどうだったの？

**ロージー**❖ひどいもんだった。あたしは6人きょうだいの一番上で、2人の弟はブラブラしてて、近所の子にポケベルをもたせてヤクの配達をさせてたよ。けっこうなカネになるからね。うちの子には、あんなことに首を突っ込むんじゃないよ、ろくなことにならないから、って言い聞かせてるんだ。

**学生**❖だけどそういうあなたもお金のために売春してるじゃないの？

**ロージー**❖それとこれとは違うよ。

**学生**❖どう違うの？

**ロージー**❖［にらみつけて］違うったら違うんだよ。

**学生**❖お子さんを登校させる大変さについて話してくれるかな。

**ロージー**❖あの子たちは朝、起きようとしないし、朝ごはんを作ろうともしないんだ。あたしがしようにも、妊娠中で気分が悪いし……。先に起きて朝ごはんを作ってやれるとうまくいくんだけど。でもいつもあの子たちはごろごろして、テレビを見てるだけ。学校に行ったってどうせなんにもならないんだし、叔父さんの配達の手伝いをすれば少しは金になるって言うんだ。

**学生**❖たいていの学校には欠席児童補導教官がいて、登校しない子どもを連れて行ってくれるんだけど、知ってますか。役に立つと思うんだ。その人に登校を手伝ってもらえるんじゃないかな。

**ロージー**❖たぶん、ね。

**学生**❖ロージー、何とかしようっていう気持ちはあるの？

**ロージー**❖それはあるけどさあ。でも、どうやって私を助けてくれるつもりか、わからないもの。

**学生**❖お腹の子を養子にやろうと考えたことはある？

**ロージー**❖いいや。生まれたら絶対、手元に置くよ。知らない人にやるなんてことは考えられない。

**学生**❖養子ってそんなこととは全然違うんだから、今どきの養子制度がどんなものか話を聞いてみない？　きっと子どもたちにもあなたにもいいと思うんだけど。

**ロージー**❖いやだね。

**学生**❖あなたの学歴は？

**ロージー**❖中学2年まで学校に行ったけど、最初の妊娠で退学した。

**学生**❖退学したことはどう思う？

**ロージー**❖別に。どっちにしたってあんまり学校が好きじゃなかったし。

**学生**❖学校に戻って卒業したい？

**ロージー**❖そうだね。行ってもいいけど、誰が子どもの面倒みてくれる？　それにどうやって通学するの？

**学生**❖保育所でみてもらえるし、学校へはバスで行けるよ。まわりに助けてくれる人とか両親とかはいるの？

**ロージー**❖近所の人もあたしと同じなんだ。あたしは自分の父親が誰か知らないし、母親は病気でそのうえ、いつもあたし以外の子どものことを心配してたしね。
**学生**❖あなたとお母さんの関係はどうなの?
**ロージー**❖今はいいけど、子どもの頃よりはね。怒鳴られたり殴られたりしたし、ケンカもしょっちゅうだった。弟たちの面倒をみるのはいつもあたしの役だった。妊娠したとき、母親はものすごく怒ってあたしを家から追い出したんだよ。
**学生**❖悲しかったでしょう?
**ロージー**❖うん、人生ってやりきれないときもある。でも今になってみれば子育てがどんなに難しいかわかるし、何で母親があんなことをしたのかもわかるけど。
**学生**❖子育てでお母さんと同じ間違いをしょっちゅうしているって思う?
**ロージー**❖うん、私も怒鳴るし、殴ることもあるんだ。
**学生**❖子どもにそんなことをしたとき、どう思う?
**ロージー**❖うれしいわけないだろ。でも疲れてて、どうしようもないんだ。
**学生**❖子育てセミナーに出ようと思ったことは?
**ロージー**❖うん、それはいいかもしれない。でも、今は無理だね。

学生の質問の種が切れたのと、ロージー（シェリル）もこれ以上続けたくなかったので、面接はここで終わりになった。

この面接について、特に学生がロージーに投げかけた質問のタイプについて観察してみたい。この質問から、学生が役に立つと考えていたことがわかる。もちろん学生はロージーを助けたいと強く望んでいた。学生はロージーに意見を述べたり指示をしたりするよりも、質問することを選んだ。彼らが、ロージーを援助するためにはもっと情報が必要だと考えたことがわかる。どんな質問をしただろうか。

◉**問題についての質問**　質問の1つのタイプは、ロージーの生活において問題になりそうな部分に的をしぼったものだった。学生たちはロージーに、また妊娠していること、売春していること、子どもを毎日登校させていないこと、学校を退学したこと、就労していないこと、子育ての失敗などについて尋ねた。

◉**あやまちについての質問**　直接・間接に、ある行動をしたかどうかを尋ねた。こういう質問は彼女の行動について学生が問題だと思った事柄を示している。「避妊をしましたか」「赤ちゃんの父親はコンドームを使ったの?」「子育てでお母さんと同じ間違いをしょっちゅうしているって思う?」。このタイプの質問は暗にロージーが違う行動をしていたら、今、こんな問題がなかったのに、またはこんなに大変にならなかったのに、という意味を含んでいる。

◉**原因についての質問**　ロージーの過去のあやまちを探すこうした質問は彼女の問題の直接的で実際的な原因——避妊をしなかったこととか、学校を退学したこととか——を知るためであった。面接のなかには「あなたの子どもの頃はどうだったの」「あなたとお母さんとの関係はどうなの」といったもっと間接的な原因に関する質問もあった。学生はロージーを助けるにはなぜ問題が起こったかを知る必要があると思っているようである。

◉**解決についての質問**　4番目の質問は、現実的な解決を暗示するものである。これは大体、ロージーの問題と原因とを探す質問のあとに引き続いてなされている。「今どきの養子制度がどんなものか話を聞いてみない?」「学校に戻って卒業したい?」「子育てセミナーに出てみようと思ったことは?」。このような解決についての質問が常に問題と原因についての質問の後にきていることを考えると、学生は問題と原因を面接者が理解した後でなければ解決の可能性は出てこないと思っているらしい。

ここで分類した4つの質問のタイプを振り返ってみると、次のことが言える。まず、学生の質問のうち3分の2は4タイプの質問のどれか1つか、または2つ以上にまたがるものであった。第2に、質問はある順序でなされている。すなわち、問題についての質問の次に直接・間接の原因を聞く質問、その次に、現実的な解決についての質問という順番だ。ここで言えることは、この学生たちがすでに、人を援助する最も有効な方法として**問題解決**アプローチを取り入れていることである。最後にもう1つのタイプの質問が残っている。

◉**感情に関する質問**　残りの質問のほとんどは彼女の感情に関するものである。「また妊娠したことをどう思いますか」「子どもを連れて行かれたとき、どう思った?」「子どもにそんなことをしたとき、どう思う?」。学生たちはとにかくロージーに感情を表現させることが彼女の役に立つと信じていた。

## 問題解決として援助すること

上記の学生の質問に暗示される援助方法は、カウンセリング、心理学、社会福祉における専門的実践についての教科書に記されている基礎的アプローチに共通する部分がある。この分野の教科書は、問題解決の段階を中心に組み立てられているものが多い(Hepworth, Rooney & Larsen, 2002; McCalm & Woodside, 1994; Timberlake, Farber & Sabatino, 2002)。問題解決の段階は基本的には、学生がロージーとの面接に用いた手法を系統立てたものである。

### 問題解決の段階

ティンバーレイク、ファーバーとサバティーノ(Timberlake, Farber & Sabatino, 2002)の公式から、従来の問題解決アプローチがどのようなものか、段階を追って見てみよう。

◉**問題の描写とデータ収集**　この段階でクライアントは軽減させたい心配について述べる。臨床家は専門的アセスメントを行うためにクライアントに問題の詳細を尋ねる。

◉**問題のアセスメント**　問題の話を聞いた後、臨床家はクライアントの問題の性質と程度を判断し、問題の分類、理論、研究成果、臨床知見といった専門性を活用してアセスメントを行う。

◉**介入作り**　臨床家はクライアントと目標のリストを作り、問題によるマイナスの帰結を解決もしくは改善するための一連の介入法を作る。ここでもまた臨床家は自身の専門性を利用する。

◉**介入**　問題を軽減するための問題解決行動(介入)を実行する。

◉**評価とフォローアップ**　クライアントと専門家は介入の後、結果を追跡し、介入の成否を判定する。失敗であれば介入を修正するか、新しい行動をとる。両者が、問題が解決したと判断した時点で一連の過程は終わり、クライアントは面接を終了する。問題が再発していないことを確かめるためにフォローアップ面接を予定することもある。

## 注意事項❖信頼関係の重要性

援助専門家は、専門的な援助が問題の解決にとどまるものではないことを知っている。臨床家は、援助の過程でクライアントと信頼関係を作ることが大切だということを熟知している。信頼感がなければ、クライアントが面接を続けることも、助言に従うこともないだろう。したがって専門的援助についての執筆家や教育者は、通常、問題解決の前段としての関係づくり（エンゲイジメント）の段階を強調する。問題終結までの全段階で、臨床家はクライアントと信頼関係を確立し維持するために、思いやり、温かさ、共感を示すことに特に注意する。

## 医学モデル

援助職における問題解決アプローチは医学モデルに強い影響を受けている（Conrad & Schneider, 1985; Goldstein, 2002; Weick, 1992）。このモデルは19世紀末から20世紀初頭の医学界における注目すべき成果から生まれた。ルイ・パストゥールなど科学者たちはこの時代に、多くの伝染病や致死的疾病の原因はバクテリアであることを発見した。この新知見から診断と治療という実践モデルが生まれた。医師たちは病気を**診断**した後に適切な**治療**（解毒剤など）をほどこした。20世紀初めまでに感染症の死亡率は激減した。結核やコレラ、破傷風、ジフテリア、腸チフスの原因が判明し、致死的病気でさえ治療できるという希望がふくらんだ。この成果によって医学臨床の基礎である科学的知識と、診断と治療という医学モデルが絶大な信頼を勝ち得たのである。

## 問題解決❖援助職のパラダイム

クーン（Kuhn, 1962）は**パラダイム**を「包括的モデル」と定義した。これは、パラダイムが理論、調査、専門家による臨床実践の指針となることを意味する。援助職の実践における有力なパラダイムは問題解決である。

20世紀にはいり、医学モデルは身体の疾病以外にも応用されるようになった。生物医学の発達によって感染症の個別の原因が判明したため、専門家も大衆も精神障害や情緒的問題、対人関係の問題、社会問題について同様な見方ができると考え始めた。そして、過去一世紀にわたり人間の存在に関する問題の性質と原因についてあらゆる研究がなされた。問題の原因さえ解明すれば、問題を解決し、コントロールする方法が明らかになると信じられたのである。援助の分野においても、多数の問題分類法が生まれた。精神医学の『精神疾患の診断・統計マニュアル（DSM-IV-TR）』（アメリカ精神医学会、2000）をはじめ、フロイト（Freud, 1966）の精神病理学のカテゴリーや、サティア（Satir, 1982）の対人コミュニケーションにおけるメッセージ・レベルの矛盾の分類、ジャーメインとギッターマン（Germain & Gitterman, 1980, 1996）の精神・社会・環境的ストレッサーのリストなどがあげられる。

援助職は今や多様化している。これは扱う問題のタイプや、問題解決法の違いによる。このような違いはあるが、援助職の分野には重要な共通点がある。この共通点は医学モデルから派生したもので、問題解決パラダイムの基本的特徴となっている。次にこの共通点をみていこう。

**共通点1❖問題解決の体系**　医学モデルの登場以来、ほとんどの援助者はクライアントを援助するのに同一の基礎体系を採用している。[▼註1] すなわち、臨床家はクライアントの悩みや苦しみを理解してはじめて援助できるという前提に立つ。これは臨床家が問題やニーズを査定したり、病気を診断したりする際にはあてはまる。この前提の核心は、**1つの問題には1つの必然的な解決がある**ということである。問題が異なれば異なる解決策が求められ、臨床家は1つひとつのケースに最も効果的な介入を選ぶために正確なアセスメントを行う必要がある。この前提が世間一般の考え方にも影響を及ぼしたのは明らかであった。クライアントは自分の問題と症状について説明した後、通常「これはいったい何なのでしょう。私にはどうしてこうなるのか、わからないんです」と尋ねる。

この問題解決の体系は医学モデルに基づいている。医学モデルは、医師が効果的な治療をするためには患者の病気を診断しなくてはならないと規定している。異なる病気には異なる治療が必要であり、病気にはそれぞれ異なる回復があるという考えである。

また医学モデルには「器官の機能不全、疾病の進行、バクテリアが客観的な現実であると同様に、クライアントの問題やそれを引き起こすものも客観的な現実である」という観点がある。近代医学が疾病の分類と診断手順と治療法を作り上げたのと同様に、援助職は広範な問題の分類、それにみあうアセスメントおよび介入の技術を作り上げた。さらに20世紀全般にわたって、援助職はクライアントの問題を引き起こす要因を、バクテリアが身体の器官を攻撃して病気を引き起こすのと同様に、直線的因果関係で説明できると考えていた。

幅広い援助職のほとんどの立場で、問題と解決は何らかの形でつながっているというこの前提を採用している（これはシステム論にさえもあてはまる。つまり直線的因果関係の代わりに円環的因果関係を採用しただけで、問題と解決とはつながっているという前提は同じである）。援助職相互で異なる点は、主に問題の分類、アセスメントの手順、介入の技術である。例えば臨床心理士はソーシャルワーカーとは異なる問題に注目し、異なるアセスメントの手順を用いる。臨床心理士は通例、心理テストで問題を発見し、『精神疾患の診断・統計マニュアル』の分類にあてはめる。一方、ソーシャルワーカーはジェノグラムやエコマップによって問題を探り、システム内の相互作用の観点から分類する。発見された問題と与えられた名前は異なるが、援助の体系は依然として同じである。[▼註2]

**共通点2❖科学的専門性への信頼**　2番目の共通点は1番目の延長線上にある。異なる問題が異なる解決を必要とするのなら、援助者としては数多くの問題と、それに関するアセスメントの手続きや介入の

▼**註1**　ミルトン・エリクソンやディ・シェイザーのような臨床家は本章の後半で触れるように、異なる方向を目指している。

▼**註2**　援助職のなかには、問題解決の体系が隠されていて見えにくい分野がある。例えば、カウンセリングでは人間性心理学の影響で、臨床心理学ほどは心理学的障害の診断と治療を結びつけない。カウンセラーはクライアントを本質的には正常とみて、彼らの自立的で健康な傾向を育てることを目指している。とはいえ、実践面では問題解決の体系がまだ残っている。例えば、クライアントが問題の原因を尋ねると、カウンセラーはクライアントの生育歴における問題を指摘する。また、クライアントに必ず発達上の問題を尋ね、これが治療に重要であるという印象を与える。

技術に精通していることが重要となる。そのうえ、クライアントの問題は客観的な現実（問題を感じている人の外部に存在するもの）と考えられ、科学的に研究される。こうして得られた科学的知識が、クライアントを援助するための基盤として援助者に教えられる。さまざまな問題とその解決についての科学的知識、さらにその知識を臨床場面で適用する技芸が、援助職の専門性の要素となる。

## 解決構築として援助すること

問題解決の特徴的体系――問題の性質を判断した後で介入する――は、臨床家とクライアントの対話の内容を左右する。臨床家は問題の正確な査定に必要な情報を得ようとして、クライアントに問題について、誰が、何を、いつ、どこで、なぜ、といった説明を求める（ときには分析させる）ことに多くの時間を割く。この過程で、クライアントは自分自身、家族、職歴、生活その他について長いインテーク用紙に書き込む。過去の問題を記載したり、アセスメント・テスト（パーソナリティ・テストや家族内コミュニケーションの質問紙など）に記入したりすることもある。そのようなアセスメントの道具を使うとき、臨床家は手抜かりをなくそうとして徹底的な査定を実施しがちである。問題が査定されると、臨床家は問題や介入についての専門知識を再び駆使して介入案を作る。この過程での臨床家とクライアントの対話は問題志向となる。

### 問題解決パラダイムに関する疑問点

過去30年間、援助職の分野で問題や科学的知識が強調されすぎることに疑問を感じる人々が増えている。

**クライアントの問題はパズルではない**　ジュリアン・ラパポート（Rappaport, 1981）は大胆にも、援助職が扱う問題と、医学モデルがあてはまる疾病との間にはほとんど類似点がないと主張している。疾病はバクテリアの作用や環境汚染の影響のような生理学的プロセスの結果であり、援助職がかかわるクライアントの困難よりも、自然科学者が研究する科学的問題に近い。疾病と自然科学の問題はジグソーパズルに似ている。パズルはどれほど複雑でも、すべてのピースがそろっていれば必ず完成する。家禽コレラのバクテリアの病原体の発見、DNAコードの解読、太陽を巡る惑星の軌道の予測などにも同じことが言える。このようなパズルを解くのに最適の研究と推論のタイプは解決に向かって**収束する**ものだとラパポートは述べている。つまり、厳密で精巧な研究を重ねていくと、それは次第に正しい解決へと収束していく。実験研究は収束的推論の一例で、科学的・医学的パズルを解く上で大変有効であることがわかっている。

援助職が出会う問題はパズルとは異なり、多くの場合、ただ1つの正しい解決というものはない。例えば、ある家族が親子間の葛藤について相談するために専門家を訪れたとしよう。子どもたちは放課後いたずらをして共働きの両親の注意を引こうとしている。専門家は両親に、どちらかが働く時間を減らし、もっと子どもと過ごすようにと助言したくなる。しかし、この解決は両親の職場での立場を悪くし、そのために両親が不安になり、親子関係がさらに悪化するかもしれない。

　このようなケースの適切な解決策は、その親のその時点でのニーズ、子育ての経験、仕事や子育てに関する価値観などによって変わる。人も、ものの見方もさまざまなので、このような問題の解決策は1つではない。それゆえ、ラパポート（Rappaport, 1981）は、援助職においては**拡散的**な考え方が適していると主張する。拡散的な解決法は、問題についてのさまざまな見方を概観し、有効で可能な解決策をいくつか探すものである。クライアントの役に立つという目標のもと、拡散的な考え方では臨床家の専門知識だけでなくクライアントの見方も重視する。

**クライアントをエンパワーし、長所に焦点をあてる**　援助職の使命はクライアントが建設的で満足な生活を送るよう**元気づける**《empower》ことである。ところが、ブランドー（Blundo, 2009）、ラパポート（Rappaport, 1981, 1990）、サリービー（Saleebey, 2009）、ショーン（Schon, 1983）、ワイク、ラップ、サリヴァン、キスハート（Weick, Rapp, Sullivan, & Kishardt, 1989）は、クライアントは問題を持ち込む人で、専門家は解決する人だという考え方が強調されるあまりに、クライアントをエンパワーするという使命が果たされていないと言う。[▼注3] 臨床家が問題や病理の分類に焦点をあてるとクライアントは落胆し、自分はアルコール依存症や機能不全家族などのような疾病や機能不全の犠牲者であると感じる。一方、クライアントをエンパワーすることは「個人、グループ、家族、コミュニティがその内面や周囲にある資源と道具を見つけてそれをうまく使えるように支援しながら、目的とそこへの過程とを明らかにすること」である（Saleebey, 2009, p.11）。

　サリービーによれば、エンパワーメントは**長所志向**である。同様な考え方の著者たちの言葉を要約して、彼は長所志向の基本的な仮説を次のようにまとめた。

1　生活と闘いながらも、誰にでも生活の質を改善する長所がある。臨床家はこの長所とクライアントが望む方向を尊重すべきである。

2　クライアントが自分の長所を述べるたびにその長所を強調すると、クライアントの意欲が増す。

3　長所を見つけるにはクライアントと援助者の協力が必要である。熟練した臨床家であれば、クライアントの生活改善に必要なことについて、最終的にクライアントに決めさせる。

4　クライアントの長所に目を向けると、臨床家はクライアントを審判したり非難したりせず、どれほど大変な状況でも、クライアントが困難を切り抜けてきた方法を理解しようとする。

5　どれほど厳しい状況であっても資源は必ず存在する。

　サリービーのエンパワーメントの概念や仮説は伝統的な問題解決アプローチとは異なる。彼は、臨床家は問題に焦点をあてずに、クライアントとともに解決作りに役立つ長所と資源を探すべきであると言う。

**▼注3**　すべてのアプローチが、解決を担うのは専門家であると強調しているわけではない。例えば、非指示的アプローチは専門家による解決を重視しない。このアプローチは臨床家による無条件のポジティブな関心とクライアントの自己決定とを拠り所としている。

サリービーによれば、クライアントの思考の枠組み《frames of reference》と生活に役立つことの認識は、少なくとも問題と解決についての科学的専門知識と同程度の重要性がある。要するに、彼は問題ではなくクライアントの長所へ焦点をあてたいのである。

> 私たちは人々がどうやって一歩を踏み出し、資源を引き出し、対処したかに興味を持っている。お手上げだと観念するときさえも、人々は自分のおかれた状況と闘っているのである。援助者として私たちはその活動に加わり、それを解明し、さらに進めなくてはならない。
> (Saleebey, 2009, p.287)

この姿勢は大きな挑戦である。というのは、この分野は長らく問題解決に合わせて臨床技術を作り上げてきたし、エンパワーメントや長所志向については主として哲学や臨床理念などの文献で取り上げるだけでその技術にはほとんど触れてこなかったからである。サリービーの仮説を実現するには、新しい臨床技術を作り、教え、クライアントとともに活用しなくてはならない。この25年間にクライアントの能力をベースにした、より協働的なアプローチが次々と開発されている(Berg, 1994; Cade & O'Hanlon, 1993; de Shazer, 1985, 1988; Durrant, 1993; Freedman & Combs, 1996; Gilligan & Price, 1993; Greene, 2007; Miley, O'Melia & DuBois, 2011; Rapp, 1998; Saleebey, 2009; White & Epston, 1990)。問題への焦点づけをやめ、クライアントの改善を促す技術に違いはあるものの、どのアプローチでも過去の問題や短所ではなくクライアントが望む未来と長所に主に目を向けている。▼註4 本書はこのようなアプローチの1つである**解決構築**アプローチとその技術を詳細に提示する。具体的で、習得可能で、幅広い応用のきく技術を使って、クライアントの考え方にそって働きかけ、彼らをエンパワーしながら面接を進めていくアプローチである。

## 解決構築の歴史

解決構築アプローチはスティーブ・ディ・シェイザー(de Shazer, 1985, 1988, 1991, 1994)とインスー・キム・バーグ(Berg, 1994)と同僚によって始められた。解決構築セラピーについて多くの著作があるディ・シェイザーは、グレゴリー・ベイトソンの初期のコミュニケーションに関する著作(Bateson, 1972; Bateson, Jackson, Haley & Weakland, 1956)とミルトン・エリクソンの心理療法アプローチ(Haley, 1973; Zeig & Lankton, 1988)とに強い関心を抱いていた。バーグとディ・シェイザーは個人、夫婦、家族の多様な問題を扱う臨床活動を行った。彼らはまた、ウィスコンシン州ミルウォーキーのブリーフ・ファミリー・セラピー・センター(**Brief Family Therapy Center**/以下BFTC)や世界各地で多くの専門家にこの方法のトレーニングを行った。

バーグとディ・シェイザーはクライアントとの実際の面接過程を観察し、その結果を面接に反映させることでさらに有効な援助法がわかってくると信じていた。従来の科学的研究では治療過程をいくつかの構

**▼註4** 基本的には問題志向、問題解決アプローチながらも、いくつかの出典では以前の版と比べると、クライアントの長所に触れ、クライアントと協働することの重要性について追記しているものもある(例えば、Hepworth, Rooney, Rooney, Strom-Gottfried, & Larsen, 2010; Timberlake, Zajicek-Farber, & Sabatino, 2008)。

成要素に分解し、それを集めて解釈していたが、ディ・シェイザーたちは面接の観察からそれとは異なる方法を開発したのである。彼らは当時の主流であったセラピーの方法には満足できなかった。１９７０年代に地域の機関で働いていた彼らは、マジックミラーを設置して面接中のセラピストがどうすれば有効に援助できるかを観察しようとした。しかしその機関はミラーの撤去を命じたので、彼らは面接を理解するのに必要な装置を使うために、１９７０年代の半ばに自らの組織を設立したのである。以来、そこでは革新的な臨床活動やセラピー過程の観察、面接成果の研究、臨床家へのトレーニングが行われた。

ディ・シェイザーとバーグと同僚が、彼らの方法を作り上げてきた道筋を簡単に述べた。彼らは個々の面接を観察し、最も有効なことに注目するという**帰納的**な作業を続けた。その過程では、クライアントの問題の性質や発端についての既存の考え方を用いないようにした。これとは異なり、従来のこの分野における手法の多くは演繹的に作られた。すなわち、クライアントの問題の性質や原因に関する既存の理論があり、そこから演繹されたものである。バーグとディ・シェイザーは、クライアントに有効な要素を理解しているが、解決構築の手続きがなぜ有効なのかはよくわからないと述べている。しかし、解決構築の手続きが十分に開発され、有効性も諸文献で証明された現在、ディ・シェイザーとミラーやその他の研究者はセラピー過程の特性について論考しはじめている（De Jong, Bavelas, & Korman, in review; de Shazer, 1991, 1994; de Shazer, et al., 2007; Korman, Bavelas, & De Jong, in review; Miller, G., 1997）。

ディ・シェイザーが問題と解決は必ずしも関係しないという考えに初めて行き当たったのは１９８２年で、ある家族と面接をしていたときのことであった（Hopwood & de Shazer, 1994）。いつものように、ディ・シェイザーと同僚はクライアントに「どういうことでここにいらしたのですか」と尋ねた。家族のメンバーはお互いに相手の話に割り込みながら、面接の終わりまでに27の問題を羅列した。そのうちのどれ1つとして明確に説明されたものはなかったので、ディ・シェイザーと同僚は介入案を作ることができなかった。それでも、家族の注意を問題以外のことに向けようとして、ディ・シェイザーたちは「生活のなかでまた起こったらいいと思えることに注目するように」と伝えた。２週間後の次の面接で家族は、大変うまくいっていて問題は解決したと報告した。問題解決の仮説によれば、この家族がこれほど劇的によくなるはずはなかった。というのは、臨床家はまだ問題のパターンと性質を見抜き、査定していなかったからである。この経験を機にディ・シェイザーと同僚は問題志向から解決志向へと移行したのである。それ以来、彼らとともに多くの人々がこの転換の意味を解明しようと努力している（Berg, 1994; Berg & de Shazer, 1997; Berg & Dolan, 2001; Berg & Kelly, 2000; Berg & Miller, 1992; Berg & Reuss, 1997; Berg & Shilts, 2005a, 2005b; Berg & Steiner, 2003; Berg & Szabo, 2005; Cauffman & Dierolf, 2006; De Jong & Berg, 2001; de Shazer et al., 2007; Dolan, 1991; Durrant, 1995; Fiske, 2008; Furman & Ahola, 1992; George, Iveson & Ratner, 1999, 2011; Jackson & McKergow, 2007; Kelly, Kim, & Franklin, 2008; Lee, Sebold & Uken, 2003; Lipchik, 2002; Macdonald, 2007; Metcalf, 1995, 1998; Miller, G., 1997; Miller, S. D. & Berg, 1995; Miller, S. D., Hubble & Duncan, 1996; O'Hanlon & Weiner-Davis, 1989; Pichot & Dolan, 2003; Pichot & Smock, 2009; Selekman, 1993, 1997, 2002; Sharry, 2001; Simon, 2010; Turnell & Edwards, 1999; Walsh, 2010; Walter & Peller, 1992, 2000; Weiner-Davis, 1993, 1995; Young, 2009）。

第2章

# 解決構築の基本

解決への扉に通じる最も有効な方法は、問題が解決されたときに、クライアントがどんな違う行動をしているか、どのような違ったことが起きるかのイメージを手にいれることであり、有益な変化を予想することなのだ。
（de Shazer, 1985, p.46）



これから解決構築の過程を概観する。それが問題解決の過程とどう違うかを理解してほしい。では、ロージーのケースを使って考えてみよう。

## ロージーとの実際の面接

第1章では、ピーターの同僚シェリルが23歳のロージーを演じたロールプレイの内容を紹介した。学生たちはロージーを援助しようとして問題解決の立場から数々の質問をした。シェリルはロールプレイの前に、実際にロージーと面接していた。学生たちとは対照的に、シェリルは実際の面接でいくつかの解決志向《ソリューション・フォーカス》の質問をした。次にシェリルとロージーの初回面接の抜粋を提示するので、そこから解決構築の特徴を読みとってほしい。

**シェリル**❖何かお役に立てることはあるかしら。

**ロージー**❖ああ、いくつも大きな問題があってね。1つは、また妊娠していることなんだけど、あたしにはもう2歳と3歳の娘と、学校に行ってる2人の息子がいる。しなくちゃならんことばかりで、おかしくなりそうだよ。2人の息子を朝、学校に行かせられないのでまた里親にやられるんじゃないかと心配でね。あの子らは朝起きないし、ゴロゴロ横になってテレビを見ているだけなんだ。学校は役に立たないし、学校に行かないで叔父さんのところで配達をすれば、金がもうかるって言っている。

**シェリル**❖「配達」をするの？

**ロージー**❖うん、たいがい麻薬だよ。悪いことだし、面倒に巻き込まれるって言っても言うことをきかない。あの子らが学校に行っている間はほっとするよ。とにかくその間はラマーやブライアン［叔父］と一緒じゃないから。だけどあの子らは朝起きないし、起こそうにも妊娠中で気分が悪くてね。

**シェリル**❖［共感して］まあ、あなたは本当に手いっぱいなのね。１人で４人の子どもの面倒をみるだけでも大変なのに、そのうえ妊娠していて……。

**ロージー**❖うん、その通りなんだ。あの子らをまた取り上げられたくないのに、あの子らは学校のことであたしとケンカするし、お腹は大きいし、もうクタクタ。

ロージーは、暮らしていくために育児手当てだけでは足りないので売春をしていること、妊娠はたぶん客との避妊なしの性交の結果であることなど、問題についてさらに詳しく話し続けた。そこでシェリルは話題を変えた。

**シェリル**❖そうね、あなたはいくつも大問題を抱えているわ。息子たちを学校へ行かせること、生活に必要なお金を稼ぐこと、妊娠していてとても疲れていること。ここでちょっとかわった質問をさせてね。それはミラクル・クエスチョンというのよ。［間をおいて］今晩いつものようにベッドに入ると、あなたが眠っている間に奇跡が起きます。その奇跡っていうのは、あなたが今話してくれた問題が解決することなの。あなたは眠っているので、問題が解決したことにすぐには気づきません。明日の朝、目覚めるときに、どんな**違い**に気づくかしら。どんなことから「わあ、本当によくなったんだ」とわかるかしら。

**ロージー**❖［微笑みながら］簡単さ、宝くじで３００万ドルがあたるんだ。

**シェリル**❖そうなったらすごいわね。他にどんなことに気がつくかしら？

**ロージー**❖金持ちで、子どもたちにやさしい素敵な男と出会って結婚している。でなけりゃあこんなにごちゃごちゃ子どもがいなくて、高校を卒業して、いい仕事に就いているだろうね。

**シェリル**❖そう、それは**大きな**奇跡ね。でも、明日の朝「今日は何かが違う。よくなっている。きっと奇跡が起こったんだわ」と思うとき、あなたがまず最初に気づくのはどんなことかしら。

**ロージー**❖そうだね、子どもたちより早く起きて、朝ごはんを作ってやって、あたしもみんなと一緒に座って食事してるだろうね。

**シェリル**❖もしあなたが、子どもたちより早く起きて、朝ごはんを作ってやることにしたら、子どもたちはどうすると思う？

**ロージー**❖たぶんテレビをつけないで、テーブルに座ってるだろうね。

**シェリル**❖それはあなたにとってどう？

**ロージー**❖うれしいよ。だってテレビのことでケンカしないで楽しいことを話せるから。怒鳴り声を聞いて小さい子たちが泣き出すこともないしね。

**シェリル**❖他には？　奇跡が起こったとき、他に何が違っているかしら。

ロージーとシェリルはロージーのミラクル・ピクチャー（奇跡が起こった後のイメージ）について他の部分も探求していった。その後でシェリルは次の質問をした。

**シェリル**❖ロージー、私、とても感心したわ。状態がよくなったとき、家のなかがどう変わっているか、あなたはずいぶんはっきりわかっているんだもの。じゃあ、あなたが説明してくれた奇跡みたいなことが、この2週間で何かなかったかしら。ほんの少しでもいいのよ。

**ロージー**❖えーと、よくわからないけど……。そうだね、4日ぐらい前はちょっとよかったかな。

**シェリル**❖4日ぐらい前のことについて話してちょうだい。**何が**違っていた？

**ロージー**❖えーと、前の晩10時頃に寝てよく眠れたんだ。土曜日に店と食料配給所に行ったから家に食べ物があったし。6時半に目覚ましをかけて、鳴ったときに起きて、朝ごはんを作って、子どもたちを起こした。息子たちは食事をして、学校の準備をして、時間通りに出かけたよ。［思い出しながら］1人は学校に行く前にさっさと宿題までしてたね。

**シェリル**❖［感心して］ロージー、まさにそこで奇跡が起こったようなものね。驚いたわ。どうやってそんなことが起こったの？

**ロージー**❖わからない。家に食べ物があったし、あたしが早めに寝たからかなあ。

**シェリル**❖そう、どうやってそうできたの？

**ロージー**❖えーと、その晩は客をとらないと決めて、子どもたちに1時間本を読んでやった。

**シェリル**❖どうやって4人の子どもたちに本を読んであげられたの。大変なことだと思うけど。

**ロージー**❖いっぺんに4人に本を読んでやるなんてことはできないよ。まず長男に妹への本読みを頼んだんだ。彼に本を読む練習をさせられるのはこれしかないからね。あたしはもう1人の息子と娘に読んでやったよ。

**シェリル**❖ロージー、すばらしい工夫ね、彼に妹のために本を読ませるなんて。あなたも助かるし彼の読む力を伸ばすのにも役立つわね。どうやって彼にそうさせることができたの？

**ロージー**❖手伝ってくれるから、他の子よりも30分遅くまで起きていてもいいって。あの子はすごく喜んでる。

シェリルはロージーの奇跡のような出来事があった日がどう違っていたか、それがどのように起こったか――特にロージーがそのために何をしたか――を詳しく尋ねていった。それからシェリルは、ロージーが自分と問題との関係をどうみているかをさらに理解するためにスケーリング・クエスチョンを行った。

**シェリル**❖これからきくことを、0から10の目盛りで考えてほしいの。0は問題が一番ひどいときで、10は問題が解決したときとして、**今日は**目盛りのどの辺かしら？

**ロージー**❖もし、今日、話す前にそうきかれたら、2ぐらいって言っただろうね。でも今なら、5かなあ。

**シェリル**❖すごいじゃない！ それじゃあ、次の1週間の間に4日前のような日がもう1回来る**自信**がどのくらいあるかしら。あの奇跡のようなことが起こった日のことよ。0は全く自信がない、10は十分自信があるとしたら、またそういうことを起こす自信がどのくらいあるかしら。

**ロージー**❖うーん、……5ぐらいかな。

**シェリル**❖6になったとしたら、今とどう違うかしら。

**ロージー**❖子どもたちのための朝ごはんの材料を切らさないようにする

だろうね。

シェリルは、今後、奇跡が起きる機会を増やすためにロージーは何をしたらよいかを一緒に考えていった。最後にシェリルはフィードバックとして、ロージーが奇跡を起こすためにしたことを指摘し、奇跡のような日が増えることになりそうなことをいくつか提案して、初回面接を終えた。

## 解決構築の面接

シェリルの質問は、ロージーの解決構築を助けるためのものであった。解決構築アプローチには多くの質問技法があるが、こうした質問がアプローチの独自性をはっきりさせるのに役に立つ。

解決構築の面接は大きく2つの活動にまとめられる（De Jong & Miller, 1995）。1つは、クライアントの思考の枠組みをもとにウェルフォームド・ゴール（十分に練り上げられた現実性のある目標）を作りだすこと、もう1つは、例外をもとに解決を作りだすことである（de Shazer, 1985）。臨床家との面接の結果として、クライアントが生活のなかで変わってほしいと望むことについて、彼らに話してもらった後で、臨床家は解決構築のこの2つの活動に取りかかる。

ウェルフォームド・ゴールにはいくつかの特徴がある。この目標は、クライアントにとって重要で、小さく、具体的で、何かの終わりではなく違うことの始まりでなくてはならない（詳細は第5章を参照）。シェリルの質問は、ロージーの問題が少しよくなったら彼女の生活がどうなっているかを、はっきりとイメージさせるためのものだった。シェリルはロージーにミラクル・クエスチョンとそれに関連する質問を尋ねて、特にうまくいっていない部分について、もっと満足できる状況になったイメージを細部まで鮮明に描写するよう促した。こうした質問によって、ロージーは問題が解決したときに、子どもたちと一緒にしていることや感じていることについて具体的に描写することができた。

シェリルが行った2番目の解決構築の作業は、例外を探すことだった。**例外**とは、クライアントの生活のなかで、問題が起きて当然ながらも問題が起こらなかったり、問題の程度が深刻ではなかったりする状況をさす。解決構築では問題にかかわる誰が、何を、いつ、どこで、なぜを探求するのではなく、例外の状況について誰が、何を、いつ、どこで、を知ることに焦点を合わせる。ロージーのケースでシェリルは、次の質問によって例外を探し始めた。「あなたが説明してくれた奇跡みたいなことが、この2週間で何かあったかしら。ほんの少しでもいいのよ」。ロージーが少しよかった日を覚えていたので、シェリルは、その日がどう違っていたか、そうなるためにロージーが何をしたかを詳しく尋ねていった。その結果、ロージーにはすでにすばらしい成功経験があり、その能力を持っていることがわかった。こうした成功経験と能力を自覚した彼女は生活を改善できるという希望を抱きはじめた。

解決構築の臨床家は、例外の情報をもとに、クライアントが問題を解決したり改善したりするための方策をひねり出すよう援助する。理想を言えば、目標に関連した例外を探せるとよい。そのためにシェリルは例外を探す前にウェルフォームド・ゴール作りに取りかかった。

## 解決構築の諸段階

シェリルとロージーとの面接には、第1章で述べた解決構築のパラダイムがよく示されている。この面接の経過は「臨床家もクライアントも問題の本質を査定したり理解したりしなくても、クライアントは問題の解決像を作ることができる」というディ・シェイザーの観察の通りである。この問題と解決に関する所見からわかるように、解決構築と問題解決とではその体系が著しく異なる。解決構築の基本的段階を以下に述べる。

### 問題の描写

最初にクライアントが問題や心配事を説明するという点では、問題解決と解決構築の両者は共通している。「どんなふうにお役に立てますか」と尋ねると、クライアントはたいてい何らかの問題について話すので、私たちはさらに詳しく尋ねることになる。しかし解決構築の場合、問題解決アプローチほどこの段階に時間と努力を費やさない。問題の性質や程度について詳しく尋ねず、問題の原因についても質問しない。その代わりに、クライアントの問題の説明を丁重に聞き、会話を次の段階つまり解決の話に向けることを考える。

### ウェルフォームド・ゴールを作る

この段階では、問題が解決したときに生活のなかで違っていることについての話をクライアントから引き出し話してもらう。問題解決志向の臨床家ならアセスメントをする段階だが、私たちはクライアントとこの作業に取り組む。

### 例外を探す

この段階では、クライアントの生活のなかで問題が起こっていないとき、またはあまり深刻でないときについて尋ねる。誰が何をして例外が起きたのかについても質問する。問題解決アプローチでは介入を作る段階である。

### 面接の終わりのフィードバック

解決構築では面接のたびごとに終了時にクライアントへのメッセージを伝える。そのなかには、必ずコンプリメント（称賛・ねぎらい）があり、提案が含まれることもある。このコンプリメントで、問題を解決しようとしてクライアントがすでに実行している有効なことを取り上げて強調する。提案では、クライアントが解決作りを進めるために観察したり行動したりすることを明示する。フィードバックはウェルフォームド・ゴールや例外についてクライアントが話した情報を材料にして作られる。また、クライアントの思考の枠組みを尊重しながら、目標達成に向けてうまくやれる機会を増やすために、彼らがそのまま続けることと変更することとに焦点を合わせる。問題解決志向の臨床家ならアセスメントから導かれた介入を行うこの段階で、私たちはフィードバックを作成し、伝える。

## クライアントの進歩を評価する

解決構築では、クライアントが満足する解決にどれほど近づいているかをクライアントとともに繰り返し評価する。これは、スケーリング（0から10の目盛りでクライアントに進歩を評価させる）によって行われる。クライアントが進歩を評価したら、問題が解決して面接を終結してもよいと思えるようになるにはさらに何をする必要があるかを両者で検討する。

問題解決アプローチとは異なり、解決構築では面接開始時の合意形成と援助過程が終わる終結の段階とをそれほど重視せず、常に合意をとりつけ面接のたびにクライアントの進歩を観察する。問題解決とのその他の違いについては後の章で述べる。

## クライアントは専門家である

第1章で述べたように、援助専門家は従来、問題や解決についての蓄積された科学的知識という専門性を頼りにしてクライアントとかかわってきた。そのような専門性への依存の結果、援助分野の臨床家たちは問題や解決についての自分たちの認識がクライアントの認識より重要であると思いこんできた。事実、専門書は、クライアントの認識はしばしば専門家の臨床の妨げとなり、臨床家が克服せねばならないクライアントの抵抗のもとになると述べている。

対照的に解決構築では、クライアントが彼らの生活の専門家であると強調する。私たちは次の3つの方法でクライアントの思考の枠組みを引き出し、それを重視し、解決構築の作業を進める。

1　どのような変化を求めているかを具体的に尋ねる。クライアントの答えはほとんどが問題の描写である。私たちはクライアントの問題の認識と言葉（分類）をそのまま受けいれる。

2　問題が解決したとき何が違っているかを話し合う。クライアントが進みたい方向（目標）とそれについてクライアントが使う言葉を注意深く聞き、尊重する。

3　クライアントに問題の例外について尋ね、この認識を尊重する。例外を認識できることはクライアントの内的資源（長所）の証拠であり、また有益な外的資源の情報源でもある。

この3点からわかるように、私たちは自分をクライアントの問題を科学的に査定し介入する専門家とはみなしていない。むしろ、クライアントの思考の枠組みを理解しようとして、クライアントが満足できる生活にしていくために使える認識を引き出す専門家でありたいと思う。

このようにクライアントの思考の枠組みを活用すると、クライアントの抵抗は問題ではなくなる（De Jong & Berg, 2001; de Shazer, 1984）。このやり方を使えばさまざまなクライアントの幅広い問題に対して同様にうまく対処することができる。この点については12章と15章で触れる。次の章では、クライアントと解決をつくる方法を検討する。これこそが本書の核心である。まず、解決構築で使われる基本的対話スキルについて示す。

# 第3章

# 知らない姿勢で一歩後ろから導く技法

好奇心が新しい見方と行動の探求と創造を導き、異なる行動と見方が好奇心を生み出す。
(Cecchin, 1987, p.406)

刺激的な対話をしている二者の間では、1人だけあるいは違う相手とならば生まれない考えが創造されるということに気づかないとしたら観察者として落第である。
(Fleck, 1979, p.44)

何も伝えずにはいられないように、影響を及ぼさずにいることはできない。あらゆる人間の相互作用において、影響を及ぼさないものはない。私たちがクライアントに影響を及ぼし、クライアントが私たちに影響を及ぼすことは避けられない。唯一の選択肢は、深く考えずにもしくは否認しながらそうするか、慎重に責任を持ってそうするかのどちらかである。
(Weakland, 1993, p.143)

クライアントに自分の生活の専門家になってほしいのであれば、臨床家は自分の思考の枠組みを脇に置き、クライアントの思考の枠組みを探求する方法を知る必要がある。言い換えると、「知らない《not knowing》」姿勢をとる方法を身につけなければならない。アンダーソンとグーリシャン(Anderson & Goolishian, 1992)のこの有益な言葉は、(専門家の思考の枠組みの効力をもってしても)専門家が事前にクライアントの経験や行動の意味とその重要性を知ることなどできないことを述べたものである。それどころか、臨床家はクライアントの認識と説明を信頼しなければならない。この2人はそうするための最善の方法は知らない姿勢をとることだとして、次のように述べている。

知らない姿勢とは、セラピストが強い、純粋な好奇心を持っていることを伝える態度や行動である。つまり、クライアントの話をもっと詳しく知りたいという態度と行動をとることであって、セラピストの先入観を持った意見や、クライアント、問題、変化についての予想を伝えることではない。したがって、セラピストはいつもクライアントから「知らされる」状態に身をおくことになる。
(Anderson & Goolishian, 1992, p.29)

こうした態度をとり、それを続けることを習得するには熱意と実践が必要である。それは一生続くプロセスである。本章では、臨床家の質問と反応によりクライアントを話す立場に立たせ、臨床家が彼らから知らされるための基本的コミュニケーション技法について述べる。いくつかの技法は解決構築独自のものである。そうではない技法についても解決構築独自の考え方と適用法があることがわかるだろう。

## 基本的面接技法

### クライアントにとって重要な人と事柄を聞き取る

インスーはよく「解決構築に熟達した臨床家は『解決構築の耳』でクライアントの話を聞く方法を身につけているものだ」と話す。このような臨床家はクライアントの物語を自分自身の思考の枠組みのふるいを通さずに聞く力を持っている。私たちが人の話を聞くときには、ただ聞くだけでなく、聞いたことに対して心のなかで反応するのが普通である。例えば、15歳の子どもから、夜10時の門限に腹を立て「時代遅れの石頭」と両親をなじって朝方3時まで帰らなかったという話を聞いたとしよう。すると「親に対してそんな口の聞き方をすると、門限はなくならないだろう」とか「発達的見地からすれば、3時まで外をうろつくとは、子どもっぽくてあまり効果的な怒りの処理法とは思えない」という考えが浮かぶかもしれない。こうした評価的見方は聞き手の思考の枠組みから生じるもので、注意深く話を聞く妨げになる。なぜなら、まず第1に、聞くと同時に評価することは容易ではないからである。最初に聞いたことを考えながら、次の言葉を聞き取ることは難しい。第2に、こうした評価をすると短絡的に問題解決へと進みがちになる。第1章の学生たちが行ったロージーとの面接にこれが表われている。彼らは自分たちの思考の枠組みからロージーの状況を評価して、自分たちが役立つと考えたいくつかの提案を彼女に伝えた。

自分の思考の枠組みを一時離れて、クライアントの観点からクライアントのストーリーを聞くことは簡単なことではない。私たちは自分の経験と信念と範疇というふるいを通して人の話を聞くことに慣れてしまっている。援助職の教育においても、アセスメント情報を得るための手段として聞くことが強調されるが、これもクライアントの観点以外から話を聞く姿勢を強化する。

ピーターは聞いて応じる技術を指導する最初の課程で、学生たちにロールプレイを通して技術を向上させている。ピーターと学生たちは、注意深く聞く方法を見つけようと苦心した。その結果、まず取り組むことは、クライアントにとって重要な人物や出来事の話を聞くことだとわかった。クライアントは必要な援助について説明するときに、自分にとって重要な人、関係、出来事を話す。一例をあげると、さきほどの15歳の少年にとって重要な人物とは両親であり、重要な出来事とは不当な10時の門限と、3時まで家を空けた一夜のことである。この事例から、クライアントにとって重要な人や出来事は必ずしも肯定的に経験されるものではないことがわかる。例えば、この少年は10時の門限のことも両親のこともその時点では認めていなかったのである。

ピーターと学生たちは重要な人物と出来事に注意を集中させて聞くことによって、次の3つの重要な結果が得られることに気づいた。第1は、臨床家がクライアントの思考の枠組みの重要な部分にただちに気づくこと、第2は、クライアントの話を評価する傾向を控えること、第3は、聞き手の観点からの早急な問題解決に走ろうとすることを防ぐことである。

▶学習用DVD クリップ1参照

## 可能性のヒントに注目する

ウィトキン（Witkin, 2000）は、「気づくためには、状況から何かを抜き出す必要がある」と述べている。与えられた状況のなかに存在するすべてに気づくことはありえない。例えば、対話中の相手の発言のなかで私たちが関心を持つことや重視することに注目し、それについて質問しがちである。気づきは、気づく人の関心、信条、仮説を表す。解決構築についてすでに述べたことを前提に、面接者が**意図的に選択する**こと、つまり解決構築の色あいの対話を始める好機となるクライアントの発言を聞き取り、それに注目することがとても重要である。

クライアントが状況を説明するときには、煩わしく、苦痛になる事柄や人物について集中的に話すのが普通である。彼らの関心事を聞き取るためには、彼らの状況を想定すること、彼らにとって誰と何が重要なのかを見定めること、そして彼らに話を聞いてもらえているのだと確信させることが重要である。しかし、繰り返し語られる問題の詳細部分にのめり込んでしまうと、来談者と相談者の双方ともが解決への見通しをもてなくなり、落胆してしまう。このことを忘れてはならない。だから、問題を詳細に話すクライアントに巻き込まれないことが面接での最大の課題の1つとなる。この傾向を避けるための1つの方法は、彼らが変えたいと思っていること、過去の成功、状況改善のためにすでに試みたことを彼らの話のなかから注意深く聞き取ることである。これらが可能性のヒントであり、どのクライアントも（多くは意識しないまま）臨床家にそういった内容を含む話をしている。

可能性のヒントを聞き取り、それに注目することは、解決志向の臨床家であるための核心的な一面である。次に示すのはドメスティック・バイオレンスのために子どもと引き離された母親との面接の一部分である。彼女の夫は、彼女と子どもへの接見禁止命令を受けていた。彼女の話から、可能性のヒントを読み取ってみよう。

> 児童保護サービスが初めて子どもを連れて行った後、エドは私たちを北部へ転居させ、そしてまたこれまでと同じように、すべてがばらばらになりました。何も変わらなかった。彼は飲み続けました。ずっとひどく気難しい状態でした。これまでは娘（現在、養護施設にいる2人の娘）の前で、私を殴ったことはありませんでした。彼があんな風に娘の前で私を殴ったのは、初めてのことでした。そして、スージーは全部を残さず見てしまったんです。あの娘がこのことを一生抱えなければならないかと思うと、本当に怖いんです。そのことから娘を守るためなら、何でもするつもりです。あれはよくないことなのだと話し、ずっと導き、助けていきます。あの娘が施設で夢をみるそうです。あの娘は今回のことでずっと悩むでしょうし、これからも夢をみるでしょう。

この面接で、臨床家が問題に焦点を合わせ、その詳細を聞くことは非常に簡単なことだろう。面接者は「なぜ児童保護サービスが子どもを連れていったのか」、「北部で何がばらばらになったのか」、「エドの飲酒と気難しさの詳細」などについて質問するかもしれない。一方、この母親が、両親間の暴力を見てしまった娘（スージー）を助けるための方法を専門家と作ろうとしていること（「そのことから娘を守るためなら、なんでもするつもりです」）や、すでに娘を助ける方法を考えているのだと（「あれはよくないことなのだと話し、ずっと導き、助けていきます」）気づくことは難しいだろう。しかし、こういったことが詳しく知る価値があることのヒントとなる。まずクライアントにそのヒントに気づかせ、それから詳細を知るための一連の質問をすることで、可能性のヒントに注目させることができる。

◉あなたは、「見てしまったことから彼女を守るためなら、なんでもします」とおっしゃいました。娘さんのこと、そしてあなたの言動に娘さんがどう反応するかわかっているでしょう。そのことから娘さんを守るために何が必要だと思われますか。娘さんが見たことの悪影響を受けずに守られた状態に置かれたときに、スージーの何が違ってくることで、「もうあの娘は守られている」とあなたにわかるでしょう。他に何を見るでしょう。

◉また「あれはよくないことなのだと話し、ずっと導き、助けていきます」とも言いました。もうすでにあなたには自分に何ができるか考えているようですね。どうですか。どんなことを考えていますか。これまでにもう何か実行しましたか。どれが一番大きい違いを作りましたか。そうすれば違ってくるとわかるどんなことがこれまでにありましたか。あなたがこれまでにしたことでスージーが一番役に立ったと言うことは何でしょう。

クライアントの言葉を言い換えたりクライアントの言葉を次の質問に組み込んだりしてヒントについての対話を始めることで、クライアントの思考の枠組みにそった解決の可能性の詳細な対話にクライアントを引き込むことになるだろう。

▶学習用DVD クリップ1・3参照

## 質問を組み立てる

クライアントとの面接は概して、質問を作って尋ね、答えを傾聴し、また別の質問をするというプロセスを踏む。援助的または治療的面接では、傾聴して質問を作るのが臨床家の仕事であり、答えるのがクライアントの仕事である。ウィトキン（Witkin, 1999）が述べ、本書の第1章と第2章でも示したように「質問を聞けば、それを尋ねる人の信念、価値観、願望がかなりよく理解できる」。ウィトキンの観察を念頭において、もう一度、研修生がロージーに尋ねた質問について考えてみよう。

◉また妊娠したことをどう思いますか。

◉避妊をしましたか。

◉たいていの学校には欠席児童補導教官がいて、登校しない子どもを連れていってくれるんだけど、知っていますか。

◉今どきの養子制度がどんなものか話を聞いてみない？

◉子育てでお母さんと同じ間違いをしょっちゅうしているって思う？

この質問にロージーと彼女に役立つことについてどんな信念と仮定が含まれているかを考えてみてほしい。これとは対照的な第2章でのシェリルの質問を次にあげる。

◉奇跡が起こったとします……明日の朝起きたときに、どんな違いに気づくかしら。どんなことから「わあ、本当によくなったんだ」とわかるかしら。

◉他にどんなことに気がつくかしら？
◉もしあなたが、子どもたちより早く起きて、朝ごはんを作ってやることにしたら、子どもたちはどうすると思う？
◉あなたが説明してくれた奇跡みたいなことが、この2週間で何かなかったかしら。ほんの少しでもいいのよ。
◉4日前のことについて話してちょうだい。何が違っていた？
◉どうやってそんなことが起こったの？

シェリルの質問にはどんな信念と仮定が組み込まれているだろう。2組の質問が違っており、クライアントと援助についての異なる考え方を示していることが容易にわかる。しかし実際に質問を作ることは大変な作業である。解決構築の初心者は面接を始めるとすぐにそれに気づくだろう。

本書の残りの大部分を使って、面接の展開とともに解決志向の質問を作る方法について述べる。ラフランス（LaFrance, 1992）、マギー（McGee, 1999）、マギーとデル・ベント、バベラス（McGee, Del Vento, Bavelas, 2005）、ウィトキン（Witkin, 1999）は「問題、解決、他の話題であれ、何を尋ねようとも、質問は単にクライアントから情報を得るための方法ではない」と述べている。そうではなく、多くの場合、質問と応答の過程を通じて質問者と応答者が新しい認識を持ち、未来に対して新しい可能性を持つようになる。これが、私たちが会話に興味を持つ主な理由である。会話のなかで次のような発言もあるだろう。「あ、そんなふうに考えたことはなかった」、「気づいていませんでしたが、本当は他の人と一緒に仕事をしたかったのです」あるいは「思っていたよりも子どもたちにとってよい母親だったのかもしれません」。結局、会話からは、特に話したことのない人との会話からは、何が出てくるか全く予想できないのである。

解決構築の面接で用いられる質問をリストアップしたり説明したりするのは簡単だが、それを読んだからといって自分自身の面接に効果的に使えるわけではない。効果的に使うためにはベートーベンのコンチェルトやモダンジャズの曲を芸術的に演奏するのと同じように練習が必要である。質問の作成と尋ね方を身につけるためには、次の一般原則を強調することが最も重要だと私たちは信じている。すなわち、**「次にする質問はクライアントの直前の（または1つ前の）答えから作る」**。シェリルはロージーとの面接で終始この原則に従った。次の抜粋を読んでその例を見つけよう。

**シェリル**❖そう、それは**大きな**奇跡ね。でも、明日の朝「今日は何かが違う。よくなっている。きっと奇跡が起こったんだわ」と思うとき、あなたがまず最初に気づくのはどんなことかしら。
**ロージー**❖そうね、子どもたちより早く起きて、朝ごはんを作ってやって、あたしもみんなと一緒に座って食事してるだろうね。
**シェリル**❖もしあなたが、子どもたちより先に起きて、朝ごはんを作ってやることにしたら、子どもたちはどうすると思う？
**ロージー**❖たぶんテレビをつけないで、テーブルに座っているだろうね。
**シェリル**❖それはあなたにとってどう？
**ロージー**❖うれしいよ。だってテレビのことでケンカしないで楽しいことを話せるから。怒鳴り声を聞いて小さい子たちが泣き出すこともないしね。

**シェリル**❖他には？　奇跡が起こったとき、他に何が違っているかしら。

「次にする質問はクライアントの直前の（または1つ前の）答えから作る」という原則は2つの理由で重要である。第1に、この原則は「質問と応答が新しい認識と可能性をつくる」という考えをそのまま実践している。言い換えると、面接者がこの原則に従って質問を作る場合に、すぐに解決が作られる。第2に、この原則はクライアントの発言についてさらに詳しい情報を得るための質問を続けることになるので、クライアントの思考の枠組みのなかで働きかけることになり、無理なく自然な会話になる。このことを念頭において、シェリルの質問を見直してみよう。これらの質問はロージーの奇跡がこうあるべきだというシェリルの考えは何も示さずに、ロージーが奇跡の状況を作ることに役立った。

この一般原則に従って質問を作る経験を続けていくと、それが解決を構築していく根本的な方法となることを実感するだろう。次に面接でこの原則を実践する上で役に立つ専門的技法を検討する。

―▶学習用DVD―クリップ1・2参照[註1]

## 詳細な情報を得る

フランス人は「神は細部に宿る」と言う。ドイツ人は見方が違い「悪魔は細部に宿る」と言う。どちらもたぶん正しいのだろう。いずれにしても効果的な解決構築は細部の詳細な情報を必要とする。

クライアントは漠然とした表現や大雑把で一般化した話し方をすることが多い。例えば「子どもたちと前よりもうまくやっています」とか「二度と酒は飲みません」など。初心者はこういう言葉を明確にするための質問をせずにそのまま書きとめることが多い。解決構築では、臨床家のためにもクライアントのためにも、詳細を尋ねて発言を明確にしようとする。例えば「子どもさんと前よりうまくやっているんですって！　おめでとう。どんなことからうまくやっているとわかったんですか」または「どんなことからもう二度と飲まないと言えますか」。こうした詳細を尋ねる最初の質問は、それ関して続けて尋ねられる質問の出だしにすぎない。

詳細な情報を得るとは、クライアントの発言について「誰が、何を、いつ、どこで、どうやって」を尋ねることを意味する。この過程は「whとhow質問」と呼ばれる。このような質問はクライアントから明確な説明を引き出す可能性が高い。ここに「なぜ」という質問は含まれていないことに注目してほしい。「なぜ」という質問はクライアントの行動と状況の潜在的原因をクライアント自身に分析させることになり、クライアントが臨床家によって問題に対決させられたり裁かれたりするように感じる危険がある。このような分析と対決は解決構築に有効ではないことがわかっているので、本書では「なぜ」という質問を使っていない。

解決構築の全過程を通して、分析的な質問ではなく、詳細な説明を求める質問が使われる。それはクライアントの現状をはっきりさせ、クライアントの目標、能力、成功を明確にして増幅させるためであ

▼註1　本章で別個に述べた技法の多くは実際の面接ではまとめて使われ、多くはクリップ1のように面接開始直後から使われるので、DVDのクリップ1はここで述べた技法の多くを含む例として参照される。

る。以下のシェリルとロージーの会話の抜粋で、シェリルが巧みにロージーの奇跡の描写と少しでも関係のある過去の成功を聞き出し、何らかの成功の経験があるとわかってから「ｗｈとｈｏｗ質問」を使って詳細を聞き出している様子を観察してほしい。

**シェリル**❖ロージー、私、とても感心したわ。状態がよくなったとき、あなたの家のなかのことがどう変わっているか、ずいぶんはっきりわかっているんだもの。じゃあね、あなたが説明してくれた奇跡みたいなことが、この2週間のうちに何かなかったかしら。ほんの少しでもいいのよ。

**ロージー**❖えーと、よくわからないけど……。そうだね、4日ぐらい前はちょっとよかったかな。

**シェリル**❖4日前のことについて、話してちょうだい。何が違っていた？

**ロージー**❖えーと、前の晩に10時頃寝てよく眠れたんだ。土曜日に店と食糧配給所へ行ったから家には食べものがあったし。6時半に目覚ましをかけて、鳴ったときに起きて、朝ごはんを作って、子どもたちを起こした。息子たちは食事をして、学校の準備をして、時間通りに出かけたよ。［思い出しながら］1人は学校に行く前にさっさと宿題までしてたね。

**シェリル**❖［感心して］ロージー、もうちゃんとそこで奇跡が起こったようなものね。驚いたわ。どうやってそんなことが起こったの？

**ロージー**❖わからない。家に食べ物があったし、あたしが早めに寝たからかなあ。

**シェリル**❖そう、どうやってそうできたの？

**ロージー**❖えーと、その晩は客をとらないと決めて、子どもたちに1時間本を読んでやった。

**シェリル**❖どうやって4人の子どもたちに本を読んであげられたの。大変なことだと思うけど。

**ロージー**❖いっぺんに4人に本を読んでやるなんてことはできないよ。まず長男に妹への本読みを頼んだんだ。彼に本を読む練習をさせられるのはこれしかないからね。あたしはもう1人の息子と娘に読んでやったよ。

**シェリル**❖ロージー、すばらしい工夫ね、彼に妹のために本を読ませるなんて。あなたも助かるし彼の読む力を伸ばすのにも役立つわね。どうやって彼にそうさせることができたの？

**ロージー**❖手伝ってくれるんで、他の子どもたちより30分遅くまで起きていてもいいって。あの子はすごく喜んでる。

## クライアントのキーワードを繰り返す

**―▶学習用DVD―**クリップ1・2・3参照

前述のシェリルとロージーの会話は「次にする質問はクライアントの直前の答えから作る」という原則にそっており、解決構築における詳細探求の秀逸な手本である。この原則に従い、さらに詳細を尋ねるために使う次の技法は「クライアントのキーワードを繰り返す」ことである。繰り返しは、経験や関係を説明するクライアントの発言は、彼らにとっては意味があるものの、臨床家にすれば漠然としていることが多いという臨床家の認識に基づいている。クライアントの発言の曖昧さを解消するための1つの方法は、クライアントが使ったキーワードをそのまま**繰り返す**ことである。キーワードとは、クライアントが自分の経験と、その経験に自分が付け加えた意味とを表現するために用いる言葉である。例えば、クライアントがこう言ったとしよう。「私の生活はめちゃめちゃなんです」。それがクライアントにとってどういう意味なのかをさらに詳しく知りたいと思えば、「めちゃめちゃ?」と尻上がりの調子で繰り返すか、「めちゃめちゃってどういう意味ですか」と尋ねるだけでよい。ほとんど例外なくクライアントはそれをきっかけに、生活上の出来事についてさらに詳しく話し出す。このやりとりのなかで臨床家と同様にクライアント自身が「めちゃめちゃ」という言葉の意味をさらによく理解するのである。

クライアントのキーワードを見分ける秘訣がいくつかある。クライアントはキーワードを繰り返すことが多い。クライアントが面接者の知らない言葉をよく使うことに気づいたら、その意味を尋ねるとよい。クライアントはしばしばキーワードに強い感情をこめて強調して使う。前段落の「めちゃめちゃ」はよい例である。またクライアント独自の言葉の用法に注意を払わねばならない。例えば職場で同僚ともめているクライアントがあなたに「この前、彼と会ったときにはいつものように大口を叩かずに小口で通してみたのよ」と言ったとしよう。そうするとあなたは「小口」のときはどう違うのかを尋ねなくてはならない。

言葉はクライアントが自分の思考の枠組みを伝えるための主要な手段である。解決構築には臨床家が注意深く話を聞き、クライアントが選んだ言葉を探究することが不可欠である。またクライアントの言葉を探求することは、臨床家がクライアントを尊重していることを示す具体的な方法である。この絡みで補足すると、クライアントのキーワードを専門用語で言い換えることはクライアントに対して失礼なことであり、自信を失わせることになると私たちは考えている。

本書で取り上げるどの基本的技法にも言えることだが、繰り返しも臨床家に誤用されるおそれがある。ピーターは初心者の面接指導にあたって、多くの学生たちがキーワードを拾い出せないことに気づいた。また、彼らの初期の面接では、よく考えずに機械的に言葉を繰り返しがちである。そうでなければ、聞いたことへの疑いや非難を含む口調で繰り返すこともあるだろう。クライアントの言葉を自分の思考の枠組みに合わせて聞くと、このような誤った使い方になることが多い。繰り返しを効果的に習得するには、本章冒頭で述べた「知らない」という感覚でクライアントのキーワードに純粋に関心を持つことが必要である。それを実行するのは大変だろうが、ロールプレイの実習とフィードバックによって、ほとんどの学生が6週間で問題なく、正しく習得できることをピーターは経験している。

**—学習用DVD—** クリップ1・2参照

## クライアントの言葉を組み込む

これまで示された対話のなかで、解決構築の面接を行う臨床家はクライアントのキーワードを繰り返すだけでなく、必ずクライアントの言葉を質問やその他の応答に組み込んでいることに気づくだろう。解決構築のこの特徴に留意し、それを実践することが、解決志向には必須である。つまり、クライアントの言葉をそのまま取り上げ、彼らの思考の枠組みを尊重しながら、同時に直前のクライアントの発言を使って質問や応答をする。この技法は解決構築に欠くことができないものなので、私たちはこれを解決構築の枢要技法と呼びたい！　これまでに提示したシェリルとロージーの対話の抜粋を使って、**［太字］**でその技法を示す。また本書の解決構築の対話のなかで、この技法が使われていることに気づくだろう。

**例1**

**シェリル**❖そう、それは**大きな**奇跡ね。でも、明日の朝、「今日は何かが違う。よくなっている。きっと奇跡が起こったんだわ」と思うとき、あなたがまず最初に気づくのはどんなことかしら。

**ロージー**❖そうね、子どもたちより早く起きて、朝食を作ってやって、あたしも皆と一緒に座って食事をしているだろうね。

**シェリル**❖もしあなたが、子どもたちより先に起きて、朝食を作ってやることにしたら**［クライアントの言葉を組み込む］**▼註2、子どもたちはどうすると思う？

**例2**

**シェリル**❖ロージー、私、とても感心したわ。状態がよくなったとき、あなたの家のなかのことがどう変わっているか、ずいぶんはっきりわかっているんだもの。じゃあね、あなたが説明してくれた奇跡みたいなことが、この2週間で何かなかったかしら。ほんの少しでもいいのよ。

**ロージー**❖えーと、よくわからないけど……4日ぐらい前はよかったね。

**シェリル**❖**［クライアントの言葉を組み込む］**4日ぐらい前のことを話してちょうだい。何が違っていた？

**シェリル**❖どうやって、そうできたの。

**ロージー**❖えーと、その晩は客をとらないと決めて、子どもたちに1時間本を読んでやった。

**シェリル**❖**［クライアントの言葉を組み込む］**どうやって、4人の子どもに本を読んでやったの？　大変なことだと思うけど。

**ロージー**❖いっぺんに4人に本を読んでやるなんてことはできないよ。まず長男に妹への本読みを頼んだんだ。彼に本を読む練習をさせられるのはこれしかないからね。あたしはもう1人の息子と娘に読んでやったよ。

**シェリル**❖ロージー、すばらしい工夫ね**［クライアントの言葉を組み込む］**、彼に妹のために本を読ませるなんて。あなたも助かるし彼の読む力を伸ばすのにも役立つわね。どうやって彼にそうさせることができたの？

## オープン・クエスチョンとクローズド・クエスチョン

先に述べたように、解決構築の全過程で私たちは質問を使う。質問には、オープン・クエスチョンとクローズド・クエスチョンがある。面接技法についての一般的な文献には、クローズド・クエスチョンよりもオープン・クエスチョンが望ましいとされている。ベンジャミン（Benjamin, 1987）の説明によれば、クローズド・クエスチョンはクライアントの視野を狭めるのに比べ、オープン・クエスチョンは認識の範囲を広げるという。クローズド・クエスチョンは明確な事実について尋ねるのに対して、オープン・クエスチョンはクライアントの態度、思考、感情、認識を尋ねるときに使われる。クローズド・クエスチョンは臨床家の思考の枠組みを反映するのに対し、オープン・クエスチョンはクライアントの思考の枠組みに焦点を合わせる。クローズ

▼**註2**　本書の会話における**［太字］**は、臨床家が面接のその時点で使っている技法や過程、臨床家の気づきや考えを示す。

ド・クエスチョンの例をあげてみよう。

◉両親のことを好きですか。
◉門限を破ろうと決める前に、延ばしてほしいと両親に頼みましたか。
◉両親との関係をよくしたいですか。

オープン・クエスチョンの例として

◉両親との関係について何か話してもらえませんか。
◉午前3時まで帰らなかった夜、君と両親との間で何があったのかな?
◉両親との関係がよくなったとしてみましょう。何が違ってきますか。

オープン・クエスチョンを漠然とした質問や具体的情報を求めない質問と混同しないでほしい。上述のオープン・クエスチョンはどれも、クライアントから具体的事実を引き出そうとしている。繰り返しとクライアントの言葉を組み込んだ応答をすると、解決作りに必要な材料と同時にクライアントにとって重要な人と事柄を詳しく知ることができる。

オープン・クエスチョン（他にも「もう少しそのことについて話してもらえませんか」といった質問）は役に立つ質問だが、それは知らない姿勢をとることになるからでもある。私たちはクライアントに自分の生活についての専門家という役割を取らせるためなら、何でもするつもりである。臨床家が本当に知りたいと思ってオープン・クエスチョンをすることで、クライアントが面接をコントロールする力と責任を担うことになる。というのは、クローズド・クエスチョンに比べてオープン・クエスチョンは、クライアントが自分自身について何を、どう話すかに関して、選択の幅が広がるからである。オープン・クエスチョンはクライアントの自己決定を尊重し、促す方法の1つである。

全体として、オープン・クエスチョンを勧めているが、クローズド・クエスチョンも解決構築面接の全過程で有用だと知っておく必要がある。例えばシェリルはロージーに「あなたが説明してくれた奇跡みたいなことが、この2週間で何かあったかしら? ほんの少しでもいいのよ」と尋ねた。長年アルコールを乱用している人が「もう決して飲みません」と言うときには、「それができると思いますか」と尋ねるだろう。これらはクローズド・クエスチョンだが、クライアントと臨床家が、状況と自身についてのクライアントの認識を共に理解するための質問である。その質問にクライアントが答えたら、次は臨床家がその答えから理解されたことについてオープン・クエスチョンで詳しく尋ねる。だから、「4日ぐらい前に奇跡のようなことがあった」というロージーの言葉を聞いて、シェリルは「4日ぐらい前のことについて話してちょうだい。何が違っていた?」と尋ね、一連のオープン・クエスチョンを続けていった。問題飲酒のあるクライアントが「二度と飲まずにいることができると思うか」というクローズド・クエスチョンに「はい」と答えたら、面接者は「自分自身についての何を知っているからそう思えるのか」といったオープン・クエスチョンができるだろう。

—▶学習用DVD— クリップ1参照

## 要約

ピーターは臨床の訓練を受けたことのない学生に解決構築アプローチを教えている。最初の基本技法の1つとして指導されるのが要約である。この技法は1人ひとりのクライアントに他の誰でもない唯一の存在として接するために不可欠で、解決構築の過程の最初から最後まで使われる。

要約とはクライアントの思考、行動、感情を折に触れて、彼らに伝え直す作業である。クライアントが話の一部分を詳細に語った後に、ほどよい繰り返しとオープン・クエスチョンとともに要約が用いられる。門限を巡って両親と対立している15歳の少年の例に戻って説明しよう。トムはクライアントで、ピーターは臨床家である。

**ピーター❖**［**オープン・クエスチョン**］どうすれば君の役に立てるかな。

**トム❖**僕の両親は時代遅れの石頭だ。信じられないよ!

**ピーター❖**［**心から知りたい様子で繰り返す**］時代遅れの石頭?

**トム❖**そうさ。毎晩10時までに帰らなければいけないなんていう馬鹿げたルールを作ったりするのでもわかるでしょう。僕の親は友達と遊び回ってないで早く寝なさいって、そうしないと学校で勉強ができなくなるって言うんだ。［皮肉をこめて］そうなんだ。あの人たちは年だから早く寝なくちゃならないよね。

**ピーター❖**ということは、君はそうは思わないわけだ。

**トム❖**そりゃ、そうだよ。僕をここへ来させたのは、先週頭に来てあの馬鹿げた門限を守らなかったからなんだ。［トムは腕組みをして不機嫌に遠くをにらみつけ、沈黙している］

**ピーター❖**［**オープン・クエスチョン**］あの晩、何が起こったのかもう少し詳しく話してもらえないかな。

**トム❖**［ため息をつきながら］いつものことなんだよ。僕はみんなと2ドルの映画を見に行って、それからファーストフードの店か友達の家へ行くと言ったんだ。そしたら親は10時が門限だって言うんで、そんなのは無理だって言い返して怒鳴り合いになったんだ。親は成績が下がってるから出かけることさえだめだ、勉強しろって。僕はちゃんとやってるからカッカするなって言ったら外出禁止だって言うんで頭に来て家を飛び出して、映画の後で友達の家に泊まったんだよ。彼の両親は休暇で留守だったから。

**ピーター❖**［**要約し、クライアントの言葉を組み込む**］なるほど。こういうことでいいのかな。君がここへ来たのは両親に命令されたからなんだね。最近両親と門限のことでもめて、言われたことに腹を立てて、許可なしに門限を破って友人の家に泊まったんだね。

**トム❖**そうだよ。僕たちはほとんど毎週このことでケンカしてるんだ。2人は全く時代遅れなんだ。10時の門限がある友達なんて1人もいないよ。もっとものわかりがよくてもいいと思わない?

この対話のなかでのピーターの要約は、トムとピーター両者に有益であった。この要約によって、トムはピーターが注意深く話を聞いていたことがわかり、ピーターもトムの話を正確に聞けたと確信できた。要約のなかでピーターはトムの言葉と言い回しのいくつかをそのまま使っているが、それはトムが自分の経験を説明するために選んだものを尊重するためであり、トムの思考の枠組みをできる限り明確に理解するためである。記述的な要約が率直に伝えられれば、クライアントは通常さらに話を続けようとし、臨床家の要約の誤りを指摘し、訂正し、追加しようとする。要約がクライアントの言葉を反映する場合、経験したことをクライアント自身の言葉で描写させる効果的な方法となりうる。また臨床家がクライアントの発言を材料にして次の質問を作るのにも役立つ。

カール・ロジャーズはセラピーに非指示的技法を導入したことで知られているが、要約はクライアントとの対話中いつでも、効果があると強調している。それは相手の思考の枠組みの理解を進め、聞き手が話し手の言葉を聞きながら評価する傾向に歯止めをかけるからである。また話し手の不適切で攻撃的な考えや行動、反応に聞き手が平静を保つ助けにもなると述べている。ロジャーズ（Rogers, 1961, p.332）は要約の効果を知るために次の練習を勧めている。

> 次にあなたが妻か、友人か、小グループのメンバーと言い争いになりそうになったら、しばらく議論を中止して、試しにこのルールを設けてみるとよい。「発言するのは、すぐ前の話し手の考えや感情をその話し手が満足するまで正確に再現した**後で**なくてはならない」

ロジャーズは「要約には傾聴が必要である。要約は、参加者間の意見の相違を合理的で理解しやすいものにするので、議論や会話から昂ぶった感情を取り除く」と言う。

―▶学習用DVD―クリップ1参照

## 言い換え

**言い換え**は「内容の反射」と言われることもあり、クライアントが話したばかりのことの本質を彼らにフィードバックすることである。聞き手はクライアントの発言を短く明確にする（Ivey, Ivey, & Zalaquett, 2010, p.151）。言い換えは要約よりも短いので、同じようにクライアントの思考の流れを妨げずに済む。言い換えは、臨床家がクライアントの話を本当に聞いていることを示す非常に有効な方法である。この技法によりクライアントは彼らのストーリーを明確にして展開させていく。言い換える場合には、要約と同様にクライアントのキーワードと言い回しを使うことを勧める。

ここでトムのケースに戻ることにしよう。ピーターは要約をせずに、トムの言葉を次のように言い換えることもできた。「じゃあ、君はご両親の〈時代遅れの〉門限にうんざりして外泊したんだね」。そう伝えると、トムはそこまでの話でピーターが理解したことを修正することもできただろう。

臨床家は言い換えを使うことで、クライアントとの会話をより有効だと思われる方向へ運ぶことができる。第2章でみたように、クライアントがいったん問題について話したら、次にはクライアントの生活のなかで違ってほしいことを探していく。その場合のピーターの言い換えは次のようになっただろう。「じゃあ、君はご両親との間で起こっていることに不満なんだね。何か違うことが起きてほしいんだね」。この言い換えによって、トムは自分の言い分を聞いてもらえているとわかり、両親とのよりよい未来像について考え始めるだろう。

ここで、言い換えについての詳解を中断し、言い換えと要約どちらにもあてはまる注意事項について述べる。臨床家が有効だと考える方向に対話を進めるために言い換えを使うという先に述べた点を考えると、言い換えと要約は必ずしも受動的、中立的、客観的なものではない。

この2つの面接技法について文献の多くは、その反射の特徴を強調するが（Ivey, Ivey, & Zalaquett, 2010; Rogers, 1961 を参照）、3タイプのセラピー（認知行動、動機づけ面接、解決志向）の熟練臨床家による言い換えと要約について調べた最近の実証的研究では、三者全員の言い換えと要約が、クライアントの発言をときにはごく僅かにまたときにはかなり大きく変えると述べている（Korman, Bavelas, & De Jong, in review）。この研究からわかるように、こうした変換は、クライアントの役に立つために焦点を絞り込むべきだと想定するポイントがセラピストによって違うことを示している。本章後半で、解決構築を目指しそれを続けていくために、知らない姿勢による質問をしながら言い換えと要約とをどのように使っていくかについて述べる。解決構築における言い換えの活用についての最後に次のコメントをしておく。学生とワークショップの参加者の観察から、臨床家は解決構築の経験を積むにつれ、要約よりも言い換えを頻繁に使うようになることが示されている。経験を積むにつれて、彼らは少ない言葉で傾聴していることを示し、クライアントを新しい方向に誘導するようになる。

―▶学習用DVD― クリップ1参照

## 沈黙の活用

初心者は面接を始めたとき、話の合間で沈黙すると非常に落ち着かない気分になるものである。沈黙は臨床の初心者をフリーズさせる傾向がある。エプスタイン（Epstein, 1985）の研究によれば、フリーズは一種の遂行不安であり、面接技法を学ぶ初心者がよく経験する問題である。フリーズはクライアントを助ける力がないという内的感覚と関係があるようだ。エプスタインはこうした状況に陥った初心者が「自分にはできない。馬鹿なことをしている。最悪なことに、自分が何をしているのかわからないことをクライアントに知られている」と自己否定的な思いを抱きがちであると述べている。

沈黙の意味はクライアントと不安な臨床家の間では必ずといってよいほどくい違っている。ベンジャミン（Benjamin, 1987）は沈黙の意味を次のように示唆している。すなわち考えをまとめているか、今自分が話した状況への混乱もしくは怒りか、休憩を取っているだけかもしれないというのである。だから、彼はクライアントの沈黙を尊重することが大切だという。

解決構築では臨床家がクライアントの沈黙に耐えることを求めている。沈黙していると西洋社会では苦痛を感じるものである。ほとんどの人が5秒もすると何か話して沈黙を埋めなければというプレッシャーを感じるものだ。あなたにその傾向があり、しかも解決構築アプローチを実践したいと思うなら、取り組むべき課題が控えている。このアプローチでは、クライアントにさまざまな質問を投げかける。例えばクライアントの経験とか、今までとどう違ってほしいかとか、すでにうまくいっていることは何かなど。こうした質問への答えを言葉にするには、かなり考える必要がある。クライアントはまず沈黙し、次に「わかりません」と言ってからまた黙ってしまうことも珍しくない。そういう場合に臨床家が意見や提案を述べて沈黙を破るとしたら、第1章でのロージーへの学生の質問と同じことになってしまう。逆に10秒、15秒、さらには20秒もの沈黙に耐えれば、クライアントの答えを作り上げる力に驚かされるだろう。クライアントにすれば質問されてはじめてその答えを考え出したので、彼ら自身も自分の答えに驚く。臨床家が黙っていることで、クライアントは答えを考える時間を与えられる。ときには沈黙の後、クライアントが「難しい質問です」「そんなことは考えたこともありません」と言うかもしれない。その場合には共感しながら「そうですね。これは難しい質問です」と言い、また黙って待てばよい。ときにはクライアントの努力をコンプリメントし、新しい質問をしてさらに彼らに考えさることもできる。

クライアントにも沈黙は苦痛なのである。その居心地の悪さをクライアントが解決を構築するために利用できる。臨床家の沈黙に耐える能力が増すにつれて、クライアントは臨床家がクライアントの代わりに答えてくれないことを悟り、自分で答えを出さねばならないと思うようになる。

沈黙を続けることが生産的ではない場合もある。ごくまれに、臨床家が面接中に妙な表情をしたり、質問に不注意な言葉を使ったりして、クライアントを混乱させたり怒らせたりするかもしれない。その場合、クライアントは黙ってしまうだろう。また、クライアントのなかには、本人の意志に反して、他者に面接にいくよう圧力をかけられて義務的に臨床家と会う者もいる。どちらの場合も黙っていることが多いが、特に面接開始時にはそうだろう。このような状況では、これから述べる2つの技法を思い出してほしい。

**▶学習用DVD** クリップ1・7参照

## 臨床家の非言語行動

クライアントはほとんど例外なく、臨床家が注意深く、敬意を持って聞いているかどうかに敏感である。特に、面接開始時にこのことが言える。クライアントは、私たちを観察したり私たちの反応や質問を聞いたりして、その結論を出しているようだ。

面接技法に関する理論的文献と現場の調査文献の両方で、面接者の非言語行動が、クライアントとの敬意ある協力関係を強化することもあれば、損ねることもあるという結論が一貫して強調されている（Egan, 2010; Ivey, Ivey, & Zalaquett, 2010; Okun & Kantrowitz, 2008）。例えば、イーガンは「顔と身体が非常に多くを伝える」（p.132）と指摘し、とりわけ、セラピー面接に重要な役割を果たすものとして、以下について述べている。

- 姿勢と身振り
- アイコンタクトと目の動き
- 微笑み、渋面、眉をひそめるといった顔の表情
- 音質、大きさ、強さのような声の調子
- 咳き込みや赤面のような身体の反応
- クライアントからどのくらい近くまたは離れて座るかという空間の取り方

現場の大多数が、非言語コミュニケーションが面接で重要な役割を果たすと考えているが、意図的に非言語技法のみを切り取って、初心者に効果的な非言語技法を教えることの重要性を力説する研究者（Okun & Kantrowitz, 2008）や面接指導者がいる。その一方で、学習者が面接時の姿勢、表情、声のトーンでも意思伝達しているのだと大まかに理解した上で、クライアントを理解し、彼らの役に立ちたいという思いを

持てば、自然にその思いにそった非言語行動が導かれるだろうと示唆する研究者（Egan, 2010）もいる。前者の例としては、学生に、姿勢、うなずき方、微笑み方、身体の乗り出し方を指導しているピーターの同僚がいる。その一方で、イーガン（Egan, 2010, p.133）は、初心者に「身体と声質はコミュニケーションの要素だが、それに専心することはない」と助言している。「人の話に耳を傾ける」技術は、その土台にクライアントの話をしっかり聞かせてもらい、彼らの役に立ちたいという思いがなければ、「話しを聞く振り」と思われると彼は記している。

イーガンの見解は私たちにとって興味深いものである。というのは、面接者の目的や動機が非言語メッセージに織り込まれることを強調しているからである。コミュニケーションの分野での最近の研究はさらに進んでおり、非言語のメッセージは言語メッセージに統合されていることが示されている（Bavelas & Chovil, 1997, 2006; Bavelas & Gerwing, 2007）。こうした研究者は、自分で実験をするわけではなく、姿勢や表情の機能についてのコミュニケーションの文献を総括している。そして、セラピー面接のような向き合った対話で、臨床家は表情と姿勢を言語メッセージの意味に合わせて統合的メッセージを作り出すと結論づけている。言葉には冗長さがない場合が多いが、臨床家のコミュニケーションのなかで非言語要素の方は基本的に対話のどの時点でも言語要素を補い、それに統合される。

イーガンの見解とバベラスたちの結論は、解決志向の面接技法の学習についての私たちの観察と合致する。つまり、臨床家の非言語行動は間違いなく重要だが、注意深く聞いていることをクライアントに示すには、聞くべきことを聞き取り、それについて質問することの方がさらに重要であると私たちは実感している。解決構築では、臨床家は自分の思考の枠組みから離れて、クライアントにとって重要な人物と事柄の話をしっかり聞き取り、可能性のヒントを見つけ出し、知らない姿勢でクライアントの言葉を組み込んだ詳細を尋ねる質問をする。そうすることで、臨床家の非言語コミュニケーションは話している内容と一体化されるだろう。つまり、もしあなたが、私たちが観察した面接を有効に学ぼうとしている人と同じなら、解決構築の方法で話を聞き、言い換え、うまく質問を組み立てながら、統合された、効果的な非言語コミュニケーションを使うようになるだろう。

私たちは有効な聞き取りとクライアントの答えを使って質問を作る技法の習得にまず力を注ぐことが重要だと考えるが、その一方で、例えば臨床家が専門家としての面接を実践しはじめるときなど、面接時の非言語行動に注意することが大事な場合もある。定期的に面接をビデオ録画し、それを振り返ることで、非言語に注意することができる。あなたが解決志向面接の目的と言語メッセージに合致するどんな非言語行動を表出しているか探究してほしい。そうしたことへの気づきが面接者としての自己認識と自信を高めることに役立つだろう。また、もしあなたが自分の非言語もしくは言語のなんらかの行動が、面接を受けている人の気持ちを乱すことに気づいたなら、それをやめて代わりに何をすべきか、そうするとしたら何が変わるか、もっとそうするためには何が必要かといったことを振り返ることができる。

―▶学習用DVD―クリップ1参照

## クライアントの非言語行動に注目する

カウンセリングや面接技法の資料にはクライアントの非言語行動に注意することの重要性も強調されている（Egan, 2010; Ivey, Ivey, & Zalaquett, 2010; Okun & Kantrowitz, 2008）。あなたのコメントに対して、微笑んだり、きょろきょろしたり、あらぬ方をみつめたり、うなだれたり、ため息をついたり、腕や脚を組んだり、口調を変えたり、沈黙したりして反応するクライアントは、こうした非言語の合図で、あたかも言葉を使っているかのように確かにコミュニケーションしている（Okun, Fried, & Okun, 1999）。クライアントとうまが合えば、非言語の信号に気づき、それらが使われる状況、クライアントによる使い方の違い、使い方の変化に気づくだろう。

クライアント1人ひとりに独自の非言語行動のパターンがある。だから、非言語の意味は状況を踏まえて判別する必要がある。クライアントの非言語の用い方には文化による特徴がいくらかあることを報告した研究がある。ラム（Lum, 2004）は、視線の合わせ方、口調などの非言語の使い方が、有色人種と白人とでは違い、さらにアフリカ系アメリカ人、アジア系アメリカ人、ラテン系アメリカ人にもそれぞれ特有の非言語行動があると述べている。こうした文化的パターンを知っておくことは無駄ではないが、特定の集団のクライアントと面接するとしても、それぞれの文化集団内でもさまざまな違いがあることに留意する必要がある。クライアントの非言語が意味するものは、言語と非言語で表出されたものを全体的に捉えたときに最もよく理解される。ほとんどの人は直感的に全体的な方法で他人に反応するものだ。つまり、言語と非言語のメッセージをまとめて解釈し対応する。専門家とクライアントとのかかわりでも同じことが言える。これに関してとても興味深いことに、前節で指摘したようにコミュニケーション分野における最近の研究で、対人援助面接など対面による会話で非言語と言語のメッセージが同時に伝えられた場合に、矛盾したメッセージになることもあれば、一貫したメッセージになることもあるという結論が支持されている（Bavelas & Chovil, 1997, 2006; Bavelas & Gerwing, 2007）。

クライアントの非言語のメッセージだけを別個に観察し、それに率直に反応することは、解決構築の主要部分ではない。クライアントの変化を促すためには、非言語を含む彼らの行動について臨床家の解釈が重要だとする多くのアプローチとは異なり、解決構築では変化の可能性を作り出すために、臨床家が知らない姿勢で質問し、クライアントが自身の思考の枠組みで答える過程を重視する。とは言っても、面接を始めるにあたって、臨床家は自分の発言と質問に対するクライアントの非言語反応に注意を払わなければならない。なぜならクライアントの非言語反応は、臨床家の発言と質問がクライアントの思考の枠組みを尊重し、それにそった働きかけとなっているかどうかを示す重要な指標となるからである。例えば、クライアントが黙り込んでしまったり、うなだれたり、よそ見をしたり、無関心に見えたりするときには、あなたの質問はクライアントにとっての重要な人物と事柄を組み込んでいないだろう。そうなったときには、その質問にクライアントの注意を引きつけ、それについて話し合うのではなく、次のような質問で軌道を修正できるだろう。「この面接の終わりに、話し合ってよかったとあなたが言えるためには何が違う必要がありますか」。対照的に、クライアントが唇をすぼめたり、眉をしかめたり、頬をこわばらせたりしながら質問に答える努力をしている場合には、クライアントから肯定的な非言語反応を得ているのだから、自信を持って同じような質問を続ける必要がある。

▶学習用DVD　クリップ1・2参照

## 自己開示

臨床家の自己開示とは「自身のストーリー、考え、経験を一時的にクライアントと共有すること」(Ivey, Ivey & Zalaquett, 2010, p.325) である。どの程度までそれをするかは臨床家によってさまざまである。臨床家のなかには自分の感情と経験をクライアントに話すことで、彼らの意欲を高め、学ばせる1つの方法になると考える者もいる。また、クライアントの自己決定と自信を損なうと考えて、そのような方法を避ける者もいる。

私たちは臨床家が自身の経験をクライアントに話すことを勧めてはいない。解決構築に一貫する考え方は、クライアントの思考の枠組みと過去の経験から解決を見つけ出すことである。だからといって、臨床家が心に浮かんだことをクライアントに表明してはならないわけではない。あなたの考えをクライアントに話すことが重要な場合もあるからだ。例えば、矛盾した話をするクライアントに対して「さきほどお母さんとけっこううまくいっていると言われましたが、今はお母さんにうんざりすると言われたので、混乱してしまいました。この2つがどうつながるのか説明してもらえませんか」と聞けるだろう。自己開示を適切に使うと、クライアントが生活をどう捉えているのかを臨床家が理解するのに役に立つ。

自己開示とは臨床家が自分の感覚と批判的思考能力と考えを解決構築の道具として使うことだと考えられる。これは、あなた自身も10代の頃に門限を破ったことがあるとか、性的虐待を受けたことがあるなどとクライアントに話すことではない。こうした自己開示により親密感が高まり信頼関係が作られると主張する臨床家もいるが、私たちはむしろそれは不必要で、クライアント自身の解決構築の妨げになると考える。またそういった考えは、「クライアントと同様の悲劇を経験した臨床家が最も有効な援助ができる」という疑わしい仮説に基づいている。

▶学習用DVD　クリップ1・5参照

## コンプリメント

クライアントの個人的資質と過去の経験は、うまく引き出されれば、困難を解決し、満足のいく生活を作るのに役に立つ。困難に直面したときのレジリエンス、ユーモアのセンス、秩序だった考え方、勤勉さ、他人への思いやり、他人の立場を理解する能力、傾聴の意欲、生き方を学ぼうとする気持ちなどの資質は**クライアントの長所**となる。役に立つ過去の経験はクライアントが考えたり、実際に何か行動したりした結果なので、直面している困難の解決に役立つだろう。こうした経験はクライアントの**過去の成功**である。

コンプリメント（称賛・ねぎらい）の一例として次のケースを考えてみてほしい。ネグレクトの疑いで児童相談所に子どもたちを保護されそうになっている母親とピーターとの対話である。

**ピーター**❖ 児童相談所がお子さんの養育状況が十分かどうかを調査しているって聞いたけど。

**エレン**❖ そうなの。だから、びくびくしてるの。4歳のビルと3歳のステーシーと10カ月の双子の4人も子どもがいると、信じられないくらい手がかかるのよ。

**ピーター**❖ そうだろうね。4人の小さい子を抱えてさぞ大変だろうなあ。

**エレン**❖ そうなの。おむつとお皿に埋もれているみたい。4人が一度にかまってほしがるときもあって。もっと悪いことには、夫が新しい仕事を始めたばかりで留守ばっかりなの。

**ピーター**❖ **［コンプリメントして］** 子ども1人ひとりにかまってやろうとする子ども思いのお母さんだなあ。

**エレン**❖ ［涙ぐんで］ そうしたいんだけど、ひどい状態になるときもあるの。でも1人ひとりにちょっとずつでも時間をかけてやりたいの。どの子も自分は特別だって思ってほしいから。

**ピーター**❖ **［コンプリメントを続けて］** いい母親になろうとずいぶん努力しているようだね。どの子も特別だというあなたの考え方はすばらしいな。自分で考えたの、それとも誰かの考えなの？

**エレン**❖ 母は子だくさんだったけど、ひどいうつ病で入院していたから、私たちにかまってくれる時間なんてなかったわ。もちろん、1人ひとりにかける時間なんて、ね。だから私は自分が子どもを持ったら違う育て方をしようってずっと前から決めていたの。1人ひとりを大事にしてやろうと思っていたの。

**ピーター**❖ **［再びコンプリメントして］** ずっと前から考えていたんだね。1人ひとりをどうやって大事にしているか話してほしいんだけど。

臨床家がクライアントに親切にしたいという気持ちで、コンプリメントをしてはならない。そうではなく、クライアントが言葉と非言語行動を通して伝えたことから導かれる**現実に根ざしたもの**でなければならない。ピーターとエレンの会話からわかるように、コンプリメントはクライアントにとって大事なことを銘記させるために使われる。

　コンプリメントが最初にウィスコンシン州ミルウォーキーのBFTCに導入されたとき、それは目標達成の役に立つクライアントの長所と過去の成功に彼らを注目させようとして、主に面接の最後に使われていた。しかし、コンプリメントによってクライアントが希望を持ち自信を強めるようだったので、面接中いつでも使われるようになった。面接中にコンプリメントすると、クライアントは長所と成功についてさらに詳しく話してくれる。クライアントはコンプリメントを受けると、同意してうなずく。それはクライアントに対するあなたの見方に同感しているからである。そこで臨床家はクライアントの生活のなかでそのコンプリメントを裏づけるその他のことが起きていないかとクライアントに質問を続ける。

　コンプリメントにはいくつかの種類がある（Berg, 1994; Berg & De Jong, 2005）。まず、**直接的コンプリメント**だが、これは臨床家のクライアントに対する肯定的評価または肯定的反応である。ピーターのエレンに対する「子ども思いのお母さんだなあ」という発言は、肯定的評価の一例である。禁酒しようとしているクライアントが「4週間飲んでいない」と言ったとしたら、「わぁ！　なかなかできることではありませんよね」と叫ぶことができるだろう。これも直接的コンプリメントであり、マクドナルド、リッチ、スチュワート（MacDonald, Ricci, & Stewart, 1998）はこのような反応を「称賛《admiration》」と呼んだ。肯定的評価を控えめにして称賛を頻繁に用いる方が効果的だが、肯定的評価と称賛のどちらであってもクライアントが重視していることに触れるとよい作用を及ぼす。

**間接的コンプリメント**はクライアントの肯定的な部分を暗示する質問である。間接的コンプリメントの1つの使い方としては、クライアントが述べた望ましい結果についてもっと話してほしいときの質問がある。例えば、ピーターがエレンに「どうやって、家族を静かにさせてきたんですか」と質問したとすると、これは間接的コンプリメントになる。もう1つの間接的コンプリメントは、関係を通して何か肯定的なものを暗示する質問である。つまり、クライアントに他の人の視点から質問に答えてもらおうとする。ピーターはエレンにこう質問することもできる。「仮に、お子さんがここにいて、私がお子さんに、お母さんはあなたたちにどんなよいことをしてくれますかと質問したとしたら、お子さんは何と言うでしょうか」。3番目の間接的コンプリメントは、何が最善なのかをクライアントがわかっているのだと暗示するものである。この例として、ピーターはエレンに次のような質問ができるだろう。「どうやってお子さんそれぞれを特別な人間として扱うことが大事だとわかったのですか」。間接的コンプリメントが直接的コンプリメントよりも好ましいのは、質問されることでクライアントが自らの長所と資源に気づき、それについて話すからである。

コンプリメントには、直接的・間接的コンプリメントの他に、クライアントが述べる**セルフ・コンプリメント**がある。次はその例である。「賢くなったからコカインはやめたんです」「せっかく学校にいっているんだから、勉強しようと思うんです」。臨床家の仕事はこのようなコンプリメントを進歩の徴候だと認めて、「そうしようと決心したことに自分で驚きましたか」、「それは初めてですか」、「それは難しかったですか」、「それを続けていけそうですか」といった間接的コンプリメントで補強していくことである。

多くのクライアントはコンプリメントを容易に受けいれるが、軽視したり拒否したりする人もいる。臨床家がコンプリメントを使いはじめるとき、ぎこちなさやクライアントがどう反応するかと心配になることがある。もし心配になったら、コンプリメントの第一の目標はクライアントが率直にコンプリメントを受けいれることではなく、クライアントが自分の肯定的変化、長所、資源に気づくことであることを思い出してほしい。

**学習用DVD**　クリップ1・3参照

## クライアントの見方の肯定

信頼を築くことの著書で有名なフェリックス・バイステック（Biestek, 1957）は、関係構築の原則を公式化している。その原則の1つは意図的な感情の表出である。バイステックによれば、専門的援助の要請には必ず、臨床家に理解されていると感じているかどうか、また信頼しているかどうかを伝えるクライアントの意図的な感情表出が生じると述べている。

多くの臨床家はこの原則をクライアントとの作業の中心課題としている。クライアントを援助するためには彼らの感情を理解することが重要であると述べた基礎的文献を次に示す。

感情を反射する目的は、クライアントの情緒的感覚をより明確にするためである。そうなると問題の核心をつかむことができる。クライアントの言葉、思考、行動の根幹にあるのは、何かをしようと思う感情や情緒である。
(Ivey & Ivey, Zalaquett, 2010, p.171)

感情に応えることは最も重要な対人援助の技法である。
(Carkhuff, 1987, p.99)

感情の反射という技法は、人が自分の最も基本的な部分を感じて、経験することを助ける目的で使われる。他人や人生の出来事を真にどう感じているかを理解するのを助けるのである。
(Ivey & Ivey, Zalaquett, 2010, p.182)

これらの引用文の意味するところは、感情は人間の中核部分であり、クライアントが問題解決に取りかかる前に、まず自分の感情を理解する必要があるということである。そのために、この信念を持つ臨床家は絶えずクライアントの感情に耳を傾け、これにラベルを貼ろうとする。「怒っているようですね」、「本当に怖がっていますね」。このような臨床家はクライアントが感情を適切に表現できるか、無視したり抑圧したりしていないかに注目する。さらに臨床家はクライアントが生活のなかの重要な人物と出来事に対する感情をそのまま認めることができるかどうか、自分の感情を他人の挑発のせいにしないで責任をもてるかどうか（「ママが私の友達を誰でも悪く言うのですごく腹が立つのよ」）にも注目する。

この見解とは逆に私たちは、クライアントが理解されていると感じたり、進歩したりするために、必ずしも感情（特にいわゆる抑圧された感情）に焦点をあて、これを認めることが必要であるとは思わない。しかし、クライアントは問題の性質に関することも含めて、次のような認識について臨床家から質問される必要がある。例えば、「問題を克服するために今までに何をしてきたか」、「どんな違ったことが起こってほしいか」、「今までにうまくいったこと、いかなかったことは何か」。『ウェブスター新世界辞典』（1988, p.1002）は**認識**を次のように定義している。

1 (a) 知覚の行為または能力／感覚によって物、性質などを知的に把握すること／意識／理解力。(b) 洞察、直感またはこれらのための能力。2 知覚によりえられた理解、知識、または知覚により形成された特定の考え、概念、印象等。

定義の通り、認識とは自己もしくは生活のある側面にかかわる意識である。この意識は、感覚、考え感じる力、直感を通して得られる。認識は全体的なもの、すなわち思考、感情、行為、経験のすべてを含むものである。臨床家はクライアントの言葉による説明があってはじめてクライアントの認識を知ることができる。したがって、クライアントによる認識の説明は彼らの経験と思考の枠組み（例えば、経験に意味を与え、体系づけるために用いる概念）の相互作用として建設的に考えられる。

クライアントがわかってもらえたと思うためには、認識を質問されるだけでなく、臨床家がその認識を肯定することも必要である。つまりクライアントがどう考え、感じ、行動し、経験しているかを臨床家が理解していることを伝える何らかの表示が必要となる。インスーはエイズのために死に直面していた若い売春婦と面接したときに、この点を強く再確認した。この女性は治療を受けているエイズ・クリニックの職員から、昔彼女が兄弟たちから性的虐待を受けたことについて、彼らと対決すべきだと強く勧められていると話した。しかし、彼女はおだやかに死ぬことを願っていた。そのために、母親に自分が善良な人間だと知ってもらうことと、エイズ・クリニックの職員が勧めるホスピスではなく、自分の小さなアパートで最後の日々を過ごすこととを望んでいた。インスーは上記のような彼女の認識を聞きだして肯定し、この願いをどうすれば実現できるかを2人で考えた。体力の衰えのために旅行はできなかったので、彼女は母親に手紙を書き、死ぬまで自分のアパートで暮らしたという。

　クライアントの認識を肯定するにはいくつかの方法がある。うなずきや短い表現（「ええ」、「そうですとも」、「もちろん」）で受容を表わすことから、「あなたのお話から、最後の日々をご自分のアパートで過ごしたいことがよくわかりますよ」というようにはっきりとした肯定まで種々ある。

　意図的な感情表出というバイステックの原則をここでもう一度考えてみると、感情はクライアントの認識の重要な一部分であるとはいえ、考え、態度、信念または過去の行動も同様に重要だという結論に達する。クライアントの認識のある一部分を取り出してラベルづけるのではなく、できる限り全体的に彼らの認識を尋ね、その答えを聞く方が有効な方法だと私たちは確信している。彼らの認識を理解してはじめて、それが重要なものなのだと肯定する段階に進む。このように進めることで、クライアントの認識を尊重していることを伝え、それぞれのクライアントを個人として扱うことになるので、彼らの経験の仕方を重視し信頼するよう励ますこととなる。その結果クライアントが臨床家を信頼し、生産的な作業関係が生じる。

　クライアントの認識を探求し、彼らが話したままの認識を肯定することは、解決構築面接で行われることと大いに共通する。本書で紹介する対話例のほとんどでこの技法が使われている。例えば、ピーターとエレンの面接では、クライアントの認識を肯定するためにコンプリメントを使っている。ピーターがエレンに、彼女の状況とそれにどう対処したかを質問し続けたことに注目してほしい。さらに説明を求めることもクライアントの認識を肯定する1つの方法である。単純にクライアントの認識を尋ねて、その返答を事実として受けいれることで、臨床家がその重要性を肯定することになる。次節で取り上げる共感でもクライアントの認識を肯定する方法を示す。

　ワークショップや授業中によく尋ねられる質問に触れよう。「いつでもクライアントの認識を肯定するのですか。クライアントがうつから逃れるために自殺を考えている場合や、恋敵を殴ってやると脅すとか、悪さをする子どもを叩こうと思っている場合はどうするのですか」。この質問の本意は、そんな考え方をするクライアントを肯定することなど問題外であり、すぐに教育し、対決して実行させないようにすべきだということだろう。第10章でそのような極端な行動を考えているクライアントへの対処について詳しく述べるが、こうしたケースでさえ、知らない姿勢で始めることが望ましい。というのは、自殺、恋敵を殴る、叩くといった極端な行動を考えるクライアントにすればそう認識させる複雑な状況があるからだ。こうした状況について尋ねてみると、そんなふうに言いたくなる理由が臨床家とクライアントの双方に理解できる。臨床家はこうしたクライアントに、彼らの極端な認識について、なぜそうなのかを話してほしいと、丁重に頼むことができる。例えば、子どもを叩くことを考えているクライアントに、「どんなことからそのような状況で子どもさんを叩くことが役に立つだろうと思ったのですか？」、「他には何がありますか？」、「それがどのように役に立ちますか？」、「そうすると、うまくいきますか？」と質問ができる。さらに「あなたがそうするとしたら、あなたとお子さんの間で何が違ってくるでしょうか？」、「あなたと他のお子さんの間ではどうですか？」、「あなたと裁判所の間では？」と続けることもできるだろう。

　このような質問をすると極端な行動の話をせざるをえないクライアントを理解できる。私たちはクライアントの話を聞いて次のように言う場合が多い。「お宅で起きていることを聞いてから、お子さんを叩きたくなることがよくわかりますよ。それが役に立たないとおっしゃっていますけれど」。こうしたクライアントの認識を肯定すると、クライアントのそうした行動が増えたり、子どもを叩くことを大目にみたりすることになるのではないかと考える臨床家が多い。皮肉なことに、それは真逆である。クライアントは自殺や叩くことについての認識を丁重に質問されることで、気持ちを落ち着け、自分からもっと穏やかな方法を話し出すことも多い。

▶学習用DVD クリップ1参照

## 自然な共感

バイステック（Biestek, 1957）による関係構築のもう1つの原則は、臨床家が統制された情緒的なかかわりを持たねばならないというものである。バイステックの定義によれば、これはクライアントの感情を敏感に読み取り、その感情の意味を理解し、適切に反応することである。この原則によると、臨床家は思考レベルだけでなく感情レベルでも交流する必要がある。例えば、夫に太り過ぎを容赦なく侮辱されると訴えるクライアントには同情をこめて次のように話しかける。「ご主人の言葉にさぞ傷つくでしょう。腹が立つでしょう」。この技法を展開し、活用することは初心者も経験者も容易ではないだろう。臨床家のなかにはどうしても感情のレベルでクライアントとつながりにくい人がいる。この能力を欠くことはこの分野では欠陥とみなされることが多い。

　他の文献のなかでバイステックの原則に最も近いものは**共感**《empathy》である（Benjamin, 1987; Egan, 2010; Keefe, 1976）。共感の特性はわかりにくく、正確な概念化は難しい（ベンジャミンなどはその真意を物語を通して説明する方を好む）。共感はクライアントの思考、感情、行動の世界に想像力を持って入り込んではじめて可能になると考えられる。それは同情ではない。同情とはクライアントと同じ感情や関心を持つことである。共感は、臨床家がクライアントと同一化して自分を失うことではない。むしろ臨床家は自分とクライアントとは別の人間であるという内的感覚を失わずに、クライアントが自分の経験をどう意味づけているかを探り、それを取り入れることである。カール・ロジャーズ（Rogers, 1957, p.99）は共感を「〈まるで〉という側面を失わずに、まるで自分自身ののようにクライアントの世界を感じること」、そして「巻き込まれずに、クライアントの怒り、恐れ、混乱を感じること」と説明する。

共感についての文献は、共感するためには臨床家はクライアントの物語に感じ入り、または感動しなくてはならないと強調する。これを聞くと、バイステックの統制された情緒的かかわりが思い起こされる。臨床家はクライアントが伝えることを知的に理解するだけでは不十分で、クライアントの物語を彼らの全存在——思考だけでなく感情も含む——をかけて理解する必要がある（臨床家によっては共感的表現《empathetic statements》と同じ意味で「心から」という表現を使う）。共感的に理解すればするほど、臨床家はクライアントに共感的表現で自然に対応できる。そして、共感的表現を使えば使うほど、クライアントは臨床家の思いやりと理解を感じる。

ランバートとバーギン（Lambert & Bergin, 1994, p.164）によると、「的確な共感、積極的関心、無欲の温かさ、自己一致または純粋さ」がクライアントとの「作業同盟」の確立と彼らの進歩に不可欠であると事実上、合意されている。しかし調査の結果によると、的確な共感の重要性は確認されているものの、「かつて考えられていたよりもあいまいである」（Lambert & Bergin, 1994, p.165）。調査結果によれば、臨床家のクライアントへの共感は、この両者の関係に対するクライアントの満足感に確実にかかわる。さらにクライアント自身が進歩を測定する場合には、共感することがクライアントの進歩にかかわる。しかし、進歩がより客観的方法（例えば標準化されたテストやクライアントの変化の直接的観察）で測られる場合には、臨床家の共感の重要性は薄れるようである。

臨床家がクライアントの情緒的な反応を特定し、それについて彼らと話し合うことと共感することとの相対的な重要性について、解決志向の臨床家の間では議論される問題となっている。カイザー、ピアシー、リプチック（Kiser, Piercy, & Lipchik, 1993）やリプチック（Lipchik, 1999, 2002）は、「クライアントの感情についての率直な会話は、クライアントとセラピストの間の共感と前向きな関係を培う」と主張する。その一方で、ミラーとディ・シェイザー（Miller & de Shazer, 2000）は、そのような会話はクライアントとセラピスト間の協力関係を作るために必要ではないし、クライアントの問題と解決に専門家の解釈を押しつけるようだと示唆する。クライアントの感情は彼らの生活のなかの人々と出来事に対する全体的反応のなかに埋め込まれているものだから、クライアントが変えたいこととして持ち出していないのに臨床家が感情を取りあげて特別な注意を引こうとすることは、「クライアントの問題は彼らの感情によって引き起こされている」とみる方向へ会話の文脈を傾けることになりやすい。必要以上に感情について考えることは、臨床家とクライアント両者の可能な解決についての認識を制限するとともに、臨床家がクライアントと協力しあう関係を作ろうとするアプローチをも制限する。

バベラス、マギー、フィリップス、ラトレッジ（Bavelas, McGee, Phillips, & Routledge, 2000）のコミュニケーション研究チームは、話している人に反応する方法の違いについての研究を要約するときに、間接的にミラーとディ・シェイザーの見解を支持している。彼らの研究は、次の3つのリスニングを比較している。1つは、話し手の感情の言い換えに焦点をあてる積極的傾聴（例えば「昨夜、夫が夕食に帰らなかったので、あなたは腹を立てているんですね」）であり、2つめは関連のない介入（例えば、話の要点に無関係な詳細について尋ねる。「あなたの夫は職場にネクタイをしていきますか」）であり、3つめは訓練抜きの自然な傾聴に特徴的な、関連のある介入（例えば、話し手が「夫が夕食に帰らなかった」と言ったときに、「そんなのひどいわ」と答える）である。結果として、話し手自身も会話の観察者たちも、自然な傾聴の方を積極的傾聴よりも好ましく思った。自然な傾聴の方が、クライアントにより純粋な関心を示し話の内容もよく聞いているというのが両者の見解であった。興味深いことに、自然な傾聴よりも積極的傾聴を選んだ人々は積極的傾聴の訓練を受けている少数グループだけであった。バベラスら（Bavelas, 2000）は積極的傾聴を次のように結論づけている。

> ノルガード（Norgaard, 1990）とアームストロング（Armstrong, 1998）はどちらも、こうした技法に関する多くの文献にはクライアントに有効だったとか好まれたということを示す評価研究が含まれていない、と述べている。そのため私たちは、会話でどう機能するか組織的に観察しないままコミュニケーション・スキルは「こうあるべし」と教えられているコミュニケーション・スキルに疑問を持っている。

　私たちは、クライアントと協力関係を作るためには、感情について特別な会話を取り出す必要はないというミラーとディ・シェイザーの見解に同意する。同時にコミュニケーション・スキルについて継続的な実証的研究が必要だというバベラスら（Bavelas, 2000）の意見にも賛同する。彼らの研究と私たちのクライアントとの経験から、面接には関連のある自然な介入を勧めたい。私たちは感傷や否定的感情を強めるような共感を勧めない。例えば次のような表現を繰り返し用いることは望ましくない。「今あなたは本当に傷ついていますね」、「今あなたはずいぶん落ち込んでいますね」。こうした表現はクライアントをますますその方向に落ち込ませるだけで、よい変化を生み出すことはない。一方では、必要なときに示される自然な共感的理解によって、クライアントがさまざまな出来事や個人的反応を詳しく話そうとすることがわかっている。例えば、クライアントがある人との関係の難しさや苦痛を訴えるときには、共感的肯定の態度でこう言うとよい。「今、あなたと彼の間の事情が思うようにいっていないことがよくわかります」。そして、どんな関係になりたいのか、今の状況を乗り切るために、クライアントが自分の長所をどのように活用しているかに話を移していく。本章のピーターとエレンの会話は共感的理解の例でもある。

　臨床家としてクライアントに自然な共感的理解を示す方法は他にもある。例えば、理解を示すようにうなずくこと、クライアントの話の重要性を理解していると伝える言い換え、要約、敬意をこめた沈黙、思いやりをこめた口調である。言語による共感の技法は本書全体に述べられている。非言語技法については本書の学習用DVDを見てほしい。

　共感を個別の分離した技法であるかのように扱ってきた。しかし、この技法は、使う使わないにかかわらず、本章で述べた他の技法と分けられないものである。つまり、非言語行動、言い換え、クライアントの認識の肯定などのすべてを通して、臨床家が共感的であるかないかが伝わる。共感はクライアントと臨床家の相互作用の構成要素の1つと考えるのが適切である。クライアントと臨床家の相互作用はケーキのようなものである。ケーキが焼き上がると、もはや砂糖と粉を分けることはできない。ケーキの味は材料の配合次第である。クライアントにとっての相互作用の味、つまり臨床家に本当に理解され援助されていると感じるかどうかは、臨床家が技法をどのように配合するかにかかっている。▼註3

## ノーマライズする

―▶学習用DVD―クリップ1参照

感情がたかぶるような問題と苦闘しているクライアントは判断力を失いがちである。満足のいく解決がみつからず、その場の苦痛と緊張にとらわれて、自分の問題はコントロールしようがなく、常軌を逸していると考えたり話したりしやすい。例えば10代の子どもと対立している親、配偶者の1年前からの浮気を見つけたばかりの人などは自分の状況は特別なのだと強調して話すことが多い。臨床家はしばしばこの緊迫したプロブレム・トークに巻き込まれ、解決構築の質問を作るゆとりをなくしてしまう。

**ノーマライズ**とは、プロブレム・トークを聞いて、その問題が普通の生活でも起こるのではないかとクライアントと考えることである。これは人生によくある困難を根深い問題だとか個人的病理だとみなす傾向とは反対のものである。ノーマライズするにはさまざまな方法がある。ある母親が10代の息子のことで専門家のところを訪ねて次のように話したとしよう。

**母親**❖私たちは15歳の息子のエヴァンのことでとても深刻な問題を抱えています。彼は授業をさぼっているんです。最初の2時間だけ授業に出て、そして学校からまっすぐ駐車場へ行って自分の車のなかに座っているんです。校則違反なのに車のなかでたばこを吸っているところを欠席児童補導教官につかまったこともあります。どうもマリファナも吸っていたようです。学校の勉強に興味を持っていた時期もあったのに、今ではとても無関心なんです。先生の話では授業中の活動に参加しないそうです。質問されても答えなかったり、「無意味なことを勉強する意味がわからない」とか言ったりするんです。校長室に呼ばれてもだめなんです。居残りをさせられても問題行動は相変わらずで。あの子は悩んでいるようにみえます。でもどうしたらいいのかわかりません。麻薬をやっているのかも。わかったもんじゃないです。

**父親**❖さらに悪いことには、妻はエヴァンの学校の英語教師なんです。彼女の話では休み時間に他の先生や欠席児童補導教官がエヴァンのやっている悪いことをいろいろと話してくれるそうです。それで彼女はおちおち授業に集中することもできないのです。

このようなクライアントに対してノーマライズする1つの方法は、彼らが話したような状況が起こりうることかどうかを、両親の状況説明を使って尋ねることである。次のような尋ね方もある。「エヴァンは15歳ですよね。彼がしているようなことはティーンエイジャーにはよくあることではないでしょうか。いかがでしょうか」。親にユーモアのセンスがあり、両親を怒らせずに率直に話せる自信があれば、ノーマライズするためにもっと直接的な方法を使えるだろう。このように

▼註3　クライアントによって、臨床家の反応をどう理解するかは異なる。傾聴と応答の技法を組み合わせて使う臨床家ならば、クライアントによる違いを理解し、適切に反応するだろう。

話してはどうだろう。「そうですね。何といっても彼はティーンエイジャーですから、ときどき脱線もしますよ」。ノーマライズするための別の直接的方法は短い言葉を使うことである。「もちろん」、「そうですとも」、「ええ、よくわかります」。前述の例では父親の発言にこの方法で答えるとよいだろう。

ノーマライズする際には自然に自信を持って実行しないと、クライアントは臨床家が自分の苦労を軽視していると感じるだろう。この直接的技法に馴れていないときには、もっと間接的にクライアントがノーマルな状態をどう考えているかを尋ねることから始めることを勧める。経験があれば、直接的方法の方が使いやすい。大切なことはあなたのノーマライズの発言へのクライアントの反応を注意深く聞き、対応することである。彼らの反応がどうであれ、クライアントが望む違いを示してくれる手がかりを注意深く探すことである。先にあげた例で母親は「エヴァンの行動は彼女にとっては問題かもしれないが、ティーンエイジャーとしてはノーマルなのかもしれない」という意見に同意し、同僚の先生がエヴァンの行動を話してきたときに感情的にならずに済む新しい対応を考えたいと思うかもしれない。たまにあることだが、母親が臨床家のノーマライズする発言を聞いて、かえって「エヴァンの行動は普通の問題ではない」と臨床家を説得しようとして、エヴァンがやりそうな極端な行動をますます詳しく述べ立てるかもしれない。その場合臨床家が彼女の見方を容認し、どうすれば彼女の役に立てるかを尋ねると、そこではじめて彼女は夫と2人で手遅れにならないうちにエヴァンに接する方法を見つける必要があると話すかもしれない。どちらの場合も、彼女が望む違いに関連させて次の質問を作れば、会話は建設的な方向へ進むだろう。ノーマライズが解決構築で有効な理由は、それによってクライアントが問題を病理的なものとは考えずに済むだけでなく、クライアントと臨床家の双方がクライアントの望む違いを明確にするからである。

━▶学習用DVD━クリップ1・19参照

## クライアントに焦点を戻す

本書の技法を使う各機関とBFTCでの経験から、多くのクライアントはウェルフォームド・ゴール（現実性のある目標）をつくり、その実現に向けて取り組み、満足のいく、生産的な生活を創り出せることがわかっている。目標作りと取り組みのどちらの過程でも実際に動くのはクライアントであり、彼らがそれまでとは違う何かをする必要がある。

私たちの観察では、クライアントは問題の描写や臨床家との面接で、達成したいことを説明するときに、他の人にどう変わってほしいかを話すことが多い。まるで自分たちは無力で、他の人の言いなりであるかのような話をしがちである。次にその例をあげよう。

◉うちの子どもたちは怠け者です。朝も起きようとせず、昼間もテレビを見てごろごろしていることが多いんです。手伝ってほしいときもあるのにそれがわからないんです。

◉両親に21世紀の生き方をしてほしいんです。僕は15歳になったのに、夜10時という馬鹿げた門限を押しつけるんです。

◉子どもの成績がひどいんです。うちの子には学習上の特別な配慮が必要なのに、先生にその対処法がわかっていないせいだと思います。

◉上司に私を見下すような話し方をやめてもらいたいのです。まるで子ども扱いすることがあるんです。

◉夫はひどいかんしゃく持ちで、かんしゃくを起こすと殴るんです。子どもの頃、ひどく虐待されたからでしょう。彼が腹を立てると殴られるのではないかと本当に怖いんです。

クライアントの認識を傾聴し、それを尊重することは大切なことだ。それは話している時点で、クライアントが生活のなかのそうした部分をどう見ているかが示されているからである。しかし、無力感を抜け出し、やっていけると感じられるようになるためには、クライアントは焦点を移さなければならない。他の人や現状の好ましくないことから、現状をどう変えたいのか、自分が解決にどうかかわるのかに焦点を移さなければならない。

臨床家がこの切り替えに力を貸すことができる場面がたびたびある。クライアントが自分自身に焦点を戻すための質問例を次にあげる。

◉お子さんがもっと手伝いができると、どんなことからわかりますか。

◉状態がよくなると、どんな違ったことが起こるでしょうか。他の人はあなたがどんな違ったことをしているのに気づくでしょうか。

◉ほんの少しでも状態がよくなるためにはどんな努力が必要でしょうか。

◉もしあなたの上司がここにいて、私が彼に、あなたを見下した話し方を少しでもしないで済むために、あなたがどんな違ったことをしたらいいのかと尋ねたとしたら、彼はどう答えると思いますか。

◉この問題が解決するという希望をあなたに与えるものは何ですか。

◉眠っている間に奇跡が起きて、今ここで話し合っている問題が明日の朝までに解決したとします。あなたは眠っていたので奇跡が起きたことを知りません。最初にどんなことに気づいて、よくなっているとわかるでしょう。他の人はどんなことからあなたが前よりよくなっていることに気づくでしょうか。

◉あなたが話した奇跡のようなことが今までに起きたことがありますか。

こうした質問のいくつかは、焦点を移すことをクライアントにはっきりと伝えているが、そうではなく言外に伝えるものもある。ディ・シェイザー（de Shazer, 1994）によれば、クライアントにこの転換を促すことは、プロブレム・トークからソリューション・トークへと変わる重要な部分である。本書のいたるところにこのような質問例が示されている。

**学習用DVD**　クリップ1・2・3参照

## クライアントにとっての意味を探す

クライアントは生活のなかの出来事の意味がわからず、臨床家に答えを求めることがある。「友人が亡くなってから、私は外出も人に会うこともしなくなりました。いったいどうなってしまったんでしょう」。臨床家がクライアントに考えさせようとして、「大きな喪失を味わった人は感情をコントロールしようとして苦しみ、人から孤立しようとすることがあります。そういうことがあなたに起こっているとは思いませんか」などとなんらかの解釈を提示するアプローチがある。

解決構築ではクライアントに代わって、臨床家が彼らの経験を解釈することはない。というのはこれまでの私たちの経験では、「出来事や経験がなぜ起きたのか」といった会話から解決が作られたことがなかったからである。例えば、面接初期の段階でクライアントに先のように、「私はいったいどうなってしまったんでしょう」と質問されたら、「外出も人に会おうともしなくなった」と思わせるどんなことが彼らの生活のなかで起きているのかを尋ねる。クライアントがそのような出来事について話すときには、彼らの状況の困難さに共感し、クライアントにとって重要だと思われることに耳を傾け、クライアントが求めることのヒントはどんなものも見逃さないように努める。

このように述べたからといって、私たちがクライアントの経験の意味に興味がないということではない。それどころか解決構築の他の要素と同様に、私たちはクライアントの知識を活用する。解決構築に最も役立つのは、問題ではなく過去の成功と将来の可能性にかかわる彼らの意味づけである。クライアントにその人なりの意味を考えさせ、作らせるために、通常、2つの知らない姿勢の質問が使われる。1つめはクライアントがこれまでに行ったことや、これからやってみようと考えていることが、役立ったり助けになったりするかと尋ねる。例えば薬物使用で苦しんでいるクライアントが、過去に入院治療を受けたことがあると言ったとしよう。その場合、治療が有効だったかどうかを尋ね、そうだと答えたら、続いて具体的に治療で何が役に立ったのかを尋ねる。基本的には同じ質問だが、次のように尋ねることもできる。「その治療を受けてあなたの生活の何が違ってきましたか」。将来の可能性についても同様の質問でクライアントにとっての意味を探ることができる。例えば、給与の額に不満を持つクライアントが上司との話し合いを考えているときには、「あなたがこのことについて上司と話したとしたら、あなたと彼の間で何が違ってくるでしょうか」と尋ねてもよいだろう。このような質問に答えようとして、クライアントは可能な将来の行動の意味を考える。この意味を考えることが実際に行動に移すかどうかを決める上で彼らの役に立つ。

クライアントの意味づけをもとに解決を構築する作業で留意してほしいもう一点は、クライアントの成功と可能性にかかわる意味だけでなく、相互作用的な意味を尋ねることである。先の例のクライアントのように今までとは違った方法で上司と話し合おうと考えている人には「上司にこのように話そうと決めたことで、あなたと上司の間で何が違ってくるでしょうか」と尋ねることができるだろう。相互作用的意味こそがクライアントにとても役立つことがわかってきたので、私たちは「それでそのように上司と話し合うことをどう感じますか」といった質問をほとんどしなくなった。

**▶学習用DVD** クリップ1・2・3参照

## 関係性の質問

解決構築では関係性の質問を使ってクライアントに出来事とその意味を相互関係のなかで描写してもらう。人の生活の大部分は他者との相互関係で成り立っており、しかもその他者の多くがその人にとってとても大事な人たちである。クライアントが問題やどう変わりたいかを説明するときには、必ず重要な他者（Mead, 1934）が話に出てくる。例えば「問題は娘が麻薬をやること、言うことをきかないことです」とか「夫とケンカばかりしています」とか「昇給について上司と率直に話し合いができれば、うまくいくんですけど」などである。臨床家はそこでクライアントにとっての重要な他者を見つけて、質問のなかにその人を織り込む必要がある。そうすれば、クライアントは「自分の状況、違ってほしいこと、どうやったら解決するのか」を、相互関係を表わす言葉を使って説明できるようになる。クライアントにとっての重要な他者がわからないときは「あなたをよく知っている人は誰ですか」と聞けばよい。

この質問方法を例示しよう。あるクライアントが、変えたいことの1つは「娘が言うことをきかないときに、カッとなって怒鳴りつけずに、これまでとは違う話し方ができるようになることだ」と言ったとしよう。クライアントに相互関係を表わす言葉でこの目標を説明してもらうために、次の質問ができるだろう。「カッとなって怒鳴りつけなくなったとしましょう。娘さんは、あなたがその代わりに何をしているのに気づくでしょうか」。この質問に父親が「落ち着いた声で穏やかに話しかけているでしょう」と答えたとしよう。そしたら「彼女はそれに気づくと、何をするでしょうか」と質問を続けられる。また、先に述べたように、あなたは次の質問で父親にこれらの新しく起こりうることの意味を、相互関係を表す言葉を使って説明させることもできる。「それで、あなたが落ち着いた声で穏やかに話しかけると、あなたと娘さんとの間で何が違ってくるでしょうか」、「あなたがそのように話しかけるとお2人の間で何が違ってくるだろうと娘さんは言うでしょうか」。また次のような質問で、生じている解決を増幅することができる。「娘さんに落ち着いた声で穏やかに話しかけることにしたとしましょう。あなたと奥さんの間では何が違ってきますか」、「あなたと他の家族との間で何が違ってきますか」、「あなたの生活で他に何が違ってきますか」。こうした質問は、クライアントと娘の関係が違ってくれば、他の人との関係も（クライアントの心のなかで）違ってくるだろうし、またそうなることで彼がいずれ生活のなかで何か違ったことをするだろうという認識に基づいている。クライアントがある関係のなかで前向きな変化を起こすと、波及効果によって他の関係でも前向きな変化が起こることが多い。だからクライアントはこうした質問に答えるうちに自分で考え出した可能性がますます魅力的なものに思えてくる。クライアントにとっての重要な人を組み込み、彼らの相互作用の背景について尋ねるこうした質問は**関係性の質問**と呼ばれる。これはクライアントが考え出している解決を増幅させる主な方法となる。

**学習用DVD** クリップ2参照

## ソリューション・トークを増幅する

クライアントと臨床家とのソリューション・トーク（59頁参照）では、クライアントが望む生活のなかでの違いやその違いが生じる可能性を取り上げる。私たちは解決を構築する対話にクライアントを引き込む質問例を示してきた。解決構築の話に喜んで引き込まれるクライアントもいれば、自分の生活や他人への不満に焦点をあてたプロブレム・トークに戻りがちなクライアントもいる。しかし、ほとんどのクライアントは臨床家が導くと、ソリューション・トークをするようになる。

臨床家の役割は、このソリューション・トークへの転換を見逃さずにクライアントにできるだけ詳しく話させることである。

次の例ではインスーが麻薬を使う若い男性（ケンリック）との対話で、「問題が解決したら生活がどう違ってくるか」という話を増幅させている。

**インスー**❖それで問題が解決すると何が違うかしら。
**ケンリック**❖もう薬は全然やらないだろうね。
**インスー**❖どうしても薬がほしくなったらどうする？
**ケンリック**❖そのことを考えないように何かプラスになることをするだろうね。何でもいいけど、バスケットとかランニングとか、頭からそのことを追い払うようにね。誰かとしゃべってもいいしね。
**インスー**❖それが役に立つの？
**ケンリック**❖ああ。
**インスー**❖**［以前の入院中、彼は薬を使わなかったと話していたことを思い出して］**今言ったようなことが入院中に助けになったの？
**ケンリック**❖そうだよ、冗談やなんかを言うだけさ。
**インスー**❖冗談を言うことが役に立つの？
**ケンリック**❖うん、みんなで座って話しているとき、自分が言ったことでみんなが笑うといい気持ちになってね。そのときは薬なんて要らないよ。
**インスー**❖ああそうなの。あなたにはユーモアのセンスがあるの？
**ケンリック**❖ああ。
**インスー**❖他の人がそう言うの？
**ケンリック**❖うん。
**インスー**❖へえーっ。いつもそうだったの？
**ケンリック**❖ああ。
**インスー**❖ああそうなの。そしてそれがあなたの役に立つのね。
**ケンリック**❖そう、役に立つよ。
**インスー**❖その他に薬がほしくなったときに役に立つことは？
**ケンリック**❖子どもたちだね。
**インスー**❖子どもたち？　どんなふうにあなたの役に立つの？
**ケンリック**❖子どものそばにいるとき、例えば薬を買いに行くことを考えていると、上の息子が話しかけてくるんだよね、ちょうど薬がほしくなったときにね。それで息子の顔を見て、彼に注意を向けて、何かプラスなことを一緒にするんだ。何か一緒にしている間に……［沈黙］
**インスー**❖何かって？　どんなプラスなこと？
**ケンリック**❖子どもの名前を書くとか、数を数えるとか、ＡＢＣを書くとかね。
**インスー**❖そうなの。どう書くのか子どもに教えるのね。
**ケンリック**❖ああ。
**インスー**❖わかったわ。それが役に立つのね。
**ケンリック**❖うん。
**インスー**❖そうすることが好きなのね。
**ケンリック**❖うん。
**インスー**❖**［彼の声に愛情を感じて］**息子さんは喜ぶでしょうね。
**ケンリック**❖ああ、そうだと思う。
**インスー**❖息子さんをとても愛してるのね。

**ケンリック**❖ああ、子どもたちはみんなかわいいよ。

ここで、インスーは**問題が解決すればどんな生活になるか**という話にケンリックを引き込んでいる。彼が〈生活がどう違っているかいくつか考えがあること〉と〈そのときにしている違うことに彼自身が焦点をあてていること〉の両方に注目しながら、インスーはこうした違いを増幅しようとした。インスーは薬をやめると生活が違ってくるだろうという答えだけでは満足していない。「どうしても薬がほしくなったときにどうするか」と質問を続けた。ケンリックはもっと詳しく具体的に「バスケットをしたり」、「ランニングしたり」、「誰かと話したり」「冗談を言ったり」すると答えている。インスーはさらにそのなかから1つ、冗談を言うことを取り上げ、それがどう役立つか、つまり彼にとって冗談にはどんな意味や重要性があるかを尋ねた。ケンリックは他者にかかわる意味を述べ、違いを増幅させ「他の人が冗談を聞いて笑うと薬を使わなくても気持ちがよくなる」と説明した。インスーはさらに「薬がどうしてもほしいとき、他に何が役に立つか」と尋ね、ケンリックは自分の子どもたちと建設的なことをするという話にまで発展させた。

クライアントと解決を構築するとき、臨床家はクライアントが提供するソリューション・トークを取り上げ、それを増幅させる必要がある。初めて面接を受けるクライアントはそのほとんどが無力感にさいなまれているが、その対策としてソリューション・トークがとても有効である。最初、クライアントは問題に焦点をあて、問題のせいで生活がどれほど大変かと話す。しかし、生活がどう違ってほしいか、またどうしたらそうなるかを詳しく話すように促されると、彼らは希望を持ち、さらに可能性を確信するようになる。ということは、エンパワーメントはある程度まで認識の問題と言える。それはクライアントのソリューション・トークによって高められる心の状態である。

面接時にプロブレム・トークからソリューション・トークに変えるときに気づいたこととして臨床家から聞いていたこと（問題の話は問題の話を生み出し、解決の話は解決の話を引き出す）が、解決志向の対話についての最近の研究で実証されていることは意義深いことである。この研究（Smock, Froerer, & Bavelas, in review）では、解決志向の熟練臨床家と認知行動の熟練臨床家によるクライアントとの対話で前向きな内容と否定的な内容を扱った結果が分析された。その研究では、クライアントの生活の肯定的側面（成功、長所、資源）に焦点を合わせたセラピストの質問と発言を「肯定的セラピスト内容」と定義づけ、生活の肯定的側面に焦点を合わせたクライアントの質問と発言を「肯定的クライアント内容」と定義した。また、クライアントの生活の否定的側面（問題、弱点、不足）に焦点を合わせた場合に、「否定的セラピスト内容」、「否定的クライアント内容」と定義づけた。セラピー全体を通じて、発言ごとに（順番にそって）分析された。その結果、解決志向と認知行動のどちらでも、セラピストの発言が肯定的であればクライアントも肯定的なことを述べる傾向が強かった。同様に、セラピストがクライアントの生活の否定的な側面に焦点を合わせた発言をすると、クライアントも否定的なことを述べがちであった。この研究は、解決志向セラピストの発言は他の臨床家のそれよりも、否定的にならずに肯定的になることが多く、またクライアントがどんなタイプ

（肯定的、中立、否定的）の発言をしても肯定的に反応する傾向が、他の臨床家と比べて顕しく高いことを全体的に示したことでも注目される。

ソリューション・トークの増幅について述べた本節を終える前に、ケンリックとインスーの対話を使って練習課題に取り組んでみよう。対話を読み直し、本章で述べた具体的技法の例をできるだけ多く見つけ出しなさい。この対話には、傾聴、可能性のヒントに気づく、クライアントの言葉を繰り返して組み込むこと、役に立つクローズド・クエスチョンとオープン・クエスチョン、言い換え、クライアントの非言語的反応への注目、コンプリメント、クライアントの認識の肯定、自然な共感、クライアントに焦点をあて続ける、クライアントにとっての意味を探すといったことの実例が示されている。インスーはこの短い対話にもこれら基本的技法を織り込んでいる。また本書に合わせて作られたＤＶＤでも同じことが言える。ＤＶＤの各クリップに基本的技法が織り込まれ、画面右上にその技法名が示されている。

【▶学習用ＤＶＤ】クリップ2・3参照

## 協働的対話としての解決構築「一歩後ろから導く」

本章ではクライアントを彼らの経験とその意味を一番よくわかっている専門家であるとして面接を進めるためのコミュニケーション技法について検討してきたが、こうした技法を効果的に活用するには、クライアントに対して受け身になり、彼らの発言を忍耐強く待たねばならないというわけではない。むしろ、積極的に、クライアントをある意味で導くときに、最も彼らの役に立つことができる。私たちはクライアントの**一歩後ろから導く**（Cantwell & Holmes, 1994, p.20）ことが最善の導きになると考える。本章の残りのページで、心理言語学の新しいコミュニケーション研究と展望に注目し、解決志向セラピーのような治療的対話にそれを適用することについて簡潔に述べる（Bavelas, 2012; De Jong, Bavelas, & Korman, in review; Korman, Bavelas & De Jong, in review を参照）。私たちはこの進行中の研究によって、臨床家がいかに知らない姿勢をとりながらリードできるかをはっきりと説明できると考える。これを取り上げる目的は、あなた自身の解決志向面接を振り返る方法を提示することにある。そうすれば、本章で述べた特定の技法を意識的に、総合的に、効果的に使えるようになるだろう。

### 協働としてのコミュニケーション

過去20年にわたり、セラピーと面接の文献とは離れたところで、心理言語学者たちが対面による会話のコミュニケーションの作用について実験を行い、それまでとは異なる新しい見解を展開してきた。個人に焦点をあて、対話を単にモノローグ（独白）の交換とみる従来のコミュニケーション・モデルとは対照的に、この新しい見解は「協働モデル」と呼ばれる（例えば、Clark, 1992; 1996）。従来のモデルでは、役割を交代するまで、話し手が情報を伝え、聞き手は注意深く受動的に話を聞く——話し手がどれくらい上手く話し、聞き手がどれくらいよく聞くかが強調される。レディ（Reddy, 1979）が指摘するように、従来の見解では、コミュニケーションは個人の考えと感情とが行き来する中立的パイプとみなされる。一方、クラークの協働的視点によれば、話し手と聞き手が一緒になって情報を作り出し、絶えず調和し、両者の貢献により合意できる説明を作ろうとする。これを例示するために、次にインスーとカール（高校生）との対話を示す。この2人はカールには能力があるという見解、理解を共有しようとしている。

1 **インスー**❖カール、学校で一番得意な科目は何ですか。
2 **カール**❖今のところ数学、代数2です。
3 **インスー**❖**数学と代数ですか。**
4 **カール**❖正しくは代数2です。
5 **インスー**❖代数2
6 **カール**❖はい
7 **インスー**❖代数2って何ですか。［カール／笑う］私が勉強したのはずいぶん前のことだから。
8 **カール**❖プロセスのようなものです。中学校ではプレ代数というものを勉強します。それは数学を文書にしたようなもので、例えば因数分解・解法・集合などがあり、基本的には消去法のようなものです。［セラピスト／まあ］そして高校では、その続きを代数1として学ぶわけです。本当の代数です。そして幾何学となって、でも幾何学は嫌いで、［笑］それから代数2をとります。
9 **インスー**❖だから、今はその勉強をしているのね。［カール／はい、代数が好きです］それが一番得意なの？
10 **カール**❖はい、オールAです。
11 **インスー**❖オールAなのね。
12 **カール**❖はい。
13 **インスー**❖あなたはとても優秀な若者なのね。
14 **カール**❖いいえ［笑う］、そこそこ、といったところです。
15 **インスー**❖そこそこ？
16 **カール**❖普通ってことです。
17 **インスー**❖普通、ええ、すばらしいです。▼註4

この短い対話から、対話のなかでの協働作業について知ることができる。インスーとカールはどちらも対話に参加し、この対話のなかで（対話の開始時にはなかった）新しい理解が形成されている。インスーはまずカールに一番得意な科目について尋ね、カールは「数学と代数2」と答える。繰り返しと明確にするための質問をして、カールの言葉を取り入れたやりとりの後に、2人は、カールが「代数2」が得意で、「オールA」の評価であることを理解し、インスーが言い出したような「優秀な若者」とは考えていないものの、彼は自分のことを「そこそこ」「普通」と述べ、インスーはそれを受けいれている。

## 基盤作り《grounding》

対話の協働理論における中心的プロセスは基盤作りである。クラークとシェファーは（Clark & Schaefer, 1987; Clark, 1996, Ch.8を参照）、対話の参加者は常に一瞬一瞬の過程にかかわることで、共通の理解もしくは「共通の基盤」を構築すると述べる。最も単純な基盤作りは3段階から

▼**註4**　DVD「生きていてよかった――自殺傾向のある青年との面接」(2008) からの転写。ブリーフ・ファミリー・セラピー・センターの許可を得て使用。このケースのDVDは、解決志向短期療法協会 (www.sfbta.org) から入手可能である。

成り、特定の時点で新しい情報を提供する話し手と、話し手が話しかける受け手がかかわる。ほとんどの対話で話し手の役割と受け手の役割は固定されず、素早く、流動的に変わる。

A　話し手が新しい情報を提示する。

B　受け手は理解したこと（もしくはわからないこと）を述べるか、態度で示す。

C　話し手は、受け手が正しく理解したこと（わからないこと）を確認する。

基盤作りを示すために前節のインスーとカールの対話のそれぞれの発言に番号をふった。1では、インスーは質問の形で情報を**提供して**いる（「カール、学校で一番得意な科目は何ですか」）。2では、カールは重要な答えを返すことで、質問を理解していることを**示す**（「今のところ数学、代数2です」）。3でインスーは、カールの答えからキーワード（「数学と代数」）を受容的な口調で繰り返し、彼が1の質問を理解したことを**確認する**。発言は複数の機能を果たすので、基盤作りは非常に早く流れるように起こる。つまり、2でカールは理解したことを**示す**とともに新しい情報を**提示し**、それにインスーがキーワード（「数学と代数」）を繰り返して、新しい情報を理解したことを**示す**ことで、第2の基盤作りが始まる。そして4で、カールは、インスーがこの新しい情報を理解したことを**確認して**、それを伝える重要な発言（「正しくは代数2です」）をしたので、第2の基盤作りがすぐに完結する。この協働作業の速さもさることながら、新しい情報が加えられ、さらに積み重ねのなかで形成されていくことに注目してほしい。第2の基盤作りが終わるまでにインスーとカールは、カールの得意な科目が「数学と代数2」ではなくはっきり「代数2」だという理解を共有する。彼はその前の2回の発言ではっきりそう言っている。参加者が注意深く基盤をつくるときに、対話のなかでとても素早く、重要な新しい理解が構築されることは驚きである。基盤作りは複雑な技法だが、私たちは皆、幼い頃から会話を続ける方法を身につけてきているので、すでにどうやって基盤を作るか知っているのだと気づけば安心できるだろう。

インスーとカールの例は、基盤作りの過程が対話の参加者に進行中の相互理解の状況を把握するための根拠を伝えることも示している。誤解の根拠がある場合には、参加者は即時にそれを解決する。例えば13で、代数2は「オールA」というカールの情報を得た直後に、インスーは次の解釈を**提示する**。「あなたはとても優秀な若者なのね」。カールはこれを受けいれず、「いいえ［笑う］、そこそこ、といったところです」と答える。次にインスーは「そこそこ」と繰り返し、カールが代数2でオールAであったことの意味づけから共通の基盤を作ろうとする。

研究によれば、協働的な対話をしながら基盤作りにかかわることで、単に情報を提供し共有するやりとりよりも多くの理解が得られる。ショーバーとクラーク（Schober & Clark, 1989）の実験では、話し手と一緒に基盤作りにかかわった受け手は、同じ情報を得ながら基盤作りから除外された受け手よりも、有意に高い理解があったことが証明された。

受け手は話し手を理解したことをさまざまな方法で表明したり、態度で示したりする（Clark & Schaefer, 1989, p.267; Clark, 1996, pp.228-229）。こうした反応は、次に示すように、非常に弱いものからとても強いものまである。

◉単に話し手の話を聞き続ける。例えば、視線を合わせる

◉話を遮らない「はあ」と言うような最小限の反応や、頷きのような非言語的ジェスチャーを使う

◉次の発言時に関連することを言う。すなわち、インスーがカールの直前の発言を次の質問に組み込むように、話し手の直前の発言を土台にする

◉繰り返しのような言語や話し手の発言にふさわしい表情などの非言語で理解していることをはっきり示す

理解していることを伝える、最強かつ明確な対応は「言い換えまたは言葉の繰り返し」である（Clark, 1996, p.229）。話し手にその人が言ったままを返す言い換えもしくは要約は、聞き手が本当に理解していることを示す。

## 聞き、選択し、構築する

ここで、先に述べた言い換えと要約についての私たちの見解を思い出してほしい。カール・ロジャーズ（Rogers, 1957; 1961）の指導に従った多くの面接の文献では、こうした技法は反射だと強調するが、私たちは心理言語学者とコミュニケーション研究者の先例に従い、それらを選択と変換であると主張する（De Jong, Bavelas, & Korman, in review; Korman, Bavelas, & De Jong, in review を参照）。日常会話を研究したヘリテージとワトソン（Heritage & Watson, 1979）は、言い換えと要約には、必ず選択が伴うことを最初に指摘した。言い換えと要約は話し手の発言の一部を取り上げ、その他の部分を省き、結局最初の発言を変える。もう一度インスーとカールの対話に戻ると、発言1から6で、2人はカールの一番得意な科目が代数2だという共通の基盤を作り上げている。次にインスーは7で詳細を尋ね（「代数2って何ですか。［カール／笑う］私が勉強したのはずいぶん前のことだから」）、カールはかなり長々と説明する。9で、インスーは「だから、今はその勉強をしているのね。［カール／はい、代数が好きです］それが一番得意なの？」と、言い換える。インスーの言い換えは、カールがそれまでに話した詳細をほぼすべて省略し、彼が代数2を「勉強している」こと、そして代数2が一番の得意科目であることだけを抜き取っていることに注目してほしい。つまり、カールの発言の大部分をインスーは取り上げていない。臨床家がクライアントの言葉すべてを取り上げることは不可能なので、これは驚くべきことではない。しかし、それは言い換えが単なる反射や中立的なものではなく、クライアントの発言のなかから臨床家が選択して言い換えることで、もともとの発言を変換することを示している。したがって、心理言語学者は言い換えと要約を「形成《formulation》」と呼ぶ。つまり、話し手が言っていることを聞き手が概念化し、解釈するだけではなく、変換することもあることを示唆している。

言い換えと要約による変換の特徴は、明らかに話し手の発言に聞き手が追加していることから、観察者の目にも明らかになることがある。すなわち、言い換えの一部には話し手が語っていないことが含まれる。13のインスーの言い換えはよい例である。「あなたはとても優秀な若者なのね」。それまでの発言でカールは自分が優秀な若者だとは言っ

ていない。「代数2」で「オールA」だと言ったのである。インスーのこの言い換えは、カールの発言に彼女の思考の枠組み（解決志向によるクライアント能力の想定）から生じた考えを追加しているのである。ここで重要なことは、たとえ内容が追加された言い換えであっても、クライアントは臨床家の言い換えを受けいれ、それを基盤にすることが多いことである。カールが代数2の優れた成績を基盤としていた場合のように、特に、追加された内容の根拠がクライアントのそれまでの発言にいくつか示されている場合にはそうだろう。つまり、追加された内容が新しい共通基盤を導く可能性があり、その内容は対話のなかで重要な役割を果たす。したがって、カールが「とても優秀な若者」というインスーの言い換えを受けいれていたら、その理解が両者の共通基盤となり、それを土台に対話が構築されただろう。この事例ではカールはそれを基盤とせず、「そこそこ」、「普通」という別の、より謙虚な見解を選択し、インスーはそれを受けいれた。

私たちは、心理言語学者とコミュニケーション研究者による協働、変形、累積といった対話の特性に関する研究が、知らない姿勢で一歩後ろからクライアントを導き、解決を構築する面接者としての能力を高めていくのに非常に有用だと考える。本書では、解決志向面接における協働的対話プロセスを捉えるために、「聞き、選択し、構築する」という言葉を使っている。**「聞く」**は、クライアントの発言を慎重に聞き取り、1つひとつの発言中の解決志向の可能性のヒントに気づくことである。**「選択する」**は気づいた可能性のなかから、面接のその時点で最も役に立つと思われることを選び出すことである。**「構築する」**はクライアントを解決志向の方向に導く言い換えまたは質問（しばしばその両方）を組み立てることである。言い換えや知らない姿勢による質問のなかに、可能性のヒントとなるクライアントの言葉を組み込むことに熟達するにつれて、あなたが一歩後ろから彼らを導き、あなたとクライアントの両者で彼らの思考の枠組みにそった解決を構築していくようになるだろう。刻々と展開するクライアントとの面接の簡便な手引きとして、「聞き、選択し、構築する」を使おうと考えるならば、非言語と言語の両面から基盤を作ることを忘れてはならない。そうすれば、クライアントと解決構築の過程をどこまで進んできているか継続的なフィードバックが得られるだろう。各々の基盤がつながると、臨床家とクライアントの両者が、クライアント自身と状況について、また解決の可能性についてさらに理解を深める。それはまるで、あなたとクライアントがクライアントにとって好ましい、より満足できる将来の青写真を一緒に作成するようなものである。3段階の基盤を連続させることで、その青写真に一本の線が加わる。なかには対話の後半で消されたり、書き直されたりする線があるかもしれないが、それぞれの線が臨床家とクライアントとの作業を展開させていく道筋となり重要である——つまり、その線がクライアントに違いを作る解決に通じるのである。

以上で、解決構築を次の段階に進めるために、「知らない姿勢で一歩後ろから導く」技法をどのように使うかを説明する準備ができた。次の章で、最初の段階、つまりクライアントとどのように始めるかについて述べる。

# 第4章

# 出発点

## クライアントが望むものにどう注目するか

言われたことは忘れるだろう。見せられたものは覚えていないかもしれない。
やらせてくれればわかるだろう。
（アメリカ先住民の諺）

第2章では解決構築のプロセスを数段階に分けて明らかにした。すなわち、問題の描写、ウェルフォームド・ゴールづくり、例外探し、クライアントへの有益なフィードバックをつくって伝える、クライアントの進歩を測定し増幅する、という段階である。第4章から第10章では、これらについて順番に述べ、各段階および異なる面接状況に適した技法を、私たちが出会った事例の対話を引用しながら具体的に説明していく。

本章ではクライアントとの作業の始め方を中心に考える。ここでは臨床家とクライアントとの会話に限定する。多くの機関で新規のクライアントに記入してもらうインテーク用紙を解決構築にそったものにするには、どのような形式にすればよいのかといった議論はしない。クライアントとの面接法を解決構築に移行させる場合に、機関の用紙の形式や記録がどう変わるかについては第13章で示す。

## クライアントとの初回面接

### クライアントの呼び方、自己紹介、可能性のヒントを聞く

クライアントとの初回面接で、クライアント自身のことや彼らの問題について全く情報がないということはまずない。クライアントと会う前に、名前、家族、学校、仕事の状況などが記入されたインテーク用紙または紹介状をわたされるだろう。その情報をどう使うかは臨床家次第であるが、私たちは最初から敬意とエンパワーメントに満ちた雰囲気にするために、この情報を活用し、クライアントの能力を探し

それを土台にして進めることが重要だと考える。

まず、私たちが自己紹介した後でクライアントにどう呼んでほしいかを尋ね、私たちもインスーとかピーターと呼んでほしいと伝える。次に、クライアントが通常どんな一日を過ごしているかなどを尋ねるとよい。臨床家のなかにはこうした質問を、面接を始めるためのアイス・ブレイクとみなす人もいるが、この質問で解決構築のための有益な情報を引き出すこともできる。こうした質問に答えながら、クライアントが自分の長所、重要なことや人について話し始めることも多い。次はピーターとクリスティン（仮名）との対話の冒頭である。

**ピーター**❖今日は、ようこそ。［空いた椅子の1つを指して］こちらにどうぞ。

**クリスティン**❖ありがとう。

**ピーター**❖［手にしたインテーク用紙を見ながら］クリスティン・ウィリアムズさんですね。どうお呼びしましょう。クリスティン？　ウィリアムズさん？　それとも？

**クリスティン**❖そうね。友達にはクリスティと呼ばれていて、それが気に入ってるわ。

**ピーター**❖オーケー。私はピーターと呼んでほしいけど、それでいいかな？

**クリスティ**❖ええ、いいわ。

**ピーター**❖じゃあ、そうしておいて、後で変えたければ変えられるからね。それじゃあクリスティ、どんなふうに時間を過ごすのが好きかな？

**クリスティ**❖そうね、大学の授業にずいぶん時間をとられるんだけど、いまのところ、それは楽しくないわ。旅行でいろいろなところへ行ったり、人とつきあったり、本を読むことが好きだわ。［きまり悪そうに笑いながら］大学の授業のための読書じゃなくて、楽しみのためなんだけど。アウトドアやサイクリング、テニスも好きよ。今は人とつきあうのが楽しいわ。

**ピーター**❖人とつきあうというのは友達と？

**クリスティ**❖ええ。友達と家族の両方ね。今は友達としょっちゅう一緒にいるけど、たぶん長すぎると思う。

**ピーター**❖人と話をするのが好きらしいけど、それは得意なことなの？

**クリスティ**❖［笑って］そうね。みんなが楽しいことでも困っていることでも話しに来るの。悩みの相談にのってほしいようなので、役に立てればいいと思うんだけど。

**ピーター**❖ああ、そう。

**クリスティ**❖ええ、悩んでる友達を見下したりはしないし、けっこううまく問題が解決するのよ。

**ピーター**❖そうなの。みんながそう言ってる？

**クリスティ**❖［微笑みながら］ええ、感謝されてるわ。ソーシャルワーカーになりたい主な理由はそれなの。

**ピーター**❖なるほど。よくわかるよ。あなたには楽しくて、うちとけやすいところがありそうだから、話しやすいだろうな。

**クリスティ**❖ありがとう。でもここに来たのはそのことだけじゃなくて、人とつきあう時間が長過ぎて勉強する時間が足りないことを相談したいの。

ピーターとクリスティとの面接は専門機関で行われているが、クライアントの自宅で面接が行われることもある。バーグはそのような場所でクライアントと面接を始める方法について述べている（Berg, 1994, pp. 22-23）。それによれば、クライアントの住居に通されたら、そこにある素敵なもの、魅力的なもの、クライアントが特に力を入れていることを話題にするとよい。家族の写真があればそれについて質問することもできる。そのような注目や質問は、クライアントを（彼らの生活の）専門家とし、敬意を表し、彼らの興味や長所を見つけて増幅させることになる。クライアントの住居の方が面接を始めやすいことが多い。というのは、装飾品などからクライアントの興味がわかり、すぐにそれについて質問できるということだけでなく、彼らも馴染みの場所にいることで他の場所よりもくつろげるからである。

### 面接の進め方を説明する

問題の話に入る前に面接の進め方を説明し、クライアントの同意を得るとよい。BFTCで開発されたアプローチ（de Shazer et al., 1986）によると、初回面接で問題、目標、例外、長所などについて話し合っておくことが有効である。こうした情報が集まれば、10分の休憩をとりその間に面接の最後に伝えるフィードバックをつくる。私たちは（事前にクライアントの了解を得て）チームで作業することもある。チームはワンウェイミラーを通して面接を観察し、フィードバック作りを助ける。しかし、たいていの場合は1人で面接するので、そのときは休憩の間に考えをまとめ、解決を構築していくのに役立ちそうなフィードバックを構成する。どちらの場合にも私たちはクライアントに面接の進め方を説明する。

**ピーター**❖あなたの問題を話してもらう前に、面接の進め方を説明して、それでいいかどうか聞かせてほしい。まず、30～40分あなたの話を聞いて、聞いたことについて考えるために10分ほど休憩をとります。あなたはその間に待合室に飲み物を取りに行ってもいいし、ここにいてもかまいません。私は10分ぐらいでフィードバックと、場合によっては提案を1つか2つ用意して戻ります。それでいいだろうか？

**クリスティ**❖ええ、いいわ。

クライアントはこのような進め方を快く受けいれる。後の章でこの方法の利点について詳しく述べる。

▶学習用DVD クリップ1参照

## 問題の描写

### クライアントの見方を尋ね、クライアントの言葉を尊重する

クライアントの思考の枠組みにそって取り組んでいくためには、知らない姿勢をとらなければならない。クライアントの見方を尋ね、聞き、肯定する必要がある。そうしながらクライアントが使う言葉に注意を払うことが大切である。

この段階では特に、クライアントの言葉を専門家の耳で聞きがちである。問題の解決を重視する専門家は、クライアントに起こりうるあらゆる問題を入念に分類する。いったんこうした教育を受けてそうするようになると、クライアントの思考の枠組みに焦点を合わせ、それを探求していくことは容易ではない。次の会話のなかで、ピーターは

知らない姿勢で、クリスティの気がかりを探求している。

**ピーター**❖それでは、どうやったらあなたの役に立てるだろうか？　あなたはさっき、人とつきあうのに時間を使いすぎて大学の勉強が十分できなくてここに来たと言ったけれど。

**クリスティ**❖ええ、そうなの。私は大学4年生がよくかかる4年生病で、それが私の問題なの。

**ピーター**❖どんなことから4年生病だとわかるんだろう？

**クリスティ**❖今までの3年間とは違うの。今年は全くやる気がしない。今年の授業は専門課目なので興味はあるのに、どの授業でも疲れてうんざりしている。まあこんな具合で、いやになったというか。

**ピーター**❖なるほど。

**クリスティ**❖例えば去年だったら、テストやレポートは一生懸命やるし、勉強をしたり、読書をしたり、いろいろなことを片付けるのに時間を全部使っていたけれど、今年はがんばれないの。勉強をしたくないというわけじゃなくて……前ほど勉強してない……前ほど勉強のことを気にしていないんだと思うわ。

**ピーター**❖うむ、そうなのか。じゃあ4年生病というのは、うんざりしてやる気がしなくて前ほど勉強していないという他に、何かある？

**クリスティ**❖［ゆっくりと］それぐらいだわ。

## 問題がどう影響しているとクライアントは理解しているか

私たちは、クライアントの見方と経験がその人にとってどんな意味があるのかを、勝手に想定しがちである。クリスティとの対話で、ピーターが「彼女は以前ほど勉強せず、成績が下がり、去年と同じように勉強していればよかったと後悔しているので、4年生病が彼女にとって問題なのである」と想定することは容易いことであろう。しかし常に一歩踏み込んで、クライアントに「この問題がどんなふうに問題なのか」を語らせることが重要である。ピーターは予断を控え、質問を続けることで、予期していなかった重要な情報を得た。

**ピーター**❖それじゃあ、4年生病はあなたにとってどう問題なんだろう？**［クリスティの成績が下がっているという想定の裏付けを取ろうとして］**ところで、今年の成績は悪くなったの、それともよくなったの？

**クリスティ**❖［笑いながら］それが不思議なことに変わらないので、わけがわからないわ。でも、全然勉強してないわけでもないの。以前のように勉強に集中できないっていう方が当たってるわ。

**ピーター**❖ああ、私もわからなくなったなあ。それじゃあ、どういう意味でこれが問題なんだろう？

**クリスティ**❖ええ、私はがんばってないことに罪悪感を感じているだけなんだわ。なぜって、高い授業料を払って教育を受けているんだから、なるべく勉強に時間をかけて、できるだけよい成績をあげなくちゃならないの。去年は本当にがんばったけど、今年はただ何とかやり過ごそうとしているだけみたい。

**ピーター**❖今日ここで話し合って変えたいことの1つは、もっとよい成績を上げることなんだね。

**クリスティ**❖［ためらいながら］ええ。でも、たぶん、罪悪感をなくしたいだけなのかもしれない。

**ピーター**❖罪悪感をなくすことともっと成績を上げることではどっちが

大事かな？

**クリスティ**❖ 2つはつながっていると思うわ。成績が上がれば罪悪感を感じずに済むから。

**ピーター**❖ 今までに話したことの他に、ここで話したいことがある？

**クリスティ**❖ いいえ、もうないわ。

ピーターの質問は、彼の想定を確認する以外に、問題がどんな影響を及ぼしているかをクリスティに熟考させている。

クライアントの認識は、多かれ少なかれ流動的で変わりやすい。時間をかけて知らない姿勢で質問をすれば、クライアントは熟考し、探り、考え直し、考えを言葉にしようとし、そうしながら認識を変えることもある。

例えば、クリスティは勉強への意欲の低下から罪悪感へと問題を転換もしくは発展させたように思われる。彼女は「できるだけよい成績をあげようと」していないことと、大学にかかる費用とに罪悪感を感じていた（後の面接で両親が授業料の大部分を払っていることが話された）。

面接技法を使ったピーターがクリスティの問題の認識と説明を変えたわけではない。むしろ2人が対話を続け、そのなかで明らかになったことを丁寧に扱い、積み重ねていったことで彼女の認識は変わったのだと、私たちは考える。多くのクライアントは、はっきり表現できない問題や心配事を抱えて相談に来る。問題の意味を巡って話し合うことはクライアントの役に立つだけでなく、臨床家にとってもそれが明確になるというメリットがある。クリスティとの対話でのピーターの役割は、なぜ4年生病が彼女にとって問題なのかという会話に彼女を引き入れることだった。彼の質問をきっかけに彼女は問題の意味について考えた。一方、彼女の役割は、4年生病の意味を言葉で表現することであった。この対話によって彼女は4年生病についてさらに広く考え、説明し直すことになった。

## クライアントがこれまでに試みたことで役に立つことは何か

問題を解決しようとしてクライアントがすでに試みたことを尋ねることは有効である。クライアントは通常問題をなくそうとして何らかの対処をしてきており、こうした試みはほとんどの場合多少なりとも成功している。「これまで何をしたか」と尋ねることは、クライアントにはよい変化を起こす力があるという私たちの信念を伝えることになる。ときにクライアントが変化させようとして試みたことを具体的に話すことがある。知らない姿勢で詳細を知ろうとして一歩後ろから導くと、クライアントは成功とそれに役立った長所について話してくれる。いくつか試したがうまくいっていないというクライアントもいれば、何もかもダメで進退きわまっているという者もいる。クリスティの場合はその2つの中間である。

**ピーター**❖ この病気を治すために何かやってみた？

**クリスティ**❖ ええ。最近、図書館にあまり行っていないの。去年は毎晩図書館へ通ったけど、今年は1週間に1度ぐらい。でも他の場所で勉強しようとしているの。

**ピーター**❖ 他の場所で勉強することは役に立つの？

**クリスティ**❖ええ、役に立つわ。今夜は6時間勉強しようなんて無理することは好きじゃないから、本を読みたければ読むし、読む気がしなければ無理には読まない。

**ピーター**❖それじゃあ、無理にしないと何が違うだろう？

**クリスティ**❖そうね、勉強しないわ。

**ピーター**❖なるほど。それが病気を治す役に立つ？

**クリスティ**❖ええ、前は勉強したくないときにも無理やり勉強していたから。でも今は全然しないの。

**ピーター**❖ははあ、でも去年と同じぐらい成績がいいんだよね［彼女はうなずく］。そこでまたわからなくなるんだけれど、それがあなたにとってどう問題なんだろう？

**クリスティ**❖罪悪感のせいだと思うわ。罪悪感をなくしたいの……罪悪感をなくすために今まで何もしてこなかった……やろうと思えばもっと勉強できるのに、したくないの。

**ピーター**❖他にやってみたことは？

**クリスティ**❖いいえ、他には何も思いつかない。本当は何かしなくちゃいけないんだけど。

対話は堂々巡りである。クリスティは他の場所で勉強しようとしたと言っているが、それがどのように役立ったのかはっきりさせることができなかった。もしそれができていたら、ピーターはその試みを成功と考え、どうやってそれを思いついたか、どうやってそれを実現させたかを尋ねただろう。ところが話題が罪悪感に戻ってしまい、彼女が他に何もしていないと答えたので、ピーターは次の話題に移ることにした。

## クライアントが最初に取り組む最も重要なことは何か

質問されるたびに次から次に問題を並べたて、こちらが目まいを起こしそうになるクライアントに出会うことがある。このような問題描写はよく、何が問題の原因でそれらがどのように結びついているかごちゃ混ぜになっている。クライアントが途方に暮れるのも無理はない。このようなクライアントに対して、臨床家ができることがいくつかある。まずクライアントにとって困難な事態であることを認めた上で、「最初にどれに取り組んだらいいでしょうか」と尋ねるだけでよい。その答えを聞いて「生活のなかでどんなことがあるから、最初にそれに取り組むといいのだとわかるのですか」と続ける。こうした質問は、解決構築がクライアントの認識にそって進められるだけでなく、クライアントの自己決定を尊重することも示している。

**学習用DVD** クリップ1参照

## クライアントの望みに、ともにどう取り組むか

臨床家が「どのようなお手伝いができますか」と尋ねると、ほとんどのクライアントは心配事や問題について話し始める。解決構築では問題よりもクライアントが生活のなかで変わってほしいと望むことを知ろうとする。ときには問題について話しながら、どう変わりたいかを具体的に話し始めるクライアントもいる。クリスティの場合、罪悪感をなくし、もっと成績をあげたいと言った。これはまだウェルフォームド・ゴールとは言えないが、彼女が生活のなかでどう変わりたいか

を示している。

　クライアントは問題が解決したとき、もしくは部分的に解決したときに、生活がどうなっているかについて何のヒントも示さず、悲惨な状況や大変さについてこと細かく話すことが多い。また、他人のせいで問題が起きているのだと長々と話すこともある。多くのクライアントは状況改善のために行った対策について聞かれても、何をしたかをはっきりとは説明せずに、すぐに問題の描写や問題の二次的影響の話題に戻る。第3章で述べたように、ディ・シェイザー（de Shazer, 1994）はこれを**プロブレム・トーク**と呼ぶ。これに対してクライアントが望む生活のなかでの違いについての対話は**ソリューション・トーク**である。クライアントが問題について話し、聞いてもらえたと思えた時点で、臨床家はプロブレム・トークからソリューション・トークへの転換に挑まなければならない。通常、初回面接開始後5分～10分以内にこの作業に取りかかるのが望ましい。

　クライアントと望むことの話を始め、それを続けることは、単純でたやすいときもあれば、かなり難しいときもある。臨床家の話では、願望について最も話しにくいのは、親や裁判所など他者からの圧力や強制によって来談するクライアントだという。クライアントの来談の経緯がどうであれ、解決構築の臨床家がこの段階でなすべき課題は同じである。つまり、クライアントが生活のなかで違ってほしいと望むことと、それを実現するために何か違うことをする意欲がどれほどあるかといったことを話しながら、クライアントと協力し合う関係を作ることである。次に、クライアントの望みの持ち方によって面接状況を3つに分け、それぞれの状況で解決構築の対話を続けるための有益な技法について検討しよう。

## クライアントに望みがあり、自分自身がその解決にかかわると考えている状況

　ここでは、クライアントと臨床家は協力してクライアントの心配事をはっきりさせ、クライアントが望む違いを描き出していく。また、クライアントの発言からすぐに、彼らはきたるべき解決に必ず自分がかかわっていると考えていることがわかる。このような面接状況は、クライアントが面接に求めることをすでに熟考し、それを得るためには自分の努力が必要なのだと理解した上で自発的に来談している場合に多い。

　クリスティとピーターとの対話はこの状況のよい例である。彼らは協力して4年生病という問題を明確にした。また罪悪感をなくすという目標についての最初の説明も引き出した。しかし、この対話からはクリスティが自分自身を解決の一部とみなしているかどうか、つまり4年生病を解決するために何か違うことをしようと考えているかどうかはわからない。しかしクリスティとピーターはよいスタートを切ったと言える。というのは大まかながらクリスティの望みを特定し、ソリューション・トークが始まったからである。クリスティは4年生病を他人のせいにはしていない。それどころか「本当は何かしなけりゃいけないんだけど」と述べており、自分自身を解決の一部と考えているようである。

**面接の秘訣** ❖ ピーターはクリスティとソリューション・トークを

始めるために何か特別なことをしたわけではない。まず彼女に心配事とすでに試みたことについて尋ねた。彼女の話を注意深く聞きながら、ピーターは心配事が明確になったか、また彼女が何か違うことを求めているのかどうかを確認しようとした。彼は4年生病が彼女の心配事であると聞いてから、それについての彼女の認識を知ろうとして、4年生病の意味を尋ねた。彼女がそれに答える間、ピーターは彼女が望む生活の違いと4年生病の認識とがどう結びつくかを考え続けた。彼は問題について詳細にアセスメントしようとはしなかった。2人は協力して、彼女の望みはもっと勉強をすることやよい成績を取ることではなく、罪悪感をなくすことなのだと気づいた。クリスティが面接に望むことがはっきりしたので、ピーターはウェルフォームド・ゴールに発展させるときだと確信した。解決構築の次の段階はウェルフォームド・ゴール作りである。詳細については第5章で述べる。

―▶学習用DVD― クリップ1参照

## 注意事項

ここで述べているのは、臨床家とクライアント（このケースではピーターとクリスティ）が共に理解を深めたり意味づけたりする過程であることを強調したい。クリスティが特定のタイプのクライアントであるとラベルづけてはいないのである。例えば「クリスティは協力的、自発的なクライアントである」と述べたり診断したりしていない。クライアントが自発的か義務的か、協力的か非協力的かと考えることで、臨床家はクライアントの解決構築の能力について不正確な憶測を持つおそれがある。クライアントの可能性に希望を持ち続けるためには、このようなラベルづけをしないことである。それよりも、臨床家とクライアントとの間でどのような理解や意味づけがなされているかを考える方が、クライアントにとって有益であり臨床家もエンパワーされる。

## クライアントが「他の人が変わる必要がある」と話す状況

面接の初期には、臨床家とクライアントが協力して心配事や問題を明確にしても、解決を構築するためにクライアントが果たす役割をはっきりさせられないことがある。クライアントは問題と解決の重要性について事細かに述べるが、まだ自分が解決の不可欠な要素であるとは思っていない。つまりクライアントは通常、誰か他の人（配偶者、子ども、雇用者、友人、同僚等）が変わることで解決すると思っている。このような面接状況の例をあげる。

**インスー**❖どのようなお手伝いができるでしょうか。

**アリス**❖本当に息子によくなってほしいの。もともとやる気のある子ではなかったけど、最近ますますひどくなっている。賢い子だけど勉強しないんです。怠け者だから。あの子の父親もまるでやる気がなかった。考えることといったら仲間とうろついて勝手放題するだけ。息子が父親と同じようになってしまうんじゃないかと心配なんです。時間どおりに家に帰ってこないし、家の手伝いも全然しないし、学校もさぼってばかりなんです。

**インスー**❖それで、私にどんなお手伝いができるかしら。

**アリス**❖最近、あの子にどうしてやればいいのかわからないの。家に帰ってこないときには心配でたまらなくなる。街には暴力事件が多いし。母親ってそんなことが心配なの。もちろん父親は話にもならないわ。女と出ていって、その女のことしか目に入らなくて、子どもなんてどうでもいいらしいわ。息子のことを考えてくれるよう頼んだけど、全然だめだった。私は家族をつなぎとめようと苦労しているのに、ちっともわかってくれない。

この例でインスーとアリスは、アリスの息子のやる気のなさと後ろ向きの行動が問題であるという共通理解を作り上げた。しかし、まだこの段階でアリスは解決を構築するために自分に何かできるとは思っていない。彼女は無力感に陥り、息子と彼の父親についてのプロブレム・トークに終始している。クライアントとの面接はしばしば上記のような会話で始まる。自分が解決に大きくかかわっていると考える人は、自力で方策を講じていくことができる。したがって、臨床家には、面接初期には自分が最終的な解決の一端を担うとは考えていないクライアントと対話していく力が必要である。

**面接の秘訣**❖この状況でクライアントは臨床家に、問題の原因になっている人（配偶者、子ども、同僚など）を変えてほしいと訴える。その人がまだ来所していなければ、クライアントは臨床家が彼（彼女）に会った方がいいと思うかどうかと尋ねることもある。言い換えれば、クライアントは臨床家に他の人を治してもらおうとする。

しかし問題の当事者が面接に来ることはあまり期待できない。その場合、クライアントは臨床家に問題の人を変える方法を教えてもらおうとするかもしれない。クライアントは自分にとって重要な人への不満や失望を話したいだけで、実際には他の人や何かを変えようとしていないこともある。そのような人は、臨床家に話を聞いてもらいさえすればよいのである。

問題を解決するためにみずから行動しようとしないクライアントには、他人を非難しても問題は解決しないと教育する必要があると言われている。イーガン（Egan, 2010, p.212）は、臨床家はクライアントに「問題となっている状況を理解し対処する妨げや生活の質を高める好機をつかみ展開する妨げ」に取り組ませる「挑戦」をせねばならないと述べている。それには「自滅的思考」「反社会的行動」「世間についての歪曲した理解」「使われていない長所と資源」といったことが含まれる。イーガンはまた臨床家には「故意にのろのろし続け」「うまくいかない行動パターンに固執し、チャンスを掴むのに失敗する」クライアントと「対決する」役割もあると述べている（Egan, 2010, pp.238-239）。しかし私たちはこれに同意しない。私たちの経験ではクライアントの現在の認識に直接対決することが最善のアプローチとは言えない。それよりも第3章で述べた技法を適用する方がよい。この技法を使うことで、私たちはクライアントのそのときの考え方を尊重しながら、問題のある他者に向けられていた焦点をクライアント自身と前向きな変化のために実行できそうな役割とに向け変える。質問をしてクライアントのプロブレム・トークをソリューション・トークへと転換させるのである。以下にインスーとアリスのこのプロセスを示す。

**インスー**❖大きな問題を抱えているのね。息子さんと暮らしやすくなるには、どんなことが起こったらいいかしら？

**アリス**❖まず学校に行くことね。学校を出なければ、世のなかでは通用しないっていつも言い聞かせているんだけど。

**インスー**❖それは大事なことね。万が一、彼が学校へ行ったとして、想像してほしいんだけど、あなたが彼にどんな違ったかかわりをしているかと、私が彼に尋ねたとしたら、彼はどう言うかしら。

**アリス**❖あの子は私にガミガミ言われたくないの。うるさく言わないし、やさしく話すようになったって言うかもしれない。学校に行き始めて、言いつけを守るようになれば小言なんか必要ないんだから。あの子は私がどんなに心配しているか全然わかってないの。

**インスー**❖本当に息子さんのことを心配しているのね。

インスーがアリスの問題の見方や変わらなければならないのは誰かということを取り上げなかったことに注目してほしい。インスーは、息子が変わればいいというアリスの見方を受けいれた。次に、彼女の望むように変わった息子の姿を想像させる質問を投げかけて、会話の焦点を息子の問題（プロブレム・トーク）からアリス自身へと移そうとした。アリスがこの可能性について考えはじめたときに、インスーは息子が気づきそうな、彼女の息子へのかかわりの違いについて尋ねた。アリスは話の焦点を変える誘いにのり、「彼にそれほどガミガミ言わなくなるだろう」と答え、ソリューション・トークを始めた。そしてインスーと会話しながら、彼女は解決に向かうステップとして、息子に対してこれまでとは違う対応（うるさく言うのを減らし「やさしく話す」）を考えつき、新しい見方を構築した。さらに彼女はインスーと取り組んでいくことについても見方を変える可能性を開いた。インスーの次の課題はソリューション・トークを続け、うるさく言わずにやさしく話すことを増やすには具体的にどうすればよいか、どうやって取りかかるかを尋ねることである。これはウェルフォームド・ゴール作りであり、第5章で述べる。

**クライアントがソリューション・トークを拒否したら？** 学生やワークショップの参加者からよく「クライアントがソリューション・トークを受けつけず、他の人が問題であると批判や非難を続けたら、どうすればいいのか」と質問される。多くのクライアントはまさにそうするので、これは重要なことである。

いくつか対策がある。1つは「この問題が解決するとわかる、どんなことが起きているか」とときどき尋ねて焦点をクライアントに戻すことである。あるいは「私にどんなお手伝いができますか」と尋ねることもできる。もう1つ可能なことは、0（絶対できない）から10（必ずできる）までのスケールを使って、解決を見つけ出す可能性をクライアントに尋ね、数字で答えてもらいその答えの根拠を説明してもらうことである。クライアントが問題に困りきっているようなら、コーピング・クエスチョンに切り換えることができる。このような対応の方法を後の章、特に第8章から第10章で述べる。

—▶**学習用DVD**—クリップ13参照

## クライアントが変化に無関心もしくは抵抗しているような状況

臨床家と協力して何かに取り組んでいくことに全く関心がないかのように話し始めるクライアントもいる。彼らは「何も問題はありません」とか「本当に問題なのは私ではなくて他の人なのです」と言ったりする。裁判所、児童相談所、学校、親などから圧力をかけられて来談しているクライアントのなかには、このように話し始める者が多い。彼らは臨床家と面接しなければならないことに、困惑、失望、怒りを感じているかもしれない。

こうした状況での面接開始が最も困難であると話す臨床家は多い。この状況での考え方と面接の進め方を説明するために、以下に特徴的なケースを示す。

**ベス❖背景となる情報**　最近、インスーはベス・ビサー（仮名）という15歳の少女のケース・コンサルテーションを依頼された。ベスに会ったり彼女の背景の話を聞いたりする前に、インスーは福祉機関と両親の両方からベスにはもうお手あげだと聞かされていた。ソーシャルワーカーの話ではベスは「孤立無援」で、「治療センターに長期入所」となりそうで、確かにそうする必要があるとのことであった。ソーシャルワーカーはベスにひどく失望しており、ベスとの問題解決におびただしい時間を費やしたのにケースが結局このようになったことを不満に思っていた。

ソーシャルワーカーはベスには「自己コントロールができず、衝動的で、人を操作する」という根本的な問題があると述べた。そして、問題解決の視点で、彼女の根本的な問題を変えようとしてかなりの専門的技術を用いていろいろなことをやってみたとも述べた。あやまちを指摘して常識を教え込もうとし、道理を説き、彼女の訴えと「事実」の不一致をつき、治療施設に入れると脅し、なだめすかし、1年間の保護観察に託し、心理カウンセラーの個人治療を受けさせ、別のセラピストの訪問治療を手配し、情緒障害児治療施設に預けたりもしていた。しかしこのような束縛が強く費用もかさむ方法は、ベスの破壊的な行動をとめるのに何の役にも立たなかった。ソーシャルワーカーが失望し、落胆したのは当然である。

このケースにかかわったソーシャルワーカーと他の人々は、ベスが協力しないせいですべての試みが失敗に終わったと信じていた。そのうえ、彼女の破壊的な行動は、潜在的な抑うつ傾向が原因であると意見が一致していた。その結果、残された方法は長期間の施設収容による徹底的な個人治療しかないと考えていた。

インスーがこのケースに出会ったときには、ソーシャルワーカーは裁判所に、この計画の承認と長期治療に要する高額な費用の支払いを求めていた。彼女は思春期の困難な事例を扱う州外の施設にベスを入れることを望んでいた。ベスは脱走をしたり自殺すると脅したりしたことがあるので、ソーシャルワーカーは規則が厳しい遠方の施設が適当だと考えたのである。

最近の危機はその前夜に起こった。ベスが父親から虐待されたと通報したので、警察がビサー家にやって来て父親は手錠をかけられ、警察の留置所に入れられ、指紋採取の後保釈された。その間、ベスは病院の救急室で検査を受けて帰宅した。彼女には皮膚の外傷や青あざなどの身体的虐待を示す証拠は何もなかった。ソーシャルワーカーは長期的な計画ができるまでベスを友人のところに泊まらせることにした。翌日、ビサー夫妻はベスを即刻収容施設へ入れてほしいと言った。

ベスの学校の校長室で前夜の件について面接が行われ、インスーはソーシャルワーカーと同席した。

**ソーシャルワーカー**❖昨夜、ご両親とまた大ゲンカしたようね。ご両親はあなたのことでとても取り乱しているけど、何があったの？

**ベス**❖私のせいじゃないわ。わけもなく父が私を壁に突き飛ばしたの。いつも私をこづきまわすのよ。ちょうど友達も見てたから、聞けばわかるよ。母はいつも父の肩を持つけど、私はほんとのことを言ってるんだ。父がわけもなしに私を壁の方に突き飛ばしたのよ。出かけるからお金がほしいって言っただけなのに。そんなことで頭の皮が切れるほど突き飛ばしていいはずはないよ。あれは虐待だよ。

**ワーカー**❖警察の報告書を読んだけど、それにはそうは書かれていなかったわ。いったい、どうしてお父さんがあなたをぶったと思う？

**ベス**❖ほら、やっぱり誰も私のことを信じてくれないんだ。みんな、私が悪いんだって。

**ワーカー**❖ねえ、ベス、あなたは頭から血が出たというけど、警察や病院の報告書を見てもケガをしたという医学的な証拠はなかった。

**ベス**❖［泣き出して頭を抱える］みんな私に反対するの。誰も信じてくれない。おばあちゃんまで私が悪いっていうんだ。でも父が私を突き飛ばしたのよ。友達のメロディに聞いて。彼女はそこにいて全部見てたの。父は彼女まで突き飛ばしたんだから。

**ワーカー**❖あなたの言うことはちょっと信じられないな。あなたはいつも本当のことを言うとは限らないし、今回も病院は出血の証拠は見当たらないと言ってるんだから。あなたはもう家に帰ることはできないから、しばらく居られる場所を探さなくてはね。

**ベス**❖［泣き続けながら］みんなが私を嫌うの。もう私の行くところはないけど、施設なんか二度と行かないから。私をペットみたいに扱うんだもの。

**ワーカー**❖何があったのかもっと正直に話してくれない？　レイプのことで嘘をついたときの騒ぎを覚えてる？　正直に言った方がいいんじゃない？　本当は何が起こったの？

**ベス**❖誰も私のことを信じてくれない。本当のことを言ってるのに。今度も父が私を突き飛ばして頭が切れたの。血がタオルに付いたのよ。［頭の右側を指さしながら］げんこつでこっち側を殴ったの。

**ワーカー**❖それは報告書の内容と違うのよ。警察の報告書によると、お父さんも平手で叩いたことは認めているそうだけど。

**ベス**❖そんなの嘘だ。私の言うことを信じてよ。タオルをあてなくちゃならなかったけど［右手を頭の右側にあてながら］取ったら血が付いてたんだから。

**ワーカー**❖ベス、正直に言って。

**ベス**❖［再び泣き始めて］みんな私が嫌いなのよ。誰も私の言うことを信じてくれない。でも私は本当のことを言っているのよ。だから信じてよ。

**ワーカー**❖もう何を信じたらいいかわからないわ。何か解決策が見つかるまでのあなたの居場所を探さなくてはならないし。

**ベス**❖家に帰りたい。でも両親が私を連れて帰ってくれないことはわかってる。私が自分の権利のために立ち上がったというだけでひどく怒ってるんだから。警察に電話をしたけど、おばあちゃんはしてはいけなかったって言うの。もう話しかけてもくれない。みんな私が悪いって言うの。誰もかまってくれない。

**ワーカー**❖あなたにとって最善のことをしようとしているのよ、ベス。ご両親があなたに家にいてほしくないと言っているのだから、別の居場所を探さなければならないでしょう。

**ベス❖**施設はいやよ。また施設に入れたりしたら、逃げ出すか自殺してやるから。

やりとりが続くにつれ、ベスはますます防衛的になり、自分の話を堅持した。ベスが防衛的になればなるほど、ソーシャルワーカーは警察と病院の報告書に書かれた事実を指摘した。やりとりはすぐ有効な会話ではなく綱引きのようになっていった。ベスもソーシャルワーカーも、相手にわかってもらえたと感じていないのは明白だった。そしてどちらもいつもと同じ話し合いの結果に苛立ちを高めていった。

**面接の秘訣❖クライアントの認識を尊重し、それに興味を示す**

臨床家が、慢性的、多問題、困難などとラベルを貼るベスのような長期ケースは、力量を試される難題である。どれほど注意深いアセスメントがなされ、臨床家が熱意を持っていても、そのようなクライアントは非協力的にみえることが多い。彼らは臨床家が入念に計画した介入に従おうとしない。その結果、大部分の臨床家がクライアントの抵抗を予期するようになり、初心の臨床家向けの教科書で、クライアントの抵抗を見抜きそれに対処する方法について著述されるほどである。ベスのソーシャルワーカーはクライアントの抵抗への一般的な対処法に従って、警察や病院の報告書上の事実と矛盾するベスの虐待の訴えに挑戦し対決した（Egan, 2010; Hepworth et al., 2010）。

私たちはこのようなクライアントに別のアプローチ――第3章で述べた知らない姿勢で一歩後ろから導く――を使う。クライアントが自分と状況をどう認識しているかは、その人のその時点での思考の枠組みから理解できると仮定し、クライアントの認識で理解できないことについては丁寧に質問する。たとえクライアントが信じがたい考えを述べたとしても、クライアントにとってはそう考える根拠があると仮定する。

**面接の秘訣❖クライアントに自分の認識について説明する責任を負わせる**　私たちはクライアントの認識を重要なものとして尊重するが、同時にクライアントにその認識について説明する責任を負わせる。例えば10代のクライアントが「勉強を前ほどしていないのに成績はよくなった」と述べたとすれば、「前ほど勉強していないのに成績がよくなったことが何からわかりますか」とか「勉強を以前ほどしないことがあなたにとってどのように役立ちますか」と質問する。このように質問されたクライアントは自分の認識を丁重に臨床家に説明する責任を負わされることになる。また、こうした質問はクライアントが正しく認識し、それについて有意義な発言ができるという臨床家の想定を暗示する。逆説的だが、こうした責任はクライアントの負担になるにもかかわらず、ディ・シェイザー（de Shazer, 1985）が述べているように、クライアントの抵抗は消えていく。

私たちはケース開始時に、少なくとも次の2つを知ろうとする。1つは自分自身と状況についてのクライアントの認識や理解であり、もう1つはクライアント自身の願望である。クライアントの来談が自発的か、他者からの圧力によるかにかかわらず、私たちはこの2つに関心を持つ。ベスのように圧力や強制によって来所させられたケースでは、クライアントの状況認識と専門家とのかかわりに求めるものとは、来所経緯に大きく左右される。

**面接の秘訣❖クライアントの来所経緯に注目する**　クライアントが専門機関とかかわるようになった経緯は、クライアントと臨床家の共同作業の開始に影響を及ぼす。だから私たちはクライアントがいつ、どのような状況で機関とかかわるようになり、またこの特定の時点で私たちの支援を受けることになったのかに最初から特に注目する。このケースで私たちは、彼女だけがクライアントではないと考えた。ソーシャルワーカー、ベスの両親、裁判所、学校のすべてが何かが起こることを望んでいた。インスーは最初、ベスの望みよりも、関係者の望みの方がよく理解できた。少なくとも最初の頃は関係者が本当のクライアントであったと言えるだろう。ベスの来所経緯に注目していたので、インスーは関係者が望むことにベスが従う意志は全くないことがわかっていたが、ベスが何を望んでいるかはほとんどわかっていなかった。

クライアントがどのようにして専門機関にかかわるようになったかに注目することは重要である。なぜならば、そのことが問題と変わる必要がある出来事や人についてのクライアントの見方に大きくかかわるからである。ベスの考えでは、虐待の告発、裁判所や学校との緊張関係、逃走や自殺の脅しなどは問題ではないだろう。彼女にとっての問題は父親による虐待、周りが押しつけがましいことかもしれない。彼女が問題をどう定義するかによって、彼女の態度、取り組みたい内容、臨床家への対応は違ってくるだろう。

関係者から臨床家に会うよう要請されたクライアントは普通、飲酒をやめること、就職すること、よい親になること、街をうろつかずに学校に行くこと、虐待をやめることなど、臨床家と会うことによって達成すべきことを指示されている。通常、クライアントは目標やその達成方法について選択の余地がないと感じている。彼らはこの指示を正当な理由のない処罰、不当なこと、「いやがらせ」と感じることが多い。ヘイリー（Haley, 1987）によれば、関係者はそのような状況で臨床家が社会的抑制機能を果たすことを期待している。強制されて来るクライアントの大多数はそれに気づいているので、臨床家が自分の望みよりも関係者の望みを注意して聞くものだと思い込んでいる。

強制されると、反抗したり抵抗したり他人にコントロールされまいとするのが自然な反応である。人間は他人にコントロールされると尊厳を奪われたと感じる。おそらくそれが歴史や文化の違いを問わず、抑圧に対する共通の反応として抵抗運動が起こる理由であろう。こう考えれば、ベスのソーシャルワーカーに対する反応も理解できる。ベスとソーシャルワーカーの対話を読み返し、2人が共同して問題を特定できなかったことに注目してほしい。前夜の出来事をベスは虐待とみなすのに対して、ワーカーはベスが事実を誇張し嘘をついていると受け取った。また2人は共通の目標を作ることもできなかった。ベスは家に帰りたいと言ったが、ワーカーはそれは無理だから別の居場所を探さなければならないと言った。

問題と願望について共通理解が得られない状況で、クライアントが自ら変わることはない。少なくとも他人が求める方向には変わろうとしない。すでに述べたように、この分野ではソーシャルワーカーはクライアントの否認に挑戦し対決すべきであり、クライアントが問題と変化に必要なものを正確に認識するよう援助すべきであると信じている人が多い。アイヴィーとアイヴィーとザラクエット（Ivey, Ivey & Zalaquett, 2010, p.239）は「対決の技術は、抵抗を小さくし、クライアントにとって新分野での成長を促進するのに役立つ」と述べている。アイヴィーらによれば、事実がクライアントの認識と異なるようなときには、臨床家はクライアントと対決して、彼らの問題や目標の見方を変えなくてはならない。しかし、対決によって他の人の認識を変えることは非常に難しいので、他の著者と同様にアイヴィーらも対決には複雑で高度な技術が必要だと述べている。

**面接の秘訣❖クライアントの願望を聞き、選択し、構築する**　ここでベスのケースに戻り、インスーがベスの認識と来所経緯を注意深く聞きながら、2人で彼女の願望を明らかにしていったやりとりを見てみよう。ソーシャルワーカーはベスといらだたしいパターンの会話を繰り返していることに気づき、インスーに進め方について何か考えはないかと尋ねた。インスーはベスに、まだはっきりしない点についていくつか質問したいが応えてくれるかと尋ねた。

**インスー**❖ベス、今ここで話を聞いていて、あなたがどんなにいらいらしているかわかったわ。思うようにやれるとしたら、生活がどんなふうに違ってほしい？

**ベス**❖［いらいらと］家に帰りたいって言ったじゃない。みんな私を家に帰してくれないんだから。

インスーはベスに生活のなかで違ってほしいことを率直に尋ねることによって、ベスが本当に望んでいるのは家に帰ることなのだと確認した。信じられないことや、望まないことについてすでにさんざん話してきたベスだが、このような状況の大多数のクライアントと同じように、望んでいることを丁重に尋ねられると、すぐにその質問に答えた。「真実を話すこと」や「起こったことを正直に話す」といったソーシャルワーカーが望むことに取り組む関係には全く関心を持たなかったベスだが、帰宅についてなら生産的で協働的な関係を作ることができるかもしれないとインスーは思った。そこでインスーはベスが望みとして述べたことをさらに詳しく尋ねた。

**インスー**❖ベス、私にはよくわからないの。家に帰ることがそんなに大事なことなの？

**ベス**❖だって親と暮らしたいんだもの、施設じゃなくて。ちゃんと家があるんだから。

**インスー**❖あなたには家に帰ることが大切なのね。それでご両親はそのことをわかっているかしら？　つまり家で一緒に暮らすことがあなたにとってどれほど大切かということを。

**ベス**❖私は両親を愛しているし、親もそれを知ってるはずよ。

**インスー**❖知ってると思う？　私にはどうかわからないわ。どうすればあなたがご両親をどんなに愛しているか、どれほど一緒に暮らしていきたいと思っているかをわかってもらえるかしら。

**ベス**❖とにかく帰りたいの。

**インスー**❖そう、本当に家に帰りたいのね。それじゃあ、どんなことがあれば家に帰れるかしら。つまり、あなたが家に帰るためにまず何が起こる必要があると思う?

**ベス**❖家に帰ってもいいと両親が言ってくれないとね。でも昨夜のことで怒っているから言いそうもないわ。

インスーは、家に帰り両親と暮らしたいというベスの願いをさらに詳しく説明させようとした。会話が進むにつれ、インスーはこれがベスの本当の望みなのだと確信を強めていった。そこで、そうなるために何が必要かという話に進んだ。インスーが終始、ベスの認識に寄り添い続けたことに注目してほしい。すなわち、インスーは知らない姿勢で誠実に、質問を続けた。インスーはベスに提案や助言をしなかった。というのは、ソーシャルワーカーの助言はすでにベスに拒絶されていたからである。むしろインスーはベスの考え方をできるだけはっきり理解するために、彼女の認識をさらに詳しく訊いていった。これまでベスはこんなふうに考え続けたことがなかったので、彼女にとってこれは大仕事だったが、やる気がありそうだった。それは彼女の望むことにかかわる作業だったからだろう。

**インスー**❖そうね。今日のところ、ご両親はあなたにひどく腹を立てていらっしゃるでしょうね。それで、あなたが家に帰るためには、何が起こらなければならないとご両親はおっしゃるかしら。

**ベス**❖全部私のせいだって思ってるのよ。でも、父は本当に私を殴ったんだから。

ここで、昨夜の出来事と誰が悪いのかという話に戻ろうとするベスに巻き込まれてはならない。ソーシャルワーカーはすでに何度も巻き込まれ、行き詰まったのだ。別の臨床家を選べない多くのクライアントと同様に、ベスは大人、ソーシャルワーカー、里親、心理学者、カウンセラーなど彼女を助けようとする人たちと長年にわたり、事実について言い争ってきただろう。本当のところ何があったのか、なぜそうなったか、本当は誰のせいかといった議論をしても、ほぼ解決には至らない。むしろ、失望と誤解と苦痛が生じるだけである。プロブレム・トークを避け、事実についてのクライアントの認識を認め、会話の焦点をクライアントの望みとその実現に何が必要かという点に向け直す方が効果的である。それがまさにインスーがベスにしようとしたことである。

**インスー**❖お父さんが本当にあなたを殴ったのだと確信しているのね。[心から知りたそうに]それで、家に帰るためには何が起こらなければならないかしら?

**ベス**❖両親は、私が謝って、言うことをきくと約束しなさいって言うと思う。

**インスー**❖そうしたら信じてくれるかしら?

**ベス**❖父は私のことを本当に怒っているんだ。

**インスー**❖それで、あなたが家に帰るには何が必要だとおっしゃると思う?

**ベス**❖父の気持ちがおさまるまで何日か待ってから、謝らなきゃならないだろうな。

ベスとソーシャルワーカーの会話と、ベスとインスーの会話の結果を比べてみよう。ベスとソーシャルワーカーは袋小路に入り込んだ。

対照的に、ベスとインスーはベスの望みを一緒に明確にし、それを実現するためにベスがまず何をすればよいのかを考えていった。インスーは知らない姿勢でベスの認識について質問し、そして彼女の認識を妥当で理解できるものだと受けいれた。終始、インスーはベスに焦点をあて、彼女がプロブレム・トークに戻ろうとしたときにソリューション・トークに戻した。また、ベスに完全に失望している人々の見方とは逆に、インスーはベスを有能だと仮定した。つまりベスには緊張した難しい状況で自分が何をしたいかを考えて話す能力があり、利用できる長所と資源を見つけ出し、活用する能力があると考えた。

ここで、クライアントが変化に無関心だったり抵抗したりするような状況での面接の始め方について指針を示しておく。

◉クライアントの考えや行いには十分な理由があると仮定すること。
◉臨床家の判断を一時脇において、防衛的な姿勢の背後にあるクライアントの認識を認めること。
◉クライアントの最大の関心事、望んでいることについて必ず尋ね、クライアントの答えを受けいれること（質問するということは、相手の見方を受けいれる用意があることを示す）。
◉クライアントの言葉を傾聴し、あなたの言葉に言い換えずに、そのまま使うこと。

「▶学習用DVD」クリップ8・9参照

## クライアントが自分にとってよくないことを望んだら？

クライアントの望みについて彼らの認識を受けいれるようにとワークショップや授業で話すと、よくこの質問を受ける。実際には、私たちが彼らにとってよくないと思うようなことを強く望むクライアントはごくまれである。しかし、全くいないわけではない。

例えば、ビルというクライアントが飲酒は自分にも家族にもよいことで、飲みたいのだ、と言ったとしよう。どうしたらよいだろうか？

会話のある時点でのクライアントの発言は、それまでのやりとりがあって生じているので、その一言だけを取り上げて答えを出すことはできない。あえて一般的に言えば、すでに議論してきた他の状況と同じように対応すればよい。つまり、まず知らない姿勢で尋ねる。クライアントが有能であると仮定し、一歩後ろから導き、その人の見方を詳述させるためにその人の言葉を組み込んだ質問を投げかける。「どんなことから飲酒がよいとわかるのですか。家族にもよいということは何からわかりますか」。関係性の質問を使って、ビルにとって重要な他者がどう考えているかをビルに考えてもらうこともできる。「私が奥さんに『飲酒がどんなふうに家族のためになると思いますか』と尋ねたとしたら、奥さんはどうおっしゃるでしょうか。お子さんたちはどうでしょう？」

クライアントが最初は不健康で危険だと思われることを望んでいるようなときでさえも、臨床家は丁重な態度を保つことができる。敬意を持って真剣に対応されると、大多数のクライアントは極限の状況であったとしても自分の望みに驚くほど敏感になる。不本意ながら臨床家がクライアントの自己決定を否定しなくてはならない場合もある。しかしそれは解決構築の手続きを何回か試みた後に限るべきである。この話題は第10章で危機状況（例えば、虐待や自殺の危険を含むケース）における解決構築について論議するときに取り上げる。

## クライアントが全く何も求めないときには？

ごく少数のケースだが、いくつかの解決構築の手続きを試みた後でさえも、クライアントがあなたとの専門的関係に何も求めないことがある。その場合には、面接終了時にクライアントに伝えるフィードバックに配慮が必要である。例えば「違ってほしいことは何もない」と何回も話しているクライアントに対して、何か違うことをするようにといった提案はできないだろう。このような状況でのクライアントに対する有効な話し方については、第7章の面接終了時のフィードバック作りのなかで検討する。

# クライアントの協力と意欲を促進する

カウンセリング、家族療法、医療、看護、心理学、ソーシャルワーク、薬物乱用治療、職業相談など援助職の教科書は必ず、クライアントの抵抗やアンビバレンス、また不服従に対処し、クライアントの協力と意欲を増進させる方法について論じている。このような議論は、現場におけるクライアントの能力をベースにしたモデルの発展でいくぶん和らいできているものの、フロイト派の影響を受けたテーマ（援助職の医学モデル）を反映し続けている。協力的であるとか抵抗するというふうにクライアントを分類することは、専門家がクライアントにとって最善のことを知っているという考えを前提としている。学識ある専門家が問題の本質について述べた意見をクライアントが無視して、勧められた治療に従わない場合、そのような非協力的な態度は現実認識の歪みや、深層の病理といったクライアントの欠陥であると考えられることが多い。医学モデルでは、専門家が治療関係をつくるのに失敗して責任を問われることはほとんどない。

長年クライアントは抵抗するという信念が培われてきている。この章の始めに述べたが、臨床の教科書ではいつも初心の臨床家にクライアントの抵抗を予期し、聞きわけるようにと教えている。いったん抵抗を感じたら、特に抵抗のパターンに気づいたときには、臨床家はそれに挑戦し対決するように教えられる。なぜならばクライアントは（抵抗をやめて）自分の問題を認めない限り、変化しないと考えられているからである。

やや懐疑的に考えるなら、この抵抗や対決という考えは、長年医学モデルと密接な関係を持ってきた援助職にとって都合のいいものである。医学モデルは臨床家とクライアントの間に主体－客体関係を仮定している。すなわち（主体としての）臨床家は（客体としての）クライアントを専門的なアセスメントと介入で変化させることを期待されている。その結果、クライアントが進歩を示せば臨床家の功績となり、自分は有能だと感じる。ところがクライアントが進歩を示さない場合、臨床家の功績にはならないうえに、臨床家とクライアント双方が臨床家の援助の有効性を疑う。ところが、クライアントの抵抗という考えを使えば、悪いのは進歩しないクライアントであり、臨床家は責任を負わずに済む。

スティーブ・ディ・シェイザー（de Shazer, 1984）は「抵抗の死」というドラマチックなタイトルの論文のなかで、援助分野で支配的なクライアントの抵抗という概念には、臨床家の見方または現実の構成が反映されていると指摘した。彼は全く異なった見方をして、臨床家が抵抗のサインとみなしたものは、実はクライアントが協力しようとするユニークな方法であると提唱した。例えば、臨床家によって課された治療課題または問題解決の課題に従わないクライアントは、抵抗しているのではなくその課題が彼らのやり方にそぐわないことを臨床家に伝えているのであり、まさに協力しているのである（de Shazer, 1985, p.21; 1991, p.126）。

医学モデルの仮説から抵抗という考えが生じたのと同様に、ディ・シェイザーは自身の仮説から抵抗を協力という形へ再概念化した。ディ・シェイザーは、クライアントには願望（そして必要なもの）とそれを得るための方法を考え出す能力があると仮定している。臨床家の責務は、クライアントの選択に従い、満足度の高い生産的な生活にするために、彼らが自身の能力に気づき、それらを活かしていくよう援助することである。

クライアントが有能であるという考え方をいったん受けいれると、クライアントの抵抗とみなされていたものは、正確には臨床家の抵抗であるという屈辱的かつ挑戦的な結論が得られる。私たちの作業の行き詰まりや明らかな失敗は、クライアントをよくしようとする専門家の努力にクライアントが抵抗するからではなく、私たちが彼らの話を聞き損ね、十分に理解していないことから生じるのである。

解決構築では、抵抗を克服させてクライアントの意欲を高めるのではなく、臨床家が自身の思考の枠組みを抑えて、解決構築の耳でクライアントの話を聞き、彼らが解決構築の対話に参加するよう導く。

この章の最初に引用したアメリカ先住民の諺は、意欲がいかに生まれるかをよく表わしている。

> 言われたことは忘れるだろう。見せられたものは覚えていないかもしれない。やらせてくれればわかるだろう。

この諺はクライアントの言葉といってもいい。

この章で引用したさまざまなケースからわかるように、クライアントの協力と意欲は、クライアントが自分の役に立つと思うかどうかによって、急速に変わる。面接の目標がクライアントの役に立つものであれば、あとはクライアントを尊重して問題の定義、願望、解決の可能性について尋ねればよい。例えば、インスーは家に帰って家族と暮らしたいというベスの願いを非現実的であると退けずに、この可能性のヒントに注目し、丁寧な質問を続けた。つまり、インスーは自分の思考の枠組みを抑えて、何があれば家に帰れるかという話に取りかかったのである。

解決構築では、クライアントの参加は初回面接に始まり、作業が達成されたとクライアントが言ったときに終わる。ベスのような悪評の高いクライアントでさえも話を聞いてもらい、自分の将来について考えさせられると、両親と協力するようになるだろう。ベスはいずれ、しばらく施設に入所する必要があると認めるかもしれない。臨床家との敬意に満ちた対話のなかでその結論が得られたならば、治療プログラムにはるかに協力的になり、脱走や自殺企図のおそれはずっと減るだろう。彼女は自分にとって最善のこと、最善の処遇についてとことん考える関係者になるだろう。このような参加こそが真のエンパワーメントになるのである。

ここでまたインスーとベスとの会話に戻り、2人がどうやって実行可能な当面のプランを作り上げたかを示そう。

**インスー**❖ご両親の気持ちがおさまるまで何日か待って謝るというのはよい考えね。それじゃあ、それまでの数日間にあなたは何をしなければならない？

**ベス**❖毎日学校に行って、規則を守って、両親にやさしく話をして、ものをねだらないようにしなくちゃいけないわ。ペギーのお母さんとならうまくやっていけるの。あそこに泊まるときはお手伝いするんだ。ペギーのお母さんはいたいだけいてもいいって。

**インスー**❖まあ、あなたは何でもわかってるのね。あなたは賢いって聞いたけど、本当ね。ペギーのお母さんはよくあなたを泊まらせてくれるわね。15歳の子をもう1人家にほしいなんて誰も思わないでしょうに［2人とも笑う］。

**ベス**❖彼女はとてもいい人よ。私、大好き。私はお皿を洗ったり、食卓を整えたりするのよ。私はペギーの家にいるときにはすごくきちんとしてるわ。ペギーのお母さんは、私がよく手伝うんでいたいだけいてもいいって言ってくれてるよ。

**インスー**❖本当？　信じられないわ。ティーンエイジャーっていうのは散らかすし、だらしないもんでしょ。

**ベス**❖［笑いながら］ほんとは私もそうなの。でも、友達の家ではちゃんとやるの。

インスーがベスの望みを尋ね、それが達成されるために必要なことを追及する対話のなかで、思ってもみなかったベスの一面が引き出された。この対話から、ベスには自分の望みを実現させる能力があり、それに役立つ過去の成功体験があることがはっきりした。そのうえ、解決構築の対話が続けば続くほど、ベスは自分が役に立ち、きれい好きで、まめな人間であると確信するようになった。インスーはソリューション・トークを続けていった。

**インスー**❖あなたはそれをどこで教わったの？

**ベス**❖母とおばあちゃんから。

**インスー**❖お母さんとおばあさんはあなたに教えたことをわかってるかしら？

**ベス**❖どうかな。そんなこと、全然話したことないから知らないと思うよ。

**インスー**❖どうすればあなたに教えたってことがお母さんにわかると思う？

**ベス**❖私が言わなけりゃならないかな？

**インスー**❖それをどうやって伝える？　つまり、お母さんから教わったということを伝えることだけど。

**ベス**❖今は私に腹を立ててるから、近いうちに話すわ。

ソーシャルワーカーとの面接では、「本当のことを話す」作業に一緒に取り組む関係を作ることができず、防衛的で非協力的な姿勢をとっていたベスも、インスーとの対話では徐々に変わり、自分の望みをはっきりさせ、それを実現するための計画を立てることができた。関係者とベスの双方でなすべきことはまだ多く残されているが、ベスは家に帰る方法を考えるうちにインスーと協力しあう関係を作っていった。

**―▶学習用DVD―**クリップ10・11参照

この章では、臨床家がクライアントと面接を開始する際に起こりうる異なるタイプの面接状況について検討した。本章の目標は、どんな状況でもクライアントと協力しあう関係を作る方法について説明することであった。全く異なる状況でも、解決構築の過程で臨床家がすることは同じである。つまりクライアントが望む違いに注目して、それを詳細に聞いていくのである。クライアントの願望を尊重してそれをもとに解決をつくり始めると、自然にクライアントの意欲も高まり協力的になることを私たちは経験している。

# 第5章 クライアントの願望の増幅

## ミラクル・クエスチョン

現状がなぜそうなっているのかを問う人がいる。
私はこれまで一度も起こっていないことを夢想して、
なぜそうなっていないのかを問う。
（ロバート・F・ケネディによるジョージ・バーナード・ショーの引用）

可能性のシナリオを書き始めると、人はその方向に動き始める。
そうすると問題はなくなるか、影響力を弱める。
（Saleebey, 1994, p.357）

サリービー（Saleebey, 1994）はクライアントの可能性に対する信念を説明するにあたり、同僚の研究成果（Moderin, Rapp & Poertner, 1988）を提示する。その研究によれば、慢性的精神疾患と診断され、ほとんどが入院歴のあるクライアントの能力を信じ、彼らの目標設定を肯定した結果、クライアントに驚くべき成果が得られたという。

この患者たちはほとんど例外なく、協力して生活するようになった。これは誰にも予想できないことであった。興味深い点はそれを「病気にもかかわらず」始めたことである。実際、症状は変わらなかったが、患者の別の側面が出てきた。「従業員としての私」「ピアノ奏者としての私」「運転手としての私」「配偶者と親としての私」が現れて、症状は豊かで象徴的な環境の陰に隠れてしまった。（Saleebey, 1994, p.357）

私たちもクライアントについて同じような経験をしている。ディ・シェイザー（de Shazer, 1991, 1994）と同僚（Berg, 1994; Berg & de Shazer, 1997; Berg & Kelly, 2000; Berg & Miller, 1992; Berg & Steiner, 2003; de Shazer et al., 2007; Fiske, 2008; Furman & Ahola, 1992; George, Iveson & Ratner, 1999; Lee, Sebold, Uken, 2003; Mcdonald, 2007; Miller, Hubble & Duncan, 1996; O'Hanlon & Weiner-Davis, 1989; Talmon, 1990; Walter & Peller, 1992, 2000; Young, 2009）は、クライアントは満足のいく豊かな生活を目指して予想外の行動をとると述べている。

解決構築の過程を説明するために休暇の計画を立てている人の例で考えてみよう。仮にアニーと呼んでおく。日常生活の繰り返しにうんざりしているアニーは何か違うことをしたいと考える。そして、「どこかへ旅行するのは楽しいだろう」と思いを巡らせる。次にアニーは行き先を漠然と考え始める。「どこか遠いところへ行きたい。外国のどこかで、暖かくてこんなに雪のないところがいいだろう」。旅行にかかる時間と費用を考えて、それでもなお行きたいと思う場合にはどこへ行きたいのか、そこへ行って何をしたいのかをもっとはっきりとイメージしはじめる。遠方へ旅行した友人と話をするかもしれない。旅行社で相談するかもしれないし、図書館か書店へ出向き旅行関係の本を読み漁るかもしれない。そしてバハマ、メキシコ、ギリシア、ブラジル、ハワイなどの本を読み、それぞれの場所についてさらに詳しく知る。バハマは絵のように美しい海岸と沖合でのダイビングが魅力である。ギリシアとメキシコには古代文明の遺跡がある。ブラジルのリオデジャネイロは夜が楽しそうだ。それぞれの目的地に何があるかを知るうちに、魅力的な場所がしぼられてくる。そして可能性を考えながら、目的地に行く方法についても考える。旅行手段による費用の違いを考える。「飛行機なら安くて早い。船なら費用はかかるがくつろげる」。旅行手段を考えるうちに目的地が変わってくるかもしれない。選んだ目的地への旅費が高すぎる場合には、外国ではなくて国内の暖かいところへ目的地を変え、「そうすれば、ドライブを楽しめて、しかも安上がりだ」と思って妥協するかもしれない。

この過程については次の4つのことが言える。第1に、アニーは行きたい場所を漠然と考えながら、目的地についてはっきりしたイメージを持つようになった。イメージがはっきりしてくるにつれて、そこへ実際に行くことを考え始めた。第2に旅行の手段を考えることが目的地の選択に影響を及ぼした。目的地に行くための時間、費用、手間を考えることで、それぞれの場所に感じる魅力が変わっていった。第3に、そうしながら彼女は旅行を計画することが大仕事だと理解した。第4に、この過程で重要なことは、完璧な目的地を探すことではなく、旅行を実現させたいという希望を叶える目的地を探すことであった。

旅行のたとえから、クライアントとの作業では移動手段よりも目的地を優先すべきだということがわかる。クライアントに生活のなかで違ってほしいことを考えてもらうには、まず何が違っているかを話してもらってから、次にそれを起こすための手段を考えていく進め方が最も有効である。この2つの面、つまり目的と手段は混同されやすく、そこにプロブレム・トークも混じるため区別がつきにくいが、論理的に言えば〈何が〉は〈いかに〉に優先する。そこで第4章に続き、この章では生活の何が違ってほしいかを探す会話に取りかかり、それを続けるための質問に重点を置く。第6章ではその変化を〈いかに〉起こすかについての質問を説明する。

第4章で見たように、クライアントと臨床家の対話が何が違ってほしいかという話になると、多くの場合クライアントの意欲は劇的に高まる。ほとんどのクライアントにとって具体的な望みを述べることは難しく、最初は抽象的で漠然とした説明しかできない。例えば次のように話すだろう。「もっと勉強する気になれたら、状態がよくなることはわかっています」とか「うつが治れば、問題は解決するでしょう」とか「親ともっとうまくやっていけるでしょう」とか「子どもを取り返して児童相談所とは縁が切れるでしょう」という具合である。クライアントが望む違いについて漠然と話したら、次に臨床家が取り組む課題は、クライアントの抽象的で漠然とした説明を、問題が解決したときの具体的で明確なイメージに変える会話を始めることである。バーグとミラー（Berg & Miller, 1992）はこれをクライアントとともに**ウェルフォームド・ゴール**をつくる過程と呼んだ。解決志向の面接に特有のこの協働作業には、クライアントと臨床家両者の多大な労力が必要である。

ウェルフォームド・ゴールには、解決志向の臨床家が経験を通してまとめあげたいくつかの特徴がある（Berg & Miller, 1992; de Shazer, 1991）。それぞれの特徴について短い説明を加えた後で、ウェルフォームド・ゴールの対話を始め、展開する1つの方法として、ミラクル・クエスチョンを紹介する。本章ではアー・ヤンとウィリアムズ家の2事例を使うが、後の章でも解決志向の全過程をフォローするためにこれらの事例を引用する。

## ウェルフォームド・ゴールの特徴

### クライアントにとって重要である

何よりも、目標はクライアントにとって重要なものでなければならない。クライアントが重要だと思って選ぶ目標が、臨床家にそう思えなくてもかまわない。この特徴は第4章ですでに述べた通りである。クライアントの望みを彼らとともに明確にしようと努めなければ、いくら臨床家がクライアントを助けようとしても、うまくいかないだろう。第4章のベスのケースがこの自明の理を示している。臨床家がクライアントの望みを理解しようとする姿勢をみせると、クライアントは尊重されていると感じ、自尊心を高め、生活を変えようという意欲を高める（de Shazer et al., 2007; Saleebey, 2009）。

### 他者との関係のなかで示される

先の旅行計画のたとえのなかで、最初アニーは最終目的地について漠然とした考えしか持っていなかった。同じことが目標をつくろうとするクライアントにも言える。例えば、クライアントに問題が解決すると何が違っているかと尋ねたとしよう。おそらく「もっと満足しているでしょう」とか「もっと熱心に働くでしょう」と大まかに答えるだろう。あなたはこの言葉を具体的にするために、「（あなたが）もっと満足すると、他の人はあなたのどんな違いに気づくでしょうか」と質問し、そしてさらに「その人は、他にどんな違いに気づくでしょうか」と質問を続けられるだろう。

第3章で述べたように、ミード（Mead, 1934）によれば、人が自分自身（の望み、長所、限界、可能性）を認識する仕方は、社会的文脈の重要な他者が自分をどうみていると思うかに大きく影響される。ミードの洞察は、関係性の質問を使ってクライアントのウェルフォームド・ゴール作りを援助することに活かされる。例えば、問題が解決すると何が違うかについて途方に暮れているクライアントに、次の質問をする。「もしお母さんがここにいて、私がお母さんに『娘さんの問題が解決すると、何が違っているでしょうか』と尋ねたとしたら、お母さんはどうおっしゃるでしょうか」。クライアントはこう答えるかもしれない。「私がテレビを見る時間を減らし、仕事を探しに出掛けるといったことを言うでしょう」。クライアントが自分の視点からだけでは何も思い浮かばない場合に、重要な他者の視点を通して自分を見ることで、いくつかの可能性が生まれることがある。

ときには臨床家や学生から、クライアントが社会的に孤立している場合、他者との関係についてどう質問すればよいかと問われることがある。私たちの経験からすれば、完全に孤立しているクライアントはごくまれである。例えば、幼児を抱えたシングルマザーにも、「その子が見たことを話せたとしたら、母親の変化をどう言うだろうか」と質問できる。

インスーは長期にわたり面倒をみた高齢の父親の死後、ひどく落ち込んだクライアントと面接したことがある。彼女は職場で親しい同僚に囲まれているときには落ち込まないが、帰宅すると「別の自分になる」ということであった。彼女との話から、彼女は飼い主の気分の変化に敏感な犬と暮らしていることがわかった。インスーは「犬が話せたとして、あなたの問題が解決したら、あなたがどのように違っているとその犬は言うでしょうか」と尋ねた。彼女はこう答えた。「彼は私がいきいきとしていて、朝の散歩につれて行ってくれるし、明るい声で話しかけると言うでしょう」

## 状況を限定する

何日も何週間も何カ月も何年間も問題と格闘したあげく、失望し疲れ果てているクライアントに共通するのは、その困り事がいつでもどこでも起きているかのような話し方をすることである。こういう場合には、ある場所と状態にしぼって何を変えたいかを考えてもらうと、目標を作りやすくなる。例えば、クライアントが「いつも時間に遅れるので生活全般に問題が起きている」と訴えたとしよう。すべての重要な活動とイベントに遅れないという目標を立てるのではなく、次のように尋ねるとよい。「今この時点で、あなたが一番遅れたくないことは何ですか」。彼女は、家族や友人なら遅れても許してもらえるが雇い主は解雇するだろうから、まず仕事に遅れないことだと答えるかもしれない。

## 問題の不在よりも望ましい行動の存在

クライアントは通常、望ましくないことを話すことで望むことを説明しようとする。例えば家族の問題で面接にやって来た女性に、家族との生活で何が違ってほしいかと尋ねると、長々と次のように答えるだろう。

私は子どもともめることが多すぎます。怒鳴ったり、わめいたりすることは子どもたちにも私にもよくないので、それをやめたいんです。そして息子にはいつも妹とケンカをしたり、私の財布からお金を盗んだり、ウソをつくのをやめてほしい。娘には家出をしないでほしい。夫にはお酒をやめて、もっと私のことを助けてもらいたい。

このような目標の説明はクライアントにとってまず役に立たない。否定的な説明をしていると、失望や無力、行き詰まり感が生じ、自分には難題を取り除くエネルギーがないと思うようになる。誰にとっても、否定的なことよりも肯定的なことに取り組む方がずっとやりやすい。例えば、減量しているクライアントは、ポテトチップとソーダを我慢するよりは、早起きして散歩することの方がずっとやりやすいだろう。したがってウェルフォームド・ゴールは、問題と思うことがない状態ではなく、肯定的な何かが存在する形で示される。

ディ・シェイザー（de Shazer, 1985）は、否定的な目標を述べるクライアントを、どんな違うことがあるかという対話に導く簡単な方法を示している。「問題が解決したときには、（問題の代わりに）何があるだろうか」と質問するだけである。その例を示そう。

**ジョアン**❖息子にウソをつかれるといやでたまらないわ。あの子がウソをつかなくなれば、よくなるんだけど。あんなふうにすました顔でウソをつかれると怖くなるわ。

**インスー**❖そうね。心配するのは当然だわ。それでよくなれば、息子さんはウソをつく代わりに何をしているかしら。

**ジョアン**❖もちろんもっと正直になっているわ。

**インスー**❖そうなるとどんなふうに見えるかしら。彼が今よりも正直になったとあなたにわかる、どんな違ったことを彼はしている?

**ジョアン**❖そうね、たまにはウソを認めて謝るかもしれない。

**インスー**❖他にどんなことをしているかしら。

**ジョアン**❖考えたことがないからわからないわ。たぶんしっかりした話し方をして、今のようにあいまいでぼそぼそ話さないし、私の目をまっすぐ見て、背中を丸めず胸を張っていると思う。私にもいろいろ話すだろうし。

**インスー**❖息子さんのことをよくわかっているのね。息子さんがあなたの目をまっすぐ見て、しっかりした話し方をして、胸を張っている。なるほどねえ。本当に息子さんのことをよくわかっているのね。

**ジョアン**❖もちろん母親だもの。［笑いながら］母親っていうのは頭の後に目がついているのよっていつもロビーに言っているの。

## 最終結果ではなく何かの始まり

クライアントが専門家に連絡を取るのは、問題を解決するための最初の選択ではなく、最後のよりどころである場合が多い。彼らは自分で解決しようといろいろ試したがうまくいかないので、専門家に答えをもらいにやってきて、すぐによくなることを期待する。

この願望はクライアントの希望的観測にすぎないが、彼らは助言を求め、そしてクライアントに苦痛を和らげてほしいと嘆願された臨床家はプレッシャーを感じる。それでも、臨床家は守れない約束をしてはならない。多くの場合、すぐさま解決できるというクライアントの考えは現実的ではない。というのは、解決はたいていクライアントが生活のなかで違うやり方で行動しはじめ、その後の段階を踏まえてはじめて到達できる最終結果だからである。臨床家にできることは、クライアントがもっと成功の可能性が高い解決策を見つけるのを助けることである。

臨床家が、問題が解決したことがどうやってわかるかと尋ねると、クライアントは何か違うことの最初の徴候ではなく、最終の状態を述べるものだ。例えば先の例でインスーが母親に、何が違ってほしいかと尋ねたときに、彼女はロビーにもっと正直になってほしいという最終結果を述べた。インスーがそうなるとどのように見えるのかを尋ねると、母親は「（息子が）しっかりした話し方をして、……私の目をまっすぐ見て、背中を丸めず胸を張っていると思う。私にもいろいろ話すだろう」と答えた。このように説明を具体的にしていってもまだ、ジョアンの目標は何かの始まりというよりは最終結果に近かった。そこでインスーはさらに会話を続けた。

**インスー**❖ロビーのことをよくわかっているのね。彼がいつも正直になるには時間がかかるだろうから「ははあ、前より正直になりはじめているな」とわかる最初の小さなしるしは何かしら。

**ジョアン**❖確かに時間がかかるわ。［微笑みながら］もちろんとっくの昔に彼に変わっていてほしかったけどね。［小さなしるしは］彼が話すときに私の方を見ることよ。そうすれば私も彼の目を見ることができるし。

**インスー**❖それじゃあ、今はまだだけど、ロビーが前より正直になったとしたらどんな目をしているかしら。

このやりとりのなかで、インスーはジョアンの願望を小さなものにしようとした。ジョアンははじめの説明をさらにしぼって「話をするときに彼が私を見ることよ。そうすれば私も彼の目を見ることができる」と答えた。ジョアンが息子の変化の1つの側面に注目することで、彼と視線が合ったときにそのことに気づきやすくなり、これまでとは違うやりとりのパターンが生じる可能性が高まるだろう。

## クライアントが自分の役割を認識する

相談の初期には、クライアントは状況改善の見通しについて悲観的になりがちである。なぜなら問題は他の人々の行動が作り出したもので、自分にはどうにもできないという無力感に陥っているからである。したがって、臨床家が、問題が解決したら何が違うかと尋ねると、その人々の行動が違うと答える。第4章で述べたように、そのような場合にもクライアントの認識に従って、クライアントにとって重要な人がどんな違った行いをしているかを尋ねることが有効である。

**インスー**❖それじゃあ、ロビーがあなたと話しているときに、もっとあなたを見るようになったら、あなたにとってはそれがどんな役に立つかしら。

**ジョアン**❖もしそんなことがあればすばらしいわ。私の生活がどんなに楽になるかしら。先生などにも同じことをしているんじゃないかとびくびくしなくなるわ。彼がどうなるのかと心配しなくても済むし。もっと他の心配ごと、娘や夫のことに時間をさけるわ。

**インスー**❖そしてもし彼がそうしたとして、つまりあなたをもっと見るようになったとすると、息子さんはあなたのどんな違いに気づくかしら。

**ジョアン**❖さあ、わからない……たぶんそれほどひどく彼に怒鳴ったりしないで……もっと平静でいられるかも。

インスーの助けで、ジョアンは息子との関係でどんな違う対応をするかを考え始めた。もっと平静になり、怒鳴ることを減らせるようになるには、まだ多くの作業が残っているが、インスーの解決志向の質問によって、彼女は自分の行動に注意を向け始めた。この切り替えができれば、クライアントは明るくなり、希望を持つことが多い。

## 具体的で、行動的で、測定できる言葉

クライアントが臨床家に助けられて、具体的で、行動により示され、測定できる形で目標を述べていれば、満足のいく解決が始まったとき

にそれを見逃さずに確認することができる。クライアントが進歩に気づくと、その成功感が刺激となってもっと望ましい生活にするための努力を続ける。したがって臨床家は「問題が解決すれば気が楽になります」とか「幸せになります」とか「もっと仕事ができるようになります」といったクライアントの漠然とした大ざっぱな目標を受けいれずに、彼らが具体的な行動による目標を話せるように働きかける必要がある。例えばジョアンが息子にもっと正直になってほしいと答えたとき、インスーは続けて質問し、彼女がもっと具体的で、行動で示され、測定できる目標をつくるよう促した。

## 現実的な言葉

クライアントに何が違ってほしいかを尋ねると、非現実的な答えが返ってくることがある。例えば「心臓の症状が消えているでしょう」とか「家事を手伝うよう頼むと、息子がいつも素直に言うことをきくでしょう」とか「宝くじに当たるでしょう」など。それらはすばらしいことだろうが、臨床家としては「その目標はとうてい現実的とは思えない。非現実的目標に目を向けている限り望みがないし、よりよい未来はありえない」と考えるだろう。

現実的な目標とはクライアントの能力と生活状況からみて達成可能なものである。面接の初期にはクライアントの能力や状況についてあまり知らないので、臨床家はクライアントが展開している目標が現実的かどうかを確かめるために詳しく質問する必要がある。それにはいくつかの方法がある。例えばクライアントが「息子ともっと仲よくなりたい」と言ったとしよう。あなたの質問によって、クライアントは「もっと息子といる時間をつくる」「土曜日に何をしたいのかを尋ねる」「息子の話をもっと真剣に取り上げる」といったより具体的な目標にできるだろう。次にあなたが「それはありうることですか」または「そうできると思いますか」と尋ねることで、クライアントは自分の考えを検討することができる。クライアントが「はい」と答えたら続けて「どういうことからそうできるとわかりますか。その一部でもできたことが今までにあったでしょうか」と質問する。こうすればクライアントの長所や過去の成功、実現可能だと考える根拠がさらに明確になる。

クライアントに現実的な言葉で考えさせるためのもう1つの方法は、彼ら自身が変化したら相互作用の成り行きがどう変わるかを考えさせることである。例えば父親が「娘が悪いことをしたときに、怒鳴らずに穏やかに話したい」と言ったとしよう。そこで、「仮にあなたがそうしたとすると、娘さんはどう違ってくるでしょうか」と尋ねる。この質問は、彼の変化が実現した場合についてさりげなく尋ねて、そうしたときの娘の反応について彼が知っていることを引き出す。

## クライアントの課題

クライアントは、援助の初期には自分にも生活にも失望している場合が多い。援助を求めたことに失望感や恥ずかしさを感じているかもしれない。生物学的問題や医学的診断を下される身体的な問題の方が、個人または家族の問題だとされるよりもましだと思うクライアントは多い。というのは、個人や家族の問題はクライアントと近親の人々に欠陥があり、その責任があることを意味するからである。一方、生物学的な問題は普通、個人のコントロールと責任の及ばないものだとみなされる。

臨床家が、クライアントの問題を解決するためには大きな努力が必要だろうと示唆することは、いくつかの点からクライアントの尊厳と自尊心を高めることになる。まずクライアントは、専門家のところに来たのは間違っていなかったと安心する。問題解決に努力がいるとすれば、その問題は難しいものに違いないし、クライアントは専門的援助を受けるにふさわしい。第2に、ほとんど進歩がない場合や全く進歩がない場合でも、クライアントが敗北感を味わわずに済む。むしろ、臨床家の言葉によってクライアントは「まだ努力が必要なのだ」ということに焦点を合わせられる。そして第3には、クライアントの進歩が早い場合には、短期間に難しい問題を解決できたと自尊心を強めることになる。

クライアントに努力が必要であることを気づかせることで、直接そう言わなくても、彼らに変化と解決を起こす責任を持たせることができる。初期の頃には、クライアントは問題をすべて専門家に預けたような話し方をすることがある。クライアントに努力が必要だと気づかせることは、何かを変えようとするなら関与しなければならないことを、敬意を持って伝えることになる。ほとんどのクライアントがこの考えを受けいれる。というのは、容易な方法を期待していても、クライアントは過去の成功は自分の努力によるということを経験から知っているからである。

### 補足

ウェルフォームド・ゴールに関する次の補足的な所見について熟考してほしい。第1は、ウェルフォームド・ゴールはクライアントの思考の枠組みにそってクライアントとともに作られるということである。解決志向の面接では臨床家がクライアントに、何が必要か、達成するにはどんな努力をすべきかといった提案を控える。むしろ臨床家は——知らないという姿勢で質問し、クライアントの言葉を組み込み、一歩後ろから導くことを通して——クライアントに目標を考えさせ、自分の言葉で表現させようとする。第2は、クライアントがはじめからウェルフォームド・ゴールを持っていることはめったになく、こうした目標は時間をかけて、臨床家との相互作用のなかで形成されていくということである。目標を作ることは、解決構築そのものと同じくらいに、クライアントにとって大仕事であり、臨床家にとっては忍耐と持続性、技量を求められるものである。

クライアントと目標についての対話を始め、進めるには、ミラクル・クエスチョンを使うとよい。これによって前述のウェルフォームド・ゴールの特徴と矛盾しないクライアントの思考の枠組みにそった目標づくりが促進されるだろう。

## ミラクル・クエスチョン

インスーと同僚がミラクル・クエスチョンを発見したのは全くの偶然からだった。彼女は世界中の重荷を背負っているような女性と面接した。子どもたちは手に負えないし、学校からは彼らの乱暴な行為で呼び出され、結婚して17年目の夫は失業して家族を養えないために、飲酒がひどくなっていた。この女性はすっかり気落ちし、もう一日も耐えられないと語った。インスーは「ここでの時間がお役に立つには、何が起こったらいいでしょうか」と尋ねた。クライアントは「わかりません。あまりにも問題が多すぎて、奇跡ぐらいしか救いはないでしょうね。でもそんなことはあてにできないし」と言った。インスーはクライアントのこの言葉と考え方をすぐに取り上げた。「わかりました。奇跡が起こり、あなたの問題が解決したとしましょう。あなたの生活はどう違っているでしょうか」

驚いたことには、問題に押しつぶされて行き詰まっているように見えたこの女性が、今までと違う生活を想像して話し始めたのだ。夫は「もっと責任感を持ち、仕事を続け、もっと上手にお金を管理しているでしょう」。子どもたちは「学校や家の規則を守り、あまり文句を言わずに手伝ってくれるでしょう」。そしてとりわけ彼女自身が違っているだろうと語った。「私にもっとエネルギーがわいてきて、もっとにこにこし、子どもたちにも穏やかに接するでしょう。がみがみ言わずにあたりまえの話し方をしているでしょう。結婚したての頃のように、夫とも普通の会話をするかもしれません」

インスーと同僚たちはこの面接で、この女性に何が起きたのかを考えた。そこで気がついたことは、私たちは普通、奇跡を現実的なこととは考えていないが、この女性の奇跡の後の生活描写は、うまく機能している家族の無理のない現実的な状況だということであった。彼女の奇跡の説明は、彼女にとってやりがいのある目標となったのである。このようにしてミラクル・クエスチョンが生まれ、インスーと同僚たちは常にこの質問を使うようになった。

ミラクル・クエスチョンが有効な理由は少なくとも2つある。第1は、奇跡について尋ねることによって、クライアントは無限の可能性を考えることができる。クライアントは望む変化をはっきりさせる手はじめとして、大きなことを考えるように求められる。第2に質問は将来に焦点をあてる。それは問題がもう問題でなくなったときを生活のなかに呼び起こす。このようにミラクル・クエスチョンによって現在と過去の問題に向けられていた焦点が、今より満足のいく未来の生活もしくはジョージ、アイブソン、ラトナーによる「望ましい将来」(George, Iveson, & Ratner, 1999) に向けられるのである。

ミラクル・クエスチョンは世界中で何千回となく使われてきた。この間に臨床家たちがさまざまな尋ね方を試した結果、洗練されたものになった。この質問はゆっくりとおおげさに尋ねるのが最もよい。

> これから変わった質問をします。今晩あなたが眠り、家中が寝静まっている間に奇跡が起こるとします。それはあなたがここへいらっしゃることになった問題が解決するという奇跡です。でもあなたは眠っているので奇跡が起こったことを知りません。明日の朝、あなたが目覚めるときにどんな違いから、奇跡が起こり、問題が解決したのだとわかるでしょうか。
>
> (de Shazer, 1988, p.5)

この形でのミラクル・クエスチョンによって、クライアントは考えを飛躍させ、問題が解決すると生活がどう変わるかを想像する。クライアントにとってこれに答えることは容易なことではない。問題に浸り切った思考から解決に焦点をあてる方向へ劇的な転換を求められるからである。大部分のクライアントにはこの転換に時間と援助が必要である。臨床家の質問がこの作業中のクライアントに非常に有用である。ミラクル・クエスチョンを用いるときは、次の点に留意してほしい。

◉クライアントに問題志向から解決志向に切り替える余裕を与えるために、柔らかな声でゆっくりとおだやかに話す。

◉解決構築の作業が始まったことをはっきりと劇的に目立たせるために、「今から変わった、妙な質問をします」と断ってからミラクル・クエスチョンを使う。

◉何回も間をとり、クライアントが質問を理解し、自分の経験を違った側面から見るための時間を与える。

◉質問は将来についての描写を求めるので、次のような未来形を使う。「どんな違いが起こるでしょうか」「奇跡が起こったとわかるしるしはどんなものでしょうか」

◉さらに詳しく知るための質問を続けるなかで、解決の話に移ったことを強調するために「奇跡が起こり、あなたがここへ来ることになった問題が解決したら」という言葉を頻繁に繰り返す。

◉クライアントが問題の話に戻る場合には、奇跡が起こると生活のなかで何が違うかということにクライアントの注意をおだやかに向け直す。

ミラクル・クエスチョンは切り出しの言葉にすぎないことを覚えておいてほしい。クライアントは普通ウェルフォームド・ゴールの特徴にそぐわない答えを返す。臨床家の役割は、クライアントがウェルフォームド・ゴールの特徴に沿う形で、満足のいく将来のイメージを表現できるように質問を続けることである。次にこの過程を示しているアー・ヤンとピーターとの面接を紹介する。

## アー・ヤンのミラクル・ピクチャー

アー・ヤンは30歳のアジア系アメリカ人女性で既婚、2人の子どもがいる。ピーターは公的機関で、相談に訪れたアー・ヤンと会った。

**ピーター**❖どんなお手伝いができるでしょうか。

**アー・ヤン**❖［とても心配そうに］問題がずっと続いていて……いらいらしてパニック状態なの。私はとにかく座って落ち着かなければいけないの。何か悪いことが起きそうで、いつもびくびくしているわ。

**ピーター**❖アー・ヤン、どんなことがあって、パニック状態だとわかるの？

**アー・ヤン**❖わからない。ただ何となくいらいらして、からだが震えて、怖くて息が苦しくなって。

**ピーター**❖なるほど、とても怖そうだね。パニック状態のときにはなにが起こるの？

**アー・ヤン**❖ええと、去年しばらくの間、おかしくなったのかと思ったわ。ベッドから起き上がると髪の毛が抜けていて、シャワーの後みたいに一握りもの毛が抜けていたの。それで病院に行って「先生、なぜ？なんでこうなるの？」って聞いたの。そしていろんな検査を受けたわ。

**ピーター**❖病院に行っていろいろ検査を受けて、それが役に立ったかな。

**アー・ヤン**❖ううん、結果は何でもなかったのよ。でもどうやって治すかを教えてもらった。医者は散歩したり、自転車に乗ったり、たぶんもっと休んだらいいだろうって。

**ピーター**❖それが役に立っただろうか？

アー・ヤン❖よくわからない。やってはみたけど。少しは役に立ったかもしれない。でも、今でもいらいらして過呼吸になるんだけど。

アー・ヤンはピーターに問題について話したが、問題のパターンを自覚していなかったばかりか、何が一貫して有効だったかにも気づいていない。医師も身体的な問題を発見できなかった。それで彼女は面接を受けにやってきたのである。

初回面接が始まって10分ほどして、ピーターはミラクル・クエスチョンを使って目標づくりをすることにした。

ピーター❖ここで変わった質問をするけど、いいかな［間を置く］。今夜眠っている間に［間を置く］奇跡が起きます［間を置く］、その奇跡というのは［間を置く］、今日あなたがここへ来ることになった問題が解決することなんだ［間を置く］。でもあなたは眠っていたから奇跡が起こったことを知らない［間を置く］。目がさめて、［間を置く］、何かが違うと最初に気づく奇跡のしるしは何だろうか。

アー・ヤン❖わからないなあ。たぶんもっと自分らしくなっているかな。にこにこしてね。外側だけはにこにこしていても、内側ではいつもびくびくしているの。倒れて死ぬんじゃないかとさえ思うくらい……死ぬのが怖くて。

ピーター❖もっと自分らしいと言ったけど、自分らしいときには何が違うの？

アー・ヤン❖別に何も。出かけたり、散歩したり、ただにこにこしていたり。にこにこしていても内側では怖いの。倒れそうで。

ピーター❖奇跡が起きると、怖い代わりにどうなるかな。

アー・ヤン❖さあ、わからないわ。わからない。いつでも行きづまっている感じだから、その質問は難しいわ。わからない。

ピーター❖たしかにとても難しい質問だね。あなたが本当に怖さと戦っているのがよくわかるよ。そのために生活がつらく、みじめになることがあるんだろうね。何か他にできることはないかと思ってここへ来たのは、よい判断だったと思うよ。［アー・ヤン、うなずく］奇跡の朝、あなたの夫はどんなことから「何かが違ってずっとよくなっている、何かあったに違いない」ってわかるだろうか。

アー・ヤン❖夫に話しかけたら「元気そうじゃないか。うまくいっているね」って言うだろうな。私が幸せだと彼も幸せなの。

ピーター❖すると奇跡が起こったら、あなたは前より幸せになるんだね。［彼女はうなずく］彼はどんなことから、あなたが前より内側も外側も同じように幸せだとわかるかな？

アー・ヤン❖私が話しかけるので、彼は私が前より幸せだってわかると思う。泣いていないし、なにか食べるし、もっと家事をやるだろうし。

ピーター❖それを彼が見たらどうする？

アー・ヤン❖［少し落ち着いて、明るくなって］彼は私が怖がると心配するから、そうなったら喜ぶだろうな。私を抱いてキスする。「手伝うことがあるかい」って聞いてくれて、一緒に家のなかを片付けると思う。

ピーター❖他に彼は何をするだろう？

アー・ヤン❖それぐらいね……わからないけど……一緒に出かけて店を見てまわったりするぐらい、かな。

ピーター❖子どもが2人って言ったけど、いくつなの？

アー・ヤン❖ディ・ジャが6つで、アー・ランは3つよ。

ピーター❖わあ、小さな子どもが2人もいてさぞ忙しいだろうな。［アー・

ヤンはうなずき沈黙する」奇跡の話に戻りたいんだけど、子どもたちはどんな違いに気づくだろうか。

**アー・ヤン**❖ディ・ジャは……わからない。私がふるえていたり、病気のときには私のことを気にするの。それで「ママ、明日の朝は僕がスープを作ってあげる」って言ったりして、あの子なりに手伝おうとするのよ。

**ピーター**❖それで奇跡が起きたら、何が違うだろう?

**アー・ヤン**❖外へ出てブランコにのったり、自転車を乗り回したり、走り回ったりするわね。

**ピーター**❖そうなったらあなたはどう?

**アー・ヤン**❖そうなったらいいわ。あの子らしいから。私のことを考えずに走り回ったり、遊んだりして。

**ピーター**❖アー・ランはどんなことに気がつくかな?

**アー・ヤン**❖あの子はいろんなことがわかり始めているの。抱きついてきてキスして「大好き」って言うと思う。あの子は一緒に遊んだり、何かを楽しんだりしていることに気づくだろうな。

**ピーター**❖その他に誰が気づくだろう?

**アー・ヤン**❖わからない。義妹かもしれない。あの人は私の苦労を知っているから。

**ピーター**❖じゃ、彼女は何に気づくかな。奇跡の朝にあなたに会って最初に気がつく小さなことは何だろうか。

**アー・ヤン**❖私がにこにこしていることね。それで「アー・ヤン、にこにこしているわね」って驚くと思う。

**ピーター**❖奇跡が起こると、他に何が違うだろうか。

**アー・ヤン**❖わからない、これぐらいしか。

**ピーター**❖ええ、いいです。違うことをもういくつも話してくれたね。もう1つ聞きたいんだけど、もしこの奇跡の一部を明日の朝、実行するとしたら、どの部分が一番やりやすいかな?

**アー・ヤン**❖はっきりわからないけど、夫ともっと話せるかもしれない。

**ピーター**❖何と言って話しかけるだろう?

**アー・ヤン**❖そうね、何も特別なことじゃないけど「おはよう、気持ちのいい日ね。今日は何をするつもり?」っていうようなことかしら。それぐらいよ。

**ピーター**❖そうできる?「彼女うなずく」それが起こるためにはどうしなければならないと思う?

**アー・ヤン**❖ただするだけよ。

**ピーター**❖ほんとうにそうなの? もし何かをしようとしたら、気持ちをそこに持っていくだけで本当にやれるの?

**アー・ヤン**❖「うなずきながら」ええ、でもむずかしいわ。まだ本当は怖いんだから。

**ピーター**❖よくわかるよ。今聞いた話から、それには大変な努力がいることがね。

ピーターはミラクル・クエスチョンを使って、アー・ヤンが解決した状況を想像できるように会話を進めた。休暇のたとえに戻ると、彼は彼女からいくつかの目的地についての話を引き出した。彼女が最終的にこれらの目的地を目指すことになれば、問題の大半は過去のものになるだろう。予想通り、問題が解決したときに何が違うかについて、彼女は「たぶんもっと自分らしくなっている」と漠然とした話をした。

ピーターはウェルフォームド・ゴールの特徴を考慮した質問を続けて、彼女がはっきりした達成可能なイメージを作るのを手伝った。「奇跡が起こると怖い代わりにどうなるか」(肯定的な何かの存在を描写させるため)、「もっと自分らしいときには何が違うか」(具体的な行動と彼女の役割についての描写を促すため)、「夫と子どもたちが彼女のどんな違いに気がつくか」(相互関係を表わす言葉を使わせるため)、「家族は彼女が違うことをしたときにどうするか」(状況に合わせて、相互関係を考えて、現実的に考えさせるため)、「他の人たちが最初に気づくことは何だろうか」(可能な最初の第一歩を探るため)、「もしこの奇跡の一部を明日の朝実行するとしたら、どの部分が一番やりやすいか」(最も実現可能なことを考えさせるため)と質問した。最後にピーターは奇跡の一部を現実のものとすることは大仕事だと認めて、クライアントを励ました。

アー・ヤンはピーターの質問に最初は「わからない」と答えることが多かった。第3章で述べた通り、ピーターはこの答えに驚かず、沈黙して、彼女が考えて言葉にするのを待った。彼の忍耐力と沈黙が功を奏して、アー・ヤンは自分にとって意味のある答えをつくりだすことができた。

こうした目標づくりの質問には答えにくいと感じるクライアントがほとんどだが、答えをつくりだそうと努力するうちに、気持ちが明るくなり希望を持ち始める。彼らは質問に注意を集中し、何とか答えようとする。

たまにミラクル・クエスチョンに答えることを拒むクライアントがいる。「奇跡など起きません」、「これほど長い間悪いことばかり起こったので、私には奇跡など起きるはずがありません」などと言う。このような場合にもあきらめずにこう言えばよい。「それではほんの小さな奇跡が起きたとしたら」。それでも問題が大変で、苦痛であると繰り返す場合には「奇跡が起きたら」の代わりに「問題が解決したら」とか「今より少しましになったら」と尋ねる方法もある。例えば次の質問でプロブレム・トークから目標づくりへと転換させることができる。「問題が解決するか、少しましになったとしたら、これまでの生活と何が違うでしょうか」。ウェルフォームド・ゴールをつくるための他の質問もこのように言い換えることができる。

解決志向の面接の経験が浅い場合には、ミラクル・クエスチョンを使ってその対話を展開させていくことに慣れるために時間と練習が必要である。このタイプの面接の未経験者のために、私たちは「目標づくりの計画書」と「ウェルフォームド・ゴールをつくるための質問メモ」をまとめた(巻末の付録参照)。面接中の質問の仕方に慣れるまで、学生はこうした補助教材を使ってロールプレイを行っている。また解決志向を学び始めた臨床家からも、この方法での面接に転向し慣れていくためにこれらの教材が役立つと聞いている。

## ウィリアムズ家

臨床の場では、同時に数人と面接しなければならない場合がある。こうした状況でも解決志向の面接の基本は変わらないが、出席者全員の見方を理解し、対立した見方がある場合には(よくあることだが)共同の目標と解決をつくる作業が必要になる。その実際をインスー面接したウィリアムズ家(仮名)の例から学ぼう。

家族との面接でウェルフォームド・ゴールを作るときには、2人以上を相手にすることになる。その場合、問題は何か、家族の問題が解決したらどうなっているかについて、各人が異なる説明をすることもある。それぞれが違った観点から会話を進めると、プロブレム・トークも多くなりやすい。そうなったとしても、臨床家はそれを家族が自分たちの状態について情報を提供することで役に立とうとする努力の表われだと考え、最初の課題であるウェルフォームド・ゴールづくりに引き戻す方法を見つけなければならない。参加者間で緊張と対立が高まることもある。その場合には興奮している人の考えを丁重に尋ねる。つまり、問題が解決したら何が違っていると思うかを聞く。これが目標づくりに注意をひき戻すことになる。また、個人のケースと同様に、クライアントが自分たちの役に立つことや重要な他者の助けになることをすでに実行している点に注目し、それにコンプリメントすることが大切である。

インスーは次の長い対話のなかで、上記の複数の人との面接の留意点を実行している。この対話のなかでインスーは何度も目標づくりの方向に話を向け直している。対話中にインスーが用いた手続きと質問の動機を［**太字**］で説明した。

面接にきたウィリアムズ家のメンバーは32歳のグラディス、4人の子どもたち、28歳のグラディスの弟アルバートである。子どもはマーカス（12歳）、オフィオン（10歳）、オレインカ（8歳）、アエシュ（7歳）である。アルバートは母親に「追い出されて」姉や4人の子どもたちと同居しているが、他の家族や友人のところで暮らすこともある。グラディスの話ではアルバートは無職で「人に金をたかる」とのことだ。夫はもう5年間刑務所で服役している。家族の状況を理解した後で、インスーは家族が面接に何を期待しているかを理解しようとした。

**インスー**❖さて、どんなことが起きたら、今日私に会いに来てよかったと思うかしら。

**グラディス**❖今、胸が痛くて、医者に言わせればストレスのせいみたいだけど、それがなくなってほしいわ。そして今の私がかかえている問題を何とかできるように助けてほしいね。

**インスー**❖そうすると、問題を何とかできれば、胸の痛みがなくなるの？

**グラディス**❖そうなってほしいね。

**インスー**❖わかったわ。他には？　他には何が起こったらいいかしら。

**グラディス**❖子どもたちがしなけりゃいけないことを始めることね。そうしたら怒鳴ったり小言を言ったり罰を与えたりしなくて済むからね。

**インスー**❖ああそう。もっとよく言うことをきくようになるのね。

**グラディス**❖そうだね。

**インスー**❖［**現実的な違いを探しはじめて**］それじゃ子どもたちは全然言うことをきかないわけではないのね。

**グラディス**❖そうね。全然聞かないわけじゃないわ。

**インスー**❖その年頃の子どもはそれがあたりまえね。

**グラディス**❖でもときどきは言うことをきくもんでしょ。

**インスー**❖なるほど。ときどきは言うことをきいてほしいのね。

**グラディス**❖そうよ。それから私は母や親戚にハイとイイエをはっきり言う方法を教えてほしい、そしたら私の言うことをきくだろうから。

**インスー**❖つまりあなたがイイエと言えば相手がそれをきく？

**グラディス**❖その通りよ。
**インスー**❖その他には？
**グラディス**❖わからない。今はこれぐらいかな。
**マーカス**❖みんなが仲よくする。
**インスー**❖**［クライアントの言葉と思考の枠組みを尊重して］**「仲よく」ね。それはどういう意味？　仲よくするときはどうするの？
**マーカス**❖分け合うことをおぼえる。
**インスー**❖なるほど。分け合うことをおぼえて仲よくする。他には？
**マーカス**❖それだけ。
**インスー**❖それだけ？
**グラディス**❖だけど、マーカスが言っているのは人のものを分け合うことで、自分のものじゃないんだ。
**インスー**❖［グラディスに］それであなたも賛成なの？
**グラディス**❖ええ、でも自分のものを分け合うことがわからなけりゃ、ね。
**インスー**❖そうね。［マーカスに］あなたも分け合いたいと言っているのよね。つまり分け合うことをおぼえたいのね、そうでしょ。［マーカス同意する］わかったわ。オフィオンはどう？
**オフィオン**❖もっと家族が一緒にいること。家族の集まりのときみたいに。
**インスー**❖家族の集まりにはみんなが一緒にいるの？
**オフィオン**❖もっとみんなが一緒に過ごせる。
**インスー**❖もっと一緒にね。もっと一緒に楽しくね。
**オフィオン**❖そう。みんなほとんど一日中外に出ていて、一緒に何かすることなんかないんだから。
**グラディス**❖［笑う］この子ったら、これだけ私が頭にきているのにまだ足りないらしいよ。もっと家にいたいんだって。
**インスー**❖あなたが言っているのはそういうことじゃないわよね。お母さんが頭にくるようなことをするんじゃなくて、みんなが仲よくすることを言っているのよね。
**オフィオン**❖まあそんなところかな。
**インスー**❖まあそんなところ？
**グラディス**❖よく言うよ。
**インスー**❖**［具体的、行動による目標を話してもらおうとして］**それで家族が一緒にいて、家族の集まりをするときには何をするの。
**オフィオン**❖遊ぶんだ。
**インスー**❖一緒に遊ぶのね。他には？
**オフィオン**❖楽しいことをするんだ。［グラディスの弟アルバートを指して］あの人抜きでね。［アルバート笑う］
**アエシュ**❖おじさんも一緒よ。
**インスー**❖あなたはおじさんにいてほしくて、オフィオンはいてほしくないのね［皆笑う］。**［さらにそれぞれの見方を探っていく］**それじゃアルバート、あなたに聞くけど、例えばグラディスのストレスや胸の痛みがなくなって、子どもたちにもっとやさしくなって、子どもたちも家族もグラディスの言うことをきくとするわね。こういうことがみんな起こったとして「わあ、彼女は前よりよくやっているな」ってあなたが言えるような彼女の違いは何かしら。
**アルバート**❖それは言えないな。［笑って］だって俺の心はこの世にはないようなもんだからね。わかるだろう。俺には違いを話すなんてできないよ。

**インスー**❖ちょっと待って。あなたの心はこの世にないって？

**アルバート**❖そうだよ。俺はただ座って考えていて、ときどき大声で話したりすると、グラディスは笑うんだ。いつも彼女を笑わせているし、俺には違いなんてないよ。

**インスー**❖**［解決の土台になるものに焦点をあてて］**わかったわ。でも彼女はあなたに側にいてほしいのね。

**グラディス**❖ときどきはね。してはいけないことをするんで、いらいらさせられるけれど。子どもたちにもまねさせるんで困っている。

**インスー**❖ということはアルバートがいると役に立つときもあるけれど、そうでないときもあるってことね。

**グラディス**❖そうなの。例えば、明日は地下室から物を出したり、暖炉と湯沸かし器を入れたりしてくれるの。そういうときには小遣いをやって、彼はそれでたばこを買ったり、［アルバートのズボンを指して］ズボンを買ったりするんだ。

**インスー**❖**［コンプリメントして］**アルバート、お姉さんもあなたをよく助けてくれるのね。あなたはお姉さんを助けるし、お姉さんはあなたを助けてくれるのね。

**アルバート**❖まあそうだね。

**インスー**❖そうなのね。あなたがたは助け合うことをどこかでおぼえたのね。

**グラディス**❖助け合わない家族のなかで育ったから、自分では「あんなふうにはならない」って思っていた。それでほかの人を助けるんだ。そんな気持ちを持っているからかもしれない。

**インスー**❖そのことをお母さんから教わったんじゃないのね。

**グラディス**❖全然。だって母親は家にいたことがないもの。アル中だったし、いつも賭け事のようなトランプをしていたから。

**インスー**❖**［目標づくりに戻って］**例えばここへ来なくなったあとで「あの女の人は役に立った」と言うとするわね。［グラディスに］あなたが「もうあの人のところへ行かなくてもよくなった」って言えるにはどんな違いが家族に起こればいいの？

**グラディス**❖あの子たちが今しているようなことをしてないだろうね。例えば……。

**インスー**❖**［「ない」ではなく「ある」を探して］**その代わりに何をしているかしら。

**グラディス**❖行儀がよくなっているだろうね。そうなれば他所の家へ泊まりに行かせても心配しないで済むし。ケンカをしたり悪いくせをよその子に見せたりしないかっていう心配をね。子どもを信用できるんでよその家へ泊まりに行かせられるわ。

**インスー**❖**［具体的な、行動による、測定できる形での説明を求めて］**子どもを信用できて、よその家へ泊まりに行かせるには、あの子たちは何をすればいいの？

**グラディス**❖家でするのと同じようにすることね。例えばいまマーカスは友達の家へ行って小さな子とケンカして、そこのお母さんに口答えをするのよ。そうじゃなくてよその家でも小さな子と仲よく遊ぶだろうな。

**インスー**❖なるほど。マーカスはしてはいけないことをしないで、行儀よくなるのね。紳士みたいに。

**グラディス**❖そうだね。

**インスー**❖いいわね。オフィオンはどうかしら。「もうあの女の人のところへ行かなくてもいいや」と思えるときには、どんな違ったことをしてるかしら。

**グラディス**❖オフィオンは、なにか頼んで人が聞いてくれないと……人が言う通りにしてくれないと、怒って叩いたりあばれたりするんだ。

**インスー**❖**［望ましい積極的行動を探して］**それで彼はそういうことをやめるのね。あばれないで何をしてるかしら。

**グラディス**❖あの子が話しかけてきたときに、こっちが聞かなかったとする。そんなときでも怒らないで、まあいいやって言って、自分の好きなことをする。それでまた後で話にきてさっきは何を話したかったかを言うと思う。相手が忙しいときなんだとわかって、怒ったり叩いたりしないかな……。

**インスー**❖そう。オフィオンは後からもっとおだやかに話すのね。

**グラディス**❖ええ。

**インスー**❖オフィオンはそうなるのね。そしたらマーカスもオフィオンもこういうことが全部できるとするわね、いいかしら？**［男の子たちに相互関係を表わす言葉で目標を説明させようとして］**あなたがたみんながこういうことが全部できるようになったとしたら、お母さんはどう違っているかしら。

**オフィオン**❖ママがやらなきゃいけないことが減っていると思うよ。

**マーカス**❖胸が痛まなくなるだろうね。

**インスー**❖胸が痛まなくなるのね。そうしたらママはどんなふうにしているかしら。

**マーカス**❖みんなでピクニックに行けるし、いろんなところへ心配しないで行けるよ。

**インスー**❖ああそう、ママにそうしてほしいのね。心配がなくなってピクニックに行って、いろいろできるようになってほしいのね。そしてあなたもね。そう、**［クライアントの長所にコンプリメントして］**あなたがたはママのことをとても気にかけているのね、そうでしょ。ママはそのことを知っている？

**マーカス**❖わかんないよ。

**インスー**❖わからないの。あなたがたがどんなにママのことを気にかけているかママは知っている？　マーカスはどう思う？

**マーカス**❖ママは知らないよ。

**インスー**❖知らないの？　どんなに心配しているか知らないの？　オフィオンはどう？　ママは知っている？

**オフィオン**❖わかんない。

**インスー**❖わかんないのね。

**グラディス**❖私がどれほどみんなを愛しているかわかっているの？

**オレインカ**❖うん、ママ。

**グラディス**❖わかっているはずないよ。［大きな声で］わかっているなら今までしたようなことをするはずないもの。

**インスー**❖**［母子関係の強さにもう一度注意を向けて］**ちょっと待って。オフィオンはどう思う？　わかっているの？

**グラディス**❖わかっているの？

**オフィオン**❖うん。

**インスー**❖そう？　ママがあなたがたのことを心配しているってどうやってわかるの。

**マーカス**❖だって僕たちのことが心配でなかったら……ママはシングルマザーだもの。もし心配してなかったら、わかるもん。

**インスー**❖そうね。ママはシングルマザーであなたがたの世話をしている。それでママはあなたがたのことを気にかけていることがわかるのね。オフィオンはどう？
**オフィオン**❖他の子が持ってない物を持っているから。
**インスー**❖例えば？
**オフィオン**❖子どもがほしがるようなもの何でも。
**インスー**❖ほんと？　テレビゲームとかそういう物のこと？
**オフィオン**❖うん。
**インスー**❖まあ、すごい。**［クライアントの長所にコンプリメントして］**子どもたちのために本当によくやっているのね。
**グラディス**❖できるだけのことはしている。それで正しく育ってくれるように祈っているんだ。
**インスー**❖そうね、子どもたちはそれをわかっているようね。
**グラディス**❖そうだといいけど。
**インスー**❖そうだと思うわ。
**アルバート**❖あの子らはわかっているよ。ただそうしないだけなんだ。
**インスー**❖**［家族にいまと違う将来についてもっと広く考えさせようとして］**これからみんなにちょっと変わった質問をしたいの。いい？私が特別な杖を持っているとしてね、魔法の杖を知っているでしょ？［疑い深い顔をしている子どもたちに］信じないのね。それでもかまわないわ。私が持っている魔法の杖を振ろうと思うの。いい？　今日、こんなふうに話し合った後でみんなは家へ帰って、あたりまえだけど家に帰って、今夜寝るわね。
**グラディス**❖ええ。
**インスー**❖そしてみんな眠っているの。家中が眠っていて、私がこの魔法の杖を振ると金の粉が降ってきて、今日みんながここへ来ることになった問題が全部なくなってしまうの。だけど誰もそれを知らないの。だってみんな眠っているから。
**グラディス**❖わかったわ。
**インスー**❖いいわね。みんなが眠っていて、明日の朝起きたとき、どうやって夜のうちに魔法が起こったことに気づくかしら。

奇跡という抽象的な言葉に、想像力をかきたてられない子どももいるだろう。しかしウィリアムズ家の子どもたちは他の子どもたちと同様に、魔法の杖とか金の粉、魔法などという言葉に興味を示した。

**オレインカ**❖何かが変わる。
**インスー**❖**［奇跡が起こった未来は違った未来であることを強調して］**何かが変わるって？　それがどうしてわかるの？　何が違っているかしら。
**オレインカ**❖ママがしてほしいこと……家の掃除をすると思う。
**インスー**❖**［クライアント間の相互作用を強めるように］**つまり自然に家の掃除を始めて、決められたことをするのね、誰でも皆がね。なるほど。みんなが自然に、決められたことをしているのを見ると、ママはどうするかしら。
**マーカス**❖ママは困惑して、いったい何があったんだって思う［笑い］。
**インスー**❖あなたはどう？　一晩のうちに奇跡が起こったってどうしてわかるの。
**オフィオン**❖きょうだいみんなが家の掃除を手伝っているし「わあ、みんなやさしいなあ」、「何かしてほしいことない？」ってふうになるから。
**インスー❖**それはママが言うこと？
**オフィオン❖**僕が言うことさ。
**インスー❖**［アルバートに］あなたはどうしてわかるの？　一晩で奇跡が起こったってどうしてわかるの、魔法が起こったってことが。
**アルバート❖**そんなことわかってたまるか。
**インスー❖**どうしてわからないと思うの？
**アルバート❖**さっきも言ったけど、俺はそういうタイプなんだ。うまくいくときもあるし、いかないときもある。
**インスー❖**［**アルバートにも共同のミラクル・ピクチャーづくりに参加する機会を与えて**］それじゃうまくいったとして［家族がさらに笑う］魔法で問題が解決したの。
**アルバート❖**俺は問題をかかえていて、あなたが杖を俺の上で振ると、たぶん俺は目をさまして、まあ、俺は変わるんだろう……。でもどうだかわかんないよ。
**インスー❖**［**再び質問して**］けっこうよ。それで、変わったとすると？
**アルバート❖**だけど23年間も変わってないんだ。そんなに早く変わるはずないよ。
**インスー❖**だから魔法が要るのよ。
**アルバート❖**そうだね。
**インスー❖**［**もう一度、可能性を考えさせようとして**］だから魔法の力が要るのよ。そうなったとしてあなたはどう違っているかしら。
**アルバート❖**もし変われば……わからないな。酒をやめているかもしれないし、次々と違う女とセックスしてないだろうし、ヤクもやめているだろうね。
**インスー❖**それで？
**アルバート❖**自分の家があって、やさしい人を見つけて落ち着いて、子どももいるだろうね。
**グラディス❖**それはすてきね。
**アルバート❖**だけど23年もの間、やめようとしてもそれができないんだから、魔法の杖が要るだろうよ。それでそんな杖がどこにあるんだい？
**インスー❖**［**アルバートに奇跡を起こす方法よりも、何が違っているかを考えさせようとして**］ちょっと待って。それであなたはそうするのね。
**アルバート❖**ああ。
**インスー❖**あなたはやさしい人と落ち着いて……。
**アルバート❖**仕事について、子どもをもって、結婚するんだ。
**インスー❖**皆と同じようにね。
**アルバート❖**そうだね。
**インスー❖**［**重要な他者の視点から自分を見ることで可能性を拡大させようとして**］それで、あなたがそうしたら、お姉さんはあなたのどんな違いに気づくかしら。お姉さんがアルバートに何かあったんだわと思うような違いよ。
**アルバート❖**そうだな、たぶん姉さんは「やりたいようにやって、またヤクを売りはじめたに違いない」とか言うだろうな。よくわからんけど。
**インスー❖**彼女はそう思うかしら。
**アルバート❖**ああ。
**インスー❖**でもお姉さんはあなたが普通の生活をして、仕事にもついたことを知っているのよ。

**アルバート**❖「グラディスに」どうやって俺が変わったことがわかる？

**インスー**❖**［アルバートに重要な他者の目を通して自分を見る機会を与えて］**彼が変わったことをどう言うかしら。

**グラディス**❖私ならこう言うだろうね。「神様が私の眠っている間に来られて弟の生活をまともにされたので彼は出て行ったんだ」ってね。

**インスー**❖**［クライアントの言葉を取り上げて将来の可能性をさらに考えさせようとして］**例えば神様がそうしたとするわね。あなたが眠っている間に神様が来られたとしたら、アルバートはどう違っているかしら。

**グラディス**❖彼がどう違っているかだって？

**インスー**❖そうよ。

**グラディス**❖もうテレビゲームはしないだろうね。

**インスー**❖**［家族共同のミラクル・ピクチャーに向けた働きかけを続けて］**あなたに対してはどう違っているかしら。

**グラディス**❖私に？　私が彼に子どもたちを決まった時間に寝かせるように頼んだときに、「もう5分か10分起こしといてやれよ」とか言わないだろうね。私が「決まった時間に子どもたちを寝かせよう」と言うと、彼はオーケーって言うと思う。ママがそう言っているからって子どもたちにそうさせるだろう。

**インスー**❖そうやって子どもたちのことであなたを助けるのね。

**グラディス**❖ええ。

**インスー**❖あなたはどう？　**［小さな最初の一歩に注意を向けさせようとして］**明日の朝、目が覚めたときに、神様が一晩のうちに小さな奇跡を起こされたってどうしてわかるかしら。「わあ、神様がここへ来られた」っていうしるしはどんなものかしら。

**グラディス**❖私が子どもたちに話すとき、例えばオフィオンに「オフィオン、おふろを洗ってきて」と頼むと、彼は「そんなことしないよ」とか「昨日洗ったよ」とか言わなくなる。私は頼むんじゃなくて「おふろを洗いなさい」って指示するだろうね。それとか「階下へ行きなさい」って言ったら……。

**インスー**❖**［「ない」ではなく「ある」を探して］**あなたが「おふろを洗いなさい」って言うと彼はどうするかしら。

**グラディス**❖言う通りするだろうね。

**インスー**❖言う通りにするのね、わかったわ。

**グラディス**❖オフィオンは、誰の番だとか誰がするはずだとか私に言わないだろうね。

**インスー**❖マーカスはどう？　マーカスはどんな違ったことをするかしら。

**グラディス**❖自分が誰よりも偉いと思わなくなる。自分は他の子どもたちよりも上で、自分を神様みたいに思っているんだ。マーカスは他の子どもたちの半分も知らないのに人を見下した話し方をする。例えばオフィオンの友達に……。

**インスー**❖彼はどう変わるかしら。その代わりにどうするかしら。

**グラディス**❖弟の一番の友達になるよ。弟に尊敬されるようにして、「お前なんか邪魔だ」と言ったり、ゴミみたいに扱ったりしなくなるわ。

**インスー**❖お兄さんらしくなるってことね。

**グラディス**❖ええ。

**インスー**❖それじゃオレインカはどうかしら。彼女はどう違っているかしら。

**グラディス**❖ウソをつかなくなるだろう。もし神様が奇跡を起こすことができたら、彼女はもうウソをつかなくなる。いまは、あの子は全然信用できないんだから。

**インスー**❖**［信用できることの小さなしるしを求めて］**それでは明日、彼女がウソをつかなくなったことがどうしてわかるかしら。

**グラディス**❖神様が私のところへやって来て「グラディス、オレインカはこれから一生ウソをつかないよ」と言う、冗談じゃなくね。あの子を見て話を聞いているだけで、そんなことが起こるはずないってわかるわ。

**インスー**❖**［もう少し現実的に考えさせようとして］**さあ、神様はそんなことをしそうにないわね。

**グラディス**❖そうよ。そんなことは信じないね。

**インスー**❖それなら、オレインカが本当のことを話し始めたとあなたにわかる最初のしるしは何かしら。

**グラディス**❖そうなったら、あの子は私の方に来て、近くに座って、私の側にいたがると思う。

**インスー**❖あなたの側にいたがる?

**グラディス**❖ええ。

**インスー**❖あなたの側にいたいとき、彼女はどうするの?

**グラディス**❖例えばみんなでテレビを見ているとき、あの子が入って来て「こんなとこいやだ。自分の部屋で遊ぶ」とか「地下室で遊ぶ」とか言わなくなるね。そこにおもちゃが全部置いてあるもんだから。それに、もうおねしょをしなくなるとか。そんなことがあったら「ああ、神様は本当にあの子に触れて下さったんだわ。ウソつきも治してくださったのかもしれない。確かめたい」って思うだろう。でもそんなこと起こりっこないよね。

**インスー**❖彼女はもうおねしょをしなくなって、正直になるのね。ウソをつかなくなったことがどうやってわかるの。

**グラディス**❖わからない。まだそこまで考えたことないから。

インスーは奇跡が起こると、家族1人ひとりがどう違っているか、またこの違いが家族の相互関係にどう影響するかをさらに尋ねていった。それでグラディスは自分の長所と、どれほど家族に変わってほしいと望んでいるかをはっきりさせた。

**グラディス**❖あの子らは自分たちが賢いからうまくやれると思っているの。私立学校へ行っているけど。

**インスー**❖**［1つの成功に注意をむけて］**そうなの?

**グラディス**❖ええ。無宗派で……無宗教の私立なんだ。

**インスー**❖**［成功を探求して］**私立に入れるのは大変だったんでは?

**グラディス**❖電話をかけたとき［ため息］……クレストビューの前に3校に電話したんだけど、その人たちは本当に失礼だった。「来校して願書に記入したければしてもいいけど、これ以上は何も言えません」ってガチャンと切られたんだ。それからクレストビューに電話すると、秘書の人が出たんで迷ったけど、子どもたちの名前を聞いて、校長にも会って話をしたらいいし、できるだけのことをするって言ってくれて、授業の内容も教えてくれたんだ。いま、子どもたちはスピーチやフランス語をやっているよ。すごく親切で、他の2校の人たちとは全然違うし。ガチャンと電話を切るような人はお断りよ。私は絶対にあんなふうにしないし、あんな学校へなんか行きたくない。

**インスー**❖**［クライアントの見方を肯定して］**その通りね。すごいわ、あなたはそこまで子どもたちのことを考えているのね。

**グラディス**❖うん、そうしようと思っている。子どもの頃は誰も私のことなんか気にかけてくれなかった。それで母親に言ってやった。「私は自分が育ったようなやり方で子どもたちを育てたりしないから」ってね。そしたら今頃私のことに口出しするんだ。私が子どもたちにしてやることが気にいらないんだ。クリスマスに子どもたちに100ドルずつやったことがあるんだけど、400ドル貯めるのに1年かかった。だって私1人で働いているんだから。でも何とか苦労して貯めて100ドルずつ靴下に入れてやったの。母はすごく怒ってあの子たちに50ドルずつよこせと言ったんで、彼女にあげちゃだめだと言ったの。私にしたら1人100ドルずつ貯めるのに長いことかかったんだから。

**インスー**❖**［クライアントの長所を認め、コンプリメントし、さらに詳しく知ろうとして］**まあ、あなたはそんなにいい母親になることをどこで教わったのかしら。

**グラディス**❖虐待されたからだよ。

**インスー**❖そうなの？

**グラディス**❖ずっと犬のように扱われたら、私なら「そんなことはしたくない。誰もそんなふうに扱いたくない」と思うよ。皆そうかと思ったけど、そう思わない人もいるみたいだね。私の亭主も虐待されていたけど、そうは思わないで自分も人を虐待したいと思ったようだよ。

**インスー**❖なるほど。それで、あなたはそんなにいい母親になることを、どうやって覚えたの。

**グラディス**❖虐待されたからよ。小さいとき、強姦されたの。そのときに母親はいなくて話を聞いてくれなかった。いるときだって「だからどうなのさ。さっさと消えな」という具合よ。私はもう我慢できなくなって「あんた、間違っているよ。私が子どもをもったら、絶対にこんな目にはあわせないから」って言ってやったの。

**インスー**❖**［コンプリメントして］**間違っているってどうしてわかったの？

**グラディス**❖私にされたことが間違っていたから。

**インスー**❖ああ、もう前からわかっていたのね。

**グラディス**❖ええ。

**インスー**❖子どものころからね。

**グラディス**❖ええ。

## ウェルフォームド・ゴールをつくる面接の技術

先に示した対話にはこれまで述べてきた解決志向面接のすべての手続きが含まれている。インスーは、可能性のヒントの傾聴、クライアントの言葉を組み込む、コンプリメント、クライアントの見方を肯定する、ミラクル・クエスチョンを土台にして質問を続けるといったことを使った。こうした作業はクライアントそれぞれの思考の枠組みに沿うウェルフォームド・ゴールを作ろうとして行われた。インスーの役割は、新しい将来を探し、クライアントが行っている有益なことを肯定し、彼らの成功を増幅することであった。一方、クライアントに求められたことは、自分の考えを整理し、過去の経験を思い起こしてインスーの質問に答えることであった。

解決志向の面接を初めて行う場合には、インスーがウィリアムズ家と行った目標づくりの作業が参考になる。初心者は目標づくりの会話を続けることが難しいと感じたり、クライアントが興味を持つかもしれないミラクル・クエスチョンを臆病になって使えなかったりすることが多い。インスーがウィリアムズ家の人々と行った作業にはこの2つの課題への答えが示されている。

ここで、先の対話に戻り、その展開を考えてみよう。インスーは目標づくりの作業をミラクル・クエスチョンで始めてはいない。彼女は他の質問を使って、ウィリアムズ家の人々の注意を問題の描写からできるだけ自然に目標づくりの作業へと移していった。インスーはまずクライアントに、「どうなったら自分に会いに来てよかったと思うか」と尋ねている。その質問への家族の答えを利用して、インスーはウェルフォームド・ゴールの特徴を引き出す質問を続けた。そのあと、最初の質問の形を変えて「家族の問題が解決したら何が違っているか」、「家族が前よりよくなったら何が違っているか」、「もう自分のところへ来る必要がなくなったら、何が違っているか」と尋ねた。インスーはこのような質問を続けて、家族メンバーが答えを拡大したり明確にしたりする機会を何回もつくった。家族が将来のさまざまな可能性についてしばらく話してから、インスーはミラクル・クエスチョンとそれに続く質問をした。このように、インスーは初回面接のほとんどの時間を他の目標作りの質問を使ってミラクル・クエスチョンにつなぐ会話にあてた。奇妙さの少ない質問から好奇心をかきたてるミラクル・クエスチョンへと会話を進めたのである。

## 早すぎる結論を避けること

クライアントと臨床家の両者が大変な労力をつぎ込んだこの長い対話も、ウィリアムズ家が魅力的な将来について考え、それを見いだしていく1つのプロセスの始まりにすぎない。ウィリアムズ家の人々は、面接を終えて帰路についてからもインスーの質問を考え続ける可能性が高い。臨床家はクライアントとミラクル・ピクチャーを増幅させる過程で、最終的な結論まで到達することを期待すべきではない。実際のところ、結論をはっきりさせずに対話を終えても、クライアントはさらなる可能性について自由に考えていくことができる。

それでもやはり、クライアントに自分の可能性を探させることは決して容易ではない。私たちも、クライアントを混乱や欲求不満から楽にしようとして私たちの観点から結論を出し提案したくなることがあった。長年の経験によれば、質問を繰り返し、目標づくりを急がないことが結局は近道である。また経験から、クライアントには能力があることがわかった。機会があたえられれば、クライアントは満足のいく将来を考えそれを目指すことができ、その過程で自分の長所と過去の成功を見つけ出すことができる。インスーはウィリアムズ家もまさにそうだと考えている。

▶学習用DVD｜クリップ2参照

# 第6章

# 例外の探求

## クライアントの長所と成功体験をもとにした解決構築

よいことに焦点を合わせるとよい日になり、悪いことに焦点を合わせると悪い日になる。

問題に焦点を合わせるならば問題は増え、解決策に焦点を合わせるならば解決策が増える。

（Alcoholics Anonymous, 1976, p.451）


第5章で解決構築の過程のたとえとして、旅行を計画する過程を使ったが、どちらの過程にも2つの主要な段階が含まれることがわかった。第1の段階は、旅行者もクライアントも目的地を決定することである。そのために、旅行者は複数の目的地のそれぞれに何があるかといった情報をできるだけ多く集め、一方クライアントは奇跡が起こったときに生じる生活の違いについて具体的に詳しく描写する。第2の段階は、目的地がはっきりしたら、旅行者とクライアントはそこに到達するための最善の方法を探すことである。そのために旅行者は異なる移動手段の長短を比較し、クライアントは解決を構築する過程で例外を探求する。この例外の探求が本章の主題である。

## 例外

### 定義

第3章で述べたように、最初、クライアントは問題に焦点を向けがちである。彼らは生活のなかで起こってほしくなかったことばかりを考え、そのことなら詳しく話せるのが普通である。例えば、反抗的な子どもたちのことで困っているジョイというクライアントがいるとしよう。ジョイは子どもたちがどのように反抗的か（「私に生意気な口をきいて、頼んだことをしようとしない」）、どんなときにそうなるか（「ちょっとした用事を頼むときにはいつだって」）、誰がそうするのか（「3人ともみんな。なかでも一番上のケンがひどいわ」）、どこで問題が起こるのか（「一緒にいる場所ならどこでも」）、いつ起きるのか（「テレビを見たがるときか、友達が帰った後がひどいわ」）などと説明することができる。このような問題描写は、クライアントの不満と不幸のはけ口や気やすめになるという意味では役に立つ。また関係者にとってどの程度危険な状況かということの予備的な知識が得られる。しかし、私たちは問題の描写が解決を構築するために有効な材料になるとは考えない。解決を構築するためには例外の描写の方が有効である。

**例外**とは、クライアントの生活のなかで当然問題が起こると思われるときに、どういうわけかそうならなかった過去の経験を指す（de Shazer, 1985）。例えば、ジョイの話に戻ると、例外はケンが彼女の指示に従い、口答えをせずに皿洗いをしたときであろう。

問題の程度が低い場合も例外である。ケンが不平を全く言わずに全部の皿を洗い終えたことはなくても、最近5分間だけ不満を言った後にいくらか皿を洗ったとしたら、それが例外である。

### 例外を探す面接

解決志向の面接をしていると、例外探しにはいくつかの段階があることに気づくだろう。まず、クライアントが例外に気づいているかどうかを知ることである。「ここ2、3週間のうちに問題が起きなかったり、少しましだったりしましたか」と質問することができる。クライアントがその質問に答えることができなかったら、「私があなたの親友に、あなたに最近ちょっとはましな日があったかと尋ねたとすると、彼女はどう答えると思いますか」と尋ねてもよい。

こうした質問は最近の例外を探していることに注意してほしい。最近の例外がクライアントにとって最も有益である。最近の経験であればクライアントが詳しく思い出すことができ、それだけにまた起こりそうに思えるからである。

クライアントが例外に気づいたならば、その詳細について尋ねる。その際には、この例外のときが問題のときとどのように違うのかに特に注意してほしい。問題志向の面接者はクライアントの問題について誰が、何を、いつ、どこでということを探っていくのに対して、あなたは例外について誰が、何を、いつ、どこでということを探っていくのである。

ウェルフォームド・ゴールを引き出す質問と同じように、クライアントは例外を探す質問に答え難いだろうが、物珍しさから何とか答えようとするだろう。

例外の質問に対するクライアントの答えを聞くときには、例外のときと問題のときとの違いに注目すること。それらが解決構築の素材の一部となるので、その違いを言い換えて、要約して、土台にすることが重要である。

## 意図的な例外と偶然の例外

クライアントが例外を述べたら、どうやって例外が起きたのかを探る。そのために、誰が、何をしたかを尋ねる。クライアントはどうやって例外が起こったのかを説明できることもある。例えば、ジョイは「いったいどうやって先週1回はケンが不平を言わずに皿を洗うことになったのか」と聞かれたときに、「彼が夕食を食べ終わるまで待って、ゆったりした気分になってから、当番だと言おうと決めたから」と話すかもしれない。自分の行動の変化によって違いが生じたのだとジョイが同意すれば、それはディ・シェイザー（de Shazer, 1985）の言う**意図的な例外**になる。一方、同じ質問にジョイが肩をすくめて、「わからないわ。魔がさしたのよ」と答えたならば、そのときケンが皿洗いをしたことは、ジョイの見方によれば**偶然の例外**である。

クライアントが述べる例外が意図的か偶然かを敏感に見分けることは重要である。第7章で検討するが、この区別は面接終了時のフィードバックを決めるときに重要な役割を果たす。

## アー・ヤンの例外

アー・ヤンのケースに戻って、ピーターがどのように彼女と例外を探したかを検討しよう。アー・ヤンはパニック状態への援助を求めていた。ピーターがミラクル・クエスチョンを尋ねると、彼女は問題が解決したあとの自分や夫や子どもたちの違いについていくらか話すことができた。その時点でピーターは例外探しに取りかかった。

**ピーター**❖アー・ヤン、この1カ月ぐらいの間に、今あなたが話したミラクル・ピクチャーのようなことはなかったかな。

**アー・ヤン**❖ええ、本当にうまくいっていると感じることがあったわ。問題が全部なくなったようで、調子がよかったの。

**ピーター**❖一番最近で、うまくいっていると感じたのはいつだっただろう？

**アー・ヤン**❖わからない。たぶん、3週間前だったと思うわ。

**ピーター**❖その日は何が違っていたんだろう。

**アー・ヤン**❖本当にうまくいっていると感じたの。楽に息ができて、震えたり、くよくよしたりしないで、幸せだった。

**ピーター**❖本当に幸せで、震えることもなかったの？　それはすばらしい気分だっただろうね。どうやってそうなったんだろう。

**アー・ヤン**❖［間があって］わからないわ。

**ピーター**❖もしあなたの夫がここにいて、僕が、その日あなたがいつもと違うどんなことをしていたかと彼に尋ねたとしたら、彼はどう言うだろう？

**アー・ヤン**❖彼は私に、家事をやめて座ってちゃんと食べるように言うわ。

**ピーター**❖そう。それは助けになる？

**アー・ヤン**❖子どもたちが散らかすのを見るのは我慢できないの。きちんとしておかなければ……人が来たとき困るもの。

**ピーター**❖ちゃんと食べるというのは？

**アー・ヤン**❖ええ、クッキーやキャンディーの代わりに果物を食べるようなことよ。義妹も同じことを言うわ。

**ピーター**❖彼女は他にどんなことを言うの？

**アー・ヤン**❖朝食をきちんと食べるようにって。ほとんど朝食を食べないし、胃の調子が悪くって。彼女は歩いたり運動したり、調子の悪いときは深呼吸をするように言うの。

**ピーター**❖そういったことは役に立つかな？　本当にいい日に、あなたはそういうことをたびたびするの？

**アー・ヤン**❖そうね、たぶん。わからないわ。私のどこが悪いのかわからない。どうしたらいいのかわからない。こんな感じばかりしているの。

私のどこが悪いのか知りたいの。

この対話をみれば、アー・ヤンが解決構築からどれほど隔たっているかがわかる。彼女は生活のなかの例外のときをはっきりと理解していて、そのような日を本当にうまくいっている日と呼んでいる。彼女はまた「楽に息ができて、震えたり、くよくよしたりしないで、幸せだった」と、その日が問題のある日とどう違っているかを述べることもできた。しかしピーターが続けて尋ねたとき、彼女はこのような例外の日についてさらに詳しく説明することはできなかった。例外がどのようにして起こったかということについても、彼女は答えることができなかった。会話のこの時点で彼女は、意図的な例外ではなく偶然の例外を体験していたことになる。彼女はどうやったら本当にうまくいく日になるのかを順序立てて説明できなかったし、そうなるために自分がしたことについて話すこともできなかった。彼女は自分ではパニック状態に対処できないと感じていた。この対話の終わりの時点で彼女はいらいらしながら、「どこが悪いのか知りたい」というもとの考え方に戻ってしまった。

アー・ヤンとのこの初回面接で、ピーターはミラクル・クエスチョンの後で例外を探した。必ずしもこの順序で面接を進めなくてもよいが、このやり方にはいくつかの利点もある。第1に、面接のはじめの時点ではクライアントは問題について話すことに集中するので、例外に気づくことがほとんどない。その時点で例外を見つけるための質問をすることは場違いな感じであろう。だがアー・ヤンがそうであったように、奇跡が起こったときの生活についてクライアントが具体的に説明したあとであれば、ごく自然に例外探しに入っていける。第2にそのような順序であればクライアントが奇跡（生活のなかで違ってほしいことの詳細な説明）に直接関係のある例外を見つけやすくなる。そういう例外はクライアントが望むことと密接に関連しているので、解決の構築に最も役立つ例外なのである。

## クライアントの成功と長所

例外を探すことで、臨床家はクライアントに彼らの目標にかかわる現在と過去の成功例を気づかせることができる（De Jong & Miller, 1995）。あなたとクライアントが例外に光をあてると必ず、2人ともクライアントの生活に起きているよいことに気づき、クライアントの未来に希望を持てるようになるはずだ。例えば、アー・ヤンに最近本当によいと感じた日、つまりちょっとした成功の日があったのだとわかったとき、2人ともこの先彼女がうまくやっていけるようになると実感した。同様に、クライアントは例外に気づいたときに、解決構築への関心を強めることが多い。そうなると彼らは背筋を伸ばし、笑顔になり、解決に向けて努力しようとする。

各々のクライアントの長所は例外探しのときに見つかることが多い。例外を起こすためにしたことをクライアントが説明できたなら、臨床家はすぐさまその説明をわかりやすく言い換えたり、クライアントの長所をほめたりするとよい。ジョイの例に戻り、ケンが皿洗いをした夜のことを考えてみよう。ジョイが例外を起こすためにしたことは「彼が夕食を食べ終わるまで待って、ゆったりした気持ちになってから、当番だと言おうと決めたから」と言ったら、そのときには彼女の長所を指摘したりほめたりできる。例えば「彼が食べ終わってゆったりした気持ちになるまで待ったのは初めてなの？」とか「待つことが役に立つことにどうやって気づいたの？」と尋ねる。また「息子さんのことをとてもよくわかっているんですね」とか、「お子さんのことを気にかけるお母さんですね。息子さんに割り当てられた家事をさせることが大切なのだとわかっているんですね」とコメントしてもよい。

### クライアントの言葉と思考の枠組みの尊重

クライアントの思考の枠組みを尊重するという点では、例外探しも、解決志向面接の他の応対と同じである。例外を探すとき、面接者はクライアントの言葉に耳を傾け、この言葉の意味をはっきりさせる質問をしてクライアントの言葉を尊重していることを示す。アー・ヤンがピーターに本当によい日があったと言ったときに、彼はその日がどう違っていたのかを尋ねた。アー・ヤンの言葉から彼女の経験と思考の枠組みを知ろうとしたのである。アー・ヤンが彼女の経験と思考の枠組みの専門家であり、一方ピーターの役割は、アー・ヤンのものの見方をさらに理解するために質問をすることであった。

**▶学習用DVD** クリップ3参照

## スケーリング・クエスチョン

スケーリング・クエスチョンを使うことで、クライアントに経験したことへの入り交じった、直感的な見解を語らせ、将来の可能性を評価させることができる（Berg, 1994; Berg & de Shazer, 1993; Berg & Miller, 1992; de Shazer, 1988）。**スケーリング・クエスチョン**では、クライアントの見解、印象、予測などを0から10の尺度上に示す。例えば、ジョイに次のように質問できるだろう。「0から10の尺度で、0は全く起こらない、10はいつも起こるとして、来週中にまたケンが皿洗いをする可能性はどのくらいだと思いますか」。スケーリング・クエスチョンを使うときには、「今日」や「私に会う約束をした日」または「来週のこの日」のようにクライアントの生活の特定のときをあげる。スケーリングはクライアントの生活の複雑な側面を具体的でわかりやすくすることができる、臨床家とクライアントの双方に役立つ技法である。ミラクル・クエスチョンと同じように、スケーリング・クエスチョンを最初に面接に持ち込んだのはクライアントであった。1970年代初頭、スティーブ・ディ・シェイザーは「気持ちをすっきりさせたい」と訴えるクライアントと面接していた（2001年1月23日付私信）。彼はそのクライアントに「どれくらいよくなっていますか」と尋ねた。クライアントは「1から10の尺度で言えば、以前は1の状態でしたが今は7になっています」と答えた。このようにクライアントが自発的にスケールを使うことが何回かあり、ディ・シェイザーもスケーリングを定番として使うようになった。今ではスケーリング・クエスチョンは、ほぼすべての面接で使われる解決志向の代表的な質問の1つである。

スケーリング・クエスチョンは非常に使いみちが多い。次にあげるようなあらゆることについてクライアントの考え方を知るために活用できる。自尊心、面接前の変化、自信、変化への意欲、望みを実現しようとする意志、問題の優先順位、見通し、進歩の評価（Berg, 1994, pp.102-103）。

次に初回面接でよく使われるスケーリング・クエスチョンを示す。初めの「面接前の変化のスケーリング」はクライアントの例外を見つける質問でもある。

## 面接前の変化のスケーリング

従来、臨床家が援助してはじめて、クライアントの変化が始まるという考えが一般的であった。臨床家は来談する前のクライアントを「行き詰まっている」「落ち込んでいる」とみなすものだった。ところが、クライアントの生活において変化はつねに起こっている。質問されると3分の2のクライアントは予約を入れたときから初回面接までの間に望ましい変化があったと答える。これは**面接前の変化**と呼ばれる（Weiner-Davis, de Shazer & Gingerich, 1987）。

解決志向の面接ではクライアントを面接前の変化に注目させるためにスケーリング・クエスチョンを使う。見つけた変化についてさらに詳しく話を聞いていくと、クライアントは例外に気づきやすくなる。例外探しの質問では例外を特定できなかったクライアントが、スケーリング・クエスチョンで面接前の変化を尋ねられると、変化に気づくことがある。さらに質問を続けることで、このようなクライアントが例外を特定することも珍しくない。

アー・ヤンとの初回面接で、ピーターは彼女に面接前の変化を尺度を使って示してもらうことにした。

**ピーター**❖アー・ヤン、いまからちょっと変わった質問をしようと思うんだ。それはスケーリングといって0から10の目盛りを使う方法で、0はあなたが私のところに予約を入れたときのパニック状態、10はあなたがさっき話した奇跡の状態だとすると、今日あなたはその尺度でどのあたりだろう?

**アー・ヤン**❖そうね、6ぐらいかしら。

**ピーター**❖6なの？ それはかなり高いね。0から6になったということは、なにが違っているのかな?

**アー・ヤン**❖私はじっとしていられないの。何かをしてないと……ここへ来て私のどこが悪いのか知りたいというのもそうだけど。

**ピーター**❖ここに来る他に、どんなことから6なんだろう?

**アー・ヤン**❖義妹と話をしたわ。彼女から「話したいことがあれば何でも話して」と言われているの。だから話そうとしているし、外に出ようともしてるの。

**ピーター**❖それで、以前よりも外へ出るようになったんだね。

**アー・ヤン**❖ええ、週末には夫や子どもたちと、湖なんかに。

**ピーター**❖他には?

**アー・ヤン**❖そうね、以前よりもっとお祈りするようになったわ。

この会話のなかで気づいた4点をあげてみる。第1にアー・ヤンはピーターが面接前のスケーリング・クエスチョンをしたときにためらいを見せた。彼女は予約を入れたときより、今日の方が物事がうまくいっていることを直感的に感じていたにもかかわらず、それを数字にするまでにはしばらく時間がかかった。

第2に、ピーターがスケーリング・クエスチョンを使ったので、アー・ヤンは自分の感覚を効果的かつ的確に表現できた。ピーターがその代わりに次のような質問をしたとしたら、どうだったろうか。

「あなたが私に会う予約をした日と比べて、今日はどうですか？」。こう質問されると、アー・ヤンは経験のどの部分をどんな言葉で報告しようかと迷ってしまい、答えにくかっただろう。これでわかるように、スケーリング・クエスチョンは考えを簡単かつ的確に表現させる方法である。

第3にアー・ヤンが6を選んでピーターを驚かせたとき、彼は初回面接の前に起こった例外を探すのに効果的な質問をした。すなわち、0と6ではなにが違っているかを尋ねた。ピーターは彼女が気分のよかったときや例外の詳しい話を期待したが、彼女はそれを飛ばして6の状態を説明しはじめた。面接のはじめの頃、どうやって例外が起きたのかと尋ねたときには、彼女は答えられなかった。面接前の変化を尋ねることで、例外があることがわかり、また例外を起こすために誰が何をしているかもわかった。

第4にピーターがアー・ヤンに「0から6になって、なにが違っているか」と尋ねたことに注目してほしい。彼は「6は10と比べて、何がちがっているか」とは尋ねなかった。0との違いに焦点をあてる前者の質問では、解決構築に役立つ例外の特定に向かうだろう。一方、後者の質問では問題の話に戻ることになるだろう。

面接前の変化を探求すると、次々に新しい情報がでてくるが、これは驚くには当たらない。解決志向の面接は、解決に向かって積み上げていくようなものであり、ジグソーパズルのようにただ1つの正しい解決を導き出すものではない。これが問題解決よりも解決構築の対話を私たちが好むもう1つの理由である。

## 奇跡の尺度《Miracle Scale》

前節のピーターがアー・ヤンに尋ねたスケーリング・クエスチョンは、「奇跡の尺度」とも呼ばれる（de Shazer, 1994; de Shazer et al., 2007）。これは面接者が10を、「今おっしゃった奇跡の状況」とか「奇跡が起きた日」と定義することがあるからである。スティーブ・ディ・シェイザーは、ミラクル・クエスチョンへのクライアントの応答が5章で述べたようなウェルフォームド・ゴールの特徴に準ずる好ましい未来像の描写である場合には、その話に続けて奇跡の尺度による質問をよく用いた。スティーブと仲間たちは、この質問へのクライアントの反応としては、高い数字を答える者も多いものの、「3」が最も多いことに気づいた（de Shazer et al., 2007, p.62）。前節でアー・ヤンとピーターの対話を用いて説明したように、面接者とクライアントはこの質問を使って、奇跡の状況に向けた変化（前進）を測定し、肯定的な変化となる例外を探求することができる。また第8章でさらに詳しく検討するが、例外が特定されたら、その尺度上で1上がると何が違っているか、どうやってそうなるかと尋ねるとよい。つまり、この質問は奇跡の描写を実現するための「次の小さなステップ」作りにも使えるのである。

## 意欲と自信のスケーリング

クライアントの解決構築への意欲がどれほどあるかを知っておくことは有用である。スケーリング・クエスチョンでクライアントの意欲を知ることは面接終了時のフィードバックをつくるときに役立つ。スケーリングで高い数値を示した意欲的なクライアントは、過去にうまくいったことを続けたり、役に立ちそうな新しい方策を試そうとしたりする。

意欲のスケーリングは簡単である。次にピーターとアー・ヤンの例を示す。

**ピーター**❖もう1つスケーリングの質問をしていいかな。あなたの問題を解決しようとする意欲についてなんだけど、10は解決を見つけるためには何でもしようとするで、0は何もする気がなく、何かいいことをただ待っているだとしたら、0から10の数字で問題を解決しようという意欲はどこだろうか。

**アー・ヤン**❖10よ。決まってるじゃない。

**ピーター**❖10は目盛りの一番上だけど、そのやる気はどこからくるの?

**アー・ヤン**❖自分と家族のためにやらなきゃと思うの。

アー・ヤンが自分の意欲を10と言ったとき、ピーターは質問をそこでやめずに彼女の意欲がどこから生じるのかを続けて質問した。その質問によってアー・ヤンは「自分と家族のため」と言葉にすることができた。多くのクライアントと同様に、アー・ヤンの意欲も彼女の大切な存在と結びついている。クライアントにとって何が大切か、クライアントが何を望んでいるかを見つけることはとにかく重要である。

クライアントとのかかわりの初期の段階では、クライアントに解決を見つける自信がどの程度あるかを定期的にスケーリングすることが有用である。ピーターはほとんどの場合、初回面接で目標の設定と例外探しをした後にこれを行う。その段階であればクライアントはすでにたくさんのソリューション・トークをしているので彼らの自信は高まっている。

**ピーター**❖0は解決を見つける自信が全くない、10はとても自信があるとして、あなたがパニック状態を解決できるという自信は今どれくらいあるかな。

**アー・ヤン**❖10よ。解決するまで諦めないわ。

**ピーター**❖あなたはいったん何かをしようと決めたら、実行する自信のある人なんだね。

**アー・ヤン**❖しなくちゃならないことは、やるのよ。一生、じっとしてなんかいられないわ。解決策がほしいの。

**ピーター**❖なるほど。じゃあ、解決を見つけられるという自信はどこからくるんだろう?

**アー・ヤン**❖そうね。母は学校をやめないように言ったけど、私はやめてしまった。でも母の言う通りで、後悔したわ。それからは、しなければならないことは、することにしたの。

**ピーター**❖決心は固いようだね。

**アー・ヤン**❖ええ、そうよ。

スケーリング・クエスチョンはクライアントに自分の一面を明らかにする機会を与える。ピーターがアー・ヤンに彼女の決断力や自信について話す機会を与え、彼女がそれに答えるたびに、彼女は次第に自分がそのような人間なのだと確信を深めていった。

同様に、意欲と自信のスケーリングに続く会話のなかで、クライアントの長所を見つけ、それを強化することができる。ピーターは、アー・ヤンが家族のことを気にかけ、過去の経験から学習することができ、長期的な人生の目的を持ち、目的の優先順位を決められる人であることを知った。彼は特に彼女が「母親の助言を聞かずに失敗した経験から、しなければならないことはすることにした」と述べたことに感動した。

また、意欲と自信についてのスケーリング・クエスチョンに答えるとき、クライアントはしばしば新たな例外を述べるので、面接者はさらにそれについて聞いていくことができる。

## 例外❖ウィリアムズ家の場合

―▶学習用DVD―クリップ7参照

ウィリアムズ家との初回面接で、インスーはおもにウェルフォームド・ゴールをつくる作業に取り組んだ。その後はスケーリング・クエスチョンを使わずに、例外に焦点をあてた。

ウィリアムズ家にはグラディスと4人の子どもたちとグラディスの弟のアルバート（ときどき彼女のところへ転がりこむ）がいる。グラディスは、ストレスが原因の胸の痛みに苦しんでいたが、主治医によると生理学的な原因ではないとのことであった。インスーは全員で家族の望みをはっきり描いていくよう援助した。目標を作る際に、問題が解決したときに家族の生活がどうなっているかについて彼らはいくつか違いを述べることができた。子どもたちは友達の家に行ったときに行儀よくし、グラディスの言うことをきき、お互いに助け合うようになり、アルバートは自分の家を持ち、素敵な女性に出会い結婚して子どもをもつ。オレインカは嘘がなくなり母親の近くにいようとする、など。いくつかの可能性がはっきりしたので、インスーは例外を探し始めた。

**インスー**❖**［例外に気づいているか尋ねる］**では、質問させてね。このミラクル・ピクチャーがちょっとでも起こったことはないかしら。全部じゃなくて、ほんの少しでも起こったことは？　今起こっていることでもいいんだけど。

**グラディス**❖そう言えば、アエシュはこの2週間おねしょをしていないね。

**インスー**❖**［重要な例外を認めて、うれしそうな声で］**ほんとに？

**グラディス**❖あの子はゆうべ、おねしょしたんだけど2週間しなかったから何も言わないでいたよ。

**インスー**❖**［とても興味を持って、どのようにしてその例外が起こったのかを尋ねる］**2週間も？　どうやったの？

**アエシュ**❖水をあまり飲まないようにして、それから……。

**インスー**❖ええ？　あまり飲まなかったからベッドを濡らさなかったのね。それで2週間も。わかったわ。**［ほかの例外を探すために］**他に何か起こったかしら？　ほかのちょっとしたことでいいのよ。

**グラディス**❖オフィオンに友達ができたよ。

**インスー**❖友達ができたの？　いい友達？

**グラディス**❖ええ。

**インスー**❖［オフィオンに］いい友達がいるの？［彼は2本の指を出す］ええ？　2人もいるの？

**グラディス**❖誰？　アントワンとブライアン？

**インスー**❖いい子たちなの？

**グラディス**❖ええ，2人ともいい子よ。うちに泊まりに来てもいいぐらい。

**インスー**❖**［どうやって例外が起きたのかを尋ねることで間接的にコンプリメントして］**どうやったの？ どうやっていい友達を2人もつくったの？

**オフィオン**❖サマースクールでクレストビューに行ったんだ。

**インスー**❖そうなの。**［コンプリメントして］**むこうもあなたをなかなかよい子だと思ったに違いないわ，そうでしょう？

**オフィオン**❖わかんないよ。

**インスー**❖そう思ったはずよ。そうでしょう？［オフィオンはうなずく］すごいわね。すばらしいことだわ。他には？

**グラディス**❖もうないよ。他には思い出せないなあ。

**インスー**❖さっき話したミラクル・ピクチャーのちょっとしたこと……。

**グラディス**❖ごくたまにだけど，何も言わなくても，オフィオンがベッドの脇に散らかした服を片づけていることがある。部屋のマーカスの側はいつもきれいで，あの子には片づけなさいと言わなくて済むんだけど。

**インスー**❖**［明らかな長所にコンプリメントして］**彼はとてもきれい好きなのね。

**グラディス**❖ええ，でもそれからオフィオンの側を見ると，同じ部屋？と言いたくなるの。あの子は……。

**インスー**❖でも，ときどきは服を片づける？

**グラディス**❖マーカスがオフィオンに，ときどき「服を片づけなよ。ママが来るよ」って言ってる。オフィオンはたいてい「それがどうした」って言うだけで片づけないの。

**インスー**❖**［例外のときに焦点を合わせて］**でもマーカスの言うことをきくこともあるのね。

**グラディス**❖うん。たまには「うん。服を片づけた方がいいね」って言って，そうすることもある。

**インスー**❖**［コンプリメントして］**それは本当なの？ じゃあ，ときどきはお兄ちゃんらしくなるのね。わあ，これはよいスタートだわ。何か他には？ ほんのちょっとしたことでいいの。

**グラディス**❖［アエシュを指して］自分の部屋に食べ物を持ちこんで，ゴキブリのえさにしないでほしいよ。あの子らは私立学校へ行ってるので，お弁当を持たせなきゃならないんだ。それなのに食べないで忘れたって部屋に隠すんだから。なぜ隠すんだろう？ ほしくないんならごみ箱に捨てたらいいのに。あれだけはやめてほしいよ。

**インスー**❖そうなの。でも今はね，ほんの小さなこと，奇跡のようなほんの小さなことについて考えてるところなのよ。

**グラディス**❖あの子は新しい服なら片づけることがあるってことを言おうと思ってたの。それだけは言われずにやるからね。

**インスー**❖本当？ 彼女はそれができるの？

**グラディス**❖ええ。ベッドの整え方や，床掃除の仕方も知っているよ。皿洗いもするし。この子はまだ7つなのにそんなことが全部できるんだ。

**インスー**❖**［どうやって例外が起こったのかを尋ねることで間接的にコンプリメントして］**あなたはそれをどこで覚えたの？

**アエシュ**❖オフィオンやオレインカやマーカスから。

**インスー**❖へえ，あの子たちがあなたにやり方を教えたの？ すばらしいわね。

**グラディス❖**「誇らしげに」そのうえあの子は自分の服を選ぶの。自分で服を買ってきて着るし。みんな自分の服は自分で買うから、自分が着たい服を着てるんだ。

**インスー❖**「**子どもたちの着こなしをコンプリメントして**」みんなとてもよいセンスをしてるわ。

**グラディス❖**あの子らが夏に冬服を着てたので冬物だから脱ぐようにって言うと、別の服を着てきて「これならどう」って聞くの。

**インスー❖**「**例外と子どもたちの長所を認めて**」ということはあなたの言うことをきくこともあるのね。

**グラディス❖**ときどきね。事によってはね。いつもというわけではないけど。

ここには例外探しのいくつかの側面が示されている。インスーは例外に気づいているか尋ねた。また、例外のときと問題のときとの違いをはっきりさせる質問をした。彼女は例外に示された家族メンバーの有能さを言い換えて、クライアントの長所を強調し、間接的なコンプリメントをした。例えばオフィオンがいつもではないが「服を片づけるように」というマーカスの言いつけに従うことは、寝室の片づけ方を知っていることになる。次にインスーは例外がどのように起きたかを尋ね、例外が偶然か意図的かを知ろうとした。

目標づくりと同じように例外探しでも、クライアントは自分の認識の重要性を過小評価したり見過ごしたりしがちである。例外を過小評価するとプロブレム・トークに戻ってしまう。つまり問題がどれほどいらだたしく深刻なものかを述べることになる。これは当然予想されることである。なぜなら、最初は問題に圧倒されて、クライアントにも臨床家にもクライアントの例外の価値が感じられないからである。それでも例外を指摘して正しい方向に状況が動いていることに気づかせると、クライアントにはずみがつく。どんな小さな成功もまたさらなる成功を呼ぶのである。こういうわけで、家族メンバーが例外の説明をやめてプロブレム・トークに戻ったとき、インスーは少しだけ聞いた後に、すでに起きている望ましい徴候と小さな一歩を強調して言い換え、クライアントをソリューション・トークに戻した。臨床家のためのガイドラインを次に示す。

◉繰り返し例外を探す質問を尋ねる習慣をつけること。
◉クライアントが例外を過小評価しても、その例外を聞き逃さないこと。
◉例外のときが問題のときとどう違っているかを尋ねること。
◉例外を起こすために誰が何をしているかを見つけること。
◉例外に示されたクライアントの長所と成功を強調して言い換え、肯定すること。

## 「違いをつくる違い」の構築

目標づくりと同様に例外の探求においても、解決志向セラピーの初心者は、結論を急ぎすぎる傾向がある。クライアントが例外を話すやいなや、彼らはこの違い（例外）を解決に変えようとする。例えば、夫婦間の衝突を減らそうと来談したカップルが「一緒に食事に出かけたときにはケンカは少なくなる」と言ったとしよう。初心者はこの時点で「では、もっとたびたび食事に出かけるようにしたら役に立つと思いますか。例えば週に1回？」と言いたくなる。

このような展開は、大部分のクライアントにとって時期尚早である。例外を探す質問は、ほとんどの人にとって耳慣れないものである。彼らは問題に焦点をあてた質問には慣れているものの、例外については尋ねられてはじめてそれに気づく。自分が気づいたものが本当に例外なのかどうかを疑うこともある。まだクライアントが、見つけた例外が解決に結びつくかどうかを判断できる段階ではない。結論を急ぐよりもむしろ私たちのガイドラインをもとにして、彼らの例外の意味と重要性を探る対話をさらに進めるべきである。

ディ・シェイザー（de Shazer, 1988, 1991）のもう1つの観察はこの文脈においても有用である。ベイトソン（Bateson, 1972）に影響されて、彼は例外の対話のなかで起こることを、違いをつくる違いの構築とみなした。解決は、それまでには気づかれていなかった違い、つまり例外から作られることが多いと彼は強調した（de Shazer, 1988, p.10）。例外の話を聞いて、それをさらに探求してから、その情報をクライアントの目標や長所についての情報とあわせて、セッション終了時のフィードバックに組みいれる必要がある。このフィードバックはクライアントが過去の例外を繰り返し、新しい例外も生み出せるように作られる。この例外はさらに解決に近づくもの、つまり違いを作る違いである。第7章ではクライアントへのフィードバックの作り方について考える。

第7章

# クライアントへのフィードバックをつくる

皆さん1人ひとりが他の人には秘密にして、来週のうち2日を選んでください。
その日に、ここで話した奇跡が起こったふりをしてほしいのです。
(de Shazer, 1991, p.144)



これまでの章で解決志向による面接法の次のような構成要素について述べてきた。クライアントとの生産的な関係づくり、クライアントの願望の尊重、ウェルフォームド・ゴールをつくるための面接法、例外探しの方法についてである。本章では面接で集めた情報を使って、クライアントの解決構築に役立つフィードバックを組み立てる方法について検討する。

解決構築における面接終了時のフィードバックは、問題解決アプローチにおける介入と同じではない。後者では臨床家は、どんな行動がそのクライアントに最も有益かを決定するために、クライアントの問題の性質と重大さについてのアセスメントから得られた情報を用いる。ひとたび介入が決定されると臨床家は自分でその行動をとるか、クライアントがその行動をとるよう奨励する。これらの行動や介入がクライアントに肯定的な変化を生み出すと考えられている。介入は、専門的なアセスメント情報と専門的理論に基づいて臨床家によって構成されるので、問題解決アプローチでは臨床家が変化の主体であると言える (Pincus & Minahan, 1973)。

対照的に、解決構築では面接終了時のフィードバックがその他の要素よりも重要だとは考えない。むしろクライアントが自分の大切な目標を実現するために、自らの長所を活かして解決をつくる。クライアント——臨床家ではなく——が変化の主体なのである。面接のなかでクライアントは自分と周りの状況について述べるが、面接終了時のフィードバックは、その情報のなかからクライアントの解決構築に最も有益だろうと思われる部分を整理して強調するだけである。

本章の構成は次の通りである。最初に、面接のどの時点でフィードバックづくりに取りかかるかについて述べる。第2に、クライアントへのフィードバックの構成を論じる。第3に、面接情報をもとにどのようにフィードバックをつくるかについて、アー・ヤンとウィリアムズ家の例を使って説明する。第4に、解決志向の臨床家が面接終了時のフィードバックでよく使うメッセージをいくつか示す。最後に、面接の要素を整理して、初回面接の完結した計画書を提示する。

## 休憩をとる

解決志向の方法でクライアントと面接するときにはフィードバックの前に通常、5分〜10分の休憩《ブレイク》をとる。休憩は臨床家にもクライアントにも役立つことは間違いない。

第4章で述べたように、初回面接でクライアントにどのように面接を進めるかをはっきり説明しておくとよい。休憩をとることとその目的（休憩の間に、クライアントが話したことについて考え、有効なフィードバックをつくること）も述べておく。クライアントは休憩をとる理由をすぐに理解してくれるものだ。また休憩をとることで、臨床家に何を言われるだろうかというクライアントの期待が高まり、よく聞いてくれることにもなる。

私たちはワンウェイ・ミラーの後ろで面接を見ているチームとともにフィードバックを作ることがある。その場合休憩の間にそのチームからフィードバックのための助言をもらう。しかしほとんどの場合は1人で面接をし、休憩時には静かに面接を振り返る。

休憩をとるときには、クライアントを面接室に残して私たちが部屋を出る。家庭訪問の場合には、クライアントが居間か台所に残る。クライアントはたいがい今までの話について考えているが、雑誌を読んだり外へたばこを吸いに行ったりすることもある。自分のオフィスでの面接ならばクライアントに待合室で待ってもらってもよい。フィードバックをつくり終わったら面接室に戻ってもらう。

休憩の間にクライアントに何かをさせる臨床家もいる。例えば、アンデルセン（Andersen, 1987, 1991）はチームで作業をするときにはクライアントにチームの話し合いを聞かせる。休憩の間に自分に役立つと思う提案をクライアントに考えてもらい、何か出てきたらそれをフィードバックに組み入れる臨床家もいる（Sharry, Madden, Darmody & Miller, 2001）。これらの例は臨床家がクライアントとできるだけ協働して面接を進めることを示している。

## フィードバックの構成

フィードバックを作るときには、ディ・シェイザーと同僚（de Shazer et al., 1986）による構成を使うことを勧める。これは3つの部分からなる。すなわちコンプリメントとブリッジ（提案への橋わたしのメッセージ）と課題もしくは提案である。この3つとも、あなたが注意深くクライアントの話を聞いており、クライアントの問題、生活のなかで違ってほしいこと、満足のいく生活にするためのステップについての彼らの考えに同意していることを伝えるものである。

## コンプリメント

コンプリメントはクライアントを肯定することである。第1に、コンプリメントはクライアントにとって重要なものを肯定する。例えば、アー・ヤンが夫と子どもたちの幸福を願っていたのははっきりしている。彼女は自分と家族のために、自分のどこが悪いのかを理解したいと言った。この発言に対して臨床家は、彼女が夫と子どものためにできるだけよいことをしようとする家族思いの人であるとコンプリメントすることができる。

第2に、コンプリメントはクライアントの成功と長所を肯定する。アー・ヤンのケースでは、彼女とピーターが例外と面接前の変化を探したときに、彼女はパニック状態がそれほどひどくないときがあったこと、初回面接の数日前に気分がよかったこと、パニック状態を抑えようとしていくつかの工夫をしたことを述べた。彼女は解決作りに忍耐、努力、創造性を発揮したとしてコンプリメントされた。

一連のコンプリメントでフィードバックを始めることはクライアントに驚くほどの効果をもたらす。ほとんどのクライアントは問題と苦闘しているので、自分の望みやすでに実行していることについて肯定されるとは思っていない。むしろ、過去の選択と将来の見通しについて悲観的である。臨床家が休憩から戻ると、クライアントは悪いほうに考えて「どれくらい悪いんでしょうか?」とか「望みはありますか?」と心配そうに尋ねることが多い。コンプリメントでフィードバックを始めることは希望を生むだけでなく、主にクライアントの成功(例外)と長所を探し出すことで目標にそった解決がつくられることをクライアントに暗示する。

クライアントにコンプリメントするとき、肯定されたクライアントがどう反応するかをよく観察してほしい。彼らの反応は、コンプリメントが彼らに納得できるものであったかどうかの重要な手がかりになる。あなたのコンプリメントが的を射ていれば、彼らはうなずいたり微笑んだり「ありがとう」と言ったりするだろう。そうでなければ、次回の面接前に今までの情報を評価し直さなければならない。クライアントはコンプリメントを聞くと少なくとも興味を示すが、はっきりと喜びを表わす場合も多い。

## ブリッジ

フィードバックで最初に伝えるコンプリメントと最後に伝える提案とを結びつける部分がブリッジである。どんな提案をしてもクライアントが納得するものでなければ、無視されてしまうだろう。ブリッジは提案の論理的根拠となる。

ブリッジの内容としては、通常、クライアントの目標、例外、長所、考え方が使われる。ブリッジは「あなたのおっしゃる通り……」で始まるのが一般的である。可能な場合には、クライアントの言葉と言いまわしを組み込むことが重要である。例えば、ピーターはアー・ヤンに次のようなブリッジの言葉を伝えることができるだろう。「あなたのおっしゃる通り、パニック状態を理解することは大切な目標です。一生、じっとしているのはあなたにも家族にもよくないことでしょう。ですから、私は提案したいんですが……」

### 提案

フィードバックの第3の構成要素は、クライアントへの提案である。解決志向アプローチでは、何か提案をするのが普通である（例外的に何も提案しない場合もある）。提案は、観察提案と行動提案の2つに大きく分類される（de Shazer, 1988）。観察提案では、面接で得られた情報をもとに、臨床家がクライアントに、生活のなかで解決構築に役立ちそうな特定の側面に注目することを提案する。例えばピーターはアー・ヤンに、「パニック状態が比較的軽い日はひどい日とくらべてどう違うかに注意してほしい」と提案できる。彼はまた、「こうした違いについて、いつよい日があったか、そのとき何をしていたか、誰と一緒だったかなどについて記録をつけて次回報告してほしい」と提案することもできるだろう。

行動提案とは、臨床家がクライアントに実際に何かをするように求めるものである。つまりクライアントの解決づくりに役立つと臨床家が信じる行動を勧めることである。観察提案と同様に行動提案も面接で集められた情報をもとにするので、クライアントの思考の枠組みに一致し、彼らにとって納得できるものとなるだろう。例えば、「義妹と話すことが役に立つ」と言ったアー・ヤンに、ピーターは「それを続けるように」と行動の提案をすることができるだろう。

解決志向のフィードバックをつくるときに最も難しい点は提案を出すかどうか、またどのタイプの提案を出すかを決めることである。ワークショップの参加者と学生は「クライアントの成功と長所を要約してコンプリメントのリストをつくることは容易で楽しく、ブリッジをつくることは提案が決まっていればそれほど難しくはない。しかし提案を考え出そうとしても、あれこれ考え、決めかねる」と訴える。提案をつくるには、クライアントと対話したさまざまな内容（問題、願望、ウェルフォームド・ゴール、例外、意欲、自信など）を見直さなければならない。

## 提案の決定

### クライアントに何か求めるものはあるか？

第4章で、クライアントが生活のなかで違ってほしいと望むことについて解決志向の対話を始めるときに、臨床家が出会う面接状況について議論した。「解決したい問題があり自分が何かをする必要がある」と話すクライアントもいる。また「解決しなければならない問題があるのだが、他人が変われば解決する」と話す人もいる。また「人から相談にいくように言われたから来ただけだ」と話すクライアントもいる。3番目の人は何とかしなければならない問題があるとは思っていないし、問題をはっきりさせる気もなく、あなたと何かをしようとも思っていない。

第4章でこういった状況への対応法をいくつかを示した。そこで示した面接のコツの土台にはすべて、〈知らない姿勢でクライアントの考えを聞くこと〉と〈クライアントが生活のなかで望む違いにつながるヒントを注意深く聞くこと〉が含まれている。そうすると初回面接の終了時までにはほぼ例外なく、臨床家とクライアントの共同作業によってクライアントの何らかの望みが明確になる。最初は全く何も求めていなかったクライアントとの面接であっても同様である。提案を決めるために最も重要なことは、「クライアントが違いを求めていてもいなくても、何らかの提案ができるということを知っておくことである。面接終了時に「解決したい問題があり、自分が何かしなくてはいけない」と考えている状況では行動提案が適切である。問題に気づきながらも自分を解決の一部であるとは考えていないクライアントには、なにか行動するようにという提案は適当ではない。しかしその場合でも有効な観察提案をするこができる。ごくまれには、面接終了時になってもクライアントが何も求めない場合があるが、そのような場合にどちらかの提案をすると、クライアントが面接で話を聞いてもらえなかったと思い込む危険がある。このような場合には、クライアントが行っている有効な行動をコンプリメントするに留めることが賢明である。

## ウェルフォームド・ゴールはあるか

第5章でウェルフォームド・ゴールの特徴とクライアントと目標に向かう会話を続けるための質問について述べた。多くのクライアントにとってウェルフォームド・ゴールづくりは大変な努力が必要となるので、結論を急がない方が有効な援助となる。

フィードバックをつくるとき、クライアントのウェルフォームド・ゴール作りがどこまで進んでいるかを考えることが重要である。クライアントは生活に起こってほしい違いをはっきりと述べたか。それを具体的に、行動の形で説明できたか。また問題の不在ではなく望ましいことの存在という形で、最終的な結果ではなく最初のステップで定義できているか。他者との関係や状況を表わす言葉で説明できているか。望みを的確に述べる能力には個人差がある。クライアントの記述がこうしたウェルフォームド・ゴールの特徴に近くなればなるほど、目標の説明にそった行動の提案に彼らは納得し、その提案は解決構築の役に立つ。それゆえ、臨床家はフィードバックを作るときに「クライアントがウェルフォームド・ゴールをどこまで作り上げているか」を考えることから始める。複数のクライアントと同時に作業するときにはウィリアムズ家の例のように、それぞれのクライアントがウェルフォームド・ゴールをどこまで作り上げているかを考えなければならない。ある人はウェルフォームド・ゴールを作り上げているが、他の人はまだの場合、全員に同じ提案をするべきではない。

## 例外があるか

フィードバック作りの最後の段階として、例外に注意を払うこと。クライアントは変わってほしいと思ったことにつながる例外を見つけることができたか。もしそうならば、例外に焦点をあてた観察提案を与えることができる。クライアントが全く例外を見つけることができなくても両者が共同で取り組む問題がはっきりしている場合には、例外に焦点をあてた観察提案ではなく全体的な観察提案をあたえることになる。つまり解決につながりそうな出来事に注意を払うようにクライアントに勧める。

クライアントが望む違いにかかわる例外がはっきりした場合には、その例外が偶然なのか意図的なのかを考える。もし偶然なら、「同じような例外が起こるときに、特にどうやってそれが起きたかに注意を払うように」と観察提案を出すとよい。意図的な例外で、しかもクライアントがどうすればまたその例外が起こるか、はっきりと述べることができるなら、彼はすでに適切な行動提案――同じことをもっとせよ（de Shazer, 1988）――を理解していると言える。

## アー・ヤンへのフィードバック

ピーターは30～40分をアー・ヤンとの面接に費やしたあと、彼女が話したことについて考えるために休憩をとりたいと伝えた。提案作りがフィードバック作りの最重要事項なので、ピーターは面接で得た情報をもとに、まず提案を考えた。提案が決まったら、コンプリメントとブリッジをつくることは比較的容易である。

ピーターはまずアー・ヤンが望んでいることについ考えた。2人は協働して問題（パニック状態）と彼女が望むことの最初の定義（恐れと閉塞感を減らすことと、「私と私の家族にとって」よいことをすること）をはっきりさせた。さらにアー・ヤンは、解決に自分がかかわっていると理解していた（解決への意欲を尋ねられたとき、彼女はスケーリングで10であり「自分と家族のためにやらなきゃ」と言った）。

次に、ピーターはアー・ヤンの目標がどの程度ウェルフォームド・ゴールになっているか考えた。また彼はミラクル・クエスチョンについての会話から、アー・ヤンがウェルフォームド・ゴールを作り上げていると判断した。彼女は「奇跡が起きるといろいろ変わる」と言った。彼女はもっとにこやかになり、夫も彼女が家事を前よりもよくしていることに気づく。また彼女と夫は協力して家のなかを片付けて、これまでよりも抱きあったりキスしたり一緒に出かけたりする。彼女の変化に気づいた6歳の息子ディ・ジャはもっと自由に外に出てブランコをこいだり自転車で走り回ったりするようになる。

第3に、ピーターはアー・ヤンが述べた例外についてもう一度考えてみた。そしてアー・ヤンがかつて本当によい日を過ごしたことがあると言ったのを思い出したが、よく聞いてみるとそれは偶然の例外であった。というのは誰が何をしてその例外が起きたかを彼女は答えられなかったからである。アー・ヤンは面接前の変化があったと話していた。面接の予約を入れたときのパニック状態を0とし奇跡が起こったときを10とすれば、今はどれくらいかと尋ねられて、彼女は6と答えた。彼女は10日前よりかなりうまくやっていた。彼女はミラクル・ピクチャーに近づくためにしたことをいくつかあげることができた。専門家や義妹と話し、家族との外出を増やし、祈ったことなどである。

ピーターは結論として次のように要約した。（1）アー・ヤンは明らかに解決を望んでおり、はっきりとしたミラクル・ピクチャーを持っていた、（2）アー・ヤンの本当によい日は偶然の例外であった、（3）面会の予約を入れてからの前進は意図的な例外であった。彼は面接の情報をもとにしたこれらの結論を考慮して、3つの提案を考え出した。さらにもう一度面接の情報を使って、コンプリメントとブリッジを作りあげた。彼は正確に自信を持ってアー・ヤンに伝えられるようにフィードバックを書きとめた。彼はフィードバックの誠実さと有益さを信じていたので、自信を持って伝えることができると感じていた。

**ピーター**❖アー・ヤン、あなたが自分と自分の状況について話してくれたことを考えてみたんだ。そして提案を考えたんだけど、忘れないように書きとめてみたんだ［アー・ヤンは頷き、理解していることを示した］。**［コンプリメント］**まず最初に、いくつか感銘を受けたことを話すけど、1つは、あなたが家族のことをとても気にかけてること。あなたは夫ともっと話をしたいし、彼の幸せそうな様子を見たいし、子どもたちにもあなたのことを心配しないで、外に出てブランコに乗ったりしてほしいんだよね。あなたは家族を大事に思って、パニック状態を何とかしたいと思っている。また、あなたのミラクル・ピクチャーがとてもはっきりしているのにも感銘を受けた。問題が解決したときに家族の様子がどう変わるか、あなた自身がどう変わるかを詳しく話せたし。あなたの意欲と、解決が見つかるという自信にも感動した。あなたはもう変化を起こすためにいろいろなことをしている——例えばここに来たり、祈ったり、人と話そうとしたり、外出を増やそうとしている。そして他の人［例えば義妹］が良さそうなことを勧めたときに試してみる賢さがあるし、お祈りをするというようないいことを考えつき、それを実行する勇気と能力もある。あなたがやったこと全部とそのための努力に感動した。だから、あなたが今日6だと言うのも当然だと思う。

**［ブリッジ］**アー・ヤン、今のところ、あなたと同じように私もまだ何が悪いのかわかりません。でも、もう少し2人でそれについて考える間に、次のことをやってみてはどうだろうか。**［提案］**まず6まであなたを押し上げたことを続けてほしい。次に、よい日だったときと、そのとき何が違っていたかに注意を払い、それがいつ起こるのか、そのときの家族の様子、誰が何をするかなどについて、次回に話してほしい。

最後だけど、今日から次の面接日までの間で1日を選んで、奇跡が起こったふりをしてほしい——つまりその日に奇跡が起こったように過ごすということなんだけど。でも、誰にも言わずにやってみて、次回に何がよくなったかを話してほしい。

ピーターはこのフィードバックをゆっくりと伝え、要点ごとのアー・ヤンの反応を注意深く観察した。彼女が絶えずうなずいていたので、彼は意図が通じたと感じた。微笑みながら彼女が「ええ」とか「そうですね」と言うこともあった。

## ウィリアムズ家へのフィードバック

インスーは、ウィリアムズ家との面接で解決志向の進め方どおり、家族の問題、目標、例外について話し合った後、フィードバックを考えるために休憩をとった。ウィリアムズ家の面接はチームと行っていたので、インスーは休憩の間にチームと相談するためにワンウェイ・ミラーの後ろの観察室へ行った。家族で来談していたので、チームはフィードバックの最終的な内容を決める前に、各家族メンバーについて検討した。まずグラディスについて話し合った（ここで第5章と第6章のウィリアムズ家の面接を見直してほしい）。

チームは、グラディスが援助を受けようと考えたのだとすぐに推論した。グラディスは予約をとっただけでなく、インスーがどうすれば家族の役に立てるだろうかと尋ねたときに問題を明確に述べた。彼女とインスーは一緒に問題（グラディスのストレス、胸痛、子どもたちに言うことをきかせるために怒鳴ったり罰したりしなくてはいけないこと）と、この時点での彼女が望むこと（子どもたちにもっと言うことをきかせること、ハイとイイエの言い方を学んで親戚に言い分をきいてもらうこと）をはっきりさせた。しかし面接の内容からは、グラディスは自分に問題があるとは考えていないこともわかった。彼女は言うことをきかない子どもたちと状態を悪化させる弟が問題であると考えていた。また同時に自分を解決の一部とは考えていないこともわかった。ミラクル・クエスチョンとそれに続く質問への答えは、主に他の人が違ったことをするだろうというものであった（アルバートはテレビゲームをやめて家を出て行く、夫は刑務所に入れられるようなことをしない、マーカスは兄弟と仲よくする、オレインカはウソをつかなくなる、など）。しかし最終的にはグラディスも例外の存在を認めた。掃除をするようにマーカスに言う必要がなかったとき、アエシュが自分の服を片づけたとき、オフィオンがよい友達と遊んだときなどがそれである。チームはこれらを偶然の例外と見ていた。それは、その時点ではまだグラディスやその他の家族がどんなことをして例外が起きたのかについての情報は得られていなかったからである。

チームは「グラディスには意欲があり大まかな目標を持っているようだが、その目標はウェルフォームド・ゴールにはなっておらず、解決における彼女自身の役割にも気づいていない」と結論づけた。そこでチームは、彼女には観察提案が有効であり、彼女が話した偶然の例外を観察するよう提案することにした。

子どもたちについては「母親のストレスをわかっていて、おおむね分け合って仲よくすることを望んでいる」とチームは結論づけた。インスーの質問に答える形で、彼らは家族のミラクル・ピクチャー作りに貢献したが、彼らの返答は決まって他の子どもたちが何か違うことをするだろうというものであった。例えば、オフィオンは奇跡が起こると、「きょうだいみんなが家の掃除を手伝っている」と言った。彼らは例外を見つけることができなかったし、解決にむけて努力する意欲もみられなかった。結局チームは子どもたちに何も提案せずにコンプリメントを伝えるだけにした。

アルバートに関するチームの見方は、子どもたちに関するものと同じであった。インスーの質問へのアルバートの応答は、家族の問題を暗に認めたにすぎなかった。グラディスや子どもたちと同様に、彼も自分が問題の一部であるとは考えていなかった。家族の目標づくりへの協力を求められても、ほとんど何も貢献しなかった（ミラクル・クエスチョンに答えられず「俺はそういうタイプなんだ……うまくいくときもあるし、そうでないときもある」）。アルバートは自分の個人的なミラクル・ピクチャーを描くことはできたが（「……自分の家があって、やさしい人を見つけて結婚し、子どももいるだろうね」）、いくらかでも実現しようという意欲や希望は感じられなかった。また彼は偶然の例外も意図的な例外も特定することができなかった。したがってチームは彼にも子どもたちと同様に、提案をせずにコンプリメントだけにすべきであると考えた。

アルバートと4人のウィリアムズ家の子どもたちへのチームの反応は、フィードバック作りの1つの指針を示している。つまり控えめにすることである。休憩の間にクライアントの発言を思い起こして提案を決めるときに、「提案をするか否か」、提案するとしたら「行動提案と観察提案のどちらにするか」を決めかねる場合があるだろう。そうした状況ではクライアントの解決作りの到達点を控えめに評価する。アルバートと子どもたちは面接のなかで、グラディスの述べた問題に違いを望んでいそうなことを言ったが、共同のミラクル・ピクチャーになんらかの貢献をしようとせず、自分たちが違うことを行うとは言わず、その描写を実現させようという意欲も、それにかかわる例外も明確に示さなかった。そこでチームはこの時点では提案をせずにコンプリメントを伝えるだけにした。控えめに判断することで、面接情報を誤解したり、クライアントにとってほとんど意味のない提案をしたりする危険を減らすことができる。また提案を実行できないという不面目からクライアントを守ることにもなる。私たちはよくクライアントがフィードバックでの提案の範囲をはるかに越えることに出会ってきている。控えめでいることにより、クライアントによる解決構築のための洞察力があり、劇的な、思いがけない手段に、心からコンプリメントをすることができるだろう。

　次にチームが作ったウィリアムズ家へのフィードバックを示す。緻密に考えられたにもかかわらず、簡単でわかりやすく表現していることに注目してほしい。インスーがフィードバックを伝えている間に、家族が不意にコメントをはさんで情報を提供したことにも読者は気づくだろう。このコメントからフィードバックが家族の現状の思考の枠組みにそったものであったことがわかる。

**インスー**❖さて、皆さんに伝えたいことがたくさんあるわ。

**アルバート**❖ああ、どうぞ。

**インスー**❖**［コンプリメント］**皆さん全員にだけど、まずはグラディスに。あなたのこれまでの経験や大変な生活を聞いて、私たちはほんとうに感心しているわ。

**グラディス**❖ええ、大変だった。

**インスー**❖そうだったと思うわ。それなのにあなたは子どもたちにとっていい母親とは何かを考えて、よくやってきたわね。

**グラディス**❖親の勉強会にも行っているんだ。

**インスー**❖**［成功の可能性、能力、意欲に間接的にコンプリメントして］**そんなことまで？

**グラディス**❖ええ、そこのセンターで。修了証書ももらったよ。毎週1回行ったらもらえるんだ。

**インスー**❖ということは、あなたにとっていい母親であることはとても大事なことなのね。

**グラディス**❖ええ。

**インスー**❖上手に子どもを育ててきたのね。

**グラディス**❖**［新しい例外を見つけて］**ええ、近所の母親でよくは知らないんだけど、いつも子どもを叩いている人に言ったの。私なら子どもに何かさせようとして5回くらい呼んでも来ないときには、1から10まで数える。子どもは10になったらひどい目にあうってわかってるから、その前に来るよって、ね。

**インスー**❖そういう工夫もしたのね。すばらしいわ。こんなに難しい状況なのにほんとうにいいお子さんたちね。**［グラディスには直接に、子どもたちには間接的にコンプリメントして］**お子さんたちはとても行儀がいいとチームの人たちも話していたわ。

**グラディス**❖**［さらに例外を見つけて］**どこでもこんなふうだよ。

**インスー**❖そうなの。

**グラディス**❖私がいるときはね。私がいないと、何をするかわからない。私がいればまあ行儀がいいね。

**インスー**❖ほんとうに！　ここではとても行儀がいいわ。とても楽しい、行儀のいい、すばらしい子どもたち！　これもあなたが1人で苦心して育ててきたからね。1人でお子さんたちをしっかりと育ててきたようね。

**グラディス**❖［晴れやかに］そうね。

**インスー**❖それはすごいお手柄ね。

**グラディス**❖［微笑んで］ありがとう。

**インスー**❖**［ブリッジを述べ始めて］**私たちが感心したのは、「自分は大変な経験をしてきたけど、子どもたちには自分よりもいい生活をさせたい」と思っていることなの。

**グラディス**❖ええ。

**インスー**❖子どもたちにいい生活をしてほしいのね。

**グラディス**❖そう、彼のようにね。［マーカスを指して］あの子は友達から「公立学校がいいよ」と聞いて、私立学校には行き渋っていたんだ。でも私は私立に行かなかったから、あの子を行かせたかった。私立学校であの子は私はしたことのないことをして、それで、その友達は今ではマーカスと同じ学校に行きたがっているみたい。

**インスー**❖あきらめずに、私立学校に行かせたことに感動したわ。

**グラディス**❖ええ、とても大変だったよ。

**インスー**❖**［グラディスの長所にコンプリメントして］**あなたは、子どもたちにいい教育を受けさせたくて、とても苦労してあの子たちに向いた学校を見つけたのね。学校の人があなたに不親切なら子どもにも不親切だろうとか、何が子どもにいいのか、どんな教育を受けさせたいのか、などを考え抜いたのね。

**グラディス**❖そうだよ。

**インスー**❖ええ、それで、子どもたちは自分から手伝おうとするときもあるのね。

**グラディス**❖ときどきはね。

**インスー**❖いいスタートだわ。そうでしょう？

**グラディス**❖ええ。

**インスー**❖ときどきやれるってことね。

**グラディス**❖そう。やれるってことはわかっているんだけど、ただ、どうやってさせるかなんだ。

**インスー**❖全くその通りだわ。あなたは子どもたちに正しいことを教えてきたんだもの。

**グラディス**❖そう、そうしようとしてきたよ。

**インスー**❖よくやってると思うわ。

**グラディス**❖ほんとに？　2週間後には精神病院行きってわけじゃないのね。

**インスー**❖それじゃあ、アルバート。あなたのミラクル・ピクチャーは本当にいいわ。

**アルバート**❖俺の？

**インスー**❖あなたのミラクル・ピクチャーよ。**［グラディスの言葉を引用する］**「神さまが来て」あなたの問題を全部引き受けてくれたら、どうなっているかってこと。お姉さんをとてもよく手伝うし、お姉さんもあなたを頼りにしているのはすばらしいわね。

［さらにコンプリメントをして］もう1つ私たちが感心したことは、あなた方6人全員がもっといい生活をしたいと思っていることなの。みんなが仲よくしてよい家族になり、一緒に楽しみたいと思っていることにね。

［グラディスに向かって］こんなに小さい子どもたちまで何をしたいかを知っているんだもの。あなたの苦労の賜物ね。

**グラディス**❖ありがとう。

**インスー**❖**［ブリッジの言葉を述べて］**あなたは本当によくやってきたわ。あなたは子どもたちにいい生活をしてほしいし、言うことをきいてほしいと思っている。実際、子どもたちは行儀よくできるときがあるし、あなたはとても努力していろいろなことをしている。あなたがこんなにたくさんのことを、どうやってこなしているのかが、まだよくわからないんで、また話を聞きたいんだけど。

**グラディス**❖いいわ。

**インスー**❖**［グラディスに観察提案を与えて］**それでは次に会うときまでに、あなたが家族のためにこれだけのことをどうやってこなしているのかを話してもらえるように、よく注意していてほしいの。

**グラディス**❖わかったわ。

**インスー**❖じゃあ、次の時間を決めましょう。

**アルバート**❖俺も？

**インスー**❖もちろん、あなたも歓迎するわ。

**グラディス**❖いいえ。彼はもう来ないわ。

**インスー**❖もう来ない？

**グラディス**❖ええ、彼は自分の家に帰らなくちゃならないから。

フィードバックの終わりにグラディスが、アルバートは「もう来ない」と断言したことは驚きであった。というのは、彼女が変えたいことの1つは、ハイとイイエの言い方を学んで親戚に言い分をきいてもらうことだったからである。これは控えめなフィードバックが有効だという一例である。面接から得た情報をもとに、インスーとチームはグラディスに行動提案ではなく観察提案を与えることにした。ところが初回面接を終える前に、彼女はフィードバックで伝えた範囲を超えて、観察するだけでなく行動をおこし、解決構築へ動き始めたように見えた。控えめな提案をしたことで、チームは逆説的に大きな成果をあげたことになる。

## フィードバックのガイドライン

面接の終了時にクライアントに与えるフィードバックは、ウェルフォームド・ゴールづくり、クライアントの目標に関係がある生活のなかの例外に焦点をあてる、例外を起こすために誰が何をしているのか（特に彼ら自身がしていること）に気づかせる、といったことを目指している。次に、フィードバックを作り、それをクライアントに伝える上で役に立つガイドラインを示す。

◉まず基本線《bottom line》を見つける。面接で得られた情報からどんな提案が示唆されるかを考える。
◉基本線がはっきりしない場合には、控えめな選択をする。
◉クライアントに望むことがあるか、ウェルフォームド・ゴールの程度、例外の存在とそのタイプを評価して、提案を作る。

◉クライアントにとって重要なこと、クライアントの望みに同意する。

◉クライアントがしている解決構築に役立つことをコンプリメントする。

◉提案を納得できるようなブリッジをつくる。

◉クライアントの思考の枠組みに合わせるためにクライアントの言葉を使う。

◉単純で率直なフィードバックにする。

◉クライアントの反応を観察しながら、慎重に確実にフィードバックを伝える。

## 共通のメッセージ

クライアントへのフィードバックを作る経験を重ねると、同じような場面にくり返し出会うことに気づく。そのときには**共通のメッセージ**と呼ばれる基本的な表現を使うといい。そもそもディ・シェイザー（de Shazer, 1985, 1988）と同僚により開発された共通のメッセージは、いまでは解決志向の文献全般に広くみられる（Berg, 1994; Berg & de Shazer, 1997; Dolan, 1991; Durrant, 1995; Furman & Ahola, 1992; George, Iveson & Ratner, 1999, 2011; Metcalf, 1995, 1998; S. D. Miller & Berg, 1995; S. D. Miller, Hubble & Duncan, 1996; O'Hanlon & Weiner-Davis, 1989; Selekman, 1993, 1997; Turnell & Edwards, 1999; Walter & Peller, 1992; Weiner-Davis, 1993）。これから、共通のメッセージのなかで一般的に適用できるものを最も単純な形で紹介する。経験と練習をつめば、このメッセージのどれかを使ってほぼすべてのフィードバックを作ることができる。

共通のメッセージは、解決構築に役立つ経験と状況にクライアントを注目させるものである。ガイドラインに示した通り、フィードバックにどの部分を盛り込むかは次の3要素の評価にかかっている。（a）クライアントが問題を認めて何か違いを求めているかどうか、（b）クライアントのウェルフォームド・ゴールの程度、（c）クライアントが望むことにかかわる偶然の例外と意図的な例外の有無。

### クライアントが問題を認識せず、何も求めていないとき

面接後に、クライアントとあなたの間で問題について共通認識をもてず、クライアントがどんな変化も求めていないと判断される状況では、クライアントにすればあなたと2人で行うことは何もない。そのような状況での基本線は、クライアントにコンプリメントして、「もう一度会えればうれしい」と話すことになる。例えば、薬物乱用のために送られてきたクライアントにインスーは次のようなフィードバックをした（Berg & Miller, 1992, p.99）。

**インスー**❖カーティス、あなたが望んだわけでもないのに、今日、よくここへ来られましたね。来ないでおこうと思えばそれもできたでしょうに。今日ここへ来ることは簡単なことではなかったと思います。時間は取られるし、話したくないことを話さなくてはならないし、バスにも乗らなくてはならないし、それから……。

あなたは指図されることが嫌いな、独立心の強い方だと思います。干渉されたくないこともわかります。でも、言われたことをすれば、あなたの生活からこうした人たちを追い出すことができて、干渉されなくなることもおわかりでしょう。ですから、あなたにとって何がよいのかを考えるために、もう一度お会いしたいと思います。来週、同じ時間に会いましょう。

インスーがこのクライアントに観察や行動の提案を出したとしても、彼はわかってもらえなかったと思うだけで、何の意味もないだろう。むしろ、面接の終わりにコンプリメントするだけの方が、クライアントは自分の見方が十分に理解され尊重されたと感じる。この方法をとれば、クライアントが取り組んでいきたいことを決めて、再び来談する可能性が高まる。

## クライアントは問題を認識しているが、その解決における自分の役割を認識していないとき

**例外も目標もない場合**　この状況では、休憩までの情報から、クライアントと臨床家は共同で問題を明らかにしたが、クライアントは例外を見つけられず、また見つけてもそれを過小評価していることがわかる。このようなクライアントは、問題の深刻さを詳しく述べようとする傾向がある。問題の原因は自分以外の人か組織にあると考え、問題を解決するために自分が何かをしようとは全く思っていない。どうしようもないように感じている。自分については何が違ってほしいかをほとんど意識していないが、どうにかして他の人に変わってもらいたいと思っている。第4章で述べたように、このようなクライアントに対しては、苛立ちを覚え、問題を解決するために何を変えたらよいのかをアドバイスしたくなるものである。

こうした状況では、次の2つの共通メッセージを使うことができる。1つは、観察提案として、そのようなクライアントとの面接のなかでよく使われる質問を単純に繰り返すことである。この場合はまず、肯定的で敬意をこめた話し方で、クライアントが問題とその影響をどれほど注意深く観察し、真剣に考えたかを誠実にコンプリメントする。次にブリッジで、これは深刻で扱いにくい問題であることに賛同し、以下の提案をのべる。

次にお会いするまで、この問題は解決できると思える出来事に注目してください。

このようなクライアントは、自分が求めているものを意識することはほとんどない。したがって、第2の選択は、方向性が見えるような経験と状況にクライアントが気づくような提案をすることである。この提案は**初回面接公式課題**と呼ばれ、もともとは目標を作るために初回面接ですべてのクライアントに与えられていた（de Shazer, 1985）。これはクライアントの焦点を生活のなかの問題のある場所に合わせるが、そこに苦痛や問題点ではなく、魅力的なものを探すよう提案するものである。この場合、まず、クライアントの有効な行動や考えと、面接に費やす労力と時間に対してコンプリメントする。次に、問題の深刻さを認めてから以下の提案をする（de Shazer, 1985, p.137）。

次に会うときまでに、あなたの［家族、生活、結婚、対人関係］（臨

床家が1つを選ぶ）に今後も続けて起こってほしいことを観察しておいて，次回，話してください。

**例外はあるがウェルフォームド・ゴールがない場合**　この場合，クライアントとあなたが協力して問題をはっきりさせて，クライアントは例外を見つけている。しかしクライアントは問題を外の世界のことと思っているので，解決をつくりだすために自分が違ったことをすることは念頭にない（インスーとチームは，グラディスへのフィードバックを作るときにこの状況を経験した）。基本線は例外にかかわる観察提案にすべきである。

次に会うときまでに，今までよりもよいときについて詳しく話せるように注意してください。そういうときは，何が違い，どうやってそうなるのかに気をつけてください。誰が何をしてよくなるのかに注目するのです。

この種の観察提案には2つの働きがある。第1には，例外のとき，つまりよりよいときが必ずまた起こることをクライアントに示唆することになり，その結果，希望が生まれる。第2には，役に立つ情報の大部分はクライアント自身の経験のなかにあることを示す。

クライアントがどのようにして例外が起きたかを話しても，その話が誰か（重要な他者）が違うことをしたという説明にとどまる場合がある。このときには，例外はクライアントが意図的に起こしたものなのに他人の行動のように考えている可能性もあるので，先の提案を少し変形させて使うと有効である。例えば，ピーターは「高圧的で，人使いの荒い，気持ちの通じない」上司との人間関係に失望しているアリスと面接したことがある。彼女は，上司が「本当に人間らしく振舞うときには，少しは上品で，話がわかり，率直に話す」と述べた。ピーターがどんなときにそうなるのかと尋ねたが，アリスは何か違った自分の行動を特定できなかった。むしろ「上司がいつもより努力するときに例外が起こる」と答えた。例外における彼女自身の役割を認めず，無力感を感じ，解決の可能性への手がかりはないと感じているようだった。そこでピーターは，彼女の例外の見方を尊重すると同時に，解決の手がかりを探し始めるポイントを示唆する観察提案を与えた。

アリス，上司がいつもより上品で，話がわかり，率直に話すときに，つまり人間らしく振る舞うときに注意してください。そういうときに何が違っているかに注意しながら，次回に説明できるように，彼がいつもより上品で，話がわかり，率直に話すのは，あなたがどんなことをしているのに彼が気づいたからなのかについて注意してください。それを見落とさないようにして，次回に話してください。

クライアントが問題は自分以外のところに存在しているとみているが，偶然の例外を見つけられる場合には，基本的な観察提案に予想を加えることがある（de Shazer, 1988）。例えばピーターはアリスに次のような提案を出すこともできる。

アリス，私はあなたに賛成です。確かに，上司がいつもより上品で，話がわかり，率直で，人間らしく行動する日とそうでない日があることははっきりしていますね。だから，次回までに次のようにしてもらいたいのです。毎晩寝る前に、明日上司がいつもより上品で、話がわかり、率直かどうかを予想してください。その日が終わって翌日の予想をする前に、あなたの予想が的中したかどうか振り返ってください。予想とその日の成り行きが違った場合には、その理由を考えて、次回に報告してください。

ディ・シェイザー（de Shazer, 1988, pp.183-184）は、こうした状況では予想の要素を観察提案につけ加えることが有効だと言う。彼はなぜこうした提案がうまくいくのか、実のところわからないことを認め、「寝る前に翌日起こることを予想させるなんてことは一見、馬鹿げたことだ」と言っている。ところが経験では予想させることは役立っているのである。なぜか？

ディ・シェイザーによれば、その効用はおそらく暗示のパワーだろう。クライアントはすでに例外が起こることを認めている。予想するよう提案することで、たぶん来週中にもう一度、例外が起こるだろうと暗示を与えているのである。さらに、クライアントが提案を受けいれて、よい日を予想することで、期待を高めることになる。こうして、知らず知らずのうちに、よい日にするような行動をとるのである。クライアントはよい日を期待してその徴候を探そうとするので、それが目に入りやすくなる。つまりディ・シェイザーによれば、予想するよう提案することで、クライアントは自分の予想を実現する可能性を高めるのである。

予想に観察提案を組み込むかどうかについては、クライアントが偶然の例外が起こったことを確信している程度を指針にする。クライアントはときには、例外が起こってもその重要性を過小評価したり、例外が起きたことをはっきり捉えていなかったりする。グラディスがよい例である。ときには、もっとはっきりと「はい、いつもよりうまくいくときがあります」というクライアントもいて、「最後に起こったのはいつですか」と尋ねられると例外のときと場所を述べて、「そのときに何が違っていましたか」と尋ねられても具体的に詳しく話す。

偶然の例外が起こったときにどんな違いがあるかがわかれば、より有効な提案を伝えることができる。例えば偶然の例外がはっきりと定義される場合には、予想の形式に観察提案を組み込む。この提案の言い回しは、クライアントがよい日と悪い日とをはっきりと線引きしていることを伝える。偶然の例外がはっきりと定義されていないクライアントには、ピーターのアリスへの提案やインスーからグラディスへのメッセージのような提案の表現を使うことを勧める。つまり、クライアントに次回までにどんな例外でもよいから捜すように求めるのである。

## クライアントが何かを求めており、自分がその解決の一部であると認識している場合

**ミラクル・ピクチャーは明白だが例外がない場合**　あなたとクライアントは、問題の定義を共同で作りあげ、クライアントは解決に自分の役割があることを受けいれ、どうにかしようとする意欲があり、クライアントが起こす変化を含む具体的なミラクル・ピクチャーを描くことができる。しかし、クライアントは例外を見つけることができない（もちろん意図的な例外も見つけられない）。このような場合には、クライアントのミラクル・ピクチャーがはっきりしていることを

コンプリメントし、奇跡が起こったふりをするように勧めるとよい（de Shazer, 1991）。例えばピーターはアンに次のように話した。

アン、いろいろ大変でしたね。家のなかは大変な緊張状態なんですね。アル（彼女の夫）とティナ（10代の娘）がいつも怒鳴り合っているんですから。ここへこられたことは賢明だったと思います。あなたが家族や自分のことを何とかしたいということですからね。もう自分ではどうしようもないとおっしゃるのもわかります。

アン、今日のお話からあなたのミラクル・ピクチャーがはっきりしていることがわかりました。奇跡が起こったとき、家で起こる違いについていくつか話してくれましたね。そしてアルとティナに対してあなたが違ったことをするだろうということもね（彼女はうなずく）。

私も、何かしなければということには賛成です。でも、あなたと同じで何が解決になるかまだはっきりわかりません。そこで今のところ、私に言えることはこんなところです。

来週の1日を選び、アルとティナにはもちろん誰にも言わずに、奇跡が起こったふりをしてください。次回に話せるように、その日に家のなかで何が違ったかに注意していてください。

奇跡が起こったふりをするように求めると、臨床家はさまざまな可能性を試してよいとクライアントに暗示することになる。毎日ではなく1度（あるいは2度）やってもらうことを勧める。というのは、1度の方が解決に向けてのステップが小さいので努力が少なくて済むからである。さらに、1度だけということは他の日から奇跡の日だけを際立たせるので、違いに気づきやすくなる。

奇跡のふりをすることは行動提案であることを忘れてはならない。それはクライアントに何か違うことをするよう求めるので、観察提案よりも要求が高く、危険度も高い。成功すれば効果は大きいが、そのぶんだけ失敗は手痛い。この提案をするときには、クライアントが実行する意欲があることを確信していなければならない。

**意欲はあるがウェルフォームド・ゴールがない場合**　クライアントは「何かが変わらなければならない」、そして、「私は解決を見つけるために何でもする」と言う。臨床家はこのようなクライアントに基本線を見つけなければならない。このクライアントは解決のためにいろいろと試みるが失敗ばかりなので、臨床家は彼らに深く同情する。彼らは試みたことを詳細に述べることができる。このようなクライアントは努力しようという意欲があることは確かだが、例外（特に意図的な例外）を見つけることができない。臨床家はフィードバックを作るときに、クライアントがよくなると希望を持てるような提案をするのは難しいと感じるかもしれない。

しかしそのような状況で、臨床家が自分の思考の枠組みから、クライアントに違いをもたらす違いを具体的に提案することは誤りである。私たちがクライアントから学んできたことは、原則として、クライアントの長所と彼らが役に立つと感じるものを信じる方が賢明だということである。[▼註1] ディ・シェイザー（de Shazer, 1985）と同僚は、この状況でのフィードバックとして、クライアントと彼らの資源に焦点をあてることが可能となる提案を考案した。これは「何か違うことをする提案」

**▼註1**　クライアントによっては地域の社会資源に紹介することもある。これについては、後の章で述べる。

と呼ばれる。ディ・シェイザーが勧める提案を組み入れたフィードバックの一例を示す。

あなたが問題のためにどれほど努力したか、また改善しようと試したことをはっきり説明できることにも感心しました。だから、あなたが今失望していらだつわけがよくわかります。

私もこれが非常に厄介な問題だというご意見に賛成です。

これは非常に厄介な問題なので、次回までにその問題が起こったときに、どんなに奇妙で突飛なことでもいいので、何か違ったことをしてみてほしいのです。とにかく大切なことは、何をするにしても今までとは違うことをすることです。

(de Shazer, 1985, p.123)

この提案によってクライアントは本当に必要なときに、そのときに思いついたままに創造力を発揮する。

クライアントによっては、この提案によって彼ら自身も驚くような解決構築の戦略を考え出すことがある。この戦略は臨床家が前もって予見したり、考えたりできないものである。例えば、ピーターはあるとき、夫婦関係と家族関係が悪化しているカップルにこの提案をした。彼らの問題は数年前に夫が背中に重傷を負ったときから続いていた。夫は身体に障害を負い、収入は激減し、5人家族の支出を賄えなくなった。夫婦は疎遠になり、子どもたちとも心が離れてしまった。家族は口を開けばお互いに批判し、誰も笑わなくなっていた。日に1度は一緒に食事をするとか、週に1度はゲームや映画のような家族のための時間をとろうとしたが、うまくいかなかった。ピーターは、この夫婦が解決のために努力する意欲があると確信していたので、彼らに「何か違うことをする提案」をした。

次に2人が面接にやってきたとき、ピーターは何がよくなったかを尋ねた。2人は肩をすくめてはっきりはわからないと言ったが、どちらも何かを考えているらしく微笑んでいた。さらに尋ねると、彼らは実に「奇妙な晩」のことを話した。その週のはじめのある晩、家族は夕食を始めようとしていた。父親と子どもたちがテーブルにつき、母親がスパゲティ・ソースをコンロから下ろそうとしたとき、子どもの1人が父親を皮肉った。父親は「軽蔑されたと感じて腹を立て」フォークをスパゲティに突き立て「息子に向かってスパゲティを弾き飛ばすと、息子の顔に命中したんです」。他の子どもたちはくすくす笑いながら、ソースをテーブルへ運んでいた母親を見上げた。彼女はそのときのことをこう述べた。「私は本当に腹が立って、今にも夫に『それは子どもの扱い方じゃないわ』と言おうとしたんですが、そのとき思い出したのは、何でもいいから違ったことをしなさいと言われたことでした。だからスプーンをソースに突っこみ、夫に向かってまき散らしたんです。次の5分間はスパゲティとソースが台所中を飛び交う食べ物戦争でした」。夫婦は何かはわからないが重要なことが起こったことを知っていた。話を続けるうちに、家族が「5分間で散らかしたものを片づけるのに2時間かかったが、この3年間になかったほどしゃべったり笑ったりした」ことが明らかになった。ピーターはその面接の残りの時間を使って、家族が片づけるときに何をしたから家族のコミュニケーションが生じたのか、また、それを続けるためにどうしたらよいと思うかを尋ねた。

**ウェルフォームド・ゴールと意図的な例外がある場合**　クライアントは今までよりよかったときを段階を追って話し、そのためにしたことをすでに説明している。そのうえクライアントは、これらの意図的な例外はまだ完全な解決にはなっていないが正しい方向に動いているとほのめかし、望みを実現するための満足すべき戦略を示す。そのようなクライアントは面接のはじめに比べて、休憩時にはずっと希望と自信を持っているように見えることが多い。アー・ヤンはこの例である。こうした状況でフィードバックをつくることは容易である。このようなフィードバックの1つを次に示す。

ラルフ、あなたの話を聞いて感動しました。まず、あなたが子どもたちとの関係をよくしようと強く望んでいる点です。第2に、もう何回か今までよりうまくいったときがありましたね。例えば……（例をあげる）。そして第3に、あなたはうまくいったときに何をしたのかをはっきりと説明できます（例をあげる）。あなたがしていることすべてを考えると、もう5の状況だとおっしゃることがわかります。

お子さんとの関係を望む形にするために、こういうことをする必要があるという考えに賛成です。

ですから次回まで、うまくいったことを続けてください。また他にも気づかないまま、うまくいくことをしているかもしれません。そのことにも注意して、次回に話してください。

ここでの提案は、同じことをもっとすることであるが、それに加えてクライアントが気づかないまま行っている他の戦略に注意することも観察提案として加えられる。これはクライアントの成功をコンプリメントし、その成功を土台にさらに積み上げていくように励ます具体的で有効な方法である。

意図的な例外を特定できるクライアントには、彼らが例外を起こすためにしていることが解決につながるかどうかを確かめることが重要である。というのは意図的な例外がクライアントの求める違いにかかわっているとしても、必ずしもそれがクライアントの解決にはならないからである。例えば、ピーターは8歳の娘に早朝にピアノの稽古をうまくさせられず悩んでいる若い母親と面接した。その練習時間の80％は母娘ともに泣いているということであった。母親は２つの意図的な例外を話した。練習に対してごほうびのお金をあげるときと、就寝時間後の練習を許したときには、問題が起らないということであった。ピーターはこうした例外に感心したが、母親は「なぜだかそういうやり方は私にはしっくりしないんです」と言った。ピーターにはこの場合には、お金を与えることと就寝時間の延長は解決にはならないことがわかった。

## その他の役に立つメッセージ

他にも解決志向の臨床家が開発したいくつかのメッセージがある(Berg, 1994; Berg & Miller, 1992; de Shazer, 1985, 1991; Weiner-Davis, 1993)。しかしそれらは、すでに述べたものに比べると特殊であったり、その変形にすぎないのでここでは触れない。その代わりに、基本的実践に広く適用できる２つの提案を紹介する。

## 衝動を克服する提案

ディ・シェイザー（de Shazer, 1985）と同僚によって作られたこの提案は、クライアントが自分の問題を内的な性向と捉えていたり（例えば、怖がり、怒り、落ち込み）、やめたい行動（怒鳴ること、殴打、アルコールやドラッグの摂取）がある場合に有効である。このような人と面接をすると、自分自身を解決の一部であると認識しているか否か、またミラクルをはっきりと描写できるかどうか、例外があるか否かが一様ではないことがわかるだろう。観察提案を出すにしても行動提案を出すにしても、基本線は衝動を克服する提案を変形すればよい。偶然の例外を述べることができるクライアントに、衝動を克服するときを観察するよう提案する例を次に示す。パニックになりやすいクライアントだとしよう。

どんなときにパニックになりそうな衝動を克服しているかに注意してください。そのときには何が違うのか、特に衝動を克服するために自分が何をしているかに注意してください。

すでに述べた他の提案と同様にこの提案も、成功のエピソードと例外を生じさせるクライアントの長所に注目させ、解決構築を促すものである。

## 解決についての対立する意見の扱い方

夫婦や家族と面接をしていると、最善の問題解決策について双方の意見が一致しないことがよくある。もちろんどちらか一方の側に立つことは間違いである。そうすると臨床家は、意見を無視されたり拒否されたりした側の信頼を失うことになる。この緊迫した困難な状況でのフィードバックには、それぞれの人とその見方を肯定する提案をつくることが必要となる。インスーとチームが息子の深刻な問題について言い争っていた両親に対して、このアプローチを用いた例を次に引用する。両親は2人の意見の対立には自分たちの育った家族の影響があると話していた。

お2人ともが息子さんの盗みを何とかしてやめさせたいと思っていらっしゃることに私たちは心打たれました。また難しい時期にある息子さんを助けようとそれぞれが違った考えを持っていらっしゃることについても感動しました。お2人は違う家庭で育ったので、物事のやり方が違うこともよくわかります。

どちらをとるべきかについてチームの意見は分かれました。半分はジョンのアイデアがよいと思いましたが、あとの半分はメアリーの案がうまくいくだろうと感じました。ですから、私たちとしては、毎朝お2人が起きたらすぐに、コインを投げてほしいのです。表が出たらメアリーが責任を持って彼女のやり方でビリーにかかわり、裏が出たらジョンが責任を持つ日です。責任をもたない方は、相手がビリーに対して行うことのなかから、効果的なことや違い生み出すことをよく観察して、次回に報告していただきたいのです。

この提案には、3つの注目すべき点がある。第1に、両親それぞれの見方を肯定し、それぞれがビリーにとって最善と思うことをするように促している。第2にこれは、多くのクライアントと同様にこの両親も陥っている、問題の解決には正しい、明確な、白黒はっきりした解決があるという考えを崩すものである（de Shazer, 1985）。そのような考え方は勝つか負けるかという行き詰まった状態を生み出し、お互いに内心では「自分が正しくて相手が間違っているか、その逆だ」と考える。この提案は双方のやり方に重要な要素があり、それぞれの最善の部分を使おうという提案なので、どちらの面目も保つことができる。第3に、コイン投げはこの自信にみちた頑固な両親に言い争う余地を与えない賢明な方法と言える。

この提案が与えられると通常クライアントは、双方のやり方を組み合わせて、解決を構築する。臨床家はそれぞれの貢献についてコンプリメントする。しかし、採用される解決がいつも両者の組み合わせであるとは限らず、片方のやり方だけで解決が構築されるときもある。理論的には、ジョンとメアリーが次回にインスーと面接するときには、メアリーのやり方が最善だと2人ともが確信しているかもしれない。そうなったらインスーは、クライアントの見解を尊重し、知らない姿勢のまま、メアリーの方法がビリーにとって最善であると考えたわけを聞いていくだろう。その後、インスーは息子に対するメアリーの深い理解と行動力にコンプリメントし、一方ジョンにはメアリーの子育ての方針を認める賢さと柔軟性についてコンプリメントするだろう。

複数の選択肢から1つを選べない個人のクライアントにも、この提案を使うことができる。その場合には、クライアントが慎重にかつ注意深く行動していることをコンプリメントすることが大事である。なぜなら、クライアントははっきりしたいくつかの選択肢を前に選択できないことに不安を感じ、落ち込んでいるからだ。例えば自分を罵倒するボーイフレンドと別れるかどうか決めかねているクライアントに、ピーターは次のように言った。

ナディア、まず言いたいのは、あなたがビルとの関係をどうすべきか時間をかけて決めようとしていることは正しいことだということです。あなたのように考え抜く強さを持っている人はあまりいません。ビルはあなたにとって大事な人です。彼はときにはとてもいい人で、一緒に楽しむこともできます。その一方で、彼はあなたを侮辱するのであなたはとても傷つくし、彼が変わるかどうかもわかりません。

次に、あなたが彼にわかってもらおうと努力したことに感心しました。あなたは彼に率直に、このままでは別れるしかないと話したのですから。それは大変なことで、勇気が必要だったでしょう（彼女は同意する）。僕もあなたと同様に、あなたとビルとの関係をこのままにした方がいいのか、それとも別れて新しい生活を始める方がいいのか、よくわかりません。正解を見つけるのは大変難しいので、こういう提案をしたいんです。

毎晩寝る前にコインを投げて表が出れば、翌日はまるでビルはもうあなたの人生の一部ではないかのように過ごしてください。彼とは連絡をとらず、1人になったらすると言っていたように友達や家族と過ごしてください。もし裏が出れば、翌日は彼がまだあなたの人生の大切な一部であるかのように過ごすのです。そうしながら、彼と別れるか関係を続けるかについて、決められるようなことが起こるかどうかに注意してください。もちろん、100%確信を持って決められないでしょうが。次回に、よくなったことを話してください。

いくつか選択肢があり迷っているクライアントへのもう1つのアプローチは、観察提案である。「今、迷っていることがよいことだとわかるようなことに注意をしてください。よいことと悪いことの両方を記録しておいてください」とクライアントに提案する。これは先の提案とは違って、1つの選択肢を選ぶことが解決になるとは言っていない。しかし、先の提案と似ているのは、迷うことは好ましく、望ましいことでさえあると示唆しているところである。

## 次の面接を決める

本章のフィードバックのメッセージが必ず、「次回に、今回以降の進歩について話してください」という言葉で終わることに注目してほしい。ここで使われるメッセージは2回目以降の面接でも使えるが、主に初回面接を締めくくるためのものであることを理解しておいてほしい。クライアントから「もう来る必要がない」と言われない限り、初回面接では、次回の面接を提案するフィードバックで締めくくる。クライアントがその提案に躊躇するようなら、当然のことながらそのことについて話し合う。2回目以降では、面接を続けることが役に立つかどうか尋ね、役立つならば、どのくらいの期間をあけるのがよいか尋ねる。後の章で、このことについてクライアントの考えを知る方法について述べる。

初回面接でクライアントは臨床家の人柄と力量を見定めようとする。つまり、私たちを信用できるかどうか、真剣にどんなことでも一緒に取り組んでいけるかどうかを吟味するのである。そのうえ、大部分のクライアントは、問題解決に2回以上の面接が必要なことも予想している。そうだとすれば、初回面接の終わりに、面接を続ける意味があるかどうかを尋ねると、クライアントは私たちが続けたくないのだと受け取るかもしれない。つまり私たちには役に立つ自信がないか、悪くすれば、クライアントの解決への能力を信じていないととられるだろう。したがって、初回面接の終わりには、クライアントと再び会いたいということと、そのときには何がよくなったかを話してほしいと伝えることを勧める。このアプローチはクライアントの臨床家への信頼を強め、クライアント自身にも自分が変化できるという期待を抱かせる。ときには、初回面接のフィードバックの終わりに「次回の面接はいつが一番いいと思われますか」と尋ねることもある。この質問は、クライアントは自分自身にとって何が最善なのか決定する能力を持っているという信頼と同時に、また会うことが役に立つと信じていることをクライアントに知らせることになる。「またいらっしゃる必要があると思いますか」という質問は、クライアントが自分と臨床家の能力に信頼を置き始める第2回以降の面接で使う。

## 参考メモ・計画書・記録

クライアントへのフィードバックづくりは難しく、困惑するものである。クライアントが話した大量の情報を、短い休憩の間に、先に要約した分類に従ってまとめなくてはならない。解決志向の面接やフィードバックづくりに慣れていない臨床家は、休憩時間にする作業量に圧倒されて、結局、やりなれた方法に戻りがちである。そしてフィードバックを解決志向のやり方で作れるようになるのかと疑問に思うだろう。

ワークショップの参加者や学生は、本書付録の参考メモと計画書を使うと迷わずに済むと言う。全くの初心者には特に有用である。技術を熟知した人には、参考メモと計画書は備忘録として役に立つ。第5章のウェルフォームド・ゴール作りに役立つ質問について述べた個所で付録のなかの参考メモについて触れた。そこには第5章で扱った面接質問の要約といくつかの例を載せている。付録のなかの2つ以上は本章で取り上げた内容にかかわる。1つはフィードバック作りの計画書で、休憩の間に使うことができる。また、他の臨床家や学生がクライアントの許可を得て面接を観察しているときには、面接中に浮かんだ提案のアイデアやコンプリメントを記録するために使える。2つめは、本章で述べた共通のメッセージの要約である。

解決構築による初回面接を行うために必要な基礎的対話法とフィードバックの作り方について、初回面接を展開させる流れにそって述べてきた。まず4章で、名前の呼び方の確認と雑談の後に「どのような援助を望んでいますか」という質問で始めることを述べた。面接の終わり方としては、フィードバックを伝え、（臨床家とクライアントが次回面接をすることにすれば）次の面接予定を決める。付録の計画書には、面接の流れに合わせた細かい手順が示されているので初回面接の指針となるだろう。

この計画書をワークショップの参加者と学生に見せると、使い方についてよく質問を受ける。特に、面接中にこの計画書に記録を書き込んでもよいかどうかを尋ねられる。私たち2人とも面接中に記録をとるが、インスーは計画書を使わず、ピーターは使う。インスーはどの解決志向の手順をどの順番で使うかを直感で決めるが、ピーターは計画書の構成を拠りどころにする。私たちは2人とも、問題、ミラクル・ピクチャー、例外、スケーリングへの答えなどクライアントの言葉を記録する。インスーは白紙を使うが、ピーターは面接状況に応じた記録用紙を使う。クライアントの言葉を書き留めておくと、解決構築の過程でクライアントの見方がどう変化するかを敏感に読みとれるし、面接の終わりのフィードバックをつくるのに必要な情報が得られる。2人ともこのメモをクライアントのファイルに保存し、必要に応じて記録の資料とする。ベンジャミン（Benjamin, 1987）も述べているが、メモをとることについては、クライアントの話を覚えておくために必要なのだと説明すれば、クライアントは了解してくれるものである。

**学習用DVD** クリップ4・5参照

第**8**章

# 2回目以降の面接

## クライアントの進歩を発見し、増幅し、測定する

同じ川に二度足を踏み入れた人はいない。
というのは、その川は同じ川ではなく、また人も同じではないからである。
（ヘラクレイトス、ギリシア哲学者）

いつもそこにいて、私の話に耳を傾けてくれた。いつも私のために時間をとってくれた。
しなければならないことに取りかかるように励ましてくれた。
私を信じてくれたので、なすべきことをはじめることができた。
（BFTCのクライアントが自分の臨床家について述べた言葉）

本書全体を通して私たちが強調していることは、問題を分析するよりも成功と長所を引きだす方がクライアントの解決構築に効果的であるという点である。この強調点は今までに述べた初回面接の手順によく示されている。本章では2回目以降の面接でクライアントの長所をもとに解決を作り上げていく方法を説明する。

2回目以降の面接でも初回面接と同様に、クライアントにとって前よりよくなったことについての対話を始め、それを続ける。つまり前回の面接以降に起こった例外をクライアントに探させるのである。その例外が解決を作り上げていく材料となる。

2回目以降の面接の構成もこの目的にそったものとなる。臨床家とクライアントとの対話によって例外が明らかになると、臨床家は解決志向の手法を用いて、その例外をさらに増幅するようにクライアントを促す。この作業が2回目以降の面接の大部分を占める。そのあとにスケーリング・クエスチョンを使って、クライアントの現在までの進歩の評価と目標づくりが行われる。目標づくりには、クライアントにとっての次の段階をはっきりさせることと、クライアントがもう面接は必要ないと思えるには、生活のなかで何が違ってくる必要があるのかについて考えることが含まれる。そして、初回面接と同様に休憩をはさみ、フィードバックを作り、それを伝える。

本章では2回目以降の面接の構成要素を概観するが、これは付録の「2回目以降の面接の計画書」に要約されている。理解しやすくするために、2回目以降の面接の本質と流れをその計画書と関連づけて説明する。この章では再びアー・ヤンおよびウィリアムズ家の対話を引用する。

## 「よくなったことは？」

2回目以降の面接では私たちはまず「何がよくなっていますか」と尋ねる。ワークショップの参加者や学生はこれを聞いて最初は不思議に思うようである。「前回の面接で出された提案をやってみたかをまず尋ねる方が筋が通るのではないだろうか」と質問されることがある。あるいは『前回に比べて何かよくなっていますか』と尋ねる方が用心深いやり方ではないか」という質問もある。このどちらも私たちが尋ねないのには理由がある。

私たちは次のような理由から、クライアントに提案を実行したかどうかをあからさまに尋ねない。まず第7章で述べた通り、私たち独自の提案によりクライアントの問題が解決するとは考えていないからである。そうではなく、私たちはクライアントとの対話をもとに提案を伝えるが、その提案についてもクライアントこそが専門家であるという見方を持ち続けることが重要である。臨床家ではなくクライアントの方が、その提案が解決作りに役立つかどうかを判断する力を持っている。次に提案に従ったかをあからさまに尋ねないことで、クライアントも私たちも気まずくならずに済む。クライアントが提案に従っていない場合、彼らはその理由を説明しなければならないと思うだろう。臨床家の方は前回にクライアントにその提案をした理由を説明しなくてはならなくなる。第3に第7章の最後で述べたように、クライアントが提案されたこと以上のことをすることがよくある。あるいは、前回の面接直後に何かが起って提案の意味が薄れることもあるだろう。当然ながら、そのような場合には、クライアントが解決構築の方向を変えてしまうこともある（そういうときには、提案を忘れることさえある）。こうした理由から、2回目以降の面接では幅広い可能性を含むおおまかな質問で始める。

「前回以降何かよくなっていますか」という質問で面接を始めないこと。インスーが他の著書（Berg, 1994, p.150）で書いているように、この質問には私たちがクライアントの進歩を疑っているような含みがあり、彼らに進歩したかどうか迷いを生じさせる。したがってディ・シェイザーと同僚（de Shazer et al., 1986; 2007）の勧めどおり、2回目以降の面接では「何がよくなっていますか」という単純な質問で始める。この質問には、たとえそれがどんなに小さな一歩であっても、クライアントには自分が望む目標へ進む能力があると信じる私たちの気持ちが表われている。

2回目以降の面接をこの質問で始める主な理由は、この質問が例外への気づきから解決が作られるという信念を表すからだ。前回の面接以降、クライアントには問題と例外の両方が起こっているはずだが、2回目以降の面接をクライアントにとって最も役に立つこと、つまり起こった例外のなかで気づいていることの質問から始めるのである。

「何がよくなっていますか」という質問に対しては、さまざまな答えを予想していなければならない。バーグ（Berg, 1994）によればクライアントの答えは3群に分けられる。第1のグループは前回よりもよくなったという経験をした人たちで、これが最も多い。すぐに例外を見つけられる人もいれば、臨床家の助けがあって例外を見つける人もいる。第2のグループは「はっきりわかりません」とか「だいたい同じ状態です」と言う。第3のグループはごく少数だが、「悪くなっている」と答える人たちである。

第2と第3のグループのクライアントに対しては、しばらくは同じことを聞き続けるとよい。臨床家に励まされながら、徹底的に探ることで、最初は進歩があるとは思っていないクライアントでも、後になって役立つ例外を見つけることがある。有効な技法の1つは、ある特別の日が、他の日よりもよかったかどうかを尋ねることである。例えば、クライアントが何かがよくなっているのかどうか確信をもてない場合には、次のように尋ねればよい。「わかりました。それでは、この前、お会いしたのは先週の木曜日の午前中でしたね。金曜日は木曜日の午後に比べて、いくらかよくなっていましたか」。次に、「週末は金曜日よりもよかったですか」と尋ねる。こうして、過去のある週について、一日ごとに尋ねていく。このような具体的な質問に対しては、改善を疑問視しているクライアントや状態が悪くなっていると答えるクライアントでも、何らかの例外を見つけることができるようになる。

このように、臨床家がねばり強く対応すれば、ほとんどのクライアントが例外を見つけることができる。臨床家の次の提案は、例外についての会話を始めてそれを続けて、解決の方向へ進むことである。2回目以降の面接の大部分はこのような会話が占めるので、本章ではそのときに使う解決志向の手続きを紹介する。第10章では、面接者の最善の努力にもかかわらず、クライアントが例外を見つけられず失望感が強い状況での面接手続きについて述べる。こうしたケースは、それほど一般的ではない。

## EARS

クライアントが例外を見つけたら、それがどれほど漠然としていて自信がなさそうに聞こえても、臨床家はそれを詳しく探っていかなくてはならない。BFTCの臨床家たちは長年かけて、このための新しい効果的な方法を編み出した（Berg, 1994）。この作業における臨床家の活動の頭文字を集めたものがEARSである。E（eliciting）は例外を引きだすことを表わす。A（amplifying）はそれを増幅することを表わす。まず、例外のときと問題のときの違いをクライアントに説明してもらい、次にどうやって例外が起こったか、そのなかで特にクライアントが果たした役割について探り、例外を増幅する。R（reinforcing）は例外に関する成功と長所を強める。そのために、例外に気づき、慎重に時間をかけて探り、コンプリメントすることが必要である。S（start again）は臨床家が最初に戻ってもう一度、「他に何がよくなっていますか」という質問をする。▼註1

### アー・ヤン

解決志向の2回目以降の面接では、EARSにそった活動が多くなる。この過程をピーターとアー・ヤンとの2回目の面接を通して観察してみよう。

▼註1　「何がよくなっていますか」と尋ねることは例外探しのもう1つの方法であることをすでに理解されたと思う。例外についてのその他の質問法と質問時の注意点については付録の「例外探しの質問」を参照してほしい。

**ピーター**❖アー・ヤン、何がよくなってるかな。
**アー・ヤン**❖うーん、そうね……。
**ピーター**❖どんなことから前よりよくなっていることがわかるだろう？
**アー・ヤン**❖仕事に戻ったの。先週は全く出勤しなかったんだけど。
**ピーター**❖**［仕事に戻ったことが例外になるかどうかと思いながら］**ああ、そう、今週仕事に戻ったの？
**アー・ヤン**❖ええ、今週は仕事に行ったの。
**ピーター**❖**［本人が満足している様子に気づき、成功をコンプリメントして］**そう、よくやったね。
**アー・ヤン**❖ありがとう。
**ピーター**❖それで、今日も仕事に行ったの？
**アー・ヤン**❖7時まで働いて、今終わったところよ。
**ピーター**❖へえ、すごく忙しいんだね。
**アー・ヤン**❖ええ、今週はとても忙しくて12時間労働なのよ。
**ピーター**❖1日12時間も？
**アー・ヤン**❖ええ、それに今週は土曜日も仕事に出るの。
**ピーター**❖土曜日も？
**アー・ヤン**❖ええ。
**ピーター**❖1日12時間、週に6日間働くの？
**アー・ヤン**❖ええ。
**ピーター**❖ということは週に72時間働くってこと？
**アー・ヤン**❖ええ、でも先週は働かなかったから大丈夫。
**ピーター**❖今週は大丈夫でも、来週もそんなに働くつもりなのかな？
**アー・ヤン**❖いいえ、そうはならないわ。今週は雇い主が大きな注文をとったから、それで特に忙しかったの。
**ピーター**❖仕事がすごく忙しいときと、暇なときがあるわけね。
**アー・ヤン**❖ええ。
**ピーター**❖どうやって仕事に戻ったの。
**アー・ヤン**❖気分がよかったから、雇い主に仕事に戻れるって言って。
**ピーター**❖**［例外が引き出されたことを確信し、それをさらに探ろうとして］**それで、目が覚めたとき、気分がよくて仕事に戻れるとわかったのはいつ？
**アー・ヤン**❖月曜日よ。
**ピーター**❖月曜日の朝？
**アー・ヤン**❖とにかく昨日だったわ。日曜はずっと気分が悪かったの。震えがきそうで、そうなるともうやる気がなくなって、横になりたいだけで、よくわからないけど落ち込んでしまって……。
**ピーター**❖**［彼女の見方を肯定し、例外を増幅しようとして］**そうなの。とてもたいへんそうだね。でも、週末に少し気分がいいときもあったって言ったよね。
**アー・ヤン**❖ええ、この週末は元気がでて、夫と私はダンスに行ったのよ。土曜日に結婚披露のダンスに行って、ダンスの最中に気分がわるくなったの。夫が「大丈夫か」と尋ねてくれたので、私は「大丈夫じゃない。外に出たい」と言ったら、彼が「外へ出よう」と言ってくれた。2人で10分ぐらい歩いて、また夫が「大丈夫か？ 家に帰りたいか？」と聞くので、「ううん。家へは帰らない」って言ったの。
**ピーター**❖**［例外について何が違っていたかを探りながら、間接的にコンプリメントして］**「家に帰らない」っていうようなことは、今までと違うの？

**アー・ヤン**❖ええ、それで「ダンスはやめないわよ」って言ったの。どうしても続けたかったから。

**ピーター**❖**［間接的コンプリメントにより強めて、さらに説明を求めて］**はじめに夫の言う通りダンスをやめて、一緒に歩いた方がいいってどうしてわかったんだろう？

**アー・ヤン**❖**［例外とその起こり方の説明を増幅して］**よくわからないけど、たくさんの人がいて、私のせいなのかどうかわからないけど、息苦しくて息ができなくなりそうだったの。神経質になっていたのかどうか、とにかく「1人になりたい」「外に出ましょう」と言って、外をしばらく歩いた。しばらく話をして、彼が「大丈夫か」と聞いたので「ええ、なかへ戻りましょう」って言ったの。

クライアントは通常、例外、例外が起こるのに自分が果たした役割、例外の重要性を表現するのに苦労する。この対話から、アー・ヤンの苦心の過程がよくわかる。ピーターの役割はアー・ヤンをソリューション・トークに集中させることであった。そのために成功と長所を確認しコンプリメントで強めて、さらに増幅させる質問をした。次の部分でアー・ヤンが問題の解決を構築していく上での自分の役割を次第にはっきりと理解していった点に注目してほしい。

**ピーター**❖それはすばらしい！**［間接的にコンプリメントして］**それがうまくいくとわかっていたの？

**アー・ヤン**❖そうじゃなくて、外へ出ただけ。自分をとめることができなかったから。あそこは人でいっぱいだったから、頭を冷やすために外を歩いただけなの。でもその方がよかったみたい。

**ピーター**❖ああ、そのあとダンスに戻ったんだね。それで、嫌な気分も戻ってきた？

**アー・ヤン**❖そう、戻りそうだったんだけど無視してた。でもまた戻りそうになったので、話を続けて無視したの。なんだか……。

**ピーター**❖**［例外が起こる上での彼女の役割をはっきり尋ね、例外を増幅しようとして］**無視するってどうやるの？

**アー・ヤン**❖だって、それが始まると気になってどんどんひどくなるのよ。どんどんひどく、ね。だから私はぱっと払いのける。ぱっと払いのけて忘れるの。他の人に話しかけたり、話しかけてくる人に注意を向けたりして、それを忘れるの。

**ピーター**❖**［クライアントの言葉を取り入れて］**払いのけるときにはどんな違うことをするのかな？　他の人に話しかけるって言ってたけど。

**アー・ヤン**❖話しかけたり、笑ったり、ダンスしたりするだけ。

**ピーター**❖ダンスが好きなんだね。

**アー・ヤン**❖そうなの。

**ピーター**❖得意なのかな？

**アー・ヤン**❖ええ、とても。

**ピーター**❖そう。すごいな。誰にでもできることじゃないよね。それから、あなたは人と話すのが好きなんだね。義妹さんと話すのが好きだって、前にも言ってたからね。**［彼女が例外を起こした方法をさらに増幅させる質問をして］**無視するときには他にどうするんだろう？

**アー・ヤン**❖何か他のことに注意を払うの。でもよくわからないから、自分でも知りたいと思っているの。

**ピーター**❖あなたが知ろうと努力していることはよくわかるよ。

　アー・ヤンが「知りたい」と言ったとき、ピーターは初回面接で彼女が何回か同じ表現を使ったことを思い出した。彼はアー・ヤンがこの表現を初回とは違う意味で使っていることに気づいた。初回面接のなかで彼女は震えがきて、息切れがし、髪の毛が抜けるのはなぜか知りたいと言ったが、それはこうした症状をなくして元気になるために、隠れた原因を見つけなければならないという意味で使っているように思われた（彼女は自分の心や性格が原因ではないかと考えていた）。ところが今は、知りたいという言葉をそれ（たぶん、震えのこと）をコントロールする戦略を見つけるという意味に使っているようである。アー・ヤンは例外のときについて、また、例外を起こす自分の役割をはっきり理解するようになってからは、隠れた原因があるかもしれないという心配を忘れてしまったかのようである。

　アー・ヤンが「知りたい」の意味あいを変えたようなことは、解決構築の面接のなかではよくみられる。クライアントの見方と言葉の意味は時間とともに変わる。しかも劇的に変わることがある。クライアントの見方と意味の変化を捉えようとして、臨機応変で柔軟な姿勢をとる解決志向のアプローチを用いる臨床家は、この変化に気づきやすいものである。

　問題解決に必要なことや問題そのものについてのアー・ヤンの判断が変わり続けていることに注目してほしい。

**アー・ヤン**❖ええ。それで、先週ここの帰りに、図書館へ行って本を1冊見つけたの。不安パニックとか不安発作とかいうものなんだけど。

**ピーター**❖不安発作？

**アー・ヤン**❖それに目を通してたら思いあたる症状がたくさんあったわ。私が経験してるもの、それが症状だと思うんだけど。その本に「心配することが少ないほど健康である」とか、「誰の責任か。あなた、それともあなたの脳？」みたいなことが書いてあったの。たぶん、心配しすぎでしょう。本当に心にとまったのが「心配することが少ないほど健康である」という言葉で、よくわからないけどすごく意味があったの。

**ピーター**❖それが本に書いてあったんだね。

**アー・ヤン**❖ええ。まだ読んでいる途中だけど。

**ピーター**❖「心配することが少ないほど健康である」という言葉があったんだね。それがあなたにはとても意味がある……。

**アー・ヤン**❖ええ、そうなの。それと、「誰の責任か」という言葉も。

**ピーター**❖**［繰り返して］**誰の責任か。

**アー・ヤン**❖「あなたか、あなたの心か」。心だか脳だか、思い出せないんだけど。たしか、自分で自分の考えをコントロールしなければならないという内容だった。あなたの脳があなたをコントロールするか、あなたが脳をコントロールするか。たぶんそこが私の間違いだと思うの。だって、よくわからないけど、本のなかの症状を読んでいると私にあてはまるの。いろんな症状があるけど人に説明しにくくて、それで本を買って読み始めたの。

**ピーター**❖ほう、すごく勉強しているんだね。その本は今、家にあるの？

**アー・ヤン**❖ええ。

**ピーター**❖それはいい。きっと役に立つよ。

**アー・ヤン**❖ええ、勉強しているところ。

**ピーター❖［増幅するためにもう一度尋ねて］**そうだね。もうずいぶん勉強したようだね。他に自分でどんな違ったことをしてる？

アー・ヤンは気分がよくなるためにしたことをすでにいくつか述べ、彼女がそれをどうやってしたかが2人にははっきりした。ピーターはさらに彼女が例外を起こした方法について詳しく説明させた。例外を起こすために自分が大きな役割を果たしていることを彼女が理解しているのは明らかである。また、ピーターはアー・ヤンが自分の能力に自信を持つようになったと感じた。そこで彼は気分がよくなることについての意図的な例外をできるだけ詳しく聞くことにした。

**アー・ヤン❖**信念よ。何をするにも信念がなければできないわ。それで、深呼吸をして「いいかい、どこが悪いかと考えるのはやめなさい」と自分に言うの。私はそうしちゃうタイプだから。すこしパニックになると「ああ、私のどこが悪いんだろう」と思う。「だめよ、それは前の私よ」と言っても、また、もとの悪い考え方を思い出してしまう。そして「あれが起こっていたとき、私はどう考えてたんだろう」って考えて、もっと悪いことを考えるの。「こういうことが起こるだろう。もし、こうなったらとか、もし……」とか。私の心がどんどん、どんどん先走って、まるで……。

**ピーター❖**それでその代わりに、今は何をしてるの？

**アー・ヤン❖**やろうとしているんだけど、どう言ったらいいのかな。［大きく息をする］

**ピーター❖**深呼吸をして？

**アー・ヤン❖**ええ。そして言うの。「いいかい、しなければいけないことをするか、やってることを続けなさい。やめないで」って。だって私はいつもやめてしまって「ああ、私のどこが悪いんだろう」って考え始めるから。今は「だめよ。ただ、続けなさい」って言うのよ。しなければならないことをしなさいってね。まるで私が自分をコントロールしているみたい。

**ピーター❖**そうなの？　これは新しいやり方？

**アー・ヤン❖**ええ、新しいことよ。

**ピーター❖**そんなことができるなんて自分でも驚いたのでは？

**アー・ヤン❖**ええ。一日一日よくなっていく感じ。これは何なのか知りたいわ。どんなことでもやってみるつもりよ。例えば、本を読むとか。「誰の責任か。あなた、それともあなたの心？」。それは私なのね。私がそうしてるの。よく考えてみればそうなのよね。

**ピーター❖**アー・ヤン、それはすごい、おめでとう！

**アー・ヤン❖**ありがとう。その考え方が役に立ったの。全部が自分のせいではないけど、私も自分をコントロールする方法を知らなければならないのよね。今ではそう思うけど、それには時間がかかるわね。

**ピーター❖**そう。それには時間がかかるし、練習もいるし。

**アー・ヤン❖**ああ、練習ね。

**ピーター❖［彼女の成功と長所を強化し、コンプリメントし、例外のなかで彼女が果たした役割に特に焦点をあてて］**そうだね。あなたは努力している、ほんとうにね。あなたの話からすると、深呼吸をすること、そのときしていることを何でも続けること、そしてときにはその場所を離れること、例えば混雑しすぎていたのでしばらくダンスをやめる、といったことをやっていけばいいんだね。

**アー・ヤン❖**混雑しすぎてたわ。たばこを吸う人もいたし。それで「こんなところは嫌だわ。外へ出なければ」と思ったの。

**ピーター❖**なにがいい状態か、どうすればいいかを考えることは、今までになかったことかな？

**アー・ヤン❖**それはどこにいるかによるわ。日曜日には車に乗っていたときにそれが起こったので、「今ここでどうしたらいいんだろう」と考えて、車から外に出られなかったので、窓を開けて……。

**ピーター❖**だから、窓を開けたんだね。

**アー・ヤン❖**ええ、窓をあけたの。気分がよくなることなら何でもするわ。土曜日までおばあちゃんのところに親戚がみんな集まって、話をしていたらまた症状がでたの。それで新聞を取ってそれに注意を向けたの。みんなは笑いながら話してたけど。私はだんだんに落ち着いてきたわ。他の人にわからないようにするので、私がどこか悪いなんて誰も気がつかないと思うわ。

**ピーター❖**あなたは普通、他の人に自分のことを話さないんだね。

**アー・ヤン❖**ええ、話さないわ。

アー・ヤンは先週の例外（前より気分がいいとき）と、気分をコントロールするために自分がやったことをさらに話した。ピーターはそこで、EARSの4番目の頭文字のS「最初に戻ってもう一度」に進み、「他に何がよくなっているか」を尋ねた。アー・ヤンは、不安が来そうなことを他人に言ってよいときとよくないときとがわかってきたと述べた。夫とダンスに行ったときの例外の他に、彼女は義妹とのかかわりについて話したが、そのとき義妹も恐怖心を持っていることがわかったという。アー・ヤンは義妹にうちあけたことが役に立ったことに気づいた。その結果「パニック状態になるのは自分だけではない」し、「人間らしさを見せても構わない」と考えられるようになった。

ピーターがよくなったことについての質問を続けるうちに、アー・ヤンは「わかりません」と言い始めた。そこで、ピーターはアー・ヤンにソリューション・トークを続けさせるために関係性の質問に移り、「ではあなたが前よりよい気分になっているとき、夫はあなたのどんな違いに気づくと思いますか」と尋ねた。アー・ヤンの母親と子どもについても同じ質問をした。関係性の質問から新しい例外が現われることもあるが、そうでないこともある。いずれにしろ、この質問はクライアントが文脈やシステムを考慮に入れて、なんらかの進歩について考えるのに役立つ。次に短い例を引用する。

**ピーター❖**子どもたちについてはどうだろう？　あなたの気分がいいときに、子どもたちはあなたのどんな違いに気づくだろうか。

**アー・ヤン❖**わからないわ。いつもはまとわりつくの。わからないけど。でも、私の気分がよくなったら、子どもらしく遊んでいて、私のことなど見向きもしないと思う。でも、気分が悪いときにはあの子たちは……。

**ピーター❖**子どもたちも心配するの？

**アー・ヤン❖**ええ、遊んでいても何だか、静かで。私を見ながら、ね。

**ピーター❖**今はそれほどあなたを見なくてもいい？

**アー・ヤン❖**ええ、私の気分がいいと、私のことなんか思い出さないみたい。

**ピーター❖**子どもたちが小さいのに、あなたを忘れないで、それでもどんどん遊びに行くっていうことは、あなたにとってはどうだろう。あなたにとって何が違うのかな？

**アー・ヤン**❖そうだったらすばらしいわ。ほんとにすばらしいわ。それが私の願いなの。［涙ぐみ］子どもたちに心配させちゃいけないわね。子どもらしくさせなくちゃ。まだ子どもなんだから心配させてはいけない。

**ピーター**❖「すばらしい」という意味がわかりますよ。［沈黙］まだ話してないことで他になにかよくなったことがあるかな？

**アー・ヤン**❖いいえ。全部話したと思うわ。

## 同じことをもっとする

クライアントが例外を見つけることができたとき、もう一度例外を起こすために何が必要かを尋ねることは有効である。この質問は、どのようにして例外が起きたのかがクライアントにはっきりしないときに特に有効だが、例外を起こすためにしてきたことを話せる場合にも大切である。例えば、ピーターは「気分をよくするためにしたことを続けるにはどうしたらいいですか」と尋ねることができる。あるいは「そういうことを続けるために一番大切なことは何ですか」と尋ねてもよい。ピーターはどちらの質問もせずに、自信をスケーリングすることで同様の情報を求めることにした。

▶学習用DVD―クリップ6参照

## スケーリング

ピーターとアー・ヤンはよくなったことについて話した。アー・ヤンは不安にかかわるいくつかの例外についても、その例外を生じさせる手段についても、はっきりと意識し始めているとピーターは感じた。彼女が次に移る準備ができたと判断して、ピーターは2回目以降の面接の計画書に従いスケーリングを行った。現段階での進歩の状況と自信の程度について彼女の考えをスケーリングしたあとで、ピーターはアー・ヤンのスケーリングへの応答を使って目標を作ろうとした。スケーリングによって、ピーターとアー・ヤンが彼女の進歩と次にすべきことについて認識を深めていることに気づいてほしい。

### 進歩のスケーリング

アー・ヤンが前回の面接以降によくなったことを話し終えたので、ピーターはスケーリングをはじめた。

**ピーター**❖結構。すばらしいな。それではもう一度、数を使った質問をさせてください。いいかな？ 10は奇跡の状況、0はここへ来て私に話そうと決めたときだとして、今週はどのへんだろう？

**アー・ヤン**❖今？

**ピーター**❖そう、今。

**アー・ヤン**❖7か8かもしれない。

**ピーター**❖えっ。7か8？ そうだろうな。気分がよいこととどうやってよくしたかを話してくれたからね。例えば、仕事に戻ったこと、前よりもにこやかになったこと、必要なときに対応する方法を考えだしたことなど、ね。

**アー・ヤン**❖ええ、その通りなの。そうしているつもりよ。

アー・ヤンが選んだ数値はピーターにとって納得のいくものだった。というのは、アー・ヤンは多くの意図的例外を見つけていたので、高い数値を選ぶことは予想できたからだ。もし彼女が低い数値を選んだならば、ピーターはその矛盾についてさらに話し合っただろう。そのような話し合いのなかで重要な新しい情報が出てくることも多い。

## 自信のスケーリング

ピーターは、成果を維持する自信がアー・ヤンにどの程度あるかスケーリングで尋ねた。

**ピーター**❖結構、7か8ですね。7か8を続けるためにやることをいろいろ話してもらったけど、いま、1から10で、1は全く自信がなく、10は大いに自信があるとして、7か8を続ける自信はどのくらいかな?

**アー・ヤン**❖ 9だと思う。

**ピーター**❖本当?

**アー・ヤン**❖ええ。そう言えるのはあることが……。でもわからないなあ。

**ピーター**❖その自信はどこからくるんだろう。それだけ自信がもてると、なんでわかるの?

**アー・ヤン**❖そうなりたい、それを繰り返したいって思うから。

**ピーター**❖**［明らかな長所にコンプリメントして］**そう決心してるんだね。

**アー・ヤン**❖ええ、そうなりたいの。

**ピーター**❖その決心はどこからくるんだろう?

**アー・ヤン**❖わからない。たった今思ったんだけど、こう感じるのはいい気分だわ。ずっと落ち着いていて、もうぶりかえさないといいのに。そう感じられたら前向きになれるの。いい気分になれるの。

アー・ヤンは、最近の進歩を続けることができると感じているものの、その感じを強調するだけで、それがどこから来ているかは、はっきり表現できなかった。自信の根拠を十分に説明するクライアントもいる。彼らは過去の経験について話し、その話のなかに長所がみえてくる。しかしアー・ヤンはそうではなかった。ピーターは「過去に同じように感じたことがあるか」とか「(もしあれば)それが同じように役に立つか」という質問を続けることもできただろう。

## 次の段階

2回目の面接のここまでの話題は、アー・ヤンの例外とそれが解決構築に果たす意味についてであった。2回目以降の面接では、毎回、目標についても考えることが重要である。なぜならば、問題とその解決の可能性についてクライアントの認識が変わるように、目標についての認識も変わるからだ。例えば、前回の面接以降、よくなったことが何も見つからなかった場合には、クライアントは最初の目標は非現実的なので、もっと達成可能なものに修正したいと思うだろう。他方、解決構築の過程で予想以上の成果をあげたクライアントは、新たな目標を追加したいと思うかもしれない。

2回目以降の面接での目標づくりでは、ミラクル・クエスチョンを繰り返し使うことはしない。解決志向の臨床家としては、進歩についてのスケーリング・クエスチョンへのクライアントの答えを使って、容易にかつ効果的に目標づくりに進むことができる。例えばアー・ヤンがスケールの7か8と答えたとき、ピーターは「それが9になれば何が違っているだろうか？」と尋ねることができる。スケールの数値が上がったら生活に何が起こっているかを尋ねることは、次に求めるものを彼女に意識させることになる。ピーターは、スケールの数値を少しずつ上げて彼女が小さな現実的目標に向かうよう促す。

2回目以降の面接での目標づくりは初回面接のそれよりも遅く始まる。というのは、よくなったことについて十分な情報が必要だからである。2回目の面接で30分ほど話した後で、ピーターはアー・ヤンと目標づくりの対話をはじめた。

**ピーター**❖次の段階について少し話をしよう。8になったとしたら、7か8のときとは何が違っているだろう。

**アー・ヤン**❖症状がでたときのことをそれほど怖がらなくなる。考えなくなるというか、忘れてしまうかもしれない。もう、練習の段階は卒業ってことかな。

**ピーター**❖［**クライアントの言葉を使って**］忘れてしまったら、その代わりに何を考えるだろう？

**アー・ヤン**❖もっと健康で、幸せなこと……。わからない。

**ピーター**❖9まであがったら、どうなる？

**アー・ヤン**❖9だって？　今みたいにもっと健康で幸せなことを考えるんじゃないかしら。わからないけど。

**ピーター**❖ということは、今起きていることとほとんど同じようかな。

**アー・ヤン**❖そうね。

ミラクル・クエスチョンは別として、第5章の目標づくりの質問はすべて2回目以降の面接で活用できる。目標づくりの対話をどこまで進めるかは面接の状況による。はっきりしない非現実的な目標を持つクライアントや、前回からほとんど進歩がなかったクライアントは、目標づくりに時間をかけることになるだろう。アー・ヤンのように約30分も進歩やその起こり方について述べるクライアントに対しては、自信があることがわかれば、目標づくりの作業自体も短縮できるはずだ。というのは、そのようなクライアントは進むべき方向性についてはっきりした意識を持っているからである。

ピーターがアー・ヤンに次の段階について尋ねると、だいたいは幸せで健康に過ごすだろうというような漠然とした答えが返ってきた。ピーターはもっとはっきりとした具体的な答えを求めることもできたが、そうはせずに、夫、母親、子どもたちについての関係性の質問により、アー・ヤンに目標づくりを促した。次に子どもたちに関する関係性の質問を使った対話を示す。目標作りをしながら、アー・ヤンが新しい例外について話していることに注目してほしい。関係性の質問により、クライアントがどのように解決構築を行っているかが明らかになり、その解決策が強化されることがわかるだろう。

**ピーター**❖では、8まで上がると、子どもたちはどんなことに気づいて、あなたがうまくやっているとわかるだろう。

**アー・ヤン**❖子どもたちをもっと自由にしてやらなければと思うの。他の子どものようにね。下の子は絶対に私から離さなかった。息子や娘たちになにか起こりそうで、怖かったから。それで「家の前で遊びなさい。

家の前を離れたらだめよ。いいわね」って。同じ年ごろの子は自転車でこのあたりを乗り回しているのに。もう少し遠くまで行かせてもいいと思って「ここから5軒向こうまで、こっちから3軒向こうまで行ってもいいわ。車に気をつけて道を渡るのよ」と言ったの。そしたら土曜日にあの子は行ったの。私は彼を行かせたのよ。

**ピーター**❖**［出てきた例外に注目して］**今までと違うことなの？

**アー・ヤン**❖そう。ほっとしたわ。とても大きな一歩なの。今でも「道を渡ってはだめよ」って言いたい気持ち。

**ピーター**❖**［例外を詳しく知ろうとして］**土曜日には行かせたんだね。

**アー・ヤン**❖ええ。

**ピーター**❖**［彼女の言葉を繰り返して］**本当に？　あの子を行かせたんだね。

**アー・ヤン**❖ええ、道を渡ったわ。

**ピーター**❖それがもう1つの違うことなんだね。

**アー・ヤン**❖ええ。あの子が道を渡ったの。今でもまだ怖いけど、あの子も成長しなくちゃならないしね。

**ピーター**❖彼はいくつなの？

**アー・ヤン**❖ディ・ジャは6歳よ。

**ピーター**❖6つなの。道を渡らせたのははじめて？

**アー・ヤン**❖ええ……。

**ピーター**❖**［直接的なコンプリメント、例外を際立たせるための一言］**すごい！

**アー・ヤン**❖そうなの。泣きたいようで、笑いたいようで、よくわからない。とにかくあの子を行かせたの。何か起こるんじゃないかと、怖くて大変な思いだったわ。

**ピーター**❖本当にたいしたことだと思うよ。

**アー・ヤン**❖私にはできない……子どもが車にはねられる話をよく聞くんで、とても心配になるの。子どもをなくすのは怖いわ。

**ピーター**❖もちろん、そうですとも。

**アー・ヤン**❖あの子が渡るのを見たとき、笑いたいような、泣きたいような気持ちだった。あの子はあんなに大きくなったのに、今でも私のそばにいてほしいの。それは無理だけど。

**ピーター**❖そうかもしれないね。

**アー・ヤン**❖娘は怪我をして縫ったことがあるのよ。子どもは誰でもそうだけど、あの子が走り回っていたら棒があって、お尻に刺さったの。幸せだと思うと、何かがうまくいかなくなる。娘に起きたような悪いことが起こるんじゃないかって考えるわ。でも息子は遊んでいて、大丈夫だった。他の子みたいにあの子を行かせてやったので、気持ちがいいの。あの子にも自信をもたせなくちゃ。

**ピーター**❖わあ、よくやったね。容易なことではなかっただろうに。どうやってそれができたのかな？

**アー・ヤン**❖よその人から「あんたは子どもに何もさせない。行かせてやりなさい。あんたは子どもにくっつきすぎている」って言われたの。

**ピーター**❖**［アー・ヤンの成功にもう一度焦点をあてて］**よその人から言われたことが正しいことで、子どもを自由にしてやることが必要だと、どうやってわかったのかな。

**アー・ヤン**❖他の子どもたちを見ているから。皆、遊んでいるのに、あの子はそれを見ているだけなの。

**ピーター**❖そうなんだね。

**アー・ヤン**❖あの子は仲間外れにされたと思っている。私があの子の立場だったら、仲間外れにされたと感じるわ。だから、しなければならないの。あの子は他の子と同じように自転車を持っているわ。同じ年ごろの他の子は外で遊べるのに、あの子だけ遊べなければ仲間外れにされるわ。

**ピーター**❖あなたは息子さんのために何が正しくて、いいことかをいつも考えてきたんだね。

**アー・ヤン**❖ええ。「いいわ。あんたはあそこの家までは行ってもいいわ。それがあんたの遊べる場所で、そこまでは行ってもいい。でもそれ以上遠くはだめ。ママの目が届かなくなるから」と言ったの。そして、あの子はまだ、言うことをきくからって考えて。「道を渡ってもいいけど、気をつけてね。こっち側は車が多いから行ってはだめよ」って言ったの。あの子はうれしそうで「僕は道に出たんだぞ」と言っているみたいだった。よくわからないけど、いい気分。娘が怪我したときには、走り回っていて棒にぶつかって、何針も縫った。なぜあの子にそんなことさせたのかって、また思いたくないの。義妹は「うちの娘は脚も折ったし指や腕もけがしているわよ。いろんなことが起こるけど治りゃいいのよ」って言うけど。

**ピーター**❖いろんなことがあるよね。

**アー・ヤン**❖よくわからないけれど、何かしら怖いの。何かまた起こるかもしれないと思って。でも私がさせなければ成長できないし、自分でできるようにはならない。子どもたちは私がやり方を教えるので私にそばにいてほしがるけど、私はあの子たちに自信を持ってほしい。そうしようと努力してるわ。

**ピーター**❖**［子どもたちのために最善を尽くそうという決心を増幅し、コンプリメントして］**なるほど。子どもたちを自由にさせたいと思っているのがよくわかるよ。自信を持たせるためにね。とても子どもたちを大事に思っているんだね。

**アー・ヤン**❖ええ。子どもたちを愛してるから。

ピーターとの対話でアー・ヤンは「子どもたちを愛してる」という結論にたどり着いた。ピーターはアー・ヤンが子どもたちを愛していることを褒めるのではなく、彼女が自分の長所を自ら表現できるような質問をした。これが真のエンパワーメントである。この過程のなかで、クライアントは自分がどのようにいい人間で有能であるかを主張できるようになる。

**—▶学習用DVD—** クリップ7参照

## 終結

解決構築の面接では、初回面接からクライアントとともに終結について考え、これに向かって努力する。初回面接の最初の目標づくりの質問（「あなたの生活がどう変われば私に会いに来られた甲斐があったと言えるでしょうか」）がこの態度をあらわしている。この姿勢は2回目以降の面接でも続けられる。

2回目以降の面接では、進歩についてのスケーリング・クエスチョンへのクライアントの反応を使って、有効にしかも自然に終結を話題にできる。目標に向けて話し合った後、終結についての会話を次のように始める。「どの数字になったら、ここへ来て私と話す必要がなくなりますか」。次にピーターとアー・ヤンとの対話を引用する。

ピーター❖それでは次の質問をしたいんだけど。今、あなたは7か8だけど、どうなったらもうここへ来なくていいことになるかな。

アー・ヤン❖心配しなくなること、わからないけど、悪い方に考えなくなることね。そして自分に満足できるようになることね。

ピーター❖それを数字で表わすとどうなるかな。今あなたは7か8だけどそれで十分かな。7か8でやっていける？

アー・ヤン❖ええ、ええ。いまは自信があるわ。よくわからないけど、もっと低いときには自信がなかった。なにか怖くて、前向きになれずに怖い方が強かった。でも怖さを追い払えばいいのよ。あの本が役に立つ……そして自分のことを話すことが……。

ピーター❖話すことも役に立つんだね。

アー・ヤン❖人と話すと、わからないけど、なんというか誰とも話さないと、誰も私のことを聞いてくれないという感じになる、誰もね。

ピーター❖ひとりぼっちの感じ。

アー・ヤン❖ええ、私はひとりぼっちで、身動きがとれずとてもさびしかったけれど、今は人と話せるの。義妹は「気分がよくないって聞いたけど、あなたは心配しすぎよ。考えすぎない方がいいわよ」と言うの。今では人と話すし、誰とでも話せるみたい。以前は私が話さなかったので、ひとりぼっちだったんだと思う。今では私が話すので、人と心配事を打ち明けあったり……。

ピーター❖あなたの方から人に働きかけるというのは、以前とは違うことなのかな？

アー・ヤン❖［自分の問題の概念を拡大して］ええ、前とは違うわ。いつも私は聞くだけで話さなかったけど、それも私の問題かもしれない。話さないで、何でも心のなかにしまっちゃう。でも今は話すようになって、「誰かが聞いてくれる」と思うと前より楽な気分だわ。

ピーター❖なるほど。とてもよくわかるな。なるほど。このことではずいぶん考えたんだね。

アー・ヤン❖私はよくなりたいの。全部よくなるといいんだけど。

ピーター❖ああ、大変な努力をしたんだね。では、どの数字になったらもうここへ来なくてもいいだろうか。私にはそれがまだはっきりしないんだ。

アー・ヤン❖症状がなくなってほしい。症状っていうのは、わからないんだけど、そうなるの……小さな発作みたいで……。弟がてんかんで、発作のときには何も覚えてないの。でも私は何が起きているのかわかっているの。でも、夢みたいなの。どうなっているか考えようとするほど悪くなる。そんなふうに感じるときは、そのことを考えないようにして、距離をおくの……。自分でそれをコントロールできるかどうかをつきとめようとしてるみたい。こうさせているのは私なんだけど……とても変で……。

ピーター❖あなたは今、コントロールするのに必要なことをいくつかやっているね。

アー・ヤン❖ええ。今ではしようと思えばコントロールできるってわかったから。

ピーター❖7か8の状態を続け、自信を持ち続けるには何が一番大事だろう？

アー・ヤン❖わからない、私は考えをまとめたいの。こんなふうに思わせるのは本当は、私なんだわ。そう、私なのよ。だからどういうことか知ろうとしているんだけど、わからないの。人には、疲れてるんだとか、怠け病だとか言われるけど、でも自分でたくさん背負い込みすぎた、それが私の問題なんだけど、それを前向きには考えられないの。誰かに教えてもらわないと……。どうやって……。

**ピーター❖**なるほど。それではこれから休憩をとって、あなたが話してくれたことについて考えたいけど、いいかな？［アー・ヤンうなずく］なにか他に私たちが話しておくことはない？

**アー・ヤン❖**いいえ、全部話したわ。

アー・ヤンはピーターに数値を答えなかったが、気持ちよく自信を持って面接を終結させるためには、何が変わらなければならないかを確かに考え始めている。彼女は症状がなくなってほしいと言ったが、症状の重さは彼女自身と大いに関係があると考えはじめているようで（「こんなふうに思わせるのは本当は、私なんだわ」）、それをコントロールできるとも考え始めていた（「今では、しようと思えばコントロールできるってわかったから」）。アー・ヤンにはまだどの数値になれば終結するのかを判断する準備ができていないとわかったので、ピーターはアー・ヤンに数値を出させずに休憩をとり、フィードバックを用意することにした。彼のここでの決断は大きな意味がある。つまり、クライアントがある時点で自分の見方を説明できなくなっても、臨床家はその状況を受けいれ、敬意を持って対応しなければならない。いつもの通り、質問という種を蒔いておけば、クライアントはあとでそれについて考えるだろう。

## 休憩《ブレイク》

ここで付録の「フィードバック作りの計画書」を見てほしい。この計画書にアー・ヤンとの2回目の面接情報をもとにして基本線、コンプリメント、ブリッジを書き込み、それを実際にアー・ヤンに話しているつもりで声に出して読んでみよう。次に、休憩中にピーターが考えた内容を読み、あなたのフィードバックと比べてみよう。

ピーターは、アー・ヤンとの2回目の面接で、解決構築の過程でクライアントの見方がどれほど変わるかを改めて感じた。初回面接では、アー・ヤンは自分を苦しめる問題には、脱毛、震え、過呼吸のような怖い症状を引き起こす不明の原因があると話していた。2回目の面接終盤には、問題はアー・ヤン自身と彼女の選択の仕方であると定義が変わった。彼女の見方や定義、意味は時間の経過と他の人（夫、母、義妹、子どもたち、ピーター）との相互作用を通して変化しているようだった。

休憩中にピーターが基本線を捉えるためには、それほど時間は必要なかった。彼は問題（パニック状態）と彼女の願望（怖さを減らす）は変わっていないと考えた。2回目の面接が終わりに近づいたとき、アー・ヤンは自分が問題の一部であり、またその先の解決の一部でもあることをはっきりと意識したようである。ピーターはまた、初回面接以降のいくつかの例外に注目した。アー・ヤンの説明によればそれは意図的例外であった。遂にアー・ヤンはウェルフォームド・ゴールを作り上げたように思われた。というのは、彼女は自分が意図的例外を成功させたと感じていたからである（「しようと思えばそれ（パニック状態）をコントロールできるってわかったから」）。また、例外を起こすためにしていることを、繰り返す意欲が十分にあるように見えた。そこで、ピーターは同じことをもっとするように勧めることが基本線になると判断した。彼はコンプリメントとブリッジを書き出し、次回の日時をアー・ヤンに決めてもらうことにした。これでフィードバックを伝える準備が整った。

## フィードバック

### コンプリメント

**ピーター**❖アー・ヤン、あなたが話してくれたいろんなことを考えてみんだけど、これまで起きたことと、そのことからわかるあなたの長所に感銘を受けている。1つはあなたがとても工夫できる人だということ。先週いろんな方法で嫌な気分を払いのけたし、自分でいろいろやってきたね。例えば、ダンスを一時やめて部屋を出るとか、休憩して空気を吸うとか、窓を開けて深呼吸するとか、義妹さんとよく話をして打ち解ける、などのようにね。

**アー・ヤン**❖［微笑みながらうなずいて］ええ。ありがとう。

**ピーター**❖あなたが自分のパニック状態について勉強したいと思って、本を読んだことにも感動している。それも自分でやっていく1つの方法だね。あなたは知識を身につけようとしているし、あの本から本当に意味のある知識を得たね。例えば「誰の責任？」とか「心配することが少ないほど健康である」とか。

**アー・ヤン**❖ええ。そうなの。

**ピーター**❖あなたは勇気もあるしね。一度仕事をやめたのに勇気をだして戻ったんだからね。これはたいしたことだよ。なぜなら、あなたはよくなってるにしても職場はどうなってるかわからないんだから。自分で責任をとるというのはとても勇気がいることなんだ。まして、孤独から抜け出すために誰かに話しかけるというような新しいことをするには、もっと勇気がいる。ディ・ジャに道を渡らせるというような違うことをさせるのもそうだ。あれは大きな一歩だった。あなたにはその勇気と強さがあったんだね。

**アー・ヤン**❖ええ、そうだったと思う。

**ピーター**❖だから、あなたが7か8と言うのは当然だね。［一呼吸おく］そしてあなたは行動力だけでなく、注意深さもあるので、二重に感服した。

### ブリッジ

**ピーター**❖アー・ヤン、あなたの「こんなふうに思わせるのは私なんだわ」という言葉に賛成だ。解決の大部分はあなた次第だという考え方にも賛成だ。

### 提案

**ピーター**❖だから、自分のためになるとわかったことを続けてほしい。そして、もう少しよくなるために、あなたが他にどんな役に立つことをしているのかに注目してほしい。

**アー・ヤン**❖［うなずきながら］ええ。ええ。

ピーター❖次はどうしようかと考えているんだけど、また話にくるのはどうだろう？

アー・ヤン❖来ないで済めばいいんだけど、まだわからない。自信を持ちたいけど、またあれが起こったらと思うと……。

ピーター❖なるほど。あなたの話からそう思ってたんだ。じゃあ、いつにしようか。1週間後、2週間後、3週間後、それとも？

アー・ヤン❖2週間後にするわ。

ピーター❖それがいいね。そうしよう。

アー・ヤン❖ありがとう。それでいいわ。

## ウィリアムズ家との2回目の面接

ウィリアムズ家との2回目の面接は、数人の家族メンバーと同時に話す例である。インスーは家族1人ひとりの見方を取り上げると同時に、1つの単位としての家族の長所を明らかにしている。

### 「よくなったことは？」

グラディスは彼女の4人の子どもたちと一緒に、インスーとの2回目の面接にやって来た。グラディスは初回面接で話した通り、弟のアルバートを実家に帰し、今回は彼を同行させなかった。インスーはまず「この前会ってから何がよくなっていますか」と尋ねた。グラディスは、母親も家に帰し、彼女と子どもたちは救世軍の家族キャンプで泳いだり、釣りをしたり、他のレクリエーション活動をして1週間を過ごしたと答えた。グラディスも子どもたちもそこで楽しく仲よく過ごしたとのことだった。そこでインスーは家庭での家族の相互作用に焦点を移した。

インスー❖［例外を探して］それで子どもたちが仲よく過ごしているときはどんな様子かしら。

グラディス❖こうなってほしいと思うきょうだいのようだね。ケンカもせずに一緒に遊ぶし、私が見張ってなくてもいいんだ。でもそれは外にいるときだけで、家のなかでは目が離せない。

インスー❖［もう一度最初の質問に戻り例外について尋ねて］そう、それで、仲がいいときの子どもたちはどんな様子かしら。

グラディス❖平和だよ。

インスー❖［すぐに理解して、クライアントの言葉を取り入れて］あの子たちがきょうだいのようだと言ったけど、どういう意味かしら。

グラディス❖ケンカをしないの。つまらないことに文句を言ったり、口ゲンカをしたりしないわ、マーカスはいつも口ゲンカしているの。

インスー❖彼が口ゲンカしないときはどんな様子かしら。

グラディス❖わからない。マーカスがこのテレビゲームを手に入れたとき、あの子はそれを独り占めして他の子たちといつもケンカしてた。私はそれを居間に置きたかったのに彼が嫌がったんで、自分の部屋に置かせることにしたんだ。他の子たちは日中はいないから彼は一日中それで遊べる。きょうだいたちが帰ってきたら、使わせてやればいいのに嫌がってね。

インスー❖そうなの。あなたはマーカスに他の子たちにも使わせてやってほしいのね。［マーカスに例外を尋ねて］あなたはどう？　ときには誰かと仲よくしているでしょう？

**マーカス**❖ああ。

**インスー**❖そうね。誰と仲よくするの？

**マーカス**❖僕は友達とは仲よくできるし，ときどきはオフィオンとも仲よくやれるよ。

**インスー**❖どうやっているの。

**マーカス**❖そうだな，友達と，友達とは誕生パーティーに行ったりなんでもするよ。ボーリングやバスケットボールや野球の試合にも行くんだ。ゲームセンターのような所はオフィオンたちは行けないんだ。小さいからね。僕は行くと楽しいけど。

**インスー**❖**［間接的にコンプリメントして］**そうなの？　マーカスが行く所から文句は聞かない？

**グラディス**❖いいや。家のなかでの時間のことで文句があるけど。あの子が外でどうやって誰と遊べてるのかさっぱりわからない。あの子は私たちと暮らさなきゃならないのに，弟たちと遊べないんだよ。これがわからないわ。

**インスー**❖**［彼女の見方を肯定して］**そうね。それは困るわね。

**グラディス**❖**［プロブレム・トークに戻って］**ええ。自分の弟と妹なんだから，一緒に暮らさなければならないのに。大きくなったらきょうだいの助けが要るときもあるし。でも，あの子は弟や妹なんかいらないって言って，よその同じ年頃の子がいる家で遊びたがるんだ。でもオフィオンは10歳で，あの子は12歳なのに。

**インスー**❖じゃあ，あの子たちがどうなるかが心配なのね。ケンカしすぎることや，仲よくやっていけるかってことが。

**グラディス**❖ええ。それが大きな心配だね。

**インスー**❖わかったわ。あの2人は普通の12歳と10歳の兄弟よりもケンカが多いと思うのね。

**グラディス**❖ 2人じゃなくて，マーカスのことなの。あの子はよくケンカするし，言うことをきかないから。

**インスー**❖彼が他人の言うことはきいて，あなたの言うことはきかないっていうのは，どういうことかしら。

**グラディス**❖反抗だね。「お母さんを試してみよう。どこまでやらせてくれるか見てやろう」っていうことだろうね。私はそう思うよ。

**インスー**❖あなたはそう考えてるのね。**［例外探しを続けて，オフィオンについて尋ねながら］**彼は妹たちに優しいときもあるかしら。

**グラディス**❖よくあるよ。

**インスー**❖そうなの。そのことを話してちょうだい。あなたが妹たちにやさしいときのことを話してみて。

**オフィオン**❖妹たちが僕と遊びたがるときは遊んでやるんだ。

**インスー**❖あなたが？　本当にそうなの？　彼があなたたちと遊ぶの？［オレインカとアエシュに］あなたたちはお兄ちゃんと遊ぶのが好き？

［彼女たちは頷く］

**オフィオン**❖マーカスとより僕と遊ぶ方がおもしろいみたい。だって，彼はいつも部屋で1人でテレビゲームをしてるんだもの。

**インスー**❖**［マーカスの行動の例外を探して］**それじゃあ，この3人がいなくてあなたとマーカスが家で2人きりのとき，何が起こるの？

**グラディス**❖そのときは私は寝に行って，あの子は自分の部屋か家のなかで行きたいところへ行く。私とあの子以外に誰もいないから。

**インスー**❖そのときの彼には問題はないのね。

**グラディス**❖ええ。彼は外へ行って、自転車に乗るか、ゲームセンターに行くかするんだ。でもときどきは彼にテレビの音を小さくしろって言わなきゃならないけど。

**インスー**❖**［例外のときに何が違うかを尋ねて］**どうやってそのときは問題が起こらないの？

**マーカス**❖家を僕が独り占めしてるようなもんだからね。ママは普通は僕に仕事を言いつけないし、皿を洗うのが僕の番だとわかってたら、たぶん皿を洗ってからママに「自転車に乗ってもいい？」って聞くんだ。だってママは僕がどこにいるか心配するから、だまって外へ行っちゃいけないんだ。ママに聞いてから遊びに行くんだ。

**インスー**❖**［コンプリメントして］**そうなの？　あなたは、ときどきお皿を洗うの？

**マーカス**❖僕たちはみんな皿洗いをしなければいけないんだ。順番でね。

**インスー**❖まあ、あなたたちはみんなお皿を洗わなくちゃいけないの。あなたはしないんでしょう。えっ、あなたもするの。本当に？

**オフィオン**❖僕たちはみんな皿洗いをするよ。

**オレインカ**❖順番でね。

**インスー**❖**［グラディスにコンプリメントして］**あなたは上手にしつけているのね。

**グラディス**❖あの子たちは皿洗いが大嫌いなんだよ。

**インスー**❖**［コンプリメントを続けて］**でも、するのね。

**グラディス**❖ええ。

**インスー**❖**［グラディスの子育ての成功を強調して］**嫌いな皿洗いでも、ちゃんとやるのね。

**グラディス**❖ええ。でもいつもきれいにできているとは言えないね。

**インスー**❖もちろん、そうでしょう。でも、すごいわ。あなたは子どもたちを本当に上手にしつけたわね。

**グラディス**❖そう言われると、うれしいよ。

**インスー**❖この年でそんなことができる子どもたちはそうはいないでしょう。

**グラディス**❖本当に？

**インスー**❖**［家族が一番難しい問題と思っていることについて例外を探して、マーカスとオフィオンに］**あなたたち2人が仲よくやっているときはどんなふうなの。

**マーカス**❖ええと、ときどき……、絶対起こらないと思うけど、でもときどき、僕たちは外で遊ぶこともあるよ。僕とトニーはゲームをするんだ。ゲームに飽きると別のゲームをやろうって、フットボールの投げ合いをするんだ。

**インスー**❖まさか。本当にそうするの？

**マーカス**❖ときどき、僕たちは一緒にテレビゲームで遊ぶよ。ときどきね。

この時点でインスーは、ウィリアムズ家の人々が成功と長所を認識したと感じた。彼らは家族でキャンプに行き、3人の子どもたちは一緒に過ごして楽しかったと話した。グラディスは自分を支えてくれない拡大家族の人々との境界をはっきりさせたようだった。またグラディスは、責任感があり、家事を手伝い、お互いに仲よくするように子どもたちを育てたいと望んでいることをはっきり示した。グラディスはこの家族のリーダーであり、家族をまとめる人物だとインスーにははっきりわかった。この時点でのグラディスの最大の悩みはマーカスの反抗だったが、インスーはそれを一時棚上げにして、グラディスの長所と成功に焦点をあてようと決めた。

**インスー**❖**［彼女が家族をよくしていることにコンプリメントし、どうやってそうしているのかを尋ねて］**さて、ウィリアムズさん、あなたはこんなにいい母親になろうってどうやって考えたの。

**グラディス**❖考えたわけじゃないよ。私がされたように子どもを扱いたくなかったから。それで、何とか子どもを虐待しないようにと考えたんだ。そこから始まったんで、何も計画したわけじゃないよ。だって子どもはほしくなかったんだから。

**インスー**❖それで何とかしていい母親になろうと心がけてきたのね。

**グラディス**❖ええ。

**インスー**❖いい母親になろうと本当に努力しているわね。

**グラディス**❖父親が子どもたちを虐待してから、もっと注意してみてやらなきゃと思うようになって、今ではどこへでも連れて行くんだ。前は、父親がいれば私が連れて歩くことはないと思ってた。冬に請求書の支払いに行くときも、車がなかったんで父親に子どもたちをみてもらってたんだけど、その間に父親はひどいことをしてたんだ。もし気づいていれば連れてったのに。

**インスー**❖**［すぐに2人だけで話した方がいいと気づき］**ええと、あなたたち4人は待合室に行って待っててもらえるかしら。お母さんと話したいから。いいでしょう?

**グラディス**❖グッドバイ、オルヴォワ。

**マーカス**❖ボンジュール。

**グラディス**❖ボンジュール、ボンジュール。

**マーカス**❖ボンジュール。

**インスー**❖「ボンジュール」ですって。

**グラディス**❖ええ。あの子たちはフランス語を習ってるの。

**インスー**❖すごいわねえ。**［マーカスに焦点を戻して］**マーカスはとても機転の利く子なのね。

**グラディス**❖ええ、そう思うわ。Aが最高の成績だけど、あの子はAの方がBよりも多いんだよ。

**インスー**❖すごいわ。自慢の息子さんね。

**グラディス**❖**［他の成功例や長所を示して］**ええ、私はあの子の成績に満足してる。あの子はよくやってるんで、できるだけ勉強を手伝ってる。私もまた学校へ行き始めて、先生たちはあの子と同じレベルのクラスに私をいれてくれたんで、私が教わることを少しあの子に教えてやれるんだ。

**インスー**❖それに彼はとても感じのいい話し方をするわ。自分のことを上手に説明できるのに気がついた?

**グラディス**❖あの学校で、正しい話し方を教えてくれてると思うし、私も家で教えてるよ。あの子がいつも言うような「できねえ」とか「そうじゃねえ」とかいう言い方は［くすくす笑いながら］言葉じゃないって言ってやるの。そうするとあの子は怒って辞書を取りに行って、それは言葉だって言い張るけど、あの子にそんな言葉遣いをさせたくないの。

**インスー**❖彼は辞書を取りに行って、それは言葉だと言ってあなたに見せるの?

**グラディス**❖ええ、それが言葉だって私に見せるためにね。

**インスー**❖そう。彼は本当に機転の利く子なのね。

グラディス❖ええ、そう思うよ。

インスー❖機転の利く子を育てるのは難しいって知っているでしょう?

グラディス❖そうだね。ありがたいことに私にはできるよ。

インスー❖ええ、本当にありがたいことにあなたにはできるし、それをやり遂げたいのね。

グラディス❖ええ。子どもたちを大学に行かせたいんだ。マーカスは美術の方面に。彼はできたら大学へは行かずに美術学校に行きたいらしい。

インスー❖そうなの。

グラディス❖そう。オフィオンはリムジンやキャデラックに夢中で、大学へなんか行きたくないんだ。

インスー❖あの子の年齢なら無理もないわ。

グラディス❖私は「そういうものがほしけりゃ大学へ行かなければならないよ」と言ったら「もしそうなら行くよ」と言うの。でも、オレインカとアエシュはまだわからない。

インスー❖ええ、あの2人はまだ小さすぎるわ。もうしばらく待たなければね。**[コンプリメントして]** すごいわ。あなたは子どもたちに大きな望みを持っているのね。

グラディス❖そうだね。

インスー❖**[間接的にコンプリメントし、彼女の長所の源について尋ねて]** あなたはどこでそれを学んだのかしら。

グラディス❖学んだんじゃないよ。何かを学んだとすれば、経験からだね。マーカスを産んだときは15歳で、学校に行きたかったので続けて行ったけど、オフィオンのときは苦労したね。母に家賃として1カ月に100ドル、マーカスをみてもらうために1カ月50ドル、そのうえ食料切符全部を渡してた。オフィオンを妊娠したとき、母はもう1人赤ん坊をあずかるのは嫌だと言ったんで、私は学校を続けたかったんだけど……。

インスー❖そんなときでさえあなたは大きな望みを持っていたのね。

グラディス❖ええ。できれば学校を続けたかったんだけど、母はもう手伝うのは嫌だと言ったんだ。それならもういいと言ったら、自分で住むところを見つけて出ていけと言われたんで……。

インスー❖あなたはそれ以来ずっと自分でやってきたのね。

グラディス❖結局、出て行けなかったんだ。私が出てったら、母は警察を呼んで連れ戻したんで、18になるまでは出られなかった。18歳で引越したけど、お腹の子をいれて3人の子持ちだった。

インスー❖ずいぶんきびしい生活だったわね。大変な苦労をしてきたのね。

グラディス❖ええ。子どもたちには私のような経験は絶対にさせたくない。そのためならなんでもするよ。

インスー❖そうだと思うわ。

グラディス❖今、あなたと話しているように母と話したかったんだけど、彼女は聞きたくないって……。

インスー❖**[グラディスがどうやって成功したかを詳しく知ろうとして]** あなたはお母さんとの間でいろいろなことがあったのに、お母さんの言うことをきかないと決めたのは、どうしてかしら?

グラディス❖私は母と一緒に暮らしてきたから、もし言いなりになったら、私の人生も彼女と同じようになるかもしれないと思ったからね。

インスー❖**[悪循環を断ち、自立する決心を強調して]** お母さんとは違う人生にしたかったのね。

グラディス❖そうなんだ。

**インスー**❖それにどれくらい成功しているかしら？　あなたの人生はすでにどのくらいお母さんの人生と違っているかしら？

**グラディス**❖私は自分の家を持っていて、威張る男はいないし、自分だけの子どもたちがいるわ。子どもに何かを頼めば、まず嫌とは言わない。たまに脅さなくちゃならないけど、だいたいは頼めばやってくれる。それに少しだけど預金もある。今日わかったけど40ドルあるんだ。着るものもあるんで人から借りなくていいし、風呂に入ろうと思えば、化粧品や石けんやシャンプーもあるし。

**インスー**❖あなたはその年でもうお母さんよりもいい生活をしてるのね。**［彼女の長所をさらに認識させようとして］**こんな望みをどうやって持つようになったのかしら。

**グラディス**❖私は何とかして家を出たかったからね。父はずっと私を犯していたのに、母は信じてくれなかった。父は母に言いつけるなと言って私を殴ったし、母も私が父のことでウソをついてると言って殴ったから、そんな家を出たかったんだ。私は「家を出れば何とかやっていける」と自分に言い続けた。この町にきてから、私と夫は――彼は3週間無収入だったので――歩き回った。食料配給所の場所とか子どもたちの洋服を買う店とか、ボランティアをして物を手に入れる方法などを教えてもらったよ。私は読み書きはよくできないけど、やり方さえ教えてもらえれば、私も家族も何とかやっていける。先週母が訪ねてきて、帰り際に一緒に暮らしたいと言ったけど私は断ったよ。

**インスー**❖**［間接的にコンプリメントし、例外について尋ねて］**そうしたくないということがどうやってわかったの？　お母さんがあなたと一緒に暮らしたいと言ったとき、どうやって断れたの？

**グラディス**❖［ため息をついて］夫は今、ハーフウェイ・ハウス［中間施設］にいて、彼は……。

**インスー**❖ハーフウェイ・ハウスにいるのね。

**グラディス**❖ええ、彼は子どもたちにあんなことをしたんで。私からすればそれがスタートで、結局それが彼のためになるだろうって言ったんだ。父よりはましだよ。子どもたちが独立してから夫と同居するか、その前に同居するかなんだけど、母が一緒に暮らしていればどうせ反対するだろう。それが嫌なんだ。だけど、母は今も父と暮らして、父は1日も服役してない。私や妹や叔母を犯したあの男とまだ一緒にいるのに、母が私に、刑期を終えた夫と暮らしてはいけないなんてよく言えるわ。だから言ってやったんだ。「夫が帰ってくるかもしれない」って。母は夫を嫌っているし、私はまだ彼の妻だからね。私は母に「ややこしくなるから、自分の家をもちなよ。そしたら私の夫に会わなくて済むから」とも言ってやった。

**インスー**❖よく言えたわね。あなたは夫が帰ってくることについて、ここで話したいかしら？

**グラディス**❖ええ。

**インスー**❖じゃあ、次回にそれを聞きましょう。

**グラディス**❖それでいいよ。

**インスー**❖それじゃ、ここでチームと話したいので5分ほど時間をとりたいの。いいかしら？

**グラディス**❖かまわないよ。

## 休憩

インスーはスケーリングによる進歩の測定も目標づくりもしなかった。しかし、例外と長所について質問したので、グラディスが困難な状況のなかで、子どもたちや拡大家族にうまく対処していることが明らかになった。夫が釈放されそうなことがもう1つの問題だった。彼は子どもたちを虐待したことがあり、今は中間施設にいて釈放を待っている。

ここで時間をとって、ウィリアムズ家があなたのケースだとしたら、どんなフィードバックを伝えるか考えてほしい。7章のガイドラインにそってコンプリメント、ブリッジ、(適当なら)提案を組み込んだフィードバックを作ってみること。インスーとチームは次のようなフィードバックを伝えた。

## フィードバック

### コンプリメント

**インスー❖**チームのメンバーから、あなた方4人がとてもお行儀がいいのに本当にびっくりしていることを伝えてほしいと頼まれたわ。ここでじっとして、話をするって退屈よね。大人のおしゃべりなんて退屈なものだけど、本当によくやってくれたわ。チームのメンバーが言うには、あなた方は本当はとても優しい子に違いないって。マーカスに特別に伝えてほしいって頼まれたことは、話が上手で賢い子だってことなの。[グラディスに向かって]そのうえ大事なことは、あなたがそれぞれの子どものいい点を知ってることよ。

**グラディス❖**ええ。

**インスー❖**あなたはそれぞれの子どものことを知ってるし、その違いもね。

**グラディス❖**ええ。

**インスー❖**それと、あなたが1人でとてもよくやってきたことも、もう一度伝えておきたいの。

**グラディス❖**ありがとう。

**インスー❖**大変だったでしょうね。

**グラディス❖**ええ。今でも苦労してるよ。

**インスー❖**今も苦労しているのね。まだ先も長いし。

**グラディス❖**そうだね。

**インスー❖**でも今までよくやってきたわね。

**グラディス❖**ありがとう。

**インスー❖**そして、本当にいい子どもたちよ。あなたが愛情を持って育てたし、子どもたちの成功を望んでいるからだと思うわ。

**グラディス❖**ありがとう。

**インスー❖**さあ、あなたがたはこれからもずっと、今のようにいい子でいてね。いいわね。それじゃあ、私はお母さんともうしばらく話をしたいから、外で待っていてね。

**グラディス❖**オールヴォワ。ボンジュール。

**アエシュ❖**ボンジュール。

**オレインカ❖**ボンジュールだって? ばっかみたい。

**グラディス❖**[笑いながら]ばっかみたいだって。ただじゃおかないから。

**インスー❖**[笑いながら]本当にいろいろな苦労を乗り越えてきたのね。あなたは子どもたちをどう育てたいのかをちゃんと考えていて、子どもたちには自分が経験した苦労をさせたくないのね。あなたはもうりっぱな母親だわ、まだ先は長いけどね。あなたはお母さんから褒められたことがないのに、それぞれの子どもの長所をちゃんとわかってるなんて、本当に驚くわ。

**グラディス**❖ええ。

**インスー**❖そのうえ、あなたはどうしたらそれぞれの子どもが長所を伸ばせるか考えているわね。

**グラディス**❖**［他の成功例をあげて］**ええ。1人ひとりの子どもをじっくりみてるとできるの。例えばオフィオンには読むことと算数をみてやると喜ぶから、彼のために何冊か本を注文したんだ。

**インスー**❖ええ、そうなの。あなたはお母さんからそんなことをしてもらったことがないのに、やり方をちゃんとわかってるのね。本当にびっくりするわ。

**グラディス**❖ええ。

**インスー**❖自分の経験を子どもたちのために役立てているのね。

**グラディス**❖そうだね。

**インスー**❖自分で身につけたのね。

**グラディス**❖自分がされたのと同じことをしたんだと夫が言ったときには、なぜだかわからなかったよ。だって私も同じことをされたけれど、そうは思わなかったから。

**インスー**❖その通りね。

**グラディス**❖私にはわからないんだけど、彼はそう思ってるみたい。

**インスー**❖そうね。そのことは次回に話しましょう［一息つく］。あなたはとても上手にやり繰りのできる人ね。若いときに知らない町にやって来て、子どもたちの食べ物や着るものを手にいれる方法や育て方も工夫したんだもの。あなたはそれを自分1人でやってきた。助ける人もいなかったのにね。

**グラディス**❖ええ。

**インスー**❖あなたは子どもたちのいいお手本だと思うの。

**グラディス**❖私は読み書きはよくできないけど、本当にしたいことがあれば方法はあるっていつも言ってきたんだよ。

**インスー**❖ええ、そしてあなたはそうしてきたのね。あなたはお母さんに対してどうすべきかを考え、お母さんとは違うようになりたいと思っていたのね。あなたと子どもたちにとってどうするのが一番いいことなのかを考えついたなんて、大変なことよ。

**グラディス**❖そうね、私は今の教会をやめようと思ってる。子どもたちは私が行かせるから行っていたんだ。**［コミュニティの別の資源を利用する思慮深さを示して］**あの子らを別の教会に連れて言ったら、子どものためのプログラムがあるんで、また行きたがってる。

**インスー**❖あなたは学校のことでも同じことをしてきたと言ってたわね。

**グラディス**❖ええ。

**インスー**❖同じように考えたのね。

**グラディス**❖そうだね。子どもたちは今の学校が気に入ってるよ。

### ブリッジ

**インスー**❖すごいわ。チームは皆、あなたが自分と子どもたちのためにしていることに本当に驚いてるの。大事なやりがいのあることだと思うわ。

### 提案

**インスー**❖だからあなたが今していること、つまりあなたと子どもたちにとって一番いいことを考えたことを続けていくといいと思うわ。

**グラディス**❖ええ、わかったわ。

**インスー**❖それからご主人のことだけど、彼はいつ釈放されるの？

**グラディス**❖いいや、知らない。最近今のところへ移ったんで面会に行ってる。子どもたちも行けるし、父親に会ってもくつろいでるよ。

**インスー**❖そう、彼は刑務所を出て今、ハーフウェイ・ハウスにいるのね。

**グラディス**❖いや、ハーフウェイ・ハウスっていうか、矯正施設みたい。中間施設なら外出ができるけれど、そこは外出できないんだ。

**インスー**❖だから彼は今は家に帰れないのね。

**グラディス**❖そう、しばらく外出できないと思うよ。

**インスー**❖わかったわ。じゃあ、次に会う日を決めましょう。いいかしら。

**グラディス**❖いいよ。

これまでの対話から、クライアントの成功と長所に焦点をあて続けると、自分たちが解決構築に役立つことをしているとはっきりと感じるようになることがわかる。インスーが対話を繰り返しソリューション・トークに戻したので、グラディスはこれまでの成功を思い出して話す機会を得た。彼女は成功の話をしながら、家族が直面する難題に対処できるという自信を強めていった。

## 後退・再発・何もよくならないとき

人生には登りと下りがつきものである。何がよくなっているかと尋ねても、状況が悪化しているとクライアントが答えることを予測しておかなければならない。例えばクライアントから、かなりよくなっていた10代の子どもが先週不法侵入で捕まったという話を聞くかもしれない。あるいは、飲酒がまたはじまったとか、今までになく落ち込んでいると言われるかもしれない。特に、クライアントと解決構築に長く取り組んできたあとに、このような報告を聞かされると落胆してしまう。クライアントにとっても、後退や再発の報告をすることは残念なことだ。このような状況では、臨床家もクライアントも何をしてもうまくいかないと思いがちである。

後退や再発についての私たちの見方は全く違っている。変化があってこそ、安定に気づくことができる。安定があってこそ、変化に気づくことができる。同様に、失敗がなければ成功を知ることはできない。これらはコインの裏表である。大部分の人はコインの片面だけに焦点をあて、反対の面を忘れがちになる。例えば、大部分の人はケンカの始まりとなりゆきは詳しく話すが、それが何とかおさまったことは忘れる。また先週3日続けて飲んでしまったという話は熱心にするが、2日間は飲まずに済んだことは話さない。

クライアントが失敗について熱心に話し、よくなっていることを尋ねても反応がないときには話を丁寧に聞き、失望するのは自然なことだと受けとめる。クライアントが聞いてもらえたと感じたら、次に臨床家は「どうやってケンカが終わったのか」や「どうやって次の1杯をやめたのか」と尋ねればいい。私たちはクライアントには自分の行動をコントロールする力があると信じている。だから、12杯のビールを飲んだクライアントにどうやって13杯目をやめることができたのかを尋ねることは当然である。同様に、生意気な子どもを叩こうとした母親に、叩かずにどうやって部屋を出ることができたのかを尋ねる。自分がいつものパターンをやめる力を持っていることを自覚すると、クライアントはそれを例外であり解決への一歩であると認識する。

「よくなったことは？」という質問に、まれに「よいことなんて全くない。前より悪くなっている」と答えるクライアントがいる。また、日常の活動もできないほど落ち込んでいるクライアントもいる。そのような状況では第10章で述べるコーピング・クエスチョンを使うことができる。

## 結論

個人や家族と解決を構築する初回面接と2回目以降の面接で通常用いられる技法と手続きについて述べてきたが、全体の流れがみえにくいかもしれない。第5章から第8章までのピーターとアー・ヤンの対話だけを選んで、もう一度はじめからおわりまで読んでほしい。次にウィリアムズ家とインスーの対話についても同じことをしてほしい。ピーターとインスーが一貫して知らない姿勢をとり続けることで、クライアントを自分の生活の専門家にしていることがわかるだろう。また、解決志向の面接では一貫して、成功と長所についてのクライアント自身の認識に焦点を合わせていることにも注目してほしい。そこに焦点を合わせるので、臨床家はクライアントの能力を強調するフィードバックで面接を終えることができる。

第9章

# 不本意な状況のクライアントとどう話すか

## 子ども、ペア、義務で来た人

ソーシャルワーカーやその他の臨床家にとってのアキレス腱は
抵抗するクライアントである。
（Hartman & Reynolds, 1987, p.205）

一般に「抵抗」とレッテルを貼られる行動を
「協力」という言葉に言い換えると有益なものになる。
（de Shazer, 1984, p.13）

「抵抗する」「敵意のある」「無礼な」「怒った」「脅迫的な」「傲慢な」「やる気のない」「防衛的な」「おどおどしている」「難しい」「否定的な」「信頼できない」「落ち込みやすい」「責任を逃れる」などが不本意ながら来談しているクライアントに対して臨床家が使う形容詞である。臨床家がこのようなクライアントに出会うことは珍しいことではないと知ると、やる気をくじかれるかもしれない（Ivanoff, Blythe & Tripodi, 1994; Rooney, 1992）。

強制された、圧力をかけられたと感じながら専門家に会うクライアントは、不本意な状況にいる。そのなかには夜尿、手に負えないかんしゃくなどの問題によって親に連れてこられる子どもや、門限破り、宿題をしない、薬物使用などでお手上げになった親によって送り込まれる思春期の子どももいる。あるいはペア（ルームメイト、カップル、親子などのような2人組）の片方から「カウンセラーに会いに行こう。さもないと……」と脅された人もいる。また、例えば飲酒運転で有罪となり、裁判官からセラピーを受けるよう命じられた運転手など法的権限のある機関に面接を命令されて来談する人もいる。

従来の専門的文献では、不本意な状況のクライアントとの効果的な面接に役立つ手続きは示されていない。このことについては多くの熟練した臨床家やワークショップに参加した初心者たちから話を聞いている。この見解は驚くにはあたらない。というのは、もともと援助職の面接手続きは自発的なクライアント向けに開発されたからである（Ivanoff, Blythe & Tripodi, 1994）。この方法ではまず能動的傾聴と共感によりクライアントを引きつけ、信頼と協力が培われてから問題解決に進む。このアプローチでは「クライアントが援助を受けることを選択し、変化する自信がなくても、問題を理解し、解決しようとする意欲を持っている」と仮定している。

この伝統的アプローチによる仮定は不本意な状況のクライアントにはあてはまらない。このようなクライアントは臨床家に会うことを自分で選んではいないのである。彼らは「望んでもいない臨床家との面接は押しつけであり、それで勧められる解決は無意味で有害でさえある」と考える（Miller, G., 1991）。さらに調査によれば、不本意な状況のクライアントは温かさ、純粋さ、共感には反応しないことが多く、自分に問題があると認めない傾向があるとされる。したがって、クライアントとの関係は始まる前にすでに壊れてしまっている。臨床家が自分と会うように無理強いされたクライアントとどうすれば生産的な話ができるのかと戸惑うことも多い。

さらに最近の書籍は、「援助現場でクライアントの動機づけの高さに合わせたサービスを臨床家が提供する必要がある」と主張する（Ivanoff, Blythe & Tripodi, 1994; Rooney, 1992; Trotter, 1999）。これらの研究者たちは動機づけとサービスの適合を高め、またクライアントの動機づけや協力を強化する戦略について述べている。例えばトロッターは、臨床家がクライアントの「肯定的または向社会的コメントや行動」に注目し、率直にそれを賞賛するよう教えている。同時に彼は、反社会的コメントや行動に異議を唱えたり対決したりすることは大切だが、その際に肯定的なコメントも伝えバランスをとった状況で注意深く行う必要があるとも述べている。ルーニーは過去の研究から、次の戦略が有効だと述べている。（1）可能な限りクライアントの選択を重視する、（2）治療から得られることと、クライアントの果たす役割を話しておく、（3）目標と治療過程について契約を交わす、（4）治療全体を通してクライアントの参加を促進する。

他の著作でも述べたが、私たちはこれらの方策とその背景にある仮定は明らかに正しい方向への一歩だと考える（De Jong & Berg, 2001）。このような戦略は、親（クライアントが子どもや若者の場合）や援助機関、裁判所が求める交渉の余地のない条件をクライアントに明示した上で、彼らの選択の権利と統制感を最大にしようとしており注目に値する。私たちはこうした貢献を評価すると同時に、パラダイムの転換を伴う解決構築がクライアントの目標、クライアントの選択、変化への動機づけ、不本意に来談しているクライアントとの面接法といった話題にこれまでとは違う視点を投げかけることも認識している。

## 解決に焦点をあてる

これまでの章から、解決構築でクライアントの目標と選択に焦点をあてるのは、クライアントの協力や動機づけを強めるための戦略ではないとわかってもらえただろう。解決志向の面接の開発初期にBFTCで面接を観察した研究者たちは、臨床家が直接クライアントを変えるのではないという結論に達した。むしろクライアントの多くは今までとは違うことをすることを自ら選択し変わっていく。臨床家がクライアントの変化を最も有効に促進するには、クライアントが変化しようと決心したら変化するのだと信じて、クライアントに「何を変えたいか」「どうすればそれが起こるのか」を丁寧に尋ねて、それを詳しく述べてもらうことである。

ＢＦＴＣで観察した研究者たちは、臨床家が何も投資せずにクライアントが成果をあげた場合に、より早い確実な進展があることに気づいた。一見するとこれは驚くべきことで、受けいれにくい結論かもしれない。「強迫的な酒飲みが自発的に飲むのをやめるだろうか」「子どもをかまわないネグレクトの親が、今までより注意深く子どものニーズを満たそうとし始めるだろうか」と読者は疑問に思うだろう。私たちの答えは次のとおりである。当然ながら、倫理的見地とクライアントのＱＯＬの見地から、私たちは「クライアントがどうなるか」ということはとても大事だと思う。しかし、専門家としての実践上の核心は「クライアントに役立つ最善の方法」であることを忘れてはならない。逆説的と思われるかもしれないが、ＢＦＴＣで観察した研究者たちは、臨床家がクライアントを変えようとすればするほど、クライアントは自分を変えようとする臨床家の質問が自分の自由や選択肢を狭めることを直観的に感じとり、変化への意欲を失っていったことに気づいた。彼らが到達した結論は、臨床家は「自分がクライアントを変える」とは考えずに、クライアントに敬意をもち、知らない姿勢で質問をし、クライアントを「彼らが求めていること」、「彼らの生活のなかで起こりうること」、「それらを起こすための方法」について臨床家に伝える立場に立たせるときに、非常に有効な働きができるというものだった。興味深いことに、この結論は自発的なクライアントにも不本意に来談するクライアントにも同じようにあてはまり、解決を構築するためにはクライアントがどっちであっても同じ手続きを使えばよいのである。

## 不本意な状況のクライアントと解決を構築する際の重要な考え方

不本意に来談したクライアントとの解決志向の実践は、４章のインスーとベスの面接に説明されているとおりである。次に、１６４頁からの「不本意な状況のクライアントと面接するためのガイドライン、有効な質問、計画」のための予備知識を記す。

ベスが父親に身体的虐待を受けたと訴えるティーンエイジャーだったことを思い出してほしい。虐待が実証されなかったのでソーシャルワーカーはベスの誤りを指摘し、説得しようとし、彼女の訴えと警察の報告書との不一致を突きつけ、施設に収容すると脅すなどした。こうしたソーシャルワーカーの方法は有効ではなかった。一方、インスーはベスと解決構築に取り組んでいった。彼女はベスが状況をどうみているかを尋ね、ベスにとって誰と何が大切かという手がかりに注目し、ベスがどんな経緯で面接を受けることになったのかを尋ね、「ベスが望んでいること」と「どうすればそうなるか」を基に解決を構築し始めた。

### クライアントは何も求めていないという前提で始める

４章のベスのケースについて再読してほしい。まず覚えておいてほしいことは、不本意ながら臨床家に会うクライアントは臨床家が役に立つ話をしないだろうと思っていることが多いということである。多くのクライアントはベスと同様に、臨床家は自分の要求には耳を貸さずに、臨床家が考える問題に同意させようとし、さらに彼らが有効だと思う介入法に従わせようとすることを経験してきている。クライアントはおそらく臨床家に何かをしてもらおうとは思っていないのだという前提で始めると、ゆっくり進められるし、クライアントが話す過去にかかわった専門家への不満を聞く心がまえもできる。

## 怒りと反発に対応する

面接を始めるときは次のような言葉を聞く心がまえが必要である。

◉「別にここにいる必要はない」
◉「来たくて来たわけじゃない」
◉「私を助けるって？　できるとは思いませんね」
◉「カウンセラーには何人も会ってきたよ。でも何にもならなかったね」
◉「問題があるのは私じゃなくて母親だ。私じゃなくて彼女がここに来るべきなんだ」
◉「ソーシャルワーカーは山ほど知っている。あの人らは人の生活をめちゃめちゃにするだけだ」
◉「話すことなんか何もない」とでもいうように一言も発しないで腕組みをして座っている。

ワークショップの参加者は、面接でこう言われるときが最もつらいと述べている。こうした状況に出会ったら、クライアントはあなたに何かしてもらおうとは思っていないのだと思い出してほしい。また、このような発言やよそよそしい態度をあなたへの個人的な攻撃と受け取らないことである。クライアントのあらゆる反応には裏話があり、このような否定的な反応は次に進めるためのよい手がかりになる。このようなクライアントの見方を受けいれて、それについて尋ねなさい。クライアントの直前の発言に合わせて次の質問をするという原則に従うと、上記の発言にはそれぞれ次のような敬意のある応対ができる。

◉「ああ、そうですか。ここにいる必要がないと思われるのはどういうことからでしょうか」
◉「それで、ここに来られたのはどなたの考えですか。その人たちはあなたがここへ来ることで何が違ってほしいと思っているでしょうか」
◉「私がお役に立たないと言われる理由がちゃんとあるに違いありません。それについて話して頂けませんか」
◉「ああ、そうですか。カウンセラーに会ったことがあるのですね。どんなことがありましたか」
◉「お母さんが問題だというのはどういうことからですか」
◉「そう言われるにはソーシャルワーカーと何か嫌な経験があったのでしょうね。何があったのでしょうか。彼らは代わりにどんなことをしていたら、あなたの役に立てたのでしょうか」
◉あなたが自己紹介した後、「ここへ来てみて、どうですか」と尋ねても黙りこくっているクライアントには次のように話しかけるとよい。「話したくないもっともな理由がおありなのでしょう。そのことを聞かせてもらえませんか」。この質問はクライアントが話さないことに注目してクライアントの抵抗を暗示するのではなく、「話さないもっともな理由」に注目してクライアントには判断力があると臨床家が考えていることを伝える。

## 誰と何が重要かを聞く

クライアントが自分の状況をどう理解しているかを話しはじめたら、クライアントにとって誰と何が重要かを尋ねるとよい。あなたと会うことを選択していないクライアントに対しては、怒りのコメントの裏に隠れている重要なことは何かに波長を合わせて耳を傾けなければならないことが多い。例えばある若者がこう言ったとしよう。「親って本当に腹がたつんだ、またヤクをやってるんじゃないのってしょっちゅう聞くんだから」。親が何を言ったかとか麻薬の過去について尋ねるのではなく、解決構築を使ってこう始めるとよいだろう。「ああ、そうなんだ。あなたは両親との関係が違ってほしいと思っているんだね」。この言い替えで若者にとって重要に思われることが強調される。彼女がこれに同意したらそのときが、彼女が何を求め、そのために何が必要かについてもっと詳しく尋ねるチャンスなのである。面接者が（新人の場合は特に）強い反発や怒りのコメントにおじけづくようなときでさえ、希望の光はある。私たちがしっかり話を聞けば、こうしたコメントからクライアントにとって誰と何が重要か、クライアントが何を望んでいるかがかなりはっきりしてくる。いったんその情報を得てそれを受けいれると、面接の雰囲気が変わり始める。そして著者の1人であるピーターの学生がよく言うように、「不本意なクライアントがあっという間に自発的なクライアントに変わる」のである。

## 状況《context》に注意を向けるために関係性の質問を使う

不本意であれ自発的であれ来談しているクライアントは「現在、生活している状況のなかで何か違ったことをしたいのかどうか」（もしハイの場合にはさらに「何を違ったふうにしたいのか」）を選択しなければならない。不本意ながらサービスを受けている場合には、委託の過程でクライアントの初期のコメントや情報が臨床家に伝えられており、状況を構成する人や機関がはっきりしていることが多い。例えばベスの状況には両親、ソーシャルワーカー、前のカウンセラー、援助提供者、警察、裁判所などが含まれる。解決構築では状況のなかの「事実」と重要な人の「要求」についてクライアントに挑戦したり対決したりせずに、関係性の質問を使って状況に適した解決を作る方向へ導くことができる。インスーはベスが帰宅したがっていることをすぐに察した。インスーはベスの両親についての関係性の質問で、ベスの目標を整理させようとした。

- ◉「あなたにとって家に帰ることが大事なことなのね。それでご両親はそのことを知っていると思う？」
- ◉「どうすれば、あなたがご両親をどんなに愛しているか、どんなに一緒に暮らしたいと思っているのかわかってもらえるかしら？」
- ◉「家に帰るためには何が起こらなければならないとご両親はおっしゃるかしら？」

このような関係性の質問に対するクライアントの答えから、クライアントと臨床家は話し合われている目標と解決が有効かどうか、現実的かどうかを知ることができる。

## 妥協の余地ない要求を組み込む

クライアントが不本意に来談している状況では、臨床家は委託または命令機関がクライアントに課した要求事項についてクライアントと話し合う必要があるのかと考えるかもしれない。例えば、ティーンエイジャーの両親がカウンセラーのあなたに「娘が麻薬がらみの友人と会うことを禁止する。従わなければ、家から追い出す」と言うことがあるだろう。また、子どもを虐待する男性と生活し続けているため、養護施設に預けられている子どもたちを引き取ることを裁判所から許可されない母親と面接することもあるだろう。こうしたときも他の場合と同じく対決する必要はなく、敬意を持ってはっきりと情報を伝え、知らない姿勢で進める。例えば、ティーンエイジャーに次のように話しかける。「ご両親はあなたに友達、あの麻薬を使う友達と二度と会ってもらいたくないようね。あなたもそのことを知っている?」。クライアントが同意すれば次のような質問を続けられる。「それで、ご両親は本気でそう思っているのかしら?」。または「そのことについて何か考えたことがある?」または「日頃のあなたのやり方を知っているご両親が本当にあなたを追い出すと思う? 気持ちを変えさせるためには何をしなければならない?」

## クライアントにコントロールさせる

次項のガイドラインにそったアプローチにより、不本意であれ自発的であれ臨床家に会いに来たクライアントに同じように解決構築に取り組んでいくことができる。このことについて考えて、多数の面接を実施し、観察した結果、これは間違っていないだろうという感触を得た。その理由は面接者が解決志向の質問を使うことで、常にクライアントにコントロールさせ、責任を持たせることになるからだと私たちは考える。クライアントは次のようなコントロールができる。状況についてどう話すか(例❖状況をどう理解していますか)、自分についてどう話すか(例❖あなたは〜だと言う両親に賛成ですか)、何を話すか(例❖何が違ってほしいですか)、何が役に立つか(例❖あなたは自分と両親をよくわかっているので、〜について話すことがどれくらい役に立つと思いますか)。こういった質問をされると、クライアントはすぐ「解決構築の面接では自分が望むことやそれをどう起こすかを安全かつ自由に探求できるのだ」という感触を持つ。4章で述べた通り、クライアントが自分を守らずに済み、臨床家がクライアントと主導権争いをしなくても済むのである。

## 不本意な状況のクライアントと面接するためのガイドライン、有効な質問、計画

不本意な状況のクライアントと解決を作る方法をいくつか追加し、一般的な説明をしてきたが、その説明をガイドラインとして示し、インスーのベスとの面接で示した4章のリストに追加する。

◉まだあなたに何かしてもらおうとは思っていない人と面接しようとしているのだと想定する。

◉クライアントの考えや行動にはもっともな理由があると想定する。

◉あなたの判断を保留し、用心深い、防衛的な姿勢の裏にあるクライアントの見方を認める。

◉クライアントが怒り、批判しているときも含めてどんなときもクライアントにとって誰と何が重要かを聞く。

◉クライアントが公然と怒り、批判しているときは、その不快な相手または機関が代わりに何をしていたらもっと彼ら（クライアント）の役に立てたかを尋ねる。

◉必ず、クライアントにとっての最大の関心事、クライアントの望みについて尋ねる。

◉クライアントの言葉を聞き取り、その言葉を取り入れて次の質問や応答を返す。

◉関係性の質問を使って、クライアントの状況を面接に取り入れる。

◉妥協の余地のない要求はすべて丁重に伝え、すぐにそれについてクライアントの考えを尋ねる。

◉常時、知らない姿勢を持ち続ける。

◉不本意な状況のクライアントとの面接に、このガイドラインに加えて有効な質問リストと手順を準備した。付録を参照してほしい。

## 子どもと解決を作る

多くの臨床家が子どもとの面接には言語の技法に頼らない別の技術や技法が必要だと信じているので、子どもとの面接に解決構築の考え方を適用できるのかとよく尋ねられる。

ほとんどの人が子どもは大人よりも繊細だと考え、多大な被害を子どもに与えることがあると信じている。そう信じるなら、子どもとの面接は特殊で繊細な過程になると想定し、子どもは自分について語る語彙と能力が限られているため彼らを十分に理解できないと思いこむだろう。しかし、子どもの成長と発達に必要なことについて、またどうすれば子どもたちの役に立つかについて深く、直感的に理解している親、教師、小児科医、児童ケアワーカーたちを観察すると、私たちはすでに子どもへの有効なかかわり方について多くのことを知っていると言えるだろう。

## 不本意な関係者としての子ども

この分野で長年働いてきたが「行動上の問題があるので助けが必要です」と子ども自身が専門家に電話をかけてきたという話は一度も聞いたことがない。臨床家に会う子どもは基本的に不本意な状況にいることになる。つまり子どもの問題と成功は生活のなかの大切な存在であり影響力のある大人（自分の基準で子どもの生活をたえず監視し、評価し、強化し、比較し、支持し、叱る人たち）によって決められる。子どもが専門家のもとへ連れてこられるまでには思いやりと気遣いのある大人たち（親、教師、親戚、隣人、ベビーシッター、牧師、警察）が助けようとしている。その子どもを担当する臨床家は、今までかかわってきた大人たちが、自分たちの努力が功を奏さなかったのでいらいらして子どもを変えようとやっきになっている状況に直面することが多い（Berg & Steiner, 2003）。

子どもの立場にたってみると、これまで何度も欠点を指摘されてきただろうと想像できる。あなたのところへ連れてこられた頃には子どもはあらゆる「まっとうな忠告」、小言、お叱り、助けようとする大人の試みに疲れはてうんざりしているだろう。また、たくさんの否定的メッセージと自分の失敗にがっかりし、いらいらしているかもしれない。「この子はここへ来るまでに大人からのメッセージによってすでに深く傷ついているのではないか？」と自問するとよい。また、あなたがしようとしていることに無関心なまま面接を受けにくる若者に出会うこともあると想定すること。

## 子どもに会うための準備をする

面接予定の子どもの年齢に応じて子ども用の小さな椅子、文字を書いたり、絵を描いたりできる低いテーブル、指人形、絵本、その他年齢に合ったおもちゃなどを用意することが望ましい。そして子どもが話をしながら描けるように、絵を描くためのクレヨン、画用紙、またはホワイトボードなどを用意しておくこと。子どもの安全に配慮して、あなたが平穏かつ冷静でいられるようにすること。同時に子どもたちが動きまわれる十分な広さがあり、片づいていなければならない。

子どもの年齢によっては、面接時間を短くすることを考える。気が散りやすい子どもにとっては特に「短いほどよい」というのが経験から得られたルールである。どの年齢の子どもも大人よりエネルギーがあり動きまわることが好きなので、子どもと一緒に散歩に出かけることも考えなさい。

## 肯定的側面から始める

いつも子どもと知り合いになることから面接を始めなさい。親友は誰か、テディベアの名前、ペットの名前、お気に入りの本やテレビ番組などを知ること。子どもの肯定的な面（例えば、髪のリボン、かっこいい新しい靴、子どもがとても自慢にしているスパイダーマンのシャツなど子どもの持ち物のなかで目立つもの）に注目しなさい。家族、両親、兄弟姉妹、誰がどこに住んでいるかといったことについて尋ねなさい。また誰が助けてくれるか（親戚、いとこ、隣人、好きな先生なども含めて）、どうやって助けてくれるかを尋ねなさい。子どもはこうした肯定的なことで面接が始まるとは思っておらず、この方法を歓迎し、ほとんどの子どもはすぐに面接に引き込まれるだろう。

また、簡単な日常的な言葉を使い、子どもを見下すような難しい言葉を使わないこと。限られた言語技法しかない子どもは大人を喜ばせようとして大人の言葉をまねして使うことがよくあるので、子どもの言葉を訂正せずにそのまま使うこと。子どもが見上げなくても済むように床に座り、子どもの目の高さに合わせることもよい方法である。

次のインスーとサムとの面接冒頭は子どもとの面接の始め方を示している。サムは5歳の男の子で、学校で感情をうまくコントロールできるようになるためにスクール・ソーシャルワーカーと定期的に会っていたが、今回はそのコンサルテーションのためにインスーと面接することになり、母親に連れてこられた。インスーとサムの面接は本書の学習用DVDに収録されている。インスーはまずサムを見て気づいたことから話しかけた。

**インスー**❖あら、まだお口のなかにジェリービーンズが入ってるの。

**サム**❖［くすくす笑いながら］うん。

**インスー❖**そのジェリービーンズはどう？
**サム❖**おいしいよ。
**インスー❖**おいしいの。いいわね。さて、君は6歳だと聞いてるけど、6歳？
**サム❖**5歳半だよ。
**インスー❖**5歳半なの。ごめんなさい。それでいつ6歳になるの？
**サム❖**ええと8月10日だよ。
**インスー❖**8月10日ね。わかったわ。ずいぶん大きいわね。5歳半ね。そう。それで君のきょうだいは女の子？　それとも男の子？
**サム❖**女の子。
**インスー❖**女の子ね。1人だけ？　そうなの。妹？　それともお姉さん？
**サム❖**妹だよ。
**インスー❖**妹がいるのね。
**サム❖**1歳半だよ。
**インスー❖**1歳半というと赤ちゃんね。
**サム❖**うん、そう。
**インスー❖**そう、いいわね。それで君は学校へ行ってるんでしょう？そうね、何年生なの？
**サム❖**幼稚園。
**インスー❖**幼稚園ね。幼稚園はどう？　幼稚園のどんなところが好き？
**サム❖**遊ぶのが好きで、外へ行くのが好きだよ。ゲームで遊ぶのも好き。

子どもの肯定的側面を引きだし、できるだけ早く子どもをひきつけ、子どものことを知るために面接の早い時点で関係性の質問を使うとよい。例えばインスーは次の質問でサムの長所をもっと詳しく知ることができただろう。「私がお母さんに君がどんなふうに小さな妹の世話をするかと聞いたら、お母さんはどう言うかしら」。他にも次のような関係性の質問が使えるだろう。

◉友達と仲よくやっているときの君はどんなふうだと、友達は言うかな。
◉君は恥ずかしくて言わないけれど、お母さんは、君は何が得意だと言うかな。
◉先生はどうだろう。君が学校で一番得意なことについて先生はどう言うかな。

このように尋ねられると、子どもにもいま自分が他の人からほめられることをしているのだと理解できる。こうした質問をすることで、「その子どもはすでにうまくやっていて」「他の人もそのことを認めている」とあなたが確信していることが子どもにもわかる。その後に徐々に、子どものかんしゃく、遅刻、親への反抗などのもっとやっかいな話題に進めばよい。

▶学習用DVD クリップ15参照

## 大人の協力を求める

幼児でも若者でも子どもとかかわるときには、子どもの周囲の重要な大人と協力関係を作ることが重要である。それは面接が終わると子どもは親、教師、その他の人々のなかに戻っていくからである。子どもの行動に問題があると決めるのは大人であり、その大人だけが子どもの問題についての定義を変えたり修正したりできる。子どもの問題は2つの方法で解決に至る。すなわち、(1) やっかいな行動がもう起こらない場合と、(2) 大人が子どもの問題行動をもう問題ではないと判断する場合である。

2番目の解決はあなたの予想以上に頻繁に起こる。例えばきょうだいの競争意識という「問題」について両親が次のように考え直す場合がある。「この年齢であれば競争意識を持つことはごく普通のことだろう。きょうだい2人の強い気性からすれば大人になって同じように競争状態に直面するかもしれない。だから愛情と配慮のある家庭にいる今、向き合い方を学ぶ方がよい」。興味深いことだが、親がそのことについて話し合うにつれて、話す内容も「きょうだいの競争意識の解決」から「競争社会で共に歩んでいく方法の学習」に変わっていく。変化がどちらへ向かうにせよ、大切なことは子どもたちが変わったとか変わりつつあると大人が見方を転換させることである。この転換によって子どもたちに話す態度が変わるだろうし、大人と子どもの相互作用のパターンに違いが生じてくる。うまくいけばお互いに愛情深い肯定的な関係が生じるだろう。

大人は子どもよりも変化する能力、適応性、方法、その他の資源を持っているので、子どもの問題に関して（子どもが幼いときは特に）私たちは大人と面接する方を選ぶ。親だけと会うこともできるし、親子合同面接をすることもできる（ペアとの面接については176頁を参照）。親やその他の大人が子どものいわゆる「手に負えない問題行動」にふりまわされていると感じているときは特に、親との面接は効果的である。親や他の大人がこれまでとは違う子どもとの接し方を見つけ出して力づけられるだけでなく、こうした有効な相互作用を通して大人が子どもを力づけることになる。

しかし、親や他のかかわってくれる大人との接触が現実的でも可能でもない状況がある。親の服役、職業上の頻繁な旅行、子どもの施設入所などの場合に、子育てがなされていないことがある。在宅していても、重要な大人は子どもの行動に疲れ果てて、親が変わろうと努力する前に子どもに変わることを要求することもある。そのような場合にはまず子どもとの面接から始める必要がある。

## 子どもが状況をどう見ているかを理解する

子どもの援助にかかわる大人は多方面にわたり人数も多い。そのようなかで臨床家として子どもとどの方向に向かえばよいのか明確にすることは難しい。あなたが会う子どもたちはほとんどの場合、すでに複数の援助者と出会っている。援助者は子どもの問題についてそれぞれに意見をもち、その人が役に立つと思うことをあなたに伝え、実行するよう要求してくることがある。かなりの圧力をかけられ、混乱させられる場合もある。しかし、どんな状況でも必ず子どもに「状況をどう見ているか」「何が役に立つか」を尋ねること。誰一人として子どもに「今後、どうすれば面倒なことにならないだろうか」と真剣に尋ねていないことがある。

サムとの面接を始めて間もなくインスーはスケーリングを使って彼が状況をどう見ているかを知ろうとした。

**インスー**❖ 君は算数を勉強しているのね。すごい。だからそこに書いてある数字を全部知っているのね。アルファベットも色もわかるのね。そう、すばらしいわ。それで、君はB先生とお話ししているんでしょう？ そうね、B先生と君が話したことでちょっとだけ聞きたいんだけどいいかしら。

**サム**❖V。

**インスー**❖V。あ、V先生なのね。わかったわ。B先生だと思ったの。そのことでちょっとだけ話したいんだけど、いいかしら？［いいよ］じゃあ今から聞くわね、君はもう算数を勉強しているから聞くんだけど。これから縦に一本の線を引きます。ここが1なの。線の一番下が1で、一番上が10なの。わかる？

**サム**❖うん。

**インスー**❖オーケー。これはね、1は先生が思っている君のかんしゃくなんかの問題のことで……。

**サム**❖うん。

**インスー**❖いい？ いちばんワルイ点よ。いちばんワルイところ。

**サム**❖うん。

**インスー**❖それが1なのよ。それで10はV先生が「ああ、サムのかんしゃくはもう治ってます！ もうサムに会わなくてもいいわ」と言うところなの。それが10なのよ。そして幼稚園の先生もV先生と同じことを言うし、お母さんもV先生と同じ考えになるの。わかった？ それが10なの。今、君はどこにいると思う？ 1から10の間で君はどの数字にいると思う？

**サム**❖うーん、10だよ。

**インスー**❖10なの？ オーケー。いいわ。君は10だと思うのね。そう。じゃあね、私がV先生に同じことを聞くとするわ。V先生に「10はサムがもうあなたに会わなくてもいいところです。1はあなたにサムが初めて会ったとき。かんしゃくが一番ワルかったときです」って言ったら、V先生は君が1から10の間のどこにいると言うかしら。

**サム**❖9だよ。

**インスー**❖9ね。彼女は君が9だと言うのね。すばらしい。いいわ。もう1つ尋ねていい？ お母さんにも同じことを訊こうと思うの。君とV先生とお母さんに私は同じことを訊くわけ。今度はお母さんよ。同じことを訊いたらお母さんはどう言うと思う？

**サム**❖うーん、9だよ。

**インスー**❖9ね。お母さんも君は9だって言うのね。わぁ、すごい。君はここまで、ここまできたのね。そうね？ すごい数字まで来たのね。どうやってここまでやってきたと思う？ 10と9と9なんて。

この対話は、スケール上の数字の大小の概念を理解している子どもであれば、彼らの見方を引きだすためにスケーリングが有効であることを示しており興味深いものである。サムはかんしゃくを抑えることについて大きく進歩したと自分でははっきりと信じていた。インスーは次に、こんなに進歩したというサムの見方についてもっと詳しく聞きたいと考えた。インスーは1と10を言葉で説明してもらうのではなく、次のように尋ねた。

**インスー**❖すごいわね。じゃあ今はかんしゃくを起こす代わりに何をするの。

**サム**❖いい子にするんだ。

**インスー**❖君はいい子にしているんだ。そう、えらいね。それでね、サム、よかったら何か絵を描いて。ここに君のかんしゃくがとってもひどかったときの絵を描いてほしいの。そして、今は10なんだけど、どんなふうに違う？　こっちにその絵も描いてくれる？

**サム**❖悪い方に赤を使うよ。

**インスー**❖赤を使いたいのね。そう。それが悪い方の絵なんだ。なるほど。

**サム**❖うん、そうなんだ。

**インスー**❖**［関係性の質問］**そう？　それで君が前よりよくなって、本当によいことをするようになって、お母さんはどうしている？　お母さんは前とどう違う？

**サム**❖うーん。僕に色んなものを買ってくれる。

**インスー**❖君に色んなものを買ってくれるのね。ジェリービーンズみたいなものをね。ああ、そう。……これは誰なの？

**サム**❖ボカンッ《boom》！

**インスー**❖ボカンッなの。ああ、これは君のかんしゃくがとってもひどかったときね。

**サム**❖うん。

**インスー**❖オーケー。それじゃあ今の絵を描いてくれる？

**サム**❖［違う色鉛筆を選んで］うん。

**インスー**❖ああ、そう。この絵のことを少し話して。

**サム**❖これが僕で、誰かに何かをあげているんだ。

**インスー**❖これは誰？　どっちが君？

**サム**❖うーん。

**インスー**❖なるほど。そこににっこり笑っている子がいるわね。ああ、そうか。わかったわ。とってもいいわね。

子どもたちの多くは自分の考えを絵に描くと、考えていることを話しやすくなる。絵を描きながらだと話がゆっくり進み、子どもにすれば、考える時間ができ、落ち着いて、絵に描いたことを具体的に話すことができる。またこの対話でインスーが知らない姿勢でサムの描いた絵について詳細を尋ねていったように、臨床家にとっても絵を描いてもらう方が知らない姿勢を続けやすい。大部分の子どもと同様にサムも創造的で、かんしゃくがおきているときの絵には赤を使い、よい状態の絵には柔らかい色を選んだ。

「物事を改善するにはどうしたらいいか」と子どもの見方を尋ねて、心が痛む答えに出会うことがある。よくあることだが、子どもがしている悪いことの情報だけを大量に与えられて、その子どもに引きあわされる場合にはなおさらである。インスーは以前、母親からも教師からも破壊的な問題児と説明された子どもに会ったことがある。彼女はその子に「夜の間にやさしい魔法使いが来て魔法の杖を振って、お母さんと先生が説明していた問題がぱっと解決したとすると、次の朝どんなことからそうなったことがわかるか」と尋ねた。彼は目が覚めると「お母さんが歌を歌っている」「お母さんがにこにこしている」「お母さんにほしいものを何でも買ってあげられるだけのお金を自分が持っている」から「魔法使いが来たことがわかる」と答えた。こうした答えには涙を誘われるが、それだけではなく、この奇跡の一部分が起きるために役に立つことと関連する例外とを尋ねていきさえすれば、子どもがやる気を起こすことがわかるだろう。

**［▶学習用DVD］**クリップ16参照

図 9-1　サムの絵

## 子どもとの面接に役立つその他のヒント

子どもや若者の発達レベルに合わせた調整（前述）を行ったあとは、解決構築の過程は基本的には成人の場合と同じである（Berg & Steiner, 2003）。このよい例は4章と本章前半で触れたインスーとベスとの面接である。面接される人の年齢にかかわらず、クライアントにとって誰と何が重要か、クライアントは何を望むか、そして関連する例外に注目すれば変化が起こる。ただし子どもや若者との面接ではいくつかの「べし」と「べからず」がある。

**関係性の質問をしばしば用いること**　本来、子どもや若者は他の人の査定と評価に敏感である。彼らは、子どもたちがどのように感じて考えるのかわかっているつもりになって、あれこれ言ってくる多くの大人（養育者や監督者）とどううまくやっていくかについてずいぶんと学習してきている。大人の誤解を正そうと何度も努力したもののうまくいかず、勝手にすればいいと言う子どもも多い。特に大人から問題児で、気難しく、頑固で手に負えないとみなされ、家庭、学校、地域で数えきれないほど衝突を起こしているような子どもの場合はそうである。

面接を受ける子どもたちのなかには、自分の意見を拒絶されたり軽べつされたり無視されたりすることを繰り返し、感じ方や考え方が混乱し、自信をなくしている者も多い。だから自分と距離をおいた質問には答えやすい。つまり他の人がどう考えるかについては答えやすい。関係性の質問は不本意に臨床家に会っているどんなクライアントにも通用するが、子どもや若者とかかわる場合にもうってつけの質問法である。この質問は答える人と答えの間に安全な距離を置く。

次に子どもや若者への関係性の質問例をいくつかあげる。子どもや若者にかかわりはじめるときは肯定的側面に注目することが特に大事である。質問を作るときには、答える人が距離をおけるように、またあなたと話したがらない人が答えやすくなるように注意すること。

◉お母さんは君が学校で一番得意な科目は何だと言うかな。先生はどう言うだろう。

◉その他に、君が恥ずかしがって言わない君の才能でお母さんが気に入っているのは何だろう。

◉お母さんは君が家にいてうれしいのはどんなときだと言うと思う？

◉君が私みたいな人のところへ来て話さなければならないとお母さんが考えるようになったのはどういうことから？

◉お母さんが、君がもう私に会いに来なくてもいいと思うようになるには君にどんなことが起こればいいと思う？　他には？

◉そういったことを君がしようと決めたとしたら、君とお母さんの間で何が違ってくるだろう？

関係性の質問には、他者が自分たち（子どもや若者）をどう見るかによって彼らとの相互作用が左右されるということを（臨床家がわざわざ教えなくても）子どもや若者にわからせるという付加価値もある。彼らにとって「他者」とは適応していかねばならない権威を持った大人である。子どもにとって重要な大人とは彼らが解決をつくっていかなければならない状況にいる人たちである。したがって先の対話でインスーは、学校でサムがかんしゃくをおさえることについて彼にスケールを尋ねただけでなく、母親と教師が彼をどうスケールするかについても尋ねている。関係性の質問は、子どものしたいことと周囲の大人の願望や要求とのバランスをとるのに役立つ。ほとんどの場合、大人が望むことと子どもが望むこととは同じである。つまり大人は子どもにもっと行儀よく、もっとおだやかに、もっと決まりを守り、人と仲よくしてほしいと望み、子どももそうしたいと思っている。

**「なぜ」という質問を避ける**　人の行動の裏側にあるものについて「なぜ」と尋ねることは十分理由があるし、さらには純粋な心配を示すことでもある。例えばある人が普通に歩いていたのに足を引きずり始めたら、「なぜ足を引きずるのか」と尋ねるだろう。しかし大人は子どもを叱ったり説教したりするときにこの「なぜ」という質問を使いすぎるので、子どもはよく肩をすくめる、ぶつぶつ言う、沈黙、「わかんない」あるいは防衛的な答えなどで反応する。子どもはきつい声で「なぜ」と問われると人差し指を突きつけられたように感じ、ただちに不安になり、後ろめたく、恥ずかしい気持ちになってしまう。だから、「なぜ」の代わりに「どうやって」を使うとよい。「どうやって」と尋ねて得られる情報は、「なぜ」という質問で得ようとしていた情報と同じであり、臨床家が求める役に立つ情報を入手しやすくなる。

**「わかんない」に対応する**　初心者、熟練者にかかわらず、子どもや若者との面接について最もよく尋ねられる質問は、おそらく「わかんない」にどう対応するかである。特に若者にとってはこのような答え方はお手のものである。初心者の場合こう反応されると、手に負えなくなりまごついてしまうだろう。というのは、質問を続けてもまた「わかんない」と言われそうで、次に進めなくなるからである。

まず勧めたいことは平静な態度を保ち、過剰に反応せず、ひねくれているとか反抗していると思い込まずに、若者の言葉を字義通り受け取ることである。子どもが本当に答えをわかっていないことも十分あり得る。そこで先入観なしにこう話しかけるとよい。「難しい質問をしているよね。（間を置く）それじゃあ、もしわかったとしたら、どう答えるだろう？」。クライアントにすればわかったふりをして答えるように頼まれることは今までにないことで、不意をつかれた彼らが思いがけない反応をすることが多い。次に勧めたいことは、「君の親友はどう言うだろう？」というように重要な他者の視点を取り入れることである。「親友」という言葉は子どもや若者とかかわるときに非常に役に立つ。なぜなら定義上、親友とはクライアントの味方であり、見返りを求めずに受けいれてくれる存在だからである。

何をしてもうまくいかない場合――それはごく稀だが――「わかんない」とか沈黙を肯定的な徴候として捉えよう。たぶん子どもはすぐさましゃべらない方がいいと学習しているのかもしれないし、確実にわかるまでは答えない思慮深さを持つのかもしれない。子どもは「強くて無口なタイプ」として尊敬されていることもあるので、そのように想定してコンプリメントすることもできる。大人が答えを期待しているときに黙っていることは間違いなく強い意志と決意が必要である。若者にこのような質問をするときには、相手が長く沈黙することを認めることが重要である。そのためには世界中の時間はすべて自分のものだと思う必要がある。この種の無条件の受容を経験してはじめて、質問に答える子どももいる。

子どもたちが「わかんない」とか沈黙で反応するもう1つの稀で難しい状況は、彼らが落ち込み、希望を失って将来を完全にあきらめている状況である。10章で述べるようにそういう状況ではコーピング・クエスチョンが大変有効である。この質問は小さな否定できない成功について尋ねる。例えば、今朝どうやって布団から起き上がったのか、面接にどうやって来たのかといった質問なので答えやすいはずである。コーピング・クエスチョンと関係性の質問を組み合わせて使うと、クライアント自身に自分の長所について述べる機会を与え、厳しい状況でもどうにかしていく意志を引き出すことができる。

**能力があると想定する**　インスーは居住型治療センターの相談にのったことがあるが、そこでアダムという10代の少年のケースが提示された。彼は自立するために、まず仕事を探すという約束を何度も破っていた。アダムには就職についていくつかの考えがあった。例えばファーストフードのレストランとか、仕事はきついが高給の厨房の仕事などを考えていた。最初ソーシャルワーカーはアダムの将来展望に大きな希望を持っていたが、アダムが考えを実行できないためにすぐに失望してしまった。ソーシャルワーカーはいろいろな人がアダムに小言を言っても役に立たなかったことを知りながら、自分もアダムに小言が多くなっていたことに気づいた。

こうしたときにはクライアントに対していらいらし、彼らの能力と意欲を疑った言動をとってしまうものである。インスーのコンサルテーションを受けたソーシャルワーカーは、今までと違う対応、すなわちアダムには能力があり決心しさえすれば変化できるという想定でもう一度やってみることにした。次の機会にソーシャルワーカーはアダムに気軽にこう話かけた。「ねえ、アダム、私は今まであなたの就職のことでずいぶん小言を言ってきたと思うの。でも就職しないちゃんとした理由があるに違いないってことに気がついたの。その理由を話してもらえるかしら」。アダムはすぐに、「本当のところ、ちゃんとした理由なんかない」と答えた。彼は「怠けてもいいところで生活をまじめに考えていなかった。そろそろ健全で落ち着いた暮らしをして前に進むときだ」と言う。アダムが何かすばらしいことをするとは期待せずにじっと耳を傾けていたソーシャルワーカーは、アダムとの会話が今までとはずいぶん違うと感じた。次にインスーと会ったときにソーシャルワーカーは「アダムはファーストフードのレストランに雇われ、2週間欠勤せずに働いている」と報告した。

**例外の手がかりを聞き取る**　子どもや若者との関係ができ、彼らが来所の経緯について話し始めたら、次は例外を見逃さないように注意しよう。例外はソリューション・トークに入るきっかけとなることが多い。同僚の心理学者シンシアが万引きを犯したジャスティンという少年にかかわった。ジャスティンは矯正施設に送られる一歩手前だった。というのも保護監察官と判事は常習的な万引きにうんざりしていたからである。しかし年が若く非暴力的犯罪である上、シンシアが若者の問題をうまく解決するという評判があったので、最後の手段としてジャスティンはシンシアに委託された。シンシアは万引きには一言も触れず、ジャスティンがどうして買い物がそんなに好きになったのか、ショッピングモールでどのくらい時間とお金を使ったか、何を買うのが好きかといったことを尋ねた。ジャスティンは自分が持っているものにお金を払ったことなどないと平気で答えた。例えばCD、靴、シャツ、衣類、その他ほしいもので手に入れたものは何でもそうだと言う。会話のなかでジャスティンは1度だけ1枚のCDにお金を払ったことがあると言った。例外に気づいたシンシアは、そのCDにお金を払うことをどのようにして決めたのかを詳しく尋ねた。ジャスティンはカウンターで列に並んで店のロゴ入りの色のついた袋をもらい店員がレシートをその袋に入れてくれた経験を熱心に話した。彼はさらに、店の袋を振りながら外に出てバスに乗り、袋をひざに置いてCDをさわりながら他の人に買ったことが見えるようにレシートを出してみていたことを話した。

シンシアによれば、ジャスティンはとても立派なことを成し遂げたと誇りに思っているようだった。どうやってその特別なCDを買うことにしたのか、お金を払ったあとの彼は何が違ったかについて彼女はさらに詳しく尋ねた。面接の終わりに彼女は、彼がお金を払ったこと、良心が強くなったこと、CDを買う決心をしたことで母親がどんなに彼を誇らしく思っているだろうかとコンプリメントした。ジャスティンはその後1年間万引きをしなかったので、保護観察を解かれた。

例外に気づいたら、シンシアの例にならって、どうやってそうできたかも含めてできるだけ詳しくその例外についての話を聞くこと。次の会話のなかで、インスーはサムから例外の詳細な情報を得ている。

**インスー**❖へえ、そう、すごいわね。どうやって人を殴らないようになったの？

**サム**❖ぼく、ぼくね……

**インスー**❖今、誰かを殴りたくなったらどうするの。

**サム**❖10数えるんだ。

**インスー**❖10数えるのね。

**サム**❖10、9、8、7……。

**インスー**❖どうやるのか見せてちょうだい。

**サム**❖6、5、4、3……。

**インスー**❖どうやって10数えるのか見せて。

**サム**❖10、9、8、7、6、5、4、3、2、1。

**インスー**❖すごい。

**サム**❖うしろから数えるんだ。

**インスー**❖うしろから数えるのね。あ、そう。いいわね。それで10数えるのが役に立つのね。

**［学習用DVD］**クリップ17参照

## 結論

子どもとの面接で忘れてはならないことは、通常子どもや若者は不本意ながら面接に来ており、ときには命令されて来ているということである。彼らには周囲の大人の支持、承認、継続的善意が頼りなので、子どもにとって重要な大人に対して「子どものどんな小さな変化もその人たちのおかげだ」と賛辞を贈ることが大切である。あなたとのかかわりのなかで子どもがよくなっているときは、子どもの成功を自分の手柄にするよりも、子どもにとって重要な大人が子どもの成功の土台を作り、子どもを援助し続けてくれていることを強調する方が、子どもの助けとなり、大人を力づけるのに有効である。

子どもたちは創造的で、豊かな想像力を持っているのだから、何とかその長所を活かす方法がないかと探し続けてほしい。何よりも大切なことは、先入観をもたずに役に立つことについて子どもの考えを聞き、それを尊重して解決をつくることである。子どもは誰でも、みせかけでなく誠実に接してくれる人を敏感に認識する。誠実に相手を尊重して接することには、実行できない約束をしないことや、不自然に若者の最新流行語を使わないことも含まれる。何よりもまず楽しんで彼らとかかわり、そして彼らから学びなさい。というのは彼らも他のクライアント同様、自分たちのことやどうやったら私たちが彼らの役に立つかについていろいろ教えてくれるからである。

## ペア《dyad》と面接する

ペアとは親しい関係にある2人である。例としては親子、夫婦、学生と教師、職場の同僚、ルームメイトなどが考えられる。臨床家は、2人がうまくいかずにお互いの関係に不満があるときに同時に2人と面接しなければならないことが多い。2人が一緒に来る場合、ほとんど例外なく一方がもう一方よりも強く面接を希望している。例えば親子の場合、子どもではなく親の考えによる来談がほとんどである。親は自発的だが子どもは不本意なので、本章で述べられたガイドラインが出番を迎える。このタイプの面接は合同面接ともよばれる。

他の臨床家と同様にあなたも、2人もしくはそれ以上と同時に面接することを考えると気が重くなるだろう。自分の不満の元凶である相手に強要されて一緒に来所することになったクライアントが、ひどく不本意な様子で座っているのを見れば、気が重くなるのも無理はない。2人同時の面接の特徴は、2人がお互いに腹を立てており、あなたの前で言い争いをもするつもりで来ているということである。さらに、2人にしか理解できない言葉やかかわり方を含めた関係の歴史がある。2人は身体の動き、姿勢、うなり声、ため息、床に目を落とす、天井を見上げる、軽蔑のまなざしなど相互の非言語的ジェスチャーに敏感に反応しがちである。こうした暗号をすべてすぐさま解読しなければ2人の関係が理解できないと思い込んで面接に臨むと、それは大変な重荷となるだろう。それよりも知らない姿勢で、うまく組み合わされた質問をして、他の（個人の）クライアントと全く同様に、彼らが2人の関係のガイド役となってくれると想定する方がずっと効果的である。

### 関係に焦点を合わせる

ペアや合同面接では必ず関係のレベルで（個人のレベルではなく）考えることが重要である。ところが、カップルや家族との面接でもそれぞれが個人のレベルで話すことが多いので、臨床家が関係のレベルで考えることは容易ではない。母親は娘についてこう言うかもしれない。「あの娘はわがままなんです。彼女の気分に家族全体が振り回されます。あの子はまるで家には他に誰もいないかのように振る舞うんです」。ペアの一方が不満を持っていれば関係が円滑にいかないことは想像できるし、娘の方にも言い分があるはずである。彼女はこう答えるかもしれない。「母はいつも私を批判するんです。家の手伝いをちゃんとしないとか、悪い友達とうろつくとかって」。初回面接の開始時に、この会話のようにクライアントがお互いに批判しあうことがある。そのような場合には、言い換えと要約を使って2人の関係に焦点を合わせていく。母親と娘にこう言えばよい。「なるほど。現在お2人の関係はどちらにとっても望ましいものではないんですね」。2人の関係を考えながら、関係に焦点を合わせて対応すると、双方の否定的見解の細部や言い訳に巻き込まれずに済む。ペアとの解決構築の面接の間中、面接者はそれぞれに見方を尋ねながら、2人の関係に焦点を合わせ続ける。

## 面接を始める

クライアントの来所の経過について事前に知っておくことが望ましい。通常は、面接を希望する人が電話をかけて、そのときに簡単に問題について話す。例えば、「息子と私はうまくいっていません。どうしたらいいでしょう」。面接開始時の自己紹介の後の、面接を展開する1つの方法としては、母親に「あなたが電話を下さったそうですが、息子さんとの関係が心配なんですね」と話しかけることである。すると母親が自分の心配と息子への不満を話し始めるだろう。そこで臨床家はその心配事について息子の見方を尋ねる必要がある。次に2人の関係に焦点を合わせて言い換えや要約をしていく。言い換えと要約をしながら、2人の関係のなかでそれぞれにとって何が大事なのか、何が違ってほしいと思っているのかを聞き取りなさい。本章の前半に示した不本意な状況のクライアントとの面接のガイドラインを参照してほしい。

別の始め方もある。最初に不本意に来談している人に話しかけ、まずその人の長所を取り上げる。先に述べた始め方よりはこちらの方が望ましい。というのはペアとの面接でよく見られる最初の対立を避けたり、和らげたりする可能性が高いからである。ペアの2人には長い歴史があり互いにいろいろ知っているので、すぐに面接をコントロールできなくなる可能性がある。家族、カップル、友人同士は彼らにとってお馴染の対立のきっかけに素早く反応する。お互いに相手の弱みとその突き方を知っている。2人は来談する以前に何回も話し合いや口論を続けており、すぐに自分の言い分を臨床家に伝えようとするだろう。こういう状況を避ける方法の1つとして、最も不本意だろうと思われる人にまず話しかけ、その人の長所を話題にするのである。次にこの方法で面接を始めた例として、インスーと15歳のアレックスと母親のナンシーとの対話を示す。2人は家事の手伝いについて口論となっており、母親がアレックスをカウンセリングに連れて来た（本書の学習用DVDの一部にこの面接が収録されている）。

**インスー**❖こんにちは。

**アレックス**❖こんにちは。

**インスー**❖君はアレックスね。

**アレックス**❖はい。

**インスー**❖アレックスね。アレックス君は何歳ですか？

アレックス❖15歳。

インスー❖15歳ね、ということは高校2年生？

アレックス❖1年、高校1年だよ。

インスー❖［アレックスの母親に］いいですね。彼はよくできる生徒ですか。

ナンシー❖優秀なんです。

インスー❖そう。すごいのね。そのいい頭をどこで手に入れたのかしら。

ナンシー❖母親からです。

インスー❖［笑いながら］母親から。もちろんね。

ナンシー❖そうですとも。

インスー❖君はどう思う？　どこでその頭を手に入れたと思う？

アレックス❖［冗談っぽい会話に加わって］そうだな。よくわからないよ。

インスー❖わからない。本当に？

アレックス❖うん。

インスー❖君はいい頭を持っているじゃないの。それは生まれつき？　それとも自分で成長させたの？

アレックス❖自分で成長したんだと思うよ。

インスー❖君は自分で成長したと思うのね。

アレックス❖そう。

ナンシー❖［冗談に加わって］遺伝は何も関係ないの？

アレックス❖ないよ。

インスー❖それはないわ。［全員が笑う］結構、結構。彼の一番得意な学科は何かしら。君の一番得意な学科は何？

アレックス❖英語と数学かな。

インスー❖英語と数学。そう、すばらしいわね。

ナンシー❖ええ。とても自慢に思っています。


インスーが母親をアレックスのことをよく知っている専門家とみなし、その母親に彼の長所について尋ねて、彼を対話に引き込み、彼の長所に焦点を合わせた会話を続けたことに注目してほしい。インスーはナンシーにアレックスは学校でよくできるかどうか尋ねた。インスーが彼の優秀さを知った後は、3人で彼の長所をもっと詳しく知ろうとし、その過程で冗談を言い合うことにもなった。ペアの自発的な1人に「相手は何が得意か」または「あなたは相手のどこを評価しているか」と質問すれば、上記のインスーと同様なやりとりができるだろう。不本意に参加している人の長所についてある程度話し合ったら、次にはインスーがアレックスと母親に対してしたように自発的参加者を話題にしてバランスをとるとよい。


インスー❖それで君はお母さんのどんなところが好き？　家事で上手なのは何かしら。

アレックス❖そうだね、料理が上手だよ［笑い］。

インスー❖お料理が上手なのね、そう［笑い］。彼は食べることが好きでしょ？　わかるわ。

ナンシー❖ええ、そうです。食事をしなかったことは一度もありません［笑い］。

アレックス❖うん、お母さんはそばにいると楽しいんだ。ぼくの友達とのやりとりなんか面白いんだよ。
**インスー❖**君の友達との？
**アレックス❖**そうだよ。
**インスー❖**［感心して］まあそうなの。
**アレックス❖**そう。
**ナンシー❖**私はフットボールの後援会の会長もしています。それで……。
**インスー❖**フットボールの後援会ね、ああ、そうなの。
**ナンシー❖**学校へはよく行きます。それで……。
**インスー❖**ああ、そうなの。すごい、すばらしいわ。
**アレックス❖**お母さんはほんとにサポートしてくれるし……。
**インスー❖**とてもサポートしてくれるのね。
**アレックス❖**そう。
**インスー❖**そうなのね。とても賢くてよく働く上に心のあったかい人なのね。
**アレックス❖**うん、そうなんだ。
**インスー❖**ああ、そうなの。すごい、すばらしいわ。

解決志向の質問に答えてお互いの長所を説明しながらクライアントがほめ合う過程はよく見られる。この過程は深刻な対立が起こる可能性があるペアにさえも生じる。ペアであるということには不満と同時に楽しみもあるのが通常であり、これは別に不思議なことではない。このように始めることで希望と好意が生じ、この後の解決構築の過程を促進させ、対立も減らすので、有効だと言える。

―学習用DVD―クリップ13参照

## 共通の目標に向かう

**クライアントの願望を聞く**　できるだけ早く各々が違ってほしいと望むことを尋ねる（このことを話し合うことが、先に述べた始め方の第2例と同様に対立の減少にも役立つ）。各々に願望について尋ねると、将来に目を向かわせることになり、クライアントの視点を2人の過去の問題と不満からもっと生産的で満足のいく将来へと変えることになる。各人の願望を聞くことは、関係を改善するために必要な共通の目標づくりの始まりでもある。したがってアレックスと母親がお互いを評価しほめ合ったのをみて、インスーはすぐに2人がお互いの関係で何を変えたいかに話題を向けた。

**インスー❖**それじゃあ、今日ここに来てよかったと言えるには何が起きたらいいのかしら。
**ナンシー❖**そうですね。家の決まりに従って家事をすることが大切だとアレックスがはっきりと理解したとわかれば助かります。食器洗いなんかはみんなで交代にすることになっているんです。ですから彼ががんこにならずにやってくれることが、色んなことで忙しい私だけじゃなくて家族も助かるんだということをわかってほしいのです。
**インスー❖**［**解決には何か違うことをする必要があることを意識して**］そうですか。それであなたは彼がわかってくれることだけをお考えですか、それとも理解して何か実行してくれることをお考えですか。
**ナンシー❖**いい質問だわ。ええ、両方ですね。彼がまず理解して、それから何かしてくれればとてもうれしいです。
**インスー❖**何かをすること。なるほど。アレックス、あなたはどうかしら。

今日ここで何が起こったら、君は「そんなに悪くなかったじゃない」って言えるかしら。

**アレックス**❖うーん。僕がその話をどう感じているかをお母さんがわかってくれること。

**インスー**❖その話について。

**アレックス**❖うん。

**インスー**❖あ、そう、オーケー。それでお母さんにわかってほしいだけ？ それとも……。

**アレックス**❖わかってくれたらいいよ。

**インスー**❖**［関係性の質問］**わかってもらえたらいいのね。面白いわ。じゃあ、お母さんがわかってくれるとするわね。お母さんはそのことについての君の気持ちや意見を理解してくれる、いいわね。

**アレックス**❖うん。

**インスー**❖そうなると何が変わるかしら。

**アレックス**❖お母さんの反応がね。将来、今じゃなくて1週間かもっと後にお母さんの反応が変わる。

**インスー**❖オーケー。

**ナンシー**❖どんな反応？

**インスー**❖そうね。お母さんがどう変わるか、もっと話して。

**アレックス**❖いいよ。例えば、僕が家へ帰る。陸上の練習を終わったばかりで、1日じゅう学校があったし、他にもいろいろあった……、それで先週みたいにお父さんのところへ行ったときには、僕は何も食べていないんだから、使ってもいない食器を洗わなくてもいいと思うんだ。

**インスー**❖ああ、そう。なるほどね。君の話は筋が通っているわ。

**アレックス**❖うん。

**インスー**❖わかったわ。それで、お母さんがそのことをわかってくれるとどうなるの。君がお父さんのところへ行った夜は食器洗いをさせないのかな。

**アレックス**❖そうだよ、もしくは僕の食器洗いを少なくすることになるかも。

**インスー**❖ということは洗う食器の数を減らすの、それとも日数を減らすの？

**アレックス**❖食器の数を減らすこと。

**インスー**❖食器の数を減らす。

**アレックス**❖うん。

**インスー**❖食器洗いの当番の日にね。

**アレックス**❖うん。

**インスー**❖**［関係性の質問］**ああ、そう。それはわかるわ。あなたにとってはどうかしら。アレックスがこのことをわかって、つまり彼がなぜ家事を手伝わなければならないかわかったとすると、2人の間で何が違ってくるかしら。

**ナンシー**❖口論が少し減るかもしれない。「違う、あんたの番よ」「そうじゃない、そっちの番だ」っていう具合なんです。彼が父親のところへ行っても行かなくても皆が順番にやるんだっていうことをわかってほしい。家はやはり家なんですから、父親のところへ行って木曜日には家で夕食をとらなくても、今日は金曜日で昨日の食器がたまっているんです。当番制なんです。家にいてもいなくても当番なら、しなくちゃならないんです。

**インスー**❖それで。あなたは家での対立を減らしたいんですね。

**ナンシー**❖その通りです。
**インスー**❖彼と他の子どもたちの間の対立ですか。
**ナンシー**❖そして私自身とも。
**インスー**❖そしてあなたとの対立も。わかりました。それで、それがどう役に立つでしょうか。

**関係に焦点を合わせ続ける**　ペアとの面接がすべてこのように始まるとは限らないが、アレックスとナンシーはすぐに何が違ってほしいかを話し始めた。第4章、第5章で述べたように、インスーは各々のクライアントが作ろうとしている目標を明確にし、増幅させ始める。その際にインスーは、それぞれが2人の関係を念頭に置いた目標を考えていけるように注意深く励まし、彼らに共通の目標づくりに取り組む機会を与える。インスーははっきりとした意図的な方法でこれを実行している。彼女はまず各人に何が違ってほしいかを説明させ、次にそれが実現したらお互いの間で何が違ってくるかを想像させた。例えば、母親に「食器洗いの問題で自分がどう感じているかを理解してほしい」とアレックスが言った後に、インスーは母親が彼の望みを理解したとしたら、その結果どんな変化が起こると思うかと尋ねている。アレックスは母親との関係に焦点を合わせたまま、食器洗いの当番の日でも忙しかった日や家で夕食をとらなかった場合には、母親がそれらを考慮して洗う食器の枚数を加減してほしいと話し始めた。

**バランスを保つ**　前述の対話は、インスーがアレックスとナンシーの間で注意深くバランスを保ち、平等にかかわろうとしたことを示している。面接の初期に各人の長所を探すために同程度の時間をとった後、彼女は各人が何を望むか、それが関係にどんな違いをもたらすかを尋ねている。インスーはアレックスに2人の関係がどう違ってほしいかを話してもらってから、ナンシーにアレックスが家事を手伝わなければならないことを理解すれば、彼女とアレックスの間にどう違ってくるかと尋ねた。ペアとの面接ではこのように臨床家がバランスを保つことが、各人を尊重していることを伝え、もっと満足のいく関係にしていくためにそれぞれのアイディアが必要だと伝えることにもなる。ときにはペアの一方が臨床家にほとんど命令口調で他方を変えるように迫ることがある。例えば、親が臨床家に子どもを文字通り「直す」ように注文する場合などである。仮に臨床家がそうしようとしても、この親子の役に立たないだろう。というのは、子どもは臨床家のことを母親に味方するもう1人の親のようだとすぐに見抜くからである。

**共通の目標づくりをさらに進める**　2人の関係に注目し続け、ペア各人に平等の時間を割くだけでなく、先の一連の質問（各人に「何が違ってほしいか」「それが実現したとしたらお互いの間で何が違ってくるか」）を尋ねることによって、クライアントは共通の目標に向けて前進しようとする。各人は将来に望むことをイメージし、それによって2人の関係がどう変わるかを想像するようにと言われると、2人ともそのアイディアの有益な部分について考えることになる。この過程で新たな可能性が引き出される。さらに臨床家はクライアントにこの将来の新たな可能性のイメージを持たせ、それによって2人の関係がどう変わるかを考えさせる。ほとんどの場合、この過程で、2人ともが関係改善という同じことを望んでおり、その実現には両者の協力が必要であることが明確になる。

**クライアントがプロブレム・トークをするとき**　ペアとの面接で各人に何が違ってほしいかと尋ねても、アレックスとナンシーのように直ちに望むことを話してくれるとは限らない。むしろどれほど注意深くはっきりと質問しても、クライアントは望まないことの方を説明するものである。カップルなら次のように言うかもしれない。「いつもケンカばかりで疲れました。これ以上こんなことは続けられません。まるでお互いに憎み合っているようです」。親ならこう言うこともあるだろう。「息子はいつも私に無礼な態度をとるんです。自分は何でもわかっているつもりなんだわ」。このような場合には、不平を目標に変えるという本章のはじめに述べたガイドラインを思い出してほしい。例えば前述の不平にはこう反応すればよい。「ということは息子さんと今よりもっとうまくやっていきたいんですね」、または「息子さんがもっとあなたを尊敬するようになってほしい、ということでしょうか」。このようなクライアントがいったん、自分の不平の裏にある目標を受けいれたら、すでに述べた質問にそって進むことができる。例えば息子からもっと尊敬されたいという親には次のような質問ができる。

◉それで息子さんがあなたをもっと尊敬するようになったとしたら、あなたは彼のどんな行動を見て、「やっと私を尊敬するようになった」と思うでしょうか。

◉彼がそうし始めたら、2人の間で何が違ってくるでしょうか。

◉（息子の方を見て）今お母さんが話したように君がお母さんを尊敬するようになったとして、お母さんのどんな行動を見て「ぼくがお母さんを尊敬していることをお母さんはわかっているな」と思うだろうか。

◉（2人の関係に焦点を戻して）それで君がそれを見たとしたら、君はどんな違ったことをするだろうか。

▶学習用DVD　クリップ13参照

**ミラクル・クエスチョンを使う**　2人の関係にかかわる目標を作る質問にクライアントが答えたら、目標をウェルフォームド・ゴールにするためにミラクル・クエスチョンを使うことができる。ペアに対しても個人に対するのと同様に、ミラクル・クエスチョンの後にさまざまなフォローアップ質問を続ける。ペアとの面接ではおのずと関係性の質問が多くなるだろう。たとえ相手が同席していても、その人に尋ねたとしたら、という関係性の質問を使うこともできる。例えばアンとオードリーというルームメイトと面接しているとしよう。アンにこう尋ねる。「奇跡が起きて、明日の朝最初に気づくことは何かとオードリーに尋ねたとしたら、彼女は何と答えるだろうか」。アンが「彼女はそこにいるじゃありませんか、なぜ彼女に尋ねないのですか」と言っても次のように答えるとよい。「あなたの応対をよく知っている彼女は最初に何に気づくでしょうか。それをあなたから聞きたいんです」。クライアントは相手の考え方、感情、反応に合わせたかかわり方を直観的に知っているので、そのような質問にすぐに答えられる。

ペアがお互いに激しく非難し合っている場合には、対立からもっと生産的なことへ移るもう1つの方法として面接の初期にミラクル・クエスチョンを使うのもよい。インスーは遠慮せずにはっきり言い合うカップルと面接したことがある。カップルが来所したのはレスリーが「もう、我慢できない」ためだった。レスリーによれば、彼女は夫の協力なしに2人の幼児を育てながら管理職としての勤務を何とか両立させようとしており、家庭内のあらゆる重荷を背負っていた。夫のビルは自分の出世のために週60～70時間働いていた。2人は面接のはじめから非難し合った。お互いにもう親密ではないし、こんな残念な状態は誰のせいかと言い争うばかりだという。インスーは2人が望むようにことが進んだときの違いについてミラクル・クエスチョンを使って尋ねた。すると2人の言葉は怒りのこもった非難から共通の望みへと素早く変った。

**ビル**❖［ため息をつき深呼吸をし、インスーのミラクル・クエスチョンに先に答えて］私はまず朝一番に彼女に微笑みかけるでしょう、避けるんじゃなくてね。

**インスー**❖レスリーに微笑みかけるのですね。

**レスリー**❖彼は私の肩を抱くでしょう。

**インスー**❖彼があなたの肩を抱くのね。

**レスリー**❖今のところはそれが奇跡なんです。

**インスー**❖ええ、わかりました。彼がそうするとしましょう。あなたはそれにどう応えますか。

**レスリー**❖私は彼に背を向けたりしません［笑い］。

**インスー**❖わかりました。それでいいですか？ それが彼女がすること？ それはあなたにとって奇跡ですか。

**ビル**❖ええ。間違いなくそうです。

**インスー**❖それはあなたにとって奇跡なんですね。

**ビル**❖すごい違いです。

**インスー**❖それで、あなたが彼女に微笑みかけると、彼女は背中を向けないであなたと向き合います。それを見てあなたはどうしますか。

**ビル**❖わかりません。たぶん彼女を抱きしめるでしょう。

**インスー**❖レスリー。あなたはどう？ 彼があなたを抱きしめたらどうしますか。

**レスリー**❖そうね。もし彼がそうしたら、私も彼を抱きしめるでしょう。

**インスー**❖オーケー。その後は何が起こるのかしら。

**レスリー**❖明日は土曜日だから何が起こるかわからないわ［と言いながら、ビルに向かってセクシーなジェスチャーをして笑う］。

**インスー**❖▼註1［笑いながら］オーケー。

**ビル**❖奇跡だ。

**可能性を作り出し続けるためにスケーリングを使う**　ほとんどのペアが関係改善を望む点には合意するが、改善するために誰と何が変わる必要があるかについてはそれぞれが異なる意見を持ち続けることが多い。ペアと面接しているときに、2人が反発し合い、一歩も譲ら

**▼註1**　この逐語はビデオ"Irreconcilable Differences"(2008)より転載。ミルウォーキーBFTCとSFBTAの許可済。この事例の初回面接と2回目の面接ビデオはSFBTA（www.sfbta.org）より入手可能である。

なくなり行き詰まったように感じることがあるだろう。そうしたときには助言を与えたくなったり、2人の頑固さと対決したくなったりするものだが、そうしてはいけない。それよりもスケーリングに移りなさい。スケーリングは共通の目標作りとそこに到達する方法を明らかにするための対話を続けるのに役立つ。2人の関係にひどく失望しているクライアントでさえ、スケールの最低点にいることはごく稀である。彼らが望んでいる10に向かっていくらか前進している。スケーリング・クエスチョンは成功と長所を引き出し、次のステップについて話すきっかけになる。インスーはスケーリングを使って、アレックスも母親も実践できる解決を作り続けた。

**インスー**❖ではね、こう尋ねたらどうかしら。お母さんに君の言い分を納得させる可能性についてなんだけど。10はどうにかしてお母さんの気持ちを変えることにすごく自信がある、それが10なのね。1は「もう忘れよう、お母さんは絶対に気持ちを変えない。もうこのことは諦めた。僕はエネルギーを何か別のことに使うよ」。だとすると、君は1と10の間で今どこにいるかしら。

**アレックス**❖今のこと？

**インスー**❖ええ。

**アレックス**❖1ぐらいかな。

**インスー**❖1ぐらい。

**アレックス**❖そう。でも頼み続けているので、上がるかも。

**インスー**❖そうなの。

**アレックス**❖そう。

**インスー**❖たった1でも君はあきらめないのね。

**アレックス**❖そう。

**インスー**❖ああ、そうなの。どんなことからお母さんが変わる望みがあるってわかるの。

**アレックス**❖言いたくはないけど……。うーん。たしかにお母さんは弱くない。でも僕はお母さんの扱い方を知っていると思うんだ。

**インスー**❖まあ。なんてかしこい若者だこと。

**アレックス**❖そうだよ。

**インスー**❖そうね。

**アレックス**❖でもそうできるっていう意味じゃないよ。

**ナンシー**❖今、彼の首をしめてもいいかしら。

**インスー**❖［笑う］

**ナンシー**❖［笑う］もう、首をしめてやりたいわ。

**インスー**❖君はお母さんのことをすごくよくわかっているようね。それで、粘れば何とかなるっていうことを知っている。

**アレックス**❖ああそうだよ。

**インスー**❖なるほど、わかったわ。［ナンシーの方を向いて］あなたはいかが？　今度はあなたに尋ねます。あなたは彼がどんな子どもか、どんなに頑固かよく知っていますよね。同じスケールで、彼があなたを説得できる可能性はどこになるでしょうか。

**ナンシー**❖彼が私を説得できる可能性ですか？

**インスー**❖ええ。

**ナンシー**❖そうね。すぐに4ぐらいにはなるでしょう。

**インスー**❖4ぐらいね。そのあとでもっと高くなる？

ナンシー❖そうですね。私が彼の見方を聞いてみようという気になったときにはね。でもそれで気持ちが変わるとは限らないわ。

インスー❖そうですね。

ナンシー❖でも私もオープンにならなくてはね。彼の言い分はもっともかもしれません。彼はそれでも食器洗いはしなければならないけれど、言い分はもっともかもしれない。

インスー❖なるほど。そうですね。難しいですね。

ナンシー❖ええ。

インスー❖そう、わかりました。［アレックスの方を向いて］それで、このことをどう思いますか。お母さんは君が4まで上がる可能性があるっておっしゃったけど、君は今1のところね。それで、君が4まで上がったら、君とお母さんの間で何が変わるかしら。

アレックス❖家でのゴタゴタの起こり方が変わる。

インスー❖そうなの。そのときどう変わるか、もう少し説明してもらえる？　家でのゴタゴタがどうなるのかしら。

アレックス❖そうだね。お母さんは僕がどんなことからそう考えるのかとか、どう感じているかってことにもっとものわかりがよくなる。

インスー❖お母さんがそうなる。

アレックス❖そう。そして僕もお母さんに対して同じようになる。

インスー❖そう、なるほど。それで君が4に上がったとして。とにかく2人とも4に上がったとしましょう。2人の間で何が変わると思う？　何が違ってくるだろう。

ナンシー❖緊張のレベルが下がると思います。うーん……。ええ。お互いを理解していることがわかれば、そうね、議論や言い争いが減るでしょうね。

インスー❖わかりました。ルールがまだ変わらないとしても、ですね。

ナンシー❖そうです。

インスー❖言い争いが減る。

ナンシー❖そうなってほしいです。

インスー❖そうですね。そして緊張も減るでしょう。

ナンシー❖そう願います。

このスケーリングの会話によってアレックスと母親とインスーには、母親にアレックスの意見を聞く気持ちがあることと、そうすると家庭での言い争いと緊張が和らぐだろうということがわかった。ここまで来るとインスーは次の質問ができる、「言い争いと緊張が減ると、それぞれどんな違いに気づくでしょうか」「その違いと違いにかかわる例外を起こすには何が必要でしょうか」。この面接で共通の目標に焦点が絞られたので、あとは他の解決構築の面接と同様に進めていけばよいのである。

学習用DVD　クリップ14参照

## その他のヒント

**対立と割り込みに対応する**　解決志向の質問はペアの対立を弱めるが、人によっては言い争いを続けたり、言葉で攻撃し合ったり、さもなければプロブレム・トークに戻ろうとすることもある。こうしたときに使える方法がいくつかある。クライアントがプロブレム・トークに戻るときには次のインスーのやり方が1つの方法である。そのような場合インスーはプロブレム・トークをさえぎって「わかりました。

また後でその話に戻りましょう」と言う。しかしその話題に戻ることはめったにない。というのは、クライアントがいったん明確になった共通の目標に向かえば前の話題に戻る必要がないし、それを望むこともなくなるからである。しょっちゅう割り込まれるなどの対立を処理するもう1つの方法は、それぞれに向かっておだやかだがはっきりと、「あなたがたのお役に立つために、1人ひとりの意見を伺うことがとても大事なのです。お1人ずつ話して下さるとありがたいです。同意して頂けますか、○○さん（最初の人の名前）、そしてあなたも、○○さん（2番目の人の名前）」と言うことである。この基本ルールに両者に賛成してもらうことが大切である。いったん決まったら、また言い争いになっても、2人が同意したことを丁重に思い出させるとよい。

**中立を保つ**　ペアとの面接で、面接者は絶対的に中立であり続けなければならない。面接者が中立性を失ってどちらか一方に味方し始めるやいなや、面接者はクライアントにとって全く役立たない存在になってしまう。中立性を失うと双方を傷つけるリスクが生じるだろう。あなたが味方した人は、自分の見方の方が相手よりも重要だとか正しいと非現実的に信じこんでしまうかもしれないし、もう一方は軽んじられたと感じるおそれがある。中立性を保つことは言うほどたやすいことではない。特に養育者から虐待される子どもや、パートナーから卑劣な扱いや虐待を受けている女性を助けるような深刻な問題に対処する場合にはそうである。

不当にひどい扱いを受けている人を目の前にして、自分が中立性を失いそうだということをどうやって認識できるだろうか。ありがちな徴候はペアの片方に対して抱く個人的な否定的反応である。例えばアレックスと母親の場合、アレックスの母親の言い分はフェアでなく筋が通らないと思い始め、母親の家で食事をしない日に食器洗いをしなければならないのはおかしいというアレックスの立場に共感するかもしれない。ある解決について片方の立場に共感し始めると、解決のための選択肢と範囲が狭まる（広がることはない）。片方に味方することを避ける方法は、1人のクライアントの考えを取り上げずに、関係に焦点をあてることである。例えば、インスーは特定の状況でアレックスが食器洗いをすべきかすべきでないかの議論に引き込まれなかった。それよりも家でもっとお互いに理解し合って、緊張と言い争いを減らすために必要なことに話題をしぼった。結婚すべきかどうか、家族のなかでどなり合いや金切り声を減らす方法、暴力に発展するケンカを減らす方法などのようにもっと重大な問題についても同様の中立的姿勢を取るとよい。臨床家が中立を保つと、ペアの双方ともが解決への意欲を高めて貢献する可能性が最も高くなる。ペアやその他の不本意な状況にいるクライアントとの面接では、臨床家が何もせずにクライアントの努力によって結果が出たかのように働くときが、クライアントにとって最善の支援となる。

**常に善意を探す**　ペアや親子に初めて会うとき、両者がお互いに腹を立て、傷つけ合い、失望している姿から、臨床家は彼らが互いに大事に思っていることを忘れがちになる。相手に対する怒り、精神的苦痛、失望はその人から大事に思われ、尊敬され、評価され、愛されたいという願望の裏返しだということを忘れてはならない。見えている一面だけでなく、両面を意識することが常に役に立つ。人はある人に対して本当に無関心ならばその人に気持ちを乱されることはなく、対立に発展する前に冷淡に離れてしまうものである。例えば、見知らぬ人から軽蔑されても、あの人にとっては悪い日だったんだとか、無知で教養がないなどといった理由をつけて比較的簡単になかったことにするので、それほど動揺することはないだろう。クライアントが互いにそれほど気持ちをかき乱されるのは、お互いを大事に思っているからである。臨床家が双方の立場を意識していると、クライアントがもっと満足な状況にもっていけるような質問を作りやすくなる。

臨床家の役割はペアが2人の関係に希望をもてるように相互の思いやりと善意のサインを育み、強調することである。そのためには不満の肯定的側面を強調すればよい。例えば両親が子どものことをひどく批判するとしよう。それを両親の子どもに対する憎しみや嫌悪感の証拠であると考えてしまい、あなた自身も親を嫌悪する危険を冒したりせずに、親がまだ子どものことを諦めていない証拠だと思えばよい。子どもに散々、失望させられながらも両親が来所するのは、彼らが子どもを諦めていない証拠であり、そのことをコンプリメントできる。次のような質問で進めていく。「あなた方はお嬢さんのことを誰よりもよくご存知のはずです。どんな点から彼女がもっときちんとできるはずだといえますか」。交戦中のカップルにも同様の方法が有効である。生活のあらゆる面で言い争っている2人がともに暮らしていけるように援助を求めてきた場合には、2人の関係を絶望的だと思わずに次のように尋ねるとよい。「お2人は知り合って2年になりますね。ですからお互いをかなりよく理解していると思います。お2人の間で物事がもっとよくなるはずだとわかるお互いのどんなことを知っていますか」。同じことを次のように質問することもできる。「2人がもっとうまくやっていけるとわかる2人の関係について何か思い当たることはありますか」

クライアントはこうした質問に例外を述べる形で答える。つまり、2人の関係のなかで物事がうまくいったときのことを話し始める。いったんそれが始まると、臨床家は慣れ親しんだ対話に戻ることができる。つまり、過去の成功、どうやってうまくいったのか、もう一度そうなるためには何が必要かについて詳しい情報を集める方向に進めばよいのである。批判の裏にある思いやりと愛情を理解して知らない姿勢による質問を活用すると、善意が高まるだけでなく、もっと満足のいく関係を作っていく資源がペアのなかにあることを臨床家とクライアントとが確信することになるだろう。

**メンバーの1人が面接を拒むとき**　研修生や臨床家から、「ペアの1人が合同面接への出席を拒む場合にどうしたらよいか」とよく質問される。例えば、親子では思春期の子ども、カップルでは男性パートナーが専門家に会うことを拒むことがある。しかし、これは本質的な問題にはならない。あなたと1人の参加者がペアの関係について考えることができるからである。個人で来談するクライアントが面接で話す不満と作り上げていく目標に、その人にとっての重要な他者との関係を含めることはよくあることである。不在の人を対話に登場させるためには、関係性の質問を使ってクライアントの生活全般に関する専門知識を活用するとよい。例えば思春期の息子が「コミュニケーション不可能かつ反抗的で、カウンセラーに会うことを拒否している」と話す父親と面接する場合には、次の質問が使えるだろう。

◉息子さんは自分がコミュニケーションがとれず反抗的だという意見に賛成するでしょうか。

◉あなたは彼をよく知っていますね。息子さんがここにいるとして、彼はあなた方2人の関係がどう違ってほしいと言うでしょうか。

## 結論

ペア面接が個人面接と異なる主な点は、2人の関係に焦点をあて続けることである。臨床家はこの姿勢を、片方に相手方の評価できる点を尋ねる最初の段階から、目標を作り、共通の目標にかかわる例外を探求していく間中、終始維持する必要がある。本書でこれまでに述べた手続きを適用する以外に、合同面接のための新しい解決志向の質問や原則というものはない。

# 命令されてきた者との面接

ここで取り上げるのは裁判所の命令で来所するクライアントであり、学校、親、配偶者が面接を受けるよう非公式に迫るクライアントではない。本章のはじめに述べた不本意な状況のクライアントについての説明は、命令されて面接を受けるクライアントにもあてはまるだろう。ここでは先に述べたガイドライン（164頁参照）の適用について、ティムの事例を示しながら説明する。ティムは2歳の息子への身体的虐待のために、郡の保護ワーカーによって子ども2人（2歳と4歳）を里親委託させられたクライアントである。ピーターは面接者であり、初回面接のいくつかの場面が本書の学習用DVDに収録されている。

## 面接を始める

命令されてきたクライアントとの面接開始時には特別な配慮が必要となる。というのは法的命令であるためにクライアントだけでなく臨床家にも交渉の余地のない要求が課せられる。例えばティムの例では、ピーターとティムは子どもたちをティムがみていくことへの裁判所の懸念を解消するために、ティムが何を変えていくかについての正式な合意文書を30日以内に作らなければならない。これに加えて他のいくつかの要件を満たす解決をティムとピーターは作り上げねばならない。面接者は要件を理解し、適切なときにクライアントに敬意を持って明確にそれを伝える責任がある。ある要件が交渉の余地がないということは、クライアントにその正当性を説明する必要がないという1つの利点がある。その要件が有効である限り、あなたもクライアントもその範囲内で取り組んでいかねばならない。命令された状況では、あなたは自分の役割をクライアントにはっきり理解させる準備をしておく必要がある。

クライアントの状況についてあなたが知っていることをクライアントに明確にすることも大切である。クライアントが面接に来ることになった最近の出来事について知っていることを明確にする。これ以上のことは、本章の冒頭のガイドラインを参考にしてほしい。

ピーターはティムと次のように始めた。ピーターは訪問の約束をするため電話をかけたが、電話がつながらなかったので予約なしで訪問することになった。

**ピーター❖**［ドアをノックする］

**ティム❖**［ドアを開けて］はあ？

**ピーター❖**こんにちは。ティム・スミスさんですか。

**ティム❖**そうだけど。

**ピーター❖**私はピーター・ディヤングです。**［身元を明確にして］**児童支援局の里親サービスから来ました。

**ティム❖**はあ。

**ピーター❖**これが身分証明書です。

**ティム❖**俺の子どもたちのことで？

**ピーター❖**そうです。お子さんたちのことです。

**ティム❖**ああ。

**ピーター❖**先週、電話をかけたのですが、つながりませんでした。

**ティム❖**そうなんだ。請求書だか何かのせいで。むちゃくちゃなんだよ。

**ピーター❖****［クライアントの状況について知っていることを述べて］**先週予審があったそうですね。

**ティム❖**そう、そう。

**ピーター❖**それでお子さんたちは連れていかれたそうですね。

**ティム❖**そうなんだ。そのことを何か知っているのかい。あんたはそれに関係があるのかね。

**ピーター❖****［さらに役割を明確にして］**私は里親サービスのワーカーですから、今、お子さんたちが里親のところにいることを知っています。

**ティム❖**児相［児童相談所］の女のワーカーが前にそう言っていたな。

**ピーター❖****［役割を明確にして］**その通りですよ。今日私が来たのは次にどうなるかを話すためなんです。そしてあなたと会う約束を取りたいと思ったんです。**［クライアントにコントロールを委ねて］**あの、実は電話したのは、お宅で4、50分ほどお話ししたいと思ってなんです。

**ティム❖**うーん。まあ、いいだろう。だけど今でも裁判所でのこと全部が頭にきているんだ。あれは今でも間違っていると思う。あんたがあれに関係していたのなら、家には入れたくないね。

ティムはピーターの訪問を予想していなかったので、ピーターは自己紹介と役割の明確化を特に慎重に行った。命令された状況で会うクライアントの場合によくあるように、ティムの最大の不満が最近の福祉機関とのかかわりにあることがすぐにはっきりした。ティムは不公平にまた無礼に扱われたと確信していた。不本意な状況のクライアントとの面接のガイドラインを念頭において、ピーターは彼の見方を受けいれ、詳しく尋ね始めた（次の会話を参照）。ティムの話を聞きながら、ピーターはティムにとって重要なことに注目し、ティムの考えを理解したことをティムにはっきり知らせ、ティムがさらに詳しく自分の意見を述べられるように言い直した。こうした過程は、緊迫し、対立的になりがちな出会いを緩和させ、協力しあう関係を作りあげる最短の方法である。

**ピーター❖****［クライアントの見方を受けいれて］**ええ、そう。わかります。児相のワーカーから、裁判所ではあなたが望むようにことが進まなかったと聞いています。

**ティム**❖全然、進まなかったね。ウソの上ぬりばっかりだ。

**ピーター**❖**［詳しく尋ねて］**そうだったんですか。

**ティム**❖そう、児相のワーカーはウソをついていたのに裁判所はそれをそのまま信じたんだ。それで、あんたは裁判所の側？　このことでは児相側かい？

**ピーター**❖**［役割を明確にして］**いえいえ、違います。子どもたちがいったん里親に預けられれば、里親ワーカーが親との面接を担当することになります。

**ティム**❖ああ、そう言ってたね。

**ピーター**❖この状況で親がどうしたいかを知るためなんです。児相のワーカーは今日私と一緒に来ていません。

**ティム**❖ああ、そう。

**ピーター**❖そしてこの段階では、児相のワーカーはかかわりません。

**ティム**❖そうかい。

**ピーター**❖将来、裁判所に戻るかもしれませんが、今のところ私があなたの担当です。

**ティム**❖わかった。

**ピーター**❖**［クライアントの見方をさらに詳しく尋ねて］**裁判所でのことであなたはひどく怒っているのですね。

**ティム**❖ああ、そのとおり。

**ピーター**❖虐待の証拠が出されたことに腹を立てている。

**ティム**❖そう。だって虐待なんて全くなかったのに。

**ピーター**❖裁判所で児相のワーカーはどなり声が聞こえたと言っていました。

**ティム**❖そのとおりだ。自分の意見を聞いてほしかったからね。

**ピーター**❖**［クライアントにとって重要なことを認めて］**そうでしょうね。

**ティム**❖うん。

**ピーター**❖そしてあなたは聞いてもらえたとは思わなかった。

**ティム**❖全然、ね。

**ピーター**❖**［クライアントにとって重要なことを尊重しようとして］**私はあなたが言いたいことを十分に注意してお聞きしたいんです。そして……。

**ティム**❖いいよ。

**ピーター**❖そして2人で協力する方法があるかどうか見つけたいんです。

**ティム**❖うん。

**ピーター**❖あなたが起こってほしいと思うことが起こるためにですね。この状況であなたがしようと思うことを考えましょう。

**ティム**❖ああ、いいよ。

**ピーター**❖**［クライアントにコントロールを委ねて］**今、時間をとっていただけますか。

**ティム**❖ああ、今でもいいよ。あんたのことはよく知らないけど、正直に話そうとしているようだし。あの児相のワーカーはそうじゃなかった。あんたとは、今話してもいいよ。

**ピーター**❖あなたと率直に話すために大いに努力しますよ。

**ティム**❖そうだとありがたいね。

**ピーター**❖**［彼のケースについてこれからも情報を提供することを約束して］**今後は驚かせないようにしますよ。

**ティム**❖俺もなんでも話すよ。

ピーター❖わかりました。

ティム❖じゃあ、入ってもらってもいいよ。

ピーター❖ありがとう。


出会って5分もしないうちに、ティムはピーターを家に入れてもっと話してもいいと思っていた。戸口での2人の対話は、命令されたクライアントが初めて臨床家に会うときに想定される特徴を示している。クライアントは最初、疑い深く、防衛的になる可能性が高い。また、自分の見方が傾聴され尊重され、今後の展開と関係機関の動きについて知らせてほしいと思っている。彼の話を聞かなかった人たちとは違うのだと理解されてはじめて、家に入ることを許可されるだろう。

## クライアントの理解と願望をさらに詳しく知る

学習用DVD クリップ8参照

ピーターはソーシャルワーカーである自分にティムが期待していることを理解したが、彼の現状と違ってほしいことについてはまだほとんどわからないままだった。家に入るとすぐにピーターはティムの状況について話を聞こうとし、ティムにとって誰と何が重要か、ティムが何を望むかを聞き取ろうとした。


ピーター❖では、確認させてください。あなたの状況の理解というか、ここで何が起こったかということですが……。

ティム❖うん。わからないんだ。はっきりしないんだ。わかっていることは、息子たちが連れていかれたことだけ。そう、裁判で子どもたちがどこかの里親の家にいるって聞いただけなんだ。

ピーター❖ええ、お子さんたちは里親の家にいます。

ティム❖それでどういう話になっているかわからない。腹が立つよ。いつ会えるのかもわからないしね。

ピーター❖ええ。

ティム❖あの子らは私に会いたがっているんだから。ばかげているよ。全くむちゃくちゃだ。保護機関は金にさえなりゃいいんだ。それが彼らのやり口なんだ。金にするために子どもを連れて行くんだ。

ピーター❖ああ、わかりました。今の話で1つ本当にはっきりしていることは、あなたが子どもたちに会いたがっていることです。

ティム❖そう。あの子らに会いたいんだ。裁判所でそう言われたんだ、毎週子どもたちに会えるって。

ピーター❖うーむ。今日帰る前にそのことを話し合って、最初の訪問の計画を立てましょう。

ティム❖ああ、それはすごい。息子たちに会うためなら、あの子らをとり戻すためなら何だってするよ。

ピーター❖わかりました。

ティム❖必要ならどんなことでも。

ピーター❖それもはっきりしてますね。あなたは息子たちをとり戻したいと思っている。

ティム❖ああ。絶対に。あの子たちはこの家の子どもなんだ。

ピーター❖わかりました。

ティム❖この家の子なんだ。


面接を命令されたクライアントの場合、望んでいることがすぐに明確になることが多い。ティムが2人の息子を大事に思い、息子たちを彼らの居場所である彼の家に引き取りたいと願っていることは明らかである。裁判所もティムが息子たちにとって安全でネグレクトのない家庭を築ける証拠を示すことを望んでいる。

「▶学習用DVD」クリップ9参照

## 関係性の質問で状況を尋ねる

前節の最後の一文を読み直してほしい。裁判所が求める家庭環境の証拠を準備する責任を負うのはピーターではなくティムであるという点が重要である。ティムが解決策を作らなければならない状況について、ピーターが知らない姿勢で質問することが、ティムにとって大いに役立つ。「子どもを親から離して里親に養育してもらうことが必要だ」と裁判官を説得したのは児相のワーカーだったので、ピーターはそこから始めた。関係性の質問を使うことでティムにも児相のワーカーにも味方せず、解決構築に不可欠なティムの見方を理解することに集中した。

**ピーター**❖もし児相のワーカーがここにいたら、いったいなぜ子どもたちを連れて行ったと言うと思いますか。

**ティム**❖彼女の話はむちゃくちゃだ。もし彼女がここにいれば、俺はひどい父親で、子どもたちを虐待したって言うだろう。叩いたとか何かそんなことを言うだろうけど全然違うんだ。俺が夜遅く友達と騒いだことがあって……。近所の誰かが、誰だかわかってるが、児相に電話したんだ。児相が来て子どもたちと話した。何を話したか知らないが、ウソばっかりだ。彼女がやりたいように辻褄を合わせたんだ。彼女が裁判所で作り話をしたと思う。だから全くむちゃくちゃだ、この状況全部が。

**ピーター**❖**［クライアントの見方を明確にして］**そうですか。では、あなたにとっては本当のことは何もないんですね。

**ティム**❖全然ないね。

**ピーター**❖**［クライアントの状況を持ちこんで］**えーと。報告書を読みましたが、それによるとショーンの身体にあざがあったというんです。

**ティム**❖ショーン、ショーンね。そう。彼はソファで遊んでいて落ちたんだよ。彼は遊んでいたんだ。彼は2歳で動き廻るし、這いまわるしね。私がいない間に、彼は落ちたんだよ。

**ピーター**❖彼はソファから落ちた。

**ティム**❖ああ。ソファからね。少し泣いたけど大丈夫だったんだ。それを児相のワーカーは俺が叩いたとか言うんだけど、全然本当じゃない。

**ピーター**❖ああ、そうですか。わかりました。

**ティム**❖それで、子どもたちは連れて行かれたんだ。

**ピーター**❖**［クライアントにとっての事実の理解を明確にして］**ああ、そうですか。彼がソファから落ちたときあなたはどこか部屋の外にいたんですね。

**ティム**❖ああ、俺はいなかった。ここにさえいなかったんだから。

**ピーター**❖わかりました。

**ティム**❖こういうことなんだ。角を曲がったところの店へ大急ぎでたばこを買いに行って、帰ってきたらあの子が泣いてたんだ。

**ピーター**❖そうですか。わかりました。だからあなたはあの結論に全然同意していないんですね。

ティム❖全く同意できないね。

ピーター❖あの報告書の結論にね。

ティム❖そうなんだ……。

ピーター❖なるほど。その状況と児相のワーカーがどういうことであなたのケースを裁判所に出すことになったかについて、他になんでもいいので聞かせてもらえませんか。

クライアントが自分の状況をどうみているかを詳しく知るために関係性の質問を使うと、臨床家はクライアントとの信頼関係を損なわずに、非常に触れにくい話題を取り上げることができる。これは相手を尊重するやり方なので、クライアントとの協働関係を強めることにもなる。

学習用DVD クリップ9参照

ティムの状況には関係性の質問を使って扱える事柄が他にもいくつかある。ティムはすでに子どもたちと暮らすという大きな目標を明かしているので、関係性の質問はその目標を踏まえたものでなければならない。そうすると、注意深く話を聞いて、ティムの望む方向に向けて進もうとしていることを示すことになる。同時にティムは状況に対する希望をもち、自分の望みを実現するための対策作りに意欲的になる。ピーターが次の段階で使える有効な関係性の質問には次のようなものがある。

◉あなたが裁判所で聞いたことから考えると、子どもたちを取り戻すために裁判所があなたに期待していることは何でしょうか。

◉息子たちを家へ戻しても安全だとワーカーを納得させるためには何が必要でしょう。他には？

◉息子さんたちがもし答えられたとして、この状況で何が起こってほしいと言うでしょうか。

◉息子さんたちは家に帰ったときにどう違っていてほしいと言うでしょうか。

ティムの状況に関するこれらの質問は、ティムが現状でしようとしていることを詳細に説明してもらうなど、彼の役に立ちそうなその他の質問を続けることが望ましい。裁判所の期待については、まずティムがどう考えるかを傾聴した後、ピーターはティムに次のことを尋ねてもよい。

◉あなたがそうする決心をしたとして、あなたと息子さんの間で何が違ってくるでしょうか。

◉あなたと裁判所の間で何が違ってくるでしょうか。

◉あなたにとって他に何が違ってくるでしょうか。

◉自分のことをよくわかっているあなたとしては、これらのなかのどれができると思いますか。

◉それができるとどうやってわかりますか。

◉裁判所を説得して息子さんたちを取り戻すにはそれで十分でしょうか。

◉裁判所から息子さんたちを戻すためにあなたが最低限しなければ

ならないことは何だと思いますか。

ピーターはフォローアップ質問のうちのいくつかを尋ね、ティムはすぐさま答えた。

**▶学習用DVD** クリップ11参照

## 能力の共同構築

クライアントが新しく骨の折れる段階に進む勇気と意欲を持つには希望と自信が必要である。それは以前の成功とその成功をもたらしたクライアント自身の長所を再認識することから生まれる。面接を命令されたクライアントは、制度に対して無力感をいだきやすく、自分がなしとげた過去の成功と強さには気づきにくいものである。したがって、このようなクライアントと彼らの願望について話し合うときには、過去の成功に関するヒントを注意深く探さなければならない。次はピーターとティムの会話である。

**ピーター**❖ハイディですが、ハイディは6、7カ月前に家を出たんでしたね。

**ティム**❖うん。

**ピーター**❖彼女は子どもたちの母親ですね。

**ティム**❖うん、そうなんだ。俺たち結婚してないんだ。でも、6年かそこらくっついたり離れたりでね。

**ピーター**❖［**成功のヒントに注目して**］ああ、6、7年も……。

**ティム**❖いつも一緒にいたわけじゃなかったけど、ある程度一緒に暮らしてたし、仲よくやっていたんだけど、そうじゃなくなって……。

**ピーター**❖［**もっと詳しく尋ねて**］ああ。そうですか。それはあなたとしては大変な変化でしたよね。

**ティム**❖ああ、そうだったよ。彼女は出て行ったんだ。むちゃくちゃだよ、俺に2人の息子を残して。

**ピーター**❖2人の息子さんを残して……

**ティム**❖ああ。さっさと出て行ったんだ。

**ピーター**❖［**コンプリメントして**］片親になったら子どもたちを手もとに置かない人も多いのに、あなたは2人を手放さなかったんですね。

**ティム**❖そうなんだ。裁判所には片親としてできるだけのことをしていると言ったんだ。

**ピーター**❖［**詳しく尋ねて**］子育ては大変でしたか。

**ティム**❖ああ。本当に大変だった。

**ピーター**❖ええ、ええ。

**ティム**❖わかるだろう。学校の手配をしに出かけなきゃいかんし、家にいて面倒見てやらなきゃいかん。疲れるけどやっているよ。

**ピーター**❖［**さらに詳しく尋ね、間接的にコンプリメントして**］どうやってそんなことができたんですか。

**ティム**❖やらなきゃという気持ちが強かったんだ。普通、子育ては女の仕事だから男はしないんだ。俺は全く違う。俺は里親のところで育てられて、里親から里親へたらいまわしにされた。自分の息子たちをあんな目に遭わせない。俺がこんなにカリカリしているのは、里親に息子を育てさせたくないからだ。自分がそうされて、それはよくなかったんだ。だから息子を離さない。自分で育てるんだ。

ピーター❖そう固く決心しているんですね。

ティム❖絶対に、絶対にね。

ピーター❖なるほど。あなたの強い意志はそういうところから来てるんですね。

ティム❖そうなんだ。

ピーター❖里親にあずけられた経験があったからなんですね。

ティム❖ああ。たらいまわしにされたからね。悪いことはあれもこれも俺のせいにされた。息子たちにはあんな役にも立たない経験をさせたくないね。

ピーター❖それで息子さんたちのためには何が違ってほしいと思いますか。

ティム❖子どもたちは家族が、父親が育てるのがいい。そうしたいし、そうしてるんだ。あの子らを学校に入れたし、仕事のときには保育園も使った。保育園にだよ。一緒にいてやるようにした。違ってほしいことは、俺のところに帰ってくることだ。

**学習用DVD** クリップ10・12参照

## 定例の手順に戻る

面接を義務づけられたクライアントとかかわる場合、臨床家の役割を明確にした上で、彼らの役に立つために何をどうしたらよいかを探求することによって、まずクライアントのシステムへの疑いや怒りを解消させる。それからクライアントの状況を組み込んだ質問をすることでクライアントが望むことを一緒にはっきりさせていく。そうなるともう解決構築の定例の手順である。こうした手続きは「クライアントにとって重要なこと」と「クライアントの望み」とに焦点をあわすので、協力的な関係ができるのが普通である。ここから先は義務的な状況のクライアントとの面接も他の面接とほとんど同様のものになる。ミラクル・クエスチョンを使って目標づくりの作業を続け、スケーリング・クエスチョンでクライアントの自信とそれまでの進歩を計り、面接の終わりのメッセージを作る。この後の面接ではいつもどおりの手順を踏襲すればよい。

## クライアントが望まない勧告書を作ることは?

この時点で多くの臨床家と学生は次の質問をするだろう。「確かに、こうした方法は義務的なクライアントと面接を始めて、彼らの希望と裁判所の期待を同じ土俵にのせるよい方法と思えるが、これらすべてを実行した後でもまだクライアントが強く反対することを裁判所に勧告しなければならないとしたらどうなるだろうか」と。

この方法でクライアントと面接をしていると、ある問題についてクライアントと臨床家が決別してしまうことはほとんどない。もし決別した場合には、臨床家はクライアントとの解決構築を不注意に中断したのではないかを検討すべきである。例えば、ピーターはかつて里親ケース・マネージャーから次の質問を受けたことがある。「私は次の聴聞(3カ月後の再聴聞)で『里親の家にいる長男は今回まだ帰宅させるべきではない』と勧告するつもりだとクライアントに伝えたために、それまで協力的な関係にあったクライアントが腹を立てて距離ができたことがあった。そういうときはどうすればいいか」という質問だった。その勧告が作られたのは、母親(クライアント)が4人の子どもたち（弟妹）を監督すべきときに、数回にわたり30分ほど不在にしたことがあったという最近の報告があったからである。この不在が大きな問題となったのは、この母親は以前にもきちんと監督をしないことがあり、特にまだ里親のもとにいる長男は性的に虐待されたことがあり、弟妹たちに性的行為をしたこともわかっていたからである。母親とソーシャルワーカーの間には、「母親がずっと目を離さないで監督できるのなら長男を帰宅させる」という合意があった。

　この母親は幼い子どもたちからずっと目を離さずに監督することができないという重大な事実があることと、そのためにこの時期に長男を帰宅させないように勧告すべきだと臨床家が信じていたことは理解できるとしても、臨床家とクライアントはその先も解決構築を続けることができたはずである。このケースでは母親もソーシャルワーカーも、子どもたち全員が一緒に暮らすための安全が確保されればすぐに長男を帰宅させるべきだと意見が一致していた。ソーシャルワーカーは「息子の帰宅に反対の勧告をする」と母親に伝えたあと解決構築の過程を中断するのではなく、次の質問でクライアントとの解決構築を続けていけただろう。

◉弟妹の弁護士と判事があなたの監督の失敗を心配することは想像できます。彼らはどんな反応を示すでしょうか。

◉弟妹から目を離さずに監督することがどれほど大変かわかったわけですから、長男を弟妹と一緒にしても安全だと裁判所に信じさせるには何が必要だと思いますか。（クライアントが答えた後に）そういうことが起きるでしょうか。

ソーシャルワーカーは安全についての母親の見方を知るためにスケーリング・クエスチョンを使うことができる。

◉テディ（長男）に、「今すぐ帰宅するとして、弟妹に対して兄らしく振る舞う自信は、０（自信なし）から10（１００％自信がある）のどこか」と尋ねたら、どう答えるでしょうか。どんなことからその数だと言うでしょう。その数が1あがると何が違うと言うでしょうか。そのためには何が必要でしょうか。彼の自信の程度について裁判所は何と言うでしょう。それは裁判所にとって、今回テディを帰宅させるのに十分でしょうか。

◉弟妹に「兄さんといることはどれくらい安全だと思うか」と私が尋ねたとすると、彼らは0から10のどこだと言うでしょうか。彼らは兄の帰宅までに何が違っていると、安全だと感じるでしょうか。

◉現状についてよくわかっていらっしゃるので尋ねますが、0から10のスケールで0は「弟妹は全く安全ではない」、10は「彼らは１００％安全だ」として、今長男が帰宅するとしたら弟妹はどれくらい安全だと思いますか。何からその数字だとわかりますか。

こうした質問をした後でもクライアントがソーシャルワーカーの勧告に納得しない場合は、ワーカーは次のように尋ねることができる。

◉テディを現時点で帰宅させるべきか、あるいは今後3カ月は里親に預けたままで3カ月先に再評価するかを裁判所に勧告しなければなりません。あなたはご自身の状況をよくわかっていますね。あなたが私の立場なら裁判所にどんな勧告をしますか。今、その勧告をすることが適切だとどんなことからわかりますか。他には？　弟妹はそれに賛成するでしょうか。彼らは何と言うでしょうか。テディはどう言うでしょうか。

◉あなたが作った勧告を弟妹の弁護士は何と言うでしょうか。判事はどう反応するでしょうか。

◉裁判所が今はまだテディを帰宅させないと決めたとします。再評価までの3カ月間にあなたが弟妹の監督を改善させたと私にわかるためには、あなたのどんな行動をみればいいでしょう。弟妹はどんなことから自分たちがもっと安全になったとわかるでしょうか。

臨床家とクライアントの間で意見の不一致や悪感情しかない場合でも、敬意を持って解決構築の会話を始めることが可能性を切り開くための現実的な方法である。ケース抜粋で示したようなことについて会話を重ねていけば、息子が帰宅するための具体的な安全プランが導き出される。その結果、ワーカーも裁判所もクライアントもより明確に、自信を持ってケースを進めることができる。臨床家が「これが次の聴聞で私たちが裁判所に勧告する最終案です」と言ってドアを閉じない限り、クライアントが会話から降りることはないだろう。話し合いをやめるかどうかを選択するのはクライアントであり、クライアントはその選択の当然の帰結を受けいれて暮らしていかねばならない。だが、クライアントは聞いてもらえる可能性があると信じる限りは会話に留まるのが普通である。

## 終わりの言葉

解決構築においては終わりの言葉は存在しない。前述のケースでクライアントが承服しない判決を裁判所が出したとしても、解決構築を続ける方法がある。

第4章はクライアントの協力と意欲を促進する議論で終わっている。そのなかで私たちは、ディ・シェイザー（de Shazer, 1984）の「クライアントの抵抗は協力の一形態である」という再概念化に強く共感すると述べた。その理由は、理論的または道徳的な意味からではなく、クライアントに近づく有効な姿勢だからである。クライアントが特定の話題に関して、怒ったり、抵抗したり、無関心なときにこそ、クライアントには能力があり、まだ彼らと協力する方法が見つかっていないだけなのだと自分に言い聞かせることが非常に有効である。抵抗に気づいたら、それをクライアントの妨害とか無関心だと推測せずに、クライアントにとって重要なことを示すものとして、知らない姿勢で質問するきっかけにするとよい。この姿勢は私たちのもとを訪れるクライアントが義務であろうと自発的であろうと、解決構築を行う場合に等しく適用されるものである。

# 第10章 危機状況での面接

非常事態や危機は、私たちの生命力が思っているよりずっと大きいことを教えてくれる。
（ウィリアム・ジェームズ（H James, 1920, p.254 からの引用））

どれほど虐げられ、うちひしがれても、どうにか耐え抜いてきている（成長することさえある）という強さへの信念を持つことがワーカーとしての最小限の義務である。人は一歩ずつ、資源を呼び起こし、対処してきている。彼らが何をしたか、どうしたか、何を学び、困難を乗り越えるときにどんな（内的および外的）資源を活用したかを知る必要がある。
（Saleebey, 1992, pp.171-172）



援助職においては、人々に強い反応を引き起こすさまざまな出来事や状況が危機的状況となる。ロバーツ（Roberts, 1990, p.4）はその例として「暴力犯罪、自殺企図、薬物の過剰服用、自然災害、離婚、失恋、性的不能、自動車事故」をあげている。他には強姦、戦闘、末期疾患の診断、家族や親友の死などがある。このような出来事により生活を崩壊させられた人々は、途方に暮れ、傷つき、脅え、孤独になる。被害者は衝撃的な出来事のフラッシュバックを体験したり、悪夢をみたり、日常の活動に集中できなくなったりすることもある。

危機の後には、彼らの反応を落ち着かせ、生活の寸断に順応していくために、即時の援助が必要となる。この必要性が認識されるようになり危機ホットライン、レイプ危機プログラム、虐待された女性や子どもの保護所、若者のための危機センター、在宅危機介入プログラムが急速に発展し、病院でも危機に対処されるようになった。さらに、支援グループや個人カウンセリングが広まり、被害者に継続的支援やセラピーが行われるようになった。

R・K・ジェイムスとジリランド（James & Gilliland, 2005）は、危機についての複数の定義を検討した。この分野の初期の理論家（Carkhuff & Berenson, 1977; Parad, 1971）が述べている通り、危機は特定の状況それ自体ではなく、そのような状況への個人の認識と反応によって特徴づけられる。彼らは「危機とは、ある出来事や状況に対する個人の『力量や対処手段が及ばず、耐えられないほど困難である』という認識や経験である」と述べている（James & Gilliland, 2005, p.3）。このアプローチでは、衝撃的な出来事への反応と適応の度合いが個人によって異なることを認める。私たちのクライアントとの経験からすると、危機が認識の問題であることに疑いの余地はない。さらに私たちはクライアントの危機の認識がときには変化することを付け加えたい。この変化はクライアントの強さを示しており、解決志向の面接はこのような前向きな変化を促進する。

## 解決志向 対 問題志向

衝撃的な出来事を経験したり、自殺や他人への危害を考えたりするクライアントと面接をするときには、どうしてもトラウマの細部に気をとられ、どれほど深刻な危機なのかと問題を査定したくなる。その情報があれば、自信を持って提供する支援を決められるように感じる。こうした問題に焦点をあてた対応をとると、問題解決アプローチに戻ることになる。この状況でクライアントが訴えることははっきりしている。トラウマを経験したばかりのクライアントはその出来事にとらわれ、生活をコントロールしていけるとは思っていない。引きこもって無口になるか、「自分ではどうにもできない。気が狂いそうだ」などと言うこともあるだろう。こうした反応からあなたがクライアントには資源《resources》が不足していると思うと、解決の構築には取り組みにくいだろう。

学生やワークショップの参加者は、危機にあるクライアントとの面接で解決に焦点をあてることは特に難しいと言う。彼らは「初めはただ支持的・共感的にクライアントの危機的症状について話を聞き、それからクライアントが落ち着くための助言をすべきではないでしょうか。クライアントがもっと落ち着くまで、解決構築の作業はしない方がよいのではありませんか」と尋ねる。

私たちの経験では、危機的状況のクライアントであっても、ほとんどは解決構築に取り組み始めると落ち着き、前進することができる。他のクライアントと同じように危機にあるクライアントも、自分が望む違いに焦点をあて、これまでの成功と自分の長所を引き出すことで状況が好転する。したがって、解決に焦点をあてる方法は他の人々に対するのと同じように危機的状況にあるクライアントにも役立つ。急性のトラウマ状態にあるクライアントとはまず当面のプランだけを作り、面接を重ねることが有効である。当面のプランとはどこで一夜をあかすか、どうやってその夜を過ごすか、誰と一緒にいるか、何を食べるかといったことなどである。突然の精神的なショックを受けたばかりのクライアントとこういった当面の心配事について話しあうことは「小さな一歩」を踏み出すことになる。このアプローチはクライアントのために臨床家が何かを決めるよりも生産的で彼らを力づけることになる。

次にこのようなクライアントとの面接の要点を述べる。このアプローチは、危機的出来事への反応によって見えなくなっているクライアントの長所と資源を活用しようとするものである。この種の面接も他の初回面接と同様に展開するが、コーピング・クエスチョンと呼ばれる質問を使うこともある（Berg, 1994）。

## はじまり❖「どんなお手伝いができますか」

初回面接ではまず「どんな役に立てるか」とクライアントに尋ねるが、この場合も例外ではない。この質問をすることで知らない姿勢をとることになり、危機的状況にあるクライアントの状態や彼らがあなたに求めることについてあなたの先入観を薄める。他のクライアントもそうだが、トラウマや混乱を経験したばかりの人はその出来事やそれへの反応から述べはじめる。これはプロブレム・トークであり、解決志向の臨床家であれば、クライアントの見方、そのときに使われる言葉、彼らにとって重要な人と事柄をよく聞き、彼らが望む具体的な違いの手がかりを探していく（第4章参照）。

クライアントが脅えたり、怒ったり、泣いたりしているような場合には、3章で述べたクライアントに自然に共感し、彼らの見方を肯定する技法を活用してほしい。共感と肯定によってクライアントは、臨床家が苦境を心から気づかい、経験したことへの彼らの見解を理解しようとしているのだと確信する。また、クライアントは自らの見方を詳しく説明し、点検する機会を得る。そうすることで彼らはトラウマに伴いがちな孤独感を和らげ、経験を言葉にすることで統制感を持ち始めるだろう。

衝撃的な出来事の直後には、クライアントは引きこもりがちになり、話そうとしなくなったり、話せなくなったりする。そのような場合には、クライアントの非言語反応に注目する。その上で彼らが今どんな経験をしているかを尋ねたり、気になることを確認したりすることが役に立つだろう。「あなたの表情からすると、とても緊張しているようですね。今あなたに起きたことについて考えているのでしょうか。あなたが話そうと思うことは何でも喜んで伺います」というように話しかけるのもよい。ひどく混乱し話せなくなっているクライアントと一緒にいるが、そのような場合には何も話さずにクライアントと一緒にただ座っているだけでよい。そばにいて、時折、気づかいや根気強さを示すだけで安心させることになるだろう。クライアントが話し始めたら、いつもの解決構築の会話を進めていけばよい。

トラウマがかかわるケースであっても、他のケースと同じように始めればよいのである。このアプローチはクライアントの能力と長所を信じるとともに必ず変化するという信念をも反映している。ある人の人生におけるトラウマは変化を見せる。問題に焦点をあてる臨床家は危機を生活の平衡状態の崩壊として捉え、危機介入を正常なバランスを回復するための方法と考える傾向がある。しかし私たちは、トラウマによる変化は長所を総動員するまたとない機会であると捉える方が有益だと考える。というのはこの機会を使って、クライアントの望みや意欲や能力を土台にしてどの方向へも進むことができるからである。

私たちのこうしたアプローチは、トラウマを経験したクライアントの話がもとになってできた。例えば「危機的な状態でどうしても助けが必要だからすぐに予約をしたい」と電話がかかることがある。ところが、その日に会ってみると、かなり落ち着いていることがある。解決構築の会話を始めると、彼らは「状況をよくするために何をしたか」「次に何をする必要があるか」といったことについて話すことができる。また、大至急と言って予約をとりながらも来所さえしない人もいる。このようなクライアントに対して、混乱をもてあそぶパーソナリティ障害者だと疑う臨床家もいるだろうが、私たちは彼らが自分で対処法を見つけたのだと考える。

クライアントは常に生活のなかで出逢うあらゆる出来事に適応の途上にあることを臨床家は知っておく必要がある。衝撃的な出来事であっても同じプロセスを踏み、適応していく。臨床家もクライアントも、クライアントがあるトラウマに対して用いる能力や長所を前もって知ることはできない。だからいつもと同じように、知らない姿勢を貫き、そうではないことをクライアントが示さないかぎりは、クライアントに能力があると信頼して進んでいけばよい。

学習用DVD―クリップ18参照

## 「どんなことをやってみましたか」

トラウマに直面しているクライアントは、どんな役に立てるかという最初の質問に、ほぼ例外なく問題について話し始める。クライアントが問題とそれへの反応について説明し、臨床家がクライアントの見方を肯定して理解と関心を示したならば、次にクライアントにその状況でどう対処してきたかを尋ねるとよい。トラウマの渦中にいるクライアントでもどう対処したのか述べることができる。「頭のなかのイメージに打ち勝つために深呼吸をする」と話すクライアントもいるだろう。別のクライアントは「信頼できる人と話そうと思って、親友や家族に電話をかけた」と言うかもしれない。「この問題について知っている人に相談するために、病院の危機部門や危機ホットラインのような緊急サービスを探した」ということもある。

クライアントがすでに自分で何らかの対策を講じているときには、通常の初回面接のこの時点と同じように対処すればよい。つまり、クライアントが行ってきたことを直接的、間接的にコンプリメントする。そして、その反応のアイデアをどこから得たのか、その経過に彼ら自身が驚いているか、自分自身と状況にどれほど有効な対処をしていると思うかといったことを尋ねる。この初回面接でも他の場合と同様に、成功と長所の話とともにプロブレム・トークも聞くことになるだろう。

学習用DVD―クリップ19参照

## 「どんな変化を望みますか」

トラウマを経験しているクライアントのなかには、適応するための努力を述べる人もいるが、トラウマやそれにかかわる痛みや恐怖を述べる他にはほとんど何もできない人もいる。どちらの場合にも「臨床家と話すことで、何が違ってほしいか」と尋ねることは重要である。この質問によって目標づくりの会話が始まる。トラウマを経験した人にこの質問をするのは、最初は抵抗があるかもしれないが、この質問はそのようなクライアントにも有効である。苦しい状況のなかでどこを目指して進みたいかを考えさせる質問は、クライアントに自分の未来をわずかでもコントロールできるのだというメッセージを送ることになる。その質問への答えから、その時点で彼らが目標づくりに取り組む力があるかどうかがわかる。

どんなに厳しい状況であっても、クライアントが力を発揮することに、私たちは驚かざるをえない。クライアントのプロブレム・トークからすると、ひどく困惑し、感情の動揺や状況に対処のしようもなさそうなのだが、目標づくりの質問をすると、クライアントが役に立つ答えを話しはじめるという経験を数えきれないほどしてきた。クライアントのひどい痛みやトラウマの深刻さからは、彼らに目標について考えていく力があるのかどうか、全く予見できない。したがって出来事の深刻さやクライアントの症状をもとに仮説を立てることは控えるべきである。クライアントが苦しみについて話せるのであれば、初回面接のどこかの時点で目標づくりの質問を尋ねて、そこからどう展開するかをみるといい。可能性があることに気づくと、クライアントの気分はよくなり自信が出てくることが多い。

　インスーは、ジョリーンというクライアントにこのアプローチを用いた。ジョリーンは予約なしにやってきて、危機的状況なので助けが必要だと言った。彼女は3日前、4年間一緒に暮らした夫が身の回りの物を持ってこっそり家を出て行くのを目撃した。夫は帰ってこず、彼女は「ただ泣いているだけ」で、食べることも眠ることもできず、普段していることもできないと訴えた。彼女は呆然としているようだったが、名前、住所、日常の生活、一緒に生活している人についての質問に答えることができた。4年前に結婚し2歳の娘がいるとのことだった。彼女は面接のはじめに、今の主な問題は不眠と考えをまとめられないことだと何度も言った。

**ジョリーン**❖眠ることです。まず、少しでも眠らなくちゃいけないんです。

**インスー**❖あなたがいくらかでも眠れたとしましょう。そうなると、それがどのように役に立ちますか。

**ジョリーン**❖彼が家を出ていった理由を知ろうとしても、彼は私と話そうとはしないでしょう。彼がどこで生活しているのか知らないし、職場に電話をしても彼は電話を取らないんです。

**インスー**❖彼が出ていきたいなんて思ってもみなかったんですね。

**ジョリーン**❖彼がこんな仕打ちをするなんて考えられません。私たちはケンカもしなかったし、彼は自分が不幸だと言ったこともなかったんです。どんな夫婦でも大変なときがあるのだから、自分たちもごく普通の夫婦だと思っていました。

**インスー**❖彼が話をしにここに来ることはないとわかっていますが、仮に彼がここにいるとして、私が彼にあなたと暮らすために戻るつもりがあるかと尋ねたとしたら、彼はどう言うでしょうか。

**ジョリーン**❖彼は戻るつもりはないと言うでしょう。眠っているとき何か音がしたので目を覚ますと、彼が鞄を持って出ていくところでした。彼に行かないでと頼んだのですが、彼はもう結婚生活を続けたくないと言って出ていったんです。だから帰ってくるとは思いません。私は自分の生活を続ける方法を見つけて、子どもの世話をしなくてはならないのに、とても疲れているんです。眠らなくちゃいけないのです。

　インスーはジョリーンの不眠の訴えを聞いても特に驚かなかった。大番狂わせの後には誰にでも起こる反応だからである。当面の問題についてジョリーンの見方を聞いた上で、インスーはジョリーンに現実的な目標を考えさせる会話を始めた。

　このやりとりのなかで、ジョリーンは呆然としているように見えたが、生活のなかで何が違ってほしいかについてソリューション・トークを始めることができた。現実的に考えさせるために、インスーは彼女に夫が戻ってくる可能性があるかどうかを尋ねた。ひどく落ち込んでいたが、ジョリーンは取り乱すこともプロブレム・トークに戻ることもなかった。彼女はインスーの質問について考え、夫は帰らないだろうと答えた。ジョリーンが目標を作れるかどうかインスーは前もって知りようがなかったので、インスーはとにかく会話を始めてなりゆきをみるしかなかった。

ジョリーンの答えから、結婚生活が終わったことにまだ混乱してはいるものの、インスーは彼女がこれからの生活と子どものために必要なことについて考えられることに気づいた。子どもと子育ては彼女にとってとても重要なことで、今後の生活を考えていく際に大きな役割を果たすことは確かである。しかし、インスーはまた、眠りたいというジョリーンの目前のニーズにも耳を傾けた。クライアントが最も必要としていることを尊重してその要求を取り上げたのである。

**インスー**❖眠ろうとするときにどんなことが起こりますか。何が邪魔をするのかしら。

**ジョリーン**❖眠ろうとすると必ず、彼が私にしたことを考えてしまい本当に腹が立ってきます。彼に別の女がいるのかもしれないと思うと、ますます腹が立って泣けてきます。それからまた気持ちを落ち着かせなければならないんです

**インスー**❖**［可能性のヒントに気づきソリューション・トークを増幅させようとして］**それでそんなときにどうやって気持ちを落ち着かせるんですか。

**ジョリーン**❖自分がどんなに怒っているのか考えないようにするんです。本を読んだり、テレビを見たり、深呼吸をしたりします。考えずにいられさえすれば……。同じことを繰り返し考えて、本当に腹が立ってきて泣き出すんです。ずいぶん泣きました。体のなかにこんなに涙があるなんて知りませんでした。

このジョリーンとインスーの会話は、この時点ですでにいつもの初回面接の特徴をあらわしていることに気づくだろう。ジョリーンは不眠と、眠るためにしていることを話すことによって、解決構築に取りかかっている。彼女はソリューション・トークにプロブレム・トークを混ぜて話した。インスーにはソリューション・トークに集中するための選択肢がいくつかあった。その選択肢は「ジョリーンの努力についてコンプリメントする」「自分自身を落ち着かせる方法のうち、どれが最も効果的かを尋ねる」「夫が去ってからの不眠の問題についての例外を探す」「その問題にどれほどうまく対処しているかをスケーリングで尋ね、そして少しでもうまくやっているときにはどんな違いがあるかと尋ねて目標作りに戻る」といったものである。

ジョリーンとの面接の残りの時間は他の初回面接と同じように進んだ。インスーは目標づくりと例外を探す解決志向の質問をし、それからジョリーンへのフィードバックを作るために休憩をとった。ジョリーンがリラックスしようとする方法は有効ではあるが、眠るときに気持ちを落ち着かせるのに満足できる方法は見つかっていないようであった。フィードバックのなかで、インスーは気持ちを落ち着かせる別の方法をジョリーンに勧めた。

ジョリーン、まず、あなたに言いたいことは、あなたが今日ここへ

来られて大変よかったということです。ずいぶん勇気が必要だったでしょう。あなたは3日前に大きなショックを受けたばかりなので、今までの反応は全く当然のことだし、予想されることです。あなたがどれだけ泣いたか、どれだけ彼に腹を立て、眠れなかったかもわかります。こういったことはひどい出来事にあったときには普通の反応です。あなたの場合は特に、彼が出ていったときのやり方があなたを傷つけました。耐えられないことには、彼が話そうとしないので、出ていった理由がわからないままになりそうです。あなたに是非わかっていただきたいのは、あなたがこれほどよく対処してこられたことに私が感服していることです。こんなにつらい思いをしてきたのにあなたは娘さんの育て方についてはっきりした考えを持っているし……。あなたに今すぐ必要なことはぐっすり眠る方法を見つけることですね（ジョリーンはうなずいた）。そこで、あなたにいくつかお勧めしたいことがあります。

あなたはリラクセーションのやり方を知っておられるので、まずはそれを続けてください。楽な姿勢で横になり、リラックスする技法と呼吸法を使って、全身をくつろがせてください。これをやり終わって、電気を消して横になったら、もう1つしてほしいことがあります。舌を口の上部からはなすとともに、目を開けていてください。そうすると、静かに眠くなります。最後に、次回お会いするまで、あなたが少しでも状況をよくしようとして行ったことに注目して、その経過を追ってください。

―▶学習用DVD―クリップ19参照

## ミラクル・クエスチョンを用いることは？

ワークショップの参加者や学生は、危機にあるクライアントにミラクル・クエスチョンを尋ねることが適切かどうか疑問に思うようだ。確かに最初に行うことではないが、その後は状況次第である。ジョリーンの場合のように、そのときに彼女にとって誰が、そして何が重要か、困難を克服するためにどんなことをしているのかが大まかにわかれば、ミラクル・クエスチョンを使えるだろう。あるクライアントが「自分の人生をより生き生きと描ける」と言ったように（第5章参照）、ミラクル・クエスチョンはクライアントに未来を夢見させる。ミラクル・クエスチョンを使うには、クライアントのエネルギーとおぼろげでも人生を変えたいという希望とが必要である。クライアントにエネルギーと小さくても希望がある場合には、ミラクル・クエスチョンが役に立つ。

とはいえ、ミラクル・クエスチョンをするときは各々のクライアントに合わせて行わなければならない。例えば、深刻な不幸を経験したクライアントには、小さなミラクルを描かせることが重要である。ミラクルは翌朝目覚めて、クライアントが何とか自分の生活を始めることかもしれないし、ジョリーンのケースなら少しでも眠ることだろう。ミラクルが起こってどのような変化が起きるのかを尋ねても、クライアントの問題の見方と関係がないような答えが返ってくるかもしれない。例えばジョリーンは「私はもっと元気になって娘を外に遊びにつれて行きたい」と答えるかもしれない。この答えは明らかにジョリーンの不眠とは無関係であるが、子どもとの関係に焦点をあてることは、ともかく彼女が落ち着きを取り戻すことに役立つだろう。

▶学習用DVD クリップ20参照

危機にあるクライアントのなかには、ジョリーンとは対照的に絶望し、どうしようもなさそうな人もいる。このような人は質問にプロブレム・トークで応対する。例えば、長々とトラウマによる混乱状態と苦痛を述べるだろう。彼らの態度からはその場をしのぐのに精一杯であることがうかがえる。私たちの経験ではそのようなクライアントは少数である。彼らに目標づくりを無理強いすることはできないし、ましてやミラクル・クエスチョンは無益である。その時点では、彼らは苦しみで身動きがとれず、この先一生、苦しむ運命にあるように感じている。次にこのようなクライアントとの面接をどう進めるかについて述べる。

## コーピング・クエスチョン《対処法の質問》

コーピング・クエスチョンは、クライアントの注意を不快で恐ろしい出来事による不安や孤独や苦痛から引き離し、苦痛に満ちた状況を切り抜けるためにしていることに向け直すものである。コーピング・クエスチョンは苦しみを感じているクライアントに合わせて作られたソリューション・トークの一種である（Berg, 1994）。この質問を用いることで、クライアントと臨床家は、クライアントが苦境に立ち向かったときや方法を明らかにすることができる。面接の経験を重ねるにつれて、コーピング・クエスチョンを例外探しの特別版のように感じるようになるだろう。

### ジャーメインのケース

ある日、インスーの事務所にひどく混乱した男性から電話がかかった。彼は「最近、とてもつらい状況で、妻の『専門的な援助を受ける方がいい』という助言に従うことにした」と言った。彼は「フラッシュバックと記憶喪失」があるので「今すぐ誰かに相談したい」と秘書に依頼し、その日の午後にインスーと面接することになった。

インスーの事務所に入ってきたとき、ジャーメインは見るからに混乱していた。彼は背を丸め、とても疲れているふうで、目の下にはくまがあり、両手を神経質にこすり合わせていた。面接が始まるとすぐに、彼は症状の話をした。フラッシュバックで真夜中に目が覚め、眠れなくなり、心拍が早くなって手に汗をかき、家を出るのが恐ろしいし、外出しても誰かがつけていないかといつも後ろを振り返っているという。「眠れないせいで神経過敏になっている。この悪夢さえ追い払えれば」。質問に答えて、彼はこのような反応が「いつもの自分とは全く違う」と断言した。

インスーがいつ症状が始まったのかと尋ねると、ジャーメインはこのような症状は約3週間前に始まったと答えた。ある日彼は近所の自動現金引き出し機（ATM）で現金を引き出して車に乗りこむと、驚いたことに後部座席から2人の男が現われて銃を彼の頭に突きつけた。彼らはジャーメインに金を要求し、別のATMに車を運転していくように命じた。完全なパニック状態で、彼は言われるままに機械から機械へと車を走らせ、限度額まで現金を引き出した。

恐ろしいことに、銃を持った男たちは彼を地下室に閉じこめ、鍵と財布を取り上げて彼の名前と住所を知った。次の日も「頭をぶっ飛ばす」と脅迫して、彼らは限度額まで彼に次々と現金を引き出させた。

時間がたつにつれ、誘拐者はだんだんリラックスしてきたようだった。苦行の3日目の夜、階上で誘拐者たちが騒いでいるとき、彼は鍵のかかった地下室のドアを叩いて「胃がむかついて吐きそうだ」と呻いた。誘拐者の1人が裏口から彼を出したので、彼は何とか逃げおおせた。それ以来、彼は「気をとりなおそうとしてきたが、そうすることはできず」、「あまりにも恐ろしい思いをしたので、疲れ果ててとても仕事に戻れない。どれだけの財産を失ったのかを考えると余計に立ち直れない」と言った。

インスーが、この衝撃的な出来事とその後の状況に対処するためにやってみたことについて尋ねると、ジャーメインはこの出来事の一部分を妻に話したが「彼女を動揺させたくなかったので一部しか話していない」と語った。虐待や暴行をうけた人は誰でも各々の対処法を持っているという信念（Dolan, 1991; Wade, 1997; 2007）のもとに、インスーはコーピング・クエスチョンを使って、彼のこれまでの対処法を尊重してそれを詳しく聞くことにした。

## コーピングの探求

コーピングの会話を始める方法は、単純に「今までに役に立ったことは何ですか」と尋ねることである。この質問は、「クライアントはどうにかして衝撃的な体験に適応するための有効な方法を見つけている」と臨床家が考えていることを示唆する。また、この質問は臨床家がクライアントのどのような対処法も尊重し、そこから発展させようとしていることを表す。次にインスーによるジャーメインへのこのアプローチを示す。

**インスー**❖汗をかいて、心臓がどきどきして夜中に目が覚めるなんて、とても恐いことでしょう。あなたが悪夢やフラッシュバックで目覚めたときに、気持ちを落ち着かせるために役に立っているのは何だと思いますか。

**ジャーメイン**❖［長い沈黙の後］悪夢が現実かどうかわからないので、静かにベッドに横たわっています。脅えてじっとしていると妻の寝息が聞こえます。

**インスー**❖**［クライアントにとっての意味を尋ねる］**彼女の寝息を聞くのは助けになりますか。

**ジャーメイン**❖［再び沈黙］今まで考えたことがなかったのですが、横で寝ている妻の寝息を聞くと気持ちが休まります。［じっと考えて］妻の寝息が聞こえるということは私が家にいて家族と一緒だということなんです。つまり安全だということです。

**インスー**❖そうでしょうね。

**ジャーメイン**❖彼女の寝息を聞きながらしばらく横になっていると、とても穏やかな気持ちになります。目が暗闇になれて、彼女の寝顔が見えてきます。

**インスー**❖そう。彼女の寝顔を見るのはどう役に立ちますか。

**ジャーメイン**❖妻の寝顔がはっきり見えてくると、安全で本当に家にいるとわかります。もう脅えなくてもいいのです。家族が安全だとわかることも助けになります。

インスー❖他にどのようなことが役に立ちますか。

ジャーメイン❖寝つけなくなったとき、ヘッドホンでクラシック音楽を聞きながら家の周りを歩くと落ち着きます。テレビはコマーシャルばかりで全然だめでした。読書もしてみましたが、それほど読めるもんじゃありません。

インスー❖そうでしょうね。それほど読めるものではないですよね。その他には何が役に立ちましたか。

ジャーメイン❖家事を手伝います。妻は働きすぎるので心配です。疲れ切って帰ってくるので、せめて家の掃除をしています。［かすかに微笑みながら］私が毎日掃除をするので町中で一番きれいな家なんです。彼女が疲れて帰ったときには、夕食の準備ができているようにもしています。

インスー❖彼女は感謝しているでしょうね。

ジャーメイン❖彼女はステキな女性で、一緒にいられてとても幸せだとよく彼女に言っています。彼女は何でもよくできるし、私にゆっくり休養するようにとも言ってくれるし、彼女との生活を続けていきたいと思っています。

インスー❖彼女もあなたをよい夫だと言ってるでしょうね。

ジャーメイン❖ええ、いつもそう言っています。


解決構築の他の対話と同じくコーピング（対処）の対話も通常は、クライアントと臨床家の双方が気づきを深める過程に至る。インスーの質問にジャーメインが答えるまでは、インスーだけでなく彼自身もどう対処してきたのかわかっていなかった。すでに行ったことをはっきりさせていくうちに、ジャーメインは、行き詰まっているのではなくすでに回復途上だという自信を持つようになり、彼自身がこの対処法を作り出していることを確信するようになった。この自覚こそが、最悪の状況においても問題に取り組む希望と意欲をクライアントにもたらすと私たちは考える。

―▶学習用DVD―クリップ19参照

## より広範な状況につなげること

コーピングをさらに進めるには、クライアントにとって重要な人や経験とのつながりに注目し、コンプリメントすることが必要である。このつながりが、大きな困難と戦う意欲を与え、有意義な成功をもたらすことがある。ジャーメインが家事、掃除、夕食の準備がコーピングの一部であると述べたのに対して、インスーは間接的にコンプリメントしたので、すぐに支え合ってうまくいっている結婚についての対話につながった。これこそが彼の長所と希望の源であった。

―▶学習用DVD―クリップ21参照

## 自殺を語るクライアントへのコーピング・クエスチョン

自殺するというクライアントに面接するときに臨床家は懸念と不安を感じることが多い。自殺はクライアントにとっての最終結末であるばかりでなく、残された者にとっても信じられないほど辛い経験となるので、臨床家がそう感じることは理解できる。家族や友達やクライアントの自殺を経験した人は、残された者が深く苦しむことを知っている。何年も悩み続ける者もいるだろう。

初心の臨床家はクライアントが自殺の話をするときに平静でいられ

なくなる。彼らはまず自殺が不合理で危険で他の人を傷つけることになるといった説得をしようとしたり、その状況に歪んだ反応を返したりするだろう。しかし、これらはクライアントの見方に反するので彼らをさらに孤独に追いやり、自殺の危険を高めることになる。また初心の臨床家のなかにはこれと反対の極端な姿勢をとる者もいる。彼らはクライアントの絶望的な叫びと、克服できそうもない問題を解決しようとするクライアントの試みとを両方とも過小評価して信用しないのである。

初心の臨床家はほとんどの場合、自殺すると話すクライアントには薬物療法や入院のような思い切った解決が必要だと信じる。そういう場合もあるだろうが、このような手段を勧める前に、クライアントとコーピングの対話をしてみるべきである。

**コーピングの対話への移行**　困難な課題はすべてそうだが、最も難しいのは始めることである。自殺を考えているクライアントは、自分の生活は痛みや苦しみや屈辱ばかりであるという。また自分の不甲斐なさや失敗についての強い思いを話すかもしれない。共感して聞いていると、彼らの深い絶望感に引き込まれるように感じるかもしれない。

絶望しているクライアントの視点に影響されない最善の方法は、必ず別の側面があると自分に言い聞かせ、それを探していくことである。自殺の話をするクライアントがまだあなたの目の前で、生きて呼吸をしていることを忘れないようにするといい。ともかくクライアントは過去のトラウマや現在の痛みにもかかわらず、どうにか生き延びているのである。この点では、自殺を口にするクライアントもジャーメインのような危機にあるクライアントと何も違わない。クライアントのあらゆる長所を発揮させ、感情と状況をコントロールできるという気持ちにさせるには、コーピング・クエスチョンできっかけをつくりその答えを増幅することである。

自殺を語るクライアントは意気消沈している。だから、クライアントのそのときの絶望感を配慮した上で、なおどのようにして生き延びているのかをクライアントに考えさせるコーピング・クエスチョンの言い回しをいくつかあげる。

**「どうやって今朝、布団から出て、起き上がったのですか」**　小さな、しかも否定できない事実からスタートすることが大切だが、この質問はどちらの要素をも満たしている。面接の場所までやってくることも、起きて、服を着替えて、自宅で臨床家に会うことでも、ひどく落ち込んでいるクライアントにとっては大変なエネルギーが必要である。

心から知りたいという口調でこの質問をしても、クライアントのなかには混乱し、信用しない人もいることを知っておいてほしい。「私は人生の苦しみをすべて話しているのに、どうやって起きたかという馬鹿な質問がよくできますね」という表情をするクライアントもいれば、質問を深刻に受けとめて答えようとするクライアントもいる。どちらの場合にも、この質問がクライアントにごく小さな成功について話してもらうよいきっかけとなる。次にルース（仮名）のこの質問への反応を見よう。

**インスー❖［ルースに起こった恐ろしい出来事に耳を傾け、それに共感**

**した後」**これだけいろいろなことがあって、最近ずっと元気がなくなっていたのに、あなたが今朝何とかベッドから起き上がり、また一日を過ごそうとしていることに驚いています。どうやってそうできたのでしょう。

**ルース**❖えっ？　ベッドから起きることですか。誰でもできるでしょう。

**インスー**❖**［間接的にコンプリメントして］**そうは思いませんよ。落ち込んでいるときに、一日中ベッドから起き上がれない人もいます。

**ルース**❖ええ、そうですね。すっかり忘れていたけど、私にもそんなときがありました。

**インスー**❖**［今日はいくらかよい日で、例外なのだと素早く判断して］**もっとひどい日なら寝ているのに、今朝は起きてここに来ましたね。いつもと違うどんなことをしたんですか。

**ルース**❖今朝はひどかったわ。銃を取り出して、じっと見ていたけど、結局、片付けたの。薬を瓶ごと飲むことも考えたけど、それもやめてここに電話をすることにしたの。よくわからないけれど、私のなかの何かが、今死ぬのは愚かなことだと言ったんです。

ルースの反応が示すように、起床についての質問は、解決構築の最初の段階で役立つ情報を引きだす。インスーは次のように続けることができるだろう。（1）今朝がどのように違っていたのか、例外について詳しく尋ねる、（2）これまでのひどい日のことと、そのときにルースがどう対処したかについて尋ねる、（3）今すぐ自殺をすることは愚かなことであると思わせた彼女のなかの何かについて尋ねる。

どの選択肢を選んでも、解決志向の面接者としてのインスーにとってはおなじみの場面となる。彼女は例外（対処法）を探り、その過程でルースにとって重要な人と事柄について聞いていくのである。

「**ここまでどうやって生き延びてきたのですか**」　この質問は、前の質問の変形である。クライアントが「ちょうど昨日」とか「数時間前」に自殺しようと思ったほど苦しみながら、「まだ生きていることに驚いている」と話すときに、この質問をするとよい。クライアントの苦痛の話を丁重に聞き、その深さを十分に感じ取ってから、この質問でコーピングの話へ進む。

「**どのくらいよくそう考えますか**」　この質問によって、自殺で悩むクライアント自身が、四六時中この考えにとりつかれているわけではないことに気づくことが多い。泣いていないときには、子どもを学校へ送り、家族の食事をつくり、買い物に行き、仕事をこなし、その他の日常の活動をしているとクライアントは報告する。人々が落ち込みながらもうまく役割を果たすことに、私たちはよく感動してきた。つまり、解決のパターンは問題のパターンと隣り合わせに存在するのである。自殺を考える頻度を尋ねることは、クライアントに自殺について考えていないときがあることを知らせることになる。たとえ95％の時間、自殺を考えているというクライアントであっても、残りの５％の時間に彼らがしていることを探っていくことが、自殺の考えを弱めたり一時的にでも追い払ったりするために役に立つのである。

「**これほどの期間どうやって切り抜けてきたのですか**」　何年にもわたり苦しんでいるクライアントもいる。ときには困りきって、なすすべがなく絶望しているように感じていることもある。自殺を考えるときには、クライアントは自分自身や重要な他者に期待しすぎていることが多い。そしてうまくいかずに自分（または他者）が失敗したと思い込む。

このように話すクライアントには、どうやって切り抜けてきたのかを尋ねるといい。これも事実についての質問なので、克服できそうもない困難にすでに長い間対処してきていることをクライアントに自覚させ、彼らには話す価値のある成功と長所があることを暗示する。

**「どうして悪化していないのですか」**　クライアントがこれまでの恐ろしい出来事（例えば、強姦、子ども時代に繰り返し犯されたこと、外見が損なわれる病気）について生々しく詳細に話すのを聞くと、この人はいったいどうやって生き延びてきたのかと驚いてしまう。誠実に、心から知りたいと思ってこう尋ねると、勇気や人間の尊厳についての感動的な物語を聞くことになる。

ピーターは以前、10代の頃に2人の同僚から何回も強姦されたというクライアントに会ったことがある。強姦者たちは、彼女と彼女の妹を2年にわたり脅し続けた。彼女は10年以上たっても、フラッシュバック、失見当識、意識の解離に悩まされているという。ピーターはその女性がほとんど毎日のように恐怖と屈辱を思い出し、いつ死んでもかまわないと考え続けてきたことを知った。それにもかかわらず、彼女が打ちのめされていないことに驚いた。

**ピーター❖**あなたがこれまで体験してきた生活は、私には想像もつかないほどです。ずっと以前から死ぬことを考えながらも、あなたは仕事をして、家族の面倒をみてきました。打ちのめされて当然なのに、もっと悪くならなかったのはどういうわけですか。

**リンダ❖**週に何回も、死んで頭のなかのイメージを断ちきりたいと思います。それはとても強力で恐ろしいんです。［彼女は再び話し始め、脅えて涙ぐむ］

**ピーター❖**ええ。あなたのお話からすると本当に恐ろしいことでしょう。それなのに、あなたがそうしたイメージや記憶に完全に支配されなかったのは、他にどんなことがあったからですか。

**リンダ❖**それは容易なことではありませんでしたが、私は運がよかったんです。親切で優しくて、友達でいたいという男性に出会いました。何年もそういう関係でした［彼女は2人の関係について話した］。しばらくして彼からプロポーズされましたが、怖くなってどうしていいかわからず、関係が壊れそうでした。私は祈り続け、彼は寄り添ってくれて、結局結婚しました。自分が1人の男性と暮らしてその人を愛するなんて思ってもみませんでした。

リンダとピーターは彼女が虐待の記憶と戦うために、（夫、子ども、仕事についての）過去と現在のイメージや記憶をどう利用したかを探り、このコーピングの対話が始まった。

## スケーリング・クエスチョン

成功と長所について話すよう促されると、（初めはたいしたことではないと思っていても）クライアントは見方を変える。クライアントとジムは「私がまた自殺するかもと親戚が心配して，診てもらうべきだというので予約を入れた」とピーターに言った。この数日で，食事がとれて眠れるようになり，3日前から仕事にも復帰したので，状態はよくなっているとジムは話した。ピーターがガールフレンドを失ったことをどう受けいれたのかと尋ねると，ジムは「そのことでくよくよしないと決心した」と言った。ピーターは彼の決心にコンプリメントし，そこに至るまでに何が役に立ったかを尋ねた。ジムは，以前に建てた家をリフォームし，趣味の銃の組み立てを再開したと答えた。30分ほどのコーピングの話の後で，ピーターはジムに現在のコーピング能力についてスケーリング・クエスチョンをした。

**ジム❖**［長い間があって］そうですね。8かな，う一ん，もしかすると9かもしれない！

**ピーター❖**［驚いて］ええっ！　4か5と思っていました。でも9かもしれないんですね。そんなに高いのは，どんなことがあってのことですか。

**ジム❖**　9はとても高く思えるでしょうね。だから一生懸命考えたんです。［間があって］たぶん，昨日の職場での出来事のせいかもしれません。上司と私は全然うまくいかず，ほとんど話さずにいました。彼は本当に信心深くて，私の生き方や冗談やることなすことが気に入らなかったんです……。ただ私の仕事には口出しできなかったんですけどね。だから昨日，私は「畜生！　もう我慢できない。はっきりさせよう」と思って，2人で今までの誤解についてじっくり話し合いました。

ピーターはただちにジムと上司との新しい経験を例外として検討しはじめた。ピーターは何があったのか，この重要な出来事のなかでジ

対処策を探したら，それによる成功を強化するためにスケーリング・クエスチョンを使うことができる。またスケーリング・クエスチョンで次の段階を明確にすることもできる。次に危機的状況のクライアントに使えるスケーリング・クエスチョンを示す。

## 現在のコーピング能力のスケーリング

危機にあるクライアントも自分の成功について話すうちに少しずつ希望を持つようになる。だから，クライアントが成功についてもっと明確に表現できる質問をすると有効である (Berg & de Shazer, 1993, de Shazer et al., 2007)。これにはスケーリング・クエスチョンを使うといい。例えば「0から10の尺度で，10は誰にもできないほどうまく対処しているとし，0は全く対処していないとします。あなたは今どのくらいうまく対処していると思いますか」と尋ねる。クライアントの数字がそれまでの対処についての対話から納得できる場合もあれば驚かされることもある。どちらの場合も，その数字の意味を明らかにする質問を続け，クライアントが自信をもてるようにする。

ピーターは，1週間前に「本気で自殺しようとした」ジムという男性に会った。彼が帰宅すると「新しい人に出会ったので二度とあなたの顔を見たくない」という同居していた女性のメモとともに，彼の持ち物が全部玄関にほうり出されていた。「うちのめされた」ジムは，旅行中の両親の家に行き，その夜「車庫のシャッターを閉めて，トラックに乗り込み，窓を閉めてエンジンをかけ，前の座席に目を閉じて横たわった」。驚いたことに，「次の朝，目が覚めるとトラックは車道に停まり，窓は開き，まだ生きていた」

ムはどんな役割を果たしたのか、上司との話し合いがどう役に立ったかを尋ねた。ジムの話を聞きながら、ピーターは1週間で、またこの1時間の面接中でも、ジムが大きく前進していることに驚いた。親戚は面接を続けてほしそうだったが、ジムは「もう大丈夫だから次の面接は必要ない」と言って帰っていった。▼註1

## 面接前の対処による変化のスケーリング

衝撃的な出来事からの経過時間にかかわらず、クライアントに「出来事の直後と比べて今はどれくらいうまく対処しているか」と質問するとよい。トラウマのわずか数時間後でも、クライアントが話せるくらいに気持ちが落ち着いていたら、この質問が役に立つ。トラウマを体験したばかりの人には、まず思いやりを持ってかかわらなければならない。よい関係ができて、対処法について尋ねた後は、次に示すような面接前の変化をスケーリングで尋ねることができる。

**ピーター❖**アレン、あなたが襲われたのはほんの数時間前でしたね。それなのにお話から、あなたが立ち直り始めていることがわかります。どれくらいうまく立ち直っているか話してもらえますか。0から10の尺度で、0は襲われた直後の状態、10は自分で予想したよりうまく対処している状態だとすると、今、あなたはどこでしょう。

▼**註1** 自殺のおそれのあるクライアントにコーピング・クエスチョンとスケーリング・クエスチョンを使うことについての追加資料としては、インスーと前日に自殺未遂をしたクライアント（カール）との面接記録がある。これはSFBTA（www.sfbta.org）で入手できる。

大変なショックの後でも、クライアントはいくらか立ち直り始めているので、0よりも高い数字を答えることが多い。そこでクライアントが0から今のレベルへ上がるのに何をしたかを尋ねることができる。

## 次の段階のスケーリング

どのくらいうまく対処できているかを示す数字について話し合うことができれば、目標づくりの足がかりができたことになる。次の質問でクライアントの目を未来に向けることができる。「では、あなたはだいたい3と言いましたが、3を保つために最も大切なことは何でしょうか。その次に大切なことは何ですか」。または、2回以降の面接での目標づくりの手続き（第8章）を使って、スケールの数字を上げる質問で対話を進めることができる。「では、あなたが4になったときには、どんな新しい工夫をしているでしょうか」「少しだけうまく対処するようになると、友達はあなたのやり方がどう変わったと言うでしょうか」「それが起こるためには何が必要でしょうか」。つまり、クライアントの意欲と熱意次第で、第5章と第8章の目標づくりの質問がどれでも使える。ケースによっては、今後の対処の可能性を探るために変形したミラクル・クエスチョンを使うこともできる。

## 意欲と自信のスケーリング

コーピングの目標を明確にする対話をしたら、クライアントにその目標を達成するためにどれほど努力するか、うまく対処する方法を見つける自信がどれほどあるかをスケールで示すように求める。この種のスケーリングについては第6章を見てほしい。

## フィードバック❖役に立つことをもっとする

意気消沈しているクライアントと話しているときでも、コーピング・クエスチョンをはじめるとその面接は解決構築の面接らしくなる。というのは、対処法探しは例外探しの1つの形だからである。したがっていつものようにスケーリング・クエスチョンを使うことができる。面接の終わりのフィードバックについても同じである。コーピングの対話後のフィードバックは、対話のなかで示された役に立つことをもっと続けるようにという提案が中心になる。この章の前半で検討したジョリーンへのフィードバックに、インスーはこの原則を適用している。

面接の終了時のフィードバックを別の例でみてみよう。銃を突きつけられて誘拐され、フラッシュバックと悪夢があり、外出が恐いというジャーメインのケースを思い出してほしい。インスーはまずコンプリメントした。

ジャーメイン、あなたの話は信じられないような恐ろしいものでした。あなたは最初の日に銃を頭に突きつけられてお金を取られただけではなく、3日間も監禁されて何回もお金の引き出しを強制されたのですから。その間ずっと殺されて二度と家族に会えなくなるかもしれないと恐れていました。私はあなたがこれほどの恐怖に耐えられたことに驚いています。誰にでもできることではありません。さらにあなたは耐えただけではなく、機転をきかせて逃げおおせました。監視がゆるむのを待って、うまい口実をつくって裏口から出させ、走って逃げきりました。あなたは大変強くて聡明な方です。

インスーは、この面接の後半に出てきた話をもとにフィードバックの後半を作った。「妻によると、私の症状にはPTSD(心的外傷後ストレス症候群)という名前がついているそうです。症状に名前があるということは、経験していることを説明することができ、自分が狂っていないということなので気が楽になります」とジャーメインは言った。PTSDは今ではジャーメインの思考の枠組みの一部になっていてそのラベルが役に立っているとわかったので、インスーはそれをフィードバックに取り入れることにした。

あなたの反応はPTSDの一部であり、あの出来事は数日にわたるとても恐ろしいものだったので、悪夢や記憶喪失や外出への恐怖、運転中に後をつけられるのではという恐怖がしばらく続くかもしれません。安全を確かめるのに強い警戒心を持つのはあたりまえのことであり、生存の本能です。今日あなたが私に話された途方もなく恐ろしい目にあっている間、その本能があなたの命を助けたのです。この恐怖が悪夢などの形をとって何回も繰り返し起こるのは、あなたの心が今でもあの恐怖を何とか理解しようとしているのかもしれません。本当に安全であることを納得するにはもっと時間が必要でしょう。

だから出来事を理解しようとしながら、役に立つと思うことを続けて、ゆっくりよくなっていってください。これからも音楽を聞き、掃除をして、料理を作り、あなたがよくなっていることを2人で確認できるように奥さんと話をしてください(彼はうなずく)。他にも役に立ちそうなことに気をつけて、次回に聞かせてください。

## 問題をアセスメントするための情報収集

トラウマを受けたクライアントとの面接で、初心の臨床家は解決に焦点をあてた質問よりも問題のアセスメントをしたくなるものだ。コーピングの対話による解決構築は詳細な問題のアセスメントよりも役に立ち、問題のアセスメントに通じる部分もある。

クライアントの認識と思考の枠組みは、クライアントが臨床家と話すにつれて変わっていく。問題のアセスメントは記述式の標準化されたテストによるものでも、臨床家の面接によるものでも、ある時点でのクライアントの認識のある側面の瞬間撮影である。固定した捉え方なので、2回行って初めて変化を捉えることができる。さらに、問題のアセスメントではクライアントの強さやこれまでの対処による成功体験やクライアントにとって重要な人と事柄、希望や次の段階を見つけるクライアントの能力などは測定されない。言い換えると、解決構築の要素を測定しないのである。したがって危機的状況であっても、解決構築を問題のアセスメントに優先させることを勧める。

とはいえ、個人の基本的欲求の査定で用いられる主な基準を熟知することは大変重要である。アブラハム・マズロー（Maslow, 1970）は人間の生存欲求を階層別に分類した。最も基本的な段階は、食物、水、空気、避難所のような身体と生命維持の欲求である。次の段階は、攻撃や病気から身を守る身体的安全の欲求である。彼の階層別分類のなかでは、このような最も基本的な欲求の方が愛や自尊心や自己実現よりも具体的である。危機的状況では、クライアントは生命維持と身体的安全の欲求への脅威に立ち向かうのが通常である。

この基本的欲求を満たすために何が必要かはクライアントによって異なる。研究者たちは、クライアントがこれらの欲求充足に問題を感じているかどうかを知るための質問票を作っている。欲求充足にかかわる問題の客観的指標を示す質問票もある。クライアントの生命維持と安全への欲求を査定するための分類や質問票について知りたければ、個人の精神状態の諸側面、物質乱用のタイプと程度、自分や他者を傷つける傾向、児童虐待・ネグレクトの有無（Cavaiola & Colford, 2011; James, R. K. & Gilliland, 2005; Kanel, 2007; Lukas, 1993; Martin & Moore, 1995; Sheafor & Horejsi, 2008）などのアセスメントに関する文献を参考にしてほしい。こういう情報に精通すると、危機にあるクライアントが経験する恐怖や自制心を失う感覚をより早く理解し、共感しやすくなるだろう。またクライアントが述べる出来事や個人的な反応の事実に注目する力を高めるだろう。さまざまな危機を経験した人の手記や小説を読むことも有益である。例えばピーターの学生はジュディス・ゲストの『普通の人々』という小説を読んで、息子や兄弟を失うという危機に遭遇した家族の反応を学ぶ。

人間の基本的欲求にかかわる問題のアセスメントについて詳しく知った上で、クライアントの思考の枠組みを理解しようとしながら解決構築を始めると、そうした情報の多くが自然に語られることに気づくだろう。解決志向の質問をしても、クライアントはプロブレム・トークとソリューション・トークとを行ったり来たりするものである。プロブレム・トークには問題アセスメントに関する情報も含まれるが、あなたやあなたの機関が求める基準を満たす内容が語られていない場合も多い。そのときは、問題をはっきりさせてからソリューション・トークに戻ればいい。次にその例を示す。

**ピーター**❖それで、奇跡が起きたとき、他に何が違っていることに気づくでしょうか。

**エマ**❖［間があって］1つは、それほど頻繁に死にたいと思わなくなるでしょう。今は、お金もないし、児童相談所に監視されているし、惨めだわ。子どもたちが里親のところへ連れていかれたので、一緒にいられなくてさびしいわ。

**ピーター**❖ええ、あなたがお子さんを愛していて、一緒にいたいと思っていることがよくわかります。

**エマ**❖そうなんです。子どもなしでは生きていけないと思って、死ぬことばかり考えてしまうんです。

**ピーター**❖どれくらい前から、そんな考えが続いているんですか。

**エマ**❖2週間前に子どもたちが連れていかれてからです。

**ピーター**❖それまでは、そんなことを考えなかったんですか。

**エマ**❖それまでも落ち込んでいたけれど、今みたいではなかったんです。こんなことを考えたことはなかったのに、何度もその考えが浮かんできます。

**ピーター**❖実際にそこまでいったことがあるんですか、命を断とうとしたことが？

**エマ**❖いいえ、できなかったんです。一緒にいられないのはとてもつらいけど、子どもたちを母なし子にするなんてできません。［涙を流して］この苦しみをなくしたいんです。あの子たちと一緒にいられなくて本当につらいのです。

**ピーター**❖ええ、愛する人と引き離されることは、耐えられないことでしょう。［間を置いて］あなたのお話では、本当に死にたいのではなく、苦痛を止める手段として自殺を考えていたようですが、そう考えていいでしょうか。

**エマ**❖ええ、その通りよ。死にたいわけではないんです。子どもと一緒にいたいし、この苦しみをなくしたいのです。あの子たちがいなくてとてもつらいんです。

**ピーター**❖もう1つ不思議なことがあります。私にはその答えがわかっているつもりです。でも私たちの機関では必ず、自殺したいほど悩んでいる人にはこの質問をすることになっているんです。もし気が変って自殺する決心をしたとして、実際にどうやるかを考えたことがありますか。

**エマ**❖いいえ、ありません。私は苦しみを止めたいだけで、母親のいない子どもにしたくはないんです。

**ピーター**❖お子さんたちのことをとても大切に思っていらっしゃるのですね。それほど傷ついていても、子どもたちのために生きて、苦しみに耐えようと決心しているんですね。

**エマ**❖［同意してうなずきながら］ええ、あの子たちは私のすべてなんです。

**ピーター**❖それではさっきの奇跡に戻りますが、奇跡が起きたら苦しみや自殺ではなくてどんなことを考えますか。

スケーリング・クエスチョンを使って問題をアセスメントする情報を集めることもできる。例えば、ピーターはエマに「0から10の尺度で、0は命を断つ危険が全くなく、10はその危険性が高いとします。本当にあなたがそうする危険はどれくらいだと思いますか」と尋ねることができただろう。エマが、もし2と言ったならば、ピーターは彼女にとっての2の意味を尋ねていく。このクライアントの認識と説明を基に問題をアセスメントする対話は、関係に焦点をあてたスケーリング・クエスチョンを使って、さらに拡げることができる。「あなたの親友に同じ尺度であなたが実際に命を断つ危険性はどれくらいかと尋ねたとしたら、彼女はどう答えるでしょうか」。アセスメントの情報を得るためにスケーリング・クエスチョンを使うと、ソリューション・トークへの道筋に難なく戻れる。何があって2なのかをクライアントが説明したら、次に4、6または10ほど悪くないのはどうしてかと尋ねていけばいいのである。

危機にあるクライアントとコーピングの対話を進めていくと、逆説的なことに気がつく。というのは、最良のアセスメント情報はおおむねクライアントのソリューション・トークから得られるからである。コーピング・クエスチョンや次の小さな段階に焦点をあてたスケーリング・クエスチョンを続けていくと、クライアントが現在の状況で生命を維持し安全への欲求を満たすことができるかどうかについての最良の情報が出てくる。これは問題アセスメントの究極の目標である。つまり臨床家はコーピング・クエスチョンを使って、クライアントの現在の危機や問題の特徴と深刻さについて詳細な情報を集めて、クライアントが自分自身の資源に気づいていくことで対処していけるのか、もしくは例えば入院のような新たな資源や処置をとる必要があるかどうかを判断することができるのである。

## クライアントの苦しみが続く場合

コーピング・クエスチョンとスケーリング・クエスチョンを使った対話をしても、クライアントの苦しみが続き、対処のための内的・外的資源を見いだせないときがまれにある。私たちにはそのような経験はほとんどないが、そのような場合には、クライアントと利用できそうな社会資源を探して、ことによると彼らにそれを勧めることもできるだろう。資源の情報を提供することは、クライアントに資源を勧めることも含めて相談機関の役割の一部でもある。職場で経験が浅いときには特に、そのような提案をするまえにスーパーバイザーや上司に助言を求めるといい。

苦しんでいるクライアントであっても最初にコーピングの話をしておけば、投薬や入院などの極端な対処を受けいれやすくなる。クライアントとコーピングについて話し合って、クライアントに対処の力がほとんどないことがわかったら、クライアントは集中治療や観察が必要なことを理解するようになる。コーピングの対話から得られた情報はあなたの提案やケース記録の裏づけとなる。

## 結　論

危機にあるクライアントも他のクライアントと何ら違いはない。彼らが来談する原因となった出来事が、他のクライアントのものよりも緊急で、凄惨なものであっても、他のクライアントと同じ手続きで解決を構築する。本章の例からもわかるようにインスーもピーターも、このようなクライアントにトラウマ体験のないクライアントと同じ方法で対話する。両者が相違する点は、危機にあるクライアントは目標づくりの誘いにほとんど応じず、問題を述べるにとどまることである。このような場合には、いったん目標づくりを離れてコーピング・クエスチョンに移る。この質問によって、動揺し苦しんでいるクライアントの日々の小さい成功体験が見つかるだろう。クライアントが小さな成功に気づいて自信を持ったら、スケーリング・クエスチョンを使って次のコーピングの目標を作り、さらに先の段階へ進むことができる。

目標づくりを離れてコーピング・クエスチョンに移るときは、ただ解決構築の過程の順番を変えているだけであって、全く異なる過程に移るのではない。トラウマを経験したばかりの者と面接をするときにもまず、彼らが危機にあるかどうかよりも、すぐに目標づくりに取りかかる力があるかどうかに注目するのである。このような考え方を「危機場面での面接計画書」と「有効なコーピング・クエスチョン」として付録に示しておく。

# 第11章
# 科学的根拠

……記述、相関、実験による研究もコミュニケーション研究所での基礎研究も含めて、ほぼ30年にわたるリサーチに目を通したが、SFBTの有効性はおおむね支持されている……SFBTは経験的にかなり支持されており、それを裏付ける研究エビデンスが求められている。
（Trepper & Franklin, 2012, p.411）

サイコセラピーにおける「核心となる変化」を前進させる次のステップは、変化を秩序立てて測定し、クライアントと彼らの進歩について率直かつオープンに話し合おうとすることから生じるだろう。
（Lambert, 2010, p.241）



本書で述べる手続きがどの程度クライアントの役に立つだろうか。この手続きを使って自信を持って面接し、多様なクライアントやさまざまなタイプの問題に有効であると確信するためには、この手続きの根拠を知ることが重要である。

科学的根拠に基づく実践という考えは、近年、援助専門職でその重要性が高まっている。もともと医療現場で概念化された考えだが、適切な調査に基づく実践を知ることで、クライアントの成果の改善に役立てることを目的としている（Sox & Woolf, 1993; Woolf & Atkins, 2001）。最近になってアメリカ心理学会（APA, 2006）は広範な研究と議論をもとに、「心理学における科学的根拠に基づく実践とは、患者の特性、文化、優先傾向に照らして、最も利用可能な研究成果を臨床技能に統合することである」と定義した。カウンセリングや社会福祉を含むその他の援助職でも、類似の定義が採用されている（Kim, Smock, Trepper, McCollum, & Franklin, 2009）。

根拠に基づく実践のこうした定義における「最も利用可能な研究成果」という言葉には、さまざまなタイプの研究エビデンスを参照するという意味があることを忘れてはならない。例えばアメリカ心理学会は、あるタイプの実践と特定の「介入」の根拠の確立に寄与する９タイプの研究エビデンスを挙げている。無作為対照実験（ＲＣＴ）は「介入効果についての因果推論を引き出す基準」（APA, 2006, p.274）とされるが、実践効果にかかわる重要な疑問を検討するためには他のタイプによる研究エビデンスが必要である。例えば、クライアントに違いを生み出す新しい実践手続きを見つけるための詳細な臨床観察、変化のメカニズムを見分けるプロセス帰結研究、クリニック・機関・研究所における実践手続きの効果を確立するための自然な環境での研究、複数の研究の結果をまとめる実験と展望研究《meta-analyses》などが含まれる。

本書で述べてきた解決構築の手続きのほとんどはこの30年間に開発され、その有効性についてのデータはやっと25年前から出始め、研究数はこの15年間にかなり増えている。初期の調査は統制群を欠いた記述的なもので、クライアントに問題が解決したかどうか、受けたサービスに満足しているかどうかを尋ねて成果を測定した。最近の研究では、多くの専門家がアプローチの有効性について説得力のある検証がなされると考える、対照群と統制群を設けた適切な実験（無作為対照実験）が行われている。本章では、年代順の発展にそって解決志向面接の科学的根拠を簡単に概説する。この概説は、最近の重要な出版物『解決志向ブリーフセラピーハンドブック――エビデンスに基づく研究と実践 *Solution-Focused Brief Therapy: A Handbook of Evidence-Based Practice*』(Franklin, Trepper, Gingerich, & McCollum, 2012)［長谷川啓三・生田倫子ほか編訳／金剛出版］から得るところが多く、さらに詳細を求める読者はこの書籍を参照されたい。

## BFTCにおける初期の研究

### 観察し、新しいことを考え、データを集める

第1章で述べたように、ミルウォーキーのブリーフ・ファミリー・セラピー・センター（BFTC）は自然主義的な環境《naturalistic setting》であり、解決志向の面接技法はそこで開発された。BFTCで最初に行われた研究は探索のための質的研究で、どのクライアントが進歩（クライアントの判断による進歩）したか、臨床家がその進歩に役立つ何をしたかが集中的に観察された。経験豊かなセラピスト、臨床の教授、大学院生からなる観察者チームは、セラピストとクライアント（適切な面接開示への同意署名済み）とが面接をしているマジックミラーの背後に座った。観察者は面接内容を注意深く追いながら、面接終了時のフィードバックを作るための情報を集めるだけでなく、ときには、面接中の面接者に役立ちそうな質問を提案し、クライアントの役に立ちそうなことを全体的に観察した。面接中にも面接と面接の間にも、新しい有効な実践法を実証するために、何がうまくいき、何を研究すべきかについて、率直で活発な議論を続けた。

BFTCにおける開発の経緯については、リプチック、ダーク、ラコート、ナナリー（Lipchik, Derks, LaCourt, Nunnally, 2012）に詳述されている。例えば、1982年に観察者チームの1人が、クライアントに「変えたいこと」ではなく、「変えたくないこと」をリストアップさせることを提案した。チームはそれが有効かもしれないと賛同し、数名のクライアントにこの質問が試された。その後の面接で、クライアントは変えたくないことについて報告し、さらに生活のなかで起こった望ましい変化についても話し始めた。この新しい質問法は使い続けられながら改良され、第7章で述べた「初回面接公式課題」にまとめられた。これは、その後の研究でも望ましい成果と関係することが確認されている（Adams, Piercy, & Jurich, 1991）。

「面接前の変化についての質問」も、事例を継続的に注意深く観察するなかで見出された質問法の別の一例である。つまり、新しい、興味

深いことに注目し、チーム・メンバー間でその興味深い観察事項について話し合い、新しいセラピー技法を工夫してその後の面接に取り入れ、結果を系統的に観察する調査を行うといった過程を経て作られた。ウィーナ・デイビス、ディ・シェイザー、ギンガリッチ（Weiner-Davis, de Shazer, Gingerich, 1987）は、12歳の息子の学業成績不振を心配してセラピーに来た母親とその息子の事例を報告している。面接で母親は主として問題について話しながら、離婚が息子の抑うつと学業成績不振につながっていると理由づけた。しかし、同時に3日前に息子が学校で「努力し始めた」ことを話した。セラピストはこの珍しいコメントに注目して、息子に、それは本当か、どうやってそうしようと決めたのか、それを続けるために何をする必要があるかと尋ねた。セラピーではこのソリューション・トークに焦点が向けられ、面接は3回で終了した。チームの話し合いで、数人のＢＦＴＣセラピストが、セラピー開始直前の小さな変化についてクライアントから同様のコメントを聞いていることが確認された。そこでチームは、「セラピストが系統立ててクライアントに面接開始前の変化について尋ね、変化が確認されれば、続けて詳細を尋ねて、変化を増幅させると何が起こるか」と考えた。新規のクライアントに基本問診票に記入してもらった直後に、次の質問をする手続きが決まった。

この機関では調査を行っており、セラピーを始める前に調査員から2、3お尋ねしたいことがあります。

1　セラピーの予約時から初回面接までの間に、事態が違ってきたようだと気づく人がいます。あなたの状況ではどんなことに気づきましたか？

2　（1の質問に「はい」の場合）その変化は、あなたがセラピーを受けに来た理由に関連するものですか？

3　（1の質問に「はい」の場合）そうした変化は続けて起こってほしいものですか？

（Weiner-Davis, de Shazer, & Gingerich, 1987, p.360）

最初の研究で、ＢＦＴＣチームは30事例のうち20事例が面接前変化について報告し、質問2と3に、「はい」と答えるという結果を得た。当時の心理療法の現場では、意味のある変化が起こるのは初回面接を開始した後であるという特有の想定があったので、面接前変化の存在と程度の発見は衝撃的だった。これに対し、ＢＦＴＣチームはクライアントの変化は続いており、変化について尋ね、それを増幅することで、セラピーは効果を上げ、短期になるという発展的見解への確信をさらに高めることになった。

## セラピー成果の研究

革新的な実践技法の調査に加えて、ＢＦＴＣはアプローチ全体のセラピー成果の研究も実施した。ディ・シェイザー（de Shazer, 1991, p.161）が「結局のところ、クライアントは問題を解決するためにセラピーを受けに来るのであり、セラピーの成功を判断できるのはクライアントだけである」と述べているように、ＢＦＴＣのセラピー成果についての研究では、クライアントに成功についての質問がなされた。こうした研究で元クライアントは、セラピーによって目標を達成したか、もし達成しなければ、重要な進歩があったかと質問される。ディ・シェイザー（de Shazer, 1991, p.162）は、カイザー（Kiser, 1988; Kiser & Nunnally, 1990）による研究結果について次のように述べている。「平均4・6回の面接で80・4％の成功率（クライアントの65・6％が目標達成、14・7％が重要な改善）であった。18カ月後に連絡をとると、成功率は86％に上がっていた」

1992年から1993年にかけて、BFTCを訪れた275人のクライアントに対する別のセラピー成果研究も行われた（De Jong & Hopwood, 1996）。この研究では2つの方法で成果が測定された。まず「面接終了時成果」として、初回面接と最終回面接でクライアントに進歩をスケーリング評定（0から10）してもらいその値の差を用いた。次に「最終成果」として、最終面接後7～9カ月後にクライアントに連絡をとり、「セラピー目標を達成したか」、達成しなかった場合には、「セラピー目標に対して進歩があったか」を尋ねた。面接終了時の成果に関しては、25％にかなりの進歩（初回と最終回の進歩の評定値差が4～8）が、また49％に中程度の進歩（差が1～3）が見られ、26％は進歩なしだった（差が0～-3）。7カ月から9カ月後の最終成果では、元クライアントの45％が「セラピー目標を達成した」と述べており、さらに32％は「進歩があった」と述べ、23％は「進歩がなかった」と述べた。275症例の面接回数の平均は2・9回であった。

BFTCで行われたこの2つの研究における成果は、当時の他のアプローチによる成果よりも良好である。ガーフィールド（Garfield, 1994）は、面接回数の平均について、どのアプローチにおいても中央値は3から13の間であり、6前後が多いことを見いだした。BFTCにおける1988年の研究の中央値は3であり、1992年から1993年にかけての中央値は2である。ガーフィールドの研究には何らかの形の問題解決アプローチが確実に含まれているので、このデータから、BFTCの解決構築による面接の方がクライアントはより速く進歩することが示唆される。

ランバートとバーギン（Lambert & Bergin, 1994）はセラピーの有効性に関して、統制群を設けた複数のアプローチの比較調査を再検討して、心理セラピーの成功率の平均は66％であると結論づけている。つまり、セラピーを受けたクライアントの66％が進歩する一方で、セラピーを受けない34％が自力で改善している（1994, p.147）。BFTCにおける1988年の研究と1992年から1993年にかけての研究は、自然主義的で比較研究ではないが、それらの成功率は平均66％よりも良好と言える。さらにランバートとバーギンの調査では面接回数の中央値は6だったが、BFTCの2つの研究のそれは3と2であり、BFTCの成功率は少ない面接回数で達成されている。

## 解決志向セラピーのその他の研究

### 自然主義的成果研究

解決志向セラピーの技法はBFTC以外の機関やクリニックにも拡がり、主にヨーロッパと米国を中心に他の地域でもBFTCの成果研究に類似した研究が行われた。1994年、ヨーロッパ短期療法協会は、解決志向セラピーの調査を検索し、出版リストを保管する研究コーディネーターにアラスデア・マクドナルドを任命した。当時、マクドナルドはBFTCの研究を含めて、それと類似した8つの成果研究が発表され、さらに近々同様のものが出版されると述べた。こうした初期の成果研究では、70%のクライアントに「目標達成」もしくは「かなりの改善」があったことが一貫して示された（Gingerich et al., 2012）。マクドナルドは現在入手可能なさらに広範な研究を含め、最新の状態に編集している（www.solutionsdoc.co.uk）。

## ギンガリッチとアイゼンガードによる比較研究の再検討

比較研究の最初のレビューは2000年に発表された（Gingerich & Eisengardt, 2000, 2001）。この2人の著者は、2001年夏に報告された解決志向短期療法の18の比較研究を概説した。この研究の対象とされる基準は、解決志向セラピーを行い、統制群を設けた実験モデルを採用し、成果についてクライアントの印象ではなく行動や機能を査定し、セラピー終了時もしくは追跡調査時に成果を測定していることであった。また次の基準にそって実験の統制のレベルを査定した。（1）無作為グループ・デザインまたは許容可能なシングル・ケース・デザインの使用、（2）明確に定義された特定の疾患を対象とする、（3）解決志向短期療法と標準化された他のセラピー法、プラセボまたはセラピーなしとの比較、（4）セラピー方法に従っているかを監視するためのマニュアルや手続きの採用、（5）信頼性と妥当性の立証された成果測定、（6）群間の違いを検出できるサンプル数。こうした厳密な基準を用いて、ギンガリッチとアイゼンガートは、この基準を5つないし6つを満たす厳密に統制された7研究、4基準を満たす中等度に統制された5研究、3以下の基準に合致する統制の弱い6研究に分類した。

通常、十分に統制された研究例について述べることは有益である。それはこのタイプの研究が通常、解決志向による実践の有効性について最も強力な根拠を提供すると考えられるからである。ギンガリッチとアイゼンガードによるレビューのなかで、十分に統制された解決志向セラピーの成果研究の1つが、リンドフォルスとマグナソン（Lindforss & Magnusson, 1997）によるものである。この2人は、ストックホルム（スウェーデン）のハジビー刑務所にて、解決志向セラピーが収監者の再犯率を低下させる効果について研究した。ハジビーは長年にわたる重大犯罪歴、高い再犯率、薬物乱用、収監中の規律上の問題を持つ「深刻な犯罪者」を収監している。参加意思を持つ収監者を募り、実験群と対照群それぞれに30名ずつを無作為に割り当てた。実験群は解決志向セラピーによる1～2時間のセッションを平均5回受けた。一方、対照群には収監者全員を対象とするプログラム以外は提供されなかった。ハジビーからの退所後、12カ月と16カ月の時点の再犯に関するデータが収集された。12カ月後では、実験群の再犯率は53%、対照群は76%であった。16カ月後では、実験群60%、対照群86%であった。2群間の再犯率の違いには、統計的に有意な差が認められた。さらに再犯の質についても実験群の方がより軽微であった。研究者は、解決志向によるセラピーが再犯率を低下させ、再犯の質を軽くし、スウェーデン刑務所システムの予算削減に役立つと結論づけた。

ギンガリッチとアイゼンガード（Gingerich & Eisengardt, 2001）は、対照群を設けた18研究のうち17研究で、解決志向セラピーによりクライアントに改善がみられ、そのうちの10研究で統計的に有意な改善がみられたと報告している。また解決志向と他の標準的なセラピー法とを比較した11研究のうち7研究で、解決志向によるセラピーが他のセラピー法よりも同等もしくはそれ以上の有効性を示した。２０００年に、彼らは解決志向セラピーの現状について次のような全般的結論を述べている。

現在の研究は、解決志向短期療法（ＳＦＢＴ）の有効性を立証するには不十分だが、ＳＦＢＴがクライアントにとって有益であるという考えを支持する準備段階は整ったと言えるだろう。各種設定により多様な対象が調査され、多元的な調査方法が用いられて、ＳＦＢＴが広範囲に適用されることが示唆されているが、この仮定的結論にはさらに詳細な研究が必要である（p. 495）。

## プロセス研究

マッキール（McKeel, 2012, p.130）は、「介入が作用するかどうか、どのように作用するか、クライアントはセラピーでどんな体験をするかを知るために、変化プロセスの研究においてはセラピー室内を観察する」と述べている。これは、本書で述べる多数の解決志向の質問と手続きの有効性を実証するために、ＢＦＴＣチームが用いた研究法である。マッキールは、ＢＦＴＣのプロセス研究とその後のいくつかの研究について概説している。調査対象となった解決志向の技法には、初回面接公式課題、面接前変化の質問のような仮定による質問、ミラクル・クエスチョン、２回目以降の面接での改善面の探求、ソリューション・トークの活用が含まれる。こうした研究は一貫して解決志向の技法が「目指したセラピーの目的を達成する」ことを示す（McKeel, 2012, p.139）。

またマッキールは、クライアントが解決構築をどのように経験するかを解明する研究についても報告する。こうした研究は、解決志向の面接によりクライアントが状況への希望を高め、目標達成を楽観視することを示す。さらにクライアントは、「セラピーの成功には質問と技法が大きな役割を果たし、このアプローチの前向きな雰囲気、クライアントとセラピストによる共同作業の重視、長所に集中することを評価する」と述べている。この調査は臨床家が技法に集中しすぎるあまりに、クライアントの懸念を傾聴せず、彼らの状況に自然な共感を見せない場合、クライアントは解決志向セラピーに批判的になることも示している。

## セラピー対話のマイクロアナリシス《微視的分析》

マイクロアナリシスは、心理言語学の実験研究から生じた、観察可能なコミュニケーション連鎖を分析する方法である。ビクトリア大学のジャネット・ベブン・バベラスが率いる研究チームは１９８０年代以降その方法を改良し、１９９０年代後半から、解決志向やその他のセラピー的対話の一瞬一瞬の詳細を評価するために活用してきた。初期の実験研究も最近のマイクロアナリシスもセラピー的対話の協働と共同構築の性質に関して明らかな根拠を示している。バベラス（Bavelas, 2012）ではこうした研究の成果を概説し、反復可能な調査手順を通して、面接スキルの細部を観察できるようにしているので、私たちはその多くを本書に取り入れている。3章にマイクロアナリシスによる発見がいかに私たちの理解を深め、基本的コミュニケーション・スキルの実践について教えられるかについて記した。このスキルには、質問の活用、言い換え、要約、臨床家の非言語行動、クライアントの非言語行動の理解、自然な共感、前向きな話し方によりクライアントに同様の話し方を促す、臨床家とクライアントがクライアントの可能性と解決に関する新しい理解を協働構築することを土台とすることが含まれる。第15章で、解決構築の理論的な意味を詳述するために、マイクロアナリシス研究から得られた発見についてさらに述べる。

マイクロアナリシスは解決志向の手続きについて述べられつつある科学的根拠にとっても非常に重要である。前述した発見はそれ自体が重要だが、それはまた解決志向アプローチの他のタイプの研究を改善する上でも同様に重要である。例えば、解決志向短期療法協会（ＳＦＢＴＡ）は、最近、現場で基準とされている実践マニュアルに従って、解決志向短期療法の実践マニュアルを出版し（Trepper et al., 2012）、ウェブサイト（www.sfbta.org）からダウンロードできるようにした。このマニュアルは、将来ＳＦＢＴと他のアプローチとの比較研究（例えば無作為比較試験）がなされるときに、ＳＦＢＴの操作的定義として用いられる可能性のあるＳＦＢＴの構成要素を協会の最善の理解として定めている。このマニュアルは、ＳＦＢＴにおける共同構築の性質をアプローチの重要な構成要素として強調する。マイクロアナリシス研究は、解決志向の共同構築の詳細を観察・再現可能とし、マニュアルを明確かつ有用なものとし、ＳＦＢＴの科学的根拠を高める効果がある。

## 展望研究《メタ・アナリシス》

前節の資料は個々の研究を明確に示した上で、設定、実験デザイン、成果測定、結果を要約している。また解決志向と他の実践モデルとの比較を含む研究では、解決志向の対処による成果の方が劣っているか、同程度か、すぐれているかを示している。先行研究をもとに研究する別のアプローチは、報告されている研究から展望研究を行い再検討する方法である。ケンドール、ホルムベック、バーデュイン（Kendall, Holmbeck, Verduin, 2004, p.34）によれば、展望研究では「それぞれの調査結果を共通の測定基準（通常は効果量《effect size》）に転換して複数の研究を総合して結果を出す統計的な手法が用いられる。効果量は通常、展望研究で扱われる複数の研究を通じて、実験／セラピー群と統制／比較群との成果の差異の平均を示す。これまでのところ、解決志向セラピーについてはそのような研究が2件行われている（Kim, 2006, 2008; Stams et al., 2006）。

キムは専門文献を調査して、解決志向セラピーを実際に用いた63の研究を見出した。彼は、そのなかで解決志向の手続きとして特定されている4つの手続きのうち少なくとも1つを用いており、効果量の算出に必要な統計手法が用いられている研究を対象にすることにした。4つの手続きとはミラクル・クエスチョン、スケーリング・クエスチョン、休憩、休憩後にコンプリメントと提案を与えることである。このような基準を用いて、63研究のうち22研究が彼の展望研究の対象となった。彼はこれらの研究を3群に分類し、それぞれ効果量を算出した。その分類は内的行動の問題（不安、抑うつ、低い自尊心）、外的行動の問題（多動、その他）、家族や対人関係の問題の3つである。

キムは、他の展望研究と比較して、全体的には効果量は小さかったものの、外的問題と対人関係問題よりも内的問題でいくらか効果が大きかったと報告している。同時に彼は次の3点を指摘している。まずいくつかの研究では大きな効果量が示されたこと。次に効果量は公表された論文と博士論文も含めた他の展望研究と同等であったこと。▼註1 最後に解決志向セラピーの効果量は、比較群として調査に用いられる他のサイコセラピーのそれと本質的に違いはなかったこと。キムはまた今回の研究の分析について次の3点を注記している。1つは22件という少数であること。1つは多くの研究のなかで臨床家が解決構築の手続きについてほとんど訓練を受けていないこと（2〜20時間の訓練しか行われていないものもある）。もう1つは臨床家が実際に面接中に解決志向の対話を行っているかどうかの確認が厳密ではなく一貫性を欠くこと。キムの研究は解決志向セラピーについての最初の展望研究として興味深くまた重要な研究であり、解決志向セラピーが有望な新しいアプローチであることを示唆するが、対象とされた個々の研究の限界もあり、確定的な結論として認めることはできない。二番目の展望研究（Stams et al., 2006）はオランダ語で発表されたが、最近ギンガリッチら（Gingerich et al., 2012, p.106）が、英語で次のように要約した。

スタムら（Stams et al., 2006）による展望研究では、SFBT全体の効果量は0・37であり、従来の基準による小から中程度のセラピー効果であることがわかった。SFBTとセラピーなし（n=4）とを比較した研究では、0・57の効果量だったが、SFBTと他のセラピー法（n=7）との比較では0・16にすぎなかった。この結果はさまざまな解釈が可能である。1つにはSFBTを一般に認められている他のセラピー法と比べた場合、同等もしくはわずかによいが、セラピーなしと比べると明らかに良好である。

スタム他による展望研究にはいくつかの制約があるが、その多くはキムが自身の研究で特定したのと同様の制約である。この結果は興味深く示唆に富むが、さらに確かな結論は、事前に十分な準備のある献身的SFBTセラピストがSFBTの介入を行うといった入念な統制下での研究の蓄積を待たねばならない。さらに、より厳密な研究には、SFBTの実践が何を意味するのかを詳細に定義（すなわち、先に述べたSFBTA調査マニュアルのような定義の活用）し、セラピストが研究全体を通じて一貫してSFBTを実践していることを保証するために、マニュアル順守を評価する必要があるだろう。ギンガリッチ他（Gingerich et al., 2012）は、これらの基準を十分に満たす最近の2つの研究について報告する。

## 特筆すべき最近の2研究

スモックら（Smock et al., 2008）は、物質乱用レベル1のクライアントを、6回の解決志向集団療法（SFGT）と、6週間にわたるヘーゼルデン・モデル［【訳註】米国ミネソタ州にあるヘーゼルデン病院などで行われているアルコール・薬物依存のセラピーモデル。ミネソタモデルとも呼ばれる。］による問題志向心理教育アプローチ・プログラムとの2グループに無作為に割り振り、メンタルヘルスにかかわる効果を比較した。地域の保護観察局から紹介された対象者が、無作為にSFGTもしくはヘーゼル

▼註1 キムの展望研究は11の博士（学術）論文と11の出版された研究とを含む。博士論文を含めると、一般的に全体的な効果量の程度は低くなる。

デンセラピーに割り振られた。成果測定には、セラピー開始前とセラピー後に記入されたベックうつ病調査表とアウトカム質問票（OQ）苦悩尺度が用いられた。調査者はセラピーマニュアルを用いて、セラピストにどちらかのセラピーモデルについて事前訓練を行い、プロジェクト全体を通じてセラピストのセラピーモデルの順守が測定された。さらにセラピストの技術レベルが測定されたが、それは実験条件の統制のためだけでなく、別の混同されがちな変数を測るためでもあった。結果は、SFGTを受けたクライアントはセラピー前後を比較すると両効果尺度で大幅な改善がみられたものの、ヘーゼルデン・モデルによるセラピーグループではそうした改善がみられなかった。SFGTでは両成果尺度で中程度の効果量（0.64と0.61）がえられ、研究者は「うつ病と物質乱用はしばしば同時に生じ、うつ病のセラピーにより物質乱用のセラピー成果が改善する」ので、この結果は重要であると述べている（Smock et al., 2008, p.113）。

ギンガリッチら（Gingerich et al., 2012）が特に重要であると報告するのが、第2の研究（Knekt, 2008a, 2008b）である。この研究では、大規模（被験者326人）であり、明白な診断基準による被験者を選定し、各セラピー群に被験者を無作為に振り分け、経験豊富な訓練を積んだセラピストが関与し、複数の効果尺度を用い、SFBTマニュアルを使用しその順守を評価し、SFBTと他の2つのエビデンスの示されたセラピー法とを比較した。この研究では、うつ病および不安障害と診断された患者の作業能力とメンタルヘルスにかかわる成果について、SFBT、短期精神力動セラピー法（STPP）、長期精神力動セラピー法（LTPP）を比較した。SFBT群は8カ月間に平均10回のセラピー面接を受け、STPP群は6カ月間に平均19回、LTPP群は31カ月間に平均232回の面接を受けた。抑うつ、不安、作業能力、社会適応といった多岐にわたる質問票を用いて3年にわたる成果測定がなされ、就労もしくは在学中の被験者の有病率と罹患期間についても測定された。結果は、3年間に3つのセラピー法すべてで、ほぼ同程度の、統計的に有意な前向きな成果があった。SFBTとSTPPは1年目に良好な結果を示し、LTPPは2年目に追いつき、3年目に他の2つを追い越した。SFBTとSTPPの被験者は3年間進歩を維持し、SFBTとSTPP被験者の進歩には統計的有意差はなかった。ギンガリッチ他（Gingerich et al., 2012）は、このSFBTの有効性の研究を今のところ最も正確なもので、その効果を示す強力な科学的根拠とみなしている。それは根拠が示されている2つのセラピーとSFBTが同等と見なされているからである。

## 結論と次のステップ

SFBTにとっての科学的根拠は実質的であり増えつつある。SFBTの調査についてのレビューのなかで、ギンガリッチ他（Gingerich et al., 2012, p.106）は、現在「研究の形態と性質の自然な進展」を示す46のユニークな研究があると述べる。特に注目すべき点は、彼らが「最近の十分に計画された研究で、SFBTと確立されたセラピー法とを比較する場合、SFBTは根拠が示されている他のアプローチと同等であり、ときには実質的に短期間に少ないコストで成果をあげることもある」と書き加えていることである（p.107）。

またＳＦＢＴが多様なクライアント集団と問題に効果的であることも実証されている。トレッパーとフランクリン（Trepper & Franklin, 2012）は、次にあげる分野でのＳＦＢＴ有効性の研究の概要を提示する——学校（Kelly, Kim, & Franklin, 2008）、家庭内暴力と虐待（Lee, Sebold, & Uken, 2003）、児童保護局（Wheeler & Hogg, 2012）、服薬順守（Panayotov, Strahilov, Anichkina, 2012）、青少年（Corcoran, 2012）、物質乱用（Hendrick, Isebaert, & Dolan, 2012）、経営とコーチング（McKergow, 2012）。

解決志向による面接手続きの科学的根拠をさらに強化するためには、まだ多くのなすべきことが残されている（Gingerich et al., 2012; Trepper & Franklin, 2012）。より厳密に統制された研究が必要である。こうした研究はそれ自体が貴重だが、展望研究のためにも必要である。というのは、展望研究による発見が、用いられた研究に匹敵するほど強力だからである。また、こうした十分に統制された研究のいくつかでクネットらの研究（Knekt et al., 2008a; 2008b）のように大規模な臨床試験（ＲＣＴ）を続ける必要がある。クネットの研究では、複数の成果指数を用いて、科学的根拠が認められているアプローチとＳＦＢＴとの有効性を比較している。ＲＣＴは、ＳＦＢＴが幅広い分野で十分に根拠があるとして受けいれられるために不可欠である。

ＲＣＴは、関与するセラピストが研究で行っていると主張するセラピー方法を行っている場合にのみ強力な根拠となる。そのためＳＦＢＴのセラピーマニュアルを継続的に改訂し、マニュアルにそった実践がなされているかを評価する必要がある。幸い、ヨーロッパ短期療法協会と解決志向短期療法協会は、この作業に取り組む調査委員会を設けている。そして、マニュアルとその順守評価を強化し続けるために、プロセス研究とマイクロアナリシス研究を通して、解決志向の方法でクライアントに働きかける独自性と、クライアントの変化に貢献する解決志向面接の要素とを発見し立証し続けなければならない。

本章で述べたそれぞれのタイプの研究は互いに相まって解決志向実践の全体としての科学的根拠となるので、さらなる研究が必要である。本章の最終節で示すように、解決志向の実践者はクライアントと解決志向の面接を行いながら実践に基づく根拠を作り出し、このアプローチの科学的根拠を増やすという重要な役割を担っている。

## 実践を改善し科学的根拠を強化する研究データの収集

本章の冒頭で解決志向の面接手続きが、最初から研究と実践を通じて発展してきたことを述べた。ＢＦＴＣの臨床家はクライアントと協働するためのさらに有効な方法を発見し、実証するために、仲間と協力し、注意深く観察し、プロセス研究を行い、成果を記述した。同様の実践に基づく研究が、世界各地数カ所の機関やクリニックで続けられている。そのような研究所の1つが、ロンドンのＢＲＩＥＦと呼ばれる実践・教育機関である。シェナンとアイブソン（Shennan & Iveson, 2012）は、1980年代後半につくられたＢＲＩＥＦについて、最初からＢＦＴＣの初期の研究と同じような質問を使い、クライアント視点で「役に立つ」情報を集めてきたと述べている。いくつかの研究プロジェクトを経て、ＢＲＩＥＦは解決志向面接の独自のバージョンを開発するに至った。（1）狭い意味での「目標」ではなく、「望んでいる」未来について豊富な説明を展開させるようにクライアントに働きかける。（2）例外という言葉を「望ましい未来」で生じる「例」という言葉に置き換える。（3）クライアントに「この面接があなたの役に立つために何が生じなければならないか」と質問する代わりに、「私たちの共同作業にあなたが最も望むことは何か」と尋ねる。（4）面接終了時に課題を出すことをやめ、クライアントにとっての違いを生み出すために、面接中の解決の共同構築だけを重視する。（5）ブレイクをとらずに、クライアントに望ましい未来像とそうなるためにクライアントがすでに行っていることを要約して面接を終える（Shennan & Iveson, 2012）。BRIEFはその改革点をマニュアルにまとめ（George, Iveson, & Ratner, 2011）、ウェブサイトに提供している（www.brief.org.uk）。BFTCとBRIEFで展開されたような実践と研究の提携は、クライアントと彼らに役立つことへの臨床家の関心を強め、実践法を発見し、さらに有効な実践法を導き出し、同時にSFBTの科学的根拠を増やすことになる。

解決志向の手続きを導入しようとする場合に、BFTCやBRIEFで行われたような方法で実践法を向上させようとする同僚に出会うという幸運に恵まれるとは限らない。だからといって、クライアントに前向きな違いを作り出し、実践を改善していくための研究手段がないわけではない。機運を高める1つの手段は、成果管理システムを活用することである（Lambert, 2010）。そのようなシステムには、未来のクライアントの利益とセラピストの技術を改善するために、セラピーに対するクライアントの反応（成果）についてのデータを集めるセラピストと全クライアントの成果の経過を追う管理部門とが関与する。クライアントの反応はセラピストに、クライアントが経験している成功の程度についての情報を与える。またクライアントの反応はセラピストとクライアントに共有され、話し合われ、セラピーが順調に進んでいることを確かめ、そうでないときには前向きな調整を行うためにも活用される。大規模対照試験では、そのようなシステムを活用することにより、クライアントのセラピー継続、特にセラピーに消極的なクライアントの継続に改善がみられたことが実証されている。ランバート（Lambert, 2010）は成果管理を使った研究の効果量は0・34から0・92にわたり、この方法でクライアントの成果を定期的に追跡することを強く主張している。

クライアントの成果を追跡するにはいくつかのシステムがある。最も単純で短期のものの1つは、変化の成果管理システムの連携（PCOMS）である（Miller, Duncan, Sorrell, & Brown, 2005）。このシステムには、成果評定尺度（ORS）4項目と面接評定尺度（SRS）4項目の2つの視覚アナログ尺度［【訳註】メモリのついた直線上にマークをつけることによって、基準点からの心理的な距離を反映するような質問から解答をえる方法］があり、これらはwww.heartandsoulofchange.comで入手できる。各面接開始前にORSが渡され、クライアントは先週、次の4領域（「個人的に（個人としての幸福）」、「対人的に（家族、親密な関係）」、「社会的に（仕事、学校、交友）」「全体的に（全般的幸福感）」）について評定を求められる。SRSは面接直後にクライアントに渡され、どれほど「理解された、尊重された」と感じるか、面接でクライアントが「取り組みたいことと話したいこと」に焦点を絞られた程度、セラピストのアプローチが「自分に適していたか」、どの面接がどの程度「自分に適切であったか」、といった面接での体験をクライアントが評価する。PCOMSシステムには、クライアントに尺度を紹介する掲示方法、得点法、得点の意味、進行中のセラピーの文脈に沿ってクライアントと結果について話し合う方法が含まれる。こうした尺度の子ども向け、集団向けのバージョンも入手可能である。

ジラスピーとマーフィー（Gillaspy & Murphy, 2012）は、PCOMSシステム活用の有効性を立証する研究を要約して、それを解決志向の実践に取り入れることの有用性を探求している。彼らは「最高のセラピストさえ、10人のクライアントのうち効果があったのは7人だけであり（Hansen et al., 2002）、クライアントに改善が見られないなら、そのことをなるべく早く知る方がよい」と述べる研究があると記した上で、PCOMSを取り入れることを勧める。彼らはPCOMSを解決志向面接の流れに組み込むには、解決構築の手続きをいくらかの調整する必要があるが、しかしそれは実行可能であり、クライアントの成果が改善される利点とセラピストのセラピースキル改善の機会がこうしたツールを組み込もうとする正当な理由となることを示唆している。私たちがこの提案に同意するのは、こうしたツールはより細やかにクライアントの声を聞くことによって実践が導かれることを目指しており、またセラピーで「役に立つこと」を強化する新しい実践法を試みることがBFTCで解決志向実践を発見してきたもともとの精神に忠実だからである。

# 第12章
# 援助職の価値観と人間の多様性

人には本来備わった固有の価値がある。

(Biestek, 1957, p.73)


……文化能力《cultural competence》とは、相談員とクライアント、文化と文化、人と状況の関係的・対話的プロセスである（相談員の力量より対話を重視する）。

(Lum, 2011, p.3)


解決構築に用いる技法は問題解決アプローチとは異なるパラダイムを示していることを第1章で述べた。この見解に同意するとしても、次のような疑問が出てくるもしれない。


◉解決志向の面接は援助専門職の実践指針となる価値観に合うのだろうか。

◉この方法はどんな背景のクライアントにも同じように有効だろうか。

◉私が解決構築の技法を使うことにしたら、同僚やスーパーバイザーや関係機関やクライアントはどう思うだろうか。

◉職場全体で解決構築を使うことになれば、ケース記録やケースカンファレンス、また相談員のスーパービジョンなどの実践・実務はどのように変わってくるだろうか。

◉解決構築が個人や家族に役立つことはわかるが、小集団や組織などでの実践にも適合するのだろうか。


学生やワークショップの参加者との話し合いでは必ずこういった質問を受ける。本章と第13章で、解決志向を取り入れた臨床家や学生たちとの話し合いで伝えた私たちのこの質問への答えを示す。また第14章では、それぞれの現場に解決構築を取り入れた臨床家、事業、機関の実践経過について、それを行った革新的な実践者自身が記述する。

## 解決構築と援助職の価値観

あらゆる専門職の根底には固有の価値観がある。援助職の価値観はこの職業の基本的責任を規定し、クライアントとの面接の適合性を評価する基準となる。さらに、新しいものも古いものも含めてすべての援助を実践する手続きは、この分野の基本的な価値観に一致するかどうかについて継続的に詳しく吟味されなければならない。

援助職は、カウンセリング心理学、結婚と家族のカウンセリングやセラピー、心理療法、リハビリテーション・カウンセリング、ソーシャルワーク、物質乱用者へのカウンセリングなどに区別されているが、厳密に区別されずに重なりあう部分もある。援助職におけるさまざまな分野や専門職協会では、臨床家とクライアントとの関係の指針となる原則についてほぼ一致した見解を持っている。これはそれぞれの倫理規定を比較してみるとよくわかる。▼註1 各分野のカウンセリングの教科書には各々のアプローチの基本的価値観が示されているので、比較することができる（例えば、Axelson, 1999; Egan, 2010; Hepworth et al., 2010; Lewis, Dana & Blevins, 2011）。

援助職の価値観と解決志向の面接手続きについて論考するにあたり、私たちはシェイファーとホレイシー（Sheafor & Horejsi, 2008）が作成した価値観と実践原則リストを利用することにした。その記述が他よりも明確なので、より周到な議論を行うことができるからである。以下に臨床家とクライアントの関係についての価値観を述べるが、これはすべての援助職に適用されるものである。

▼註1　比較のためには（Corey, Corey & Callanan, 2007）（村本詔司監訳『倫理問題ワークブック［第6版］』創元社）の諸規定を参照されたい。

## 人間の尊厳を守ること

人は誰でもその人としての長所によって貴重な存在として対処される権利を持つ。この信念は臨床家とクライアントとのかかわり方について、いくつかのことを暗示している。まず、クライアントはあるがままに受容されねばならない。バイステック（Biestek, 1957）によれば、どのようなクライアントもあらゆる側面（例えば、長所と弱点、肯定的・否定的態度、健康・不健康にみえる行動、魅力的・魅力のない性質や癖など）を受けいれられる必要がある。バイステックやその他の著者（特にロジャーズ（Rogers, 1961））が述べているように、受容は過去のどんな言動にも左右されず、無条件でなければならない。

しかし同時に、バイステックもロジャーズも受容は同意と同じではないと指摘する。臨床家はクライアントの態度や行動に同意できなくても、受容することができる。例えば、クライアントが家族ものの映画よりバイオレンス映画の方が好きだと言えば、臨床家はその好みに賛同できなくても、そのことを受けいれることはできる。つまり受容するにあたっては、クライアントにとってよいことではなく、クライアントの現実に焦点を合わす。

臨床家は人間の尊厳を守るために判断を避けることも必要である。この姿勢でクライアントに向き合うと、臨床家がクライアントや彼らの話に善悪の判断をつけることがなくなる。判断には有罪か無罪かの判決や、態度や行動の善悪についての道徳的主張が含まれる。つまり責任の所在を明らかにし、道徳的評価を下すことになる。

臨床家はクライアントを判断しないようにし続けると同時に、クライアントの態度や行動が家族や地域社会の評価基準に影響されることを忘れてはならない。問題解決にあたっては、家族や地域社会の法的・道徳的な基準を考慮する必要があり、臨床家がそれを怠るとクライアントに「非現実的で役に立たない」という印象をもたれる。

受容と判断を避ける態度で人間の尊厳を守ることは、クライアントと臨床家が信頼し協力しあう関係作りの土台となる。臨床家が善悪の判断をつけたり、評価したりするとクライアントはすぐに、臨床家にクライアントの考えや行動に対する好み（期待までも）があることを感じとる。これは条件付きの受容となる。臨床家とクライアントの好みが一致する場合を除いて、クライアントは気まずい思いをし、受容されているとは感じられず、臨床家がはたして自分を理解し助けてくれるのかと疑い、臨床家が援助してくれるだろうという信頼を失うことになる。

解決志向の面接により解決を構築していくことで、効果的にクライアントを受容し、判断を避けることができる。第3章で基本的技法について述べたが、クライアントの認識を受けいれ、クライアントの思考の枠組みにそって作業することが解決構築の基本である。クライアントの抵抗やクライアントの認識への挑戦・対決という考えは、このアプローチには無縁のものである。

また解決構築のプロセスでは、どんな解決でも状況と関連づけた説明が求められる（De Jong & Miller, 1995）。クライアントがミラクル・クエスチョンに答え、問題が解決したときの生活の変化について述べると、次はどうやってそのような変化が起こることがわかるのかと尋ねられる。その質問に答えるなかでクライアントは家族や地域社会といった状況について述べ、こうした状況のなかで自分の目標が持つ意味を説明する。解決志向の面接で使われる関係性の質問によって、クライアントは目標について詳しく話し、家族や地域の重要な人物との関係を踏まえた例外について真剣に話すことになる。

人間の尊厳は、他者とかかわり自分の価値観が理解されることを通して育っていく。解決志向の面接はクライアントを彼ら自身と彼らの生活の専門家として扱うので、人間としての尊厳を高めるアプローチであると言える。この面接法では、クライアントの認識をしっかり聞くことで、クライアントに彼らの認識が最も役に立つ重要な情報源なのだと暗示する。したがってこの面接のプロセス自体が、個々のクライアントの自分には価値があり尊厳があるという感覚を尊重しさらに高めることとなる。

## 個々に合わせたサービス

人はそれぞれユニークな存在である。それぞれのクライアントは、「**1人の人**としてだけではなく、個人的な違いのある**この人**として」扱われることを望んでいる（Biestek, 1957, p.25）。どの援助職でも、それぞれの人に独自の態度、信念、希望、長所、成功、欲求、問題があるのだと力説する。クライアントとしては臨床家が丁重に自分の心配事の話を聞き、個性を重んじて柔軟に援助してくれることを期待する。

それぞれのクライアントの個性を重んじることは、解決志向面接の基本である。この面接法では知らない姿勢で、クライアントの思考の枠組みに合わせながら、彼らの言葉を使い、それぞれの問題、目標、成功、長所についての考えを膨らませ、明確にしていく。解決もまたそれぞれのクライアントに起きた特定の出来事の例外や対処法から構築されるので、当然1人ひとりに合わせたものとなる。

個々のクライアントに合わせたサービスを提供するには、臨床家に最善の柔軟性が必要となる。クライアントが語る認識や経験は多様であり、解決構築のプロセスは、クライアントが語る認識や独自の経験（特定の目標、対処法、長所など）次第なので、臨床家は柔軟にならざるをえない。従来のアセスメントや診断分類と繋げて考えることも、また特定の問題に対する限定された特定の介入法を用いることもない。言い換えれば、クライアントがそれぞれの解決を自分で作っていくときに、臨床家は彼らの一歩後ろからついていくのである。また解決構築の臨床家はクライアントの内的・外的資源への信頼を強化する。というのも大部分のクライアントは予想以上に現実的で感動的な解決を構築するからである。

## クライアントのビジョンを育てる

シェイファーとホレイシー（Sheafor, Horejsi, 2008, p.74）は、臨床家は「希望」を引き出し、それを育み、「変化は可能であり、新しいよりよい対処法があることを示さなければならない」と述べている。この考えは臨床家がクライアントに誤った期待をもたせたり、非現実的な結果を予想させたりしないよう注意しなければならないことを伝えている。

解決志向の面接も、問題志向の面接とは異なった意味ではあるが、この考えに合致する。ミラクル・クエスチョンへの答えを増幅しながらウェルフォームド・ゴールを作り上げていく解決構築の過程で、クライアントは問題が解決したときの生活について詳細なビジョンを作るように励まされる。解決構築ではクライアントが自分の考えでビジョンを作ることを重視するので、問題解決アプローチよりも臨床家からの提案に頼ることが少なくなる。このアプローチはクライアントに希望を与え、彼らの意欲を高めるだけでなく、個別化されたサービスを提供することやクライアントの自己決定を促すという実践的意義もある。

また解決志向の面接では、臨床家がクライアントに誤った希望を持たせずに済む。というのは、第1に、クライアントは変化についてビジョンをはっきり描くので、目標に関する臨床家の好みがあらわれる機会は少なくなる。第2に、解決志向アプローチでは、クライアントを彼らの状況についての専門家として扱い、ミラクル・ピクチャーの可能な部分と不可能な部分を明確にするように求めるので、クライアントが状況を踏まえ現実的に考えていく。

## クライアントの長所を基に進める

シェイファー、ホレイシー（Sheafor, Horejsi, 2007）は、援助職ではクライアントの問題、限界、欠陥のことばかりを考える傾向があると指摘する。専門家チームによるクライアントのアセスメントはしばしば否定的になり、クライアントの能力に注目することはほぼないと彼らは記している。彼らはこの「クライアントについての否定的な考え方」を嘆き、「変化をもたらすための援助において最も重要なことはクライアントの能力と可能性を引き出すことである」と指摘する（Sheafor, Horejsi, 2008, p.74）。

クライアントの長所を基に進めることは解決構築の最大の特徴であ

る。これは具体的には、例外を探して明確にすることとクライアントの長所と成功にコンプリメントするというやり方で実践される。

## クライアントの参加を奨励する

クライアントの参加について、シェイファーとホレイシー（Sheafor, Horejsi, 2007, p.74）はこの分野でよく知られている2つの格言を引用している。臨床家は「クライアントが自分で自分を助けられるように彼らを助けなさい」そして「クライアントの**ために**ではなくクライアントと**ともに**行動すべきである」。言い換えると、援助職の仕事はクライアントをエンパワーすることである。

解決構築はこの考えに合致するばかりではなく、第1章と第2章で説明したように、クライアントに参加してもらい彼らをエンパワーするための方法を与えてくれる。解決構築アプローチでは、伝統的で科学的な専門知識は最小にし、クライアントの認識を最大に活用することで、クライアントが自分でやっていけるように助けるという、従来とは異なった有効な方向をめざす。クライアントは奇跡のビジョンをはっきり描き、例外を見つけ、過去の成功をもたらした長所を解決構築に活かし、自分で自分を助けることが期待される。解決志向の面接はクライアントとともに作業をするという考えをさらに深める。つまりクライアントとともに作業をするということは、彼らに関心事や経験を語ってもらい、彼らと協力しあうことである。クライアントとの対話を十分に展開させていくためには、他者である彼らの見方を探求し、肯定することが必要である。それは臨床家とは違う人間であるクライアントの望みと見方を認めることである。解決志向の面接でクライアントの認識を引き出す作業において、面接者は自分とは違うクライアントを絶えず尊重して肯定している。

## クライアントの自己決定を最大にする

これまでに述べた価値観は相補しあうものである。例えばクライアントの参加を促すことは、そのクライアント個人に向き合うこととなり、クライアントの尊厳を守ることになる。クライアントの自己決定も同じく相互補完的なものだが、おそらくこれが実践を導く価値観のなかで最も重視されるものだろう。

バイステック（Biestek, 1957, p.103）は自己決定を「クライアントが自由に選択し、決定する権利があると理解すること」と定義する。彼も記すように、自己決定は基本的人権であるだけでなく個人が成長していく過程を尊重することでもあるので、これに異議を唱える援助専門家はいない。人は選択することを通じて自分の存在感を深める。問題に苦闘し疲れて失望したクライアントでも、臨床家に肩代わりをされたときではなく、自分で選択しながら責任を持って最善の生活をしていくときに、自信と満足感を持つようになる。たとえ知的能力に制限があるクライアントであったとしても、臨床家はクライアントの自己決定を最大限に引き出すようかかわる必要がある。

解決志向アプローチは自己決定を促す。クライアントは解決志向面接の全過程を通して自分の生活に責任を持つように励まされる。問題を特定し、その出来事が問題になる生活のなかで何が起こっているのかを明確にするよう求められる。そして、満足のいく未来、存在する例外、意欲と自信のレベルなどについても尋ねられる。例えばアー・

ヤンとピーターの会話では、彼女はパニック状態から解放されたいこと、内面的にも外面的にも幸福な未来を望むこと、息子が自由に外で遊べると思えることなどを述べた。また震えや心配がなく、前より楽に呼吸ができるという例外のときについて述べ、どうにかしていこうという意欲が10であり、解決を見つけ出す自信のレベルも10であると述べた。

この会話ではアー・ヤンが問題を明確にし、生活のなかでしていくことを選択する責任を担った。ピーターは彼女を問題と解決の専門家にしようとした。つまり、ピーターの専門性は主に質問をすることと、質問に対する彼女の答えを土台にして解決構築のプロセスを進めることにのみ限定された。このような形でクライアントにかかわることで、彼らにより深いレベルでの自己決定をもたらすことになる。このアプローチは、クライアントの話を聞いて専門家がアセスメントと提案を行い、クライアントがそれに従うかどうかを選択するというアプローチとは全く異なるものである。

## クライアントの応用能力を育てる

理想としては、臨床家は面接中にクライアントが問題の解決について学んだことを、他の問題にも応用できるように援助したいと考える。ヴィンター（Vinter, 1985）はこれを理想的応用能力と呼ぶ。シェイファー、ホレイシー（Sheafor, Horejsi, 2008, p.76）は応用能力の一面を次のように説明する。

> クライアントに将来役立つことの1つは、身近な環境にある資源の利用法を教えることである。そのような資源とは家族、親戚、友達、援助団体、教会などである。

応用能力とは、クライアントが自分の内的・外的資源への気づきを深めることであり、解決志向の面接をすれば、この実現が可能となる（De Jong & Miller, 1995）。解決志向の面接ではクライアントに何を望み、どうやってそうするかを問い続け、彼らの認識を信頼し続けることで、クライアントが過去の成功と長所と内的資源にはっきりと気づく機会を与える。例えばウィリアムズ家との面接で（第5章）、インスーはグラディスのよい母親になるという目標を肯定し、グラディスが目標を実現するために行っている多くのことにコンプリメントした。インスーは、グラディスが今後も利用できる内的資源を言葉で表現させた。

また、解決志向面接での関係性の質問は、クライアントに外的な資源に気づかせる。例えばピーターは、アー・ヤンがうまくいっているときに他の人が彼女のどんな違いに気づくかと質問し、それに対する彼女の答えから夫と義妹が彼女を支えていることを知った。彼はまた、彼女がこれらの外的資源を、新しい効果的な方法で活用しようとしていることも知った。

次の結果は、解決構築の応用能力を裏づける。1992年～1993年にかけての電話調査（第11章）では次の質問も行った。「私たちの面接は、BFTCに相談にきた問題以外の問題の解決にも役に立ちましたか。役に立った、妨げになった、どちらでもなかった、のどれでしょうか」。クライアントの2分の1が「他の問題にも役に立った」と答え、他の半分は「どちらでもなかった」と答えた。カイザー（Kiser, 1988）

のＢＦＴＣのクライアントに関する研究では応用能力についてさらに高い値が示され、67％がＢＦＴＣの面接が他の問題にも役に立ったと答えたことが報告された。

## クライアントを最大限エンパワーする

シェイファー、ホレイシー（Sheafor, Horejsi, 2007, p.78）によれば、エンパワーメントは「個人であれ集団であれ、人が自らの生活環境を変え、自分で生活をコントロールする力を持つよう援助すること」にかかわる。彼らはまた「臨床家はクライアントに有益な情報や資源を思い出させ、自信を高めて、生活状況を変えようと決心し、行動を起こすために必要なスキルを伸ばすことで、生活環境をコントロールする力を高めるための援助をすることができる」と述べている。

第1章と第2章で述べたように私たちは、臨床家はクライアントをエンパワーすべきであるというシェイファーらの見解に心から賛同する。本書で示す解決志向の質問を使うと、クライアントは自分の目標を作り、自分の潜在的な長所と家族や地域の資源を整理し、もっと満足度の高い生活していく上で役立つ他の資源を明確にし、自分の生活をコントロールできるようになる。

## 秘密の保持

守秘とは専門的援助関係のなかで話された個人情報を臨床家が秘密にしておくことである。クライアントは他人に知られると困ることや考えを臨床家に話す。守秘の要求はクライアントの権利である。臨床家がこの要求に応えるならば、クライアントは彼らを信頼し、尊重されていると感じ、積極的に面接に取り組むだろう。

専門機関では守秘義務を成文化し、新人の臨床家にもクライアントに会う前にこれを知らせる。この義務は国の法律や規制に含まれるクライアント保護を反映しており、それら以上に厳格な場合も多い。解決構築の手続きも法律や相談機関の方針の範囲内で行われる。例えば、臨床家チームが面接を観察する場合、クライアントに十分な説明を行い、書面による同意を得なければならない。

解決志向の面接ではもう1つの方法でも秘密が守られる。援助職にはずっと以前から、クライアントが前進するには過去の痛みを伴う感情や出来事について述べなければならないという信念がある。臨床家のなかには、クライアントの抵抗を排してもこのような感情や出来事をつきとめなければならないと思う者もいる。それとは対照的に、解決構築アプローチでは、これまでの経験と結果のデータから、クライアントが問題、違ってほしいこと、利用できる長所と資源について話すことで前進できると考える。したがってクライアントに個人的な問題を詳しく話すよう求めることはない。彼らは解決を構築するために何を話す必要があるか自分で判断する。話すか話さないかを自分で決められるときには、クライアントはほとんどの場合過去の失敗を詳細に話さない方を選択する。アー・ヤンやウィリアムズ家のケースでもこれがみられた。

こうした背景から結果的にさらに秘密が守られることになるが、これは相談員にとっても利点がある。クライアントを援助する際に、根底にある出来事を明らかにしようと気をもむ必要はなく、またクライアントの抵抗に出会うこともない。クライアントにどのように解決を構築していくかを考えさせ、共同作業を楽しめばよいのである。

## ノーマライゼーションの推進

援助職では、身体的疾患、長期にわたる精神疾患、知的遅滞、その他の疾患の人々を援助する。そのような人々は孤立しがちである。彼らはしばしば障害の種類によって型にはめられ、能力を活かせない生活をしいられてきた。これを改善しようとして臨床現場ではノーマライゼーションが推進されてきた。臨床家はそのようなクライアントがある環境で一般的とされる方法で生活していけるよう援助することが求められる（Sheafor & Horejsi, 2008）。

解決志向の面接はノーマライゼーションの理想によく合致する。なぜならばノーマライゼーションが多くの障害を抱えた人々の第一の目標だからである。クライアントは望む生活状況のビジョンを展開し、例外を探してそのビジョンにかかわる成功と長所を見つけるよう励まされる。そして彼らは「これまでの成功を続け、それ以上の行動ができるとどうやってわかるか」、「その過程で誰と何が役に立つか」と質問され、自信を高めていく。解決構築は、重度の精神障害、エリテマトーデスのような進行性の疾患、末期疾患、その他の身体障害を持つクライアントにも同じように適用可能である。打ちのめされているクライアントにも解決志向の面接は有効である。通常そのようなクライアントはコーピングの質問をされ、対処能力や戦略をコンプリメントされることで希望を持つようになる。そして痛みや障害を抱えて生きていくのに役立つ新たな考えに気づくことも多い。この例としては、第10章で述べた事例や第14章のキッジ・バーンにより報告されている急性事象（例えば、脳卒中、頭部外傷）や慢性疾患（例えば、パーキンソン病、多発性硬化症）による音声言語障害の事例があげられる。

## 変化の測定

クライアントと彼らを取り巻く状況は絶えず変化しているので、シェイファーとホレイシー（Sheafor & Horejsi, 2008, p.78）は、臨床家とクライアントが協力して、クライアントを援助するために用いた戦略の成果について定期的にデータを集め、「継続的に変化の過程を測定し、評価する必要がある」と述べている。このデータに目的にそった変化がみられない場合は、臨床家は責任を持って他の手段を用いなければならない。

解決志向の面接では必ず変化を測定する。測定の質問に対するクライアントの答えがなければ、彼らの成功と長所を見つけることはできない。スケーリング・クエスチョンはクライアントが変化をどう評価しているかを知るために用いられる。例えば、ピーターがアー・ヤンに面接開始前の変化について尋ねたところ、「6」と返答された。このことから予約電話時よりも初回面接時に彼女はかなりうまくやっていたことがわかる。2回目の面接で、ピーターは彼女に進歩を測ってもらい、彼女は7か8と答えた。どちらの場合もスケーリング・クエスチョンへの答えは、起こった変化とこの進歩のために彼女や他の人がしたことを探すきっかけになった。スケーリングは解決構築の状況を数字でイメージさせるので、スケーリングによる変化の測定は臨床家とクライアントの励みになる。

測定によって進歩していないことがわかったときには、解決構築アプローチもこの分野の通例に従い他の手段を用いる。解決構築には、クライアントがしていることがうまくいかないときには何か違ったことをせよという原理がある。ディ・シェイザー（de Shazer, 1985）は、これを解決志向アプローチの基本原理の1つにし、「何か違うことをしてみてくださいという提案をする」（第7章）として公式化した。

## 結論

解決志向の手続きは、クライアントと臨床家のかかわり合いの指針となる価値観に合致する。実際に解決志向の考え方と質問技法を用いると、臨床家はこの価値観に従い面接を進める力をつけていくことが多い。近年、クライアントの長所やエンパワーメントが重視されていることについて触れたが（第1章）、本章で述べた価値観と問題解決パラダイムで用いられる手続きとの矛盾が明らかになり、より共同的でクライアントをエンパワーするアプローチが出てきている（Weick, 1993）。

# 多様なクライアントに対応できる実践

最近の援助職のための実践用教科書は人間の多様性にさらに敏感になることを求めている。この概念を中心とした実践法を構築した人々さえいる（Axelson, 1999; Devore & Schlesinger, 1999; Lum, 2011; Sue & Sue, 1999）。これらの教科書は、あまりにも長い間、援助職は中流階級の白人男性の特性や行動を優先させることに疑いを抱かなかったと主張する。そのために多数を占める貧しい人々や女性や有色人種の一般的な特性をないがしろにしてきた。現在はこれまで以上にクライアントの多様性や文化の違いを意識し、これに対応できる臨床家を育てようとしている。

相談援助の現場では多様性に対応する実践力を高めるために、主に「臨床家がクライアントの問題を査定し、それに基づいた介入を行う」という問題解決パラダイムが用いられる。熟練した臨床家は、査定の段階でもその後の介入の段階でも、人間の多様性を尊重することを期待される。臨床の教科書（Axelson, 1999; Ivey & Ivey, & Zalaquett, 2010; Timberlake, Farber & Sabatino, 2002）によれば、意欲的な臨床家は、さまざまなスタイルのコミュニケーションや問題解決法を学ぶと同時に、経済レベル・民族・人種の異なるそれぞれの集団の価値観、信念、世界観について学ばなければならないと強調されている。また初心の臨床家も、実践において個人的な限界となる自分の仮説や偏見、自民族中心の態度を吟味するよう求められる。こうして自己理解を深めると同時に多様性についての専門知識を得て、臨床家はアセスメントの段階では多様な文化の特性を問題や欠陥とみなさずに、介入の段階でも不快感を与えない有効な介入をする必要がある。

私たちはこのアプローチに対して賛成できない部分がある。確かに臨床家が、異なる集団の世界観や生活様式について知ることは重要であり、すべての臨床家は多様性に関して自分がどんな態度なのか自覚する必要がある。しかし、解決構築のパラダイムを選択する私たちは、専門的なアセスメントと介入という文脈で多様性を扱う試みには不安を感じる。私たちは文化による違いは人々の間の大きな差異の一面であると考え、クライアントと面接をするときに知らない姿勢をとる必要があることをさらに強く確信する。

現場で現在行われている多様性に対応するアプローチは不十分である。あなたが白人の中流階級の男性の臨床家で、失業中の生活保護を受けているアフリカ系アメリカ人女性と面接するとしよう。また、あなたは階級、人種、ジェンダーの偏見を軽減しようとして、異なる集団の歴史、習慣、嗜好、行動様式について専門書で学習してきたとしよう。さらにアフリカ系アメリカ人のクライアントとの数年の面接経験があったとしよう。こうした能力と経験があるので、あなたはこの面接に適格であると感じるだろう。しかしこれだけの予備知識があっても、あなたが面接しようとする特定のアフリカ系アメリカ人が、文献や経験のなかの特徴と完全に一致するとは考えられず、あなたが多様性に対応する面接ができる保証はない。さらにそれぞれ個人はいくつもの異なる要因（階級、民族、ジェンダー、身体的能力・障害、性的傾向、人種、宗教など）の複合体であり、特定のクライアントについてそれらがどのようにかかわり合っているのかを前もって知ることはできない。特定のクライアント集団にどれほど多くの経験を積んでいたとしても、目の前のクライアントについてはほとんど何も想定できないのである。したがって、固有の長所と経験と特性を持つ1人の人間であるクライアントにかかわる努力を惜しんではならない。そうでなければ、クライアントを類型化して見ることになるだろう。

援助職ではどのような集団にも通用する効果的な方法が必要となる。私たちは、問題解決アプローチよりも解決構築の過程がこの理想に近いと考える。解決志向の面接ではクライアントの発言に特権が与えられ展開する。そのために、とにかく臨床家がクライアントにとって重要なことと、彼らがおかれた状況のなかでどんな違いを望んでいるのかを聞き取る必要がある。解決志向面接の開発者たちと臨床家たちは早い時期に、クライアントの言葉を専門的な分類用語に置き換えるよりも、クライアントの考えを聞く方が、彼らに尊重を伝え、クライアントの言葉を積み重ねていけることを知った。臨床家による分類や専門的手順をとるとすぐにクライアントの考えがわからなくなるので、解決志向の臨床家はクライアントと臨床家が対話を重ねるなかで作られる理解を土台にすることが重要なのだとさらに強く認識するようになった（第3章参照）。クライアントの望みやそれにかかわる過去の成功などのような特定の理解が土台になると、臨床家とクライアントは、クライアントがおかれた個人的・社会的状況でどのような解決が展開されればよいかということを含め、具体的な事柄を明らかにする対話を進めることができる。状況、望ましい未来、過去の成功についてクライアントが詳細を明確にするにつれて、解決構築に向けた協働的な対話のなかでクライアントの思考の枠組みは尊重され、広がっていく。クライアントの見方と言葉は部分的には、彼らの属する集団の歴史や習慣や問題解決の方法によって方向づけられるので、解決構築の過程が進むにつれて、そうした多様性にかかわる側面が統合されていく。実際に多様性にかかわるさまざまな側面は価値のある資源と考えられる。

ラム（Lum, 2011）は、多文化主義という概念の発展の歴史と文化に合わせた実践とを見直し、援助職において文化に合わせて実践する力を持つ臨床家とは自分の価値観、偏見、異なる集団の世界観を知っており、それぞれの現場で文化に配慮した方法で査定と介入戦略を行う人であると考えられると主張する。またラム（Lum, 2011, p.14）は、ジョンソンとムンチ（Johnson & Munch, 2009）に賛同し、臨床家が「文化について知っておく」アプローチをとる場合、「クライアントから学ぶ」余地はほぼなくなると確信する。だから彼は、相談員の文化能力［【訳註】自分とは異なる民族や集団の文化を理解し、効果的に交流したり、文化を考慮した医療やケアを提供したりする能力］という単一視点ではなく、援助の過程において相談員とクライアントの両者が文化能力を高めることを土台とする両者の包含関係へとパラダイムを転換する必要があるとする。本書全体を通して解決志向の臨床家とさまざまな背景のクライアントとの対話を示して説明しているように、知らない姿勢で一歩後ろから導く解決構築では、ラムやその他の研究者（Greene & Lee, 2011）が必要だと述べていることの多くをすでに提示している。

## 多様性に関する成果のデータ

　解決志向の面接が多様な集団に有効であることを示すために、私たちは第11章で検討した1992年から1993年にかけてBFTCで行われた面接終了時の成果と最終成果の研究（De Jong & Hopwood, 1996）について、さらに詳しいデータを示す。この研究が行われた頃BFTCは人種的にも経済的にも多様な人々が暮らす場所にあり、利用者の約半数が保険を使って個人で費用を支払い、残りの半数が公的福祉機関からの紹介であり公費により費用が支払われた。多様性はデータに示される。275人のクライアントの57％はアフリカ系アメリカ人、5％はラテン系アメリカ人、3％アメリカ先住民、36％は白人であった。彼らが最初にBFTCを訪れた時点で、クライアント（子どもの場合には保護者）の43％が被雇用者で、57％が失業中であった。クライアントの60％は女性であり、40％が男性であった。275人のうち子ども、ティーンエイジャー、青年が占める割合がやや多かった。全体の3分の1（46ケース）で12歳以下の子どもがクライアントとされた。15％はティーンエイジャー（13歳〜18歳）がクライアントだった。全体で見ると、クライアントの93％が45歳以下であった。

　全データを多様性にかかわる4項目により分類しそれぞれについて面接終了時の成果と最終成果を示す。

**年齢**　クライアントもしくは保護者が初めて来談したときに相談申込用紙に年齢を記入してもらった。成人2人が来談したときは、記録管理と第三者（保険または低所得者医療費補助）払い戻しのために、どちらをクライアントとするか決めてもらった。

　表12－1に年齢別の面接終了時のデータを示す。第11章で述べたように、この結果は面接中の進歩を測定したものである。表12－1に60歳以下のケースについてのデータを示した（それ以上の高齢者についてはケース数が少なかったため対象としなかった）。表12－1の最後の行に年齢群ごとのケース数を示す。

　表12－1で年齢群ごとに縦方向に面接終了時の成果を比較すると、クライアントの年齢はこの成果にほとんど関係していないことに気づく。というのはどの年齢集団でも同じような割合のクライアントが、かなりの進歩を示しているからである。ただ1つの例外は、46歳から60歳の年齢群であり、面接終了時に「かなり進歩した」を示した割合は少ない（13％）。しかしこの割合は8ケースだけによるものであり、全体としての成果にはほとんど影響を及ぼさない。「進歩なし」とするクライアントを年齢群により比較すると、13歳から18歳と31歳から45

**表 12-1　年齢別の面接終了時の成果 (I.O.)***

| I.O. | 12 歳以下 | 13-18 歳 | 19-30 歳 | 31-45 歳 | 46-60 歳 | 合計 |
|---|---|---|---|---|---|---|
| かなりの進歩 | 24% | 21% | 29% | 27% | 13% | 24% |
| 中程度の進歩 | 44% | 58% | 38% | 56% | 50% | 49% |
| 進歩なし | 33% | 21% | 33% | 17% | 38% | 26% |
| ケース数 | 46 | 24 | 21 | 41 | 8 | 140 |

* 表 12-1~12-8 のパーセントは端数を処理した近似値にしてある。

**表 12-2　年齢別の最終成果 (F.O.)**

| F.O. | 12 歳以下 | 13-18 歳 | 19-30 歳 | 31-45 歳 | 46-60 歳 | 合計 |
|---|---|---|---|---|---|---|
| 目標達成 | 37% | 42% | 32% | 52% | 58% | 44% |
| 進歩あり | 40% | 47% | 36% | 24% | 17% | 33% |
| 進歩なし | 24% | 11% | 32% | 24% | 25% | 23% |
| ケース数 | 38 | 19 | 22 | 42 | 12 | 133 |

**表 12-3　雇用状況別の面接終了時の成果 (I.O.)**

| I.O. | 雇用者 | 失業者 | 合計 |
|---|---|---|---|
| かなりの進歩 | 22% | 25% | 24% |
| 中程度の進歩 | 59% | 42% | 50% |
| 進歩なし | 19% | 33% | 27% |
| ケース数 | 63 | 76 | 139 |

**表 12-4　雇用状況別の最終成果 (F.O.)**

| F.O. | 雇用者 | 失業者 | 合計 |
|---|---|---|---|
| 目標達成 | 50% | 37% | 44% |
| 進歩あり | 27% | 41% | 33% |
| 進歩なし | 23% | 22% | 23% |
| ケース数 | 74 | 59 | 133 |

**表 12.5　性別の面接終了時の成果 (I.O.)**

| I.O. | 女性 | 男性 | 合計 |
|---|---|---|---|
| かなりの進歩 | 28% | 20% | 25% |
| 中程度の進歩 | 46% | 53% | 49% |
| 進歩なし | 26% | 27% | 26% |
| ケース数 | 81 | 60 | 141 |

**表 12-6　性別の最終成果 (F.O.)**

| F.O. | 女性 | 男性 | 合計 |
|---|---|---|---|
| 目標達成 | 46% | 44% | 45% |
| 進歩あり | 27% | 40% | 32% |
| 進歩なし | 28% | 16% | 23% |
| ケース数 | 79 | 55 | 134 |

**表 12-7　人種別の面接終了時の成果 (I.O.)**

| I.O. | 黒人／アフリカ系アメリカ人 | 白人／コーケイジャン | ラテン系／ヒスパニック | 合計 |
|---|---|---|---|---|
| かなりの進歩 | 27% | 21% | 43% | 26% |
| 中程度の進歩 | 45% | 58% | 29% | 49% |
| 進歩なし | 28% | 21% | 29% | 26% |
| ケース数 | 78 | 48 | 7 | 133 |

**表 12-8　人種別の最終成果 (F.O.)**

| F.O. | 黒人／アフリカ系アメリカ人 | 白人／コーケイジャン | ラテン系／ヒスパニック | 合計 |
|---|---|---|---|---|
| 目標達成 | 48% | 45% | 36% | 46% |
| 進歩あり | 32% | 26% | 46% | 31% |
| 進歩なし | 20% | 30% | 18% | 24% |
| ケース数 | 60 | 47 | 11 | 118 |

歳では低い割合を示す。しかし、他の年齢群との差はそれほど大きくない。総じてこのデータは、解決志向の面接手続きがどの年齢層にも等しく有効であることを示唆する。

表12－2に年齢別の最終成果のデータを示す。このデータはBFTCでの面接を終えて7カ月～9カ月後にクライアントに連絡をとり、治療目標は達成されたか否かを尋ねて得られたものである。「達成しなかった」と答えたクライアントはさらに、何らかの進歩があったかどうかを尋ねられた。

表12－2から、19歳から30歳のクライアントは目標を達成したと述べる人がやや少なく、治療目標に対して「進歩なし」と答えた人がやや多い。全体として年齢と成果の間にはほとんど関係がない。したがって、面接終了時と最終のどちらの成果からも、解決構築の作業はどの年齢層にも等しく有効であることが示唆される。

**雇用状況**　BFTCでの初回面接時に記入してもらったクライアントの社会／経済的な状況についてのデータは大まかな指標にすぎない。具体的には、クライアント（または保護者）がそのときの雇用状況について尋ねられた。面接料金については、正式に雇用されている人は保険会社の認定を受け、失業者の大部分はタイトル19【訳註】貧困者への医療扶助＝「メディケイド」に基づく公的福祉によって支払われていた。表12－3と表12－4に雇用状況別の結果のデータを示す。

面接終了時のデータを見ると、失業者群が初回から最終面接までに「進歩がなかった」とする割合が、雇用者群よりもいく分高い。しかし、その差は大きくない（33％と19％である）。しかし、最終成果のデータではその差は見られなかった。失業者群も雇用者群も実際に同じ割合の人が、「進歩なし」と答えた（22％と23％）。一方、治療目標を達成したと述べたのは、失業者群（37％）より雇用者群（50％）が高かった。全体としては、雇用者群でわずかによい結果が得られる傾向が見られたが、その差は小さなものであった。

**性**（ジェンダー）表12－5と表12－6に男女別のデータを示す。ここでも、性による効果の違いはみられない。男女ともに面接終了時と最終の両方で等しく肯定的な結果がみられる。

**人種**　初回面接でクライアント（または保護者）は相談申込用紙上で次のような質問をされる。「あなた／あなたの子どもの人種は自分では何だと思いますか」。選択肢は次の通りである。（1）アメリカインディアン／アメリカ先住民、（2）アジア系アメリカ人／太平洋島民、（3）黒人／アフリカ系アメリカ人、（4）白人／コーケイジャン、（5）ラテン系／ヒスパニック、（6）その他。（1）アメリカ先住民と（2）アジア系アメリカ人はどちらも5ケースより少なかったので、これらのデータは示さない。表12－7と表12－8にその他の3群のデータを示す。

これらのグループは、面接終了時と最終の成果にちょっとした違いがある。ラテン系のデータはアフリカ系アメリカ人や白人が示すパターンとは少し異なるがこの差は小さいものであり、ラテン系のケース数はもともと他の2群よりもかなり少ない。

## 多様なクライアントと面接への満足度

面接終了後7カ月から9カ月の成果についての追加データから、多様なクライアントに解決構築が有効であることがわかる。先に述べたクライアントに次のように尋ねた。「全体として、BFTCでの面接に満足している、満足していない、どちらとも言えない、のどれですか」。答えのあった137人中72％が満足していると答え、16％がどちらとも言えないと答え、12％が満足していないと答えた。この満足度についてのデータも年齢、雇用状況、性、人種別に比較したが、変わらない結果であった。

このように幅広いクライアントに解決構築が有効であることが示された。すなわち面接者は、クライアントの背景を基に何らかの想定をする必要はないのである。代わりに、多様な差異について基礎的知識を持ち、偏見をなくそうとしてきたのであれば、多様性を尊重し人々の違いに敏感であることを意識しつつ、知らない姿勢で一歩後ろから導いていくことができる。

# 第13章

# 相談機関・グループ・組織での実践

## 相談機関での解決構築の実践

第1章で述べたように、援助職は問題解決パラダイムに従って機能している。このことはクライアントと臨床家の関係はもちろんのこと、相談機関や精神保健クリニックでの面接以外の側面にもはっきりと影響を及ぼす。問題解決パラダイムでは、臨床家が自身の専門知識を駆使してクライアントの問題について情報を集め、その情報から**問題のアセスメント**を行い、問題への**介入**を作ることになる。一度でも相談機関で仕事をすると、このパラダイムが記録に残す内容、職場の同僚やその他の職員との相互作用にも影響することがわかるだろう。

### 問題志向の職場でのケース記録

ケース記録には通常クライアントの特性、特定された問題とそのアセスメント、目標、介入、提供された援助、進歩の記録などが含まれる。ケース記録にはいくつもの使い道がある（Kagle, 1991, 2002; Sheafor & Horejsi, 2008）。この記録によって臨床家はケースについての情報と進歩を常に知ることができ、また同僚、スーパーバイザー、その他の職員と話し合うこともできる。また相談機関からすれば、援助記録としても補助金の申請と研究のための情報源としても重要である。相談機関は臨床家に個々のケースで次の記録を残すよう要請する。

1　**相談開始時のアセスメント** ❖ 生育歴もしくは経歴と呼ばれることもある。クライアントについての情報、問題についての情報、紹介機関、クライアントと問題についての臨床家のアセスメント、(精神保健の分野では)DSMによる診断(アメリカ精神医学会、2000)。

2 **セラピー(または援助)計画** ❖ ケースの目標と目標達成のために計画された介入もしくは援助。

3 **経過記録** ❖ 簡潔で手書きのものが多く、クライアントとの接触ごとに記入。前回以降の進歩の程度、新たな問題が生じれば、新しいアセスメントと再作成された目標。

4 **終結概要** ❖ 問題、目標、介入、進歩の概要と終結時の状況。その他、将来必要な場合の来所の勧めや別の相談機関への紹介。

こうした記録は問題解決モデルの段階に従ったものである。相談機関の手続きがこれ以上に問題志向的な場合もある。つまり、いったんある問題が疑われると、その問題用に標準化されたアセスメント・テストの実施が求められる。そして、臨床家はその結果を取り入れて開始時のアセスメントとセラピー計画を作成する。

クライアントとの面接に解決構築を取り入れると、この記録の一部分は不適切だと感じるだろう。解決構築では、クライアントが問題をどう認識しているかについての情報はある程度必要だが、専門家のアセスメントや診断的情報は一般的に役立たない。解決志向の方法をとるようになればなるほど臨床家は、相談機関の求める記録作成に不満を高めるようだ。

このような状況でどんな対処ができるだろうか。次にいくつかの提案をしよう。まずピーターの経験を聞くことにしよう。

ピーターは数年間、問題と病理志向の精神保健機関で働いていた。この機関には、開始時のアセスメントとセラピー計画作成に必要な情報を得るために、臨床家が記入しなければならない分類と詳細な質問リストが備えられていた。この情報はDSM診断と第三者機関への払い戻し申請にも用いられた。開始時のアセスメントとセラピー計画を2回目の面接終了時までに完成させる必要があったので、ピーターはクライアントとの面接開始時に問題を強調する話から始めざるをえなかった。

ピーターは機関が求める手続きに従わなければならなかった。それが機関の方針であった。そこで彼は機関の要請をクライアントに伝えることにした。解決志向の実践を重ねるにつれて、クライアントに次のように提案するようになった。

この機関では2回目の面接を終えるまでに開始時のアセスメントとセラピー計画を出さなければなりません。開始時のアセスメントにはあなたの心配事や症状をはじめ、生育歴、ご家族のことなどのたくさんの質問があります。これらの質問があなたに役立つかどうかはわかりません。人によって違うようですから。セラピー計画は、今後変わってほしいこと、それを実現させるためにどう取りかかるかということがかかわります。私の経験ではこれはすごく有効です。そこで提案があります。今日はあなたが違ってほしいと思うことについて話し合いましょう。次回、あなたの心配事を全部書き出すことにしましょう。開始時のアセスメント情報は保険会社の払い戻しのための診断書作りにも必要です。お望みであれば、違うやり方を考えてもかまいません。今お話しした進め方でよろしいでしょうか。

クライアントは来談当初、問題に焦点をあてるのが普通なので、彼らはきまってピーターの提案に賛成した。そしてピーターは相談機関が使う用紙を見せて、クライアントと一緒に1つひとつの項目に記入していく。初回面接でも時間が残っていれば、クライアントが生活のなかで違ってほしいと望むことについて尋ねることもあった。またクライアントの注意を解決構築に向けるために、よく初回面接公式提案を伝えて面接を終えていた。2回目の面接ではミラクル・クエスチョンとそれを展開させる質問や例外探しの質問を使って目標づくりに取り組み、休憩をはさんでフィードバックを伝えて終了した。

ピーターの相談機関はクライアントの「セラピーについて知る権利」を尊重し、セラピー計画への署名を求めていた。そのためピーターは2回目の面接の休憩中に、それまでの話し合いで作り上げた目標を書き出して、クライアントと一緒に確認した上で、署名を求めた。その後、解決構築の立場からのフィードバックで締めくくる。クライアントが帰ってから2回の面接で得た情報をもとに開始時のアセスメントとセラピー計画を作る。

ピーターはこの妥協策に満足しているわけではなかった。なぜならば、まず解決構築に不要な問題の詳細や経過を尋ねるからである。次に、クライアントがまだいろいろな可能性について十分に考えきっていない状況で、書面にした目標を確認して署名をさせ、目標づくりをそこで終わらせてしまうからである。とはいえ、この妥協策であれば機関の問題志向アプローチから離れて、解決志向の手続きを用いて目標を作り、2回目の面接の終わりまでに解決構築のすべての要素を取り入れることが可能であった。

問題志向の記録作成を求められる場合の対処法としては、問題志向と解決志向を取り混ぜる方法もある。このよい例が、カリフォルニア州ベーカーズフィールドにあるカーン・カウンティ・メンタル・ヘルス（以下、ＫＣＭＨと表記）での、精神疾患を抱える人を地域で支えていこうとする長年にわたる取り組みのなかで開発されたアプローチである。これまでのＫＣＭＨでは主に、症状、機能障害、診断を記載する医学モデルによる方法がとられていた。ＫＣＭＨに解決志向アプローチが取り入れられるにつれて、記録の見直しも行われた。州法によれば、臨床家は「医療の必要性」（症状、機能障害、診断など）を記録する必要があった。しかし、ＫＣＭＨの記録書式には問題に焦点を向けた項目に加えて、解決志向と長所に基づく質問が多数取り入れられていた。例えば、「メンタルヘルス・アセスメント」の書式によれば、臨床家は「その人が支援を受けようと来談するに至った問題」について尋ねた後に、「セラピーを受けることで、どんなことが違ってほしいですか」と質問して、その個人が望んでいる未来像を探求する。またその書式には、「現在および過去のどんな状況でうまくいっていますか」、「問題に対する解決を見つけ出すのに、どんな資源と能力が役に立つでしょうか」と尋ねて、その答えを記録する部分がある。また、それぞれの問題についての例外を探して、記録するようにもなっている。例えば、薬物使用という記載があれば、その人は薬物を使える状況であったにもかかわらず使わなかったとき、どうやって使わずにいられたのか、再発にどう対処しているのか、薬物の使用をうまくコントロールするために何が役に立っているか、誰が助けてくれるのか、といったことが尋ねられる。家族歴と生育歴から過去に問題があったことがわかったときには、次のように質問される。

◉あなたのお父さんも精神疾患と闘ったのですね。お父さんはどうやって病気に対処したのでしょう。
◉あなたが子どもの頃、ご両親が「口論し、互いにひどく傷つけ合っていた」とおっしゃいましたが、あなたはこのことにどう対処して、学校でうまくやってこられたのでしょうか。
◉これまで何回か法制度といざこざがありましたが、そうした経験から何を学びましたか。

KCMHの2回目以降の面接書式では、同じように、「医療の必要性」を明確にするための症状や問題について記入する部分があるものの、問題に対する例外を見つけて、前回以降よくなっていること、その人が特定したあらゆる進歩の役に立ったことについても記録する。

臨床家がケース記録に問題志向の内容と解決志向の質問への答えを残すこのアプローチをとると、クライアントが展開する望む違いのビジョンとそれにかかわる過去の成功と長所に集中しにくくなるものの、問題を尋ねると同時に能力についても尋ねることで、クライアントと臨床家のかかわり合いも記録の内容もよりバランスのとれたものとなる。能力についての情報も含めたアセスメントと改善の記録が残されると、より完全で肯定的なケース像を示すことになり、今後ケース記録を利用する専門家の役に立つだろう。

## 解決志向を取り入れた現場でのケース記録

機関で行われるプログラムのなかには、クライアントの生育歴や問題を査定する質問を大幅に減らし、全面的に解決志向アプローチを取り入れたものもある。ただし、こうしたプログラムでもクライアントとの対話から生理学的問題や身体的危害のリスクが高いことが示唆され、精神科医や医師による診断が必要だと判断される場合には、問題を査定する質問をする。より完全な形の解決志向が取り入れられるようになると、臨床家が求められる記録と事務作業も解決構築のステップにそったものに変わる。一例として、ロンドン（イギリス）のある行政区の子どもと家族の公的支援機関、「ファミリー・ソリューション」のプログラムをあげる。「ファミリー・ソリューション」は虐待やその他の問題を抱える家族と子どもへの初期介入プログラムである。子どもを家庭から離し、施設入所させることもあるこのプログラムで用いられる3つの記録書式は解決構築の段階を反映している。

第1の書式は、家族をプログラムに紹介するソーシャルワーカーが記入する紹介状である。これには次のような内容が記入される。民族性、家族が話す言語と通訳者の必要性、家族が紹介を承知し賛成しているかどうか、紹介に至る問題、より大きな機関が求めるアセスメントを完了したかどうか、現在家族にかかわっている他機関、子どものことで裁判所がかかわっているか、家族構成と過去の性犯罪、暴力行為、についての情報、紹介元の相談員がチームに知っておいてもらいたい薬物の使用、チームが家族にかかわる結果として紹介元の相談員が「最も望むこと」、「その家族は確実に子どもの福祉を守ることができるようになる」と思える変化があるかどうか。この紹介状の書式は家族の現在と過去の問題を明確にするものの、問題をアセスメントするための詳細な情報を収集するものではない。過去の問題にかかわるアセスメント記録を「ファミリー・ソリューション」に提出するよう求めてはいない。その代わりに、なぜ相談員がこの時点で家族を紹介するのか、紹介した結果として相談員が望むこと、チームが家族に働きかける会話方法、チームの身体的な安全の保障にかかわる情報が求められる。このようにこの書式には、第4章で取り上げたテーマである解決構築を始める前にクライアントの来所経緯に注目することの重要性が示される。

第2の書式は初回面接の記録用紙である。この書式には次のことを記入する。紹介の理由、来談者名、家族がチームとの作業の結果として「最も望むこと」、紹介する相談員が最も望むこと、家族の「望ましい未来像」、例外（すでに生じている望ましい未来の一部）、家族の長所とよく用いる対処法、現在までの進歩・動機づけの高さ・自信のスケール、与えられたフィードバックとコンプリメント、リスクの評価、今後の作業もしくは家族とチームがもう共同作業は必要ないと判断すれば終結の概要。この書式の各項目に記入するためには対話が必要である。この書式は、本書の初回面接計画書（付録参照）に近いものである。機関の公文書と顕著に異なるのは問題についての詳細な情報の記録を必要としないところである。リスク評価でさえ、特定の問題についての詳細なアセスメントではなく、家族がネグレクトや暴力のリスクを減らせるか（家族とチームで解決を作ることができるか）、またその意志があるかを査定する。

第3の書式は、2回目以降の全面接で用いられるもので、次の事項が記される。面接回数、来談者名、達成された進歩、家族の長所、家族が用いた対処法、進歩・動機づけ・自信のスケール、与えられたフィードバックとコンプリメント、リスクの評価、今後の作業もしくは家族とチームがもう共同作業は必要ないと判断すれば終結の概要。この様式には面接過程が記録され、本書巻末の「2回目以降の面接の計画書」（付録参照）とほぼ同じである。

「ファミリー・ソリューション」の対話内容を書き込む記録様式を用いると、家族のキーワードを使って彼らの認識を記録することができる。したがって、その様式を使えば、家族に起きたこれまでの出来事や今後問題が起きる可能性について標準化されたアセスメント用具を使って測定し、その結果を専門的分類や要約にあてはめるといった作業を減らし、それぞれの家族が望む未来に向かう独自の解決構築を記録することができる。

クライアントとの解決構築作業を進めるにつれて、従来とは異なる記録様式が必要になることに気づく機関は増えている。機関やクリニックの所長が職場の臨床家にもっと解決志向を実践してほしいと望むなら、記録様式はその希望を強化するものでなければならない。記録書式には、（その機関が）臨床家に「クライアントとかかわるときに最も留意させたいこと」が示される。機関内のスーパービジョンでもその機関の留意点が強化されるが、記録もその機関で実際に行われる実践モデルにそった内容が求められ、臨床家への有力な毎日の教育となる。

次々と斬新な記録書式が作られている。例えば、フロリダ州パーム・ビーチ郡にある解決構築の実践により家族をエンパワーする機関で仕事をするアーリーン・ブレット・ゴードンは、家族への解決構築を実践するアプローチにそった記録書式を作った。この書式は解決志向短期療法協会のウェッブサイト（www.sfbta.org/trainingLinks.html）からダウンロードできる。さらに別の例として、ミシガン州福祉局のものがある。この公的福祉機関では相談員とクライアントが協力して書き込む「SUCCESS」プラン書式を考案した。アルファベットそれぞれが長所に基づく面接への転換を表し、クライアントから次に示すSUCCESSプランの各要素について詳細な情報を集めるために解決志向の質問が使われる。

- **Seize**　ビジョンをつかむ。
- **Use**　ビジョンを活用し目標を設定する。
- **Conceive**　計画を立てる。
- **Contemplate**　資源について熟考する。
- **Expand**　スキルと能力を高める。
- **Spend**　時間を有効に使う。
- **Start**　さあ始めよう！　準備を整え前進しよう！

スケーリングを使って進歩を記録する様式を作った機関もある。それには「0」と「10」が示すもの、クライアントの現在の位置の数値、1上がると何が違ってくるか、クライアントが考える手段もしくは数値を上げるために必要なこと、1上がるためにクライアントの役に立つと思われる資源、これらについて具体的に詳細に記録するスペースが設けられている。

## 問題志向の現場でのケース・カンファレンス

問題志向の現場でのケース・カンファレンスでは通常、危機的ケースと慢性的もしくは困難なケースに重点を置く。このカンファレンスはまずスーパーバイザーが臨床家たちに、危機的状況であり検討したいケースがないかと尋ね、開始されることが多い。クライアントが直面している問題の詳細、危機の本質が説明された後、参加している臨床家とスーパーバイザーがその危機的状況をなくしたり、軽減したりするための介入について話し合う。このような緊急ケースの話し合いの後、事前に予定されていた担当者による慢性的ケースや困難ケースの説明に進む。

問題志向の現場でのケース報告では、まずクライアントの問題と経歴についての詳細な情報が伝えられる。正式または略式の問題アセスメントのデータが示され、そこにDSMによる診断名が記されていることも多い。次に機関やクリニックで支持されているジェノグラム、エコマップ、理論的概念を用いた問題の力動について協議される。最後にケースへの介入や資源について話し合われる。

解決志向の臨床家がこのような現場で働くと、クライアントが違ってほしいと望むこと、それに関する成功、長所、資源についてのクライアントの説明を取り上げても、ほとんど注目されないことにすぐに気づくだろう。こうした状況でもどうしたら自分が有益な存在になれるかを考えながら、解決構築の仮定と手続きを忠実に実践していくことが重要である。例えばピーターは主にそのような現場で働いてきたが、解決構築に懐疑的な同僚を説得しようとすることは、非自発的なクライアントを同意していない指示に従わせようとすることと同じであり、全く役に立たないとすぐに悟った。説得しようとするのではなく傾聴し、次のような質問をする方が有益であり解決構築の考え方に一致する。その同僚がケースに望む違いは何か、これまで少しでも有効だったことは何か、そうなるために同僚がしたことは何か、クライアントは臨床家がしたことで何が役に立ったと言うか。またそのケースの難しさを認めて、クライアントの望み・できること・しようとしていることに注意深く耳を傾け理解しようとした同僚にコンプリメントを伝えることはとても重要である。協働する方法が現場で尊重されるにつれて、問題志向の機関でのケース・カンファレンスでもクライアントが語った望みについて質問することが容認されやすくなる。ピーターは必ずクライアントが望むことを述べるときにどんな言葉を使ったのかと尋ねる。そしてケース・カンファレンスの他の参加者が発表者に詳細な説明を求めると、発表者が「それについてはクライアントに尋ねていない」と述べることがよくある。そこからクライアントの目標と目標達成の方策をうまく尋ねる有益な質問法についての話し合いになることも多い。ピーターはケースに行き詰まっている同僚の方が、その時点でずっと率直に新しい解決構築の質問をしようとすることに気づいた。彼はまた次のケース・カンファレンスで、そのケースで何がよくなっているか、クライアントは何がよくなったと言うだろうか、そういったよいことがどうやって起こったのか、セラピストがしたことで何が最も役に立ったと言うだろうかといったことを尋ねて、ケースの経過をたどることが成果をあげることにも気づいた。同僚が進展を報告すると、ピーターはその同僚の進取性と努力にできるだけコンプリメントをする。

問題志向の現場で解決志向を実践するあなたがケース提示をすることで、解決志向の態度と実践を貫くこともできる。ケース提示の順番がきたときに、機関から要請された問題の情報と経歴以外に、クライアントと協働して作り上げた解決構築の全情報を示してから、実行できる実り多い次のステップや今後のクライアントとの話し合いの方向性について質問を投げかける。願望やそれに関する例外や長所といった解決構築の情報を提示する際には、必ずクライアントが使ったキーワードをそのまま使うこと。このようにケースを提示すると、クライアントとのさらなる解決構築に有効な質問作りを同僚が手伝いやすくなる。また機関が解決志向のケース・カンファレンスを行うようになるための大きな一歩となる。

## 解決志向の現場でのケース・カンファレンス

解決志向の現場でのケース・カンファレンスは、臨床家にとってトラブルの点検だけでなく、解決構築を自然に使えるようなるために、さらに何をすればよいのかを徹底的に学ぶ場となる。問題志向の現場と同じく、解決志向の機関でのケース・カンファレンスも危機的ケースと「行き詰まった」ケースに集中しやすい。しかし、問題志向と解決志向ではクライアントへの面接法が異なるように、カンファレンスの進め方も意図的に解決構築の流れにそって組み立てられており、問題志向のそれとは異なる。私たちはあらゆる側面に解決構築を取り入れようとする機関とかかわってきたが、その経験から、次のような指針と進め方を提案する。このようなケース・カンファレンスでは、スタッフ間の相互尊重が高まり、実践の知恵、専門的スキルや知識、その他議論にもちこまれる資源が最大限に活用されるだろう。

1つの指針は、経験豊富な臨床家と経験の浅い臨床家とが混合で参加するケース・カンファレンスにすることである。それは両者にとって有益なすばらしい機会となる。経験豊富なスタッフは長年の経験のなかで得た臨床的洞察や知恵を提供でき、一方若く経験の浅いスタッフは授業やより新しい書物から得たこの分野の新しい知見を分かち合うことができる。異なる仕事経験を持つ臨床家にとってこのカンファレンスは、それぞれの専門家としての経験に限定されずに、地域の多様な集団内にある資源、それぞれの興味や趣味、個人的な経験、創造性、協働による解決といった臨床家の役に立つ資源と専門的知識の集積場となりうる。一例としては、ケース・カンファレンスで、ある臨床家が公認園芸家である自分の妹に、貧困地区の子どもたちに地域の花壇の作り方を教えるボランティア園芸家を探すのを手伝わせようと申し出たことがあった。

もう1つの指針はカンファレンスの司会や進行役が、ケース提示者の役に立つ有益なグループになるように先導し、ケース提示者が助言を求めもしないのに、参加者が時期尚早の、不要な提案をしないように防ぐことである。「自分の同僚はみな有能であり、クライアントに最善を尽くしていると想定することが重要である。このことは何かを提案をする前にまず質問をすべきであることを示している。したがってケース・カンファレンスにおいては、クライアントとのやりとりと同じように、知らない姿勢で好奇心を持って新しいことを知ろうとする態度で質問を続けることが最善の方法となる。ケース提示の基準となるアウトラインが示されていると、全員に期待されていることがわかり有益である。解決志向の質問を用いてこのアウトラインを作成することを勧める。そうするとケース・カンファレンスの過程で形式的な助言は必要なくなる。以下にそうした指針の一例を示す。

- 提示者にケース・カンファレンスの結果として望む有益な成果について簡潔に述べてもらう。
- 提示者にそのケースがどうやってサービスを受けるようになったのかを簡潔に述べてもらう。

その次に、提示者に次のような質問をする。

- あなたがこれまでクライアントに対して行ったことで、クライアントが役に立ったと言うことは何でしょうか。
- クライアントから見た望ましい成果は何でしょうか。例えば、クライアントは生活のなかで何が違ってくることを望んでいるでしょうか。
- クライアントはどのくらいゴールに近づいているでしょうか（スケーリング・クエスチョンを使う）。クライアントはこのスケールに同意するでしょうか。同意するとしたら、クライアントは何がよくなっていると言うでしょうか。同意しないとしたら、クライアントはどの数字だと言うでしょうか。またどんなことからその数字だと言うでしょうか。
- 臨床家とクライアントとの目標が異なるとしたら、クライアントは現時点で何が変わる必要があると考えているでしょうか。
- どんなことからクライアントは、今回はその変革を達成できると言うでしょうか。クライアントはこの過程で誰が最も助けになると言うでしょうか。
- クライアントが1上がるために必要な最初の小さな一歩は何でしょうか。
- 1上がるとクライアントの生活のなかで何がどのように違うで

しょうか。

◉それから他に何が変わるでしょうか。誰がその変化に気づくでしょうか。クライアントと重要な他者との相互作用では何が変わるでしょうか。

◉クライアントは望む目標に到達するために、他にどんな資源が役に立つと言うでしょうか。

臨床家が「行き詰まった」ケースを提示するときには、はっきりとした望ましい結果（最善の望み）像を共同構築できていないか、クライアントと臨床家が異なる目標を掲げている場合が多い。クライアントの目標が明確でない、もしくはクライアントが（臨床家の掲げた）目標に同意していない場合、クライアントも臨床家も一緒にうまく作業を進められているのかどうかわからなくなる。頻繁にスケーリング・クエスチョンを使うことで、臨床家とクライアントの両者がゴールについて同じ考えであることを確認し、進歩についても有益な見解を持つことができる。また「行き詰まった」ケースのカンファレンスでスケーリング・クエスチョンを中心に進めることで、臨床家の焦点を（クライアントが望む違いとそれを実現する最善策についての）クライアントの見方に向け直すことができる。このような形でケース・カンファレンスを進めると、参加者は検討中のケースでどこまで解決構築が進んでいるかを考え、その上で臨床家が次回クライアントに会うときに尋ねる有益な解決構築の質問についての検討にうつる。つまり、この方法でケース・カンファレンスを進めることで、ケースを提示した臨床家が望む成果すなわちクライアントとの解決構築の対話で次に進むべき方向をはっきりと理解してカンファレンスを終えることができるだろう。

スケーリングは、臨床家がクライアントの望む成果に向かい続ける上で強力な役割を果たすので、私たちは機関とクライアントとのコンサルテーションでよくスケーリングを使うが、クライアントがスケールの7か8で十分満足しているにもかかわらず、臨床家がクライアントをもっと高めようとすることがあることに気づいた。クライアントのなかには、6か7の状態でいることが「十分によい」到達点であり、相談員にそれを支持されたことにとても感謝していると話す者もいた。彼らは臨床家が10まで上げようとしなかったことに感謝していたのである。彼らに「それがどのように役に立ったのか」と尋ねると、「自分たちでやっていく時間と場所を臨床家から認められたおかげで、援助を受けずに自分で最終的な段階に到達するという自信と誇りを強く感じることができた」と話した。ほとんどの資源を失い経済的に困窮しているクライアントであっても、この自分で成功を収めたいという願望を強く持っているようである。スケーリングと専門的援助をやめるタイミングについてのクライアントの考えを聞いてひどく驚かされることがあるが、非常に丁重で献身的な臨床家であっても同様の経験をしている。「どの数字になったらもう相談員に会う必要がなくなるだろうか」とクライアントの考え方を繰り返し尋ねるのがよいだろう。

解決構築に基づくケース・カンファレンスでは、「行き詰まった」ケースだけに焦点をあてるべきではないと私たちは考える。ときには成功したケースを取り上げることで、すぐれた実践を詳細に研究し、それを称賛しあうことができる。「行き詰まった」ケースでも成功したケースでもこの方法でのカンファレンスが、クライアントとの解決構築について学習を深めるための最も重要で効果的な方法となる。ケース・カンファレンスを解決構築の進め方に変えた児童相談所のあるスーパーバイザーは、「このケース・カンファレンスの進め方はグループ・スーパービジョンにも使える」と話した。彼女によれば、これはとても効果的で、個人スーパービジョンにかける時間がかなり短縮されたとのことである。

## 解決構築によるスーパービジョン

スーパーバイザーという言葉自体が、専門家と非専門家という関係を示している。伝統的に「スーパーバイザー」は専門的な実践法についてより多くの知識とスキルを持っており、それゆえ「監督する」責任と権威があり、相談員の実践を指導する。実際に多くの実践現場にスーパーバイザーに昇格した「スーパー相談員」がいる。そのようなスーパーバイザーが、専門家のグループ、特に元は自分と同格だった人のグループを扱うのはクライアントへの対処とは異なる任務となり、その過程では誇りから恐怖までさまざまな感情を体験するという話を聞いている。伝統的にスーパーバイザーとされる役割をとろうとすると、確かにそのとおりだろう。

職場の環境が問題志向であっても解決志向であっても、あなたがスーパーバイザーとなり、解決構築を使ってその役割を果たそうとするのであれば、クライアントに対するのと同じ仮説に従い、同じ実践を行えばいい。有能で尊敬すべきスーパーバイザーの役割について私たちがこれまでに聞いた最善の言葉は、メルボルン（オーストラリア）のピーター・キャントウェルによる「一歩後ろから導く」である(Cantwell & Holmes, 1994)。彼の著作には解決構築のようなクライアントの能力をベースとするスーパービジョンの方法と進め方が豊富に紹介されている。

解決構築アプローチによるスーパービジョンは、スーパービジョン活動（教育、指導、養成、鼓舞）の指針となる一連の仮説を基に開始される。以下に、私たちがスーパービジョンを行い、最初に援助専門職に踏み込んだときに抱いた大志を成し遂げることに希望を持ってほしいと願う援助専門家に対する私たちの中核的信念をあげる。そうではないと証明されるまで、私たちはスーパービジョンを受ける人々を次のとおりだと仮定する。


◉自分がかかわることで誰かの生活に「違い」を生み出したい。

◉この意欲と責務を達成するために必要なスキルを学びたい。

◉所属する組織に受けいれられ、評価されたい。

◉組織の任務と目的を共有したい。

◉すでにある程度の問題を解決するスキルを持っている。したがってスーパービジョンの課題は解決志向のスキルを追加することである。

◉組織や上司に尊重され、支持されていると感じると、自然にクライアントに対しても同様の丁重な態度で接するだろう。


スーパービジョンの細部は職場環境によって異なるだろうが、スーパービジョン（管理を含む）の中核は、臨床家の能力とスキルを向上させるスーパーバイザーの「先導」である。解決構築の対話をすると、臨床家が効果的な面接をするために彼らの長所と資源をどのように活用しており、さらにそれらをどう使っていくかについて、スーパーバイザーと臨床家の両者に気づきが得られるので、私たちは解決構築の話がスーパービジョンの中核を最も実現させると考える。例えば、スーパービジョンのスタイルを解決構築に変えた「子ども福祉部」のスーパーバイザーは、相談員が不完全なケース記録を提出したときに、今では「必ず最初にその相談員がうまくやれていることをほめた後に、その記録にどんな情報が追加されれば、もっとよい記録になるかを伝えるようになった」と話してくれた。このように話を始めると、まず間違いに焦点をあてて、その避け方を理解させようとする伝統的スーパービジョンよりも、相談員の能力レベルと組織とクライアントに貴重な貢献をする可能性について肯定的なメッセージを送ることになるだろう。

解決構築のスーパービジョンでは、相談員が自分の視点ではなくクライアントの視点から彼らのことを理解する会話がなされる。これは機関や組織でのあらゆる専門的活動がなんらかの意味でクライアントの役に立たねばならないからである。そして次に、相談がどのようにクライアントの役に立っているかクライアントの見解を聞くことを繰り返し教えていく。私たちはスーパーバイザーが相談員に対して、クライアントの進歩を測定するためにスケーリング・クエスチョンと関係性の質問を何回も用いることを勧めている。これらの質問を使うことで、相談員の成功の詳細を見つけ出し、さらにクライアントの思考の枠組みを見落としてはいないか、クライアントとの相互作用でさらに解決に焦点を絞るためにはどうすればよいかといったことを相談員に考えさせるのに役立つ。次にいくつかの有効な質問を示す。

- クライアントはこれまでのセッションがどのように役に立ち有効だったと言うでしょうか。
- 1から10のスケールで、10は最高に有効であり希望を持つことができ、1はその反対だとして、クライアントはこれまでのあなたのかかわりについてどの数字だと言うでしょうか。
- 何が最も役に立ったとクライアントが語るか想像してみてください。あなたはクライアントの考えに同意しますか。もし同意しないとしたら、あなたはどんな見解をお持ちですか。
- (相談員が、「クライアントがこれまでに役に立ったと考えそうなこと」を思いつかなければ、スーパーバイザーは次のように質問すればよい）どのようにしてそう思うのですか。他にどんなことからそう思うのですか。
- クライアントにとってあなたの役立つ程度が1上がったとします。そのときあなたは今と違うどんなことをしているでしょうか。
- 1から10のスケールで、10は仕事の進歩について最も満足している状態で、1はほとんど満足できない状態だとしたら、現在のあなたはどこでしょう。
- その数が1上がると、あなたは自分がどんな違うやり方をしていることに気づくでしょう。

こうした質問は解決構築によるケース・カンファレンスの質問と基本的に同じである。ケース・カンファレンスとスーパーバイズの目的はどちらも同じで、クライアントと解決を構築する相談員の能力を高めるために行われるので、同じ質問がなされることはなんら不思議なことではない。フランク・トーマスはインスー・キム・バーグからひらめきを得て解決構築によるスーパービジョンを展開しているが、その実際の適用について第14章で述べる。他にもスーパービジョンへの解決構築の適用について詳しく記された文献がある（Berg, 2003; Pichot & Dolan, 2003; Rudes, Shilts & Berg, 1997; Thomas, 1996, 2010; Triantafillou, 1997）。

この解決構築のスーパービジョンについての説明で強調したいことは、臨床家の解決構築スキルの向上にとって最善の方法は身をもって知ること、つまり実際のケースでの体験について解決構築による対話を行うことである。しかし、この方法による解決構築の教育と学習には、多大な労力とコストといった現実的な制約があることもわかっている。ビデオなどの最新技術を活用することで、スーパーバイザーによる教育を補うことができる。例えばスーパーバイザーが熟練した臨床家の面接ビデオを相談員に見せたり、相談員がスーパービジョンやケース・カンファレンスで具体的に質問したいことを考えるために自分の面接の録音や録画を振り返ったり、解決構築の方法によるクライアントの話の聞き方と応え方についての知識を深めるために本書のような文献でコミュニケーションについて学ぶこともできる。臨床家が自習する方法の1つは、クライアントとの対話記録から最善の10分と最悪の10分とを選び出し、うまくやれていることともっと効果的な対話にするために他に何ができたかについてじっくり学習することである。本書の補助教材である指導者用マニュアル（De Jong & Berg, 2012）とネルソンによる出版物（Nelson, 2005）も、スーパーバイザーが臨床家への解決構築の技能指導にかかわるアイデアを得ることができる資源となる。

## 問題志向の現場での同僚との関係

面接で解決志向を実践することにすると、あなたのクライアントへのアプローチ法を知らずに不快感を抱く同僚やスーパーバイザーに出会うだろう。こういったことは、ワークショップの参加者や実務研修の学生たちが繰り返し語ることである。

懐疑的な同僚に出会うと、自分のアプローチを弁護したくなり、あれかこれか——あなたと私のどちらが正しいのか——という二者択一の会話に陥ることがあるだろう。クライアントに対するのと同じように、同僚の思考の枠組みに正面から挑まないことを勧める。同僚の思考の枠組みも長い時間をかけて展開してきたものであり、経験があって形成され、尊敬に値するものである。それゆえ、知らない姿勢で彼らの関心事を理解しようとすることである。彼らがあなたとの対話に何を求めているのかに注意しなさい。彼らは単にあなたのアプローチについてもっと知りたいだけかもしれない。また確実に懐疑的で批判的なこともある。そのような場合には、彼らがクライアントに対してあなたとは違うどんなことをしているのか、また、それが有効であるとどうしてわかるのかと尋ね、彼らの長所と成功に丁重にコンプリメントする。その上で彼らが興味を持つようなら、解決構築の対話について、またそれがどのように役立つのかについて話せばよい。対話が進むにつれて、双方の違いは小さくなるだろう。

同僚との意見の相違が解消しないときもある。何といっても解決の構築は問題の解決とは全く異なる。ワークショップの参加者や学生の話によると、懐疑的な同僚の主な懸念は解決構築では問題と解決の関係を軽視し、クライアントの認識を重視し、専門的なアセスメントと介入を軽視するという点にあるようだ。あなたと同僚とでそうした違いの内容と影響についてもっと話し合うことになるかもしれない。また、例えば、危機的事例について問題のアセスメントと解決志向面接の相対的な重要性についての検討会や昼食持参の話し合いを行ったり、解決構築と問題解決によるクライアントの成果研究を計画したりするかもしれない。要は、同僚との見解の相違には率直で丁重な話し合いが最善の対処となり、相手の見解に挑んでも何も役立たないのである。

上司から特定の問題志向の手順を使うよう求められることがあるだろう。そのような場合には、解決構築の手順を組み込む余地がどれほどあるかを見極める必要がある。これについては本章前半で2、3可能な方法を述べた。

## 解決志向の現場での同僚との関係

クライアントと解決志向でかかわることを選択し、同じ志を持つ同僚と働く幸運に恵まれれば、同僚との関係でも解決構築の技能を活用できる。解決志向の現場であれば、ある程度は解決構築の技能が形式的に組み込まれ、解決志向の方針にそったケース・カンファレンスやスーパービジョンが行われるだろう。困難ケースや付き合いにくい同僚に対してどうするかといったことを話す場があまり構造化されていなくても、あなたは知らない姿勢をとり、困難な状況に対する彼らの認識を聞き、すでに行っている有効なことを探り、どんな違いを望み、他に何が役に立つかといったことなどを非公式に頻繁に話し合うことができる。

## 二次的関係者との関係

二次的関係者は、特定のクライアントとかかわり、あなたの機関に紹介するなどして、そのクライアントとのセラピー成果に関心を持つ他機関の専門家である。保護監察官、精神科医、教師、宗教関係者などが含まれる。こうした人々はクライアントに何が必要で、どのようにかかわっていけばよいかについて明確な考えを持っており、通常は問題志向の枠組みで行動する。[▼註1]

同僚に対するのと同様に、彼らが有能で尊敬に価する人々であると想定し、あなたの面接技法を使って、彼らがあなたに何を求めているのかを見つけ出すこと。この二次的関係者がすでにクライアントと接触している場合には、彼らが行ったことでクライアントにとって有効なことを見つけ出し、効果のあったやり方を支持すること。

ピーターのこのアプローチの例を見てみよう。ピーターは保護観察官が紹介した性犯罪者にカウンセリングを行った。以下は彼とジャクソン（保護観察官）とのクライアントについての会話である。

**ピーター**❖ジャクソン、あなたから紹介状をいただいたフレッド・ウィルソンと明日、面接する予定です。どうやったら役に立てるでしょうか。

**ジャクソン**❖紹介状にも書きましたが、彼は第四級性犯罪法違反を認めています。彼は公園のジャングルジムのあたりをうろついて幼い少女たちが昇り降りするのを助けながら陰部にさわりました。2人の少女が両親に訴え、その時間にその公園で彼を目撃した複数の証人が出て

**▼註1**　職場で同僚と一緒にケースを担当する場合、基本的に両者は二次的関係にあることを認識しておくこと。

きました。彼は下着の上から接触だったので軽犯罪として起訴されました。この男にはカウンセリングが必要です。

**ピーター**❖わかりました。他に何か私にしてほしいことがあったらおっしゃってください。

**ジャクソン**❖私は2、3回彼に会いました。彼はやっていないと言っているので、まだ否定していると思います。彼が罪を認めた唯一の理由は少女たちの話がお互いに辻褄があっており、8歳と9歳にしては話が具体的なので、法廷では説得力があると弁護士が言ったからなんです。ここでちゃんと解決しておかなければまた同じことをするだろうと心配です。おそらくこれまでも同じことをしていて、捕まらなかっただけなのでしょう。いままでに扱った男たちと同じならば、少なくとも1年間のカウンセリングが必要でしょう。判事への判決前レポートに保護観察の条件として、週1回、1年間のカウンセリングを勧めたのはそういうわけなんです。それと少なくとも月1回私と面接しなくてはなりません。

**ピーター**❖それでは彼がやったことを認めるようになることが何からわかるでしょうか。彼はどんな違ったことをするでしょうか?

**ジャクソン**❖1つは、やったことを認めてこの病的な傾向の原因について理解しようとするでしょう。あなたがそれを助けてくだされば大いに意味があると思います。私は2、3回彼と話しましたが、彼には見込みがあると思います。彼は自分がしたことも、カウンセリングが必要なことも認めていませんが、家族もいますし、販売の仕事にも就いています。

**ピーター**❖彼のことを知っているあなたとしては、彼がやったことを認めたときにはどう違っていると思われますか。

**ジャクソン**❖さっきも言ったように、彼は見込みがあると思います。彼には家族と仕事がありますが、仕事での競争に勝たねばならないので仕事に縛られ、家族と触れ合う時間もなく、出張も多くて友達がいるかどうかわかりません。友達の名前を聞いたことがありません。彼がどうしてこうなったかを理解して認め、妻にそれを話せば、変化が起きると思います。仕事をもっと客観的にみることができ、家族に関心を持つようにもなるでしょう。妻と一緒に過ごす時間を増やし、子どもたちの学校の行事にも参加するでしょう。彼にはスポーツをする10代の子どもがいますが、子どもたちの試合を見に行ったこともないんです。けれど、そのうち友人もできるでしょう。公園での「1人歩き」「皮肉をこめてクライアントの言葉を引用」をしなくなることはたしかです。

**ピーター**❖大変参考になりました。彼の将来について真剣に考えてくださっているのですね。担当があなたで彼は幸運だったと思います。今、他に何か私に話しておきたいことはありませんか?

**ジャクソン**❖いえ、もうありません。ただ、彼はまだ認めていませんがカウンセリングを受けるでしょう。彼は真剣に私の話を聞いて家族のことを気にかけていると言いましたし、家族が彼を見捨てなかったことに感謝してもいます。［間］最初のうちは私も2週間ごとにあなたと話すことを彼は知っています。彼はあなたへの守秘免除許可書にサインするでしょうから、2週間以内に空いている時間に電話をください。

**ピーター**❖わかりました。2回彼に会ってから、ご報告します。紹介してくださってありがとう。

ピーターはケースについてジャクソンの認識を受けいれ、さらに彼の考えを引き出した。つまりジャクソンのこのケースについての専門的知識を披露してもらい、ジャクソンの懸念と取り組みを認めた。またフレッドが自信を持ち、コミュニティへの脅威が少なくなるには、どう変化したらよいかについての具体的情報を得た。

ピーターとジャクソンとの対話に示されているのは、二次的関係者とかかわるときには必ず、少なくとも2人（クライアントとされている人と二次的関係者）のそれぞれの認識を引き出す必要があるということである。その両者の解決に焦点を合わせること。セルクマン（Selekman, 1997）は子どものケースでの二次的関係者へのアプローチの仕方について同様のことを述べている。

## グループおよび組織における実践

解決志向の手順は個人、夫婦、家族との臨床活動のなかで発展し、現在もこの分野で最もひろく実践され論議されている。しかし今ではグループや組織でも用いられている。

### グループにおける実践

グループを扱う場合、小グループ内で発展する対人関係の過程はクライアント各人の目標を達成するために活用される。カウンセラー、心理学者、ソーシャルワーカーが小グループで臨床活動をすることもあるだろう。薬物乱用者、妊娠したティーンエイジャー、AIDS患者、離婚して間もない人々、アルコール依存者の子どもたち、摂食障害の人々、暴力を受けた女性、暴力をふるう男性、近親姦のサバイバーなどのためのグループがある。また行動や情緒の障害のグループ（例えば精神保健施設における不安障害のグループ）、人格的な成長を促進するグループ（アサーティブ・トレーニング・グループ）、自助グループ（匿名アルコール依存症者の会）などのグループもある。

従来、小グループの組み立てと進行は、個人や家族で用いられてきた問題解決の仮説と手順が採用されてきた。したがって、新たに解決構築をグループに用いた人はその有益性に驚くことが多い（de Shazer & Isebaert, 2003; Durrant, 1993; Gray, Zide, & Wilker, 2000; Hiebert-Murphy & Richert, 2000; Lange, 2001; Lee, Sebold & Uken, 2003; McCollum, Trepper & Smock, 2003; Metcalf, 1998; Pichot & Smock, 2009; Schorr, 1995; Selekman, 1991; Sharry, 2001; Uken & Sebold, 1996; Vaughn, Hastings-Guerrero & Kassner, 1996; Young, 2009）。またその有効性を示唆する初期の成果調査もある（de Shazer & Isebaert, 2003; Hiebert-Murphy & Richert, 2000; LaFountain & Garner, 1996; Lee, Sebold, Uken, 2003; Lee, Greene & Rheinscheld, 1999; Sharry, 2001; Zimmerman, Jacobsen, MacIntyre & Watson, 1996; Zimmerman, Prest & Wetzel, 1997）。

個人や家族との面接で解決志向に熟練した後、グループにも解決構築の手法を取り入れる機関がある。そうしたグループでは通常、制限時間（6～12セッション）を設ける。なぜなら解決志向の経験から、短期間で変化が起こり、制限時間によって参加者間で目的意識を持った相互作用が促進されることを知っているからである。14章で解決志向をグループに適用した臨床家がそれぞれの実践例について述べる（Shilts, Bluestone-Miller, & Shilts; Young; Walker; de Shazer & Isabaert, Uken, Lee, Sebold を参照）。

### 組織への適用

解決志向の理念と実践を組織レベルで用いた報告としてよく知られ

ているのはスパークス（Sparks, 1989）である。彼女は問題解決アプローチがとられていた大都市の車輌営繕部門で解決構築を実践した。経営コンサルタントである彼女の目的は、上司と部下の意志疎通を促進し、管理職間のチームワークを円滑にすることであった。彼女は自分のアプローチについて、「組織全体で取り組むものであり、管理職のためのワークショップ・ミーティングを5回行い、毎回、解決を方向づける課題を出す」と説明した。その課題とは、「12カ月先の改善された望ましい職場環境」「この好ましい将来像に関連する例外」「問題の解決や好機を活かした過去の成功」「部下の業績や士気を上げる管理職のかかわり」「職場での出来事で今後も続いてほしいこと」について部下と話し合うものであった。管理職たちはスパークスが行うワークショップのなかで、自分たちが行った課題の結果をふり返った。スパークスは、解決構築の対話によって管理職がより注意深く部下の話に耳を傾け、穏やかなコミュニケーションを行い、仕事についての意見交換がより幅広く行われるようになったことを見いだした。偶然かどうかは別として、彼女のコンサルテーションが行われた年は、その企業の業績はあらゆる面で最高であったとその部門管理者が彼女に伝えた。それだけでなく、スパークスは4つの次元――信頼、公平、実現、相互協力――をはかる独自の成果測定調査を実施した。このデータから、上記の4つの全次元において、チーム機能の改善が長期間持続したことが認められたと彼女は結論づけた（Sparks, 1989, p.56）。

スパークスの報告は、解決構築アプローチが組織の目標を実現しうることを示唆する初期の報告である。組織のスタッフの間でなされていた問題の描写と分析が解決構築の対話に変わると、希望と意欲が高まり、活気に満ちた変化が起こる。解決志向の方針と手続きは10年以上前から組織でも適用され、現在では手順と成果についての書籍が入手可能である（Berg & Szabo, 2005; Cauffman & Dierolf, 2006; Jackson & McKergow, 2007; Jackson & Waldman, 2010; McKergow & Clarke, 2007; Meier, 2005; Rohrig & Clarke, 2008）。またＳＯＬＷＯＲＬＤ（www.solworld.org）という職能団体が、管理と組織に違いを生み出す解決志向の実践を展開し、その情報を提供している。その団体は毎年、国際会議と教育セミナーを開催し、20カ国以上から参加者が集まる。新しい雑誌である「インターアクション――組織での解決志向ジャーナル」は２００９年から出版されている。さらに解決志向の実践についての情報を共有し推進する2つの大規模な専門家協会の年次大会で、組織での解決志向の実践についてのプレゼンテーションやワークショップが組み込まれている。2つの協会とは、ヨーロッパ短期療法協会（www.ebta.org）と解決志向短期療法協会（www.sfbta.org）である。こうしたプレゼンテーションやワークショップでは、問題志向のクリニックや対人援助機関で働きながら職場を解決志向に変えたいと願う臨床家や経営者が、解決志向の理念と手続きを使っていく方法が取り上げられる。

また実践と文化を解決志向の方向に変えたいと望む組織と情報交換をしている実践者のウェッブサイトもある。ヘルシンキ短期療法研究所のファーマンとアホラは、組織での解決志向チーム作りについて述べるウェブサイト（http://www.reteaming.com）を運営している。またこのサイトには、組織に3、4週間ごとに2時間のセッションを行う「組織再編コーチ」を派遣するサービスもある。そのセッションでは、問題を目標に転換し、動機づけを高め、資源を探求する課題や討論が行われ、進歩を測定し増幅させる方法が伝えられる。ヨーロッパ諸国とアメリカでは訓練されたコーチが活動している。ファーマンとアホラ（Furman & Ahola, 1998）は、『強いチームをつくる技術—個と組織を再生する「リチーミング」の12ステップ *Change Through Cooperation: Handbook of Reteaming*』［佐俣友佳子訳／ダイヤモンド社］という再組織のためのワークブックを出版し、英語などの数カ国語に翻訳されている。これは彼らのウェブサイトを通して入手できる。

イギリスのマーク・マカゴウとジェニー・クラークもウェブサイト（www.sfwork.com）で組織での解決志向の手法の活用について発信している。彼らのウェブサイトでは、相談、訓練、コーチング、書籍その他の資料、関連するサイトへのリンク、組織での解決志向の適用についてEメールを使った討論への参加方法についての情報、解決志向の組織での適用にかかわる世界各国での現在の動向について情報提供している。

14章で解決志向の考え方とスキルが組織でも使えることについて、ポール・ジャクソンとジェニン・ウォールドマンがイギリスの大規模組織での取り組みについて報告している。

# 第14章

# 適用例

## はじめに

解決志向の実践は、生活上の問題を解決する従来の技術《art》に満足できない創造的・革新的な臨床家チームがささやかに始めたものであった。この活動が始まった１９７０年代半ばは、伝統的信念、習慣、社会的慣習が問いなおされ、変化の激しい勢いのある時代であった。ミルウォーキー（ウィスコンシン州）でも、地域で暮らし精神保健にかかわる援助を求めてやってくる人々に効果的で効率的な援助方法を創出しようと、援助職、学者、社会活動家、細胞生物学者、家庭医の寄せ集めチームが意欲的な実践を行っていた。入念な観察、セッションのビデオ録画、チーム討議、ケース会議、セッションを観察するワンウェイミラーの活用などにより系統的な試行をしていたミルウォーキー・チームは、週に5日（クライアントが求めれば土・日も）、次々に面接を行い、セッションのビデオテープをふり返りながら長時間のチーム討論を続けた。その内容は『地下鉄道《Underground Railroad》』と銘打ったニューズレターに掲載され、周囲に配信された。スティーブ・ディ・シェイザーがこのレターの最初で唯一の編集者であった。ニューズレターは次第に広く知られるようになり多くの問い合わせ、批判、提案が寄せられ、世界各地から関心を持った人々が訪問してくるようになった。１９８２年に出版されたスティーブ・ディ・シェイザーの最初の著書『短期家族療法のパターン *Patterns of Brief Family Therapy*』は、チームが発見した新しい対人援助の方法について述べた最初の長文の論文である。80年代、90年代を通じて現在に至るまで、世界各地で解決志向の実践に対する関心が急激に高まっている。ディ・シェイザーやバーグその他の改革者や著者たちはそのモデルに磨きをかけると同時に、セラピー・ルームのみならずさまざまな分野に適用の場を拡げている。例えば児童福祉、非行少年とその家族、刑務所での取り組み、薬物乱用治療、家庭内暴力（DV）加害者への取り組み、リハビリテーション医療、学校での適用、組織での経営と管理、コーチング、カウンセリングなどである。この改革者たちも、最初のミルウォーキー・チームと同様に従来の方法による結果に満足できず、登場したばかりの解決構築の原則と実践を「困難」とか「絶望的」と言われるケースに独創的に適用し始めた。彼らはその実践を通じて、クライアントが生活のなかで違ってほしいと望むことが尊重され、その違いを出発点にして解決を構築していけば、彼らの創造性が発揮され状況が開花することに気づいた。

本章では、解決構築の原則と実践をそれぞれの職場でクライアントに適用した世界各地8カ所の改革者の取り組みを伝える。どんな改革でも、新しいことを始めるのは現行の実践モデルになんらかの不満を持つ創作者であり、ミルウォーキー・チームと同様に、彼らはこれまでとは違うもっと満足できることに取り組み始めた。私たちが彼らの取り組みをまとめて報告するのではなく、彼ら自身に論じてほしいと思い、状況、従来とは違うことを始めた理由とその方法、創造的取り組みの展開、改革によって対象者と彼ら自身にどんな違いが生じたかといった内容での執筆を依頼した。

## 第14章の執筆者

**ロビン・ブルーストーン＝ミラー**　Robin Bluestone-Miller（LCSW）ロヨラ大学シカゴ校の家族と学校連携プログラムにおけるWOWW／SFBTの指導者。30年以上にわたりスクール・ソーシャルワーカーとして勤務してきた。インスー・キム・バーグとスティーブ・ディ・シェイザーの解決志向短期療法ワークショップに参加後、解決志向の考え方を学校での仕事に適用し始めた。現在は、マイケル・ケリーとともにスクール・ソーシャルワーカーがさらによい働きをするための指導、相談、調査を行っている。（email: robinjbm@aol.com）

**キッジ・バーンズ**　Kidge Burns（B.A., PGDipSLT, DipSFP）救急治療病院でも私設診療所でも解決志向短期療法を実践する音声言語療法士として勤めており、そこで出会うクライアント全員に解決志向アプローチを用いる。その実践について論文だけでなく、『*Focus on Solutions: A Health Professional's Guide*』も執筆。これは解決志向の会話により将来とポジティブな結果について創造的に考えるようになる急性および慢性状況のクライアントの報告である。彼女は他の医療専門職に定期的にこのアプローチの訓練を行い職場の改善と、スーパービジョンによる変化の報告を受けている。（email: kidge.burns@gmail.com）

**スティーブ・ディ・シェイザー**　Steve de Shazer（MSW）解決志向ブリーフ・セラピー創始者の1人であり、長年にわたりウィスコンシン州ミルウォーキーのブリーフ・ファミリー・セラピー・センターの研究部長でもあった。彼はブリーフ・セラピーにおける草分け的な功績で有名であり、複雑な問題を課題と人という視点から単純にして対処可能とする能力を高く評価された。彼には次の著書がある。『短期療法解決の鍵 *Key to Solution in Brief Therapy*』［小野直広訳／誠信書房］、『ブリーフ・セラピーを読む *Clues: Investigating Solutions in Brief Therapy, Putting*

*Difference to Work*』〔小森康永訳／金剛出版〕、『解決志向の言語学 *Words Were Originally Magic*』〔長谷川啓三監訳／法政大学出版局〕。これらの著書と専門誌に掲載された多数の論文は、解決志向セラピーを明確に説明する文献として広く認められている。彼は２００５年９月、講師としてヨーロッパ訪問中に亡くなった。

**リュック・イズベール**　Luc Isebaert（MD）精神科医、心理療法家であり、システム論的ブリーフ・セラピーとエリクソン（催眠）療法の指導者でもある。また解決志向認知療法と嗜癖療法のブルージュ・モデルの創始者でもある。彼はコージブスキー国際訓練協会（ベルギー、フランス、オランダのコージブスキー協会）を指導している。著書に、『*Pour une thérapie brève*』（Cabié, M. C. と共著）と『*Drink Wijzer, Kurzzeittherpie, praktisches Handbuch, Praktijkboek oplossingsgerichte cognitive therapie*』がある。（e-mail: luc.isebaert@gmail.com）

**ポール・Z・ジャクソン**　Paul Z Jackson（オックスフォード大学 M.A.）インスピレーション・コンサルタント、コーチ、ファシリテーター。戦略、リーダーシップ、チームワーク、創造力、革新にかかわる研修課程と発展プログラムを考案し運営する。世界各地の会議の聴衆や彼の著作の読者たちは、彼の即興の専門技術、促進的学習、解決志向アプローチから恩恵を受けている。The Solution Focus（変化を導くコンサルタント）と President of the Applied Improvisation Network の共同代表であり、SOLWorld の運営委員でもある。（email: paul@thesolutionsfocus.co.uk）

**マイケル・S・ケリー**　Michael S. Kelly（PhD）ロヨラ大学シカゴ校のソーシャルワークの准教授。学校ソーシャルワーカーと家族療法士として14年にわたり活動。学校でのソーシャルワークの実践と解決志向短期療法について30冊以上の書籍、雑誌論文、共著書がある。２００８年、オックスフォード大学出版より、ジョニー・キム博士とシンシア・フランクリン博士との共著、『*Solution-Focused Brief Therapy in schools: A 360-Degree View of Research and Practice*』を出版した。（email: mstokek@yahoo.com）

**モー・イー・リー**　Mo Yee Lee（PhD）オハイオ州コロンバスにあるオハイオ州立大学ソーシャルワーク・カレッジ教授。福祉現場の相談活動、特にドメスティック・バイオレンスに長所基盤の解決志向アプローチを活用し、評価することを専門とする。さらに現在は東洋哲学を取り入れ、心・身体・精神を全体として捉えるソーシャルワーク処遇を行っている。（e-mail: lee.355@osu.edu）

**ジョン・シーボルド**　John Sebold（MSW）カリフォルニア州クインシーのプラマス郡立精神衛生部長。ジョンとエイドリアナ・ユーケン Adriana Uken は１９９０年ドメスティック・バイオレンス加害者への解決志向治療プログラムを開発した。さらに未開資源《wilderness》を基盤とした青年向け解決志向治療プログラムを開発し、20年にわたり実践している。また解決志向コンサルテーションを提供し、行政での解決志向原則の適用に関与する。（e-mail: jsebold@kingsview.org）

**リー・シルツ**　Lee Shilts（PhD）過去20年の間、家族療法を教えてきた。学校制度での解決志向の適用、システム論的セラピーについての執筆活動、スーパービジョンと催眠療法に専門家としての関心を持つ。現在は学校でのＷＯＷＷアプローチの適用について、オンラインで指導や他職種からの相談を受けている。（e-mail: lee.shilts@gmail.com）

**フランク・トーマス**　Frank Thomas（LMFT）フォートワースにあるテキサスクリスチャン大学、教育カレッジのカウンセリング教授。ミルウォーキーのブリーフ・ファミリー・セラピー・センターの保管を担う解決志向短期療法協会の情報保存係。『*Handbook of Solution Brief Therapy: Clinical Applications*』（トーラナ・ネルソン Thorana Nelson と共著）を含む５冊の書籍と75以上の論文を執筆している。学校、物質乱用の治療、ビジネス・コンサルテーション、教会、武道など多様な場に解決志向アプローチを組み込む活動をしている。（email: f.thomas@tcu.edu）

**エイドリアナ・ユーケン**　Adriana Uken（MSW）カリフォルニア州クインシーのプラマス郡精神衛生部門のセラピストとして27年間勤めた後、最近退職した。1990年、ジョン・シーボルドとともに解決志向ドメスティック・バイオレンス治療プログラムであるプラマス・プロジェクトを始動。その活動について『DV加害者が変わる―解決志向グループセラピー実践マニュアル *Solution-Focused Treatment of Domestic Violence Offenders*』（モー・イー・リー、ジョン・シーボルドと共著）［玉真慎子・住谷祐子訳／金剛出版］を執筆。現在、解決志向アプローチのコンサルタントおよびトレーナーとして活動している。（email: uken@frontiemet.net）

**ジェニー・ウォルドマン**　Janine Waldman（M.Sc.）コンサルティングと組織発展の豊かな専門知識だけでなく、経営者のコーチとトレーニングの専門家としてほぼ20年の経験を持つ。変化を導く相談機関The Solution Focusの共同代表者となる前は、イギリスとニュージーランドで上級HRの立場にあった。ジェニーは建設的で臨機応変な方法により組織にポジティブな変化をもたらすことを専門としており、世界各地で多数の管理職とコーチに解決志向アプローチの訓練を行っている。また共著書に『*Positive Speaking: The Art of Constructive Conversations with a Solution Focus*』がある。（email: janine@thesolutionsfocus.co.uk）

**ローレン・ウォーカー**　Lorenn Walker（J.D., M.P.H.）豊富な法務と社会福祉の経歴を持ち、ハワイを拠点として活動する健康教育トレーナー。公正の回復、解決志向短期療法、共同学習アプローチによる教育プログラムを開発。特に里子やホームレスの若者、犯罪被害者、収監者のような公民権を奪われた人々が、和解し暴力を防止し、回復力《resiliency》を促進させるための介入法を考案し、実践し、調査し、それについて執筆し、訓練を行う。詳細は、www.lorennwalker.com を参照。（email: lorenn@hawaii.edu）

**スー・ヤング**　Sue Young（M.Ed.）英国で主に教師として勤めた後に独立し、現在は解決志向の実践のコンサルタント、トレーナー。「いじめ」防止活動に関心を持ちながら、この10年以上にわたり、子どもと保護者への個別支援だけでなく、社会性と情緒を発達させるための政府主導の取り組みを提案している。彼女は成功を促進するために、学校システムのあらゆるレベルで解決志向の考え方を用いている。（e-mail: sue@young.karoo.co.uk）

報告1

# 感じ方を変え、生活を変える

キッジ・バーンズ
Kidge Burns

チェルシー・ウエストミンスター病院はロンドンにある緊急国民医療サービス病院である。身体の健康に問題のある人を援助するために、医療チームとともに多くの専門家が働いている。私は音声言語療法士（以下SLT）であり、私たちの部門は急性発症（例えば、脳卒中、頭部外傷、深酒）に伴う問題、慢性疾患（例えば、パーキンソン病、多発性硬化症、運動ニューロン疾患）、癌、HIV、記憶障害、音声の問題、吃音のクライアントが委託される。入院患者のコミュニケーションや嚥下について委託されることもあれば、地域で暮らし来院する患者の面接を要請されることもある。この病院の管轄区域は広範にわたり、多様な社会経済的背景と民族のクライアントが来院する。

本論では解決志向による臨床実践がクライアントとの対話、部門内での取り組み、取り扱い件数に与えた大きな影響について述べる。また、この影響が日々一緒に働く作業療法士（OT）や理学療法士（PT）などの他の医療専門職にも関係することを示し、この「共通の言葉」と前向きな結果を看護師や医師と共有する方法について検討したい。

## 解決に焦点を絞る

私は1990年にSLTの訓練を受けるために2年間の大学院課程に進学することにした。SLTの資格取得後、入院中の「高齢者」（65歳以上）を対象とする仕事に就いた。私はすぐに複雑なニーズを持ち、明確な診断区分にあてはまらないクライアントへの対処法についてはほとんど訓練を受けておらず、習得した欠陥ベースのアセスメントでは高齢者の機能向上の測定が困難であることを痛感した。その頃、ある同僚がスタッフ・ミーティングで「ミラクル・クエスチョン」について発表し、そこで異なる生活をイメージするよう求められた。それがまさに私の仕事で必要としていたもので、それから解決志向アプローチについてできる限り多くを学ぶようになった。

大部分の医療専門職と同じく、SLTはホリスティック（全体的）・アプローチ、機能スキルの向上に必要なもの、クライアントの幸福感について話すことに慣れている。私たちは、クライアントの話を注意深く聞き、彼または彼女のニーズに敏感になり、共感と支援を提供するためにカウンセリング技能の訓練を受けている。しかし、解決志向アプローチを現在の勤務場所である青年や成人とかかわる病院で使ううちに、自分が違う種類の対話をしていることに気づいた。つまり、クライアントが話す感情（落ち着き、くつろぎ、幸福を感じたい）を、そうなると日常生活のなかで何が起こるだろうか（特に、コミュニケーション・スキルと安全に飲食する能力について）と言い換える力が高まったのである。初対面のクライアントに、セラピー（面接）が役に立ったことをどうやって知るかと尋ねることは、これまでにしたことのない質問だった。残された未来が短い場合もある緩和ケアであっても未来への望みを細部にわたり展開させるが、これも新しい経験でありクライアントが話す前向きな予後を聞くにつけ、未来への望みを展開する対話を続けていこうと勇気づけられた。そこで部門管理者を説得して、全部門を対象とした解決志向の訓練を計画した。それ以来、解決志向アプローチは必要なアセスメントや助言とともに使われたり、適切なときには面接全体を通じて使われたりしている。ただし、これはセラピストがクライアントとの話し合いで解決志向を使う自信を持つ場合に生じる傾向がある（Burns, 2005; 2009）。

「心理社会的援助」が行われてきた吃音や音声の問題を抱えるクライアントへのセラピーで、多くのＳＬＴが解決志向アプローチの有用性を理解している。それでも嚥下困難や筋力低下のような広範な身体のニーズを評価し、治療し、支援するために面接を行うクライアントにまで解決志向が有効だという考えは、人によってはなかなか受けいれられない。私はそうした人や医学的モデルに従って仕事をする人に、クライアントの望む未来の話に多くの時間を割くことで、主問題とは関係なさそうな実行可能な解決を発見できることを伝えている。未来の話を展開することが特に役立つのは、伝統的問題解決アプローチがクライアントのためにならない場合や、保健省が推進する「エキスパート患者《Expert Patient》」［【訳註】慢性疾患を抱えながら自分の身体を自己管理していく患者。］モデルが認められていないような場合である。例えば、脳卒中で入院し、覚醒レベルの変動がみられる人について考えてみよう。医療・治療チームはあらゆる評価を試みるが、機能障害をベースにフィードバックがなされることが多く、そうなると治療を行ったり家族やクライアントと協働したりすることは難しくなる。解決志向の質問は協働アプローチを促進する――「入院してから、どんな改善に気づきましたか？」（「椅子に座れるようになったので、また何かしたい気分になった」と応えたクライアントもいた）。「次回お会いするまで、〇〇さん／あなたが少しでもよくなっていることを示す小さなサインに注意し続けてみませんか？」「今は答えられないかもしれませんが、この話し合いが終わった後、今回の来談が有益だったと思えるには他に何が役に立つでしょう」。

薬物治療や手術により症状は緩和されるだろうが、クライアントは生活のなかで失ったことに対処していかなければならない。もちろん、この損失を深く悲しむことは自然なことである。しかし、病院で「気分の落ち込み」が見られると抗うつ薬を処方されるか、臨床心理士を紹介されることになりかねない。こうした措置も役に立つだろうが、医療チームが違うアプローチを考える場合もある。例えば、医師やセラピストがもっと時間をかけてクライアントに、「現在の状況にどうやって対処しているか」と尋ね、治療にかかわる決定をいつ／どうやってくだすか一番よくわかっているのは彼らなのだと勇気づけることができるだろう。そのためには、「今あなたは辛い状態で、まだ入院中です。いったいどうやって今日〇〇する［例えば、ベッドから起き上がる／椅子に座る］ことができたのですか？」「今あなたに何が一番よいか考えていますか」「それがどのようにあなたの役に立ちますか」といった話ができるだろう。

## うまくいくことをする

病棟で短時間の面接しかできない場合には、「一番の望み」についていくつか質問するしかできないかもしれない。クライアントが診療科に来たり、外来患者として来院するときには、もっと時間をかけて彼らが望む未来を探求できる。最初にクライアントの願望とセラピーで実現・達成可能なことについて質問し、そして問題が軽減したり生活が問題の影響を受けなくなったりしたらどうしているかといった話を展開させやすい「ミラクル・クエスチョン」につなぐ。なんらかの認知機能障害がある場合には、他の人にこの対話に入ってもらう必要があるかもしれないし、あるいは何かを測定するために描かれた線や幸せ度を示す表情を使ったスケーリングに移る必要があるかもしれない。スケーリングでは、次について考えることが重要である――「そのスケールで、あなたはどこになれば『満足する』でしょう」「もう1つ別の線を引いたとします。最初のスケールの数値をほんの少しでも上げる自信があるを10とし、その反対を0とする線です。現在のあなたはどこでしょう」。クライアントは後者の尺度（線）でより高い数を示すことが多く、未来の変化を期待する励みとなっているこれまでの行動や現在していることについて尋ねることができる。10の方向を目指すものの、1つひとつの数字の意味を示さないオープンな尺度の解決志向の質問を、現在多くのセラピーで使われている種々の尺度に追加すると有効である。例えば、理学療法士が痛みを測定する必要があり、10を最悪の痛みとする場合を想像してほしい。彼らは「痛み」とは違う尺度を使えるだろう――「10があなたがこの痛みに可能な限り対処しているとし、0がその反対であるとすると、現在のあなたはどこでしょう」、「どうやって、そこに到達しましたか」、「もっとうまく痛みに対処しているとき、どうやってそれがわかりますか」。

2回目以降の面接では、前回の面接以降にクライアントが気づいた変化について尋ねる。私は「よくなっていることは？」という質問よりも「何に気づいてうれしかったか？」、「前回の面接以降、何がうまくいっているか？」と尋ねることが多い。そして、次にどんな質問をすることが有益か知るために、クライアントの話をできるだけ注意深く聞こうとする。

## 事例❖ビル

ビルは63歳で最初の脳卒中が起こり、初発から6カ月後に2回目が起こった。彼は脳卒中による「発話と言語の障害、軽度の筋緊張、社会情緒的影響」のために私たちの部門に委託されてきた。同僚が彼との初回面接を行い、ビルの求めに応じて2週後に2回目の面接を行った。その4カ月後、彼は私たちのもとへ再委託された。私がその委託を受けたが、まず知ろうとしたのは、同僚との2回目の面接の以降、彼がうれしかったことについてであった――彼は私の同僚について「私に火をつけたマッチだった。彼女は私を「家の外」へ連れ出す火付け役だった。彼女に会う前は、話すことが恥ずかしくて、外出する気にならなかった」と述べた。彼は自分の願望（「パブに行って、自分で飲物を注文する」）に焦点を合わせており、また前進のしるし（「もっと多くの人に話しかけ、脳卒中のことを話す」）に注目し続ける自信は10段階で7にまで達していたが、これにはミラクル・クエスチョンが役立っていた。しかし、彼は前よりも転びやすくなっているようで、コンサルタントは緊急に彼との面接を求めた。彼は妻のキャシがあれこれやりすぎていることを心配しており、私が彼に面接終了後のフィードバックを伝えた後に彼女が入室して来た。

**KB［キッジ・バーンズ］**❖キャシ、最近いろいろあったようですね。ビルは小さなサインについて考えてきています。そのサインというのは、物事が順調に進んでいるときに気づきそうなことです……

**キャシ**❖本当にもうくたくたです……私は、脳卒中になった人の介護をしたことがありますが、一緒に生活するのは違います……［涙ぐむ］

**KB**❖ええ、そうでしょうとも。脳卒中の他人を介護した経験があったとしても、一緒に生活することとは違うでしょう。ビルが家で何か1つ違うふうにできていると想像してみてください。あなたにとっては何が違ってくるでしょう。

**キャシ**❖彼は私をときどき抱きしめてくれて、ときにはキスしてくれるでしょう。話しかけてもくれるでしょう。彼はオウムに話しかけているんです！

**KB**❖［ビルの方を向いて］あなたは、キャシにそうできますか？

**ビル**❖ええ。

**キャシ**❖私は誰かと話す必要があると思います……

　ビルは、1カ月で帰ることを決心する。入室時に彼は、『悪い知らせ』があって、喉の具合が悪く、緊急手術が必要になった」と話す。それにもかかわらず、彼はキャシとカレーを食べに出かけ、「街まで行った。それは奇跡だった」と話す。その翌日は「またすばらしい一日でした。はしご酒をしたのです。キャシは、10段階の10だと言うでしょう。はしご酒なんてずいぶん久しぶりのことでした。今まさに魔法がかかっているようです」

**KB**❖それで……これから手術で大変でしょう。どうやって、その魔法を継続させますか？

**ビル**❖今のままの気持ちでいたいのです。キャシを動転させたくありません。先入観を持ってはいけません……金曜日に出る結果が悪ければ、私の喉頭を摘出せねばならないだろうと言われました。父もそうでした。

**KB**❖あなたにはもっと専門性の高いSLTが必要になるかもしれません。

**ビル**❖いいえ、私はずっとここに来たいのです。ここに来ると、気分がよくなります……話すことも前よりよくなっています［KB頷く］1カ月で戻りたいのです。

　実際、ビルは5カ月後にSLT部門に戻り喉の手術を受けたが「癌ではなかったと言われた」と語った。

**KB**❖前回お会いしてから、［他に］何に気づいてうれしく感じましたか？

**ビル**❖私はよくなっていると思います。彼ら［キャシや他の人］は、私がよくなっているとは思っていませんが、私は今、頑張っています……キャシは、私が悪くなっていると思っています。

**KB**❖それで、よくなっているというのは、あなたが彼女の気づいていないどんなことに気づいているからでしょう。

**ビル**❖私は……私は今ずいぶん人とかかわっています。電話に出て、「お聞き苦しいでしょうが、我慢してください……」と言います。今でも興奮すると吃りますし、歩くときには傾きます。先日は逮捕され留置所へ連れて行かれました……警官は私が酒を飲んでいたと思ったのです。ひどく動転しました［ビルは涙をこぼし、この件での対処をどう感じるかといった話し合いが続いた］。

KB❖では前回お会いしてからは、人と話すときに吃っても大丈夫だったのですか。

ビル❖ええ、はい、……私は受けいれました……以前はそうできませんでした…私も成長したようです。

KB❖そうですね。

ビル❖受けいれなければならないし、そうしたくなくても最初に取りかかることだと思います。

KB❖ええ、そうですね。

ビル❖なぜこうなったのかわかりません。他の人のことなら納得できますが、それがなぜ私なのか理解できずにいました。

KB❖ええ。それで、あなたはいくらか成長されたのですね。

ビル❖ええ、私は流れに乗らねばならなかった。慣れたのでしょうか。

KB❖ええ。

ビル❖私は受けいれたのです。

KB❖ええ！ そうですね。

ビル❖しかし、60年間ずっとちゃんと話してきたので、うまく話せないのは辛いことです。

KB❖ええ、ええ。それで、あなたはいったいどうやってそれに対処したのですか。辛くても、どうやってそれを受けいれたのですか。

ビル❖わからない。わかりません。そうするしかないのです。……そうなったのですから。以前の自分には戻れないので、流れに乗っていくしかないのです。

KB❖ええ。流れに乗っていくこと……それがあなたにはうまくいくようですね？

ビル❖その通りです。

KB❖そうですか？

ビル❖ええ。外出については10段階の10をつけます。じっくり人と交わることはたぶん8・5か9でしょう。あなたが前進させてくれるまで、とことん落ち込んでいました。そんな感じでした。

KB❖それで今は自分のことをどう表現しますか。

ビル❖福々しい《fat》。

KB❖何《what》ですか？

ビル❖福々しい［2人とも笑う］

ビル❖ええ、私は90パーセント幸福です。

ビルは1カ月先の面接を希望した。その面接で彼は次のように言った。「医師が別のしこりを見つけ、喉の手術を受けるようにと言いますが……何をすべきか教えてくれる人があちこちにいますが、私は自分自身の心の言葉を聞くつもりです」。彼は5カ月先の面接を希望した。解決志向アプローチを使用する前であれば、私たちは週1回の面接を6週間続けるパッケージを提供したかもしれない。ここで私たちは、セラピーが無限に続くことはなく、面接が役立つかどうか、またいつ役に立つかを判断するのはクライアントであるのだと伝えたい（ただし、嚥下リスクの可能性があり、再評価の必要性が明示されていない場合に限る）。実際、ビルとは計6回の面接を行ったが、彼の要請によるこのケア・パッケージは1年に及んだ。彼は解決志向アプローチが有効だったクライアントの典型例と言える。

◉ビルが私たちのもとを訪れたとき、彼は外出して他の人と話せるようになるとは思っていなかった。最善の望みについて考え、奇跡の一日について話し、スケーリングを使うといったことが、彼が変化を探求し、進歩を浮き彫りにし、前向きの結果を述べるのに役に立った。

◉日常生活で悲惨な出来事に直面すると、家族関係が緊迫するのは当然である。キャシはこのことを率直に認め、達成可能な小さな変化のサインについて考え、他の援助を求めることにした。

◉セラピストはコミュニケーションの変化を観察することに集中できる。以前は、SLTが変化のサインを示しただろうが、今ではそれがビルから出される。役に立ちそうな場合には、面接終了時に資料／課題が与えられ、それを自宅で読んで次回にコメントしてもらうこともできる。

◉セラピスト／医師／看護師は情報と助言を提供できるが、「カウンセラーにならなければ」と思う必要はない。カウンセラーがクライアントの言葉に寄り添い、役立つ対話を促すことで、クライアントは自分で選択し、自分の考えを聴いてもらえていると感じる。この事例では、ビルは手術の結果によっては文字通り本来の声を失うかもしれない事態に直面している。

## 機関での実践成果

解決志向アプローチが個々の事例で有効であるとわかると、他の職種の専門家も関心を持つようになり学ぼうとするようになった。私の部門で「どんなことから解決志向アプローチを仕事に取り入れたのか」と尋ねられた同僚の典型的反応は次の通りである。「セラピストとしての熱意です。このアプローチがクライアントと臨床家に利益をもたらしたのは明らかなことです。クライアントがすでに実現した成功と技能とを違う視点から見ることができるようになりました」。成功と技能を評価するこのプロセスは、私たちが専門的能力を開発し、サービスを提供する方法に波及効果を及ぼしている。

◉毎週のスタッフ・ミーティングに「今週の活動」と呼ばれる時間枠がある。スタッフそれぞれが、前回のミーティング以降、彼らが行ったうれしかったことについて、たとえ小さなことでも考えるよう促される。これは今では年1回のチームの「旅行日」にまで及ぶ。「ブレーンストーミング」や「来年どうありたいか」ではなく、「よくなっていることは？」という質問で始めることで、「そのまま続けること」や「何か違うこと」について考えることにつながる。同様に、こうした方法で考えさせられる訓練により、専門性を向上させる継続的個別面接が促進される。

◉BRIEF［国際的評価の高いSFBT技能訓練機関（www.brief.org.uk）］の解決志向実践認定資格を取得後、私は学生と同僚へのスーパービジョンに多くの時間を割き始めた。（有名になった）私たちの「10分トーク」は週1回のスーパービジョンとなり、「最も望んでいること」および／または「よくなっていること」が話し合われる。部門内の臨床スーパービジョン評価アンケート（CSEQ）の最近の結果では、全14項目に全員が「強く同意する」もしくは「同意する」と回答した。アンケートには次のような質問が含まれる。「臨床スーパービジョンは提供するケアの質に明らかに前向きの影響を与えた」、「臨床スーパービジョンのプログラムの一部により自己洞察が深まる」、「臨床スーパービジョンは仕事上のあらゆるストレスへの対処に役立つ」(Horton et al., 2008)。解決志向の質問を自問し続けることと、その質問がクライアントにとっていかに有益であるかを忘れずにいることは、新しい同僚に異なる考え方と質問の仕方を紹介するのと同じく極めて重要なことである。

◉私たちが実行していることへのフィードバックは異なる。医療上の記録や報告書にクライアントによる評価と変化のサインとを取り入れることは今や重要なことだろう。クライアントの導きと言葉に従うことは、他の点でも有益である。例えば、「パーキンソン病教育グループ」というグループを運営するとき、グループ名を「パーキンソン病との有効な取り組み」と変える方がより適切だと思われた。グループ名変更後メンバーからは(自発的に)「タイトルが非常によかった」とコメントされた。成人と子どもにかかわる同僚は解決志向の影響を受けて、保育所職員に違う角度からの訓練を行った。「その訓練では、私が準備したもので始めるのではなく、彼らがコミュニケーションに問題を抱える子どもたちに行ったことでうまくいったことを話してほしいと頼む」。クライアントに対するのと同じく職場で尊厳と尊重の気持ちを促進することは、私たちが行うことをいかにまとめるかを考える上で意味がある。

## クライアントにとっての成果

では、解決志向が私たちのクライアントにうまく効果を発揮することがどうやってわかるか。前向きのフィードバックが明らかな出発地点となり、私たちは仕事の一部として毎月一回このことを考えるよう要請されている。次は吃音の29歳の女性から最近私たちに送られてきた手紙である。

「私の発話の『問題』を理解できるようになったことに対して、皆様のあらゆる助力に感謝します。今ではとても自信があり、言葉がつまっても以前よりずっと落ち着いていられます。背後にある理由がわかっているので、言葉がつまっても、それを感情や忍耐の1つの表れと理解しています。今では話し方の変動がずっと少なくなり、言葉がつまってもいったん止め、一息ついてゆっくり話します。そうすると話し方と考えは緩やかにならざるをえず、安定した(話しやすい)速さで進められます。すばらしいことです!」

この手紙を取り上げた理由は、それがセラピー終了後6カ月半経って送られてきたもので、2回だけのセラピーだったからである。SLTのなかにはこのようなクライアントには長期のセラピーが必要だと言う人もいるが、短期のセラピー(2~5回の面接)でも改善することを示す、標準化されたアセスメントを用いた証拠が増えている。変化に必要な面接回数が少なくなったので、数年前と比べて明らかに待機者リストが短くなっている。この女性との2回の面接では、彼女が話し方の「問題」を理解しようとするのではなく、うまく話せたときのことを語ってもらう解決志向の対話がなされた。私は面接中や面接終了後に何が起きるか「知らない」立場にいることを喜びながら、私たちがしていることがクライアントの役に立っているかどうか常に彼らに確かめていく必要があるので、近い将来、患者満足度アンケートを行う予定である。

私たちが現在クライアントに導入している成果測定法は、ORS／SRSである（Miller & Duncan, 2000）（これらについては11章を参照）。面接評価尺度（セラピストとの協力関係についてのクライアントの認識を評定）を用いて過去8カ月間の52人の外来患者に調査を行ったところ、クライアントの平均満足度は95％であった。全英CQUIN（資質と革新のための委員会）での今年の指針の一部に、病院での「患者の体験の改善」に向けた大きな動きがある。（「あなたの介護と治療の決定に希望するだけ関与できたか」という質問を筆頭に5つの質問が尋ねられた）。こうした質問は医師、看護師とセラピストにかかわるものだが、解決志向アプローチを用いると誰もがクライアントからそうした情報を引き出す対話をすることができる。

「私たちは測定するものを重視することから、重視するものを測定しなければならない。……健康と幸福度を観察するのである」（保健省、2009）。この保健省の言葉では触れられていないが、これにそって最も有効な測定具と訓練の導入についてもう一度考えてみてはどうだろうか。ここで解決志向アプローチと成果評価尺度により臨床効果が示された事例を示すことが有益だろう。

スティーヴは49歳でパーキンソン病（PD）と診断され、現在SLTで話し方について支援を受けている。現在までに、彼はORSによる測定を4回行い、4つのパラメータ（個人的幸福、家族・親密な関係、仕事・友人関係、全体的な幸福感）が有益であることがわかった。最も望むことと奇跡の日についての質問に続けてスケーリングがなされ、「10はどう見えるか」、「どうなれば『満足』か」を考えるのに役立った。彼は変化の具体的で達成可能なサインを見つけたので、そのうちに自分がしていることを観察し、修正するためにこのスキルを使うようになるだろう。薬物治療がPDを「回復」させるわけではなく、話し方・運動性・認知が衰えていくことをよくわかっているスティーヴのような人にとって、このスキルを使えるようになることは特に重要である。ORSは面接と面接の間で何らかの動きによって向上したり低下したりと変化するが、彼はその状況に不安を感じていない――「私は新薬をきちんと飲んでいます。希望はありますが、目標については薬物治療に限らず、現実的に考えています」と述べている。

ORSの全スコア

面接1― 62・5％　面接2― 70％　面接3― 67・5％　面接4― 80％

面接3と4の間に、他のSLTによる彼の話し方への集中的介入（現在終了）があったことに注目したい。スティーヴは、40％から80％へと変わった仕事・友人関係パラメータの変化を特に喜び、解決志向アプローチにより、「今ではできないことではなく、できることに焦点を合わせている」と述べた。

## 結論

解決志向アプローチは医療専門職部門にうまく組み込まれている。緊急事態（クライアントや家族と10分程度しか話せない場合）やクライアントが外来患者の場合には、この基本方針を指針にしてやりとりできる。人は（通常は）願望とそれが達成されたときに行っていることについて話すことができる。彼らは、願望の実現にどれほど近づいているか、どうやってスケールで示した所までやってきたかを話し、そして次の変化の最も小さなサインについて考えるよう励まされる。私たちはクライアントや家族が現実的な目標を達成するために私たちの専門知識を彼らと共有することができる。面接や退院（臨床的リスクがない場合）をしたいかどうか、いつそうしたいかといったことを決めるのは彼らである。個々のクライアントに役立つことが私たちにはわからないのと同様に、私たちがすべて（例えば、死や死ぬこと）の「専門家」である必要はなく、自信を持ってよいはずである。長期にわたる病気を抱える人に重要な意思決定や自己管理にかかわらせることの重要性に関する文献は増えている。このことは今後も健康管理に関与する人が解決志向アプローチの訓練を受ける必要があることをはっきりと示している。

**報告2**

## WOWWプログラム

リー・シルツ／ロビン・ブルーストーン＝ミラー／マイケル・S・ケリー

Lee Shuts/Robin Bluestone-Miller/Michael S. Kelly

WOWW（"Working on What Works"「うまくいっていることに取り組む」）は、フロリダ州フォートローダーデール市の中心部にあるニューリバー中学校で、インスー・キム・バーグとリー・シルツが２００２年に取り組み始めた「教室の解決《classroom solutions》」を作り出すプログラムである。この学校は「タイトル１《Titel》」と「マグネット基金」による助成を受けているが、それはこの学校に多様な人種の子どもが通い、その多くが経済的に恵まれない背景を持つためである。ロビン・ブルーストーン＝ミラーとマイケル・ケリーによって、シカゴの公立学校の数クラスにWOWWプログラムが導入されたのは２００５年のことだが、その後WOWWを導入するクラスは増加している。本論では、WOWWがフロリダでどのようにして開始され、シカゴでいかに進展したかを示す。

WOWWの全体的な考え方は、ベンという子どもと彼にお手上げ状態の教師へのインスーとリーのかかわりから始まった。インスーがワークショップのために南フロリダを訪れ、２、３日リーの家に泊まることになった。リーの妻のマーガレットはフォートローダーデールの中学校で特別支援教育を担当していたが、その日はベンが一日中自分の机をトントン、ドンドンと叩き続けたため特に大変な思いをしていた。その話の最中に、「そのような状況では通常子どもはどう扱われるのか」と問われたマーガレットは「通常は子どもをスクールカウンセラーのところに行かせて、その子の行動について話し合わせるが、そうすることで教師と子どもを一時離して息抜きをさせ、子どもを少し落ち着かせてから教室に戻すのだ」と言った。マーガレットは、このアプローチに長期的な効力はなく、子どもは再びひどく不穏になるのが普通だと話した。

3人で話を続けるうちに、この「別室へ行かせる」アプローチは落ち着きがない性分で、好奇心旺盛で、じっとしていられないとてもエネルギッシュな子どもたちのクラス運営について教師が受けた訓練とその専門性を台無しにしていることがわかった。また子どもにとって非常に重要で、学習に不可欠な教師と子どもとの肯定的関係を台無しにする。本来子どもは新しいことを学びたがり、受けいれられることを望み、教室のような社会集団に所属したがるものである。カウンセラーのところに行かされることで、例えば難しい数学の授業を免れていくらか息抜きができるにしても、長い目で見れば、教室から出されて、「問題児」というラベルを貼られることを彼らは望んではいないだろう。マーガレットはさらに、教師たちは過重労働だと感じており、カウンセラーと「問題児」について話し合ってもときには時間と手間がかかるだけで、子どもの行動や教室の雰囲気がよくなることはめったにないと指摘した。

私たちはこの別室へ行かせるアプローチにひどく失望した。そこでインスーはマーガレットに「ベンはどうやって机を叩くのをやめたの？下校するまでにはやめていたんでしょう」と尋ねた。マーガレットはハッとして「まあ、なんてことでしょう。これまでそんなことを考えたことはなかったわ！」と言った。その翌日インスーとリーに空き時間があったので、マーガレットの教室を訪問して、そこで起こっていることを観察して、もっと役に立つアイデアを考えることにした。

翌朝マーガレットは、インスーとリーのことを、みんながうまくやっていることを見にきた人だと紹介した。インスーとリーは教室の後ろに座った。するとすぐにベンがやってきてインスーに彼の家族の出身地であるボストンやその他の彼が知っている都市に行ったことがあるかと尋ねた。インスーが「ええ、行ったわ」と答えて2人で少し話をすると、彼は自分の席に戻り、教室のざわつきで注意散漫になることもなく課題に取り組みはじめた。その日の夕食時に私たちは観察したことを振り返り、ベンに手紙を書くことにした。というのはベンの集中力、いろいろな都市への興味、インスーへの礼儀正しい丁重な話し方について彼にコンプリメントすることをすっかり忘れていたことに気づいたからである。後になってわかったことだが、ベンはその手紙を通学鞄に入れて1週間持ち歩き、話を聞いてくれる人に誰彼となく見せてまわったそうである。彼はクラスの羨望の的になった。またそれまで学校に電話をかけることも懇談に出席することもほとんどなかったベンの母親が、マーガレットに電話をかけ、ベンにこれほど強い印象を与えた手紙について尋ねてきた。その後ベンからインスーにノートの切れはしに鉛筆で書かれた手紙が送られてきた。そこには「……自分のやるべきことに集中しようと頑張っています」と記され、インスーの旅行はどうかと問われていた。

私たちはこの経過にとても興奮した。私たちはコンプリメントが子どもに及ぼす強烈な効果に驚いた。ベンのような子どもに常にコンプリメントを与えたら、どうなるだろう。また教師の望みと、教師が知っている（子どもを指導し、子どもとの間に強い絆を作るための）最善の方法を私たちが承認し、それを活用する方法が見つかったらどうなるだろう。

マーガレットは数名の特別支援担当教員の協力を得て、試行しながら新しい「教室の解決」を見つけることにした。リーは子どもたちと教師がすでに行っている「子どもたちの学習と教室の解決に役立つこと」を観察し、記録するために、週に2、3時間教室を訪問するようになった。インスーは私たちの発見に定期的にEメールで意見を述べてくれた。リーは訪問するたびにそのクラスにコンプリメントを伝えることから始めた。生徒たちは彼の訪問を楽しみに待つようになり、1年経つ頃には他の教師と校長が変化に気づくようになった。つまりカウンセラーのところへ行かせることが減り、欠席日数も減り、学業成績が向上したのである。私たちは重要で有効なことをしているとわかっていたし、他の教師や校長がこの考え方を取り入れようとしてきたので、このプログラムに「教室の解決／WOWW」と命名してその活動を進めた。そしてさらに解決構築のその他の技法も用いるようになった。次のプログラムの説明から理解されるだろうが、WOWWの考え方はもともと1人の生徒との経験から生まれたものだが、特定の個人や問題児とラベルを貼られる少数の生徒に焦点を合わせるのではなく、教室全体に働きかけていくものに発展したのである。

## プログラム

フォートローダーデールでこのプログラムが展開されるにつれて、私たちはすぐに学校長の支援が欠かせないことに気づいた。学校長が方針を定め、「取り組む」ことになれば、教室での活動を始めることができる。フォートローダーデールのプログラムは次の3段階から成る。すなわち（1）観察、（2）学級の目標づくり、（3）学級の成功のスケーリングである（Berg & Shilts, 2004, 2005a, 2005b）。

### コーチによる観察とコンプリメント

私たちはWOWWの考え方を生徒全員が理解できるような形で紹介することから始める。例えば、私（リー）は次のように話す。「私はリーです。これから毎週このクラスに来て、みんながやっているクラス全員のためになるよいことを見せてもらいます。そして私が見たよいことをみんなに報告するので、それについて意見を聞かせてください」。生徒と教師がしていることで学習に役立つことを見落とさないように注意する。それから、できるだけ率直に観察したことを伝える。これにはよく次のような内容が含まれる。（1）生徒が互いに丁寧な話し方をしていた、（2）発言したいときに手をあげていた、（3）先生が生徒をほめていた、など。要点を短い言葉で述べる。また自分が観察したことだけを述べる。つまり生徒や教師の行動について私の解釈や判断を含めない。生徒は間違いを指摘されることに馴れているので、私が常に彼らの望ましい行動を観察することに驚くことが多い。私は質問があるかと尋ね、質問があればできるだけ率直に答える。

見落としたことで気づいたことがないか尋ねる。

2、3回訪問すると、生徒と教師が私の毎週の訪問の間に起こったことも含めて、肯定的な事柄を追加するようになる。この観察の追加は、生徒と教師がたとえ小さなことであっても教室への積極的な貢献に気づくようになったことを示す重要なサインとなる。私たちはこのことを解決志向理論のさざ波効果（1つの小さな変化がより大きな変化を導く）であると考える。観察したことについての生徒や教師の発言が増えることは、プログラムの次の段階に進む準備が整ったことを示す重要なサインでもある。訪問を終え帰路につく前に、観察したことのリストを教師にわたす。教師がそれを教室の記録にしたり、次の訪問までに振り返ったり、生徒、教員、管理職、保護者と情報を共有したりするためである。

### 学級の目標づくり

訪問開始後3～5週の間に、スケーリングの過程を教えると同時に、**学級の目標づくり**の考え方を紹介する。その場合、前もって教師と個別に面談し、WOWWプログラムの目標と方針について話し合っておく。そしてクラス全員に、次の段階となる目標づくりに進む準備ができていることをコンプリメントして、協力を求める。当初は個々の生徒が自分の目標を設定していたが、WOWWの展開とともに生徒と教師で学級全体の目標を作るようになってきた。この変化によって生徒はやる気を高め、さらに協力するようになってきた。私たちは現在ではスケーリングを使って、学級の目標の話し合いを進める。10は全目標が達成できた状況、1は学級がその方向に向かってほとんどまたは何もしていない状況とするスケーリングである。それからさらによい学級になることについて教師も含めた全員の考えを引き出す。重要なことは、全員が同意できる（みんなの目標）、具体的な（単純で、小さく、実行しやすい）行動を探し出すことである。例えばよい学級になるための行動の1つとしてある生徒が「お互いを尊重しあうことだ」と言ったとする。そうすると私たちは「クラス全員が互いに尊重しあうようになると、何を見たり、聞いたりするか？」と質問を続ける。次にWOWWの目標づくりの話し合いの一例をあげる。

**リー**❖それで、目標とは何かを知っているのは誰かな？

**ジャスミン**❖はい。目標は達成しようと決めたことです。どうすればいいかわかっています。

**タミカ**❖私も知っています。私たちがしたいと思うことを決めるのです。

**リー**❖その通りだね。2人ともとても賢いね。ではこの学級のみんなで達成したいと思う目標について話し合おう。もしこの学級が「パーフェクトな10」の状態だとしたら、私は何が起こっているのを見るだろうか？

**ジミー**❖友達を大事にします。それから始業のベルが鳴ったら、全員、席に着いています。

**リー**❖すばらしい！　他には「パーフェクトな10」のこのクラスで何を見るだろう？

**ジャスミン**❖先生の言うことをきくし、順番を守らずに勝手に発言したりしません。

**リー**❖いいね。その他に私は何を見るだろう？

**デュウェイン**❖発言したいときには手をあげます。

**リー**❖わぁ、すごい！ 本当にすばらしい。では今聞いたことを確認するよ。10になったときに私が見るのは、みんなが友達を大事にする、ベルが鳴ったら着席している、先生の言うことをきく、それに話すときには手を上げるといったことだね。そういったことが「パーフェクトな10」の状態で、みんなが自分の学級を誇りに思える状態だね。どんな学級になってほしいか、みんなよくわかっているね。そしたらみんなが友達を大事にしているとする、来週この学級にきた私は、みんなが何をしているのを見るだろうか？

10の状態を明確に定義したら、スケールの他の数の状態をはっきりさせていく。例えば「友達を大事にする」の1、2のレベルはどうなのか、3、4のレベル、5、6、7のレベル、8、9のレベルを明確にする。例えば1～4の場合、お互いに大事にすることを考えるようになっているが、まだそれが習慣になっていない。5～7のスケールではいくらか進歩が見られ、5割から7割の時間で友達を大事にすることを考えるだろう。8～10のスコアが続けば、子どもたちが互いに大事にしあっている。このようなスコアが達成されれば、コーチと学級の全員は他の目標のスケーリングに移ることができる。学級の目標のスケーリングが定着すれば、第3段階に移る準備が整ったことになる。

### 学級の成功のスケーリング

WOWWを実施するなかで、私たちはスケーリングが子どもに使えるすばらしい道具であることに気づいた。子どもは自分の考えや願望を他者に説明するための十分な言語スキルを持っていないことが多い。しかし1から5のスケールでは、例えば4は2や3よりも高いが、5と比べたら低いことを理解していることが多い。ほとんどの話題（願望、達成、希望、自信、進歩、動機づけ、感情、想像など）で、数字を使うことが有意義な会話を続ける手っ取り早い方法となる（Berg & de Shazer; 1993）。WOWWの活動のなかで、スケーリングは、（コーチの指導を受けた）教師が週初めに「全員で作った目標それぞれについて週末までにどのスコアまでいくと思うか」を生徒に尋ねることにまで発展した。そして教室の目立つところに貼った表にそのスコアを記入する。教師は「週末にその数字になったクラスはどんな状況か？」「そのためには何をしなければならないか？」「どんなことからそうできるとわかるか？」といったことを尋ねていく。教師は学級の目標にかかわる成功に気づいたらコンプリメントする。週末に教師と生徒たちは、どの数まで達成したか、どんなことからその数なのか話し合い、教師は学級の成功にコンプリメントする。以下に週末に行われた進歩のスケーリングの会話を引用する。

**コーチ**❖それでは1から10のスケールで「10はみんなが着席して課題に取り組んでいる状況、1はみんなが走り回って騒がしい状況」、今この学級はどこだろう？

**アリス**❖4ぐらい。

**コーチ**❖どんなことから4ぐらいと思った？

**トミー**❖えーと、今日はそれほど怒鳴ったりしなかった。先生が席に着いて勉強を始めるように言われたとき、みんなそれができていたし。

**コーチ**❖わぁ、すごい！ だいたいが先生に協力して、教室で騒ぐのが前より少なかったんだね。

**タラ❖**ええ、私たちがそうしたので先生はうれしそうだったわ。

**コーチ❖**そうだね。先生はみんなの様子に驚いて、とても喜んだだろうね。

私たちは教師だけでなく子どもも行動を自己査定し観察できることに気づいている。子どもと教師に教室の（問題ではなく）解決のために協力し合い責任を分かち合うことを教える最初の小さな一歩は、彼らにこのことに気づいてもらうことである。

## コーチ

WOWWの実践を援助するコーチは、WOWWの成功に重要な役割を果たす。コーチは最初の観察を行い、コンプリメントを伝え、教師に目標作りや成功のスケーリングなど解決構築の会話の進め方を説明して支援する。学校関係者の多くがコーチとなる資格を持っている。私たちの経験では、解決志向の実践になじみのある人は、WOWWのすばらしいコーチの候補者となりうる。しかし広範な経歴があることが有能なコーチになるための絶対条件ではない。コーチとしてより重要なことは、関心、願望、意欲を持って教師と生徒に働きかけ、教室の成功と長所に焦点を合わせることである。

「どれくらいの期間コーチがその学級にかかわる必要があるのか」とよく尋ねられる。この質問に正答はない。原則としてはコーチが「教師と生徒がWOWWアプローチになじんできた」と感じられたら、時間を減らせばよい。通常はその学級が目標を作り、その目標について高いスケールを維持することが1つの目安となる。コーチの訪問時間を減らすことについても教師と生徒が決めることが大事である。コーチのかかわりは週1回の教室訪問から、随時のインターネット相談までさまざまである。

## シカゴ公立学校へのWOWWの導入

### はじまり

私たち（ロビンとマイケル）の先進的な学校ソーシャルワーク・プログラムでは、修士課程の修了生に革新的になるよう働きかけ、教室で支援を提供するよう勧めていた。シカゴのような大都市部では、生徒は多くの特別な支援を求めるが、常に教室を離れて別の場所で、それぞれに合わせた支援を受けられるわけではない。別室の利用は生徒にとって学業面での損失が大きく、また限られた人数のソーシャルワーカーがその日のうちに多数の生徒に個別に働きかけるだけの時間がないからである。私たちは教室内で測定可能な行動変化が自ずと生じる方法を探していた。こうした方針で続けるうちに、私たちが小さな変化に気づき、これまでとは違うことを行うよう教師を導いていくことで、教室に大きな影響を及ぼすことができると考えるようになった。

ロビンはミルウォーキーでインスーやSFBTの他のメンバーと訓練を受けていたが、WOWWプログラムの開発を知り、シルツとバーグによる書籍を熱心に読んだ。そして、彼女はロヨラの私たちが指導する課程で、WOWWとそれに関連するSFBTの取り組みを正式に位置づけることを検討し始めた。同時に（といっても無関係なのだが）、シカゴのソーシャルワーカーであるダグ・ブラウンは、インスーと共同してWOWWを含むSFBTの訓練をしていた。ダグの機関（シカゴ・メトロポリタン・ファミリー・サービス）は、受け持ち地区のいくつかの学校で、シカゴ公立学校（CPS）におけるWOWWを試行し始めた。最終的に、ダグとメトロポリタンは、ロヨラ大学シカゴ社会福祉校で、家族と学校との協力関係（FSPP）という共同試験プロジェクトを行った。その最初の試験的取り組みを基にロビンとダグは、学校に勤務し、SFBTに関心を持つCPSソーシャルワーカーに、ロヨラで初めてのSFBT訓練を行った。その訓練を受けたソーシャルワーカーが、今度は、私たちが学校で関心を持つ教師にWOWWを伝えるのを手伝ってくれた。現在まで、私たちは145人の児童保護ソーシャルワーカーに訓練を行い、145校200教室でWOWWを試行した。

## シカゴでのWOWWの展開❖2006年から2011年

シカゴでのWOWWプログラムの導入時に私たちが望んだことは、機能不全のクラスにWOWWを導入する前に、まず教師に変化への希望を持ってもらい、解決の話とスケーリングについてよく知ってもらうことだった。そのために、スケーリングを使い教室の状況とWOWWによる介入により期待される有用性について教師に事前と事後に評価してもらうことにした。いったん、事前評価を終えると、教室にWOWWを導入する前に、私たちは教師と面談を行い、事前評価での回答について話し合った。事前評価と事後評価では、教師に「クラスの礼儀正しさ」と「自分がどれほど効果的な学級経営を行っていると思うか」を1〜10のスケールで評価してもらう。また現在の学級経営の方法について所感を記してもらった。さらに別の視点を加えるために、教師は、礼儀正しさや行儀の良さなどについて生徒がどのように考えているかという観点からもクラスを評価する。WOWWによる介入後、私たちは事前と事後のスケーリングの数値を比較して、教師に「今、うまくいっていること」を尋ねる。

最初から教師に対して解決志向の方法で話しかけることで、私たちはパラダイムの転換に取りかかった。こうすることで教師が教室で起こってほしいこと（これまでとは異なることで、教室の学習環境が改善すること）を考えるようになる。問題について話す代わりに、私たちは目標と例外について尋ねた。私たちは次のような解決志向の質問をした――どうやって物事がうまくいっていることがわかるか？　1から10の尺度で1上がるために何が必要か？　それはすでに少しだけでも起きているか？　それはどのように起きたか？

現在シカゴでは多くの教師が教室の壁や掲示板に「WOWWコーナー」を設け、成功段階の説明、スケーリング図表、グラフ、目標が掲示されている。これによって教室でよいことが起きていることに常に気づかされる。生徒はクラスの成功にかかわるコンプリメントに自分の名前が記されているのを見て喜んでいる。教師はグラフやスケーリングの図を、いかに変化が起こり、どうやってスケーリングの数値をさらに上げるかについて話すためだけでなく、数学のスキルを補強するためにも喜んで使う。視覚的に喚起されることで誰もが力づけられるようである。

教室におけるWOWWは二段階に分けられる。最初はコンプリメントの段階であり、クラスや教師との関係作りに役立つ。私たちは授業中にクラスを観察して、私たちが目撃したよいことすべてを報告する。私たちは生徒もよいことに注目するよう頼む。例えば、自閉スペクトラム症と考えられていたある生徒は、教師が数学の授業中によくやっていると報告した。彼のコメントは教師を驚かせ、このコンプリメントの後、教師はこの男児を肯定的に見るようになった。

　コンプリメントの段階が整えば、関連するスケーリングを用いて、教室の題目《classroom rubric》を作る第二段階へ移る。私たちは尋ねる――「私たちのクラスが学校中で最善のクラスだと想像してください。私たちはこの教室で何を観察するでしょう」。通常、次のようなコメントが出てくる。「互いに丁寧な言葉を使うでしょう」、「礼儀正しくなるでしょう」そのクラスのコーチ（ロビンなど）は、クラスに、例えば「礼儀正しくなる」と何が見られるかの説明を求め、詳細な情報を集める。生徒は「どうぞ、ありがとうと言う」「お互いに助け合う」「ちょっかいを出さない」といった返答する。こういった教室での成功がわかる具体的な指標が題目《ルブリック》に織り込まれる。次に示すのは、1年生の教室で展開された信号の題目の例である。

　青信号はすべての生徒が席について、教師の話を聞き、手足を動かさずに、課題に取り組むことを意味する。黄信号は大部分の生徒が着席して教師の話を聞き、多くの生徒が手足を動かさずに課題に取り組んでいることを意味する。赤信号は少数の生徒だけが静かに座って、手足を動かさずに教師の話を聞いていることを意味する。

私たちは通常、クラスで用いるWOWWの手段を詳細に計画するにあたり教師の専門知識を当てにする。生徒の発達段階にかかわる教師の認識や生徒にうまく働きかけた経験をもとに、私たちは学年によって異なるスケーリングを使うようになった。幼稚園から小学2年生で理解されやすいのは、微笑み、しかめっ面、どちらでもない表情である。小学2年～5年では1～5の尺度がうまく作用する。5年生以上では、1～10の尺度を容易に理解することができ、その尺度であれば改善した部分について話す余地が大きくなる。高校になると、ある非常に創造的なクラスでは、6ピースのピザ・パイ・スケーリングを使った。教室が一貫して6／6を記録するようになった後、彼らはお祝いにピザ・パーティをした。

　私たちは初期のWOWWプログラムを発展させ、週に何回もスケーリングを行い、カレンダーやWOWW掲示板にそのスコアを記録するようになった。私たちは何回もスケーリングを行うことがプログラム継続可能性を高めると考える。現在ではシカゴの教師たちから、「生徒が頻繁にスケーリングすることを思い出させてくれる」と聞く。この多方面にわたるフィードバックによって、生徒は自分の行動をさらに自覚するようになり、またこれらがクラス目標の達成にいかに役立っているか認識を深める。教師は上手くかつ効率的に多様なスケーリングをするようになる。例えば、ある5年生のクラスで担任と生徒たちが、廊下で静かにするという目標を立てた。教師は生徒の前に歩みより、指で1～5を示すことを繰り返し、そのときに同意したスケールでどこかをスケーリングし続けることを思い出させた。こうしてそのクラスは廊下を歩いているまさにそのときに即時のフィードバックを受け、すぐに廊下で静かにするようになった。

どんな年齢層がWOWWプログラムに適当なのかとよく質問される。私たちは幼稚園から高校まであらゆる学年の生徒にこのプログラムを導入してきている。解決志向の対話、目標、題目は当然のことながら、生徒の発達段階によって変わる。例えば、朝8時に会った高校1年生のクラスでは、教師は眠そうな青年たちの授業参加の乏しさを心配していた。「学校一のクラスはどう見えるか」と解決志向の対話を始めると、多くの生徒が授業内容にかかわるグループ活動が好きだといった話をした。教師は講義とパワーポイントによる説明を行っていたが、それは生徒にとって魅力的なものではなかった。生徒が望んでいることを聞いたあと、教師は生徒の着想を授業に取り入れた。生徒を立たせたりグループ活動をさせたりすることで、生徒は以前よりも授業に参加するようになった。スケーリングを始めると、多くの生徒が話し合いに参加し、授業中の質問に答えていることがわかり、前進していることが容易に見て取れた。クラスのコーチもほとんどの生徒が顔をあげて授業に参加しており、机から頭をあげて授業に参加することを思い出す必要がある生徒はほとんどいないことに気づいた。

## 成果

WOWWによる介入によって教師も生徒も含めクラス全体の対人面、行動面、情緒面に早急な改善が期待される。WOWWによっていかに短期間のうちに長く続く変化が生じるかについて、現在のところ私たちが明らかにしているが、今後さらにWOWWによる介入について大規模な無作為臨床試験を行うために研究助成金の獲得を目指している。変化について理論上重要な課題は、解決志向の技法を使って、変化に対して前向きな期待をもたせ、クラスの行動目標の達成に役立つ望ましい行動を促進することである（Visser & Schlundt-Bodien, 2009）。WOWWによる介入によって、教室環境が改善され、教師に教室で効果的に働くために必要なスキルが伝授されると、学業成績、生徒の出席率、教師の燃え尽き防止に長期的な成果が得られる可能性がある。WOWWのような相談モデルは教師を支えるために用いられるが、これによって教師は統制感を維持し、生徒の行動面や情緒面での問題に有効に対処する力を高める（Lynn, McKay, & Atkins, 2003）。

これまで私たちは、教室でのWOWWによる介入について2つの予備研究を行い、さらに第3の予備研究として、学校現場での実践者へのWOWW研修の影響について研究している。最初の予備研究は2004〜2005年にフロリダの中学校で、WOWW実施群の105人の生徒と比較群の101人の生徒とを対象として行った準実験計画であった［【訳註】準実験計画／独立変数の操作ができない、無作為配分ができないなど、実験法の条件を満たさない実験計画。］（Kelly, Liscio, Bluestone-Miller, & Shilts, 2011）。

両群の生徒の成績評価、出席日数、行動記録を分析したところ、実験群（WOWWによる介入を受けたクラス）の方が、ほぼ同等の比較群よりも、届出欠席（$p<.01$）と遅刻（$p<.01$）が減少し、有意に高い改善を示した。成績評価と停学については、実験群と比較群との間に統計的に有意な差は示されなかったものの、成績は実験群が比較群よりも高く、また実験群の校内停学および自宅謹慎は減少する傾向がみられた（Kelly et al., 2011）。

2006年から2010年にかけて、私たちの「ロヨラ家庭と学校連携プログラム」により、シカゴの公立小学校60校にWOWWが導入された。シカゴで私たちは現在、40学級の40人の教師と1200人の生徒に事前・事後検定デザインを用いた研究を行っている（初出／Kelly & Bluestone-Miller, 2009）。私たちは教師向けの簡単な質問票を作成し、教師のクラス運営スキルの自己認識、生徒の行動へのWOWWの影響を評価した。反復測定しt検定を行ったところ、WOWWがクラスの雰囲気を改善する有効な介入法であることが統計的に示された。

その後、私たちはロヨラで学校にWOWWとSFBTの考え方を取り入れたいと望む学校精神保健従事者向けの高品質な継続訓練とコンサルテーションを行うようになった。訓練生（46人）の97％がWOWWプログラムを「いくらか」もしくは「非常に」効果的であると評価し、60％以上がWOWWは行っていないものの、学校での実践にスケーリングと例外探しの質問を用いたと述べている。彼らはまた教師としっかり協力し合える関係を築いているとも報告した。この試験的研究から、学校精神保健従事者がSFBTの考え方やWOWWに徐々に触れることで、これらの考え方を学校でのさまざまな場面での実践に取り入れるようになることが示される。数名の訓練生は調査で次のようなコメントを寄せた。

◉「私はグループを行いながらWOWWの考えを校長に説明した。紹介状を書くときにWOWWやSFBTの言葉を使うと、先生たちが熟考するようになり、積極的になる。また、管理者に懲戒部屋を「解決の部屋」に変えてもらうことで、組織全体への影響があった」

◉「WOWWの訓練を受けて肯定的なことに焦点を合わせて観察するようになった。WOWWプログラムのおかげで、これまでよりも観察と評価が得意になった。また徐々に担任と連携して取り組むようになった」

予備研究からは、教師と生徒の関係が強化され、建設的で協力し合う教室環境となり、生徒の成績が向上し、学校全体の風潮改善に至るという望ましい未来が予想される。しかし、この3つの予備研究はどれも脆弱な研究計画のために限界があり、WOWWの有効性について確固たる結論を出すことはできない。こうした初期の研究結果で介入の見込みが示されながらも、大規模な評価は行われていない。著者は、イリノイ州の都市部と郊外の学校でWOWWの無作為臨床試験を行うために助成金交付を申請中である。現段階でWOWWは、教室での行動、教師のレジリエンス、生徒の成績に有意義な影響を及ぼそうとして、SFBTの有効な要素を活用しようとしている有望な新しい見解であると述べることが公平である。WOWWはまた多くの州の「教室環境における社会・情緒的学習基準」も満たしており、新しいカリキュラムを学ぶ必要がない。

## 結論

WOWWプログラムでは教師が生徒と協働して、目標をつくり、解決に向けた生徒の考えを引き出し、小さな成功を見つけてそれを積み重ねていくことを奨励する。だから読者の皆さんは解決志向の実践と哲学のさまざまな側面が、WOWWアプローチに取り入れられていることをすぐに理解されるだろう。私たちの観察によると、解決志向の実践と哲学は教育環境に非常にうまく取り入れられて、学校関係者はこれまでと違った方法で生徒に向き合い、話しかけるようになっている。WOWWは学校関係者が生徒と建設的関係を作るツールとなり、これによって生徒の学びを深めるよりよい学級作りが促進され、授業効果が高まることがわかってきた。経験を積んだある教師は、「私はWOWWを実践してから悩みを抱えて帰宅することがなくなった」と述べている。シカゴのある生徒は、「教室に親切と平穏をもたらしてくれてありがとう。あなたは、私たちのクラスを家族にしながら、私たちがより良好な生徒になるよう援助してくれた」と話してくれた。

私たち（著者）は、シカゴの公立学校へのWOWWの導入で先駆的な役割を果たしたメトロポリタン家族サービスのダグ・ブラウンと学校臨床スタッフにとても感謝している。

報告3

## 小学校でのいじめの解決

スー・ヤング
Sue Young

私は最近までイギリス北東部の大きな港町ハルで地方教育委員会の教員として働いてきた。ここはかつて漁業で繁栄していたが、現在は高い失業率と貧困に苦しんでいる。他の低所得者層の多い地区と同じようにハルでも、学校はさまざまな問題にうまく対処してきているが、攻撃的言動やときには暴力を伴う行動に対処する必要が生じる。しかし、裕福な地域の秩序が守られた学校でも「いじめ」は起きている。

過去20年以上、いじめ問題は注目を集め、多くのアプローチが試されたものの、ほとんどが期待外れの結果に終わっている。いじめる側の問題行動としてではなく集団での社会的行動の管理という広い視点からいじめを捉えることが、いじめを適切に理解し、有効な介入を見いだすことになる（Young, 2002, 2009; Young & Holdorf, 2003）。

私たちが反いじめプロジェクトに取り組み始めた頃は、問題志向による対応が主流であった。このプロジェクトの究極的な目標はいじめ問題を減少させることだった。しかし私たちにはすぐに、望ましくないことをやめさせるよりも、望ましいことを奨励する方が効果的だとわかった。そしてどのクラスでも使える予防プログラムを作ったが、それはグループ活動のなかで共同作業をし、相互に評価しあい、助け合うことを通して、友情、共感、チームワークを促進しようとするものだった。いじめ予防プログラムだが、いじめをほとんど取り上げなかったのである。当時この分野では「解決志向」はなじみのある言葉ではなかったが、振り返ってみると、私たちの取り組みの出発点はまさに解決志向だったのである。

この考え方は必然的に、学校でのいじめ相談への介入方法に影響を与えた。当時いじめ事件への対処法としては、ピア・グループを取り入れたものもあったが、基本的には問題をなくそうとする問題解決アプローチであった。しかし私は、問題を全く取り上げずに、相談のあった子どもが学校でもっと楽しくなることに焦点を合わせた「子どもたちによるグループ討議」を行った。この方法はうまくいっていたが、後になって解決志向セラピーの文献に出会い、その有効性をさらに確信するようになった。

誰でもこのプロジェクトに相談できるが、実際には親と学校からの相談が多い。このアプローチは中学生以上にも適用できるが、私たちが最初にこれを実践したのは小学校である。小学校で何回も実践され、いじめのパターンを食いとめるための段階的な手順が練り上げられ、やってみようと思えば誰でも容易に実践できるようになっている。

## いじめに対する「支援グループ」アプローチ

この介入では終始、批判的な印象を与える「いじめ」という言葉を使わない。この言葉は相談された子どもが他の子どもたちに不当に苦しめられた犠牲者であることを暗示する。起こっていることへの判断を保留する方がその子にもピア・グループにも有益である。また、その後の子どもたちの貢献に気づきやすくなる。

最初の段階は、悩んでいる子どもに会って、支援グループの構成メンバーを考えることである。その子に尋ねなければならない質問は次の3つだけである。

1 **「今あなたがつき合いにくいのは誰ですか」** 小学生はよく2人から5人の名前をあげる。「何があったのか」とか「なぜつき合いにくいのか」とか詳細を尋ねたりコメントしたりせず、ただ言われた名前を聞く。

2 **「困ってしまう場面で、他に誰が近くにいますか」** 3人の名前が挙がるのが普通である。必ず傍観者が存在することが、学校でのいじめの特徴である。

3 **「学校でのあなたの友達は誰ですか」**

いじめが長期にわたり続き、友達が1人もいないと言う場合もあるが、そのようなときには、「誰と友達になりたい？」と尋ねる。その質問に傍観者として挙がっている名前や、いじめる子どもの名前が出てくることも珍しくない。

そして、「あなたが学校でうまくやっていけるように、今名前の挙がった何人かに手伝いを頼もうと思う。よくなっていることを確かめるために、1週間ぐらい先にもう一度会いたい」と伝える。

支援グループのメンバーはその子どもが名前をあげた子どもたちである。できればその子が付き合いにくい子ども全員と1、2人の傍観者、そして友達もしくは友達になりたい子どもを含める。5～7人のグループが最もうまくいく。

その後すぐに支援グループと会う。支援グループのメンバーに歓迎の言葉をかけ、メンバーの助けが必要であること、彼らが私たちを助ける力を持っているからこそこのグループのメンバーに選ばれたことを率直に話す。そして「○○（子どもの名前）が学校でもっと楽しくなるために、みんなに助けてもらいたい」と伝える。これがメンバーの選定とグループの目的を説明する最も容易で的確な伝え方である。「グループの誰かがしていることのせいで、その子は楽しくないのだ」といったことをほのめかさない。そのようなことがほのめかされると自分を防衛しなければならないと感じる子どもが出てくるからである。グループの目的を単純でわかりやすいものにしておくことが大切である。

次に「1週間のうちにどんな助けができるか」とメンバーの提案を聞く。いろいろな意見が出てくるグループもあるが、最初はなかなか提案が出ないこともある。しかし出された提案が歓迎されコンプリメントされると、残りのメンバーも提案を考え出すことが多い。1人か2人がグループ終了時まで何も考えつかないこともある。そのような場合には、他の人の提案を手伝いたいかどうかを尋ねる。

重要な点はメンバーが目標の子どもに対して何かをするという提案を出すことである。メンバーに「やるべきこと」を課したり、何かをする約束をとりつけたくなるだろうが、そうしてはならない。また彼らに目標の子どもと「友達」になってほしいと頼むこともない。提案が出されると、提案とそれを述べた子どもの名前を書きだすが、それはメンバーそれぞれの考えを尊重して認めるためである。そしてそれぞれの思慮深さ、親切心、よい考え方などをコンプリメントする。

グループの全員がなんらかの提案をすると、彼らのすばらしい計画に感謝の言葉を述べ、「目標の子どもは学校で楽しく過ごせるようになるはずだ」と伝える。そして何をしたかを聞かせてもらうためにだいたい1週間先にまたグループで話し合う予定を立てる。

予定した約1週間後に私たちは学校で目標の生徒と会う。多くの場合あらゆることが順調に運び、その生徒は以前よりも学校で楽しく過ごせるようになっているので、この面接はごく短時間に終わるが、その生徒に祝福を伝えた上で、彼もしくは彼女が状況を改善するために何をしたのかを尋ねることが重要である。その後、すぐに支援グループと2度目の会合を持つ。これも短時間で済むことが多いが、目標の子どもが学校で楽しく過ごすために、支援グループの各メンバーがどんな貢献をしたかについて十分に聞く必要がある。私たちはグループ全体だけでなく、1人ひとりにもコンプリメントする。実行されたことと前の週にその子が提案したこととを比較する必要はない。大切なことは目標の子どもが前よりも楽しく過ごし、みんなでその結果に到達していることである。

ときにはこの2回目のセッションで目標の子どもとうまくいっていなかった1人か2人の子どもが、まるで一歩引いて状況を慎重に判断するかのように、セッション中ずっと黙っていることがある。そんな子どもも3回目のセッションでは元気に自分たちのよい貢献を話したがるのが普通である。たとえ彼らが自発的に話そうとしなくても、目標の子どもに対して嫌な思いをさせなかっただけで、すばらしい貢献をしているのであり、称賛されるべきである。

グループの話し合いで、メンバーから学校で（通常はグループのメンバー以外による）何らかのいじめがあるという話がでるのは珍しいことではない。「いじめられている子ども」は通常そういったことを話さない。しかし小さなトラブルであれば、大人が介入しなくてもグループの子どもたちが自分たちで何とかすることもある。

このようなことが起きたりして、メンバーがグループでの援助をもう1週間続けたいと言う場合、グループが継続される。子どもたちはこのグループにとても熱心になる。つまり彼らは面倒なことや、やりたくないことをさせられているわけではないのである。継続する場合、彼らがどんな援助をしたかを話す時間をとるが、そこでも特に問題についての報告は求めない。このような継続セッションが一、二回は必要かもしれない。目標の子どもへの援助を強化するために継続セッションを5回持った事例があった。このような展開は非常にまれである。

目標の生徒が学校で楽しく過ごし、メンバーが状況に満足し、親と学校がいじめがなくなったことを喜ぶようになるとこの活動は終了する。親が心配して相談してきた場合には、親に継続的な経過報告がなされ、また終了前には子どもが前より楽しく過ごしているかどうか意見を求める。

## 事　例

反いじめプロジェクトに電話をしてきたスミス夫人は、動揺しながら娘のジェイドのことを話し始めた。スミス夫人は学校に数回出向いて校長とも話したが、何も進展していないと感じていた。彼女はジェイドが他の子どもたちからいつも「いじめられている」のに、ジェイドについての自分の悩みと心配を学校側は無視していると感じていた。彼女は毎朝、登校するようにジェイドを説得しなければならず、いつも学校での出来事を心配していた。そして帰宅したジェイドに、「今日はいじめられた？」と尋ねていた。

私は学校に電話をかけて校長と会う段取りをつけた。校長は私に「一部始終」を知ってほしいと訴えた。校長自らがずいぶん時間をかけてこのケースを調べたが、何もはっきりしなかったのでひどく苛立っていた。結局彼女はジェイドが大げさに言っているだけで、からかいを気にしなければ、問題はなくなるだろうと結論づけていた。また彼女はジェイドの母親が状況を悪化させていると考えていた。

私は支援グループが役に立つだろうと提案した。そうすれば学校は積極的に動いていると思われ、グループの子どもたちが腹を立てることもなく、また彼らはその子を助けようとしていると見られるからだ。校長はこの提案に同意して、私の要求どおり子どもたちを招集し、グループでの話し合いに参加する補助教師をつけてくれた。

私がジェイドに会ったとき、彼女はとても悩んでいるようでささやくように話した。私は彼女に名前と年齢、クラスを尋ねた。そして数分間だけ雑談をしたが、それで彼女は安心したようだった。通常私は学校で得意なことを尋ねたり、服装やきれいな髪飾りをほめたり、好きなゲームやテレビ番組などを尋ねたりする。そうして問題があるから会っているという印象を与えないように十分気をつける。短時間でもその子のことを知るための話をすると、その後の会話で大きなメリットがある。そして子どもが何らかの援助を求めているか、私がかかわることを喜ぶかどうかを確認して、なんらかの介入をすることの許可を求める。自分の抱える問題について話すのはどの子にとっても難しいことなので、私は通常、次のジェイドとの対話のような間接的アプローチをとることが多い。

**SY[スー・ヤング]**❖お母さんと話をしたんだけど、お母さんはあなたのことをとても心配しているようね。そうかしら？

**ジェイド**❖うーん。

**SY**❖お母さんの心配どおりかしら？　あなたも色んなことを少し悩んでいる？

**ジェイド**❖ええ。

**SY**❖私が助けられるかもしれないけど、そうしてもかまわない？

**ジェイド**❖うーん。

**SY**❖それでもう少し聞きたいんだけど、あなたは質問に答えるのが上手だから、聞いてもいい？

**ジェイド**❖ええ。

**SY**❖私が聞いたところでは、ときどきつきあいにくくなる子がいるそうだけど、そう？

**ジェイド**❖ええ、そうよ。

**SY**❖あなたがつきあいにくくなる子は誰？

**ジェイド**❖メリッサ……そしてときどき……ゲアリー。

**SY**❖そう、わかったわ［名前だけを書く］。あなたがその子たちとつきあいにくくなるときに、周りには他に誰がいる？

**ジェイド**❖ええと、……ジェニイと……ときどき、ポール。

**SY**❖そう。それで、あなたの学校の友達は誰？

**ジェイド**❖えーと、わかんない。ジェニイがときどき。

**SY**❖そう、それはすばらしいわ。ときどきジェニイが友達なのね。あなたは他に誰と友達になりたい？

**ジェイド**❖ときどきラシードと遊ぶわ。サラもね。

**SY**❖そうなの。ラシードやサラとときどき遊ぶのね［名前だけを書く］。私はこの子たちに手伝ってくれるかどうかを尋ねようと思うの。彼らが手伝ってくれれば、あなたは学校でもっと楽しくなると思うわ。それで来週学校でこれまでよりもよくなっていることに気をつけておいてほしいの。そして次に私と会うときに、あなたがどんなふうにうまくやっているかを聞かせてほしいの。いいかしら？

**ジェイド**❖ええ。

会話を終える前に、私は子どもに言いたいことを何でも言える機会を与える。子どもたちに何か言いたいことがあるかと尋ねることは、彼らが言いたくないのに私が取り上げるかもしれないとびくびくしていたことについて、言わなくていいという承認を与えることになるようだ。私は「きっと状況はよくなる」と安心させ、よくなっていることに気づいたら来週私に話してほしいと伝えて会話を終える。

**SY**❖他に何か私に話したいことや私が知っておいた方が良さそうなことがある？

**ジェイド**❖ううん、ないわ。

**SY**❖来週金曜の同じ時間に会いましょう。

**ジェイド**❖ええ。

その後私はジェイドが名前をあげたメンバーで構成された支援グループと会った。

**SY**❖はーい、こっちに来て、よく見えるところに座って。来てくれて本当にありがとう。みんな元気？……みんなに助けてもらいたいことがあるの。私の仕事は学校で辛いことのある子どもを助けることなの。今ジェイドに辛いことがあるの。あなたたちを選んだのは、あなたたちならきっと助けることができると思ったからなの。いいかしら？［グループメンバーは頷き、だんだんくつろいでくる］。学校で辛い思いをする人なんて誰もいない方がいいわね。学校で辛い経験をしたことがある人がいるかしら？

**ラシード**❖何人かから悪口を言われたときは悲しかったよ。

**SY**❖まあなんてことでしょう。今は大丈夫？

**ラシード**❖うん、今は大丈夫。

**SY**❖それはよかった。ちゃんと解決してよかった。みんなはジェイドを知っているわね［メンバーは頷いたり、そうだと呟いたりする］。みんなには来週ジェイドが学校で楽しく過ごすために何かできることがあると思うの。ほんの小さなことでいいのよ。誰か何か思いつかない？

**ジェニイ**❖休み時間に彼女と遊べるよ。

**SY**❖それはとてもいい提案だわ。あなたの名前は？……ああ、そうジェニイね［書き出す］。あなたがジェイドと遊ぶのね。……彼女は喜ぶし、きっと楽しくなるわ。どうもありがとう。……他に何か思いついた人？……ちょっとしたことでいいのよ。

私がほとんど全員の名前と提案を書き出すまで、このような話し合いが続いた。

**ゲアリー**❖彼女が算数で困ったら教えてあげるよ。

**SY**❖すばらしいわゲアリー！　算数を教えるのね。あなたがそうしてくれたら彼女は喜ぶでしょうね。ありがとう。とても親切ね。……彼女を助けるためにできることをもうみんな考えついたかしら？

**ラシード**❖ぼくは何ができるかわからないよ。

**SY**❖ああそう、でも心配しないでいいの……他の人が話してくれたことであなたが手伝えることがあるかもしれないわ［彼は頷く］。……誰を手伝いたい？

**ラシード**❖ジェニイを手伝えるよ。

**SY**❖ジェニイ、ラシードが休み時間にあなたやジェイドと一緒に遊んでくれたとしたら、どうかしら？

**ジェニイ**❖ええ、どうせ私たちよく一緒に遊ぶんだから。

**SY**❖そう、すばらしいわ。ラシード本当にありがとう。そうしてくれればジェイドもジェニイもきっと助かるわ。こんなすてきな計画を持ち寄ってくれてみんなありがとう。みんなのおかげできっといろんなことが違ってきて、来週ジェイドは学校でもっと楽しくなるはずよ。それでどうなったのか話を聞きたいから、みんな来週もう一度私と会ってくれるかしら？

**グループ全員**❖［頷きながら］ええ、もちろん、いいよ。

私はすべてがうまくいっており、グループの子どもたちが熱心にジェイドを助けようとしていることを知らせるために、ジェイドの母親に電話をかけた。そして来週また連絡をするが、その頃までには母親も進歩に気づくだろうと伝えた。彼女はやや疑っているようだったが、とにかく私が助けようとしていることに感謝した。

翌週、私は予定通りジェイドと会った。彼女はニコニコしながら入って来た。私はそのすてきな笑顔をほめ、現状について尋ねた。

**ジェイド**❖もう大丈夫。

**SY**❖すばらしいわ。大丈夫になるためにあなたは何をしたの?

**ジェイド**❖ラシードとジェニイと遊んだの。

**SY**❖ああ、それはよかった。それを聞いてうれしいわ。他には何をしたの?

**ジェイド**❖ゲアリーがチョコレートビスケットをくれたわ。

**SY**❖まあ、やさしいわね。そう思わない?

**ジェイド**❖ええ、私も彼にお菓子を持ってきてあげたの。

**SY**❖それはよく気がついたわね……ということは学校で前より楽しそうだけど?

**ジェイド**❖ええ、今はもう大丈夫よ。

**SY**❖来週もう1度会って、またどんなことをしているか聞かせてもらいたいんだけれど、いいかしら?

**ジェイド**❖ええ。

**SY**❖じゃあ、また会いましょう。

ジェイドは楽しそうだったが、グループや親との話で何か他の心配事がでてくることもあるので、このようにもう一度会うことにした。

次に支援グループと会った。

**SY**❖またみんなに会えてうれしいわ。来てくれてありがとう。今ジェイドと会ってきたんだけど、どうなっていると思う?

**サラ**❖彼女はもう大丈夫よ。

**ゲアリー**❖そう大丈夫だよ。

**SY**❖みんなすごいわ。……どうやったの?

**ジェニイ**❖私は休み時間に彼女と遊んだの。ラシードもそうよ。

**SY**❖それはすばらしいわ。2人ともありがとう。そのことが彼女のためになったと思う?

**ジェニイ**❖ええ。

**SY**❖それはよかった。うれしいわ。彼女のためになったってどうしてわかるの?

**ジェニイ**❖ジェイドは前よりにこにこしているし、よく遊んでいるよ。

**ラシード**❖声を出して笑ったりもするよ。

**SY**❖すばらしいわ。うまくやったわね。他に手伝ってくれた人は誰かいる?

**サラ**❖私はランチのとき隣に座ったわ。そして……。

**ゲアリー**❖僕はランチを分けてあげたよ。

**SY**❖まあ、みんなよくやってくれたのね。ジェイドは前より楽しそうだと思う?

**サラ**❖ええ、絶対。

**SY**❖みんなよいプランを立てたと思っていたけど、やっぱりそうだったわ。それで、どうかしら、もう1週間彼女を助けていきたいと思う人、誰かいるかしら? [全員が顔を見合わせて頷き、微笑んだ]

私がジェイドの母親に電話をすると、状態がよくなっていることで彼女はとても安心していた。

**SY**❖こんにちは。この1週間に気づかれた進歩を聞かせていただきたくて、お電話したのですが。

**母親**❖ええ、ずっとよくなったので、驚いています。

**SY**❖それはすばらしいですね。どのようによくなっているのですか？

**母親**❖ジェイドは楽しそうに登校します。実のところ、今週は何の問題もなく登校しました。休み時間に遊ぶ友達も増えたようです。

**SY**❖すばらしいですね。さっきジェイドに会ったのですが、楽しそうに見えましたし、彼女自身もそう言っていました。それにグループも彼女が前より楽しそうだと言っています。

**母親**❖とてもうまくいっているみたいです……少なくとも今までのところは……でもまたいじめられるのではないか心配です。

**SY**❖ええ、私も今までのところよい状態だと思います。来週またどんな様子か彼女に話を聞きます。そのときまたお電話しますが、よろしいですか？

**母親**❖かまいません。ありがとうございます。

**SY**❖こちらこそ、お時間をとっていただいてありがとうございます。

2度目の継続セッションでも、ジェイドは幸せそうで、グループは自分たちが成し遂げたことを喜んでいた。教職員は新たな問題もなく、「みんなでうまく取り組んで」学校全体のためになったと喜んだ。親は私が最後までかかわったことに満足し、私は彼女に問題があればまた援助すると伝えた。

## 違いを作る

従来の問題解決による介入ではなく、このアプローチを使うことで、学校、親そしてかかわった子どもたち全員に多大なメリットがあることがわかった。

いじめの訴えがあると学校側が防衛的になるのは当然のことである。ともかく子どもが学校にいる間は、学校が生徒の心配事に責任をもたねばならない。校長や教頭は「真実」を知ろうとして子どもたちに個別に会うなど、起きていることを知ろうとして長時間を費やす。一般的な対応は「加害者」を罰することである。しかし、その後もいじめが続くと同情は冷めがちである。いじめたと非難されている子どもの親は自分の子どもを防衛して、被害者が「挑発的だ」とか「気を引こうとする」とか「過保護だ」と非難する。驚くことには、さらなるトラブルを避けるために休み時間に「被害者」が外に出られないようにすることもある。支援グループを用いると、起こったことに判断を下す必要がなくなり、「状況をよくするために何かを変える必要がある」ということを全員で合意できる。解決をすばやくもたらす対処法は、学校関係者や管理者から重宝がられて、高く評価されている。訓練を受けたり自分の学校の支援グループを観察したりした人たちの多くが、その後このアプローチを使って成功を収めている。習得しやすく、実施しやすいアプローチである。

管理者は自分の子どもの心配を訴える親に対しても、短期間に関係者全員にとってよい方向に導くことができるという自信を持って対処できる。心配を訴える親にとって重要なことは、自分の子どもの幸せであり、学校を責めることではない。

親は子どものことを心配し悩んだ末に、このプロジェクトに連絡してくることが多い。また多くの場合、教職員よりも親の方が子どもの悩みをはっきりと理解している。子どもが夜尿をしたり、攻撃的になったり、家で引きこもったりすることもあるだろう。それで親たちは学校に連絡をとり「何とかしよう」とするが、一時的にいじめがなくなってもまた再発することが多い。そうなると学校側が防衛的になって、子ども自身や親の養育態度のせいにするもしれないが、親はそれらを敏感に感じとることが多い。親が何かをしたせいで事態がさらに悪化すると、親は介入する力がないと感じることが多い。実際に子どものためを思って教師にすべてを話したせいで事態が悪化したと感じる親もいる。支援グループの活用は親たちがまさに望むこと、つまり子どもが学校で再び幸せになることへの集中的な取り組みとなる。大多数のケースの親はすぐによくなるとは思っていないが、事態は驚くほどの早さで急展開する。

もちろんこの形の介入で多くを得るのはかかわる子どもたちである。支援を受ける子どもは初回面接時には、神経質そうで心配そうなことが多い。すばらしいことに1週間後にもう一度会うと、彼らはリラックスして笑顔もみられ、前より自信を持っていることが多い。しかし利益を得るのは支援を受ける生徒だけではない。私が2回目以降のグループで話を聞くとき、グループの子どもたちが楽しく活動したと報告してくれることが多い。最近私たちはグループのメンバーの経験について調査を行った。ある小学校で支援グループに加わった生徒たちに感想を聞いた。すると、全員が支援グループに入って楽しかったと述べた。2、3人は自分たちがしたことを誇りに思うと話した。1人はグループにいる間に友達が増えたと言った。全員が、自分が所属したグループは支援を受けた子どもに本当の違いを作り出したし、みんな学校が楽しくなったと感じていた。

## 評価

私が最初にこのアプローチを始めた頃は、うまくいくようにと「祈るような」気持ちで学校を後にしていた。いじめのように、対応が難しく長期のかかわりが必要だと思われている問題に速やかな変化が起こることは、私が受けた行動療法プログラムでは考えられないことである。これまでこうした問題は「解決に時間がかかり苦労が多い」と考えられてきた。自信がつくにつれて私は全ケースを再検討し、成果について何らかの全体的評価を示すことが重要であると考えるようになった。次にその結果を示す。

過去2年間、51人の小学生に支援グループによるアプローチを用いた。かかわった子どもたちは6歳から10歳である。大部分のケースで大成功を収めた。成功の基準は問題が完全になくなり、目標の子どもがもうこれ以上支援は必要ないと感じることであった。1ケースは転校により介入が中断したので、50ケースについて報告する。

この50ケースを次のように分類した。すなわち「速やかな成功」とは、グループが作られてすぐに目標の子どもが全くもしくはほとんど問題はないと報告し、支援グループもそれに同意し、(関与している場合には)親が「いじめがなくなった」と喜んだケースである。80%のケー

| | | |
|---|---|---|
| 50ケース | 速やかな成功 | 40（80%） |
| | ゆっくりの成功 | 7（14%） |
| | 一部成功 | 3（6%） |

スがこの基準を満たした。

この表で「ゆっくりの成功」とされたケースは、2回目のセッションの時点で子どもが完全には楽しめていなかったり、支援グループが「満足できる状況ではない」と思ったり、親が何らかの理由で完全に満足していないケースである。こうしたケースでは全員が問題は解決したと思えるまで3～5週間継続セッションが続けられた。

「一部成功」の3ケースだが、これは改善がみられたものの子どもは引き続き学校内で楽しくないと感じることがあった。これらのケースでは子どもが「我慢できる」レベルが維持されるまで継続セッションが続けられた。実のところ、この3人の子どもたちは当初のグループの生徒とは違う生徒にいじめられたために、後に再相談があった。この少数の子どもたちには長期の援助が必要で、解決志向の個別面接が行われた。

大切な点は状況が悪化したケースは皆無だということである。子どもは学校でいじめられていることを話そうとしないことが多い。その理由の1つは、介入によりさらに状況が悪化することを心配するからだ。興味深いことに、いじめに対する罰は実際には怒りを引き出し、さらに状況を悪化させる。教師と親たちもこの点を心配している。だからこそ安全で有効な介入が必要なのである。

## 結論

解決志向の支援グループ・アプローチは利用しやすい有力な方策である。数カ国で多くの教職員がこのアプローチを試み、少なくとも同程度の成功を収めている。小学校での「いじめ」にこれほど成功している対策は他には示されていない。



報告4

# 解決志向による受刑者の出所と移行の計画作り

ローレン・ウォーカー
Lorenn Walker

私は個人的な経験と専門家としての経験から、犯罪と社会復帰に人間味のない懲罰的アプローチを適用する私たちの司法制度を改善する仕事に取り組むことになった。14歳にして1人暮らしをしていた私は、短期間収監された少年犯罪者だった。また、殺人未遂、強姦というひどい暴行犯罪の被害者でもあった。31歳でハワイ州を守り、人々を訴追する政府弁護士になった。その後、犯罪の嫌疑をかけられた個人の代理人を務めるようになった。こうした経験を通して、司法制度が罪もなく傷ついた人々を手ひどく扱い、さらに罪を犯し収監された人を刑事罰の対象とすることが多いことを知った。司法制度は受刑者を社会復帰させ、また重大犯罪の生産的な解決を円満に作り出すことに焦点を向け替える必要がある。

本論で述べる受刑者の出所と移行の計画を集団で作る作業は、違反者の合法的行動を増加させ、犯罪行為と収監によって傷ついた大切な人やその他の人に負わせた被害を償うことを目的にする（Walker, 2004）。このプログラムでは解決志向（Berg, 1994; Berg & Reuss, 1997; De Jong & Berg, 2002; de Shazer, 1985; 1988; 1994）と修復的司法《restorative justice》［【訳註】修復的司法／当該犯罪に関係する全当事者が一同に会し、犯罪の影響とその将来へのかかわりをいかに取り扱うかを集団的に解決するプロセス」(Zehr, 1990) アプローチ (Walker, Sakai & Brady, 2006) がグループ作業の形にまとめられている (Walker & Greening, 2010)。

修復的司法は犯罪による被害の回復に必要なことに焦点を合わせる。その土台にあるのは先住民による和解の慣習である。それは、被害者側と加害者に代わって専門家が責任を担うべき人と罰とを決定する司法制度とは根本的にかけ離れたものである。つまり、修復的司法では犯罪事件に関与した人に立ち直るために必要なことを考える機会を与え、彼らが自分のストーリーを語ることを認める。被害者、加害者、地域の人々が集まり和解に向けた話し合いがよく行われるが、修復的司法をうまく使うと、一方の当事者が出席していなくても人々に理解と回復をもたらすだろう (Walker, 2004)。

解決志向と修復的司法は異なる分野で始まったものだが、似通った点が多い。どちらも人には必要なものと望むものを知る力があることを尊重し、全く楽観的である。また人は犯罪被害者として、または加害者として受けた被害に対処することができ、可能な場合はいつでも良好な関係と将来とを創り出す力があると想定している。解決志向と修復的司法とを一緒に用いることで自発的な治癒過程が提供され、犯罪行為と収監によって被害を負った人々が尊厳を取り戻すことができる。

この出所と移行に向けた取り組みは、弁護士、裁判官、陪審員がかかわって結果を統制する、非難と懲罰から成る主流の刑事司法制度によるものではない。それとは異なり、この解決志向と修復的回復による行程では、特定の犯罪事件と受刑に巻き込まれ傷ついた個人に、その被った被害から回復するために必要なことを申し出る機会を与える。

アメリカの他の州と同様にハワイでも維持困難な収監状況と、50%以上が釈放後3年以内に再収監されるという深刻な社会復帰率の低さに悩まされている (Langan & Levin, 2002)。特に問題となるのは、重罪犯の90%以上が罪を認めており (Hall, 2003)、暴力犯罪の約50%が知り合い同士の間で起きている (連邦捜査局, 2003) にもかかわらず、現行制度では和解を奨励していないことである。私たちの司法制度ではほとんどの場合、犯罪によって傷ついた人々 (多くは加害者にとって大切な人) の要求を取りあげない。

ここで述べるプログラムは、インスー・キム・バーグの助言のもとに考案され、まず２００５年にオアフ男性軽度警備刑務所で、その後ハワイ州女性中程度警備刑務所で試験的に運用された。２０１０年ハワイ州議会は、州刑務局が州全体でこのプログラムを支持することを命じる決議を可決した (ハワイ州議会, 2010)。

# プログラムの説明

## 出所と移行に向けた計画を作るグループの過程

ハワイではこの出所と移行のプラン作りをフイカヒ修復サークルと呼ぶ。ハワイの言葉で「フイ《hui》」は集団を、「カヒ《kahi》」は個人を意味する。この2つの言葉が一緒に用いられることで、犯罪と収監による苦痛に対処するために、地域と個人の共通理解と協力が必要であることを示している。サークルでは各地域の文化が尊重され、それぞれの文化を映し出す地域独自の名前をつけるよう奨励されている。例えば、ニューヨーク市ロチェスターではファミリー・サークルと呼ばれている（Walker & Greening, 2011, in press）。

このサークルは、受刑者が出所後に復帰する可能性が高い地域と家庭に、彼らを支援するシステムを増強することを目指している（Baer et al., 2006）。また、自立して生活していきたいという要求を叶えるために実行可能な移行計画を自発的に書面作成する機会を提供する。その他の重要な目的としては受刑者による犯罪行為と収監によって傷ついた人々を回復させることである。これには親の収監により苦しみ、心の傷を負った子どもも含まれる（Hairston, 2007）。

ハワイではこれまで300人以上が61のフイカイ・サークルに参加した。サークルには、受刑者、彼らの大切な人、少なくとも1人の刑務所代表者が参加した。さらにハワイでは、12週間の解決志向訓練プログラムに参加した約110人の受刑者が48のフイカイ準サークルに参加した（Walker & Sakai, 2006）。大切な人が準サークルに出席する代わりに、他の受刑者がその人の支援者として参加することもある（Walker, 2009）。準サークルに参加した受刑者は後に大切な人と正式なサークルに申し込むことが多かった。

次に、フイカイ修復サークルにおける出所と移行の計画を作る全プロセスを説明する。

## プログラムの情報提供と募集

刑務所でこの取り組みについて紹介し、受刑者の自主的な申し込みを募った。例えば、ハワイ女性刑務所で約1時間の説明会を行ったときには、ある女性に準サークルでの経験を語ってもらった。その説明会は定員50人の部屋で開催されたが、参加希望者全員を収容することはできなかった。その後、説明を受けた大部分の女性受刑者がサークルを申し込んだ。

申込書が作られると、刑務所管理者が点検し、申込者がこの取り組みに適切かどうかが個別に判断される。刑務所管理部で受理された申込書は、申込者との面接日程を決める組織である「正義と市民教育ハワイ友の会」に送られる。

面接を行う目的の1つは、申込者の過去の行動と収監によって傷ついた人々に対して申込者が償うことに責任を持っているかどうか、法律に従った望ましい将来のプラン作りに熱意があるかどうかを、実施機関が判断するためである。現在までにハワイでサークルに申し込んだ150人全員がその基準を満たし、面接を許可されたことは特筆すべきことである。

## 申込者との解決志向面接

解決志向の面接には30〜60分をかけるが、この面接を行うのはサークルを招集し、導き、平均6ページの移行計画書を作成するファシリテーターである。このサークル参加者として適当だと判断された後に面接を行う主な目的は、申込者が楽観的になり、自分の未来を統制できるのだと理解し、現在は収監されているものの過去には成功していたことに気づかせることである。受刑者の地域移行の成功には希望を持つことが必須となる（Howerton, Burnett, Byng, & Campbell, 2009）。

ファシリテーターは面接全体を通じてどれほど小さくでも、受刑者の成功、能力、長所についての情報を集め、コンプリメントする（Lee,

Sebold, Uken, 2003 参照）。前向きな成果へのコンプリメントは解決志向でよく用いられる手段である（Berg, 1994）。

次にデビー（サークルのファシリテーター）とケンドラ（サークル申込者）との解決志向面接を示す。

**デビー**❖［ケンドラをまっすぐ見つめ微笑み、握手をしようと手を差し出す］ケンドラ、お会いできてうれしいです。私は、デビー・フーです。フイカヒ・サークルへの申し込みの件で、お話を聞きにきました。

**ケンドラ**❖［ためらいがちに、微笑む］ええ

**デビー**❖自分で責任を持って将来のプランを立て、家族とうまくやっていくためにサークル利用したいという方にお会いできることは光栄なことです。

**ケンドラ**❖［にっこりして］ありがとう。お会いできてうれしいです。

**デビー**❖とても健康そうですね。ここでどうやって健康でいられるのですか?

**ケンドラ**❖できるだけ歩くようにして、毎日運動をしています。台所で仕事をして、忙しくしています。

**デビー**❖それはすごい！　毎日運動をして、台所で仕事をして、忙しくしていているなんて。いったいどうやって、そうしているのですか。

**ケンドラ**❖ええ、いつもどんな仕事でもしてきました。15歳からずっと働いてきたんです。

**デビー**❖これまでの人生の大部分を頑張って働いてきた！　ケンドラ、このことから自分のことをどう思いますか。

**ケンドラ**❖働くことが大好きです。仕事がなかったら頭がどうかなりそうです。特にここではそうです。

**デビー**❖すごいことです。本当によく働きますね、ケンドラ。どうしてサークルに入りたいと思ったのですか。

**ケンドラ**❖たくさんの人を傷つけてしまいました。それを償いたいし、娘たちに自分の行いをひどく後悔していることを伝えたいのです。彼女たちには私と同じあやまちを犯してほしくないのです。

**デビー**❖まあ、なんてすばらしいお母さんでしょう！　償いたいと思い、娘さんに後悔していることを知らせたいとは。あなたは娘さんに何かを教えて、間違いを何か前向きのことに変えようとしていますね。すばらしいことです。

**ケンドラ**❖［明るく微笑む］ありがとう。娘たちが何よりも大切なの。私はいつも何が正しいことなのかわかっていました。でも悪い男とかかわってしまって。それが彼女たちの父親です。彼が私の破滅のもとなのです。彼を憎んでいるわけではありません。彼と一緒に暮らすと決めたのは私だけど、もう二度と彼と一緒にはなりません。

**デビー**❖娘さんたちのことを最優先し、正しいことがわかっているのは立派なことです。娘さんの父親から悪い影響を受けているのだとわかり、それを変えたのですね。大変だったでしょう。彼はあなたにとってとても大切だったに違いありません。どうやってそうしたんですか。どうやって彼との関係から抜け出たのですか。

**ケンドラ**❖逮捕されて、娘たちと一緒に居られなくなったとき、自分にとって誰が大切なのかを決めねばならず、私は娘を選びました。娘たちはいい子で、父親はくだらない人間です。彼は自分のことしか考えません。働かないので、何とか彼の行いを変えようとしました。でも彼にそんなことをしてやる値打ちはありません。私は子どもと一緒にいたいのです。

デビー❖ケンドラ、あなたは正しい方向に進んでいるようですね。子どもと一緒にいたいと思っているとは。きっとサークルが役に立つでしょう。サークルについてお知らせしたいことがいくつかあります。［ファシリテーターはプログラムのパンフレットを取り出し、それをケンドラに見せる］

ファシリテーターは手順を説明し、ケンドラが準備すべきことについてパンフレットに○をつける。

デビー❖サークルで私はあなたが刑務所に入ってから達成したことで一番自慢したいことについて尋ねるつもりです。あなたはどんな話をしますか。

ケンドラ❖自分を知ったことでしょう。自分についての多くの作業をしています。どこで間違ったのか考えながら。育児講座では自分の気持ちに素直になることを学びました。きっと以前よりまともな人間になっています。

これまでにサークルの面接を受けた全員が達成したことについて尋ねられると前向きな返答をした。その質問によって、過去に不正行為があり受刑中であっても、望ましい成果をあげていることに気づくことができる。

ファシリテーターは、「サークルの実施には刑務所外の人でサークル参加を同意する人が必ず1人は必要である」とケンドラに話す。また申込者は、収監中にサークルが行われない場合は釈放後にその機会が与えられることも伝えられる。これまでに行われた61サークルのうち2つは申込者の釈放後に刑務所外で実施された。

ファシリテーターが取り組むべきことを伝え、受刑者が何に取り組めばよいのかと尋ねたりしながら、面接は前向きな内容で終わる。宿題を出すことも解決志向でよくみられる手段である（Trepper, et al., 2012）。

デビー❖［手を伸ばして、ケンドラの腕をやさしく叩きながら］ケンドラ、お会いできてよかったです。ご自身や娘さんについて考えていることや望んでいることについて聞かせていただき、ありがとうございました。御存知かもしれませんが、私たちは適格な方全員にサークルを提供したいのですが、需要が多く刑務所管理部門がサークルを利用できるよう動いてくれるかどうか保証できません。私たちからあなたに連絡をするつもりですが、もし連絡がなければあなたからこちらに連絡してください。率直に言いますが「きしる車輪は油をさしてもらえる」でしょうから、刑務所管理部門に問い続けてください。私たちは希望者全員にサークルを実施しようとしますが、私たちの限られた資源ですぐに提供できる件数よりも申込数が多いために、収監中にはあなたのサークルを実施できないかもしれません。ここにいる間にサークルができない場合、出所してからお電話をください。出所後にサークルを行うこともあります。次にお会いするまでに、続けることで自分のためになりそうなことが何かありませんか。

ケンドラ❖ここで自分の仕事をして、授業に出席し、娘たちのためになることを続けていくだけだと思います。

デビー❖それは本当によいプランですね。仕事を続けて、授業に出席し、娘さんの助けになることを続けてください。

ケンドラ❖ありがとう。そうします。

デビー❖すばらしい！　娘さんにお会いできるのを楽しみにしています。

ケンドラ❖来ていただき、家族に電話してくれてありがとう。本当に感謝しています。

## サークルの召集

次にサークルの準備作業が始まる。これには、招待者全員に電話をかけ、プロセスを説明し、参加希望の有無を確認し、彼らに期待されることを伝え、話し合いの要点を明確にし、参加することで感情的になる場合があることを注意し、全参加者と刑務所代表に好都合な日時を設定するという作業が含まれる。ファシリテーターがこうした準備を行うが、1サークルあたり平均10時間かかる。サークルへの平均参加者数は5人である。

次に招待される家族への電話の例をあげる。

「こんにちは、ハワイ司法省市民教育の支援者の、デビー・フーです。お宅の電話番号はケンドラ・リーさんから聞きました。私はフイカヒ・サークルという刑務所のプログラムを担当しています。これは過去の行動と収監に責任をとろうとする受刑者向けのプログラムです。彼らは傷つけた人々に償い、将来の建設的なプランを立てることを望んでいます。ご家族にとってサークルは、これまでの家族の生活や、関係を回復するために受刑者にできることについて話せる場となります。ケンドラはサークルに申込み、あなたの参加を望んでいます。サークルに興味はありませんか」

大部分の人はサークルに興味を持ち、必要な期間や時期などについて尋ねる。招待者のスケジュールに合わせてサークルを実施するのが理想的だが、それは刑務所管理者の柔軟性による。比較的融通のきく刑務所管理者であれば、週末や夕方など通常の勤務時間外にサークルを行うことを許可する場合もある。

刑務所でのサークルに参加しようとする招待者がぶつかる障壁は手ごわいものである。例えば、仕事を休めない、幼い子どもをみなければならない、病気、前科があるため刑務所に訪問できない、遠距離などである。さらに、米国の他の州と同様にハワイの受刑者の大多数は貧困世帯の出であり、主な刑務所が設置されているオアフ島住民は少ない。サークル・プログラムは隣接した島から参加する貧困者に、少なくとも半分の航空運賃を支給しようとしている。また、オアフ刑務所はバス路線から外れた農村地帯にあるので、プログラム提供者はサークル参加者をバス停や家の近くまで出迎えるサービスを行っている。

ハワイでこのプログラムが試験運用された5年間にサークル招待者の約15%が「参加したくない」と述べている。収監された親近者とかかわりたくないという家族がいてもおかしいことではない。家族から「参加したくない」と言われたとき、ファシリテーターは次のように返すことが多い。

「もちろん、あなたはご自身とご家族のために何が最善なのかわかっていらっしゃるでしょう。しかし、このプログラムが［受刑者の名前］にとっても、傷ついたあなたにとっても同じようにためになるものだと、知っておいてください。よろしかったら、プログラムの詳細なパンフレットをメール送信し、改めてお話をさせていただきたいのですが」

大多数がパンフレットを希望し、最初は出席したくないと言った人の何人かは考えを変えてサークルに参加し、後に満足したと報告している。

## 電話インタビューとサークル欠席者のための「空の椅子《Empty Chairs》」

サークルへの参加を希望しながらも出席できない家族のために、参加する機会が与えられる。残念ながら、現在のハワイ刑務所ではオアフ島住民でなければサークル中にスピーカーホンを使うことはできない。こうした状況でファシリテーターはサークル実施前に出席できない人に電話をかけて話を聞く。こうした電話でのやりとりに1時間かかる場合もある。ほとんどが「犯罪行為と収監によってどんな影響を受けたか」、「被害を癒すにどうすればいいか」と初めて尋ねられる。

ケンドラの場合、ファシリテーターは電話でケンドラの母と話すときに解決志向の技法を使った。次にその抜粋を示す。

**デビー**❖これまでのケンドラの言動と彼女の収監によって、どんな影響を受けましたか。

**ケンドラの母親**❖大変でした。私たちは祖父母です。10年間、あの子［ケンドラ］の子どもを育ててきました。祖父母というものは孫を甘やかして当然なのに、私たちは孫に厳しくせねばなりませんでした。私は決して両親の悪口を言いませんが、経済的にも身体的にも大変なのです。僅かな収入しかありませんし、60代ですから。

**デビー**❖本当にすばらしい。ずっと大変でも自分のことよりお孫さんを第一に考えてこられたのですね。どうやってそうしてきたのですか？

**ケンドラの母親**❖娘が刑務所に入ったとき、孫を里親に出そうとは思いませんでした。助けが必要なときに助けてやるのが家族です。孫たちはいい子です。学校の成績もいいし、スポーツをしていて悪い連中には近づきません。

**デビー**❖どれほどすばらしいお孫さんの養育をしてこられたことでしょう。お孫さんたちは成績がよく、スポーツをしている。そしてあなたは彼らに悪い連中に近づかないように教えてこられた。あなたはお孫さんに家族の意味を教えているのです。リーさん、被害からいくらかでも回復するためにケンドラに何ができるでしょうか？

**ケンドラの母親**❖落ち着きを取り戻して、あたりまえの母親になることです。

**デビー**❖「落ち着きを取り戻す」とは具体的にはどういうことですか？

**ケンドラの母親**❖出所したら仕事に就いて、それを続けること。そして、子どもを引き取って、面倒をみることです。

サークルの間、空席にはケンドラの母親、父親、15歳の娘から聞き取った内容が記された用紙が置かれる。ケンドラのサークルに出席している別の出席者が途中でそれを読む。

サークルに出席できなかった家族はファシリテーターと話したことが役に立ったと報告する。司法制度は通常、犯罪の証明または刑罰に関連しない限り、犯罪が人々に及ぼす影響に注目しない。しかしながら、サークルを経験して、犯罪行為と収監による人々への影響を取り上げることが癒しになることがわかった。

ケンドラの母親はファシリテーターとの電話について「娘を助けようとする人が向こうにいることを知って心強く感じた。彼女のことを気にかけて、彼女が話せる相手がいるのですから」と述べた。ケンドラの15歳の娘は、電話インタビューのおかげで「私の気持ちをおかあさんに話すことができて、気分がよくなった」と言った。

## サークルの始まり

ファシリテーターがサークルを招集し、先導する。訓練を受けた記録係が壁に貼られた大きな紙の上にグループで語られる重要な話をすべて書き込んでいく。ファシリテーターと記録係は、参加者が話したままの言葉を使うよう注意する。

椅子が円形に配置され、円の外側に壁かイーゼルに貼られた大きな用紙に発言を記録する記録係が立っている。親近者が出席する正式なサークルには約3時間、準サークルには約1時間を要する。

サークルは、受刑者が選んだオープニングで始まる。ハワイの土着の歌、歌唱、ギターやウクレレの演奏、祈りの言葉、詩の朗読、あるいは謝罪と和解をこめた文書の朗読で始まることもある。

そして出席者全員が自己紹介する。次に受刑者が収監されてから達成した最も誇らしいことについて話す。達成したことの話の後に、出席者が「彼女がどんな人なのか」ということと彼女の長所とを確認する。未成年の子どもがサークルに参加する場合、グループで子どもの長所を確認し、(ほとんどのケースで言えることだが)そうした長所を伸ばすために受刑者が行ってきたこと示す証拠を確認する。受刑者にとっては他の人が自分の能力について話すのを聞くこと、また子どもにとっては自分の長所と親の心づかいについて聞くことになり感動的な体験となる。親近者、刑務所職員、ファシリテーターや記録係まで出席者全員が涙ぐむことがよくある。

## サークルでの和解の段階

長所を確認した後、ファシリテーターはグループに、受刑者がサークルを希望するということは、「彼女が自分のしたことに責任をとろうとしているのであり、それは彼女のもう1つの長所である」と明示して、和解に導入する。和解段階では次の3つの修復的正義の基本的な質問が尋ねられる。(1)過去の不法行為と収監により誰が影響を受けたか。(2)その人たちはどんな影響を受けたか。(3)その被害を修復するために何ができるか。

「誰が、どんな影響を受けたか」という最初の2つの質問には受刑者が答える。その後、ファシリテーターは受刑者に以前の考えと今になってわかったことを述べてほしいと言う。過去の行為と考えを表明することで、洞察を理解してもらい、犯罪から法順守へといかに人生が「変わったか」述べる機会が与えられる(Maruna, 2001)。他者に「いかに変わったか」を伝えることで、よりよい行動に向かうことを強化することになる(Jenkins, 1990)。

**デビー**❖ケンドラ、そうしたときのことを振り返ってみてください[受刑者は必ず過去の行為について話す]。何を考えていましたか。

**ケンドラ**❖自分のことです。私がしたかったこと。あの頃、私は[麻薬で]ハイになることだけを望んでいました。他の人を大事にしませんでした。

**デビー**❖それで、今、ここに座って、そうした考えやあなたがしたことを振り返って、どう思いますか。

**ケンドラ**❖今日は、自分が違う人のように思います。最初ここに来たとき、鏡のなかに怪物が見えました。それが本当の私ではないとわかっていました。今日、それが本当に私ではないとわかります。

**デビー**❖わあ、あなたは本当に変わり、今では以前とは違っている。どうやって、そうなったのですか。どうやって怪物から、この場に座り、家族との関係を回復したいと望む人に変わったのですか。

**ケンドラ**❖自分より子どもを大事に思うようになりました。あの……自分より子どもを優先できて、今とても幸せです。

次に、出席者と電話での聞き取りの内容を記した空椅子上の用紙に象徴される親近者が、受刑者の以前の振る舞いと収監により受けた影響、その被害から回復するために受刑者にできることについて話す。ほぼ例外なく親近者が望む条件は、受刑者が薬とアルコールから離れることである。受刑者が同意すると、「何があれば薬物を断ち、禁酒を続けられるか」と尋ねられる。「以前もやめようとしたことでしょう。今回は何が違いますか」、「0～10のスケールで、10は１００％薬物を断とうとし、0は全くそうしないとすると、あなたはどこにいるでしょう」

サークルの機会を得た大多数は参加者に率直に謝罪する。ときには、受刑者が不参加の人に謝罪の手紙を書くこともある。解決志向と修復的回復による謝罪の手紙プログラムは、www.apologyletter.org で利用できる［【訳註】日本語版は「ソリューションランド」のホームページ http://www.solutionland.com/a_and_f/index.html で利用できる］。このウェブサイトには有意義な謝罪文を作成し、関係修復に役立つ質問が準備されている。インターネットへのアクセスを許可されていない刑務所の受刑者には、その質問を印刷して渡すことができる。ウェブサイトには、傷ついた人が自分自身に向けて想像による謝罪文を作成するためのツールも含まれている。また、傷ついた人と加害者が接触せずに、許しを申し出るプログラムも提供されている。このウェブサイトは、私（ローレン・ウォーカー）と解決志向の介入について豊富な知識を持つフィンランドの精神科医ベン・ファーマンが立ち上げた。

## 出所計画の完成

和解の段階後、出所に向けた実際的なニーズが取り上げられる。これには住居、仕事、交通手段、身元確認書類（例えば、社会保障カード、出生証明書）の獲得、情緒的・身体的健康のプラン、地域支援グループの確認が含まれる。

和解と実際的ニーズも含む各々のニーズに向けた具体的行動とそれを達成するスケジュールが明確にされる。例えば、ケンドラの出所計画では和解について次のように述べられている――「ケンドラは２０１０年1月12日までに祖母に謝罪の手紙を書き、２０１０年1月15日までにその手紙を郵送する。ケンドラは手紙を書いて郵送するための便せんと封筒と郵送料を持っている」。実際的ニーズへのプランを次に記す――「ケンドラは以前の職場であるKマートに再応募する。２０１０年1月20日までに以前のマネージャに手紙を書き郵送する」「ケンドラの出生証明書、社会保障カード、有効期限が切れた運転免許証は娘の住居のドレッサーのなかにある。ケンドラの娘アリシアは出所したケンドラにそれらを手渡す。受刑者は大部分の行動に取りかかるが、他の人が援助を申し出ることも多い。例えば、ケンドラの友人は次の援助を申し出た――「キャロルは、2010年1月15日までに「禁麻薬と禁酒の訓練所（社会復帰訓練所）」のリストをケンドラに郵送する」。

個々のニーズに対する具体的計画ができると、次回のサークルの開催日を決める。それから各々が「ケンドラについて今日知ったことや、感銘を受けた変化を彼女にコンプリメントし」、サークルは終了する。語られていなかった長所を確認する新しいコンプリメントはどんなことでも計画書に追記される。最後に、ケンドラは次のように声をかけられる――「今日のサークルの感想また他に何でも言いたいことを話してもらって、今日のサークルを終えましょう」

サークル終了後、参加者は体験したことをアンケート用紙に記入し、刑務所の許可を得てクッキーとジュースが出される。サークル終了後に短時間だが、参加者が歓談する時間が設けられるのが普通である。

## プログラムの成果

調査への全参加者320人が肯定的な評価をした。出席者による特徴的コメントは、「いい話が聞けたし、感情が溢れ出てきた。いろいろ本当のことがわかったし、完璧だった」といったものである。受刑者が逆戻りし、再収監されたときでさえも、家族の満足感が続いていることは注目に値する（Walker & Greening, 2010）。考えられる理由は、刑務所スタッフ、カウンセラー、親近者が決まって述べるように、サークルが「過去の痛みを癒す」過程から始まり、傷ついた人の助けを得ながら進んでいるからだ。

数は少ないが、再犯率に関する初期のデータは可能性を示している。2010年3月、サークルを受けて出所し2年以上経過した者が23名いた。そのうち16名は違反なく刑務所外で暮らし、7名は刑務所に戻った。準サークルではサークルを受けて出所し2年以上経過した者のうち、3人に再犯があった。これらのデータからどちらのサークルでも30%の再犯率であった。この数値は出所後3年以上の州平均再犯率である54・7%より低い値であった。

## 課題と展望

プログラムを維持していくための主要な課題としては、資金不足と現在展開している女性刑務所以外の刑務所でもサークルを実施することへの刑務所管理側の消極性があげられる。プログラムは少ない助成金と奉仕活動により試験的に運用されてきた。多くの資金と刑務所の協力があれば、もっと多くのサークルが提供されるだろう。

現在のところ、親近者とともにサークル応募した約3人に1人だけがサークルを利用できる。また、ハワイ刑務部局は解決志向ファシリテーター訓練プログラムへの参加者にだけ準サークルの提供を認めている。他の受刑者にはそのプログラムは提供されない。2011年、サークル数を大幅に増加させ、より徹底的な評価を行うために資金の獲得を目指している。この介入を支持する確実なデータを基に、刑務所部局がハワイの他の刑務所でもプログラムを展開することが望まれる。

報告5

# 選択の問題

スティーブ・ディ・シェイザー／リュック・イズベール
Steve de Shazer/Luc Isebaert

本論に述べられるアルコール（問題飲酒）治療プログラムは、ブリュージュ（ベルギー）にある聖ヨハネ病院の精神科と心療内科で実施されている（de Shazer & Isebaert, 2003）。聖ヨハネ病院はフラマン語圏であるベルギー西部の大規模な公立病院である。全患者が健康保険の適用を受けるので、就業者、失業者、年金もしくは生活保護受給者などあらゆる社会階層の人々が受診する。アルコール治療プログラムを受ける患者の約3分の1は不本意な患者であり、その多くは警察によって連れてこられる。ベルギーの法律では、アルコールで混乱している場合には入院させることが可能で、実際にそれが必要とされている。この入院は24時間以内で、たとえ入院時にせん妄があっても10日間までである。

リュック・イズベール医師が精神科主任に着任した1983年以前は、アルコール問題に対して伝統的アプローチによる取り組みがなされていたが、患者やスタッフを含めた全員がこの取り組みに不満を抱いていた。それはとにかく効果がなく、短期間での再発が繰り返された。伝統的訓練（ラカン派）に加えて、家族療法とエリクソン派催眠療法の訓練を受けていたイズベール医師は、もっと有効で能率的なよい方法があるに違いないと考えた。そして主にミルトン・エリクソンとMRI（Mental Research Institute）アプローチと、ルートヴィヒ・ビンスワンガーおよびヴィクトール・フランクルによる実存療法アプローチに基づき、これまでとは違う方法を病棟の全スタッフに訓練しはじめた。その後1990年にはスティーブ・ディ・シェイザーを招いて、病棟スタッフその他を対象にした第1回解決志向短期療法（以下SFBTと表記する）ワークショップを開催した。SFBTはセラピストたちが使い始めていた新しいアプローチに、患者の選択に注目するという点でぴたりと合致した。

## 問題飲酒治療プログラム

1　病棟で24時間経過後、患者は次の選択をする――（1）入院を続ける、（2）外来病院《day hospital》へ移る、（3）外来患者として治療に加わる、（4）プログラムに参加しない。患者はいつでも選択しなおせる。

2　最初の1週間のある時点で患者は彼らの主たるセラピストである看護師から飲酒の生物的‐心理的‐社会的側面について広範な話を聞く。そして、次の選択をする――（1）解決志向グループ療法、（2）解決志向個人療法、（3）配偶者またはパートナーとの解決志向療法、（4）家族全員との解決志向療法、（5）不要。やはりいつでも選択しなおせる。

3　看護師は患者（とその家族）が禁酒治療グループと節酒治療グループのどちらに参加するかを決める手助けをする。問題飲酒に取り組むには「禁酒しかない」とは考えず、看護師と医師は患者の選択を受けいれる。やはりいつでも選択しなおすことができる。

## 解決志向短期療法に基づく手法

SFBTの「標準的な」実践の多くは患者の選択に焦点をあわせるので、明らかにこのプログラムと合致する。

1 ミラクル・クエスチョンを用いると「問題がなくなったときに、どうなってほしいか」についての患者の選択に焦点を合わせることができる。（治療面接で）奇跡の翌日について患者の説明を、患者とセラピストで細部まで探求したら、次の段階はその奇跡の描写を実現するためには、禁酒と節酒のどちらが有効かを患者が決定する。患者のこの選択を援助するためにスケーリングが役に立つだろう。

2 スケーリング・クエスチョンはどちらの治療グループでも中心的手法となる。これを使って禁酒もしくは節酒を達成する自信を表すことができる。また節酒グループの患者が3杯もしくはそれ以下で飲酒をやめることがどれくらい「難しい／やさしい」と思うかを査定することもできる。禁酒グループの患者には、一杯だけ飲みたいという欲望を克服するのがどれくらい「難しい／やさしい」と思うかを査定することもできる。

3 治療セッションでミラクル・クエスチョンに続けて、「10」を奇跡の翌日の状況として、「0」を入院時の状況とするスケールを用いることもできる。こうすると患者とセラピストはセッションごとに進歩を査定できる。

4 患者が「飲める状況にいながらも飲まなかったとき」を例外として定義されることが多いが、治療面接でもグループ・ミーティングでも例外の詳細が探求される。誰がかかわっており、どんな状況で、いつ起きたか、どこでといったことが、さらなる進歩への手がかりとして注目される。

5 ぶり返しへの対処は治療の重要な要素である。ぶり返しはある時点での失敗だが、そこまでいくらかは成功しており、節酒の訓練とみなされる。そしてこの部分的な解決（いくらかの成功部分）の詳細が話し合われる。また将来の困難によりうまく対処するために、患者は次のような質問を受ける。

◉ これまでアルコールを飲みたくなってもその欲求をうまく克服したとき、最初の1杯を飲まないために何が役に立ったか。

◉ 1杯だけで飲むのをやめたことがあったかどうか。（あった場合）どうやってそうしたか。他に何が役に立つか。

◉ 3杯続けて飲んだとき、その時点で飲酒をやめるために何ができるか。

◉ これまで一日中飲んだ翌日に飲まなかったことがあったとしたら、翌日に飲まないために何が助けになったか。他に何が役に立つだろうか。誰がどのようにあなたを援助できるだろうか。

◉ 3日間飲み続けて、もとに戻ってしまったと思うようなときに、4日目に自制心を取り戻し、再び自分の望む生活を始めるために何ができるだろうか。

個人面接、パートナーとの面接、グループのそれぞれの場面でこれらの質問を使った対話がなされる。患者のなかにはこの答えを（しばしば愛する人の写真の裏に）書き留めて、財布にしまっておく者も多い。

## 事 例

40代半ばの男性フランツは2回目の面接で、週末に帰宅したときの失敗について話した。彼は長年にわたりひどい飲みすぎを繰り返しており、飲酒をコントロールしたいと思っていた。彼は仕事と結婚生活を続けていくことを望んでいたが、そのためには飲酒をコントロールする必要があると思っていた。

T❖それでビールを何杯飲んだの?

F❖いつもよりずっと少なかった。でも自分で決めた3杯よりは多かった。

T❖いつもよりも少ないと聞いてうれしいよ。それで何杯だったの?

F❖8杯ぐらいかな。8杯ぐらいだった。

T❖もっと飲めていた?

F❖もちろん。

T❖それでどうやって8杯でやめたの。どうやって9杯にならなかったの?

F❖そうだな。近所の人と村のパブにいたんだ。20年ぐらい前から毎週金曜日の夜はそうなんだ。9時半ごろトイレに行きたくなって、テーブルから立ち上がった。そして気がついたら外にいた。きっと違うドアを開けたんだろう。それで外に出たんだから、家へ帰ることにしたんだ。そのままベッドに入って土曜日の昼まで寝ていたよ。

T❖パブに戻ることもできたのに、どうやって家に帰ることにしたの?

F❖本当のところは、家内が出かけていたから、3杯という約束を破っても彼女が帰るまでにベッドに入っていれば、隠し通せると思っていた。でも彼女は帰宅途中にパブによって、私が帰ったことを近所の人から聞いたんだ。

T❖なるほど。

F❖席を立って家に帰ることは思っていたより簡単だった。もっと飲むために戻ろうなんてちっとも思わなかったよ。次は2杯か3杯でやめたいと思う。

T❖次に2杯か3杯でやめる自信が十分にあるを10とすれば、今のあなたの自信はどれくらいだろう?

F❖先週聞かれていたら8と答えただろうな。でも今は2より高いとは言えない。少なくとも今は何をすべきかを知ってはいるが。

T❖席を立って家へ帰る。

F❖その通り。

T❖奥さんは今のあなたをどこだと言うだろうか?

F❖0って言うだろうな。彼女はひどく動転しているんだ。

T❖それで彼女はあなたが0から1に上がったことをどうやって知るだろう?

F❖いま彼女は私に話しかけてくれないんだ。だから何を言っても無駄だろう。多分、明日の朝私が彼女のために朝食を作れば……。

T❖おそらく、彼女はそれが気に入る。

F❖ショックを受けるだろうな。

T❖よい意味でのショックだね。それであなたは3まで上がったことをどうやって知るだろう?

F❖わからない……。おそらく、もしも今から金曜日まで1杯も飲まなかったら。そう、そうだろう。そうなれば4まで上がるかもしれない。

T❖これまでこんな約束をしてきたかと思うけど……。

F❖しょっちゅう。そしていつも破った。だから今回は約束はしない。

T❖それを秘密にしておく?

F❖そう、ただやるだけなんだ。

T❖そのことに一番驚くのは誰? あなたですか奥さんですか?

F❖私です。

その後の2回のセッションでフランツは飲酒をコントロールするさまざまな方法に気づいていった。そして結婚生活を維持できたばかりではなく、妻との関係も仕事もうまくいくようになり、全般的に状況はずっと改善された。

## 追跡調査

4年前に聖ヨハネ病院での18カ月間の治療を終えた患者(132名)1人ひとりにフォローアップ面接が行われた(de Shazer & Isebaert, 2003)。4年というフォローアップ期間は標準的である。この面接はプログラムとも病院とも関係のない心理専攻の大学院生が行った。可能な場合には家族、かかりつけの医師、警察を含めた紹介元との面接も行われた。

89人(67%)が男性で、43人が女性であった。年齢は19歳から74歳で平均年齢は46・2歳であった。132人の患者のうち13人が亡くなっていた。60人(45%)は禁酒しており、40人(30%)は節酒に成功していた。19人(14%)は禁酒もしくは節酒どちらの目標も達成していなかった。さらに外来患者(72名)のグループでも同様の報告がなされた。すなわち36人(50%)が禁酒しており、23人(32%)は節酒に成功していた。

次の7点について成功率を比較したが、統計的に有意な差はみられなかった。すなわち、(1)最初に節酒を選んだ群と禁酒を選んだ群、(2)男性群と女性群、(3)既婚群と未婚群、(4)就業者群と失業者および年金受給者群、(5)社会経済階層の高群と低群、(6)配偶者を協力的とみなす群と非協力的とみなす群、(7)家族が円満であるとみなす群と不仲であるとみなす群。また入院時のアルコール問題の深刻度(標準化尺度による測定)も結果に影響を与えていなかった。

入院期間は通常10日から14日間で、さらに外来病院に1~2週間入院した。平均入院期間は(外来病院も含めて)21日であった。外来患者の平均面接回数は4・2回であった。

## 結論

問題飲酒に対するこのアプローチは、伝統的なアプローチと著しく異なる。望む変化を作り出す力とその過程で必要なことを選択する力に焦点を合わせるSFBTは、問題飲酒の改善に取り組む患者とセラピストの両者にとって有効である。このプログラムの追跡調査による評価は示唆的なものにすぎない。さらに統制された研究が必要だが、この結果は問題飲酒に取り組む専門家にいくらかの希望を与えるものだろう。

報告6

# プルマス・プロジェクト

## ドメスティック・バイオレンス加害者への解決志向による対処

エイドリアナ・ユーケン／モー・イー・リー／ジョン・シーボルド
Adriana Uken/Mo Yee Lee/John Sebold

### 経緯

1989年に1人の上級判事がプルマス郡精神保健局のジョン・シーボルドと私エイドリアナ・ユーケンを訪ねてきて、ドメスティック・バイオレンス（以下DV）加害者への治療プログラムを作ってほしいと依頼した。私たちは加害者を対象にしたグループを扱った経験がなかったので、まずこの分野の取り組みを調査した。そしてある心理教育モデルがよく使われていることを知り、その資料を取り寄せて、それをもとに私たちのプログラムを開始した。認知、行動、フェミニスト的傾向が強いその資料には、さまざまなDVのタイプを示すグラフ、抑制の日誌、夫婦げんかのビデオテープが含まれ、加害者に自分の行為の責任をとらせることが強調されていた。また明言されてはいないものの大部分の情報からDVが男性から女性に対して行われるもので、その逆はないと暗示されていた。

私たちは2年間このプログラムを実践したが、次第にやる気をなくしていった。加害者に「自分の行為の責任を持つように」と説得することは困難なことだった。私たちはどちらも経験豊富な専門家だが、男性たちに彼らの行為は機能せず、間違っており、違法であることを認めさせようと話してもよい結果は出なかった。それには、私たちとグループのメンバーとの関係がかかわっているように思われた。私たちは自分たちの役割は彼らを管理し、彼らに（私たちが考えた）正しいことを言わせて、実行させることだと思っていた。おそらくそれは彼らが他の人との関係のなかで行ってきたことであった。私たちは大変な努力を重ねたが、違いを作り出せずにいた。さらに高い脱落率、暴力行為の継続、治療費の不払いなどの問題にも直面した。そして何か抜本的に違うことをする必要があるという結論に達した。

### 解決志向への転換

「参加者は問題の話や再確認ではなく、セラピーの目標を定めて解決を作り出すことで、問題と向き合える」(Lee, Sebold & Uken, 2003, p.9)

その頃、私たちはスティーブ・ディ・シェイザーの解決志向セラピーに関する著書を何冊か読んだ。それには、「うまくいかなければ、それを続けずに、何か違ったことをせよ」と書かれていた。これに従い、まずプログラムの短縮を試みた。加害者に26週から52週も通わせることは非現実的だと気づき、その文献から人はもっと短期間に変わることができるのだと学んだからである。グループは8週間に短縮された。ミラクル・クエスチョンとウェルフォームド・ゴールについても知り、自分の目標のためであれば、グループ参加者ももっと集中して熱心に取り組むだろうと考えた。そして参加者各自が人間関係を改善するための目標を立てる必要があり、どのように関係を改善したいのか、またそのために具体的にどうすればよいかを考えることをルールとして掲げた。また明確な目標を定めたら、毎週、新しくやってみたことが目標に近づくために役に立ったかどうかを尋ねることにした。その行動が役に立つならそれを続けるよう励まし、そうでなければ、その代わりに何ができるかを尋ねた。

　参加者が自分の目標を選び、それを自分の言葉で表現し、その実現のためにどんな違うことができるかを考え出したら、彼らの変化への動機づけはかなり高まるように思われた。私たちの主たる役割は、何がうまくいき、何がうまくいかないかを探求し、それを引き出すための質問を投げかけることだった。いったんメンバーが役に立つことに気づいたら、私たちは成功をコンプリメントし、同じことをもっとするように勧め、そうした変化による彼らの生活の違いに気づいてもらおうとした。

　最初、裁判所は初犯者ばかりを送ってきたが、私たちのプログラムの効果を知ってもらってからは徐々に、男性、女性にかかわらず再犯者、刑務所からの出所者を含めてあらゆるDV加害者を送ってきた。私たちの対処プログラムと他のプログラムとの大きな違いの1つは、私たちは加害の性質や詳細について情報を得ようとしないことである。この分野の多くの人が私たちの決断は賢明ではないと思うだろうが、私たちは過去の経験から、問題に焦点をあてても加害者が彼らの生活のなかでどんな違うことをすればよいかを考え出すのには少しも役立たないこと、また彼らがそれを考え出さない限り、何も変わらないことを学んだ。

## 私たちのプログラム

### アセスメント面接

グループの参加者は事前に個別「アセスメント」面接を受ける。(Lee, Sebold & Uken, 2003, 2004 参照)。そこでは問題に焦点を向けずに、次の2つのことを行う。まず、対人関係を改善する目標づくりを含めてグループへの参加に必要な条件を説明する。グループに参加するか否かは選択可能であるが、参加するのであれば必ず目標を設定し、それを目指さねばならない。参加予定者に、初回セッションで目標を尋ねることを伝え、今からでも目標について考えるよう勧める。私たちはアセスメント面接でのこのような働きかけが、変化を生み出す種になると信じている。またグループの他のルールについても説明する。例えば、8回のうち欠席が許されるのは1回だけであり、アルコールもしくはドラッグの影響が残ったままグループに参加した場合には退出させられること、レポートに取り組み、グループ・ディスカッションに参加すること、人を批難する話をしないこと、担当保護観察官へ出席日数を報告することなどである。これまでの経験では、多くの加害者がグループへの参加におよび腰になっているので、できる限り多くの情報を提供することが彼らの不安をある程度和らげるだろう。

　個別アセスメント面接では次に長所と資源について質問する。次にその質問例を示す。

◉最近、成功したことを聞かせてください。

◉あなたがしてきたことで誇りに思えることは何ですか。
◉あなたがしてきたことで一生懸命がんばったことは何ですか。
◉やめにくい習慣をやめたことがありますか。
◉他の人はあなたのどんなところをほめますか。

参加者の成功と長所を探すことから始めると，彼らは過去にうまくできたことを思い出し，徐々に将来うまくやっていけるという希望を持つようになる。そして私たちは参加者をコンプリメントし，彼らの想定とは違う展開が待ち受けていることを示唆しラポールを作る。個別アセスメントで参加に必要な条件を提示すると同時に，参加者を支持し，彼らには成功する能力がある，と信頼していることを示す。

能力に焦点を合わせて，それを強調することは，加害者の暴力的行為の破壊性を軽視することと決して同じではない。解決志向によるDVへの対処は攻撃的または暴力的な行為を黙認したり軽視したりするものではなく，地域のDV撲滅の取り組みの一部であると認識している。私たちのプログラムの役割は変化の媒体となり，再犯の可能性を下げることである。私たちには親密な関係における暴力をできるだけ早くなくすという倫理的責任があり，そのためのプログラム開発というやりがいのある課題に取り組んでいる。

### 第1回から第3回

第1回のグループは保護観察局に提出する出席票へのサインから始まる。次にグループのルールを説明し，ルールについての質問や意見を受ける。ここでルールについて話し合っておくと，後からルールにかかわる問題が生じずに済む。そして目標を作り始める。ここからがグループ本来の活動となる。私たちの課題は「参加者が関係を改善するために実際に行動できること（他の人が見たり聞いたりできること）を考え出せるような質問をすること」である。有効な目標は容易にまた楽々と出てくるものではないので，第1回から第3回までが目標づくりにあてられる。次の対話はブランディという参加者が2回目のグループで，目標を考え出そうとしている部分である（以下の対話のジョンとエイドリアナはファシリテーターである）。

**ジョン**❖あなたがやっていきたいことを考えつきましたか。
**ブランディ**❖私の目標は……，私は連れ合いに過剰に反応してしまい，最悪のことを想定するんです。だから目標はそんな場面で過剰に反応しないことでしょう。
**エイドリアナ**❖代わりにどうしますか。
**ブランディ**❖正直に言って，わかりません。たぶん最悪のことを考えずに，彼が疑わしくても責めないことかもしれません。
**エイドリアナ**❖どうやってそうしますか。
**ジョン**❖その前に，目標はあなたが何かをしないことではなく，あなたが行う何かです。そこで，あなたが代わりにしなければならないことを見つけるための質問をします。もし早く進みすぎたらそう言ってもらえれば，戻って違う質問をします。
**エイドリアナ**❖じゃあブランディ，私がビデオカメラを持ったハエで，あなたの家の壁に止まっているとしましょう。私は先週あなたが過剰に反応したところを見ましたが，来週はあなたが何をしているのを見たり聞いたりするでしょう。先週と来週とでは何が違うでしょうか。

**ブランディ**❖それは私の話し方……、つまり興奮せずに、穏やかに話しているでしょう。

**エイドリアナ**❖じゃあ私はあなたがどんな違ったことをしているのを見たり聞いたりするでしょうか。

**ブランディ**❖まず穏やかになります。

**エイドリアナ**❖私はあなたが穏やかになっていることにどうやって気づくでしょう？　あなたの声がどこか違っているのかしら。

**ブランディ**❖穏やかになって、怒鳴ったり、声を張り上げたりしていないと思います。

**エイドリアナ**❖その調子、穏やかな調子で話してもらえますか。

**ブランディ**❖今は穏やかです。

**エイドリアナ**❖じゃあこんな調子で話している。

**ブランディ**❖ええ、そうです。

**エイドリアナ**❖そして話の内容も違うでしょうか？

**ブランディ**❖ええ、否定的なことじゃなく、もっと肯定的なことを話すでしょう。私はいつも最悪のことを想定していたから。

**エイドリアナ**❖それで最悪の想定をしないで、どうするのですか？

**ブランディ**❖彼が遅くなるといつも「酒場に寄ってきたのね！」と言ってたけど、そうせずに穏やかになるよう努力します。そして「道路が混んでいた」とか「道路が工事中だった」といったもっともな理由を考えます。

**エイドリアナ**❖じゃあ、彼が遅くなったときに、遅くなったのには当然な理由があると考えるのね。

**ブランディ**❖彼を痛めつけたりしません［グループの笑い］。本当です。私は普通そうしてきたんです。

**エイドリアナ**❖帰宅した彼をどう出迎えますか？

**ブランディ**❖抱いてキスするとか。私は怒っていないし……、これは本当にいつもと違っている。でも私たちはこんな話をしたことがあります。

**エイドリアナ**❖もう話した？　あなたと彼が話したの？　彼はどう言いましたか？

**ブランディ**❖ええ、私が過剰に反応しすぎだって。

**ジョン**❖あなたが今話していることをもう少し知りたいんだ。つまりあなたが家にいて、彼の帰りが遅くなる。するとあなたは彼がしてはいけないことをして遅くなっていると考える。それで、これまでは彼が家に帰り着く前に、すでにあなたは過剰に反応していた、ということかな。

**エイドリアナ**❖そう考えてしまうような理由を彼が言うのですか？

**ブランディ**❖全然言いません。

**エイドリアナ**❖彼はあなたに理由を話さないのですか？

**ブランディ**❖話しません。それがまさにこれまでの関係なんです。

**ジョン**❖わかりました。あなたのお話からすると、あなたはこのことを全体的に考えて、彼が家に帰り着く前にも何か違うことをしようとしている。それで今回はどんなことを考えて何をしようとしているのかな。

**ブランディ**❖わからないけど、彼は単に交通渋滞にひっかかっただけかもしれない。リノからはるばる帰ってくるんだから。

**ジョン**❖彼は本当に交通渋滞にひっかかったのかもしれない。遠くから帰ってくるのだから。

**エイドリアナ**❖それはすばらしい目標だと思うわ。

**ジョン**❖手ごわい目標だ！

**ブランディ**❖ええ、そうです。

**エイドリアナ**❖大変な努力がいるわ。

**ジョン**❖だからそのことについて別の質問をしたい。仮に最悪のことを考えるのが習慣になっているとしたら、どうやってその習慣を別のやり方に変えられるだろうか？　これまでとは違う考え方をするために、自分にどんなメッセージを送るだろうか。

**ブランディ**❖全くわかりません。

**他の参加者**❖彼に指輪を買ってきてもらって、あなたは腹が立つたびにその指輪をまわして、「何か違うことをする」と思い出すのはどうですか？

**エイドリアナ**❖そうね。でもそれは彼［夫］が何か違うことをしなくちゃいけなくなって、彼がそうしてくれなければ、あなたは行き詰まってしまうでしょう。

**ブランディ**❖そうです。ジョーが言ったことは、「彼は私を愛している、愛している、愛している」と自分に言い聞かせるのではなく、女の子がひなぎくの花びらをちぎって「彼は私を愛している、愛していない……」と言うようなものです。私は「彼は私を愛している」って何回も自分に言い聞かせるんです。彼が私を傷つけるという証拠は何もないのですから。

**他の参加者**❖では、家のあちこちに思い出すためのメモを貼っておくといいですよ。

**ジョン**❖本当にうまくいくと思っているんだね。解決にはとても大きな努力がいるので、解決という意味ではないけど。それで10を本当にうまくいくとして、1をうまくいかないとして、あなたはこのスケールのどこだと思う？

**ブランディ**❖9だと思うわ。うまくいきそうだとかなり自信があるの。

## 第4回から第8回のグループ

目標ができると、各々の参加者が目標達成のために先週どんな違うことを行ったかに焦点を合わせる。私たちは質問をして、コンプリメントして、次のステップを明確にすることに焦点を合わせる。以下の対話はビルというクライアントとのこの作業の一部である。ビルはパートナーに腹を立てることを減らし、彼女が「ぶらぶらしていない」ことをもっと信用し、けんかをやめたいと言った。ビルは彼女を信用できなくなるような何かがあったわけではないと認めている。彼が変えたいと望んだことの1つは、彼女を肯定的に捉えることだった。次に第7回グループからの抜粋を示す。

**エイドリアナ**❖それでビル、あなたの目標に関してどんなことが起こっているかしら？

**ビル**❖先週と同じです。町を離れて単身赴任のようにして働いているけど、妻とは毎日話しています。

**エイドリアナ**❖それで、職場でもよい機会がありましたか？

**ビル**❖ええ、もちろん。ちょっと気づいたのですが、電話で妻といろいろ話したりねぎらいの言葉をかけたりすることで少し信頼が高まるような気がします。以前はそんなことはなんの影響も及ぼさない、つまり私の不信感を完全に打ち負かすようなことはないと思っていたのですが。

**エイドリアナ**❖そうですか。

**ビル**❖以前は「彼女は何をやっているんだろう」といつも疑っていました。私が留守の間、何をしているのだろう。家で大きなパーティを開いているんじゃないかとかね。しかし「君はとても助けになるよ。君を信じているよ」などとほめ言葉をかけると、それが本当だと信じられるのです。

**他の参加者**❖それがうまくいくんだ［グループ全員が笑う］。

**ビル**❖そうだね。彼女がそうしているかいないかは、私が考えなくてもいいことなんだ。私はそこにいもしないのに、あれこれ疑っているんだから。

**エイドリアナ**❖それで、彼女をほめるとどんなことに気づくの?

**ビル**❖彼女に「あなたはいい人だ」とか「よいことをしている」とか伝えてほめると、彼女は肯定的な反応を返してくれます。それで町を離れていても彼女のことを疑わないのです。

**エイドリアナ**❖わあ、すごい!

**ビル**❖不信感を完全に吹き飛ばしました。

**エイドリアナ**❖つまり、ほめることで相手への信用が高まるの? あなたがほめることで、他の人をもっと信用できるようになる?

**ビル**❖ある意味ではそうです。何か不思議な感じです。

**エイドリアナ**❖興味深いことですね。

**他の参加者**❖他の人［別の2人を指さして］の同じような目標について話を聞くことが役に立ったのでしょうか。

**ビル**❖ああそうだね。たぶん私は世界で一番不完全な人間の1人です。そして［別の参加者を指さして］「もっと責任を持たなければならない」という彼の目標を聞いて自分の責任のとり方を考えたし、彼女が「意識しないようにする」ためにしていることが役に立つこともあります。みんな自分の行いについてしっかり考えている。私はいつもみんなの発言について考え、どうやったらそれを活かせるかと考えているのです。

**ジョン**❖あなたのこの場でのほめ言葉にとても興味があります。あなたの話をうかがっていると、つまり自分自身やあなたの人間関係について考えるときに希望がでてくるということですか。

**ビル**❖昔は、特に信用することについては、本当に信用していると思ったことはなかったんです。でもある意味、信用することがうまくやっていく方法だと思います。

**ジョン**❖そうですね。特に人間関係においては、そこに戻ってくる。

**エイドリアナ**❖つまりほめればほめるほど、信用が高まるってこと?

**ビル**❖ええ、結局そうなんですね。

**他の参加者**❖私もそれをやってみます。

**エイドリアナ**❖あなたがそれをやってみるの?

**他の参加者**❖ええ、うまくいきそうだから。

**ビル**❖もっと話さなければいけませんか? 人の前で話すことは好きではないので。

**エイドリアナ**❖私のもともとの質問は、仕事でもよい機会があったかということだったのですが……。

**ビル**❖ええ、前回そのことに思い当たったのですが、だいたい同じでした。誰かがある決まったやり方で何かしているときに私が「私のやり方よりもよい方法だね。私は時間を無駄にしていたよ」と声をかけます。そうして私はその人のやり方を少し強化して、周りで働く人を力づけています。私はあまり考えようとしない男性に対してこの方法でかかわっています。彼はただ出勤して時間を潰すだけで帰ろうとしていました。

それで私がときどき彼に「君はちょっと謙遜しすぎているよ。大した働き手なのに」と声をかけます。すると彼は前向きになり、よく働くようになりました。

**エイドリアナ❖**そうですか。

**ビル❖**以前、彼は怠け者で時間を潰すだけでしたが、私が彼に「このことをどう思う?」と尋ねると、「このやり方でやれると思う」と言うので、私が「君がそう思うのならその方法でやってみよう」と言います。

**エイドリアナ❖**それで彼はもっと働く気になったの?

**ビル❖**彼はよく考えるようになったし、少なくとも考えようとしています。以前の私だったら足手まといだと腹を立てていたかもしれないし、彼の担当部分を無理にでもさせようとしたり、何も言いたくないと思ったりしたかもしれません。でも今は彼に腹を立てることもなく、彼にも仕事の半分はさせる方法を見つけました。

### 課題

グループの人数と時間数によっては、グループ終了時に「あなたの人生によい影響を与えた人のことを書いて、次のグループでそれについて話し合う準備をしてきてください」といった課題を出すこともある。他には「人間関係をよくするための小さな工夫を書いてください」とか「パートナーに思いやりを伝える方法について書いてください」といった課題が出される。

どの課題も肯定的な行動を引き出そうとし、出てきた内容(行動)はグループ討議のよい材料になる。課題の狙いは参加者に人間関係を改善するための具体的な行動に注目させ、おそらく最も重要なことは、参加者それぞれが自分の生活背景での肯定的行動を描写することである。また課題への反応を基に有効な質問ができる。例えば、チャドは人生に重要な影響を与えた人として「間違いを正すこと」を教えてくれた祖母のことを書いてきた。それで私たちはチャドに、「あなたが家でうまくやっていることをおばあさんが知ったとしたら、彼女はどう言うでしょうか。またそのことが彼女にどんな違いをもたらすでしょうか」と質問した。

第7回では必ず次の課題を出す。つまり「グループで学んだこと」「グループ終了後も取り組むつもりの目標」「その目標に取り組み続ける自信が1から10のスケールでどのくらいあるか」を紙面に書いて提出してもらう。そしてグループ終了3カ月後に、私たちはグループ出席への謝辞と努力へのコンプリメントを記した手紙とともに、提出してもらった用紙を返送する。参加者はそれを見て「取り組むつもりだった目標」を思い出すだろう。この用紙には各人のすばらしい言葉が記されており、私たちはこのプログラムが参加者に大きな影響を与えたことと、彼らが熱心に人間関係を改善しようとしていることを知ることができた。

## プログラムの成果

私たちはプログラム開始時から、より効果的な対処法を開発するためには、加害者にうまく作用することについて実証的な証拠を入念に蓄積することが重要であると考えていた。それで私たちは、「暴力行為の停止」や「親密な相手を尊重して思いやる行動」といった行動の変容と自己評価の向上を示す行動指標を測定する量的データを収集した。

またプログラムのどの要素が参加者の肯定的な変化を引き出すのかを特定するために質的データも集めた。

### 再犯率

DV加害者への対処プログラムの報告書を見ると，プログラム参加後1年以内の再犯率は20～50％となっている（Lee, Sebold & Uken, 2003）。パートナーの報告と逮捕記録から再犯率を測定する研究では，40～50％の再犯率である。これらのプログラムでは，早期脱落率も50～75％と非常に高い（Lee, Sebold & Uken, 2003, p.8）。それに比べて14年にわたり地方検事局，保護観察局，被害証明局から入手したデータをもとに算出した私たちのプログラムへの参加者の再犯率は平均16・7％であり，プログラム完了率92・8％である。

### パートナーのコメント

参加者のパートナーに変化したことを聞くと，ほとんどが怒りのコントロールを取り上げる。特徴的なコメントとして，「彼が最後に腹を立てたのがいつだったか思い出せない」，「子どもを叩かなくなった」「暴力がなくなった」，「怒りをうまく処理している」，「以前と比べて攻撃的でなくなった」，「かんしゃくをずっとうまく抑えている」，「物事をじっくり考えるようになった」，「これまでと違う怒りの抑え方を学んだ」などがあげられる。あるパートナーは「配偶者は以前よりずっとゆっくり運転するし，思いやりがあって，衝動的でなくなった」と述べた。また別の人は「彼女はつきあいやすくなり，のん気になって，ゆっくりしている」と言った。また「パートナーが家族に前よりもかかわるようになり，家事を手伝い，自分や子どもと一緒に過ごす時間が増えた」と述べる人もいた。ある人は「パートナーはもう薬物を使っていないし，仕事を1年以上続けている」と話した。その他には「彼は自分のやったことを人のせいにしない」とか「彼女は，否定的ではなく肯定的になろうとしている」といったものもあった。

### グループへの参加者からのコメント

次にあるグループで，参加者が役に立つことについて話しあったときの対話記録を示す。このグループにはインスー・キム・バーグが出席していて，次のように尋ねた。

**インスー**❖私が今から皆さんに尋ねることは，ジョンとエイドリアナの知らないことです。ちょっとした思いつきですが，私はぜひそのことを知りたいのです。皆さんが，友達なり家族なりパートナーなりに，このグループに来てから［今回が5回目ですか？］，彼ら［ジョンとエイドリアナ］がしたことについて話すとしましょう。どんなことを話しますか。彼らはあなたたちの役に立つどんなことをしていますか。何があなたたちの役に立っていますか。

**参加者**❖たくさん質問をされます。

**インスー**❖それが役に立ちますか。

**参加者**❖ええ。それでみんな話そうとします。私もそうです。私が話すのをずいぶんと助けてくれます。彼らは質問を続けて，その答えにさらに質問を重ね，さまざまな質問を続けます。

**参加者**❖彼らは「こうしたらいい」と言ったり指示したりしないで，私たちに考えさせます。指針を示してそれに従わせようとはせず，私た

ち自身に自分の態度を決めさせるのです
**インスー**❖その方法が気に入っていますか。
**参加者**❖ええ。「このことをうまくやっていくためには、これをしなければならないとか、ここへ行かなければとか、こうしなさい」という感じじゃないんです。２人は、私たちが答えを見つけるような質問をします。それぞれみんな違うし、誰もが自分のやり方を見つけるので、とても役に立ちます。
**インスー**❖皆さん１人ひとりが違うことをしているのですね。
**参加者**❖自分のやり方なので、本当に気分がいいです。
**参加者**❖私たちが［家で］ひどいことをしたり言ったりしたことを話しても、２人は私たち１人ひとりの気分を落ち着かせてくれます。私は彼らのこのやり方が気に入っています。どんな話をグループに持ちこんでも、どうなっていても前向きな気分にしてくれるのです。彼らのコメントや発言でいくらか気分がよくなって帰宅することができます。
**インスー**❖私が皆さんに尋ねていることは、皆さんがこのグループに参加してから、ジョンとエイドリアナが何をしているかということです。
**参加者**❖実際のところ、彼らは私たちがグループから帰るときに、いろいろと考える材料を与えてくれます。２人は私たちがなぜここ来ているのかに注目させ続けます。しかし２人は私たちがここにいる理由を決して話題にしません。そのことが、私にとってはすばらしいことです。本当にそう思います。私たちがここに来ている理由を話題にする人はたくさんいますが、２人は決してそうしないんです。２人は私たちがよくなることにいつも焦点をあてます。私にとってはそれがとても役に立ちます。本当にそうです。
**参加者**❖２人がこのグループ全体のために行った最も役に立つことの１つは、実は私が最も役に立つと思うことなのですが、それぞれが目標などについて話し合いますが、彼らはただ座って目標やどうするかを聞くだけではなく、いつも「このことをどう実行しますか」「どうやって成功させますか」「どうやって進めますか」「そうするとどんな結果になると思いますか」といった質問を続けていきます。ただ目標について話すよりも、このように質問されてそれに答えていくことの方が難しいです。
**インスー**❖他に、２人がしている役に立ちそうなことを思いつく方がいますか。
**参加者**❖彼らのどの質問も私が進み続けるのを助けてくれます。
**インスー**❖そうですか。２人の質問のことを聞かせてください。
**参加者**❖私が焦点を合わせ続けるのを助けてくれるのです。
**インスー**❖あなたは質問のことを言いました。あなたもそうでしたね。
**参加者**❖質問によって心が開かれます。考え方が広がり、細部ではなくより広い視点から物事を描写できます。
**参加者**❖いつも自分の状況をよくするためにどうすればいいかを考えさせてくれます。他の誰かがやったことをどうこうすることはできません。自分が何をするかなのです。
**インスー**❖それがよいと思いますか。
**参加者**❖ええ。
**インスー**❖わかりました。時間をとってくださって、どうもありがとう。

## 相談員への影響

解決志向による実践は、私たち相談員に絶大な違いをもたらした。

私たちが解決志向を適用する対象はＤＶグループ、思春期の薬物乱用者グループ、保護観察中の思春期青少年の親たち、その他、地域の精神保健クリニックの全クライアントに及ぶ。問題志向の対話をしていた頃、私たちはいつも疲れていたように思う。セラピーがいつ終わるかわからず、私たちがすべての作業をしているように感じ、「専門家」としてクライアントを「回復させ」、「治す」方法を知らなければならないと考えていた。クライアントの生活での間違いについて何時間も話を聞き、効果的な面接をしようとして、「何が悪いのか」と質問を続けた。

解決志向セラピーは新しい風を吹き込んでくれた。突然、治療の終了時を決めるのがクライアントになったのである。目標が達成されたことを示す行動指標が明確になった。私たちはもはや「専門家」であることの重荷を背負う必要がなくなり、クライアントと協力して役に立つことを見つけ出そうとするようになった。私たちはもはや問題の話を聞く必要がなくなり、強さ、力量、能力の話を聞いていった。進行中のミラクルに注目した。私たちはただ座って話を聞いているだけではない。また私たちがしていることは決して容易で単純なことではない。私たちは、人の強さを探す方法、来談時に抱えている問題に対して彼らが望む未来像を導き出すための質問の仕方を知っておく必要がある。クライアントが気づいておらず、注目していないことでも、彼らのこれまでとは違う行いやすでに行っている有効なことをしっかり聞けるようになるために、訓練を続けなければならない。一日の仕事を終えるときには、違いを作り出せたと感じ、人々のすばらしさに感激していた。先に示した対話記録から察していただけるだろうが、私たちはＤＶ加害者が作り出す変化に感銘を受け、彼らを心から尊敬した。私たちはクライアントをＤＳＭ診断で判断せずに、可能性の溢れるすばらしい存在であると考えるようになった。仕事が楽しくなり、力がわき上がるように感じた。仕事以外の私たちの生活も同様に影響を受けた。私たち自身が他の人に多くのコンプリメントをするようになった。実のところ、私たちはお互いにコンプリメントしあっていた。肯定的なことを探求し、生活の質を決めるのは自分の行動なのだと気づくことが、大きな違いを作り出す。私たちは、起こってしまったことではなく、他者との対話から現実が作られることに気づいた。現在の私たちには活気があり、明らかに以前よりも楽しんでいる。

## 私たちの機関への影響

解決志向セラピーによって、クライアントへのかかわり方だけでなく、機関内のスタッフ同士のかかわり方にも違いが生じた。機関はチームとしてまとまり、責任を分かち合い、お互いの長所に注目するようになった。スタッフ会議は、上下関係によって「上司」が部下になすべきことを申し渡す場ではなく、相互に意見を交わしあう場となった。ケース会議でスタッフは、クライアントの問題だけでなく成功についても話すようになった。お互いの取り組みへのコンプリメントが気軽に交わされた。臨床スタッフと補助スタッフの間の境界は小さくなった。スタッフはさらによく働き、自分の役割を果たすために必要なことを行い、お互いに積極的に助け合った。クライアントが委託される場合も、診断名によってではなく、変化の可能性を持つ人として委託された。いかに早く「原石のなかのダイヤモンド」を見つけ出すかが課題であった。ジョンと私はDVグループを楽しみにして、他の人にグループの楽しさを話すようになった。また私たちは、参加者のすばらしさや、どれほど彼らから学んでいるかについてよく話した。私たちは互いに相手の「よい質問」にコンプリメントを与えた。私たちはよくクライアントが話すようなこと、つまりクライアントの勇気や長所や忍耐強さが、私たちにあるだろうかとしばしば疑問に思うのだった。

問題志向の色彩の強い他機関との連携には課題が残っている。障壁を作られたり防衛的にさせたりしないために、まず私たちが彼らのしていることを認めて称賛し、彼らのうまく機能している部分を見つけ出す必要がある。私たちの機関は解決志向の立場をとっているが、国や地方自治体のようなより大きな制度の要求にも応えなければならない。つまり私たちも給付金を受けるためにDSMによる診断とクライアントが抱える具体的な問題のリストを提出しなければならないのである。このような強力な制度に対処するには、信じられないほどの忍耐とかけひきが必要となる。特にDVについては、政治が絶大な役割を果たすことを認識しておくことが役に立だろう。

## 結論

DV加害者へのかかわり方を問題志向から解決志向に転換することは、私たちの目を開かせてくれた大冒険であった。この転換によって、対処法、クライアント、同僚、関係する制度についての私たちの考え方は変わった。14年間の加害者グループの経験から、私たちの専門的実践のガイドとなっている次の3つの中心的信念を強く抱くに至った。

（1）誰もが自らの解決を作りだすことができる。（2）セラピーのなかで「選択」することにより、変化のための強力な力が生じる。（3）目標にかかわる小さな行動に焦点を合わせることが、比較的短期間に有意義かつ永続的な変化を生起させる強力な触媒となる。

**報告7**

# 解決志向スーパービジョン

## インスー・キム・バーグの教え

フランク・トーマス

Frank Thomas

私は、随分以前にスーパーバイジー▼註1に、「わぁ、すごい！」と言うのをやめた。自分の解決志向スーパービジョンの方法を作り出したときに、解決志向短期療法（SFBT）で「わぁ、すごい！」という技法を完成させたインスー・キム・バーグを尊敬するからといって、インスー独自のスタイルと語彙を真似することになってはならないと最初から考えていた。しかし、彼女のスーパービジョンの前提や実践方法を明確にし、記述し、書くことは、私にとって、解決志向に関する文献と地域社会に貢献する1つの方法となっている。▼註2

私の最初の解決志向スーパービジョンのプレゼンテーションは、国際家族療法学会でのことだった（Thomas, 1990, 1992）。ウェクラーの論文（Wetchler, 1990）と私の発表が、スーパービジョンにおける解決志向の考え方を公に明確化した最初の試みと考えられる。しかし、インスーとBFTCのメンバーたちが、彼女が解決志向の考え方を適用したスーパービジョンについて記述するずっと以前から、それを試みていたことは確かである。初期の解決志向スーパービジョンの公式化における、人、変化、影響についての前提は、バーグの後のスーパービジョンについての表現と矛盾しない（Thomas, 1996; Wheeler, 2007 参照）。

### なぜスーパービジョンで解決志向を実践するのか

解決志向短期療法を学び始めたとき、地元でそれをやってみようとする多くの仲間がいたことは幸運であった。▼註3 そのうちの何人かはバーグとディ・シェイザーから直接学ぼうとウィスコンシン州ミルウォーキーにあるBFTCを訪れていた。他に戦略的家族療法、メンタル・リサーチ研究所（MRI）モデル、エリクソン・アプローチを実践している人もいた。しかし、全員が入手可能なディ・シェイザーとバーグによるあらゆる文書を読み、それを適用しようと努力していた。私たちは1980年代後半に18カ月にわたり毎週マジックミラーの後ろから症例を観察し、夜の臨床面接後も遅くまで意見を交わした。私はクライアントの経験と資源を深く尊重することによって、喜びに満ちた可能性が広がっていくことを経験した。私はチーム・メンバーの数名のスーパービジョンをしていたが、うまくいったこと、進まなかっ

▼**註1**　私は本論のなかで「スーパーバイジー」と「セラピスト」を同じ意味で使っている。

▼**註2**　（バークとスティーブ・ディ・シェイザーと親しい仲間たちによって創られた訓練機関ブリーフ・ファミリー・セラピー・センターを保管する）SFBTAの公文書保管人としての立場から、私はビデオ、未発表原稿、まだ公開できない個人的メモなどを引用している。この寄稿での引用は正統的でないかもしれないが、保存記録の微妙な性質上、守秘義務が必要である。

▼**註3**　同僚のトム・チャンセラー、ジェニファー・シマグリア、クリーオ・ファーブッシュ、バイロン・ラムーン、トム・リーとトレイシー・トッドの私の学習への援助を永久に忘れることはない。トム・リーは、私がこれまでに出会った最も優れたSFBTセラピストの1人である。

たこと、ブリーフ・セラピーの伝統に適合することについて、全員が協力的に意見を交わし始めた。

こうした意見は、1989年、テキサス女子大学での家族療法専攻の修士過程と博士課程の優秀な学生への指導にも取り入れられた。同形という概念、つまりスーパービジョンとセラピーとは互いに平行すべきであるという考えは、私の以前のスーパービジョン訓練の基本であった（Liddle & Saba, 1985）。しかし、ポスト構造主義つまり言語中心アプローチである解決志向短期療法（Berg & de Shazer, 1993; de Shazer & Berg, 1992）を実践するうちに、スーパービジョンでそのような想定をする必要はないと考えるようになった。私は、解決志向によるスーパービジョンの概念と技法は、学生が多様な臨床現場で適用するほとんどのセラピーの方法にぴったり合うことに気づいた。「うまくいくことをもっとしなさい」というインスーの仮説がまさに私にフィットしていた。

## 解決志向短期療法に平行する解決志向スーパービジョンの考え方と技法

インスーがスーパービジョンの場で協働関係を重視したことが中心点である。彼女はセラピーと同様に、力は共有されねばならないし、相手の見方に立つことによって変化が起こると感じていた（SFBTA Archive DVD #0064, n.d.）。彼女は次のように記している。

コンサルテーションとスーパービジョンを必ず活用すること。継続的で、正式な、もしくは同僚間のスーパービジョン（コンサルテーション）を活用することが必須である。「大変な」症例について同僚とブレーンストーミングの時間を持ち、他の人の意見を聞きなさい。そうした症例はあなたと同じように、同僚やスーパーバイザーにとっても「大変」だとわかり、安心することもある。

(Berg, 1994, p.215)

解決志向短期療法の実践者によく知られている2つの技法は、自己評価（スケーリングを含む）と、うまくいくことをもっとする、である（SFBTA Archive DVD #0064, n.d.）。スケーリング・クエスチョンによってスーパーバイジーは、設定した目的への進歩を評価し、スーパービジョン面接とセラピー事例との両方で経験を定着させる。次に例を示す。

**スーパーバイザー**❖ 0から10のスケールで、今週、対応した事例全体について、面接中にどのくらい共感を示したでしょう？

**セラピスト**❖ さあ、5か6ぐらいだと思います。

**スーパーバイザー**❖ 一週間前はどの辺りでしたか？

**セラピスト**❖ 先週は4でした。

**スーパーバイザー**❖ それで、どうやってそれができたのですか？

**セラピスト**❖……

本書で概説されるEARSの教訓に見られる、強化／投影はインスーのスーパービジョンの基本であった。先の「どうやって、それができたのか」という質問は明らかに、望ましい変化についてスーパーバイジーの見方を求めている。スーパーバイジーがどのように変化し、成功し、進歩したかに注目することが、このアプローチによるスーパービジョンの中心的要素となる。

解決志向短期療法と解決志向スーパービジョンの両者に共通するその他の技法は次の通りである。

◉**スーパーバイザーは、セラピスト（スーパーバイジー）が能力を培うために、できるだけ協働の視点を持ち、行動しなければならない。**　インスーは日本でスーパービジョンについて指導したとき、はっきりとこのことを述べている。「セラピー同様、私たちはスーパーバイジーに全く異なる現実を創り出す。私たちの役割は、スーパーバイジーがさらに統制力を高め、有能であり、成功していると感じられるように、その現実を変化させることである」（SFBTA Archive DVD #0064, n.d.）。これは対話のなかに組み込まれ、クライアント（もしくはセラピスト）の能力を想定する言語ベースの解決志向短期療法と矛盾しない。セラピストの資源を探し、技法と能力を引き出すことが私の役割である。

◉**スーパービジョンは学び合うプロセスである。**　インスーはキャントウェルとホームズ（Cantwell & Holmes, 1994）の「一歩後ろから導く」という言葉を引用したが、私は、自分の仕事は指導と学習の反復だということを忘れなければ、容易にその実践ができることに気づいた。セラピスト（スーパーバイジー）が変わると、私も変わる。私はスーパーバイジーの役に立ちそうなことを知っているが、そのセラピストに合わせるために、つまりそのときに学びうることに対話を集中させるためには、各々のセラピストの熟練度を知る必要がある。私はできる限りいつでもセラピストの視点を取り上げ、力の違いを減らし、私自身の考えを伝えるために、セラピストの考えを引き出さねばならない。インスーの指導ルールは、「話す前に、質問をしなさい」であった（SFBTA Archive DVD #0064, n.d.）。

◉**スーパービジョンは言語を介した体験である。**　インスーは、話す内容とともにどう話すかが重要だと考えていた。顕著な例は、暫定的な言葉遣いや、彼女や同僚が「あいまいな言葉遣い」と呼んだもの（Rudes, Shilts, & Berg, 1997）だが、これが彼女のスーパービジョンの主要な方法だった。スーパービジョンの主著（Berg, 2003）のなかで、彼女は「あいまいな言葉遣い」について次のように定義している。

> 暫定的な言葉遣いを習慣にすると、協力と話し合いが促進される。では、暫定的な言葉とは何か？　それは協働を促進する「……のように思われる」、「ひょっとして、……でしょうか？」、「……のようですね」、「おそらく……」、「よくわからないのですが……」、「……かしら」といった言いまわしや暫定的なトーンによるその他多くの質問である。（pp.42ff）

「あいまいな言葉遣い」の別の一例である「例えば……としてみましょう」という言いまわしは、ミラクル・クエスチョンを思い出してほしい。「……としてみると」を使えば、問題や行き詰まった状況を抜け出した未来（現在とは異なるとき）の会話ができる。次に述べる関係性の質問と同じように、想定させられると見方を変えざるをえない。「あなたとクライアントの間の現状が解決したとすると、どうなりますか」。この質問はこの技法がいかに単純で核心を突くものかを示す一例である。インスーの曖昧な言葉遣いと想定は、長年、活用されてきた「知らない」技法にぴったり合う（「知らない」技法の詳細については、本書3章を参照）。

◉ **関係性の質問を繰り返し使いなさい。** これは、私がアクセスするＳＦＢＴＡ保存データ・セットのなかのバーグのスーパービジョン概念に関する最も重要なテーマである。「もしあなたが……したら、クライアントはどう思うでしょう」。これは、関係性の立場を示す例であり、セラピストが選択肢を拡げるために他者の観点を想定するよう勧めるものである（Berg, 2003, 2005; Berg, "Hot Tips III," n.d.; Berg & De Jong, 1996, 2005; SFBTA Archive DVD #0064, n.d.）。1つの典型的な対話は、本書第三版を参照されたい（De Jong & Berg, 2008）。

「クライアントが、あなた（セラピスト）のおかげで1上がったと考えたとしてみましょう。そのとき彼／彼女は、あなたがどんな違うことをしていることに気づくでしょうか」また「クライアントがこれまでに最も役に立ったと思うことを相談員が考えつかない場合、スーパーバイザーは次のように質問すればよい。どうやって、あなたはそれを見つけますか？　それを知るために、他に何をしますか」(p.270)

◉ **うまくいくことをもっとしなさい。また、必ず肯定的な話し方／コンプリメントで終わらせなさい**(SFBTA Archive DVD #0064, n.d.)。コンプリメント（直接的、間接的、セルフ・コンプリメントを含む）は、インスーのスーパービジョンの1つの重要な焦点であった。「セルフ・コンプリメントを引き出す質問によって、クライアントの多くは初めて自分の成功や隠れた能力について話す立場に置かれる」(Berg & De Jong, 2005, p.52)。彼女はこれをスーパービジョンで使い、必ず利用した。「どうやって、そんなに短期間にそれほど多くのことができたのですか」、「うまくいかない人が多いのに、あなたの何が変化させたのでしょうか」。この2つは私がスーパービジョンを行うときに活用する質問である。いわゆる、前提の質問（Thomas & Nelson, 2007）は、スーパーバイジーの統制力を想定しており、面接での彼らの働きの可能性を拡げる。インスーのスーパービジョンの方法は、抽象的な考え方を実用的なものに変えることに重点を置いていた。あるビデオ(SFBTA Archive DVD #0074, n.d.)のなかで、彼女はこう述べている。

（スーパーバイジーは）（行為の）背後にあるなんらかの理由を理解しなければならない。このことは何を意味するだろうか。彼らは何らかの結びつけを作らねばならない……例えば、ポストモダンの考え方について長時間説明できたとしても、それらを現実の場面に結びつけられなければ何の意味もない。学識のない人、実習生、大学院生、長年現場で経験を積み上げてきた人にまで（それはあてはまる）。私は、「彼らが全く問題なく理解している考え方」と「ことことを繋げる現実の場面」とを結びつけようとして、多くのことをしているのだと思う。

◉ **間接的であることと直接的であることのどちらにも価値がある。** インスーは、直接的になったり、間接的になったりするスーパービジョンのビデオ（そして、彼女の指導やスーパーバイズを受けた専門家からのこのスタイルを支持する私信）を複数残している。インスーは、スーパーバイジーに対して間接的に働きかける多くの方法を示した。彼女が高く評価した1つは「混乱している」であり（Berg, 2003; Visser, 2004）、彼女はチームに何か指摘するときに、よく非常に巧みな方法をとった。カリフォルニアから来たある男性スーパーバイザーとスーパービジョンや訓練について話し合ったとき、彼女は「見てこれ！　おもしろいじゃない？」という戦略について率直に語った（SFBTA Archive DVD #0074, n.d.）。インスーは、マジックミラーの後で面接を観察している訓練中のセラピストが、ぼんやりしていたり集中していなかったりするときによくこのアプローチを使ったと話した。私はこの技法からエリクソンの催眠を導く注意散漫技法を思い出したが、インスーはその技法とは結びつけていなかった。しかし、彼女はチーム・メンバーが気づかない方法で彼らの現実を変えているのだとわかっており、この戦略がスーパーバイジーとスーパービジョンの過程のどちらにも大いに役に立つのだと率直に語った。

またインスーはスーパーバイジーに話すときも非常に直接的で、インスーをよく知る人は誰でも彼女のこの才能を知っていた。あるビデオ（SFBTA Archive DVD #0092, n.d.）のなかで、インスーは（まだセラピーに呼ばれていない）子どもの父親に連絡をとる必要があるとセラピストに話した。インスーの指示に対してセラピストが、父親が変化の過程に役立つかもしれないという考えに抵抗があることをほのめかすと、インスーは、「もちろん、あなたは（彼が役に立つと）思いたいでしょう」、そして、「（彼に電話をすることは）あなたの役に立つでしょう」と述べた。

◉ **フィードバックを勧める**　クライアントからセラピスト、セラピストからスーパーバイザー、スーパーバイザーからセラピストへのフィードバック（SFBTA Archive DVD #0064, n.d.）。

「そして次には、クライアントが、面接がどれほど役に立っていると思っているかしっかり聞くことを相談員に常に教えることがスーパービジョンで取り組むことである」（De Jong & Berg, 2008, p.269f.）。インスーは人と人とがかかわるあらゆる接点で、働きかけに対するフィードバックを求めるよう勧めた。インスーにとって「一歩後ろから導く」ために、フィードバックを引き出し、その人の体験を尊重し、その後のやりとりに敏感になるといったことが不可欠の要素であった（Barnard & Kuehl, 1995）。

## 有効な解決志向スーパービジョンの事例

チェース[註4]は33歳で、私が指導しているカウンセリング課程の後期大学院生である。彼は専門カウンセラーの免許要件を満たし、若者とかかわる仕事をすることを目標にしていた。彼は実習期間中にできるだけ多くを学びたいと望み、物質乱用の問題で照会されてくる若者と取り組む難しい機関を実習先にした。チェースは、私たちの課程を修了しセラピストとしてもスーパーバイザーとしても優れた解決志向技法を持つ有能な現場のスーパーバイザーから、毎週すばらしいスーパービジョンを受けていた。

チェースは私に面接のビデオ録画を見てほしいと依頼した。ケース

▼**註4**　セラピストの匿名性を保持するために名前と細部を変更した。

全体については十分なスーパービジョンを受けていたが、ビデオ録画された一面接に焦点を絞ったスーパービジョンを受けることでさらに学べると思ったからである。症例は16歳の若い女性で、当時、違法薬物濫用のため強制入院させられていた。治療のこの時点では、彼女のリスクは低いと考えられていた――彼女は家族と何ごともなく週末を過ごし、薬物スクリーニングはすべて「検出なし」の結果だった（最初の入院以降、違法物質を使ったことは一度もなかった）。治療計画は、2週間以内に集中外来治療に移れるほどに改善していることを示していた。チェースは、クライアントが薬物を使わないということ以外に、治療（もしくは治療後の生活）の個人的目標がないことを心配していた。ミラクル・クエスチョンに対して彼女は、「森のなかで、たぶん友達と一緒に暮らし、一日中くつろいで、余暇を楽しむ」と、大人に監督されない空想の生活を語った。この応答にチェースは失望した。彼は、クライアントの描いた将来像を展開させ達成可能な目標を作ろうとできる限り援助したつもりだったが、彼女は「ファンタジー・ランド」（彼女の言葉で、彼も使った）の話を続けた。以下は私たちのスーパービジョンの抜粋である。解決志向スーパービジョンの概念については、読者の確認のために**［太字］**とした。

**フランク［以下F］**❖では、今日、どんなお手伝いができるでしょう？**［一歩後ろから導く］**

**チェース［以下C］**❖**［症例を説明］**。私は、彼女に何か目標を持ってもらうために、他に何をしたらよいかわからず落ち込んでいます。彼女は近いうちに退院するでしょう。彼女がすぐに薬物に戻るのではないかと心配なのです。彼女に対して私は何をしたらいいのでしょう。

**F**❖症例の概要はよくわかりました。しかし、私たちのこの時間をどうすれば最も有効に使えるかということについて、あなたの考えを私は知りたいんです**［スーパービジョンに共通の誘惑である「一段階離れた」クライアントを治療しようとすることを避けて、セラピストに焦点を合わせる］**。あなたはビデオを持ってきて、それについて話しあいたいとおっしゃいました……他に何か考えることはありませんか**［再び「一歩後ろから導く」。目標を設定し、スーパーバイジーがスーパービジョンの時間に何を望み、何を必要とするのかを見つけ出す］**。

**C**❖ええ、……ビデオを見てもらわなければ。繰り返しミラクル・クエスチョンをしたのですが、うまくいきませんでした。

**F**❖私がビデオを見ることが、どのようにあなたの役に立つでしょう**［好奇心を示した上で、ミラクル・クエスチョンと平行させ、スーパービジョンの時間がもたらす成果という未来志向を取り入れる］**

**C**❖この状況で「次に行うこと」について、何らかの手がかりがいただけるでしょう。

**F**❖わかりました。「次に行うこと」について代替案を聞きたいのですね。他に何かありませんか。**［私はいつも「他に何かないか」尋ねて、まだ言語化されていない他の重要な側面がないか確認する］**

**C**❖ええ……この件についての私の苛立ちをどうしたらいいのでしょう。

**F**❖わかりました……0から10の質問を、あなたは知っていますね！今のあなたの苛立ちはどれくらいでしょう？「ゼロ」を「ひどくいらいらしている」、「10」は……何でしょう？

**C**❖「10」は「自信がある」。今は「3」あたりです。

**F**❖ビデオを見て話し合いながら、それがどのように変化するか考えてみましょう。**［変化について述べるときに「もし」ではなく「どのように」という言葉を使い、変化するという前提に立つ］**［一緒に10分間コメントを挟まずにビデオを見る。私はメモをとる］

**C**❖私のへまぶりがわかるでしょう［気弱に笑う］

**F**❖では、2、3観察したことを言ってみます。私の観点ですが……［間を置き、メモを見る］。まず、彼女が「ファンタジー・ランド」について話しているときに、あなたがリラックスしていたことに感心しました。あなたはイライラしたとおっしゃいましたが、そうは見えませんでした**［コンプリメント］**。どうやって、落ち着いていた、少なくとも落ち着いているように見せたのですか**［詳細を探求し、少なくともこの行動の一部では彼が統制力を発揮していたと想定して、例外の話をする］**。

**C**❖この呼吸法をやるんです……**［数人のクライアントやカウンセリング以外の場で彼が有効に使っているリラクゼーションと集中技法を説明］**。

**F**❖その呼吸法が身についているようですね！ あなたの役に立っていてけっこうです。キャリアの浅いセラピストの多くが面接中の不安と戦っていますが、あなたはうまくコントロールしているようですね**［コンプリメントし、さらに彼の反応を一般の同僚と比較して、いかに例外的であるか指摘する］**。

**C**❖ええ、そうですね……ありがとうございます。

**F**❖では、もう1つ。あなたが細部にこだわったことがよかったと思います。彼女がいろいろ話せなくても、あなたは忍耐強く、もっと知ろうとしました。さらにもう1つ、具体的な目標について何かアイデアを与えてくれるような詳細が得られなくても、あなたは彼女が話したことを使いました……［ここでビデオのメモ書きから得た詳細を伝える］**［コンプリメント］**

**C**❖ええ……ありがとうございます！

**F**❖ひとつだけ質問。「ゼロ」を「これまでの最悪のセラピー」とし、「10」を「これまでの最良のセラピー」とすれば、この症例はどう進んだでしょう？**［経過を比較するために、彼の見方を引き出す］**

**C**❖3……でしょうか

**F**❖わかりました。ちょっと変わった質問です。私が［クライアントに］電話をかけて、「ゼロ」を「全く役に立たない」、「10」を「本当に役立つ、有効な面接」として、あなたとの面接がどの程度役に立ったかを彼女に尋ねたとすると、彼女はどの数字を答えるでしょう**［比較のための関係性の質問］**。

**C**❖全くわかりません［笑い］……

**F**❖［10秒、沈黙］……

**C**❖……彼女に尋ねるべきだったと思います……**［間を置く］**……私は、彼女が面接で何を得たか全くわかりません。

**F**❖では、まとめてみましょう❖あなたは、最良の面接ではない「3」だと思った。しかし、［クライアントが］面接から何を得たか全くわからない**［明白なことを要約し、チェースの前に状況を提示することで、彼に自分の答えを見つけ出させようとする］**。

**C**❖ええ……私は、どれくらいうまくいったか全くわかっていません。わかるのでしょうか。

**F**❖もちろん、わかるでしょう。面接がどう展開したか、あなたはわかっています。ただ最終的な言葉を聞いていない、あるいはまだ先の質問に対する全体的な答えを知らないだけです。次のステップに進んだと

して、何に気づくでしょう**［「想定」、「次のステップ」の質問／選択肢のある未来の構築］**

C❖彼女に尋ねるでしょう。

F❖何を尋ねますか**［好奇心を示す］**

C❖どう進んだか。

F❖そうですね、もっと具体的に聞かせてください。あなたは、彼女に何を、どう尋ねますか。

C❖わかりません。

F❖では、これまでクライアントにあなたとのセラピーで経験したことを尋ねるとき、どのように尋ねましたか。**［学生全員にとって必修の実習なので、私はチェースが他のクライアントと建設的な経験をしていることを知っていた。また、これから起こりうる未来に橋渡しをしようとする］**

［この話し合いでは、彼がこれまで他のクライアントに彼とのセラピーで経験したことを尋ねた方法、クライアントから学んだ違った見方、このクライアントに同じアプローチを適用する方法に焦点をあてている。これには、このクライアントとの次回の面接にかかわるいくつかの曖昧な言葉遣いや「想定」が含まれている］

F❖初めに戻りましょう。さっきと同じように「イライラ」から「自信がある」というスケールで、今、あなたはどこにいるでしょう**［チェースとの今後のスーパービジョンの指針となるフィードバックを私が得るために、スーパービジョンで彼が経験したことを結びつけるスケーリング］**。

C❖6、もしかすると7。

F❖何が役に立ちましたか**［私のためのフィードバック。彼にとってはこの変化をはっきりと表現しかつ強固にする機会となる］**

C❖コンプリメント……私は、あなたが何を見たのかわかりませんでしたが、今はわかります。それに今、すべきことについてもいくつかアイデアがあります。自分でイライラを募らせたことも、それに対してしなければならないことが何なのかもわかっています。

（イライラの一般的な扱い方と、このクライアントとの次回面接の具体的なアイデアについて話し合い、終了した）

このスーパービジョンの対話には次にあげる解決志向スーパービジョンの概念と技法が示されている。

◉一歩後ろから導く
◉変化はいつも起こり、期待できるものであり、さらにセラピストにはある程度の作用力（統制力）があると想定する
◉曖昧な言葉遣いまたは「……としてみましょう」（想定）
◉セラピストから具体的な目標を引き出す
◉コンプリメント
◉例外、未来の構築、スケーリング、関係性の質問
◉セラピスト（のために、ではなく）とともに「次のステップ」を展開する
◉今後のスーパービジョンの指針とするためのセラピストからのフィードバックの活用法

この対話例は解決志向スーパービジョンのすべての考えや技法を含

めることを意図したものではなく、他のスーパービジョン・アプローチと比較する際の実例として役立てることを狙ったものである。

## 解決志向スーパービジョンを支持する研究

どのタイプの臨床スーパービジョン研究でも、この分野における研究基準を厳密に満たすものがほとんどないことは明白である。ミルンと共同研究者（Milne, et al., 2008）が指摘しているように、ほとんどの研究に方法論上の重大な欠陥があり、概念化が不十分である。また、スーパービジョンのセラピーへの直接的影響の科学的根拠は極めて不十分だが、既存の研究は一貫して建設的な効果を裏付けている（Wheeler & Richards, 2007）。フリータス（Frietas, 2002）は「多くの研究がスーパービジョンによる訓練生の技能進歩を理解することに専念してきたが、臨床スーパービジョンがクライアントの成果向上につながるかどうかについての論文研究は比較的少数である」と述べている（p.354）。フリータスは、スーパービジョンがクライアントの成果に及ぼす影響に関して、1981年から2000年にかけて行われた研究において、なんらかの外的妥当性が示され十分に秩序だった方法がとられたものは10件だけだったと述べたが、その1つが解決志向のスーパービジョンに関するトリアンダフィルーの研究（Triantafillou, 1997）であったことは意義深いことである。フリータスは、トリアンダフィルーの研究について次のように述べている――「結果は、解決志向スーパービジョンが一般的な管理スーパービジョンよりも、職務上の満足感が高く、クライアントの成果が良好であるという考えを支持しているようである」(p.362)。トリアンダフィルーは「解決志向のスーパービジョンのモデルさえもいまだに、主に相談員の成長に焦点をあてており、クライアントに焦点を向けた成果は二次的なものと見なされている」(1997, p.310) ことを認めている。これはほぼすべてのスーパービジョン研究に関するフリータスの結論と一致する。しかし、スーパービジョン研究におけるこの比較的新しい基準を満たそうとした研究はほとんどないので、解決志向スーパービジョンがクライアントの治療成果の達成（特にクライアントのマイナス行動の減少）に影響を及ぼすことをトリアンダフィルー（Triantafillou, 1997）が見出したことは注目に値する（Callahan, Almstrom, Swift, Borja, & Heath, 2009; Lichtenberg, 2006; Pearson, 2006; Reese, Usher, Bowman, Norswordiy, Halstead, Rowlands, & Chisholm, 2009）。

解決志向スーパービジョンについてのその他の研究はスーパービジョンによる臨床上の変化ではなく、セラピストへの影響だけを検証しているが、このアプローチの可能性を示している。クーブの量的研究（Koob, 2002）は、解決志向スーパービジョンがスーパーバイジーの自己効力感を高め、「キャリアの安定性と専門的サービスの向上」に肯定的な影響を及ぼすという見解に裏付けを与えた（p.179）。スーの質的研究（Hsu, 2007）は、クーブの自己効力感の研究結果を支持する一方で、専門家としてのアイデンティティとスーパービジョンの目標の明確化にも建設的な影響を及ぼすことを発見している（Hsu, 2009; Hsu & Tsai, 2008 参照）。クナナンとマッカラムの質的研究（Cunanan & McCollum, 2006）は、解決志向スーパービジョンは解決志向短期療法を実践しているセラピストの訓練・スーパービジョン・臨床活動を総合するので、彼らの学習プロセスを強化すると結論づけた。ヤコブセンとタンゴーの複数のスーパービジョン・アプローチについての研究（Jacobsen

& Tanggaard, 2009）は、初心のセラピストはスーパーバイザーから「心理療法の実践についてはっきりと具体的な指示」をされることを好むと結論づけた（p.76）。これは指示的にも非指示的にもなるインスー・キム・バーグのスーパービジョン・アプローチと適合する。しかしながら、バーグによる1回のスーパービジョンの分析（Rudes, Shilts & Berg, 1997）では、いわゆるスーパーバイザーの非協働的（より指示的）な発言はほとんど見られなかった。

範囲と数は限られているものの、この25年にわたる解決志向スーパービジョンの研究はこのアプローチが有望であることを示している。フリータス（Frietas, 2002）は研究の難問をうまく要約している。

> スーパーバイザー・スーパーバイジー・クライアントの三者がかかわる研究の複雑性を考えると、この分野の研究が批評されやすいのも不思議ではない……単純なセラピー成果の研究に内在する複雑さがあり……特定の型のスーパービジョンがセラピー成果に及ぼす影響をはっきりと理解されるまでには、いくらか時間が必要かもしれない（p.364）。

今のところ、クナナンとマッカラム（Cunanan & McCollum, 2006）とクーブ（Koob, 2002）のような質的研究と、ルーデス、シルツ、バーグ（Rudes, Shilts & Berg, 1997）のような一事例の過程分析、ホイーラーとグリーヴズ（Wheeler & Greaves, 2005）とトレンヘイル（Trenhaile, 2005）のような事例研究は、解決志向スーパービジョンのプロセスについて情報を提供し続けており、解決志向スーパービジョンを行っている人には必読である。個人的にはスーパーバイザー・セラピスト・クライアントの間の複雑な関係を検討するために、解決志向スーパービジョンに合わせた研究方法が適用され、さらに私の推測についての研究が行われることで、あらゆるレベルに重要で前向きな影響が及ぶことを期待している。

## どんな違いから私は解決志向スーパービジョンを実践するようになったか

私はセラピスト（スーパーバイジー）の臨床活動と目標指向の学習を助けながら、全般的にスーパーバイザーとしての個人的責任を果たしていると思っている。私のいくつかの研究（Thomas, Coffey, Scott, & Shappee, 2000）と他の調査（Cunanan & McCollum, 2006; Hsu & Tsai, 2008; Koob, 2002）は、解決志向スーパービジョンの指導上の信念（病的観点を極力排除し、敬意を持って接し、仮説に留め、上手くいくことに焦点を絞る）を支持している。本論では、スーパービジョンで重視される、専門家としてのアイデンティティの発展、ケース・マネジメント、開業免許制度必要条件、倫理規定、法的責任などについては触れていない。しかし、セラピスト（スーパーバイジー）は明らかに、私が提示する前向きな、資源に焦点をあてるアプローチの良さを認め、このアプローチが会話のなかにもたらす間接的もしくは直接的な影響を高く評価している。▼註5 私は定期的にセラピスト（スーパーバイジー）からスーパービジョンについての意見と経験をサンプリングしており、▼註6 大多数が問

▼註5　私のアプローチの詳細は、トーマス（Thomas, 2010）を参照。

▼註6　スーパービジョン向けのすばらしい質問については、バーナードとキュール（Barnard & Kuehl, 1995）を参照。

接的な場合もあれば直接的な場合もあるこのアプローチを好むと、自信を持って言うことができる。多くはヒントと間接的な提案から学び、自己管理のもとに成長する。しかし、学習スタイルや経験不足のために、より直接的なアプローチを必要とする人もいる。私はスーパーバイジーに必ず次のように尋ねる――「あなたにとってベストな学習法は何ですか」。私のスーパーバイジーの大多数は、臨床経験が（あるとしても）極めて少ない学生セラピストなので、ほとんどが開かれた質問と指示型の質問の両方を好む。彼らは個人的アイデアの枯渇、次の決断を助ける経験不足、目標からの脱線などを感じる場合に、明確な指示を求める。▼註7

私はと言えば、各々のスーパービジョン関係によって変わる――学び、適合させ、変える。私のスーパービジョンのモットーは、「私たちはクローン化しない地帯にいる。どのスーパーバイジーのなかにも有能なセラピストがいる」である。私の仕事は彼らの能力を引き出すことである。

▼**註7**　バーナード・マラマッド（Malamud, 1963）は、「あなたが間違った線路に入ると、どの駅も間違った駅である」と述べている。

**報告8**

# 「レディングの解決」

## 英国地方自治体における解決志向チャンピオン・グループの創設

ポール・Z・ジャクソン／ジェニー・ウォルドマン
Paul Z. Jackson/Janine Waldman

## 著者について

ソリューション・フォーカス（The Solutions Focus／以下TSF）は、個人、チーム、組織と協力し、建設的かつ機略縦横の方法で、望ましい変化をもたらすコーチングと変化へのコンサルタントである。

私たちはクライアントとのかかわりで、変革管理［【訳注】個人、チーム、組織、社会を現在の状態から望ましい状態へと変換させる体験的な手法］、質とサービスの向上、合併統合、社風転換といった人々がかかわる複雑な課題に解決志向の方法論を適用している。

2002年以降、TSFは個人やチームが望む成果を実現するための支援として、解決志向によるコーチング、訓練、コンサルティングを行ってきた。

私たちがかかわるクライアントは産業分野も部門も組織の大きさもさまざまである。長年の経験から、一緒に取り組んでいく相手は、おおむね、文化的適合により決まることに気づいた。私たちのクライアントは、前向きに考え、積極的に試み、柔軟で、進んで協力する傾向がある。

最近、かかわった事業には次が含まれる。

◉ジョン・レイン総合サービスでのコーチング文化の展開
◉ノーサンプトンシア警察での「職場相談員の公正さ」にかかわる技能向上
◉テート・ブリテン（美術館）、地方自治体、保健センターでのチーム開発
◉ベイヤスドルフ（ニベア製品メーカー）での解決志向「増幅役」（ネットワークの至る所でうわさを広める人々）の訓練
◉解決志向360度フィードバック・プログラムの実践
◉英国内の多数の成人教育施設への解決志向活動とコーチングの導入
◉警察幹部から起業家にわたるクライアントへの1対1のコーチング

最も大規模な事業の1つはロンドンの西50マイルに位置する地方自治体レディング・カウンシル【訳註】カウンシル／スコットランドで1996年に導入された行政区画。それぞれに単一自治体が置かれている。」との2年契約であり、私たちはそこに解決志向を導入した。本論ではこれについて述べる。

TSFの共同責任者であるポール・Z・ジャクソンとジェニー・ウォルドマンは、こうした事業に取り組むコーチと相談員の国際チームを指導している。

## どんなことから解決志向の実践が私たちの活動に役立つと考えたのか

どんな組織にも物事をうまく成し遂げたいと望む人がいる。そういった人々が組織内の業務や事業で集い、予算や締め切りといった制約のなかで、さまざまな目的を達成しようとする。意識しているかどうかは別として、彼らは目的を達成するために特定のアプローチや手法を使い、互いに連絡を取り合い、一体となって働く。私たちは、望みを叶える可能性が最も高いアプローチをとることが、彼らの利益になると考える。解決志向は望むことへの直行ルートと考えられる。（望まないこと、うまくいかないことにかける時間と労力の浪費を防ぎ）望むこととうまくいくことに集中することで、実用的なアイデアと技能を集積させ、個人、チーム、組織全体といったそれぞれのレベルで、有意義かつ前向きな違いを作り出す。

セラピーにルーツを持つ解決志向が、コミュニケーションを改善し、チームを元気にし、効率を高め、業績や士気を向上させ、リーダーの資質を強化する方法を模索している組織にうまく適合することに、私たちは感動している。

私たちのプログラムはクライアントになるかもしれない人との最初の対話から、各事業の計画、伝達、管理まであらゆる側面に解決志向の理念を組み込んでいる。私たちはクライアントと一体になって、明確な目標を設定し、彼らが持っている知識を足がかりにして、「資源を活かした目標達成」に取り組む。事業が展開するとともに、クライアントに新たなニーズが生じ、新たな学びがあり、目新しい情報が入手されるが、それらに合わせて内容を変えたり調整したりする。こういった方法により、参加者にとって魅力のある、楽しい行事となる。そうなると参加者は長期継続される変化を導く、適切な、結果を重視する組織発展プロジェクトに自発的に加担するようになる。

私たちの活動は、ウェブサイト（www.thesolutionsfocus.co.uk）やその他の刊行物でより詳しく知ることができる。ここでは、大規模なコ

ミュニティ主導のもと解決志向チャンピオン【訳註】チャンピオン／マネジメント用語。組織内で課題設定と資源提供の役割を担う人を意味する。メンター（支援者）として事業推進の障害を除き、最高水準の成功を収めるようチームを導く】・ネットワークがどう開発されたかを説明し、組織での解決志向の活用例を示す。

## レディングでの事業の始まり

２００９年初期、私たちはレディング・カウンシルと「レディングの解決」と命名した大望のある変化のためのプログラムを契約した。このプログラムでは実用的で建設的な解決志向アプローチを用いたコーチングを行い、カウンシルのチームと個人に変化を導く。

私たちの任務はレディング子ども教育支援総局（DECS）全体に解決志向を取り入れ、限られた予算内でプログラムを成功させ、２年以内に独立させることであった。

レディング・カウンシルは約6万世帯のおよそ15万人に対する教育、廃棄物処理、戦略的計画といった公共事業を担う。議会指導者は重点戦略を明示していた。

◉家族支援戦略と行動計画による前向きな子育て
◉情緒的幸福戦略と行動計画に基づく情緒的幸福
◉学校改善戦略と行動計画による学校改善

いくらかでも解決志向の経験がある人は、解決志向が地域で暮らす子どもと家族の快適な暮らしの役に立つだけでなく、カウンシルの管理職にも窓口対応職員にも有益な影響を及ぼし、この戦略の実施に大きく貢献するだろうと感じていた。

プログラムの初期の目的は、次の通りである。

◉解決志向の取り組みと仕事への潜在的影響力をチームに知ってもらう
◉解決志向の理念とツールを使う技術と自信を構築する
◉解決志向の取り組みをあらゆる活動に取り入れる（家族に対しても、職員間でも）
◉チャイルド・トラスト【訳註】２００４年の英国児童法第１０条に基づく、子どもに対するサービスを提供する各機関が協力体制を構築することを義務づける制度】全体で解決志向の考え方を展開させる

## 制約内での戦略的取り組み——チャンピオンの発掘

これは明らかに野心的で遠大な事業であった。９００人の従事者と限られた資源のなかで、私たちは相談員、コーチ、トレーナーとして戦略的に取り組まねばならなかった。

私たちはカウンシルに解決志向を実践するための資源があり、それを見極め、活用し、足がかりにすることができることを知っていた。私たちは利害関係のある主なグループに会い、解決志向のいくつかの質問に対する答えを集めた。

DECS総長のアンナ・ライトに「このプログラムに最も望むことは何か」と尋ねると、彼女はプログラムによって、「変化を信じる真に前向きな文化を実現させてほしい。こういったやり方が組織内の全部門でわき上がり、すべての会議が解決試行の方向に集中するようになり、解決志向の取り組みが私たちの取り組みの全側面に広がることを望んでいる。この協力し合う方法は、子どもにも大人にも適している

はずだ」と述べた。

私たちはそれから上級管理職チームとさらに具体的な計画を立てる作戦日を設け、「解決志向の組織であれば、何をしているか」といった話し合いを持った。「本気でこの事業に取り組んでいくことを組織にわかってもらうための実行可能な小さな（しかも象徴的な）こと、例えば、言動を一致させるというようなことは何だろうか」、「解決志向の指導者であれば、既存のことをどんな違うやり方で実行するか」、「監督会議、評価、部局間会議などでの繰り返される対話に解決志向がどう適用されるか」といった質問を投げかけた。

注目すべき点は、参加者の多くが会話レベルで詳細に答えたことだった――「間違ったことを批判するのではなく、何がうまくいっているかと尋ねるだろう」が繰り返されるテーマであった。

これまで入札仕様書のコード番号として認識されていたものが、今やっと事業名で立ち上がったのである。この会議で「レディングの解決」は合意され、解決志向チャンピオンとしての重要な役割も明示された。

管理職全員を訓練し支援することはありえないので、解決志向を組み込むための効果的な方法が必要であった。時間と資源を最大限に活用し最大の効果を得るために、私たちは解決志向チャンピオンのネットワークを展開させる方法をとった。私たちが「チャンピオン」という考えを提案したのは、他の組織と行ったこれまでの事業から、解決志向の働きかけと語法が、日々の対話のなかで促進され、組み込まれていくことが、このアプローチを普及させていく上で不可欠だと知っていたからである。「問題は何か」ではなく「何を望むか」と尋ね、欠点と弱点には目を向けず、資源と達成部分に注目することが真の違いを生み出す。「チャンピオン」と名づけられたのは、レディングには以前から「コミュニケーション・チャンピオン」事業があり「チャンピオン」という言葉がよく知られていたからである。

解決志向チャンピオンは、解決志向の取り組みを支持し、推進する情熱を持った地域の専門家である。彼らは自ら解決志向を活用し、それを他者に説明し、身近な同僚の適切な解決志向の実践例を支持し、奨励し、共に喜ぶ。

特に、チャンピオンは次のことを目指す。

◉解決志向の理念とツールの知識向上にチームを引き込む
◉解決志向の取り組みをチームに取り入れ、支援する
◉DECS全体で解決志向の取り組みと文化が展開するよう支援する

この事業には自発的にかかわってもらうべきだと判断し、私たちと職場で解決志向の実践に取り組む意欲的なチャンピオンを募った。年長者や組織内の地位ではなく、その役割に情熱と参加意欲を持つチャンピオンが選ばれた。

解決志向の言葉を普及させ、チャンピオンを採用するための説明会を5回行った。説明会では参加者に生き生きとした瞬間を共有してもらい、解決志向の対話を経験してもらった――「この数週間を振り返り、職場での個人的な『生き生きとした瞬間』について話してください。そこにいることを気持ちいいと感じたときのことです」、「どうしてそうだったのでしょう」、「そのとき、何があなたに活気を与えましたか」。質問への答えは、「クライアントとの間でかなり進歩があった」から「昇

進した」までさまざまだった。

私たちは、参加者が互いに認め合い、こうしたよいことをもっと起こすための小さな一歩を選択するよう促した。参加者が解決志向を実際に体験し、解決志向が自分とチームにどう役立つかを理解するにつれて、室内にはざわめきが広がった。

私たちはチャンピオンへの応募を勧め、次の質問をした。

◉「解決志向チャンピオンのどんな役割に興味をそそられたか」
◉「解決志向の取り組みがあなたとあなたのチーム／学校に役立つとどのようにしてわかるか」
◉「この役割を果たすために、あなたの直属の上司から支援を得るために何をするつもりか（適切な場合）」

## 訓練プログラムの重要な要素

参加者の「集まり」ごとに3日間のプログラムが計画された。まず2日連続の講座で、新人の解決志向チャンピオンが解決志向のツールと理念を学び、取り組みたい「SFインサイド」事業を明確にした。

事業には具体的な基準があった。私たちはただでさえ多忙な人々をさらに忙しくする気はなかった。したがってチャンピオンは日々の業務から何かを選び出し、それに解決志向を適用することが勧められた。例えば、ある上級ソーシャルワーカーは解決志向をスーパービジョンに適用することにした。IT経営者は新しいITシステムの設計と実施に解決志向を用いた。金融会社の取り締役は削減された予算で公共事業を行う方法を見つけ出し、それを伝えるために、解決志向のツールと理念を活用することにした。またチャンピオンは成功を質的および量的に測定しなければならなかった。

その後チャンピオンは3日目のプログラで再会し、事業の進展を報告した。私たちは彼らに次のことを尋ねた。

◉事業の名前
◉解決志向のツールと考え方を応用して何を成し遂げようとしているのか。
◉成功の測定。すなわち、導入した測定法と期待している結果
◉とられた手段とこれまでの進展
◉次の段階――これから何をしようとしており、どうやってそれを続けていくか
◉さらに進歩するために必要になるかもしれない支援と援助
◉その他、シェアすることがグループにとって興味深く有益だと思われること

トレーナーのベッキー・タイラーの事業はカウンシルの全訓練プログラムに解決志向の理念を組み込むことであり、彼女は、解決志向を導入したことで訓練の質が改善し、訓練への参加者が覚えやすくなり、職場に戻って適用しやすくなったようだと（課程を評価したエビデンスを用いて）報告している。

同僚のストレスを心配する解決志向チャンピオンのシーラは、5歳から16歳の男女児が通う公立特殊学校であるクランベリー・カレッジで、教育環境を向上するための平日のスタッフ・ミーティングに解決志向アプローチを取り入れた。彼女はこのミーティングで使う質問を

変えることによって、それまでチームの習慣となっていた「問題、失敗、うまくいかないこと」への焦点を、「うまくいくこと、進歩の徴候、達成の称賛、次のステップの見極め」へと転換した。その結果、以前の落胆する対話が前向きなセッションへと転換し、行動が変わった。校長は非常に感心し、校内でさらに解決志向訓練を行うよう要請した。

次々にプログラムが作られ、私たちは関係者からのフィードバックと提案を採用していった。チャンピオン訓練の最初の集まりが終了する頃、私たちはUKASFP（英国解決志向実務者協会）年次大会でアンナ・ライト（DECS責任者）と同席した。45分の全体会で私たちは共にレディングでの取り組みについて発表した。聴衆の大部分は解決志向の実践者であったが、事業の範囲の広さと、解決志向の作業に対するカウンシルの熱意に関心を示し、感銘を受けたので、アンナはマイケル・コグリン・カウンシル議長を招き、チャンピオンの事業とその成果を見てもらう日を設けることにした。この日は「チャンピオン祝賀会」として、通常プログラムの一部となった。この4日目の主要な目的の1つはチャンピオンの間にネットワークを作り、さらに有効に働き、より広範な解決志向コミュニティと協働への期待をもたせることである。またプログラムの影響力がDECSに留まらず、カウンシルのその他にまで広がっていることも確認された。

## チャンピオンのネットワークの展開

解決志向チャンピオンたちがつながりを深めることによって、カウンシル内の解決志向の特性を高めること（つまり、継続可能なチャンピオン・ネットワークのなかで彼らが成長するよう促すこと）は有意義なことだと私たちは考えた。そこで、できるだけチャンピオン間で協力し支持しあう機会を作ろうとした。例えば訓練のなかでチャンピオンは彼らの事業を支援する役割を持つ仲間と連携した。事業の管理者は、チャンピオンが会報を出すことや、ときに昼食会を持つことを後押しした。私たちはプログラムの間中、遠隔会議を開き、事業や他の解決志向関連の話題についてそれぞれが話し合う場を設けた。また新しいチャンピオンの集まりを持つたびに、経験のあるチャンピオンを招待し、新人と話してもらった。

アンナ・ライト（DECS責任者）は、選ばれたチャンピオンを招待して、上級経営陣チームの会議やカウンシルの全体行事のなかで話題を提供させた。例えば、親の会で活動しているパウラは、彼女がこの地域で行っているすぐれた取り組みについて話した。ソーシャルワーカーのリズはDECS祝賀会で、妻が妊娠中で、薬物とアルコール乱用歴のある夫婦に解決志向を適用して大成功を収めた症例を話した。

チームの解決志向スキルを向上させ、特定の事業または課題を改善するために半日もしくは1日のセッションを手助けしてほしいと依頼するチャンピオンもいた。こうしたミーティングを何回も行ったが、特に顕著だったものを次にあげる。

◉新しいITシステムのビジョンをもち計画するためのセッション
◉拡大された支援チーム、青少年育成総合サービス、管理職チーム、小学校校長のグループなどの多くのチームへの解決志向の取り組みの導入こうしたセッションで特に効果的な活動は、参加者が互いに課題について対談しあうことだった。最初の面接では、次のような「問題志向」の質問がなされた。

◉問題は何か
◉うまくいっていないことは何か
◉なぜ、それほどまずいことをしているのか
◉やっかいなことの主な原因は何か
◉それは誰のせいか
◉なぜ、もう少しうまくやれないのか

その後、面接者は同じ課題について「解決志向」の質問をして、両者の比較がなされた。

◉何を成し遂げようとしているのか
◉それを達成したことが、どうやってわかるか
◉これまで最もうまくいったことは何か?
◉あなたがよい方向に向かっていることを示す最初のサインは何か?
◉他の人はどうやってこの進歩に気づくか?

2つの質問群の違いについて、参加者は「最初の質問群は、問題をさらに大きくした。希望を持てず、自分のせいだと感じた」と答え、「2番目の質問群では、その課題は何とかできそうで、何とかできると思うと、かなり気楽になった」と述べた。

チャンピオンはこれらのセッションで、事業の説明をし、パネリストとして加わり、質問を受けて、解決志向の仕事への前向きな影響について伝えるといった重要な役割を果たした。このアプローチをチームに伝え、最終的にはカウンシル全体に伝えていく上で、経験と成功について話し合うことが最も大きな影響を及ぼした。

## 事業の記録

私たちは最初からこの活動を記録に残そうとしていた。この作業の革新的な特性を考えると、他の人に伝え刺激を与えるために起こったことを詳細に記録し、進歩を測定し、カウンシルの一部を記録に残したいと考えた。中心となるのはカウンシル独自のネットワーク学習環境(以下、VLEと表記)で、そこでチャンピオンはブログに進歩を記し、質問し、アドバイスを求めた。

私たちはまたチャンピオンが関係者と対話している録画を集めた。そして、解決志向による取り組みの効果を示すためにその録画をVLEに掲示した。ブログに書き込むチャンピオンは少数だったが、全員が成功の測定、進展、次のステップに特別な注意を払いながら、プログラム全体にわたる集計表に彼らの事業と最新情報とを記録した。

1年半の間に私たちは4回のチャンピオン・プログラムを実施し、約50人のチャンピオンにトレーニングを行った。かなりの割合のチャンピオンが、解決志向事業を行い、チーム内で学習されたツールと技術を実践した。

次に、その他の事業とその結果を示す。

ミランダ・ロスは、次にあげる3つをマッチさせ、レディングの新しいVLEを獲得し、提供した。

◉学校が望み、求めるもの
◉事業グループが望み、求めるもの
◉金銭的に最も価値があるもの

彼女はプラットフォームの構築（現在のシステムへの執拗な不満ではなく、求めるものに焦点をあて）、フューチャー・パーフェクト（理想的なシステムはどう見えるか）、逆方向からの発見（どうやって最善の仕事をするのか、既存のシステムで何が続いてほしいか）といったツールによって上記にかかわる情報を集め、それらを用いて提出書類を作成した。求めるものが明確に説明されていたので、一覧表を作る行程は非常に簡略化された。3人の面接担当者と基準に適合する1人がすぐに特定された。チームは、解決志向を活用すればこの行程はより早く、より容易に、より効率的になることに気づいた。その結果カウンシルで、過去を詳細に調べ、文書の照合をしなくても、最初の書類で求めるものを入手できた。

ネイディーンとリンダは、レディング若者事業において解決志向の実践法を指導している。彼らは既存のインテーク質問票を使って、これまでとは違う働きかけをしている。彼らはこのような特定の書式が完全に記入されないことが多いことに気づき、チームが若者に目標について解決志向の質問を尋ねる訓練の機会として捉えた。今ではチームは面接する各々の若者に、「3カ月後に、物事がうまくいっているとします。そのことが、どうやってわかるでしょうか。他の人は何に気づくでしょうか」と質問する。若者担当相談員は、さらに詳細な話を続けるよう奨励される。例えば、ある若者が「いい仕事に就きたい」と言ったとする。従来であれば、若者担当相談員がその言葉を書きとめるか、いい仕事に就くための能力に疑問を持つか、無視するだけだった。相談員は、若者の願望と困難な現実との間には明らかに距離があると考えていた。新しいシステムでは、若者相談員が「では、あなたが就こうとしているいい仕事についてもっと話を聞かせてください。あなたがこの仕事に就いたとき、友人はどんなあなたに気づくでしょうか。そのことがあなたや周囲の人たちにどんな違いを生み出すでしょう」と尋ねる可能性が高い。そうすると、はるかに有効な情報が集められ、若者が真剣に聞いてもらえたと思うことが増えるだろう。

「レディングの解決」プログラムの事業管理者であり、解決志向チャンピオンでもあるヘレン・レソウィックは、自分にとっての有効な日の描写である、個人的「フューチャー・パーフェクト」にそって、1日をどのように始めるか説明した。そのアプローチによって、役割が強化され、「不安を行動に変える」ことができ、数人の同僚と同じように、大幅に時間を節約することができると彼女は言う。例えば、事業の進み具合を心配するのではなく、うまくいっていることを見つけ出し、肯定的なコメントを伝えるために、各チャンピオンに順番に電話をかけていった。

エマは、カウンシルでの子育て会議を検討するために、チームとの解決志向の活用法について話している。彼女はフューチャー・パーフェクトを引き出すためにチームでミラクル・クエスチョンを使うことについて述べている。「それは、対話革命のようなものです。どれほど前向きな話し合いができたか、言葉では言い表せません。皆がうまくやれること、もっとうまくやりたいこと、どうありたいかといったことについて話せたのですから。約30分の話し合いで、どこへ向かい、どうやってそこへ到達したいかを考えることができ、実行したい行動について明確な考えを持つことができました」

カウンシル最高責任者であるマイケル・コグリンは解決志向チャンピオン祝賀会に初めて参加したときのことを次のように書いている。

「会議では、私はプログラムの効果が何によるのかわからなかった。その答えはおそらくアプローチの単純さにあるだろう。それは世界中のセラピー場面で広く使われ、さらに私たちのような組織でも活用されている。理解しやすく、私たちが実行すること以外に大きな変化はいらない。すでにうまくいっていることに積み重ねることを強調するので、流行りすたりのある影響力の乏しい戦略にうんざりしているスタッフにとって魅力的である」

私たちは、学習と開発の主席専門官であるレジ・フリドルと面接した。

**TSF**❖あなたの解決志向インサイド事業について聞かせてください。

**レジ**❖この事業には、2つの要素があります。まず解決志向の考え方を教育委員会だけでなくカウンシル全体に取り入れることです。そして次に、解決志向の方法論と実践を管理・開発プログラムと全職員を対象とした訓練プログラムに組み込むことです。

**TSF**❖そうすることの利点がどこにあるとカウンシルは考えるでしょう。

**レジ**❖最終的には、いくつかの利点があります。まず業績改善です。「少ない労力で多くの成果をあげる」ことは全員のモットーであり、投資と倹約のアプローチである解決志向はそれを可能にするでしょう。いくらか時間を投資することで、すぐに効率、売り上げ、省力、働き方が違ってくるのです。

**TSF**❖これまで事業でカウンシルにどんな成果がありましたか。

**レジ**❖1対1のかかわりに役立ちました。つまり、対面による話し合いで解決志向のツールを使ったときにその恩恵がありました。またチーム会議と戦略の話し合いでもそうです。1つの重要な恩恵は解決志向の背後にある推進力が組織全体に広がっていることです。私たちはコーチングの文化を展開しようとしてきましたが、解決志向はよいコーチングを行うための重要な要素であり、コーチングと解決志向は相互に非常によく適合し、補完し合います。これらの技術を使って、既存の知識と経験の上にさらに積み上げていくことで、解決志向は私たちを次のレベルへと導いてくれます。

**TSF**❖カウンシルのなかでその辺りにうまくフィットする解決志向の特性や側面は何でしょう。

**レジ**❖刷新する、柔軟になる、敏捷になる、変遷と変化を続ける、困難な状況でも前向きの見解を持つ、といったことです。

## 行事の評価

プログラム全体を通じて、私たちは個々の行事を評価した。例えば、チャンピオンのテレサは私たちを招待し、長期勤続チームに解決志向の取り組みを導入する短期ワークショップを行った。私たちはセッション前後にアンケートをとって効果測定を行い、全員が解決志向ツールについての知識を飛躍させ、それを用いる自信を高めたことが示された。

成功の重要な尺度は、最初に一部局から依頼され、現在ではカウンシル全体で採用されている「レディングの解決」プログラムであった。4回目のチャンピオンの集まりには、DECS以外の人も含まれていた。私たちの取り組みがカウンシルの職員の範囲を越えて広がっていることは喜ばしいことである。4回目のチャンピオンに参加したウェンディは、「ビッグ・コミュニティ」と呼ばれる行政主導の新しい取り組みの1つとして、彼女の地域で取り組まれた小規模チャンピオン・プログラムに私たちを招いた。今後、地域を良くするために解決志向事業を行っていく、地域の解決志向チャンピオンを育成するために、私たちは彼女とともに活動している。

# 第15章

# 解決構築過程の理論的な意味

私たちは何事にも意味づけをしなければいられないので、説明がつかないことには説明を作りだす。
（Saari, 1991, p.14）

自分はうつ状態だと思っていたけれど、BFTC に来てからは、ただ憂うつな時期にあたっていただけだとわかった。
（クライアント）

クライアントはセラピストの知らない情報を提供しなければならないので、（セラピストの質問に）組み込まれた前提に矛盾しない情報を探し出し、それを伝える。クライアントが探し出すものが能力やプラスの資質であろうと無力感や病理であろうとも、この新しい見地《ground》を作り上げることに彼らが深くかかわっているのである。
（McGee, Del Vento & Bavelas, 2005, p.381）

ほとんどの人は出来事の意味を知りたがり、知るために努力を惜しまない。出来事が重要であれば、そのことをじっくり考え、印象を言葉にし、他の人々とそれについて話す。これは明らかに人間固有の特徴である（Mead, 1934）。

クライアントも同様である。彼らもまた生活のなかで起きていることの意味を知りたがる。問題解決の考え方を強調する文化に浸っているので、クライアントももちろん臨床家に問題を抱える理由について話したがる。彼らは西洋社会の人々が病原体を見つけて病気を理解しようとするのと同じ方法で、原因を考えて自分の問題の意味を見つけようとする。第5章から第8章にかけて検討したアー・ヤンのケースはその一例である。彼女がピーターに自分のパニック状態について最初に話したとき、彼女は「なぜ？　なんでこうなるの？」と質問し「私のどこが悪いのか知りたい」と言った。

本書で提示した対話を思い起こしてもらえればわかるだろうが、私たちはクライアントとの解決構築で「なぜ」とは尋ねない。私たちはクライアントの目標や例外について、「なぜそうなのか」とは尋ねないし、ましてや問題についてなぜ（それが起こったと思うか）とは尋ねない。それは経験から、理由を尋ねることが役に立たないことがわかっているからである。臨床家がクライアントに、「なぜ問題を抱えているのか」とか、「なぜ彼らの解決策でうまくいくのか」を分析させない方が、クライアントは効果的な解決を構築する。同様に、クライアントが問題を抱える理由を臨床家が理解しようとしても大抵の場合は無駄に終わる。つまり、臨床家がクライアントの問題、目標、例外について知らない姿勢を取り続け、問題のアセスメントを重視しない方が、クライアントは改善を示し、効果的に解決を構築する。しかし効果の有無にかかわらず、臨床家もクライアントと同じように、クライアントの経験の意味を理解しようとする傾向がある。

第1章で指摘したことのなかで、次の2点を不思議だと思われたかもしれない。第1は、解決志向の手続きは主にクライアントと臨床家の会話を観察し、役に立つことに注目して帰納的に作られたという点である。つまり、既存の理論から演繹されたものではない。第2は、解決志向の手続きが有効であることはわかっているが、その理由はわからないというスティーブ・ディ・シェイザーのコメントである。私たちの所見は仮説の域をでないものの、解決構築の過程で起こることの意味と、そこからみえてくる対人援助の最善の方法について、この最終章で考えてみよう。

## クライアントは問題の見方と定義を変える

BFTCで面接を観察した人は、クライアントが問題とその解決策について話していくうちに、通常、問題と起こりうる解決についての考えが変化することに気づいた。クライアントのなかには複数の問題を抱え、どれが根本的な問題なのかわからないまま来談する者もいる。しかし、そのうちに焦点が明確になり、問題の特徴を新しい観点から述べはじめることが多い。観察者は常に、クライアントが何回かの面接、ときにはたった1回の面接で問題を見直すことに気づいた。

アー・ヤンの問題の定義づけはそのよい例である。初回面接のはじめに彼女は、自分の問題であるパニック状態を生物学的または心理学的問題として考えていた。自分は気が変になっていると思い、髪の毛が抜けることに気づき、原因を見つけるために医者に行ったが医学的検査からは何もわからなかったという。ピーターは彼女とどのような変化を望むかという話を始めた。また彼女と未来のビジョンを作ろうとし、彼女のミラクル・ピクチャーに通じる例外があるかどうかを探した。彼女は「偶然の例外」を述べることができ、この会話から漠然とではあるが問題を定義することができた。

そうね、たぶん。わからないわ。私のどこが悪いのかわからない。どうしたらいいのかわからない。こんな感じばかりしているの。私のどこが悪いのか知りたいの。

2回目の面接でピーターが前よりよくなったことを尋ねると、アー・ヤンはいくつかの成功例を述べた。彼女はパニック状態になると感じたときに、しばらくダンスを踊るのをやめて落ち着きを取り戻したことを述べ、自分の問題が息苦しいほど混みあった状況と結びついているようだと暗示した。初回面接でのあいまいな問題の定義が、場面が限定された具体的な説明へと変わった。さらに例外を探していくと、アー・ヤンはいくつかの成功例と、問題をはねのける方法を説明することができた。次にこの成功例とそのために彼女がしたことを探しながら、アー・ヤンはパニック状態の原因探しから、問題をコントロールする方法を増やすことに焦点を変えた。2回目の面接の終盤に今後の方向について話しているとき、彼女は再び問題の見方を変え、子どもたちに「自分のことを自分でさせる」方法を見つけることが必要だと言った。アー・ヤンは初回面接では生理学的また心理学的な問題と定義していたが、2回目の面接の終了時には対人関係の問題に定義し直したのである。

ええ、私はひとりぼっちで、身動きがとれずとてもさびしかったけど、今は人と話せるの。義妹は「気分がよくないって聞いたけど、あなたは心配しすぎよ。考えすぎない方がいいわよ」というの。今では人と話すし、誰とでも話せるみたい。

ええ、前とは違うわ。いつも私は聞くだけで話さなかったけど、それが私の問題かもしれない。話さないで、何でも心のなかにしまってしまうの。でも今は話すようになったし、「誰かが聞いてくれる」と思うと前より気楽だわ。

さらに2回目の面接の終わりには、彼女は自分を問題の一部として捉え、問題がコントロールできない不可解な生物学的また心理学的な要因であるという考えを捨てた。彼女は次のように言った。

◉自分でそれをコントロールできるかどうかをつきとめようとしてるみたい。
◉今では、しようと思えばコントロールできるってわかったから。
◉こんなふうに思わせるのは本当は、私なんだわ。そう、私なのよ。

問題の定義のこの劇的な変化は、次にあげる話題を話し合うなかで生じたことに注目してほしい。アー・ヤンが望む変化、彼女のミラクル・ピクチャーの詳細、ミラクル・ピクチャーに似た状況、第2回面接までによくなったこと、成功を生みだした彼女の長所など。彼女とピーターがこうした話をしているうちに、彼女の問題の定義は変わったのである。

問題の定義が変化すると、望む変化や成功や長所についての彼女の見方や定義が変化するのは当然である。このことに留意して対話を振り返ると、この変化が明確になる。まず、彼女が最初に望んだ変化はパニック状態がなくなることであった。しかし2回目の面接で彼女の注意は（混み合った場所を離れて休憩したり、走っている車のなかでは窓を開けて深呼吸したりするような）うまくいく方法や、「子どもたちを少しでも自立させる」方法を見つけることや、彼女の内面を他人にもっと話すことへと変化した。第2に、彼女の成功と長所について初めのうちはなにもないと述べていた。

ええと、去年しばらくの間、おかしくなったのかと思ったわ。ベッドから起き上がると髪の毛が抜けていてね、シャワーの後みたいに一握りもの毛が抜けていたの。それで病院に行って「先生、なぜ？なんでこうなるの？」って聞いたの。そしていろんな検査もしたけど。

しかし、初回面接の終わりには彼女の話はとても違ったものになり、自分には能力や長所があるという感じをつかんでいた。解決を見つける自信のレベルを聞かれると、彼女はスケールで10を選び「できる限りの方法をやってみるまで、諦めない」と言った。2回目の面接で彼女は「『誰の責任か。あなた、それともあなたの心？』と書いてあったの。……責任があるのは私なの」と言った。その後の会話で彼女は自分の成功と長所について話し、それが自信と主体性とをさらに強めた。

このような見方や定義の変化は、インスーとウィリアムズ家の会話のなかでも同様に生じている。この対話をはじめから終わりまで再読し、見方と定義の変化をたどってほしい。

クライアントの見方が劇的に変わり、変化がわかりやすいケース（de Shazer, 1991）もあるが、変化がはっきりせず気づきにくいケースもある。しかし、解決構築の会話のなかのクライアントの発言を注意深く見直せば、必ずこのような変化に気づくだろう（Berg & De Jong, 1996）。解決構築の臨床家の能力はこのような変化に気づき、その変化が生じたときにクライアントをその探究に導けるかにかかっている。

## 社会構成主義

私たちはクライアントの見方や定義が解決構築の過程で変化することを観察してきたが、これにはどのような意味があるのだろうか。

この変化を理論的に説明するには、社会構成主義の視点が最もわかりやすい（Cantwell & Holmes, 1994; Gergen, 1985, 1999, 2009; Greene & Lee, 2011; Goolishian & Anderson, 1991; Laird, 1993; Parton & O'Byrne, 2000）。この視点では、問題や能力や可能な解決の本質の感じ方も含めて、何を現実とするかは他者との相互作用のなかでつくられるとされる。言い換えると、人は他者とかかわり合いながら意味を作り出す。多くの著者（例えば、Berger & Luckmann, 1966; Gergen, 1999, 2009, Gergen & Kaye, 1992; Hoffman, 1990; Mead, 1934）が、人は常に経験の意味を知ろうとすると指摘している。「私たちは何事にも意味づけをしなければいられないので、説明がつかないことには説明を作りだす」（Saari, 1991, p.14）。アー・ヤンとピーターの会話やインスーとウィリアムズ家の会話のなかで、クライアントはたびたび意味づけをしようとした。例えば、パニック状態を思い起こしてアー・ヤンは医師に「なんでこうなるの」と尋ね、ピーターに「私のどこが悪いのか知りたいの」と言った。彼女も夫や義妹やピーターなど他者と話すうちに、問題や能力や解決の意味を作り直した。

クライアントの見方や定義（または意味づけ）が時間の経過や他者とのかかわりのなかで変化するという観察は、理論的にはどのような意味があるのだろうか。この質問に答えることは、文学の解釈や哲学、社会科学、人文科学の領域にわたる大事業である。その答えの核心は、人間が交わす会話の媒体である言語を理解することにある。理論的文献は、援助や治療の過程における言語の役割に、これまで以上に注意を向け始めている。例えばディ・シェイザー（de Shazer, 1991, 1994）、ディ・シェイザー他（de Shazer, 2007）、ガーゲン（Gergen, 1999, 2009）、ミラー（Miller, 1997）は、デリダ、フーコー、ウィトゲンシュタインを含めた哲学者の言語学的な洞察を用いてセラピーのなかで使われる言語、クライアントの意味づけ、解決という三者の相互関係を分析した。社会構成主義者は、クライアントの見方や定義の変化は、文脈つまり共同体のなかで起こることを強調する。したがって意味づけは（解決も含めて）他者とのかかわりなしになされる個人的なことではありえない。そうではなく、個人はいつも民族、家族、国家、社会経済、宗教といった背景のなかで生活しているので、共同体の影響を受けて意味づけを変えるのである。解決構築における関係性の質問は、面接者がクライアントの背景についての見方を知るための有効な手段となる。

社会構成主義者がクライアントの個人的な意味づけの背景に共同体があることを強調するのは、個々のクライアントが多様な人種、民族性、国籍、社会経済的地位などが複合した現実を反映しているからである。

社会構成主義者の見解が対人援助の専門家にどうかかわるだろうか。対人援助の専門家はクライアントが意味を作り直し、満足のいく生産的な生活を創造していく上で彼らの協力的なパートナーとなる。グーリシャンとアンダーソン（Anderson & Goolishian, 1991, p.7）はクライアントとの作業について次のように述べている。

> （それは）上下の階層があり専門的な過程とは対照的に、協働的で平等主義的な過程に変わりつつある。治療者の専門知識とクライアントの専門知識は「対等」なはずである。今では治療者は知識を持つ技術者というよりも、むしろ教えられ学ぶ者になっている。

社会構成主義者による現実の定義についての見解とどうやってその定義が作られるかがわかってくると、今よりも満足できる生産的な生活にしようと奮闘しているクライアントに、現実の定義（例えば、問題、奇跡、成功、長所、解決）を探求するよう働きかける解決構築手続きの有用性が社会構成主義の概念を使ってうまく説明されることに気づくだろう。

## 共同構築を詳細に観察する

社会的構成主義および意味の共同構築という考えは、実証的研究から生じたものではなかった。それらは本章前半のピーターとアー・ヤンの対話に関する検討と同様に選ばれた例を理論的に著述することから生じた。しかし、近年、共同構築がどのよう生じ、さらに多くの発見が期待できるかを示す実証的研究が行われている（Bavelas, 2012）。第3章で私たちは心理言語学的観点から、対話コミュニケーションが共同作業であるという見解を提唱した。この見解は個人に焦点をあてて、対話を独白（モノローグ）の交代にすぎないとする従来のコミュニケーション・モデルとは対照的なものである（Clark, 1992; 1996）。クラークの協働の考え方によれば、話し手と聞き手は両者で情報を作り出し、両者が共同して合意できる見方を作っていく。この協働のプロセスは基盤《grounding》作りと呼ばれる3段階から成る。つまり、まず1人が新情報を提示し、2人目が動きまたは言葉で理解（または非理解）を示し、3人目が動きまたは言葉で2人目の理解（非理解）を受けいれる（Clark and Schaefer, 1987; Clark, 1996）。この刻々と進んでいく過程のなかで参加者間に作り上げられる理解（または意味）は、共通の基盤と呼ばれる。私たちは3章のインスーとカールの対話（49頁参照）で基盤作りの過程を示し、その過程を知ることが解決構築の対話を学ぶ上で有益であることを強調した。

共同構築の詳細と共通基礎の展開についてはまだこれから多くのことが発見されるだろうが、よいスタートが切られている。実際のコミュニケーションを刻々と分析するマイクロアナリシスの方法によって治療的対話を分析することで、相互作用の積み重ねが持つ役割が強調され（Bavelas, McGee, Phillips, & Routledge, 2000）、いくつかの研究では意味の共同構築の過程に関する側面が実験的に明らかにされている（Bavelas, 2012）。すでに述べたように、異なるセラピーを比較したスモックらの研究（Smock, Froerer, & Bavelas, in review）には、問題の話から問題の話が引き出され、解決の話から解決の話が導きだされる、つまり解決が共同で作られることが示されている（3章45～47頁参照）。私たちはマイクロアナリシスによる研究を取り上げたが、その研究は臨床家によるクライアントの言葉の要約と言い換えが中立的なものではなく、選択されたものであり、程度の差こそあれ変形されるものであることを示した。心理言語学者とコミュニケーション研究者は要約と言い換えに「形成《formulation》」という言葉を使うが、これは選択と変形の特徴をよく伝えている。最近のいくつかの研究では、クライアントによる問題の説明、クライアントがセラピーに望むこと、クライアントの可能性と能力などを、セラピストが選択し、変形することが実証されている（De Jong, Bavelas, & Korman, in review; Froerer & Smock, in review; Korman, Bavelas, & De Jong, in review; Phillips, 1999）。こうした研究は、異なるセラピーを代表するセラピストが、クライアントの状況、要求、能力を説明するにあたり、クライアントと彼らの前進に必要なものを彼らの理論的仮説に合わせることも示している（第3章28～30頁参照）。クライアントがセラピストの説明を受けいれ、セラピストがクライアントの受容を承認するたびに、両者の間に新しい基盤が構築されていくのである。

この本にはっきりと示されるように、臨床家は明確に述べるとともに多くの質問を使う。マギーと同僚はマイクロアナリシスの研究のなかで、質問が中立的な情報収集の方法ではなく、共同構築の過程を進めると述べている（McGee, 1999; McGee, Del Vento, and Bavelas, 2005）。再度、心理言語学者の研究（Clark & Schober, 1992; Dillon, 1990）を引き合いに出すが、マギーは私たちが3章で述べた考え（3章20～22頁参照）、つまり質問には何らかの仮説が含まれ、仮説に矛盾しない方向にクライアントを導くことを詳細に述べている。マギーはこうした仮説を「組み込まれた前提」と言う。一例をあげると、2回目の面接開始時に、ピーターはアー・ヤンに「では、どんなことから、前よりよくなっていることがわかるだろう？」と尋ねた。この質問には、アー・ヤンにとってこの1週間はその前の週よりも物事が上手くいき、アー・ヤンはそうしたことに気づき、またピーターにそのことを話せるという前提がある。マギーたちは対話のなかで誰かが質問すると、2人目は答えを求められ、事実上、参加を要求されると指摘する。答える際に、応答者は組み込まれた前提にのっとり質問を理解し、経験したことから質問の前提と一致する情報を探し、答えなければならない。ここでまた、ピーターの質問とそれに対するアー・ヤンの応答を記す。

**ピーター**❖では、どんなことから、前よりよくなっていることがわかるだろう？

**アー・ヤン**❖仕事に戻ったの。先週は全く出勤しなかったんだけど。

**ピーター**❖**［仕事に戻ったことが例外になるかどうかと思いながら］**ああ、そう、今週仕事に戻ったの？

**アー・ヤン**❖ええ、今週は仕事に戻ったのよ。

異なるセラピーの対話断片のマイクロアナリシスで、マギーたちは、治療的質問にはなんらかの前提が組み込まれており、クライアントは答える方向を制約されるが、その前提を問題にしたり、それにコメントしたりすることはないと指摘する。それどころか、彼らは質問に答えようとし、セラピストと「意味を作り出す過程」に加わる（McGee et al., p.377）。セラピストはこのクライアントに最も重要な話題は何かと考えて、そこから前提を立て、その前提を質問に組み込むので、意味作りは違った方向に向かいうる。ピーターとアー・ヤンの2回目の面接の例では、最初は彼女の成功（例えば、仕事に戻る）にかかわる共通基盤を共同構築する方向に進み、その後の対話では彼女がどうやってそうしたのかという方向に向かった。

まだ調査されるべき余地はあるが、心理言語学の研究に加えてここで引用したマイクロアナリシスによる研究は、セラピストとクライアントの間の観察可能な共通基盤を共同構築する社会構成主義の理論的前提に実証的支持を示している。本書ではいくつかの論点にこの新しい知見を組み込んだ。その理由は、私たちがクライアントとともに解決を構築する（もしくは共同構築する）とき、私たちが何を行うかを明確にし、経験を通して実証しているからである。第4版での解決構築のための基本的面接技法の大幅な改訂（3章参照）は、この研究に負うところが大きい。例えばクライアントの見解を対話に取り入れ協働する方法を示すために「聞き、選択し、構築する」というフレーズを使うが、これもこの研究を土台にしている。この一連の研究が理論と実践の間に必要とされる架け橋となり続け、クライアントの役に立つ方法について情報を提供すると信じている。

## パラダイムの転換

「クライアントの見方と定義は変化する」と「クライアントの数だけ現実に関する定義がある」とを認識することは、問題解決アプローチの科学的根拠に基づく仮定への挑戦となる。クライアントの問題と解決の定義が、時間が経つにつれて、また他者との共同作業で変わるとしたら、問題をどうやって客観的、普遍的、科学的に捉えたらいいのだろうか。第1章で説明したように、問題解決への科学的アプローチは、クライアントの問題は胃潰瘍や大気汚染のように客観的に実在し普遍的に同一であるという仮定に基づく。同様に、クライアントの問題を腎臓や惑星のように科学者による系統的な観察ができるものとみている。その見方からすれば、インスーがウィリアムズ家と取り組んだ問題やアー・ヤンがピーターと取り組んだ問題は現実とは認められない。

クライアントの問題は客観的に知りうるものではなく、彼らのそのときの現実の定義に影響されるものだと考えるようになれば、臨床家は「クライアントの問題と解決の専門家」という役割を放棄せざるをえない。再度、グーリシャンとアンダーソン（Anderson & Goolishian, 1991）を引用するが、「今や臨床家は技術を持つ専門家ではなく、むしろ教えられ学ぶ者である」

第1章で見たように、問題解決アプローチの基本となる1つの側面は科学的専門知識への信頼である。もう1つの面は、近代医学において病気とその治療がつながっているように、問題と解決の間に必然的な関連を仮定する問題解決の構造である。この仮定が現場で介入前に問題の査定を重視する根拠となる。

この第2の仮定もまた、クライアントは複数の現実の定義を持ち、またその定義は変わるという観察に合致しない。それはまた一見同じような問題の解決法がクライアントによって大きく異なるというBFTCの臨床家の観察とも合致しない。さらに、この問題に関する

ＢＦＴＣの成果のデータとも合致しない。

## 成果のデータ

ＢＦＴＣの臨床家の観察によれば、ミラクル・クエスチョンへのクライアントの応答は、問題と論理的に関連していることもあれば全く関連しないこともある。２回目以降の面接で、クライアントが生活のなかでよくなっていることとどうやってそうしたかについて話すとき、この成功と長所が問題とは論理的関係がないように見えることが多い（de Shazer, 1988, 1991, 1994）。多くのクライアントは自分でも思いがけない解決法を考え出すが、問題解決の臨床家もそれを聞くと驚くだろう。問題と解決の関係についてディ・シェイザー（de Shazer, 1988, pp.5-6）は、クライアントはしばしば問題を定義しなくても解決を考えることができると記している。つまり、クライアントは解決がわかってから、問題に戻って解決にあうように問題を定義（または再定義）するのだろう。そうだとすると、ディ・シェイザーの所見は人が現実感を作り上げていく過程の一部を説明することになる。

解決構築の臨床家はクライアントの問題が何であろうと、どのクライアントに対しても同じ方法で働きかける。しかし、従来の問題解決アプローチからみると、解決構築はクライアントへの介入になるとは思えないし、問題と解決の必然的なつながりを認めないので、解決構築の手続きがすべてのクライアントの問題に同じように効果があるとは思えない。この推論の真偽を判断するためにＢＦＴＣでの１９９２年～１９９３年の研究で、「ＤＳＭ診断による面接終了時の成果と最終成果」および「クライアントによる問題の評価ごとの解決率」について検討する（１９９２年～１９９３年の研究における、面接終了時と最終的な成果の定義については、11章２２２頁を参照）。

## ＤＳＭ診断と成果

ＢＦＴＣの臨床家は、サービスに対する第三者報酬を受けるために提出するＤＳＭ診断（アメリカ精神医学会の精神疾患の診断・統計マニュアルに基づく診断）を行う訓練を受けている。表15－１に診断ごとの面接終了時の成果のデータを示し、表15－２に診断ごとの最終成果のデータを示す。診断は当時用いられていたＤＳＭ－Ⅲの改訂版（DSM-III-R）に従って行われた。５ケース以上が該当する診断名についてだけ報告する。表15－１と表15－２の診断名に相当するＤＳＭのコード番号は以下の通りである。300.40は気分変調症、309.00は抑うつ気分を伴う適応障害、309.23は仕事の停滞を伴う適応障害、309.24は不安気分を伴う適応障害、309.28は混合した情動像を伴う適応障害、309.30は行為障害を伴う適応障害、309.40は情動と行為の混合した障害を伴う適応障害、313.81は反抗挑戦性障害、314.01は注意欠陥多動性障害。

まず、表15－１の面接終了時の成果のデータを見ると、解決構築の面接を受けたクライアントの大多数に改善がみられた。「進歩なし」の割合が高かったのは不安気分を伴う適応障害と注意欠陥多動性障害であった。

最終成果の表15－２も同様の結論を示す。診断名により成果を予測することはほとんどできない。「進歩なし」の割合がやや高かったのは、気分変調症（ケース数は少ない）と反抗挑戦性障害であった。

**表 15-1　DSM-III-R 診断別の面接終了時の成果 (I.O.)***

| I.O. | 300.40 | 309.00 | 309.23 | 309.24 | 309.28 | 309.40 | 313.81 | 314.01 | 合計 |
|---|---|---|---|---|---|---|---|---|---|
| かなりの進歩 | 27% | 20% | 17% | 14% | 29% | 8% | 33% | 6% | 20% |
| 中程度の進歩 | 46% | 80% | 50% | 43% | 46% | 62% | 42% | 47% | 51% |
| 進歩なし | 27% |  | 33% | 43% | 25% | 31% | 25% | 47% | 29% |
| ケース数 | 11 | 10 | 6 | 7 | 24 | 13 | 12 | 17 | 100 |

* 表 15-1 から 15-3 のパーセントは端数を処理した近似値にしてある

**表 15-2　DSM-III-R 診断別の最終成果 (F.O.)**

| F.O. | 300.40 | 309.00 | 309.24 | 309.28 | 309.30 | 309.40 | 313.81 | 314.01 | 合計 |
|---|---|---|---|---|---|---|---|---|---|
| 目標達成 | 33% | 67% | 14% | 48% | 33% | 53% | 18% | 31% | 39% |
| 進歩あり | 17% |  | 71% | 35% | 50% | 40% | 45% | 54% | 40% |
| 進歩なし | 50% | 33% | 14% | 17% | 17% | 7% | 36% | 15% | 21% |
| ケース数 | 6 | 6 | 7 | 23 | 6 | 15 | 11 | 13 | 87 |

## クライアントの自己報告による問題と成果

1992年〜1993年にかけての研究では、クライアントの初回来談時に問題についての詳細なチェックリストが渡され、その情報も用いられた。クライアントは初回面接を始める前に「自分にあてはまると思う問題」をチェックするように求められる。リストには、抑うつ、自殺念慮、摂食障害、仕事に関連する問題、親子間の葛藤、家庭内暴力、アルコールや薬物の乱用、性的虐待、愛する人の死、自尊心の問題、混合家族の問題などがあげられていた。「クライアントが報告した問題」と「面接終了時の成果と最終成果」との関連についてデータを分析した。

表15-3にこのデータの要約を示す。5ケース以上が該当する問題別に、面接終了時と最終の成功率を算出した。面接終了時の成功率は「かなりの進歩」と「中程度の進歩」とを合わせたものである。最終の成功率は「目標達成」と「進歩あり」を合わせたものである。

これらのデータからどんな問題であってもクライアントとの解決構築は一貫して成功していることがわかる。▼註1 表15-3を見ると、最終成果における「パニック発作」を除き、成功率は60〜89%の範囲にある。

クライアントが問題を自己評価したデータでも臨床家による診断と成果のデータでも、問題と解決が関連するという論は支持されない。これらのデータによれば、「クライアントがよくなるために専門的なア

▼**註1**　厳密に言えば、ここで報告しているBFTCでの研究ではより大きな母集団における確率抽出は行っていないが、有意性の検定は行った。表15-3の2変数関係と、表15-1と表15-2の表中の変数についてピアソンの$\chi^2$検定を行った。どの変数についても統計的に有意な差は存在しなかった。

**表 15-3　クライアントが報告した問題別の「面接終了時の成果 (I.O.)」／「最終成果 (F.O.)」における成功率**

| 問題のタイプ | I.O. 成功率 | F.O. 成功率 |
|---|---|---|
| 抑うつ Depression | 75% (79)* | 75% (60) |
| 自殺念慮 Suicidal thoughts | 74% (34) | 79% (19) |
| 不安 Anxiety | 72% (50) | 74% (42) |
| パニック発作 Panic attacks | 80% (10) | 50% (10) |
| 睡眠の問題 Sleep problems | 75% (59) | 76% (49) |
| 摂食障害 Eating disorder | 80% (40) | 73% (26) |
| ひきこもり Withdrawn behavior | 67% (58) | 80% (39) |
| 健康問題 Health problems | 72% (18) | 60% (10) |
| 仕事に関連する問題 Job-related problems | 84% (19) | 80% (15) |
| 金銭問題 Financial concerns | 74% (43) | 74% (31) |
| 親子間の葛藤 Parent-child conflict | 71% (35) | 76% (25) |
| コミュニケーションの問題 Communication problems | 65% (57) | 76% (46) |
| 家庭内暴力（脅迫も含む）Family violence (actual or threatened) | 60% (20) | 77% (13) |
| 性的虐待 Sexual abuse | 64% (11) | 75% (8) |
| 身体的虐待 Physical abuse | 67% (12) | 89% (9) |
| アルコールや薬物の乱用 Alcohol/other drug abuse | 67% (12) | 63% (8) |
| 夫婦・恋愛問題 Marital/relationship problems | 76% (45) | 81% (47) |
| 性の問題 Sexual problems | 72% (21) | 89% (18) |
| 愛する人の死 Death of a loved one | 72% (18) | 79% (14) |
| 自尊心の問題 Self-esteem problems | 77% (48) | 73% (40) |
| 兄弟・姉妹の問題 Brother/sister problems | 78% (36) | 78% (31) |
| 混合家族の問題 Blended-family issues | 74% (27) | 71% (21) |

* カッコ内はその問題を持つと答えたクライアントの数。ケース数の合計は I.O が 141、F.O. が 136。

セスメントに対応する個別の介入が必要である」とは言えない。解決構築では、クライアントは一連の同じ形式の応対により、問題と解決のつながりを考えることなしに、よい成果を得ることができる。▼註2

これらの所見にはいくつかの重要な意味がある。第1に、臨床家の準備が大変簡略化される。近年、援助職では問題を想定し、問題を診断する手続きと用具を考えて、専門化された介入を行い、意欲的な臨床家が満足するような教育を行うことにかなりの資源を費やしてきた。しかしその代わりに、この研究の結果は次のことを勧めている。つまり、臨床家はクライアントが自身の長所と周囲の資源をどのように活用して変化を起こすかを注意深く観察し、新人の臨床家にはクライアントの自己決定による変化を尊重し促進するよう指導することである。この結論は第1章で引用したエンパワーメントと長所を基にした提案を想起させる（Rappaport, 1981, 1990; Saleebey, 2009）。

第2に、解決構築の手続きがどんな問題にも有効ならば、有能な臨床家になるために先に述べたような複雑な学習は必要でなくなる。解決構築の技法に熟達しようと決意したら、クライアントの問題がなんであれ、クライアントの役に立つ対応ができるだろう。

▼註2　別の研究でも解決構築を用いたときに問題と解決の間のつながりはないことが示されている（de Shazer & Isebaert, 2003 と Lee, Sebold & Uken, 2003 を参照）。解決志向短期療法の科学的根拠を示すさらに最近の詳細なレビューでも同じ結論が支持されている（Franklin et al., 2012）。

## 見方と定義が変わることはクライアントの長所である

観察と成果のデータから、専門的な援助を求めて来談するクライアントは、人間性の本質にかかわるいくつかの大事なことと最善の面接の進め方とを私たち臨床家に教えていると言える。彼らは人生の苦闘、他の人々、さまざまな経験に出会いながら、こうした出会いについてあれこれ考える。そのなかで、さまざまな経験についてあれこれ考え、言葉で概念化し、自分の経験に合わせて解釈と思考の枠組みを作り出す。

人は言葉を使って他者に話すことで現実の意味と定義を作り出す。これは、経験や定義が現実ではないと述べているわけではない。複数の研究者（Berger & Luckmann, 1966; Watzlawick, 1984）が、現実の定義はある意味では構成され作られたものであっても、その人にとっては完全な現実であると力説している。例えばアー・ヤンが不安と息切れと震えを経験していたときに、彼女の問題であるパニック状態は彼女にとって完全に現実であったが、10日後の問題の責任が自分にあるという感じ（「しようと思えば自分でコントロールできる」）も現実である。エフラン、ルーケンスとルーケンス（Efran, Lukens, & Lukens, 1988, p.33）は、「作られた現実はいったん作られると他と同じように現実であり確固としたものになる」と言う。

現実の見方や定義に新しい意味を与えて、それを変化させるクライアントの能力は、問題に取り組む上できわめて重要な資源となる。クライアントが変わる力は、物事を違った観点からみる能力に関係する。

初期の構成主義の臨床家であるジョージ・ケリーは「どんなものでも違った角度からみれば、必ず変化して見える。……存在するものは何もかも変わる」と記す（Efran, Lukens, & Lukens, 1988, p.32）。グラディスが子どもと自分のために今よりよい生活にしようと努力したのは、自分の子ども時代の虐待を、醜くて卑しいものから子どもへの対処法を教えてくれるものへと捉え直す力があったからである。またアー・ヤンが生活を改善する力は、パニック状態に対する見方を自責感（「わからないわ。私は私のどこが悪いのか知りたいの」）から有能感（「しようと思えば自分でコントロールできる」）に変える力とつながっている。

以上の例のような現実の見方と定義の変化は、クライアントが解決をつくる上で重要な部分であり、違う未来と役に立つ例外の会話のなかで容易に生じる。解決は、問題の科学的定義、専門的アセスメント、専門的介入ではなく、願望とそれを実現する方法を展開するクライアントの力にかかっている。そうであるとすれば、臨床家の役割は、アンダーソンとグーリシャン（Anderson & Goolishian, 1992）の言う会話の達人になることである。臨床家が面接技法を活用して目的のある会話を続けることで、クライアントはより満足できる生産的な生活のために必要な拡張された見方と定義を臨床家とともに構築できる。厳密に言えば、臨床家がクライアントをエンパワーするわけではなく、また彼らの代わりに別の意味づけを作り出すわけでもない。それらができるのはクライアントだけである。しかし、臨床家はクライアントの能力を想定しそれを尊重して、クライアントが生活のなかで望むことを彼らが作り出せるように解決志向の質問と形式を注意深く用いた巧妙な会話をしていくことができる（Berg & De Jong, 1996）。

最後に「信じていれば見えてくる」と言いたい。「クライアントの見方と定義は、臨床家が対処しなければならない回避や抵抗と同じく、臨床家が対処しなければならない問題や欠陥であり、豊富な資源などではない」というこの分野の積年の信念から離れるには、クライアントとの解決構築の体験が早道である。そうすれば、思いもよらない解決をクライアントが作り出すことに気づくだろう。虐待された経験をよい母親になろうとするバネにしたグラディスや、関係回復のためにスパゲティの投げ合いをした家族や、真夜中に妻の寝息を聞いて恐ろしい経験から立ち直ったジャーメインなどがその例である。解決構築の手続きを忍耐強く目的を持って続けるならば、クライアントは驚くほどの回復力や創造性や能力を発揮するに違いない。

付録

# 解決構築面接のためのメモ

# 目標づくりの計画書

## 役割を説明する

（チームで面接をするときには、チームが途中で質問することがあることと、休憩をとってその後にフィードバックを与えることを伝える）

## 問題の説明を聞く

今日、私がどんなふうにあなたの役に立つことを望んでいましたか。

このことであなたはどう困っているのですか（問題の説明を聞く。もし問題が２つ以上なら、どの問題に最初に取り組むべきか考える）。

どんなことを試してみましたか（それは役に立ちましたか）。

## 目標づくり

「ここで話をしてよかった」とあなたが言えるためには、今日の面接の結果として、何が変わらなければならないでしょうか？

## ミラクル・クエスチョン

（奇跡が起きると何が違ってくるかに焦点をあてる）

**クライアントに関して**　どんな違いに気づきますか？（あなたが最初に気づくことは何ですか。他には？）

**重要な他者について**　奇跡が起こったとき、他に誰が気づくでしょうか。

彼女（彼）はあなたのどんな違いに気づくでしょうか。他には？

彼女（彼）がそれに気づいたとき、彼女（彼）はどのような違ったことをするでしょうか。他には？

彼女（彼）がそうすると、あなたは何が違ってくるでしょうか。

## 解決に向けて進む

（クライアントがミラクル・クエスチョンに答えたときに使う）

０から10の尺度で、０が「今までで最悪」の状態、10が「あなたがおっしゃった奇跡が起きた」状態とすると、今のあなたはどこですか？　どのようにしてその状態だとわかりますか？　など。

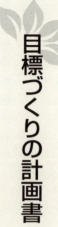

**または**　奇跡が起こったふりをしたとすると，最初にどんな小さなことをするでしょう？
それはどんなふうに役に立つでしょうか。
**または**　奇跡の一部が起こるには何が必要ですか。
それは起こる可能性がありますか。もしそうなら，そう思う理由は何ですか。

## 結び

1．もしクライアントがミラクル・クエスチョンに対して具体的に詳細に答えたなら，コンプリメントし，次のような提案をする。「来週の一日を選び，その日に奇跡が起こったふりをして，違うことを探してください」

2．もしクライアントがミラクル・クエスチョンに対して具体的に詳細に答えられないなら，コンプリメントして次のような提案をする。「あなたの生活で，この問題が解決できるとわかる出来事について考えてみてください。私も考えてみます」

（2回目の面接が可能な場合には，クライアントに「この問題と引き続き取り組んでいくためにまた来談しませんか」と尋ねる）

# ウェルフォームド・ゴールをつくるための質問メモ

**面接者へ**……これらの質問はまず、奇跡が起きたり、問題が解決したりしたら何が違ってくるとクライアントが考えているのかを探し出そうとしていることを覚えておいてほしい。またクライアントにとってウェルフォームド・ゴールを作り上げていくことは大変な作業であることも忘れないでほしい。忍耐強く、粘り強く質問を続けること。

## ミラクル・クエスチョン

今晩あなたが眠っている間に奇跡が起こるとします。今日あなたがここへ相談に来られた問題が解決するという奇跡が起きるのです。ただ、あなたは眠っているので、問題が解決したことを知りません。明日の朝あなたは、どんな違いから奇跡が起こったことに気づくでしょうか。他に何に気づくでしょうか。

## ウェルフォームドゴールの特徴を増幅させる

**小さいこと**……なるほど！　それはかなり大きな奇跡のようですね。あなたが最初に気づく小さな違いはどんなことでしょう。

他にどんなことから状況がよくなったとわかりますか。

**具体的で、行動的で、明確なもの**……あなたは、奇跡とは気分がよくなることだとおっしゃいましたね。あなたの気分がよいとき、周りの人はあなたのどんな違いに気づくでしょうか。気分のよいあなたは、どんな違ったことをするでしょうか。他には？

**何か違うこと／よりよいことの始まり**……あなたは、奇跡とは50ポンドやせることだと言いましたね。では最初の1ポンドやせたとき、あなたの生活のなかで何が違っているでしょうか。他には？

**何か違うこと／よりよいことの存在**……奇跡が起こると、あなたは子どもたちともめることが少なくなるとおっしゃいましたね。その代わりにどんなことをしているでしょうか。

## 重要な他者の認識に関して認識を膨らませる

奇跡が起こったとき、あなたの夫（子ども、親友、同僚、先生など）はどんな違いに気づくでしょうか。夫はあなたのどんな違いに気づくでしょうか。他にどんな違いに気づくでしょうか。

## クライアントの人間関係に関して認識を膨らませる

あなたの夫（子ども、親友、同僚、先生など）が〈　　　〉（前の質問に答えてクライアントが述べた違い）に気づいたとき、夫（彼ら）はどんな違ったことをするでしょうか。他には？　彼がそうしたとき、あなたは何をするでしょうか。そしてあなたがそれをしたら、他にどんなことが違ってくるでしょうか。

## 役に立つヒント

**もしクライアントが「わからない」と言ったら……**

わかったとしたら、どう言うでしょう？

**または、関係性の質問を使いなさい。例えば……**

私があなたの夫（子ども、親友、同僚、先生等）に尋ねたとしたら、彼（彼ら）はどう言うでしょう？

**もしクライアントが質問に苦労したり難しいと言ったら、同意してこう言いなさい……**

難しい質問をしています。ゆっくり時間をかけてください。

**もしクライアントがミラクル・クエスチョンに答えられなかったら……**

「問題が解決したら」という言い方にそった質問をする。

**もしクライアントが非現実的なこと**（「宝くじにあたるんだ！」）**を答えたら、**ただ次のように同意する……

それはすばらしいでしょうね。（間を置く）それで、他に何が違ってくるでしょう？

**もしクライアントが同じことを繰り返すなら、次のように尋ねなさい……**

そのことが起こる可能性はどのくらいあると思いますか？

**または……**

どんなことから〈　　　〉があなたの生活で起こりそうだとわかりますか。

**クライアントが具体的なミラクル・ピクチャー（奇跡が起こった後の想像図）の一部、または可能な解決を述べたら**（例えば「奇跡が起こったら、私はもっと散歩していると思います」）、次のように尋ねて、具体的にしていきなさい。

あなたがもっと散歩すると、どんなことが違ってきますか（その答えをさらに追及しなさい）。

クライアントの認識を尊重するには、彼らの認識を示す言葉を尊重し、面接の質問にその言葉を使うことである。つまり「もっと散歩する」というクライアントの言葉をあなたの次の質問に取り入れる。

**《非常に重要なこと》**あなたがどれだけ努力しても、クライアントがミラクル・クエスチョンに答えられず、問題が解決したときどのように状況が違っているかを説明できなかったときは、次のように尋ねなさい。

どのようにして、この問題を解決できるとわかりますか。

## 2回目以降の面接での目標づくり

進歩についてのスケーリング・クエスチョンを尋ねる。

0から10のスケールで、0は面接を始めたときの状態で、10は問題が解決した（または奇跡が起こった）状態だとすると、今日のあなたはどのあたりでしょうか。

わかりました、あなたは5ですね。あなたが5だとおっしゃるのは、生活のなかでどんなことが起こっているからですか。

なるほど、あなたがほんの少し（例えば5から6へ）上がったとき、どんな違いから6になったとわかるでしょうか。他には？ あなたが7へ進んだら、何が違っているでしょうか。

その後は、ミラクル・クエスチョンでしたように、例えば、重要な他者についての認識を膨らませなさい。例えば……

あなたが6に進んだとき、親友はどんなことから、あなたがそれだけよくやっていることに気づくでしょうか。他には？

# クライアントへのフィードバックをつくるための計画書

## 基本線《bottom line》を見つける

クライアントは何か求めているか。それは何か。

ウェルフォームド・ゴールはあるか。それは何か。

例外はあるか。どんな例外か。

ある場合には、それは意図的な例外か、偶然の例外か。

## フィードバック

コンプリメント

ブリッジ（提案への橋わたしのメッセージ）

提案（面接で共同構築したクライアントにとって重要なものをベースにする）

# 共通のメッセージ（面接の終わりのフィードバック）

## クライアントが問題を認めず、何も望まないとき

以下に保護監察官から面接に送られてきたクライアントへのメッセージの例をあげる（Berg & Miller, 1992, p.99）。

カーティス、あなたが望んだわけでもないのに、今日、よくここへ来られましたね。来ないでおこうと思えばそれもできたでしょうに。今日ここへ来ることは簡単なことではなかったと思います。時間は取られるし、話したくないことを話さなければならないし、バスに乗らなくてはならないし、それから……。

あなたは、指図されることが嫌いな、独立心の強い方だと思います。干渉されたくないこともわかります。でも、言われたことをすれば、あなたの生活からこうした人たちを追い出すことができて、干渉されなくなることもおわかりでしょう。ですから、あなたにとって何がよいのかを考えるために、もう一度お会いしたいと思います。来週、同じ時間にお会いしましょう。

## クライアントは問題を認識しているが、その解決における自分の役割を認識していないとき

### 1. クライアントは例外を確認できず、目標を持っていない

この問題は解決できるのだとわかるような、どんなことがあなたの生活に起こっているかに注意しておいてください。

または、このタイプのクライアントはまだウェルフォームド・ゴールを作り上げていないので、初回面接公式課題を用いる（de Shazer, 1985, p.137）。

来週お会いするまでに、あなたの（1つを選ぶこと／家庭、生活、結婚生活、人間関係）で、続けて起こってほしいと思うことを、観察してきて次回聞かせてください。

### 2. クライアントが例外を確認できる

次回までに、状況がよくなっているとき、特に何が違っていて、どうやってそれが起こったかに注意してください。つまり、よい状況を起こすのに誰が何をしたかということです。次回、詳しく説明してください。

またクライアントが「例外は誰かが違うことをしたためです」と言ったときには、上記と同じ観察の提案だが、次のようなバリエーションがある。

アリス、あなたの上司がいつもより「上品で、話がわかり、率

直に話す」（クライアントの言葉）ときに注意してください。そういうときに何が違っているかに注意を払う一方で、次回に説明できるように、彼がいつもより「上品で、話がわかり、率直に話す」のに役立つどんなことをあなたがしているかに注意してください。それを見落とさないようにして、次回、話してください。

最終のバリエーションとして予想の要素をつけ加えてもよい。

アリス、私はあなたに賛成です。確かに、上司がいつもより「上品で、話がわかり、率直に話す」日とそうでない日があることははっきりしていますね。だから、次回までにつぎのようにしてもらいたいのです。毎晩寝る前に、明日上司がいつもより「上品で、話がわかり、率直に話す」かどうかを予想してください。その日が終わって翌日の予想をする前に、あなたの予想が的中したかどうかを振り返ってください。予想とその日の成り行きが違ったらその理由を考えて、次回聞かせてください（de Shazer, 1988, pp.179-183）。

## クライアントに望みがあり、自分自身がその解決にかかわると考えている場合

### 1. クライアントは明確なミラクル・ピクチャーを描くが例外を特定できない場合

次回にお会いするまでに、一日を選んで奇跡が起こったふりをしてください。その日一日、あなたが私に説明してくれた奇跡が起こったかのように過ごすのです。そして、次回来ていただいたときに、何がよくなっているかを聞かせてください。

### 2. クライアントは行動を起こす意欲はあるようだが、ウェルフォームド・ゴールをもたず、また例外を特定できない場合

私たちはあなたが〈　　　　〉（クライアントの関心事）に一生懸命に取り組まれていることと、状態をよくするために今までに試したことをはっきり説明して下さったことにとても感銘を受けました。私たちは、今のあなたが落胆し失望されていることがわかります。これは「本当に手に負えない」（クライアントの用いた言葉）問題だというあなたの考えに同感です。

これは本当に「手に負えない」問題なので、私たちは次のことを提案します。次回までに〈　　　　〉（クライアントの関心事）が起こったときに、「何か違ったことをしてください。どんなに風変わりで、奇妙で、突飛だと思われることでもいいので、それぞれが何か違うことをやってみてください。大切なことは、どんなことでもいいのですが、何か違うことをすることです」（de Shazer, 1985, p.123）

### 3. クライアントにはウェルフォームド・ゴールと、彼（彼女）が行った意図的な例外がある

ラルフ、私はあなたの話を聞いて感動しました。まず、あなた

がお子さんとの関係をよくしようと強く望んでいる点です。第2に、もう何回か今までよりうまくいったときがありましたね。例えば〈　　　〉（例をあげる）。そして第3に、あなたはうまくいったときに何をしたのかをはっきりと説明できます。例えば〈　　　〉（例をあげる）。あなたがしていることすべてを考えると、状態がもう5だとおっしゃることがわかります。

あなたが望むようなお子さんとの関係のためには、こういうことをする必要があるという点に賛成です。ですから、次回まで、うまくいったことを続けてください。今まで気づかずに、状態がよくなるようなことを他にもしているかもしれませんから、そのことにも注意して、次回に話してください。

## その他の役に立つメッセージ

### クライアントが衝動を克服したいと望むとき

あなたが（食べたい、飲みたい、子どもを叩きたい、ポルノをみたい、パニックを起こす、など）という衝動に打ち勝ったときに注意してください。そのときに何が違っていたか、特に〈　　　〉したい衝動に打ち勝ったとき、あなたが何をしていたかに注意してください（de Shazer, 1985, p.132）。

### 解決について対立する意見があるとき

2つの状況が考えられる。1つは、それぞれの人たちが違った意見を持っている場合である。例えば、両親が盗みをはたらく子どもにどう対処するかについて意見が一致しないとき、次のように言える。

息子さんに「盗みをさせない」ように何とか助けてやりたいというお2人の気持ちに私たちチームは感銘を受けました。また、あなたがたお2人が、この難しい時期に息子さんの助け方について、それぞれが違ったお考えを持っておられることにもです。お2人は違う家庭で育ったので、物事のやり方が違うこともよくわかります（親たちは、彼らの意見の対立に、家庭背景の違いが影響していると言った）。

チームはどちらをとるべきかで意見が分かれました。半分はジョンのアイデアがよいと思いましたが、あとの半分はメアリーの案がうまくいくだろうと感じました。ですから私たちは、毎朝お2人が起きたらすぐに、コインを投げていただくことを提案します。表がでたらメアリーが責任を持って彼女のやり方でビリーを扱い、裏が出たらジョンが責任を持つ日です。責任を持たない方は、相手のビリーへの対応で効果的なことをよく観察して、次回に報告していただきたいのです。

2つめは、1人の人が2つ以上の選択肢について、どれがよいか決めかねている場合である。例えば、もしクライアントがボーイフレンドと別れるかどうかについて決めかねているとき、次のように言える。

僕も、あなたとビルとの関係をこのままにした方がいいのか、それとも別れて新しい生活を始める方がいいのかよくわかりません。正解を見つけるのは大変難しいので、こういう提案をしたいんです。毎晩寝る前にコインを投げてください。表が出れば、翌日はまるでビルはもうあなたの人生の一部ではないかのように過ごしてください。彼とは連絡を取らず、1人になったらすると言っていたように友達や家族と過ごしてください。もし裏が出れば、翌日は彼がまだあなたの人生の大切な一部であるかのように過ごすのです。そうしながら、彼と別れるか関係を続けるかについて、決められるような出来事に注意してください。もちろん、100%確信を持って決められないでしょうが。次回に、以前よりよくなったことを話してください。

# 初回面接の計画書

クライアントの氏名 ____________________　________ 年 ____ 月 ____ 日

**クライアントの心配／経過**（どのようにお役に立てるでしょうか。どんなことから ________が問題なのでしょうか。どんなことを試してみましたか。何が役に立ちましたか）

**ゴールの設定**（ここへ来られた結果として何が違ってほしいですか。ミラクル・クエスチョンについての対話）

**例外**（その問題が起こらなかったとき、またはそれほど深刻でなかったときがありますか。それはいつですか。どうやってそうなりましたか。あなたが説明してくれたミラクル・ピクチャーのようなときが少しでもありましたか）

**スケーリング**

どのくらいミラクルに近づいているか

面接前の変化

取り組みへの意欲

自信

**コンプリメント**

**ブリッジ（提案への橋渡しのメッセージ）**

**提案**

**次回について**

# 第2回以降の面接の計画書

クライアントの氏名 ____________________　________ 年 ____ 月 ____ 日

何がよくなっていますか

引き出す（どんなよいことが起こっていますか）

増幅する（どうやってそれが起こったのですか。それを起こすためにあなたは何をしたのですか。それはあなたにとって新しいことですか。今あなたは________していますが、あなたと________（重要な他者）との間ではどんなことが違いますか。ご家庭では何が違いますか）

強化する／コンプリメントする（________と言ったりしたりすることは、誰にでもできることではありません。あなたは________／である／できる／と信じる／方なのですね）

はじめから繰り返す（他に何がよくなっていますか）

もっとする（もう一度________をするには何が必要でしょうか。もっとたびたびするためには？）

何もよくなっていない場合（どう対処しているのですか。どうやってそうしたのですか。どうやっているので状況がさらに悪くならずにすんでいるのでしょうか）

進歩をスケーリングする

現在のレベル

次のレベル（もしあなたが________（現在のレベルの数字）から________（1つ上の数字）へ上がると、何が違っているでしょうか。まず誰が気づきますか。彼女／彼が気づいたとき、彼女／彼はどんな違った行動をとるでしょうか？（1つ上の数字）に上がったふりをするには、どんなことが起きればいいですか）

終結（どの数字になると、私に会う必要がなくなるでしょうか？　そのときは何が違うでしょうか）

コンプリメント

ブリッジ（提案への橋渡しのメッセージ）

提案

次回について

# 例外探しの質問

**面接者へ……**例外を探す質問には、クライアントの例外の認識（個人的な質問）と、重要な他者が何に気づくかというクライアントの認識（関係性の質問）とについて尋ねる2つの言い回しがあることを知っておいてほしい。以下にそれぞれの例を示す。

## 奇跡に関する例外

### 1. 引き出す

奇跡が起こるとき、あなたと夫は、あなたたちのこれまでの生活はどうだったかをもっと話し合ったり、もっと抱き合ったりするのですね。この奇跡のようなことがもうすでに起こっていませんか。ちょっとしたことでいいのです。

もしあなたの夫がここにいて、私が同じ質問をしたら、彼はどう言うでしょうか。

### 2. 増幅する

最近、あなたと夫が今よりもっと話しをして、抱き合ったのはいつでしたか。そのときのことをもっと話してください。どんな感じでしたか。何について話しましたか。あなたは何と言いましたか。彼はどう言いましたか。彼がそう言ったとき、あなたはどうしましたか。そして彼はどうしましたか。あなたにとってそれはどうでしたか。そのとき、他にどんな違いがありましたか。

もし彼がここにいたら、そのときについて、他にどう言うでしょうか。

### 3. 強化する

**非言語的に……**身を乗り出し、びっくりしてみせ、注目する（誰かがあなたに何か重要なことを話す場合に、あなたが自然にすることをする）。

**言語的に……**興味を示しなさい（これはあなたと彼にとって新しいことですか。これが起こってあなたは驚きましたか）。そしてコンプリメントしなさい（これまでに2人の間に起こったことを考えると、あなたがそうすることは難しかったでしょうに。難しかったですか）。

### 4. どうやって例外が起こったのかを探る

それが起こるためにあなたは何をしたと思いますか。

もしあなたの夫がここにいたら、彼が一日の様子を話しやすくするためにあなたが何をしたと言うでしょうか。

**コンプリメントを使う**……あなたはどこでそのやり方を思いついたのですか。とてもうまいやり方ですね。あなたはいつも、これほど難しい状況でどうすべきか、考えつくんですか。

### 5．例外を将来に起こす

1から10までの目盛りで、1は可能性が全くなく、10は最高にあるとして、そんなとき（例外）が来週（来月、将来のいつか）にまた起こる可能性はどれくらいありますか。それが起こるためにどうしたらいいでしょうか。

将来これがもっと起こるためにはどうしたらいいでしょうか。

それをまた起こすためには、誰が何をしなければなりませんか。

もう一度それ（例外）を起こすために行うことで一番大切なことは何ですか。二番目は何ですか。

これ（例外）がまた起こる可能性についてあなたの夫はどう言うと思いますか。あなたがそれを起こす可能性を増やせたら、彼は何と言いますか。もし、あなたがそうするとしたら、彼はどうすると思いますか。もし彼がそうしたとすると、あなたにとって（または家のなかで、またはあなたと彼の関係において）状況はどう違うでしょうか。

## 問題に関する例外

もしクライアントが奇跡を明確に説明できず、プロブレム・トークしかできない場合には、奇跡の代わりに問題に関する言葉を使って質問をしなさい。

例……あなたと夫が今よりもケンカが少なかったとか、全然しなかった過去のある日（週、月、年）を思い出せますか。

そして、奇跡に関する例外の5ステップに進みなさい。

## 何がよくなっていますか

2回目以降のすべての面接をこの例外探しの質問で始めることができる。奇跡に関する例外探しの5ステップを踏み、個人的な質問と関係性の質問の両方を用いなさい。

1つの例外の話が終った後には必ず「他によくなったことは？」と尋ねる。

## コーピング・クエスチョン

ごくまれにクライアントが全く例外を探し出せず、困惑することがある。そのときには、それほど困難な環境でクライアントがどうやっているのかを明らかにするために、コーピング・クエスチョンを使う。

私は驚きました。そんなことが起こっているなかで、あなたがどうやっているのか想像もつきません。どうしているのですか。どうやって次から次へと乗り越えているのですか。

クライアントが長年のうつ状態と辛い出来事を次々と話す場合には、次の言い方をするといい。

あなたが落ち込んでいるのは当然のことです。あなたが望む結果にならなかったことが多すぎましたからね。あなたがどうやって持ちこたえたのかと不思議なほどです。どうやって朝起きてまた一日を過ごせているのですか。

クライアントが子どもたちのために乗り切るしかなかったと言ったら、次のように言えばいい。

それがあなたのやり方なんですね。あなたは子どもたちのことを考え、またどれだけあなたが必要とされているかを考えるのですね。あなたは子どもたちのことをとても気づかっているに違いありません。どんなふうに子どもたちの世話をしているのか、もっと話してください。

# 不本意に面接に来たクライアントとの面接計画書

## 役割を説明する

（自己紹介をして、あなたの役割を説明し、休憩をとることなどの面接の構成を説明する）

## 問題の説明と解決への試み

（終始、クライアントが望むこと、できそうなこと、しようとすることの手かがりに注意を払う）

今日私たちが話し合わなければならないのはどうしてだと思いますか（ケースについてあなたが知っている情報を共有する準備をしておくこと）。

これまでにこれに関して何をしてきましたか。

これまでしようと考えながらもしていないことは何でしょうか。それはどんな役に立つでしょうか。

## 目標づくり

（　　　）（あなたにプレッシャーをかける人、命令している機関）は、あなたがどんな違ったことをする必要があると考えているでしょうか（クライアントが最初拒否的もしくは動機づけが低いようなときに、このような質問を使う）。

あなたがそうする決心をしたとしてみてください。あなたと（　　　）（プレッシャーをかける人、機関）の間で、何が違ってくるでしょうか（「あなたと（　　　）（重要な他者）との間では何が違ってくるでしょうか」と続ける）。

それはあなたにできることですか。

あなたが最小限、変えなければならないことは何でしょうか。

あなたがそれを最後にしたのはいつでしたか。またそれをすることにしたとして、あなたが実行する最初の小さな一歩は何でしょうか。

## ミラクル・クエスチョン

（尋ねたあとは、奇跡が起こったとき違っていることに焦点をあてる）

クライアントに関して……どんな違いに気づきますか（あなたが

最初に気づくことは何ですか。他には)。

**重要な他者に関して**……奇跡が起こったとき他に誰が気づくでしょうか。

彼女／彼はあなたのどんな違いに気づくでしょうか。他には?

彼女／彼がそのことに気づくと、彼女／彼はどんな違ったことをするでしょうか。他には?

彼女／彼がそうするとき、あなたにとって何が違うでしょうか。

## 解決に向けて進む

(クライアントがミラクル・クエスチョンに答えたら使う)

あなたが、奇跡が起こったふりをしたとすると、最初にどんな小さなことをするでしょうか。それがどう役立つでしょうか。

**または**……奇跡の一部が起こるには何が必要ですか。それは起こる可能性がありますか。もしそうなら、そう思う理由は何ですか。

**または**……0から10のスケールで0は問題が最もひどかった状況、10はあなたがおっしゃった奇跡の状況であるとして、今はどれくらい奇跡に近づいていますか。どんなことからその数字なのですか。その数字が1上がったとしたら、何が違っているでしょうか。そうなるためには何が必要でしょうか?(など)

## 結び

1. もしクライアントがミラクル・クエスチョンに対して具体的に詳細に答えるなら、コンプリメントし、次のような提案をする。「来週の一日を選んで、奇跡が起こったふりをして、それがどんな違いを起こすか気をつけていてください」

2. もしクライアントがミラクル・クエスチョンに対して具体的に詳細に答えられないなら、コンプリメントして次のような提案をする。「あなたの生活で、この問題が解決できるとわかる出来事について考えてみてください。私も考えてみます」

(2回目の面接が可能な場合には、クライアントに「この問題と引き続き取り組んでいくためにまた来談しませんか」と尋ねる)

## 不本意なクライアントとの面接に役立つ質問

◉あなたがここへ来なければならないというのは誰の考えですか。

◉あなたはここへ来た理由をどう考えていますか。

◉〈　　　〉（クライアントにプレッシャーをかける人または命令する機関）はどんなことから、あなたがここへ来なければならないと考えているのでしょうか。

・〈　　　〉は、あなたが何を変えないといけないと考えているのでしょうか。

・あなたがこの問題を抱える理由を〈　　　〉はどう考えているでしょうか。

◉〈　　　〉はあなたが最小限、何を変えなければならないと考えていますか。

◉あなたがここに来る必要がないことを〈　　　〉に納得させるために、あなたは何をしなければなりませんか。

◉あなたが最後にそれ（プレッシャーをかける人または機関が変える必要があると言うこと）をしたのはいつでしたか。

・そのとき、あなたの生活はどう違いましたか。

・どうやってそうすることができたのですか。

・〈　　　〉（重要な他者）はそのときあなたのどんな違いに気づいたと言うでしょうか。

・もう一度そうすると決心したとして、それをするために必要な最初の第一歩は何でしょうか。

・もう一度そうする自信はどのくらいありますか。

・その自信を少し上げるためには何が必要でしょうか。

・〈　　　〉（重要な他者）はあなたがもう一度これをする可能性について何と言うでしょうか。

・そうすると決心したとして、あなたと〈　　　〉（重要な他者）との間で何が違ってくるでしょうか。

・あなたと〈　　　〉（プレッシャーをかける人、命令した機関）との間では何が違ってくるでしょうか。

・あなたがそうすると決心したとしましょう。他にはどんな違いが起こるでしょうか。

・あなたの生活のなかで、今はないどんなことが起こっているでしょうか。

◉あなたは自分が十分にやっているということにどうやって気づきますか。

・あなたがこうした変化を起こしたことに最初に気づくのは誰でしょうか。
・〈　　　〉がその変化に気づくと、その人は今とは違うどんなことをするでしょうか。
・またその人がそうしたとき、それはあなたにとってどうでしょうか。

# 危機場面での面接計画書

## 役割を説明する

（この方法で始めない場合もあるかもしれないが、自分の名前とその状況であなたが何をしようとしているのかを話す準備をしておくこと）

例えば……今日ここに来てくださってうれしく思います。ここに来られたのはよい判断だったと思います。最も望む援助は何ですか。

ゆっくり進む／クライアントの見方を受けいれて肯定する。

## 対処のために現在行っている努力

（能力があると想定する）

長所を見つけてコンプリメントする。例えば……

「電話をもらってうれしく思います」（または「ここへ来られたことをうれしく思います」）「どうやってそれができたのでしょうか」

この状況のなかで、自分自身を大事にするために他にどんなことをしていますか（何を、いつ、どこで、誰が、どうやって、と詳細に聞く）。

他に何が役に立っていますか。

今よりもっとひどい状況になっていてもおかしくありません。今より悪くなっていないのはどういうことからですか（長所に注目してコンプリメントする）。

現在、誰（何）が最も役に立っていると思いますか。

彼ら（そのこと）の何がそんなにあなたの役に立っているのですか。

## 対処法の進歩をスケーリングする

10はあなたがうまく対処している状況で、0は全く対処できていない状況だとして、あなたは今、どこにいますか。

（もしその数値が2以上だとしたら、驚いたりコンプリメントしたりすること。そして彼／彼女がどうやってその数値まで達したのかを尋ねなさい。もし0以下だとしたら、それより悪くしないために何をしているのかを尋ねなさい。対処に役立つ考え方や行動を詳しく聞きなさい）

## 目標づくり――次のステップを協働して作る

このスケールで、数値が1上がったとします。そうすると、どんなふうに前よりよく対処しているのでしょうか（よくなったことがわかる小さなサインについて尋ねる）。

〈　　　　〉（重要な他者）は、あなたが前よりいい対処をしていると何から気づくでしょうか。他には？

それが起こるためには何が必要でしょうか。

この同じスケールで、数値が2か3上がったとします。そうすると、それだけよく対処していることがどんなことからわかりますか。他には？　そういったことが起こるには、何が必要でしょうか。他には？（または、クライアントがさらに希望を持つようなら、「奇跡が起こったとして、あなたがこれまで切り抜けてきた困難に誰もこれ以上はできないほどうまく対処できたとしたら、翌朝どうなっているでしょうか」というミラクル・クエスチョンを尋ねなさい）

この状況に対処し続けていくために忘れてはならない最も重要なことは何でしょうか。

## 結び

クライアントが彼／彼女自身のために行っている有益なことを要約して話す。そのなかに必ずクライアント自身の言葉による詳細部分を含めること。クライアントの長所と成功をコンプリメントすること。クライアントがうまくいくことをし続けるように提案し、対処に役立つことで他にできそうなことを強調すること。

## 有効なコーピング・クエスチョン

◉どうやって今朝、ベッドから起きることができたのですか。

・それは難しいことでしたか。

・他に何がそれをするのに役立ちましたか。

◉最後に食事をしたのは何時間前ですか。

・それはどのようにあなたの役に立っていますか。

・どのような工夫をして食べたのですか。

◉最後にいくらか眠れたのはいつですか。

・それでなにか違いがありますか。

・大変な経験のなかで、どうやって何とか眠ることができたのですか。

◉ここまで乗り越えてくるのに、何が役に立ちましたか。

◉私たちにできることで最も役に立つことは何だと思いますか。

◉前にこのような状況になったことがありますか。

・そのとき、それを乗り越えるために何をしましたか。

・何が最も役に立ちましたか。

・前回、誰が最も援助してくれましたか。

・〈　　　〉が役に立つだろうと、どうやってわかったのですか。

・〈　　　〉に援助してもらうために、あなたは何をしましたか。

・〈　　　〉は、あなたの役に立つどんなことをしましたか。他には？

・もう一度〈　　　〉に援助してもらうためには、何が必要ですか。他には？

・またその援助があれば、今回あなたにどんな違いが生じるでしょうか。

# 訳者あとがき

## インスー・キム・バーグの生涯とSFTのはじまり

本書はソリューション・フォーカスト・セラピー（以下、SFT）の教科書として書かれたInterviewing for solutions 4th Edition（2012）の日本語訳です。原著は1997年に初版が出され、その後、2002年、2007年、2012年と5年ごとに改訂されました。その後、クライアントの役に立つセラピーを追求して開発されたSFTですが、より有効な技法の開発にゴールラインはなく進展を続けています。SFTの教科書である本書もそのときどきの最新情報を盛り込み改訂されてきました。本書は大学教員のピーター・ディヤングとSFTの創始者の一人であるインスー・キム・バーグとの共著です。ここでは、まず生前、何回も来日しワークショップの講師をつとめ、日本でのSFT普及に甚大な功績をあげたインスーを偲び、その生涯とSFTの開発について述べることにします。

インスー・キム・バーグは1934年、韓国で、5人きょうだいの第2子として生まれました。1950年に勃発した朝鮮戦争の惨禍の日々を経て、ソウル市内の大学を卒業後、1957年（23歳）、薬理学の更なる研鑽を積むため米国ウィスコンシン大学大学院へ留学しました。その後、ソーシャルワークと心理療法に転向し、1969年ソーシャルワークの修士号を取得。ミルウォーキー・ファミリー・サービスなどで主に女性や子どもを対象とした相談支援を行うようになりました。

バーグが相談活動を始めた1970年代、セラピー現場の大半で精神分析を土台にしたアプローチが用いられており、行動療法でさえ疑問視されていました。勤勉かつ実直で、仕事に情熱を抱き、より良い支援者を目指すバーグも、精神分析家による定期的なスーパービジョンを受け続けました。しかしそこで、面接でうまくいかなかったことを「逆転移」の問題として扱い続け、次第に、それほど自分は間違ったことをしているのだろうかと考え、精神分析による面接法について疑念を抱くようになりました。そして、現場で使える実用的なモデルを探し、ブリーフ・セラピーの文献に出会います。

1975年、バーグは西海岸パロアルトのMRI（Mental Research Institute）でジョン・ウィークランドらの指導を受けるようになりました。そこでワンウェイミラーを設置して面接場面の観察を続けていたスティーブ・ディ・シェイザーを紹介されます（この二人の出会いがSFTの開発へとつながるのです）。その後ディ・シェイザーがミルウォーキーに移り、バーグや多職種の仲間たちと「中西部のMRIを作ろう」という夢をかかげ、クライアントに有効かつ効率的なセラピーを探求していきました。1978年、臨床訓練と研究機関であるブリーフ・ファミリー・セラピー・センター（Brief Family Therapy Center、以下BFTC）が設立されました。そこで、多くの面接場面を観察し議論を重ね、セラピーを成功させる有効な要素を抽出する作業が続けられました。そこから「問題の解決」ではなく「(問題には注目せず）解決の構築」を図る、従来のセラピーとはパラダイムが全く異なるSFTが開発されました。その後、SFTは、米国内だけでなくヨーロッパやアジアなど各国に広がり、セラピー現場に留まらず、教育、医療、福祉、産業、司法と、さまざまな現場で適用されています（14章参照）。

冒頭で記したとおり本書は、SFTの教科書として出版されました。その作成に貢献したのは、大学で教鞭をとりながら、BFTCでの研究や訓練に幅広くかかわっていたピーター・ディヤング（現在、カルビン大学名誉教授）でした。彼がバーグとともに、豊富な対話例を用いてSFTの技法を具体的に示し、SFTによる初回面接および2回目以降の面接の進め方、エビデンスや応用例などを含む本書を執筆していったのです。

バーグはアメリカ、ヨーロッパ、アジア各地での訓練やワークショップを続け、多くの著作を残しました。健康で、多くの執筆に取り組んでいこうとしていた2007年、突然ジムのサウナで眠るように息を引き取りました。本書3版が上梓された年です。それから5年、ディヤングはバーグと4版の改訂で盛り込む内容を話し合っていたことから、これまで同様2人の共著として本書を出版しました。

## 第3版から第4版への変更内容

今回の改訂の主たる変更は、第3章（基本姿勢と面接技法）、第11章（科学的根拠）、第14章（適用例）にみられます。

3章では、3版まで「知らないという技法」であった章のタイトルが、

4版では「知らない姿勢で一歩後ろから導く技法」へと変わり、「一歩後ろから導く」が追加されました。これに伴い、「解決に発展する見込みのあるヒントに注目し、クライアントの言葉を言い換え、クライアントの言葉を次の質問に組み込むこと」といった「一歩後ろから導く」ための技法に関わる内容が加筆されました。またセラピストとクライアントの協働による解決構築についても詳述されています。

「一歩後ろから導く」ことについて、3版までは「セラピストが質問をしてクライアントを解決構築の作業に取り組ませ、クライアントが解決を構築する」と、クライアント主導が強調されつつもセラピストによる誘導とも受け取られがちな傾向がありました。それが4版では「クライアントとセラピストが協働して解決を構築する」と両者による協働に重点が移されたように感じられます。

ディヤングによれば、バーグは「一歩後ろから導く」という表現を、SFTセラピストが面接で行うこと（つまり、クライアントの望んでいる未来にかかわるヒントを傾聴し、さらにそれを詳しく語ってもらうために知らない姿勢で、さまざまな質問をしていくこと）を述べる際に好んで用いていたそうです。このエピソードからも、「一歩後ろから導く」ことがSFTでいかに大切なことかが想像されることでしょう。

11章では、3版まで「成果（outcome）」となっていた章のタイトルが、4版では「科学的根拠（evidence base）」へと変更されました。そしてBFTCで行われた成果研究などの初期の成果研究に加えて、プロセス研究、マイクロアナリシス、展望研究などによるSFTを支持する新しい研究報告が盛り込まれました。

さまざまな現場での解決志向の適用例をその実践者が執筆した14章では、新たに3本（言語聴覚士による実践、解決志向スーパービジョン、行政機関でのソリューションの普及）の報告がなされています。3版から引き継がれたその他の報告（学校現場での学級経営に多大な成果をあげているWOWWやいじめ対策のプロジェクト、問題飲酒や司法領域でのプログラム）にも加筆修正がみられます。3版に馴染んだ読者にも、新鮮で読み応えのある内容となっているでしょう。

## ソリューション・ランドのこと

日本各地からSFTの実践者・研究者が年1回集まり実践報告や学びを深めるソリューション・ランド（www.solutionland.com）という催しがあります。2015年9月に香川県高松市で開催された第9回には151名が集いました（2005年、高松市でのソリューション・ランド創立前集会にはインスーも参加しました。それで、10年ぶりの高松ランドを意識されて参加された方も多かったようです）。そこで、私は一枠を担当させていただき、SFTの信念や姿勢・態度について語り合う場のファシリテーターを務めました。参加者それぞれが互いの意見を尊重しあい、安心して思いを語りあい、「相手を信じる」「相手から答えを引き出す」「リソースを見つける」「コンプリメントする」など、SFTの実践で大事にしている信条を共有しました。そうしながら、その場に喜びと活気が溢れるのを感じ、参加者の力とそれらを引きだすSFTの魅力を改めて実感しました。有効かつ習得しやすいSFTは、クライアントの役に立つセラピーを求める専門家の間で、これからまだまだ広がるだろうという手応えをえました。本書も、ささやかな部数ながら、ロングセラーになっていることは「教科書」として定着した感があり、うれしい限りです。

## おわりに

心理の仕事をはじめた1990年代前半に、SFTに出会えたことは本当に幸運でした。海外での研修成果をおしみなく分かち合いSFTをご紹介くださった諸先輩に心からの感謝の意を表します。またSFTを共に学び、実践する喜びを分かち合えた仲間との邂逅も大きな成果となりました。そして、ご縁をいただいたクライアントの皆さまと子どもたちには、知らない姿勢で話をきくこと、誰もが未来を切り開いていく力を持っていると信じること、ユーモアを持って笑顔で他者にかかわること、これらを大切にしていけば良いのだと、日々導かれています。みなさまにこの深い感謝の思いが届きますように。

最後に、本書の出版にあたって遅々として進まぬ作業を根気強く支えてくださり、ご尽力いただいた金剛出版の高島徹也氏に深くお礼を申し上げます。

2016年1月　訳者を代表して　桐田 弘江

**訳者**

**桐田弘江** Kirita Hiroe［カウンセリング SoFT 松山］

**住谷祐子** Sumiya Yuko［元 葵橋ファミリー・クリニック通訳］

**玉真慎子** Tamama Shinko［カウンセリング SoFT］

**学習用 DVD 日本語版**

翻訳｜**玉真慎子／住谷祐子／桐田弘江**

# 解決《かいけつ》のための面接技法《めんせつぎほう》［第4版］

## ソリューション・フォーカストアプローチの手引き

2016 年 2 月 10 日　発行
2025 年 3 月 20 日　4 刷

著者 ────── ピーター・ディヤング／インスー・キム・バーグ
訳者 ────── 桐田弘江／住谷祐子／玉真慎子
発行者 ───── 立石正信
発行所 ───── 株式会社 **金剛出版**
〒 112-0005 東京都文京区水道 1-5-16
電話 03-3815-6661
振替 00120-6-34848
印刷・製本 ── 三協美術印刷株式会社

ISBN 978-4-7724-1464-7 C3011

# 学習用DVDについて

**面接** 学生｜インスー・キム・バーグ｜ピーター・ディヤング（日本語テロップ）
**解説** インスー・キム・バーグ｜ピーター・ディヤング（吹き替え）

■クリップは自発的に来談した状況における基本技法[1〜7]と，不本意な状況（子どもや若者、ペア、命令による来談者）と危機的状況で用いる技法[8〜22]に分かれています。

**▶ALL PLAY**
クリップ1〜7とクリップ8〜22をそれぞれ連続してご覧いただけます（総時間約120分）。

＊DVDにはクリップが以下の2種類の形式で収録されています。

**▶連続クリップ**
各クリップをそれぞれ通して見ることができます。画面右上に使われている技法が表示されます。

**▶練習用クリップ**
面接場面の途中で画面が止まり課題が提示されます。課題に回答したら「再開」ボタンで続きが再生されます。

**［トランスクリプト］** DVDには英語のトランスクリプト（面接逐語）テキストファイルを収録しています。パソコンからファイルを閲覧することができます。

**〈必要システム構成〉**PC: Windows2000, XP Recommended (Not NT); Intel Pentium III or AMD CPU266MHz+; 128MB RAM (256MB Recommended)／Mac: OS 10,2.8+; power Mac G3·G5; 64MB RAM(128MB Recommended)／Both: 800x600, 16-Bit High-color Display; 16-Bit sound card; 8x DVD-ROM; speakers or Headphones

**はじめに**

**クリップ1 自発的に来たクライアントとの面接の出発点**
面接開始／クライアントに今後の展開を説明／言い換え／これまでの成功体験を聞きだす／クライアントにとって大事なことに耳を傾ける／言い換え／クライアントが何をしたか尋ねる／直接的なコンプリメント／要約

**クリップ2 ゴールを共同で作る**
面接開始／ミラクル・クエスチョン／奇跡とは／最初のステップ／関係性の質問／解決の出現／クライアントにとって大事なことの詳細を尋ねる／クライアントの努力に注目

**クリップ3 解決に向けて**
面接開始／解決に向けて／連結：前回の答えをもとに次の質問を作ること／クライアントの成功体験に注目／成功体験の詳細を聞く

**クリップ4 チーム・ディスカッション**
ディスカッション

**クリップ5 セッション終了時のフィードバック**
コンプリメント／ブリッジ／クライアント自身の言葉を使う／課題

**クリップ6 良くなったことは？**
面接開始／成功体験を引きだす＝E／増幅＝A／強化＝R／連結することで増幅／関係性の質問／最初に戻る＝S

**クリップ7 スケーリングの過程**
面接開始／0と10を定義する／連結／効果的な沈黙／例外の質問

---

**クリップ8 義務づけられた状況で面接を開始する**
身元を明らかにする／訪問の理由を述べる／役割を明確にする／クライアントの見方を受け入れて／さらに役割を明確に／クライアントにとって重要なことを尊重しようとして

**クリップ9 クライアント側の見解を知る**
面接開始／クライアントの願望に注目／事実に関するクライアントの認識を尋ねる／詳細について尋ねる／クライアントの認識を受け入れる

**クリップ10 協働で有能感を作る**
面接開始／間接的なコンプリメント／もっと詳しく尋ねて／間接的なコンプリメント／強さにフォーカス／ゴールの協議を開始／連結／ゴールの増幅

**クリップ11 面接を指示した機関の期待に関するクライアントの認識を知る**
面接開始／クライアントの反応に注目／関係性の質問／解決の構築／解決を拡大／今とは違う未来のビジョン

**クリップ12 自信の度合いをスケーリングする**
面接開始／自信のスケーリング／間接的なコンプリメント

**クリップ13 ペアとの面接を開始する**
面接開始／間接的なコンプリメント／強さに注目／クライアントの願望を尋ねる／具体的なゴール設定／会話のバランスを取る／ゴールの構築／さらなるゴールの明確化

**クリップ14 行き詰まった状況に対処する**
スケーリング・クエスチョン／関係性の質問／母親に注目／共通のゴールを目指す／関係性に焦点をあて続ける

**クリップ15 子どもとの面接開始とスケーリング**
面接開始／まずは子どもの世界に合わせる／間接的なコンプリメント／スケーリング／複数の人の認識／クライアントが考えている様子に注目／成功体験にコンプリメント／具体的なことを尋ねる

**クリップ16 子どもの認識を尋ねる**

**クリップ17 役に立つこと**
成功の詳細を聞く／クライアントにとっての意味を尋ねる

**クリップ18 危機にあるクライアントと面接を開始する**
面接開始／クライアントにとって役立つことを尋ねる／尊重して受け入れる／耳を傾けて明確化する

**クリップ19 役に立ったこと**
ノーマライズする／ゴールの組み立てを開始／クライアントにとっての意味を尋ねる／ノーマライズする／小さいゴール

**クリップ20 ミラクル・クエスチョン**
効果的に間を置く／クライアントが熱心に聞いていることに注目／ビジョンの構築／「他には？」と尋ねる

**クリップ21 奇跡を起こす**
クライアントが主導権を取ったことに注目

**クリップ22 おわりに**

**CREDITS**
**Cengage Learning Project Team**
Acquisitions Editor: **Seth Dobrin**
Media Editor: **Elizabeth Momb**
Program Manager: **Tami Strang**

Special thanks
to the following perticipants

**Kristin**
**Melissa**
**Tim**
**Alex**
**Nancy**
**Sam**
**Karen**

Video Encoding & DVD Authoring:
**Definition LLC**



Japanese translation rights arranged with Cengage Learning Inc., a Delaware corporation
through Japan UNI Agency, Inc., Tokyo

# 索 引



## 人名索引

## 事項索引

### あ



### か

## さ



## た



## な



## は

## ま



## や



## ら

## アルファベット

# 文献

Adams, J. F., Piercy, F. P., & Jurich, J. A. (1991). Effects of solution-focused therapy's "formula first session task" on compliance and outcome in family therapy. *Journal of Marital and Family Therapy, 17,* 277-290.

Alcoholics Anonymous. (1976). *Alcoholics Anonymous: The story of how thousands of men and women have recovered from alcoholism* (The Big Book). New York: Alcoholics Anonymous World Services.

American Psychiatric Association. (2000). *The diagnostic and statistical manual of mental disorders* (4th ed.-TR). Washington, DC: Author.

American Psychological Association. (2006). Evidence-based practice in psychology. *American Psychologist, 61,* 271-285.

Andersen, T. (1987). The reflecting team: Dialogue and meta-dialogue in clinical work. *Family Process, 26,* 415-428.

Andersen, T. (Ed.) (1991). *The reflecting team: Dialogues and dialogues about dialogues.* New York: Norton.

Anderson, H., & Goolishian, H. A. (1992). The client is the expert: A not knowing approach to therapy. In S. McNamee & K. J. Gergen (Eds.), *Therapy as social construction* (pp. 25-39). London: Sage.

Axelson, J. A. (1999). *Counseling and development in a multicultural society* (3rd ed.). Pacific Grove, CA: Brooks/Cole.

Baer, D., Bhati, A., Brooks, L., Castro, J., La Vigue, N., Mallik-Kane, K., Naser, R., Osborne, J., Roman, C., Rossman, S., Solomon, A., Visher, c., & Winterfield, L. (2006). Understanding the challenges of prisoner reentry: Research findings from the urban institute's prisoner reentry portfolio, Washington DC: Urban Institute Justice Policy Center.

Barnard, C. F., & Kuehl, B. P. (1995). Ongoing evaluation: In-session procedures for enhancing the working alliance and therapy effectiveness. *The American Journal of Family Therapy, 23,* 161-171.

Bateson, G. (Ed.) (1972). *Steps to an ecology of mind.* New York: Ballantine.

Bateson, G., Jackson, D. D., Haley, J., & Weakland, J. H. (1956). Toward a theory of schizophrenia. *Behavioral Science, 1,* 251-264.

Bavelas, J. B. (2012). Connecting the lab to the therapy room: Microanalysis, co-construction, and solution-focused brief therapy. In C. Franklin, T. S. Trepper, W. J. Gingerich, & E. E. McCollum (Eds.), *Solution-focused brief therapy: A handbook of evidence-based practice* (pp. 144-162). New York: Oxford University Press.

Bavelas, J. B., & Chovil, N. (1997). Faces in dialogue. In J. A. Russell & J. M. Fernandez-Dols (Eds.), *The Psychology of Facial Expression* (pp. 334-346). Cambridge, UK: Cambridge University Press.

Bavelas, J. B., & Chovil, N. (2006). Hand gestures and facial displays as part of language use in face-to-face dialogue. In V. Manusov & M. Patterson (Eds.), *Handbook of Nonverbal Communication* (pp. 97-115). Thousand Oaks, CA:Sage.

Bavelas, J. B., & Gerwing, J. (2007). Conversational hand gestures and facial displays in face-to-face dialogue. In K. Fielder (Ed.), *Social Communication* (pp. 283-308). New York: Psychology Press.

Bavelas, J. B., McGee, D., Phillips, B., & Routledge, R. (2000). Microanalysis of communication in psychotherapy. *Human Systems, 11,* 47-66.

Benjamin, A. (1987). *The helping interview with case illustrations.* Boston: Houghton Mifflin,

Berg, I. K. (1994). *Family based services: A solution-focused approach.* New York: Norton.

Berg, I. K. (2003). *Supervision and mentoring in child welfare services: Guidelines and strategies.* Milwaukee, WI: BFTC Press.

Berg, I. K. (2005). The state of miracles in relationships. In T. S. Nelson (Ed.), *Education and training in solution-focused brief therapy* (pp. 115-118). Binghamton, NY: Haworth.

Berg, I. K. (n.d.). *Hot tips III: Application of SFBT in supervision and management.* Unpublished manuscript.

Berg, I. K., & De Jong, P. (1996). Solution-building conversations: Co-constructing a sense of competence with clients. *Families in Society: The journal of Contemporary Human Services, 77,* 376-391.

Berg, I. K., & De Jong, P. (2005). Engagement through complimenting. *Journal of Family Psychotherapy, 16,* 51-56.

Berg, I. K., & de Shazer, S. (1993). Making numbers talk: Language in therapy. In S. Friedman (Ed.), *The new language of change: Constructive collaboration in psychotherapy.* New York: Guilford.

Berg, I. K., & de Shazer, S. (Eds.) (1997). Special issue: Solution-focused brief family therapy: Across the spectrum around the world. *Contemporary Family Therapy: An International journal, 19,* 1-141.

Berg, I. K. & Dolan, Y. (2001). *Tales of solutions: Hope-inspiring stories from around the world.* New York: Norton.

Berg, I. K., & Kelly, S. (2000). *Building solutions in child protective services.* New York: Norton.

Berg, I. K., & Miller, S. D. (1992). *Working with the problem drinker: A solution focused approach.* New York: Norton.

Berg, I. K., & Reuss, N. (1998). *Solutions step by step: A substance abuse treatment manual.* New York: Norton.

Berg, I. K., & Shilts, L. (2004). *Classroom solutions: WOWW approach.* Milwaukee, WI: BFTC Press.

Berg, I. K., & Shilts, L. (2005a). *Classroom solutions: WOWW coaching.* Milwaukee, WI: BFTC Press.

Berg, I. K., & Shilts, L. (2005b). Keeping the solutions within the classroom: WOWW approach. *School Counselor,* July/August, 30-35.

Berg, I. K., & Steiner, T. (2003). *Children's solution work.* New York: Norton.

Berg, I. K., & Szabo, P. (2005). *Brief coaching for lasting solutions.* New York: Norton.

Berger, P., & Luckmann, T. (1966). The *social construction of reality: A treatise in the sociology of knowledge.* Garden City, NY: Anchor.

Biestek, F. P. (1957). *The casework relationship.* Chicago: Loyola University Press.

Blundo, R. (2009). The challenge of seeing anew the world we think we know: Learning strengths-based practice. In D. Saleebey (Ed.), *The strengths perspective in social work practice* (5th ed.) (pp. 24-46). Boston: Pearson Education.

Bums, K. (2005). *Focus on solutions: A health professional's guide.* London: Whurr.

Burns, K. (2009). Solution focused brief therapy for people with acquired communication impairments. In S. Brurnfitt (Ed.), *Psychological well-being and acquired communication impairments* (pp. 197-215). Chichester: Wiley-Blackwell.

Cade, B., & O'Hanlon, W. H. (1993).*A brief guide to brief therapy.* New York: Norton.

Callahan, J. L., Almstrom, C. M., Swift, J. K., Borja, S. E., & Heath, C. J. (2009). Exploring the contribution of supervisors to intervention outcomes. *Training and Education in Professional Psychology, 3,* 72-77.

Cantwell, P., & Holmes, S. (1994). Social construction: A paradigm shift for systemic therapy and training. *The Australian and New Zealand journal of Family Therapy, 15,* 17-26.

Carkhuff, R. R. (1987). *The art of helping* (6th ed.). Amherst, MA: Human Resource Development.

Carkhuff, R. R., & Berenson, B. G. (1977). *Beyond counseling and therapy* (2nd ed.). New York: Holt, Rinehart & Winston.

Cauffinan, L., & Dierolf, K. (2006). *The solution tango: Seven simple steps to solutions in management.* London: Marshall Cavendish.

Cavaiola, A. A., & Colford, J. E. (2011). *Crisis intervention case book.* Belmont, CA: Brooks/Cole, Cengage Learning.

Cecchin, G. (1987). Hypothesizing, circularity, and neutrality revisited: An invitation to curiosity. *Family Process, 26,* 405-413.

Clark, H. H. (1992). *Arenas of language use.* Chicago: University of Chicago Press & Center for the Study of Language and Information.

Clark, H. H. (1996). *Using language.* Cambridge, UK: Cambridge University Press.

Clark, H. H., & Schaefer, E. F. (1987). Collaborating on contributions to conversations. *Language and Cognitive Processes, 2,* 19-41.

Clark, H. H., & Schaefer, E. F. (1989). Contributing to discourse. *Cognitive Science, 13,* 259-294.

Clark, H. H., & Schober, M. (1992). Asking questions and influencing answers. In J. Tanur (Ed.), *Questions about questions: Inquiries into the cognitive bases of surveys* (pp. 15-48). New York: Russell Sage Foundation.

Conrad, P., & Schneider, J. W. (1985). *Deviance and medicalization: From badness to sickness.* Columbus, OH: Merrill.

Corcoran, J. (2012). Review of outcomes with children and adolescents with externalizing behavioral problems. In C. Franklin, T. S. Trepper, W. J. Gingerich, & E. E. McCollum (Eds.), *Solution-focused brief therapy: A handbook of evidence-based practice* (pp. 121-129). New York: Oxford University Press.

Corey, G., Corey, M. S., & Callanan, P. *(2007). Issues and ethics in the helping professions* (7th ed.). Belmont, CA: Thomson Brooks/Cole.

Cunanan, E. D., & McCollum, E. E. (2006). What works when learning solution-focused brief therapy: A qualitative study of trainees' experiences. *Journal of Family Psychotherapy, 17,* 49-65.

De Jong, P., Bavelas, J. B., & Korman, H. (In review). Microanalysis of formulations: Part 1, observing coconstruction in psychotherapy.

De Jong, P., & Berg, 1.K (2001). Coconstructing cooperation with mandated clients. *Social Work, 46,* 361-374.

De Jong, P., & Berg, I. K. (2002). *Interviewing for solutions* (2nd ed.). Pacific Grove, CA: Brooks/Cole.

De Jong, P., & Berg, I. K. (2008). *Instructor's resource manual with test bank: Interviewing for solutions* (3rd ed.). Behnont, CA: Thomson Brooks/ Cole.

De Jong, P., & Berg, I. K. (2008). *Interviewing for solutions* (3rd ed.). Belmont, CA: Thomson Brooks/Cole.

De Jong, P., & Hopwood, L. E. (1996). Outcome research on treatment conducted at the Brief Family Therapy Center. In S. D. Miller, M. A Hubble, B. L. Duncan (Eds.), *Handbook of solution-focused brief therapy* (pp. 272-298). San Francisco: Jossey-Bass.

De Jong, P., & Miller, S. D. (1995). How to interview for client strengths. *Social Work, 40,* 729-736.

Department of Health. (2009). *Transforming Community Services: Ambition, Action, Achievement. Tranjorming Services for Health, Wellbeing and Reducing Inequalities.* London: Department of Health.

de Shazer, S. (1982). *Patterns of brief family therapy.* New York: Guilford.

de Shazer, S. (1984). The death of resistance. *Family Process, 23,* 79-93.

de Shazer, S. (1985). *Keys to solution in brief therapy.* New York: Norton.

de Shazer, S. (1988). *Clues: Investigating solutions in brief therapy.* New York: Norton.

de Shazer, S. (1991). *Putting difference to work.* New York: Norton.

de Shazer, S. (1994). *Words were originally magic.* New York: Norton.

de Shazer, S., & Berg, I. K. (1992). Doing therapy: A post-structural revision. *Journal of Marital and Family Therapy, 18,* 71-81.

de Shazer, S., Berg, I. K., Lipchik, E., Nunnaly, E., Molnar, A, Gingerich, W., & Weiner-Davis, M. (1986). Brief therapy: Focused solution development. *Family Process, 25,* 207-221.

de Shazer, S., Dolan, Y. M., Korman, H., Trepper, T., McCullom, E., & Berg, I. K. (2007). *More than miracles: The state of the art of solution-focused brief therapy.* New York: Haworth Press.

de Shazer, S., & Isebaert, L. (2003). The Bruges model: A solution-focused approach to problem drinking. *Journal of Family Psychotherapy, 14,* 43-53.

Devore, W., & Schlesinger, E. G. (1999). *Ethnic-sensitive social work practice* (5th ed.). Boston: Allyn & Bacon.

Dillon, J. T. (1990). *The practice of questioning.* London: Routledge.

Dolan, Y. M. (1991). *Resolving sexual abuse: Solution focused therapy and Ericksonian hypnosis for adult survivors.* New York: Norton.

Durrant, M. (1993). *Residential treatment: A cooperative, competency-based approach to therapy and program design.* New York: Norton.

Durrant, M. (1995). *Creative strategies for school problems: Solutions for psychologists and teachers.* New York: Norton.

Efran, J. S., Lukens, R. J., & Lukens, M. D. (1988). Constructivism: What's in it for you? *The Family Therapy Networker, 12,* 27-35.

Egan, G. (2010). *The skilled helper: A problem-management and opportunity development approach to helping* (9th ed.). Belmont, CA: Brooks/Cole.

Epstein, L. (1985). *Talking and listening: A guide to the helping interview.* St. Louis, MO: Times Mirror/Mosby.

Federal Bureau of Investigation. (2003). *Crime in the United States, 2002.* Washington, DC: U.S. Department of Justice.

Fiske, H. (2008). *Hope in action: Solution focused conversations about suicide.* New York: Routledge.

Fleck, L. (1979). *Genesis and development of a scientific fact* (F. Bradley & T. J. Trenn, Trans.). Chicago: University of Chicago Press.

Franklin, C. (2006). Outcome studies on solution-focused therapy. Retrieved on August 1, 2006, from http:// www.utexas.edu/courses/franklin.

Franklin, C., & Streeter, C. L. (2006). Solution-focused accountability schools for the twenty-first century: A training manual for Gonzalo Garza Independence High School. Retrieved on November 1, 2006, from http:// www.austinisd.org/schools/website.phtml?id=024focused.html.

Franklin, C., Trepper, T. S., Gingerich, W. J., & McCollum, E. E. (Eds.). (2012). *Solution focused brief therapy: A handbook of evidence-based practice.* New York: Oxford University Press.

Freedman, J., & Combs, G. (1996). *Narrative therapy: The social construction of preferred realities.* New York: Norton.

Freud, S. (1966). *The complete introductory lectures on psychoanalysis* (J. Strachey, Trans.). New York: Norton.

Frietas, G. J. (2002). The impact of psychotherapy supervision on client outcome: A critical examination of 2 decades of research. *Psychotherapy: Theory /Research/ Practice/ Training, 39,* 354-367.

Froerer, A. S., & Smock, S. A (In review). Identifying solution-building formulations through microanalysis.

Furman, B., & Ahola, T. (1992). *Solution talk: Hosting therapeutic conversations.* New York: Norton.

Furman, B., & Ahola, T. (1998). *Reteaming: Succeeding together.* Helsinki, finland: Reteaming International-The Brief Therapy Institute of Helsinki.

Garfield, S. L. (1994). Research on client variables in psychotherapy. In A E. Bergin & S. L. Garfield (Eds.), *Handbook of psychotherapy and behavior change* (4th ed., pp. 190-228). New York: Wiley.

George, E., Iveson, C., & Ratner, H. (1999). *Problem to solution: Brief therapy with individuals and families* (2nd ed.). London: Brief Therapy Press.

George, E., Iveson, C., & Ratner, H. (2011). *Briefer: A solution focused manual.* London, UK: Brief.

Gergen, K J. (1985). The social constructionist movement in American psychology. *American Psychologist, 40,* 266-275.

Gergen, K. J. (1999). *An invitation to social construction.* London: Sage.

Gergen, K. J. (2009). *An invitation to social construction* (2nd ed.). London: Sage.

Gergen, K. J., & Kaye, J. (1992). Beyond narrative in the negotiation of therapeutic meaning. In S. McNamee & K J. Gergen (Eds.), *Therapy as social construction* (pp. 166-185). Newbury Park, CA: Sage.

Germain, C. B., & Gitterman, A (1980). *The life model of social work practice.* New York: Columbia University Press.

Germain, C. B., & Gitterman, A (1996). *The life model of social work practice: Advances in theory and practice* (2nd ed.). New York: Columbia University Press.

Gillaspy, J. A., & Murphy, J. J. (2012). Incorporating outcome and session rating scales into solution-focused brief therapy. In C. Franklin, T. S. Trepper, W. J. Gingerich, & E. E. McCollum (Eds.), *Solution-focused brief therapy: A handbook of evidence-based practice* (pp. 73-91). New York: Oxford University Press.

Gilligan, S., & Price, R. (1993). *Therapeutic conversations.* New York: Norton.

Gingerich, W. J., & Eisengart, S. (2000). Solution-focused brief therapy: A review of the outcome research. *Family Process, 39,* 477-498.

Gingerich, W. J., & Eisengart, S. (2001). Solution-focused brief therapy outcome studies. Retrieved on August 1, 2006, from http://www.gingerich.net/SFBT/research/Default.htm.

Gingerich, W. J., Kim, J. S., Starns, G. J. J. M., & Macdonald, A J. (2012). Solution-focused brief therapy outcome research. In C. Franklin, T. S. Trepper, W. J. Gingerich, & E. E. McCollum (Eds.), *Solution-focused brief therapy: A handbook of evidence based practice* (pp. 95-111). New York: Oxford University Press.

Goldstein, H. (2002). The literary and moral foundations of the strengths perspective. In D. Saleebey (Ed.), *The strengths perspective in social work practice* (3rd ed., pp. 23-47). Boston: Allyn & Bacon.

Goolishian, H. A, & Anderson, H. (1991). An essay on changing theory and changing ethics: Some historical and post structural views. *American Family Therapy Association Newsletter, 46,* 6-10.

Gray, S. W., Zide, M. R., & Wilker, H. (2000). Using the solution focused brief therapy model with bereavement groups in rural communities: Resiliency at its best. *Hospice Journal, 15,* 13-30.

Greene, G. J., & Lee, M. Y. (2011). *Solution-oriented social work practice,* New York: Oxford University Press.

Greene, R. R. (2007). *Social work practice: A risk and resilience perspective.* Belmont, CA: Thomson Brooks/Cole.

Guest, J. (1976). *Ordinary people.* New York: Ballantine. Hairston, C. F. (2007). Focus on children with incarcerated parents: An overview of the research literature. Retrieved on January 4, 2011, from www.aecforg/ childrenofincarcerated.aspx.

Haley, J. (1973). *Uncommon therapy.* New York: Norton.

Haley, J. (1987). *Problem-solving therapy.* San Francisco: Jossey-Bass.

Hall, D. (2003). *Criminal law and procedure.* Albany, NY: Delmar.

Hansen, N. B., Lambert, M. J., Smart, D. W., & Forman, E. V. (2002). The psychotherapy dose-response effect and its implications for treatment delivery services. *Clinical Psychology: Science and Practice, 9,* 329-343.

Hartman, c., & Reynolds, D. (1987). Resistant clients: Confrontation, interpretation, and alliance. *Social Casework, 68,* 205-213.

Hawaii State Legislature. (2010). Senate Concurrent Resolution 192 House Draft 1: Requesting the Department of Public Safety to facilitate the delivery of the Huikahi Restorative Circles Program in Hawaii correctional facilities. Honolulu: Author.

Hendrick, S., Isebaert, L., & Dolan, Y. (2012). Solution-focused brief therapy in alcohol treatment. In C. Franklin, T. S. Trepper, W. J. Gingerich, & E. E. McCollum (Eds.), *Solution-focused brief therapy: A handbook of evidence-based practice* (pp. 264-278). New York: Oxford University Press.

Hepworth, D. H., Rooney, R. H. & Larsen, J. A (2002). *Direct social work practice: Theory and skills* (6th ed.). Pacific Grove, CA: Brooks/Cole.

Hepworth, D. H., Rooney, R. H., Rooney, G. D., Strom-Gottfried, K., & Larsen, J. A (2010). *Direct social work practice: Theory and skills* (8th ed.). Belmont, CA: Brooks/Cole.

Heritage, J. c., & Watson, D. R. (1979). Formulations as conversational objects. In G. Psathas (Ed.), *Everyday language: Studies in ethnomethodology* (pp. 123-162). New York: Irvington.

Hiebert-Murphy, D., & Richert, M. (2000). A parenting group for women dealing with child sexual abuse and substance abuse. *International Journal of Group Psychotherapy, 50,* 397-405.

Hoffman, L. (1990). Constructing realities: An art of lenses. *Family Process, 29,* 1-12.

Hopwood, L., & de Shazer, S. (1994). From here to there and who knows where: The continuing evolution of solution-focused brief therapy. In M. Elkaim (Ed.), *Therapies Familiales: Les approches principaux* (pp. 555-576). Paris: Editions de Seuil.

Horton, S., Drachler, M. de L., Fuller, A, & de Carvalho Leite, J. C. (2008). Development and preliminary validation of a measure for assessing staff perspectives on the quality of clinical group supervision. *International Journal of Language & Communication Disorders, 43,* 126-134.

Howerton, A., Burnett, R., Byng, R., & Campbell, J. (2009). The consolations of going back to prison: What 'revolving door' prisoners think of their prospects? *Journal of Offender Rehabilitation, 48,* 439-461.

Hsu, W. (2007). Effects of solution focused supervision. *Bulletin of Educational Psychology, 38,* 331-354.

Hsu, W. (2009). The components of the solution-focused supervision. *Bulletin of Educational Psychology, 41,* 475-496.

Hsu, W., & Tsai, S. (2008). The effects of solution-focused group supervision on school counselors. *Bulletin of Educational Psychology, 39,* 603-622.

Hwoschinsky, C. (2001). *Listening with the heart: A guide for compassionate listening.* Indianola, WA: The Compassionate Listening Project.

Ivanoff, A, Blythe, B. J., & Tripodi, T. (1994). *Involuntary clients in social work practice: A research-based approach.* New York: Aldine de Gruyter.

Ivey, A. E., Ivey, M. B., & Zalaquett C. P. (2010). *Intentional interviewing and counseling: Facilitating client development in a multicultural society* (7th ed.). Belmont, CA: Brooks/Cole.

Jackson, P. Z., & McKergow, M. (2007). *The solutions focus: Making coaching and change simple* (2nd ed.). London: Nicholas Brealey.

Jackson, P. Z., & Waldman, J. (2010). *Positively speaking: The art of constructive conversations with a solutions focus.* United Kingdom: The Solutions Focus.

Jacobsen, C. H., & Tanggaard, L. (2009). Beginning therapists' experiences of what constitutes good and bad psychotherapy supervision with a special focus on individual differences. *Nordic Psychology, 6,* 59-84.

James, H. (Ed.). (1920). *The letters of William James (Vol. 2).* Boston: Atlantic Monthly Press.

James, R. K., & Gilliland, B. E. (2005). *Crisis intervention strategies* (5th ed.). Pacific Grove, CA: Brooks/Cole.

Jenkins, A (1990). *Invitations to responsibility: The therapeutic engagement of men who are violent and abusive.* Adelaide, South Australia: Dulwich Centre Publications.

Johnson, Y. M., & Munch, S. (2009). Fundamental contradictions in cultural competence. *Social Work, 54,* 220-231.

Kadushin, A, & Kadushin, G. (1997). *The social work interview: A guide for human service professionals* (4th ed). New York: Columbia University Press.

Kagle, J. D. (1991). *Social work records* (2nd ed.). Belmont, CA: Wadsworth.

Kagle,J. D. (2002). Record-keeping. In A. R. Roberts & G. J. Greene (Eds.), *Social workers' desk reference* (pp. 28-33). New York: Oxford University Press.

Kanel, K. (2007). *A guide to crisis intervention* (3rd ed.). Belmont, CA: Brooks/ Cole, Cengage Learning.

Keefe, T. (1976). Empathy: The critical skill. *Social Work, 21,* 10-14.

Kelly, M. S., & Bluestone-Miller, R. (2009). Working on what works (WOWW): Coaching teachers to do more of what's working. *Children & Schools, 31,* 35-38.

Kelly, M. S., Kim, J. S., Franklin, C. (2008). *Solution-focused brief therapy in schools.* New York: Oxford.

Kelly, M. S., Liscio, M., Shilts, L., & Bluestone-Miller, R. (2011). Making classrooms more solution-focused for teachers and students: The WOWW teacher coaching intervention. In Franklin, C. Trepper, T. McCollum, E. & Gingerich, W. (Eds.), *Solution focused brief therapy: A handbook of evidence-based practice* (pp. 354-370). New York: Oxford University Press.

Kendall, P. C., Holmbeck, G., & Verduin, T. (2004). Methodology, design, and evaluation in psychotherapy research. In M. J. Lambert (Ed.), *Bergin and Garfield's handbook of psychotherapy and behavior change* (5th ed., pp. 16-43). New York: Wiley.

Kim, J. (2006). *Examining the effects of solution focused brief therapy: A meta-analysis using random effects modeling.* Unpublished doctoral dissertation, University of Texas, Austin.

Kim, J. S. (2008). Examining the effectiveness of solution-focused brief therapy: A meta-analysis. *Research on Social Work Practice, 18,* 107-116.

Kim, J. S., Smock, S., Trepper, T., McCollum, E. E., & Franklin, C. (2009). Is solution-focused therapy evidence based? *Families in Society, 91,* 301-305.

Kiser, D., (1988). *A follow-up study conducted at the Brief Family Therapy Center.* Unpublished manuscript.

Kiser, D., & Nunnally, E. (1990). *The relationship between treatment length and goal achievement in solution-focused therapy.* Unpublished manuscript.

Kiser, D., Piercy, F. P., & Lipchik, E. (1993). The integration of emotion in solution focused therapy. *Journal of Marital and Family Therapy, 19,* 233-242.

Knekt, P., Lindfors, O., Harkanen, T., Valikoski, M., Virtala, E., Laaksonen, M. A., Marttunen, M., Kaipainen, M., Renlund, C., & the Helsinki Psychotherapy Study Group. (2008a). Randomized trial on the effectiveness of long- and short-term psychodynamic psychotherapy and solution focused therapy on psychiatric symptoms during a 3-year follow-up. *Psychological Medicine, 38,* 689-703.

Knekt, P., Lindfors, O., Laaksonen, M. A., Raitasalo, R., Haaramo, P., Jarvikoski, A., & the Helsinki Psychotherapy Study Group. (2008b). Effectiveness of short-term and longterm psychotherapy on work ability and functional capacity-A randomized clinical trial on depressive and anxiety disorders. *Journal of Affective Disorders, 107,* 95-106.

Koob, J. J. (2002). The effects of solution focused supervision on the perceived self-efficacy of therapists in training. *The Clinical Supervisor, 21,* 161-183.

Korman, H., Bavelas, J. B., De Jong, P. (In review). Microanalysis of formulations. Part II, comparing solution focused brief therapy, cognitive behavioral therapy, and motivational interviewing.

Kuhn, T. S. (1962). *The structure of scientific revolutions.* Chicago: University of Chicago Press.

LaFountain, R. M., & Gamer, N. E. (1996). Solution-focused counseling groups: The results are in. *The Journal for Specialists in Group Work, 21,* 128-143.

LaFrance, M. (1992). Questioning knowledge acquisition. In T. W. Lauer, E. Peacock, & A. C. Graesser (Eds.), *Questions and information systems* (pp. 11-28). Hillsdale, N J: Lawrence Erlbaum.

Laird, J. (1993). Family-centered practice: Cultural and constructionist reflections. In J. Laird (Ed.), *Revisioning social work education: A social constructionist approach* (pp. 77-109). New York: Haworth.

Lambert, M. J. (2010). Yes, it is time for clinicians to routinely monitor treatment outcome. In B. L. Duncan, S. D. Miller, B. E. Wampold, & M.

Hubble (Eds.), *The heart and soul of change: Delivering what works in therapy* (2nd ed.). Washington DC: American Psychological Association.

Lambert, M. J., & Bergin, A. E. (1994). The effectiveness of psychotherapy. In A. E. Bergin & S. L. Garfield (Eds.), *Handbook of psychotherapy and behavior change* (4th ed., pp. 143-189). New York: Wiley.

Langan, P., & Levin, D. (2002). *Recidivism of prisoners released in 1994.* Bureau of Justice Statistics, Office of Justice Programs, United States Department of Justice. Retrieved on March 1, 2011, from http://bjs.ojp.usdoj.gov/index.cfm?ty=pbdetail&iid=1134.

Lange, S. M. (2001). Solution-focused group psychotherapy for incarcerated fathers. *Journal of Family Psychotherapy, 12,* 1-21.

Lee, M. Y., Greene, G. J., & H. Rheinscheld, J. (1999). A model for short-term solution focused group treatment of male domestic violence offenders. *Journal of Family Social Work, 3,* 39-57.

Lee, M. Y., Sebold, J., & Uken, A. (2003). *Solution-focused treatment of domestic violence offenders: Accountability for change.* New York: Oxford University Press.

Lee, M. Y., Sebold,J., & Uken, A. (2004). Accountability for change: Solution focused treatment with domestic violence offenders. *Families in Society: The Journal of Contemporary Human Services, 85,* 463-476.

Lewis, J. A., Dana, R. Q., & Blevins, G. A. (2011). *Substance abuse counseling* (4th ed.). Belmont, CA: Brooks/Cole.

Lichtenberg, J. W. (2006). What makes for effective supervision? In search of clinical outcomes. *Professional Psychology: Research and Practice, 38,* 275.

Liddle, H. A., & Saba, G. W. (1985). The isomorphic nature of training and therapy: Epistemologic foundation for a structural-strategic training paradigm. In J. Schwartzman (Ed.), *Families and other systems* (pp. 27-47). New York: Guilford.

Lindforss, L., & Magnusson, D. (1997). Solution-focused therapy in prison. *Contemporary Family Therapy: An International Journal, 19,* 89-103.

Lipchik, E. (1999). Theoretical and practical thoughts about expanding the solution focused approach to include emotions. In W. R. Ray & S. de Shazer (Eds.), *Evolving brief therapy: In honor of John H. Weakland* (pp. 157-177). Galena, IL, and Iowa City, IA: Geist & Russell.

Lipchik, E. (2002). *Beyond technique in solution-focused therapy.* New York: Guilford.

Lipchik, E., Derks, J., LaCourt, M., & Nunnally, E. (2012). The evolution of solution-focused brief therapy. In C. Franklin, T. S. Trepper, W.J. Gingerich, & E. E. McCollum (Eds.), *Solution-focused brief therapy: A handbook of evidence-based practice* (pp. 3-19). New York: Oxford University Press.

Lukas, S. (1993). *Where to start and what to ask: An assessment handbook.* New York: Norton.

Lum, D. (2004). *Social work practice and people of color: A process-stage approach* (5th ed.). Pacific Grove, CA: Brooks/ Cole.

Lum, D. (2011). *Culturally competent practice: A framework for understanding diverse groups and justice issues* (4th ed.). Belmont, CA: Brooks/ Cole.

Lynn, C., McKay, M. M., & Atkins, M. S. (2003). School social work: Meeting the mental health needs of students through collaboration with teachers. *Children & Schools, 25,* 197-209.

Macdonald, A. J. (2007). *Solution-focused therapy: Theory, research, & practice.* London: Sage.

MacDonald, C., Ricci, N., & Stewart, M. (1998). *Solution-focused therapy.* Unpublished manuscript, University of Victoria, Victoria, British Columbia, Canada.

Malamud, B. (1963). *The natural.* London: Eyre & Spottiswoode.

Martin, D. G., & Moore, A. D. (1995). *First steps in the art of intervention: A guidebook for trainees in the helping professions.* Pacific Grove, CA: Brooks/ Cole.

Maruna, S. (2001). *Making good: How exconvicts reform and rebuild their lives.* Washington DC: American Psychological Association.

Maslow, A. (1970). *Motivation and personality* (2nd ed.). New York: Harper & Row.

McClam, T., & Woodside, M. (1994). *Problem solving in the helping professions.* Pacific Grove, CA: Brooks/Cole.

McCollum, E. E., Trepper, T. S., & Smock, S. (2003). Solution-focused group therapy for substance abuse: Extending competency-based models. *Journal of Family Psychotherapy, 14,* 27-43.

McGee, D. R. (1999). *Constructive questions: How do therapeutic questions work?* Unpublished doctoral dissertation, University of Victoria, Victoria, British Columbia, Canada.

McGee, D. R., Del Vento, A., & Bavelas, J. B. (2005). An interactional model of questions as therapeutic interventions. *Journal of Marital and Family Therapy, 31,* 371-384.

McKeel, J. (2012). What works in solution focused brief therapy. In C. Franklin, T. S. Trepper, W. J. Gingerich, & E. E. McCollum (Eds.), *Soiution-focused brief therapy: A handbook of evidence-based practice* (pp. 130-143). New York: Oxford University Press.

McKergow, M. (2012). Solution-focused approaches in management. In C. Franklin, T. S. Trepper, W. J. Gingerich, & E. E. McCollum (Eds.), *Solution focused brief therapy* (pp.327-341). New York: Oxford University Press.

McKergow, M., & Clarke, J. (2007). *Solution focus working: 80 real life lessons for successful organisational change.* Cheltenham, UK: Solutions Books.

McMahon, M. O. (1996). *The general method of social work practice: A problem solving approach* (3rd ed.). Boston: Allyn & Bacon.

Mead, G. H. (1934). *Mind, self and society,* Chicago: University of Chicago Press.

Meier, D. (2005). *Team coaching with the solution circle: A practical guide to the solutions focused team development.* Cheltenham, UK: Solutions Books.

Metcalf, L. (1995). *Counseling toward solutions: A practical solution-focused program for working with students, teachers, and parents.* West Nyack, NY: Center for Applied Research in Education.

Metcalf, L. (1998). *Solution-focused group therapy: Ideas for groups in private practice, schools, agendes, and treatment programs.* New York: Free Press.

Miley, K. K., O'Melia, M., & DuBois, B. (2011). *Generalist social work practice: An empowering approach* (updated 6th ed.). Boston: Allyn & Bacon.

Miller, G. (1991). *Enforcing the work ethic: Rhetoric and everyday life in a work incentive program.* Albany, NY: SUNY Press.

Miller, G. (1997). *Becoming miracle workers: Language and meaning in brief therapy.* New York: Aldine de Gruyter.

Miller, G., & de Shazer, S. (2000). Emotions in solution-focused therapy: A re-examination. *Family Process, 39,* 5-23.

Miller, S. D., & Berg, I. K. (1995). *The miracle method: A radically new approach to problem drinking.* New York: Norton.

Miller, S. D., Duncan, B. L., Sorrell, R., & Brown, G. S. (2005). The partners for change outcome system. *Journal of Clinical Psychology: In Session, 61,* 199-208.

Miller, S. D., Hubble, M. A., & Duncan, B. L. (Eds.). (1996). *Handbook of solution-focused brief therapy.* San Francisco: jessey-Bass.

Miller, W. R., & Rollnick, S. (2002). *Motivational interviewing* (2nd ed.). New York: Guilford.

Milne, D., Aylott, H., Fitzpatrick, H., & Ellis, M. V. (2008). How does clinical supervision work? Using a "best evidence synthesis" approach to construct a basic model of supervision. *The Clinical Supervisor, 27,* 170-190.

Modcrin, M., Rapp, C. A., & Poertner, J. (1988). The evaluation of case management services with the chronically mentally ill. *Evaluation and Program Planning, 11,* 307-314.

Nelson, T. (Ed.). (2005). *Education and training in solution-focused brief therapy.* New York: Haworth.

Neufeldt, V., & Guralnik, D. (Eds.). (1988). *Webster's new world dictionary of the American language* (3rd college ed.). New York: Simon & Schuster.

O'Hanlon, W. H., & Weiner-Davis, M. (1989). *In search of solutions.* New York: Norton.

Okun, B. F. (1997). *Effective helping: Interviewing and counseling techniques* (5th ed.). Pacific Grove, CA: Brooks/Cole.

Okun, B. F., Kantrowitz, R. E. (2008). *Effective helping: Interviewing and counseling techniques* (7th ed.). Belrnont, CA: Brooks/Cole.

Panayotov, P. A., Strahilov, B. E., & Anichkina, A. Y. (2012). Solution focused brief therapy and medication adherence with schizophrenic patients. In C. Franklin, T. S. Trepper, W. J. Gingerich, E. E. McCollum (Eds.), *Solution focused brief therapy: A handbook of evidence-based practice* (pp. 196-202). New York: Oxford University Press.

Parad, H. J. (1971). Crisis intervention. In R. Morris (Ed.), *Encyclopedia of social work* (Vol. 1, pp. 196-202). New York: National Association of Social Workers.

Parton, N., & O'Byme, P. (2000). *Constructive social work: Towards a new practice.* London: Macmillan.

Pearson, Q. M. (2006). Psychotherapy driven supervision: Integrating counseling theories into role-based supervision. *Journal of Mental Health Counseling, 28,* 241-252.

Phillips, B. (1999). Reformulating dispute narratives through active listening. *Mediation Quarterly, 17,* 161-180.

Pichot, T., & Dolan, Y. M. (2003). *Solution-focused brief therapy: Its effective use in agency settings.* Binghamton, NY: Haworth Press.

Pichot, T., & Smock, S. A. (2009). *Solution-focused substance abuse treatment.* New York: Routledge.

Pincus, A., & Minahan, A. (1973). *Social work practice: Model and method.* Itasca, II.: Peacock.

Rapp, C. A. (1998). *The strengths model: Case management with people suffering from severe and persistent mental illness.* New York: Oxford.

Rappaport, J. (1981). In praise of paradox: A social policy of empowerment over prevention. *American Journal of Community Psychology, 9,* 1-25.

Rappaport, J. (1990). Research methods and the empowerment social agenda. In P. Tolan, C. Keys, F. Chertak, & L. Jason (Eds.). *Researching community psychology* (pp. 51-63). Washington, DC: American Psychological Association.

Reddy, M.J. (1979). The conduit metaphor-a case of frame conflict in our language about language. In A. Ortony (Ed.), *Metaphor and thought* (pp. 284-324). Cambridge, UK: Cambridge University Press.

Reese, R. J., Usher, E. L., Bowman, D. C., Norsworthy, L. A., Halstead, J. L., Rowlands, S. R., & Chisholm, R. R. (2009). Using client feedback in psychotherapy training: An analysis of its influence on supervision and counselor self-efficacy. *Training and Education in Professional Psychology, 3,* 157-168.

Research and Statistics Branch, Crime Prevention and Justice Assistance, Department of the Attomey General of Hawaii, & Social Science Research Institute, University of Hawaii at Manoa. (2001). *Parole decision making in Hawaii.* Honolulu, HI: Author.

Roberts, A. R. (1990). *Crisis intervention handbook: Assessment, treatment, and research.* Belmont, CA: Wadsworth.

Rogers, C. R. (1957). The necessary and sufficient conditions for therapeutic personality change. *Journal of Counseling Psychology, 21,* 95-103.

Rogers, C. R. (1961). *On becoming a person: A therapist's view of psychotherapy.* Boston: Houghton Mifflin.

Rohrig, P., & Clarke, J. (2008). *57 sf activities for facilitators and consultants: Putting solutions focus into action.* Cheltenham, UK: Solutions Books.

Rooney, R. H. (1992). *Strategies for work with involuntary clients.* New York: Columbia University Press.

Rudes,J., Shilts, L., & Berg, I. K. (1997). Focused supervision seen through a recursive frame of analysis. *Journal of Marital and Family Therapy, 23,* 203-215.

Saari, C. (1991). *The creation of meaning in clinical social work.* New York: Guilford.

Saleebey, D. (Ed.). (1992). *The strengths perspective in social work practice.* New York: Longman.

Saleebey, D. (1994). Culture, theory, and narrative: The intersection of meanings in practice. *Social Work, 39,* 351-359.

Saleebey, D. (Ed.). (2009). *The strengths perspective in social work practice* (5th ed.) Boston: Pearson Education.

Satir, V. (1982). The therapist and family therapy: Process model. In A. M. Home & M. M. Ohlsen (Eds.), *Family counseling and therapy* (pp. 12-42). Itasca, IL: Peacock.

Schober, M. F., & Clark, H. H. (1989). Understanding by addressees and overhearers. *Cognitive Psychology, 21,* 211-232.

Schon, D. A. (1983). *The reflective practitioner.* New York: Basic Books.

Schorr, M. (1995). Finding solutions in a relaxation group. *Journal of Systemic Therapies, 14,* 55-63.

Selekman, M. D. (1991). The solution oriented parenting group: A treatment alternative that works. *Journal of Strategic and Systemic Therapies, 10,* 36-49.

Selekman, M. D. (1993). *Pathways to change: Brief therapy solutions with difficult adolescents.* New York: Guilford.

Selekman, M. D. (1997). *Solution-focused therapy with children: Harnessing family strengths for systemic change.* New York: Guilford.

Selekman, M. D. (2002). *Living on the razor's edge: Solution-oriented brief therapy with selfharming adolescents.* New York: Norton.

SFBTA Archive. (n.d.). *DVD #0064: Japan supervision workshop by Insoo Kim Berg.* Fort Worth, TX: SFBTA Archives.

SFBTA Archive. (n.d.). *DVD#0074: Supervision consultation with Insoo Kim Berg.* Fort Worth, TX: SFBTA Archives.

SFBTA Archive. (n.d.). *DVD#0092: Supervision consultation with Insoo Kim Berg.* Fort Worth, TX: SFBTA Archives.

Sharry, J. (2001). *Solution-focused groupwork.* London: Sage.

Sharry, J., Madden, B., Darmody, M., & Miller, S. D. (2001). Giving our clients the break: Applications of client directed, outcome-informed clinical work. *Journal of Systemic Therapies, 20,* 68-76.

Sheafor, B. W., & Horejsi, C. R. (2008). *Techniques and guidelines for social work practice* (8th ed.). Boston: Allyn & Bacon.

Shennan, G., & Iveson, C. (2012). From solution to description: Practice and research in tandem. In C. Franklin, T. S. Trepper, W. J. Gingerich, & E. E. McCollum (Eds.), *Solution focused brief therapy: A handbook of evidence-based practice* (pp. 281-298). New York: Oxford University Press.

Simon, J. K. (2010). *Solution focused practice in end-of-life & grief counseling.* New York: Springer.

Smock, S. A., Froerer, A., & Bavelas, J. B. (In review). Microanalysis of positive and negative content in SFBT and CBT expert sessions.

Smock, S. A., Trepper, T. S., Wechtler, J. L., McCollum, E. E., Ray, R., & Pierce, K. (2008). Solution-focused group therapy for level1 substance abusers. *Journal of Marital and Family Therapy, 34,* 107-120.

Sox, H. C., Jr., & Woolf, S. H. (1993). Evidence-based practice guidelines from the U.S. Preventive Services Task Force. *Journal of the American Medical Association, 169,* 2678.

Sparks, P. M. (1989). Organizational tasking: A case report. *Organizational Development Journal, 7,* 51-57.

Stams, G. J. J. M., Dekovic, M., Buist, K., & De Vries, L. (2006). Effectiviteit van oplossingsgerichte korte therapie: een meta-analyse. *Tijdschrift vorr Gedragstherapie, 39,* 81-94.

Sue, D. W., & Sue, D. (1999). *Counseling the culturally different: Theory and practice* (3rd ed.). New York: Wiley.

Sundstrom, S. M. (1993). *Single-session psychotherapy for depression: Is it better to be problem-focused or solution-focused?* Unpublished doctoral dissertation, University of South Dakota.

Talmon, M. (1990). *Single session therapy.* San Francisco: jossey-Bass.

Thomas, F. N. (1990, October 4). The coaxing of expertise: Solution-focused supervision. Institute, American Association for Marriage and Family Therapy Annual Conference. Washington, DC.

Thomas, F. N. (1992, October 17). Solution oriented supervision: The coaxing of expertise. Workshop, American Association for Marriage and Family Therapy Annual Conference, Miami, FL.

Thomas, F. N. (1996). Solution focused supervision: The coaxing of expertise in training. In S. D. Miller, M. A. Hubble, & B. L. Duncan (Eds.), *Handbook of solution focused brief therapy: Foundations, applications, and research* (pp. 128-151). San Francisco: jessey-Bass.

Thomas, F. N. (2010). Semaphore, metaphor, two-by-four. In T. S. Nelson (Ed.), *Doing something different: Solution-focused brief therapy practices* (pp. 219-224). New York: Routledge.

Thomas, F. N., Coffey, A., Scott, S., & Shappee, K. (2000). (How) am I competent to supervise? *In Readings in family therapy supervision* (pp. 52-54). Washington, DC: AAMFT.

Thomas, F. N., & Nelson, T. S. (2007). Assumptions within the solution focused brief therapy tradition. In T. S. Nelson, & F. N. Thomas (Eds.), *Handbook of solution-focused brief therapy: Clinical applications* (pp. 3-24). Binghamton, NY: Haworth.

Timberlake, E. M., Farber, M. Z., & Sabatino, C. A. (2002). *The general method of social work practice: McMahon's generalist perspective* (4th ed.). Boston: Allyn & Bacon.

Trenhaile, J. D. (2005). Solution-focused supervision: Returning the focus to client goals. *Journal of Family Psychotherapy, 16,* 223-228.

Trepper, T. S., & Franklin, C. (2012). Epilogue: The future of research in solution-focused brief therapy. In C. Franklin, T. S. Trepper, W. J. Gingerich, & E. E. McCollum (Eds.), *Solution-focused brief therapy: A handbook of evidence-based practice* (pp. 405-412). New York: Oxford University Press.

Trepper, T. S., McCollum, E. E., De Jong, P., Korman, H., Gingerich, W., & Franklin, C. (2012). Solution-focused therapy treatment manual. In C. Franklin, T. S. Trepper, W. J. Gingerich, & E. E. McCollum (Eds.), *Solution-focused brief therapy: A handbook of evidence-based practice* (pp. 20-36). New York: Oxford University Press.

Triantafillou, N. (1997). A solution focused approach to mental health supervision. *Journal of Systemic Therapies, 16,* 305-328.

Trotter, C. (1999). *Working with involuntary clients: A guide to practice.* London: Sage.

Tumell, A., & Edwards, S. (1999). *Signs of safety: A solution and safety oriented approach to child protection.* New York: Norton.

Uken, A, & Sebold, J. (1996). The Plumas project: A solution-focused goal directed domestic violence diversion program. *Journal of Collaborative Therapies,* 4, 10-17.

Vaughn, K., Hastings-Guerrero, S., & Kassner, C. (1996). Solution-oriented inpatient group therapy. *Journal of Systemic Therapies, 15,* 1-14.

Vinter, R. (1985). Components of social work practice. In M. Sundel, P. Glasser, R. Sam, & R. Vinter (Eds.), *Individual change through small groups* (2nd ed., pp. 11-34). New York: Free Press.

Visser, C. (2004, May 12). *Interview with Insoo Kim Berg.* Retrieved on August 28, 2010 from http:// interviews coertvisser.blogspot.comI2007/11/ interview-with-insoo-kim-berg.html, 5pp.

Visser, c., & Schlundt-Bodien, G. (2009). Supporting clients' solution building process by subtly eliciting positive behaviour descriptions and expectations of beneficial change. *Interaction: The Journal of Solution Focus in Organisations, 1,* 9-25.

Wade, A (1997). Small acts of living: Everyday resistance to violence and other forms of oppression. *Contemporary Family Therapy: An International Journal, 19,* 23-39.

Wade, A (2007). Hope, despair, resistance: Response-based therapy with victims of violence. In C. Flaskas, I. McCarthy, & J. Sheehan (Eds.), *Hope and despair in narrative and family therapy: Adversity, forgiveness and reconciliation.* Hove: Brunner-Routledge.

Walker, L. (2004). Restorative justice without offender participation: A pilot program for victims. *International Institute for Restorative Practices.*

Retrieved on March 11, 2011, from http://www.iirp.org/library/ Iwalker04.html.

Walker, L. (2009). Modified restorative circles: A reintegration group planning process that promotes desistance. *Contemporary Justice Review, 12,* 419-431.

Walker, L., & Greening, R. (In press). *Handbook on reentry & transition planning for imprisoned people.* Honolulu: Hawaii Friends of Justice & Civic Education.

Walker, L., & Sakai, T., (2006). A gift of listening for Hawaii inmates. *Corrections Today, 12,* 58-61.

Walker, L., Sakai, T., & Brady, K. (2006). Restorative circles-A reentry planning process for Hawaii inmates. *Federal Probation Journal, 70,* 33-37.

Retrieved on March 1, 2011, from http://www.uscourts.gov/uscourts/FederalCourts/PPS/Fedprob/200606/ circles.html.

Walsh, T. (2010). *The solution-focused helper: Ethics and practice in health and social care.* Maidenhead, UK: McGraw-Hill Education/Open University Press.

Walter, J. L., & Peller, J. E. (1992). *Becoming solution-focused in brief therapy.* New York: Brunner/ Mazel.

Walter, J. L., & Peller, J. E. (2000). *Recreating brief therapy: Preferences and possibilities.* New York: Brunner/Mazel.

Watzlawick, P. (Ed.). (1984). *The invented reality.* New York: Norton.

Weakland, J. (1993). Conversation-but what kind? In. S. Gilligan & R. Price (Eds.), *Therapeutic Conversations* (pp. 136-145). New York: Norton.

Weakland, J. H., Fisch, R., Watzlawick P., & Bodin, A (1974). Brief therapy: Focused problem resolution. *Family Process, 13,* 141-168.

Weick, A (1992). Building a strengths perspective for social work. In D. Saleebey (Ed.), *The strengths perspective in social work practice* (pp. 18-26). New York: Longman.

Weick, A (1993). Reconstructing social work education. In J. Laird (Ed.), *Revisioning social work education: A social constructionist approach* (pp. 11-30). New York: Haworth.

Weick, A, Rapp, C., Sullivan, W. P., & Kishardt, W. (1989). A strengths perspective for social work practice. *Social Work, 34,* 350-354.

Weiner-Davis, M. (1993). *Divorce busting: A revolutionary and rapid program for staying together.* New York: Simon & Schuster.

Weiner-Davis, M. (1995). *Change your life and everyone in it.* New York: Simon & Schuster.

Weiner-Davis, M., de Shazer, S., & Gingerich, W. J. (1987). Building on pretreatment change to construct the therapeutic solution: An exploratory study. *Journal of Marital and Family Therapy, 13,* 359-363.

Wetchler, J. L. (1990). Solution-focused supervision. *Family Therapy, 17,* 129-138.

Wheeler, J. (2007). Solution-focused supervision. In T. S. Nelson & F. N. Thomas (Eds.), *Handbook of solution focused brief therapy: Clinical applications* (pp. 343-370). Binghamton, NY: Haworth.

Wheeler, J., & Greaves, Y. (2005). Solution-focused practice teaching in social work. *Journal of Family Psychotherapy, 16,* 263-276.

Wheeler, J., & Hog, V. (2012). Signs of safety and the child protection movement. In C. Franklin, T. S. Trepper, W. J. Gingerich, & E. E. McCollum (Eds.), *Solution-focused brief therapy: Handbook of evidence-based practice* (pp. 203-215). New York: Oxford University Press.

Wheeler, S., & Richards, K. (2007). The impact of clinical supervision on counselors and therapists, their practice and their clients: A systematic review of the literature. *Counseling and Psychotherapy Research, 7,* 54-65.

White, M., & Epston, D. (1990). *Narrative means to therapeutic ends.* New York: Norton.

Witkin, S. L. (1999). Questions [Editorial]. *Social Work, 44,* 197-200.

Witkin, S. L. (2000). Noticing [Editorial]. *Social Work, 45,* 101-104.

Woodside, M., & McClam, T. (2006). *Generalist case management: A method of human services delivery.* Belmont, CA: Brooks/Cole.

Woolf, S. H., & Atkins, D. A (2001). The evolving role of prevention in health care: Contributions of the U.S. Preventive Service Task Force. *American Journal of Preventive Medicine 29(3 Suppl.),* 13-20.

Young, S. (2002). *Solutions to bullying.* Tamworth, UK: Nasen.

Young, S. (2009). *Solution-focused schools: Anti-bullying and beyond.* London: BT Press.

Young, S., & Holdorf, G. (2003). Using solution-focused brief therapy in individual referrals for bullying. *Educational Psychology in Practice, 19,* 271-282.

Zehr, H. (1990). *Changing Lenses.* Scottsdale, PA: Good Books.

Zeig, J. K., & Lankton, S. R. (Eds.). (1988). *Developing Ericksonian therapy: State of the art.* New York: Brunner/Mazel.

Zimmerman, T. S., Jacobsen, R. B., MacIntyre, M., & Watson, C. (1996). Solution focused parenting groups: An empirical study. *Journal of Systemic Therapies, 15,* 12-25.

Zimmerman, T. S., Prest, L. A., & Wetzel, B. E. (1997). Solution-focused couples therapy groups: An empirical study. *Journal of Family Therapy, 19,* 125-144.